Richard Andree

Handels- und Verkehrsgeographie

Mit geschichtlichen Rückblicken und einem Anhang über die territorialen

Veränderungen

Richard Andree

Handels- und Verkehrsgeographie
Mit geschichtlichen Rückblicken und einem Anhang über die territorialen Veränderungen

ISBN/EAN: 9783743473935

Hergestellt in Europa, USA, Kanada, Australien, Japan

Cover: Foto ©ninafisch / pixelio.de

Weitere Bücher finden Sie auf **www.hansebooks.com**

Handels-

und

Verkehrsgeographie.

Mit geschichtlichen Rückblicken

und einem Anhang über die territorialen Veränderungen
in Deutschland, Frankreich und Italien

von

Dr. Richard Andree.

Stuttgart.
Verlag von Julius Maier.
1871.

Inhaltsverzeichniß.

Der Ozean und die Schifffahrt.

Fast drei Viertheile der Gesammtoberfläche unsres Erdballs sind vom Weltmeer bedeckt, das von Eismeer zu Eismeer reichend die Continente umgibt. Diese tropfbar flüssige Hülle ist reich gegliedert, bildet aber dennoch ein Ganzes, das der Uebersicht wegen in fünf Ozeane zerlegt wird: die zwei Polarmeere, den atlantischen und großen (oder stillen) Ozean und den indischen Ozean, der die letzteren beiden verbindet.

Der atlantische Ozean. In seiner Bedeutung für Handel und Schifffahrt steht den übrigen Weltmeeren voran der atlantische Ozean, der die alte von der neuen Welt trennt, und an dessen Gestaden die mächtigsten handeltreibenden Völker wohnen. Er bespült die östlichen Gestade Amerika's, die westlichen Europa's und Afrika's, und wird vom nördlichen Eismeer durch jene große Eisschranke abgeschieden, die, mehr oder minder unterbrochen, vom südlichen Ende Grönlands sich über Spitzbergen nach Nowja Semlja erstreckt. Während der südliche, von Afrika und Südamerika begrenzte Theil sich nur einförmig entwickelte, ungegliederte Küsten aufweist, ist der Norden auf europäischer wie nordamerikanischer Seite durch einen großen Reichthum von Inseln, Halbinseln, Seitenmeeren und Buchten ausgezeichnet, die den Verkehr der auf und an ihnen wohnenden Völker wesentlich begünstigen. Solche Abzweigungen des atlantischen Ozeans sind die Nordsee, die Ostsee, das Mittelmeer mit dem adriatischen und schwarzen Meer in der alten Welt, der Lorenzbusen, die Hudsonsbai, der Golf von Mexiko und die karaibische See in der neuen Welt. Dem entspricht die Küstenentwicklung der Länder am nördlichen atlantischen Ozean; hier ist sie am bedeutendsten, während sie im Süden nur gering ist. Nichts ist aber der Gesittung und Bildung der Menschen ungünstiger als weite zusammenhängende Landmassen, nichts förderlicher, als ein vom Meere vielfach zerrissener und gegliederter Erdtheil, als das bunteste Durcheinander der starren und flüssigen Erdrinde. Dieses ist von hoher Wichtigkeit für die geschichtliche Stellung eines Landes, für die Kultur, da das Meer nicht scheidet, sondern als verbindendes Element dem Menschen dienstbar wird.

Gestatten so schon die Seitenmeere und Busen des atlantischen Ozeans ein tiefes Eindringen in die ihn umgebenden Länder, so wird dieses noch vermehrt durch die große Anzahl mächtiger Ströme, die sich in ihn und seine Ausbuchtungen ergießen. Diese sind in Europa: der Don, der Dnjepr, die Donau, der Po, die Rhone, der Ebro, der Gualbalquivir, der Tajo, der Douro, die Garonne, die Loire, die Seine, die Schelde, der Rhein, die Weser, die Elbe, die Oder, die Weichsel, die Dünna, die Newa, die Themse. In Afrika: der Nil und der Niger. In Amerika: der Lorenzstrom, der Hudson, der Missisippi, der Magdalena, der Orinoko, der Amazonenstrom, der San Francisco, der La Plata. Die Gebiete dieser Ströme umfassen beinahe die Hälfte des Landes auf unserm Planeten; nämlich Europa fast ganz, Afrika zu fünf Sechsteln und Amerika zu vier Fünfteln.

Schon hieraus erklärt es sich, daß der atlantische Ozean die wichtigste Verkehrsbahn für den Handel geworden, und mehr als alle andern Ozeane mit Rücksicht auf seine Tauglichkeit für die Schifffahrt untersucht worden ist. Die Gefahren, welche dem Seemanne durch zerstreute Eilande oder Inselgruppen bereitet werden, sind hier geringer als in andern Meeren, da, abgesehen von den westindischen Inseln nur die Bermudas, die Azoren, Canarischen und Kap-Verdischen Inseln, sowie einige kleine Eilande im südlichen Theile zerstreut liegen, welche aber sämmtlich der Schifffahrt keine wesentlichen Hindernisse bereiten.

Weit einflußreicher für Handel und Schifffahrt erscheinen in diesem, wie in andern Ozeanen, die Verhältnisse von Ebbe und Flut, die Winde und Strömungen.

Ebbe und Flut sind die zeitlichen Unterschiede des Wasserstandes und die dadurch verursachten Strömungen, welche von der Anziehung des Mondes, und in den Zeiten des Neu- und Vollmondes, der Sonne und des Mondes zugleich bewirkt werden. Für den Seemann ist es von hoher Bedeutung, die Zeiten des beständigen Wechsels für die von ihm befahrenen Gegenden genau zu kennen; er kann Ebbe wie Flut zu rascherem Fortkommen in der Nähe des Landes benutzen und mit steigender Flut, z. B. selbst in Häfen einlaufen, die sonst wegen ihrer Untiefen unzugänglich sind.

Abgesehen von den durch Ebbe und Flut bewirkten Strömungen lokaler Natur, sind die großen Meeresströmungen von wesentlichem Einfluß auf die Schifffahrt, die durch sie entweder beschleunigt oder verzögert werden kann. Vornehmlich sind es zwei Strömungen des atlantischen Ozeans, die hier in Betracht kommen. Der Aequatorialstrom, so genannt, weil sein Lauf längs dem Aequator hinführt, entsteht im Busen von Benin, an der afrikanischen Küste, von wo er in westlicher Richtung bis zum 22° westlicher Länge geht, wo er einen Zweig nach Nordwesten hin absendet. Bald darauf wendet er sich etwas südlich, und fließt nach der brasilianischen Küste. Dreihundert Seemeilen von Kap San Roque entfernt, theilt er sich; der Hauptstrom oder Guianastrom geht nach Nordwesten an der Küste von Guiana weiter bis in das karaibische Meer; die kleinere brasilische Strömung dagegen, wendet sich südwestlich bis zur Mündung des La Plata und noch darüber hinaus. Die ganze Länge des Aequatorialstroms beträgt etwa 2500 nautische Meilen; noch schmal, kaum über drei Breitengrade im Busen von Benin sich erstreckend, nimmt der Strom allmählich an Breite zu, je näher er der amerikanischen Küste kommt.

Die wichtigste und am besten bekannte, für die Schifffahrt einflußreichste Strömung des atlantischen Ozeans ist der Golfstrom. Blau, wärmer als die umgebende See sind seine Wasser, die sich mit reißender Geschwindigkeit bewegen, im mexikaniſchen Golfe (daher der Name) ihren Urſprung haben und ſich im nördlichen Eismeere verlieren.

Zwiſchen der Inſel Cuba und der Halbinſel Yukatan ſeinen Urſprung nehmend, durchfluthet er den Meerbuſen von Mexiko, drängt ſich durch die Floridaſtraße und geht zwiſchen den Bahamainſeln und der Oſtküſte Florida's hindurch am amerikaniſchen Geſtade bis nach Kap Hatteras in Nordcarolina, wo er nach Nordoſten abgelenkt wird. Mit einer Geſchwindigkeit von drei Seemeilen in der Stunde trifft er auf die jäh abfallenden Bänke, welche der Inſel Neufundland vorgelagert ſind, und die ihm eine öſtliche Richtung anweiſen, der er nun auf 1200 Seemeilen folgt, wobei ſeine Breite zu-, ſeine Geſchwindigkeit jedoch abnimmt. Indeſſen ſchwanken ſeine Grenzen im Ozean je nach der Jahreszeit; ſie werden bei Neufundland im Winter nach Süden gerückt, weil dann die kalten Waſſer der Polarſtrömung gegen ihn vordrängen. In ſeinem weiteren Laufe durch den atlantiſchen Ozean erreicht der Golfſtrom die Azoren, bis zu welchen er von Florida an gegen 2000 See-meilen in 78 Tagen zurücklegt. Dann breitet er ſich fächerförmig im nord-atlantiſchen Ozean aus, zunächſt einen Arm in nordöſtlicher Richtung zwiſchen Island und den britiſchen Inſeln hindurchſchickend, der bis an die Geſtade Norwegens und bis nördlich von Spitzbergen unter 81⁰ n. Br. verläuft, wie die deutſche Nordfahrt vom Jahre 1868 nachgewieſen hat. Der zweite Arm geht nach dem Meerbuſen von Biscaya, von wo er unter dem Namen Rennelsſtrom eine nordweſtliche Richtung gegen Irland einſchlägt. Auch in das Mittelmeer bringt er einen Streifen ein; ein Hauptarm jedoch zieht nach Madeira, den kanariſchen Inſeln und dem Buſen von Guinea (Guineaſtrom), von wo er, neben dem erwähnten Aequatorialſtrom hin-fließend, zur karaibiſchen See zurückgelangt, nachdem er einen weiten Kreis durch den ganzen nordatlantiſchen Ozean beſchrieben. Innerhalb des Kreiſes liegt das berühmte Sargaſſomeer, deſſen ganze Oberfläche dicht mit einem ſchwimmenden Tange (Fucus natans) auf ungeheure Strecken erfüllt iſt. Die große Menge warmen Waſſers, welche aus einer tropiſchen Gegend kommend, ſich gemäßigten Klimaten zuwendet, iſt es, welche die milde Temperatur der Weſt- und Nordweſtküſten Europa's veranlaßt. Wichtiger aber erſcheint uns hier ſein Einfluß auf die Schifffahrt; mit ihm ſelbſt von Amerika nach Europa zu fahren, vermeiden die Seeleute, da er als „Sturm- und Wetterkönig", zumal zwiſchen Amerika und den Azoren, gefürchtet iſt, und gegen ihn anzufahren hat man erſt ſeit der Mitte des vorigen Jahr-hunderts zu umgehen gelernt, namentlich aber ſeit 1790 Franklin zeigte, wie man die Anweſenheit des Golfſtroms ſchon durch ein in das Waſſer gehaltenes Thermometer zu erkennen vermöge.

Noch alljährlich führt uns der Golfſtrom amerikaniſche Früchte, Sämereien und Holz an die europäiſchen Küſten, und dieſe Transportfähigkeit der Meeresſtrömungen überhaupt hat man zu den ſogenannten Flaſchenpoſten benutzt. Seit lange war es Gebrauch, daß von Schiffen, angeſichts ihres Untergangs, um die letzte Nachricht von ſich zu hinterlaſſen, ein Zettel in eine verkorkte Flaſche geborgen und ſo dem Meere anvertraut wurde. Was früher in einzelnen verzweifelten Fällen geſchah, iſt in neuerer Zeit ſyſtematiſch betrieben worden, dient zur Beſtimmung der Meeresſtrömungen. Man hat bereits eine große Anzahl solcher Flaschen aufgefischt, deren Fundorte und Aufgabepunkte sorgfältig notirt, daraus eigene Karten konstruirt und mit deren Hilfe ziemlich sichere Schlüsse auf die vorherrschende Strömung in verschiedenen Meerestheilen, gezogen. Folgendes ist ein merkwürdiges Beispiel: Zu Anfang Mai 1859 wurde an der Mündung des Murrayflusses in Südaustralien eine Flasche gefunden, die dem in ihr enthaltenen Briefe zu Folge am 4. Mai 1857 bei Kap Verde an der afrikanischen Westküste ins Meer geworfen war. Auf welchem Wege war sie nun nach Australien gelangt? Sie war in den Guineastrom gerathen, der sie südostwärts trieb, bis sie den Aequatorialstrom erreichte, von dem sie in die brasilianische Strömung gelangte, mit der sie an der südamerikanischen Küste hinschwamm, bis sie von der westöstlichen Strömung im südlichen atlantischen Ozean erfaßt wurde; in dieser gelangte sie um die Südspitze Afrika's in den indischen Ozean, wo sie die heftigen Westwinde nach Osten beförderten, der australischen Küste zu, wo sie nach zweijähriger Reise anlangte. —

Neben den Strömungen des Wassers sind die Strömungen der Luft, die Winde, zu erwähnen, die in gesteigerter Form als Stürme und Orkane auftreten. Nicht regellos, wie auf den ersten Blick es scheinen könnte, treten diese auf, sondern nach bestimmten Gesetzen bewegen sie sich und zumal in der heißen Zone wird ihr Charakter immer zuverlässiger und fester. Das mußten und benutzten die Seefahrer der civilisirten wie uncivilisirten Völker schon lange bevor die Gelehrten daran dachten, die Ursache dieser Erscheinung aufzusuchen, bis 1686 Halley seine Windtheorie aufstellte und Dove wie Maury in unsern Tagen System in die Sache brachten.

In Bezug auf die Winde kann die Oberfläche des atlantischen Ozeans in drei Regionen eingetheilt werden, in deren einer die regelmäßig von Osten nach Westen wehenden Passate herrschen; diese Region erstreckt sich etwa auf 30° Breite zu beiden Seiten des Aequators. Die beiden andern Regionen, die der veränderlichen Winde, liegen nördlich und südlich von der oben genannten.

Die Passatwinde, deren Wichtigkeit für den Handel die Engländer dadurch anerkennen, daß sie dieselben geradezu als trade winds, Handelswinde, bezeichnen, sind die regelmäßig beständig aus derselben Richtung und mit gleicher Stärke wehenden Winde innerhalb der Wendekreise, welche die Schiffe befähigen, Hunderte von Meilen weit einen bestimmten Kurs zu steuern und dieselbe Strecke in fast immer derselben Zeit zurückzulegen. Im Norden des Aequators wehen sie aus Nordost, im Süden aus Südost. Zwischen beiden Passaten — deren Erklärung nicht hierher gehört — liegt etwa drei Grade nördlich und drei Grade südlich vom Aequator ausgebreitet die Region der Kalmen (Windstillen) oder der Stillegürtel. Sie ist nicht immer von gleicher Größe, und wechselt, wie die Ausdehnung der Passate selbst, nach der Jahreszeit. Im Juli, August, September, kann sie selbst bis zu 8°, ja 14° nördlicher Breite erstrecken. Für die Segel-Schifffahrt würden sie als ein unübersteigliches Hinderniß gelten, wenn nicht alltäglich am Nachmittage für kurze Zeit ein Windstoß sich erhöbe, der die Fahrzeuge wenigstens etwas fortbewegt. Wie ganz anders gestaltet sich dagegen die Fahrt in den benachbarten Passaten, deren Regelmäßigkeit schon Columbus

zu rühmen wußte, welcher sie zum ersten Male auf seiner großen Ent=
deckungsreise ihrer ganzen Breite nach durchsegelte. Mehr einer Brise als
einem Wind gleichend, erregen sie nur niedrige Wellen, was Humboldt zu
der Aeußerung veranlaßte, es sei weniger gefährlich von den Kanarischen
Inseln nach Amerika, als über einen Schweizersee zu segeln, ja, so meint er,
dieser Theil des Ozeans gleiche einem sanft dahingleitenden Strom. Die
Spanier aber nannten diese Region die Frauensee, Golfo de las damas,
weil dort selbst Frauen, ohne den Muth zu verlieren, den Atlantischen Ozean
kreuzen können. Für die Fahrt von Europa nach Westindien wird noch oft
der Nordostpassat benutzt, obgleich der Schiffer dadurch einen Umweg macht.

Als Gegensatz zu den gleichmäßigen, dem Schiffer freundlichen Passat=
regionen, stehen die von den veränderlichen Winden beherrschten Theile des
nord= und südatlantischen Ozeans da, namentlich das Gebiet des Golfstromes.
In ihm herrschen die Wirbelorkane oder Cyclone, denen schon manches
Schiff zum Opfer gefallen ist. Aber die Wissenschaft hat auch hier mildernd
eingewirkt und mit glücklichem Erfolge gezeigt, wie der Seemann die gefähr=
lichen Wirbeltänze vermeiden, oder ihnen sich auf dem kürzesten Wege entreißen
kann. Am weitesten ist in dieser Beziehung, indem er nicht nur die Stürme,
sondern alle gewöhnlichen Vorkommnisse zur See in ein System brachte, der
Nordamerikaner Maury gegangen, dessen epochemachende Werke sich über
alle Meere und Winde erstrecken, für den am besten durchforschten atlantischen
Ozean aber am vollständigsten bastehen. Aus der Sichtung, Zusammen=
stellung und Anordnung von mehr als einer Million Thatsachen, die auf
Hunderten von Observatorien der ganzen Erde angesammelt waren, entstanden
die berühmten Maury'schen Karten, die graphisch das gesammte Leben des
Meeres und der Luft und die aus der Kenntniß derselben herzuleitenden
praktischen Vorschriften für die Schifffahrt darstellen. Auf diesen Karten
erscheinen die beständigen und periodischen Strömungen im Meere und in der
Atmosphäre, deren Gesetz, Form, Ausdehnung und Bedeutung man mit
mehr oder minder Sicherheit zu erkennen im Stande gewesen ist, in Ver=
bindung mit der Darstellung einer großen Zahl wirklich ausgeführter See=
fahrten, so klar und übersichtlich niedergelegt, daß sie dem Schiffer die
Möglichkeit gewähren, seinen Kurs im Voraus so einzurichten, daß hier sein
Schiff in der dem Auge unsichtbaren Strömung treibe, dort der muthmaßlich
um gewisse Zeit wehende Wind seine Segel stillen möge. Andre Karten
lehren durch Windsterne und eingeschriebene Ziffern sich in Häfen pilotiren;
Sturm= und Regenkarten fixiren die Erfahrungen über Richtung und Stärke
der Stürme und die Massen der Niederschläge, so daß Maury's graphische
Darstellungen einen vollständigen Reiseatlas über alle flüssigen Theile der
Erdkugel bilden, der Straßen und Stationen im pfadlosen Ozeane vor=
zeichnet und Kunde gibt, wo der dienstbare Wind zur Verfügung des Schiffers
zu finden ist. „Die Erfahrung hat gelehrt", äußerte sich der Engländer
Sir John Pakington, „daß seit dem Erscheinen des Maury'schen Karten=
werks (1845) gebildete Schiffer, durch geschickte Benutzung der ihnen dadurch
bezeichneten Strömungen und Windbewegungen, im Stande sind, ihre Reisen
beträchtlich abzukürzen, ja sogar die Bemannung der Schiffe zu vermindern,
und Havarien zu vermeiden, so daß z. B. durchschnittlich an jeder Reise der

großen Segelschiffe von 1000 bis 1500 Tonnen Gehalt, die zwischen England und Indien verkehren, 250 Pfund Sterling gespart werden! Da aber nun ungefähr jährlich 2000 solche Reisen gemacht werden, so gibt das einen Nettogewinn von einer halben Million Pfund Sterling (oder 3¼ Millionen Thaler) jährlich, der, gleichsam durch die Blätter von Maury's Werk hindurch, von einer einzigen Fahrbahn aus in die Taschen der englischen Handelswelt fließt." So gewaltig erscheint der Gewinn, den Handel und Schifffahrt durch die praktische Anwendung der Wissenschaft in diesem einen Falle erzielen. Indem Maury die ganze Welt zu Mitarbeitern heranzog zu einem Werke, das auch der ganzen Welt zu Gute kommen sollte, mußte auch das Beobachtungssystem in eine einheitliche Form gebracht werden. Es wurde, um hierüber zu berathschlagen, ein Nationalkongreß angeregt und 1853 in Brüssel abgehalten, auf dem eine feste Form für das Logbuch des Schiffers angenommen, und jeder Seefahrer nun für die Vervollständigung der großen von Maury begonnenen Arbeit herangezogen wurde.

Das Mittelmeer. Durch die Straße von Gibraltar, die Säulen des Herkules, wie die Alten sie nannten, steht der Atlantische Ozean mit jenem großartigen Binnenmeere in Verbindung, das als mittelländisches Meer (The Mediterranean) bekannt, und für die Kulturgeschichte der umwohnenden Völker von der höchsten Bedeutung ist. Zwischen den Südküsten Europa's, dem Nordgestade Afrika's und Vorderasiens gelegen, umfaßt es einen Raum von 54,300 Quadratmeilen, ist demnach der größte Meerbusen überhaupt. Mit zahlreichen Seitenarmen und Busen versehen, bringt es 500 Meilen weit in die Landfeste der alten Welt ein, sie überall aufschließend und dem Handel zugängig machend. Deutlich zerfällt es in eine westliche und östliche Hälfte, deren Scheidelinie von der Südspitze Griechenlands nach der Küste Nordafrikas gedacht wird. Anschließend an den Hauptkörper finden wir, dessen Bildung im kleinen Maßstabe wiederholend, noch drei Binnenmeere. Durch die Straße der Dardanellen (Hellespont) ist das kleine Marmarameer, zwischen Kleinasien und der tropischen Küste, mit dem Theile des Mittel= meers verknüpft, welcher das ägäische Meer heißt; vom Marmarameer führt die Straße von Konstantinopel (Bosporus) wieder in das schwarze Meer und aus diesem die Straße von Kertsch endlich in das Asow'sche Meer. Von Norden her ragen die pyrenäische, apenninische und Balkanhalbinsel, von Osten Kleinasien in das Mittelmeer, zahlreiche Inseln und Archipele: die Balearen, Corsica, Sardinien, Sicilien, die ionischen Eilande, der griechische Archipel und Cypern unterbrechen seine Fluthen, und Reiche, die bestimmend für die Weltgeschichte wurden, erblühten und versanken wieder an seinen Gestaden. Hier war fast drei Jahrtausende der Mittelpunkt für die Verkehrsbewegung der Völker, bis mit der Entdeckung Amerika's und des Seewegs um das Kap der guten Hoffnung der Handel neue Bahnen einschlug. Dort blühten Städte, deren Namen wir nur mit Ehrfurcht und Bewunderung aussprechen: Athen, Karthago, Tyrus, Jerusalem, Alexandria, Rom, Byzanz!

Hier ist der Ort, einiges über das große Handelsvolk der Phönizier zu berichten, das Jahrhunderte hindurch den Handel des Mittelmeers allein in ihrer Hand hatte. Sie waren ein Volk aramäischer Abstammung, das, an der syrischen Küste wohnend, von da aus sich über die Küstenländer des

Mittelmeers und weit darüber hinaus verbreitet. Sie begannen (im zweiten Jahrtausend vor Chr.) auf den ihnen zunächst gelegenen Inseln und an der Ostküste Niederlassungen zu gründen; dieselben bildeten längs dieser schmalen Küstenstrecke so zu sagen eine zusammenhängende Stadt. Nach und nach erstreckten sich diese Anbauten weiter gegen Westen, bis sie allmählich alle Inseln und das ganze Gestade des mittelländischen Meeres einnahmen. Darauf dehnten sie sich über einen großen Theil von Spanien und schließlich über verschiedene Länder des westlichen Europa aus. Sie verfuhren hierbei wie alle mächtigen Handelsstaaten älterer und neuerer Zeit: sie eroberten, wenigstens zu Anfang, nicht mit Feuer und Schwert, sondern erschienen als friedliche Kaufleute und boten den Eingebornen ihre Waaren im Austausche gegen die Erzeugnisse des Ortes. Die Eingebornen sahen es gern, wenn die Fremden ihnen buntfarbige Zeuge und glänzende Glasperlen zuführten, und nahmen sie im Austausche für Dinge, deren Werth sie nicht kannten. Fanden die Fremdlinge eine Küste oder eine Insel, wo sie es für vortheilhaft hielten, sich anzubauen, so gründeten sie eine Kolonie, welche sich nach und nach erweiterte, und da sie dem Volke, in dessen Mitte sie sich niederließen, an Bildung überlegen waren, so trugen sie stets mehr oder minder zu dessen Civilisirung bei. Wo die Phönizier sich niederließen, da führten sie Ackerbau und Gewerbe ein und lehrten die Eingebornen in festen Wohnplätzen seßhaft bleiben. Dieses ist in der Kürze nicht allein die Geschichte der Phönizier, sondern jedes andern großen und mächtigen Seehandel treibenden Staates, die Entwicklungsgeschichte Spaniens, Venedigs, Hollands, Englands. Wir können uns eine deutliche Vorstellung davon machen, wenn wir bedenken, daß selbst die außereuropäischen Besitzungen verschiedener, jetzt blühender Staaten als Handelsfaktoreien begannen.

Auf dem Gipfel seines Glanzes und seiner Bedeutung stand Phönizien um das Jahr 1000 vor Chr.; Tyrus war damals die erste Handelsstadt der Welt, wie wir aus den poetischen Schilderungen der jüdischen Propheten erkennen. Die Waaren, welche die Phönizier fremden Völkern zuführten, bestanden theils aus eigenen Fabrikaten, oben an die mit dem Safte der Purpurschnecke gefärbten Stoffe, dann aus den Erzeugnissen der asiatischen Länder, die sie selbst holten oder durch Zwischenhandel erlangten. Von Arabien brachten die Karawanen Räucherwerk, Gold, Edelsteine, und aus den fernen indischen und äthiopischen Gegenden Elfenbein, Zimmt und Ebenholz. Aus Palästina kamen, wie Ezechiel sagt, „Waizen und Backwerk, Honig, Balsam und Oel." Von Aegypten holten sie baumwollene Waaren und gestickte Webereien. Aus Damaskus erhielten sie Wein; aus Babylonien und Assyrien Wolle. Von Tarsis kam Silber. Aber sie strebten auch hinaus aus dem Becken des Mittelmeers, durchschifften die Säulen des Herkules und holten Zinn von England, Bernstein vielleicht von den Gestaden der Ostsee oder aus Jütland.

Im neunten Jahrhundert war es dann eine der Tochterstädte, welche Tyrus und die übrigen Orte im syrischen Mutterlande überholte. Karthago, an welches die klassischen Namen einer Dido und eines Hannibal erinnern, schwang sich auf den Thron. Unfern von der schmutzigen, trägen, mohammedanischen Stadt Tunis liegen an der nordafrikanischen Küste die Ruinen der alten verschwundenen Kulturstadt, deren herrlicher Hafen, in der günstigsten Lage am Mittelmeer, einst von Kriegsschiffen und Handelsfahrzeugen bedeckt war. Wie die alten Schriftsteller berichten, soll der volkreiche Ort in seiner Blüthezeit 700,000 Einwohner gezählt haben. Die Gebäude, namentlich die Tempel, waren herrliche Kunstwerke und die Götterstatuen, welche das Innere barg, deuteten auf den feinen Geschmack und großen Reichthum der kriegerischen, kaufmännischen Bevölkerung. Von den Grenzen Aegyptens bis nach der Pyrenäischen Halbinsel herrschte diese Hauptstadt Nordafrika's, und dreihundert Tochterstädte an allen Gestaden des Mittelmeers beugten sich ihrer Oberhoheit. Auf dem See= wie dem Landwege unterhielt sie nach allen Seiten hin Verbindungen; aus dem Innern Afrika's empfing sie Kara= wanen, beladen mit Gold, Elfenbein, Sklaven und andern Erzeugnissen der heißen Zone; auch die mächtigen Kriegselephanten kamen von dort. Aber von all dieser Herrlichkeit, die an der eisernen Tapferkeit des alten Rom zerschellte (146 vor Chr.), ist jetzt nur der Name und elende Mauertrümmer vorhanden. Rom erschien auf den Schauplatz, und Karthago's Erbin im Mittel= meerhandel wurde Massilia (Marseille); die bisherige Nebenbuhlerin, trat an Karthago's Stelle.

Weder Römer noch Griechen reichten in ihrer Handelsthätigkeit im Alterthum an die Phönizier und Karthager heran. Wohl aber im Mittel= alter die Venetianer und Genuesen, auf die wir zurückkommen. Nachdem jedoch der Seehandel ozeanisch geworden, das atlantische und indische Meer, endlich auch die Südsee, der Tummelplatz der Schiffer wurden, erschien das Mittelmeer stiller, bis in unsern Tagen es sich zu neuer Bedeutung erhob und der Suez=Kanal die Schranken durchbrach, die es vom Rothen Meer trennte. Ein Theil des Handels lenkte wieder ein in die alten Bahnen.

Ebbe und Flut, welche schwach und unregelmäßig im Mittelmeere auf= treten, haben dort für den Seefahrer keine Bedeutung. Dagegen rechnet er mit der Strömung, welche durch die Straße von Gibraltar eindringt und sich längs der Gestade Afrika's und Kleinasiens hinzieht. Die Winde und Luftströmungen im Meere sind ungemein veränderlich, wenn auch regelmäßig eintretende Winde, wie z. B. der Scirocco, die Bora, nicht fehlen. Schon den Alten galt daher die Schifffahrt im Mittelmeere für unberechenbar und gefährlich, wie die Irrfahrten des Odysseus beweisen und trotz unsrer groß= artigen Fortschritte in der Nautik urtheilen die erfahrensten Seeleute heute kaum anders. Der Befehlshaber der Novaraexpedition, Kommodore v. Müllers= torf, sagt: „Die Seefahrt im Adriatischen und Mittelmeer bietet meist solche Schwierigkeiten, daß es unmöglich ist, die Dauer der Reise von Triest nach Gibraltar auch nur annähernd zu bestimmen. Im Winter Europa's kann oft ein Segelschiff gezwungen sein, vierzehn Tage und mehr bei anhaltendem Südostwinde im Adriatischen Golfe zu verlieren. Der Kanal von Malta oder die Meerenge von Messina sind gleichfalls im Winter schwer zu passiren, während im Sommer die Westwinde die Reise bis Gibraltar sehr verzögern. Von Gibraltar nach Triest hat man aber im Winter bis über Italien hinaus oft mit anhaltenden Ostwinden und Stürmen aller Art zu kämpfen, im Sommer können die Nordwestwinde und Windstillen des Adriatischen Meers bis zum Kanal von Malta die Reisen nach Triest bedeutend verzögern."

Das abriatische Meer, das einen Flächenraum von 2600 Quadrat=
meilen deckt, steht in seiner Handelsgeschichte und Bedeutung ganz neben dem
Mittelmeer, dessen Theil es ist. Seine Ostküste ist reich an Häfen, vielfach
gezackt und mit Inseln besäet, während die italienische Westküste einförmig
gestaltet, dahinläuft. Die reichen Hinterländer, namentlich an dem österreichisch=
türkischen Gestade, sind noch wenig entwickelt, aber ihr Reichthum an Pro=
dukten ist ein großer und ein Aufschwung steht bevor. Freilich, Venedigs
Größe ist an Triest übergegangen und die stolze Republik Ragusa steht heute
ohne Bedeutung da. Aber durch die im Bau begriffenen Orientbahnen und
den Suez=Kanal gewinnt ein Theil Europa's den kürzesten Weg nach Ost=
asien, erwirbt neue Kräfte und ein neues Feld seiner Thätigkeit. Das weite
herrliche Gebiet zwischen dem abriatischen und schwarzen Meere, das einerseits
an die Donau und Save reicht, andererseits vom Mittelmeer bespült wird,
wird dadurch dem Einfluß höherer Gesittung erschlossen, und mit den erblühenden
Hinterländern gewinnt dann das abriatische Meer abermals an Wichtigkeit.

Das schwarze Meer, der Pontus Euxinus der Alten, welches
7600 Quadratmeilen umfaßt, liegt heute ziemlich abseit von der großen
Handelsbewegung unsres Jahrhunderts. Von Rußland, Kaukasien, der
Türkei und Kleinasien eingeschlossen, weist es für die Schifffahrt dieselben
Gefahren auf, wie alle Binnenmeere. Ebbe und Flut sind in ihm kaum
bemerkbar; die Hauptströmung wälzt sich gegen den Bosporus, bringt durch
das Marmarameer und die Dardanellen nach dem ägäischen Meere, wo sie
auf die Ausläufer des aus dem atlantischen Ozeans stammenden Stroms
trifft. Das Hinterland, welches an das schwarze Meer sich anschließt, ist
ein großartiges, denn ihm gehört das Stromgebiet aller südlich strömenden
Flüsse von der Donau bis an den Don und Kuban an. Schon in den
frühesten Perioden der Geschichte finden wir die Griechen auf diesem Meere,
durch welches der Zug der Argonauten führte; zahlreiche griechische Kolonien,
die namentlich von Miletus ausgingen, entstanden an seinen Ufern, und
trieben Handel mit Sklaven, Vieh und Korn. Schon zu Herodots Zeiten
(5 Jahrh. vor Chr.) empfingen Athen und der Peloponnes ihr Getreide aus
den heutigen russischen Gegenden am Nordrande des Meers, die auch jetzt
noch im Kornhandel eine der ersten Stellen einnehmen. Auch die Römer
beschifften den Pontus und die Byzantiner holten von dort ihre Lebensmittel;
im zwölften Jahrhundert waren es die Genuesen, die hier Niederlassungen
gründeten und den Handel beherrschten, der erst verfiel, als Konstantinopel
in die Hände der Türken gerieth, und diese fremden Schiffen den Durchgang
durch den Bosporus wehrten. Zwei Jahrhundert lang blieb das schwarze
Meer geschlossen, bis die nördlichen Küsten den Russen in die Hände fielen,
welche durch den Frieden von Kutschuk=Kainardschi 1774 das Recht der
Schifffahrt nach dem Mittelmeer erwarben. Die Oesterreicher wurden erst
1784, die Franzosen und Engländer 1802 durch den Frieden von Amiens
zugelassen. Eine vorübergehende Störung im Handel des schwarzen Meeres
brachte nur der Krimkrieg hervor. Korn, Häute, Holz, Eisen, Pelzwerk
kommen in großen Mengen von Odessa, Cherson, Taganrog, Rostow, während
an der kleinasiatischen Küste Trapezunt und Sinope hervorragen. Die Fischerei
ist ziemlich bedeutend und wird namentlich von den russischen Häfen stark betrieben.

Die Nordsee. Dieses Meer, so recht eigentlich ein germanisches, wird von den Engländern German ocean, deutscher Ozean, genannt. Auf ihm ist die Schifffahrt in den Händen der seetüchtigen Umwohner: der Skandinavier, Friesen, Niedersachsen, Holländer und Angelsachsen zu ihrer höchsten Blüte gelangt, obgleich gerade hier ihr die größten Gefahren drohen. Die Nordsee bildet zwischen Norwegen, Dänemark, Deutschland, Holland und Großbritannien ein längliches Viereck, dessen größte Länge 150, dessen größte Breite 96 geographische Meilen mißt; sie nimmt mit ihren verschiedenen Meerbusen einen Flächenraum von 12,200 geographische Quadratmeilen ein. Einst freilich war sie ein großes Binnenmeer, als Schottland und Norwegen durch eine Sandsteinfelsenkette zusammenhingen, und der englische Kanal noch nicht vorhanden war. Erst aber als im Norden wie im Südwesten der Durchbruch erfolgte, und der Golfstrom seine belebenden warmen Gewässer an die bis dahin eiserstarrten Küsten des deutschen Meeres sandte, erwachten diese. Aber auch viel Land liegt in den Fluten dieser See begraben, wie die Trümmer und Reste Frieslands, die zahlreichen Bänke und Untiefen beweisen. Besonders im südlichen, vorzugsweise befahrenen Theile, wechseln tiefe Rinnen mit höheren Bänken (Toggersbank). Durch den „Trichter", zwischen den Schottlandinseln und Norwegen, wie durch den Kanal (La Manche), die befahrenste aller Seestraßen, steht die Nordsee mit dem atlantischen Ozean in Verbindung, in ihr findet regelmäßige Ebbe und Flut statt; wenn aber heftige Südweststürme plötzlich in Nordweststürme umspringen, dann entstehen die gefährlichen Sturmfluten, wie jene von 1825, die an der friesischen Küste das Wasser um $22\frac{1}{2}$ Fuß steigen ließ. Die Strömung der Nordsee geht an der Ostküste entlang nordwärts, an der Westküste südwärts; außerdem tritt aus der Ostsee und durch den Kanal eine Strömung in die Nordsee ein. Von großen Flüssen, die eben so vielen Kulturbahnen gleich, tief aus dem Innern des Landes in das deutsche Meer führen, sind zu nennen: Elbe, Weser, Ems, Rhein, Maas, Schelde, Themse, Forth; von Welthandelsplätzen, die an ihren Gestaden liegen: Hamburg, Bremen, Amsterdam, Rotterdam, Antwerpen, London, Edinburg-Leith, Dundee, Aberdeen. Schon in diesen Namen ist die Handelsgeschichte des Nordsee, auf die wir zurückkommen, gegeben; hier spielten sich die Großthaten der angelsächsischen, normännischen, hanseatischen und niederländischen Seefahrer ab oder hatten ihre Ausgangspunkte.

Trennend zwischen Nord- und Ostsee schiebt sich die jütisch-schleswig'sche Halbinsel als schmale nach Norden reichende Landstrecke hinein. Um sie herum führen das Skager Rack und Kattegat, beide für die Schifffahrt äußerst gefährliche Meerestheile, nach dem Sund, dem großen und kleinen Belt, die zwischen Jütland, den dänischen Inseln und Schweden liegen, und die Verbindung mit jenem großen Binnenmeere herstellen, welches wir die Ostsee oder das baltische Meer nennen.

Unter den drei letztgenannten Straßen ist es der zwischen der schwedischen Landschaft Schonen und der dänischen Insel Seeland gelegene Sund, der in handelspolitischer Beziehung unsre Aufmerksamkeit besonders in Anspruch nimmt. Zwischen der dänischen Stadt Helsingör, wo das feste Schloß Kronborg als Wächter des Sundes besteht, und Helsingborg in Schweden ist diese Straße an ihrer engsten Stelle nur eine halbe Meile breit. Als der einzige praktikable Durchgang zur Ostsee — so lange der projektirte Kanal durch Holstein zur Elbe noch fehlt — ist der Sund tagtäglich mit Schiffen bedeckt, deren jährlich ihn jetzt etwa 25,000 passiren. Das wußten die Dänen sich zu Nutze zu machen, indem sie ein Prozent vom Werthe der Ladung jedes Schiffes als Abgabe verlangten. Und diese schmähliche, den Handel und die freie Seefahrt drückende Abgabe, die unter dem Namen Sundzoll berüchtigt war und allein in den Jahren 1830 bis 1854 dem kleinen nordischen Königreiche 54 Millionen Thaler einbrachte, ließen alle Seemächte sich gefallen, ja sie erkannten dieselbe durch Verträge an. Da waren es 1848 die Nordamerikaner, welche erklärten, — diese wieder alles Völkerrecht verstoßende Abgabe nicht mehr dulden zu wollen, worauf die dänische Regierung sich gezwungen sah, die Ablösung des Sundzolles zuzugestehen. Diese erfolgte auch gegen eine Summe von 31½ Millionen Reichsbankthaler (wovon England allein 10⅛, Rußland 9¾ Millionen zahlten), und die Sundschifffahrt wurde nun vom 1. April 1857 an frei.

Die Ostsee. Von Südsüdwest nach Nordnordost sich erstreckend, bringt die Ostsee oder das baltische Meer (Baltic sea der Engländer) zwischen Dänemark, Deutschland, Schweden und Rußland tief in das nördliche Europa ein. Drei große Busen, der botnische, der finnische und jener von Riga zweigen sich von ihr ab und zusammen mit diesen bedeckt die ganze See etwa 7200 Quadratmeilen. Eine große Anzahl wichtiger Ströme, namentlich fast alle schwedischen Flüsse, dann die Newa, die Düna, der Niemen, Pregel, Weichsel, die Oder und Trave münden in die Ostsee, führen Niederschläge mit und verursachen theilweise die Seichtigkeit derselben, die durchschnittlich 40 bis 60 Faden beträgt, während die Nordsee 120 bis 150 Faden Tiefe hat. Diese geringe Tiefe, zusammen mit dem unbedeutenden Salzgehalt der Ostsee, ist die Ursache, daß die Küsten der Ostsee alljährlich mit Eis bedeckt und die Häfen vom Dezember bis in den April, in den nördlichen Theilen zuweilen bis in den Mai, zugefroren sind. Ja, es ereignet sich auch, daß die Ostsee ganz zufriert, wie man denn 1333 von Lübeck nach den dänischen Inseln über das Eis gelangen konnte, 1809 ein russisches Corps über den botnischen Busen nach Schweden marschirte. Darum ist der Handel auf der Ostsee einen großen Theil des Jahres hindurch gesperrt, was namentlich Rußland schwer empfindet. Holz, Getreide, Häute, Talg, Eisen und Kupfer aus Schweden, sind die Erzeugnisse der umgrenzenden Länder, welche den Handel der Ostsee vorzugsweise beleben. Kiel, Lübeck, Wismar, Rostock, Stralsund, Greifswalde, Stettin, Kolberg, Danzig, Königsberg, Memel, sind die vorzüglichsten Häfen an der deutschen Küste; Liebau, Riga, Reval, Petersburg an der russischen; Umea, Gefle, Stockholm, Norköping, Wisby, Karlskrona, Malmö, an der schwedischen; Kopenhagen an der dänischen. — Auf die baltischen Wikinger, die als Seeräuber die Ostsee durchschwärmten, und als Waräger-Russen den Grund zum russischen Reiche legten, folgte die deutsche Hansa als Herrin der Ostsee; auf ihr entwickelten sich auch in den Tagen des großen Kurfürsten die Keime preußischer Seegröße, und unter Peter dem Großen, der an der Mündung der Newa die Stadt mit seinem Namen schuf, Rußlands Seemacht.

Die deutsche Hansa. Zur Zeit seiner Blüte, in der Mitte des 14. bis zum Ende des 15. Jahrhunderts war der deutsche Hansabund die erste Handelsmacht Europas, und gerne verweilt der Deutsche bei jener großen Periode seiner Geschichte, die ihm zeigt, was freie unabhängige Kaufleute zur See damals vermochten. Er erkennt darin, welche Kraftfülle in unserm Volke liegt, die, im Neuen Aufblühen begriffen, unsre Flotte und unsern Seehandel wieder zum Ruhme, wie in den Tagen der Hansa, emporführen wird.

Mit der Germanisirung der Ostseeküsten und der Vertreibung der Slaven von dort zogen überall deutscher Fleiß, deutsche Sitte und deutsches Bürgerthum in die Orte am Südrande des baltischen Meeres ein. Lübeck wurde von Heinrich dem Löwen mit sächsischen Kaufleuten aus Barbowieck besiedelt, und an den sogenannten „wendischen Städten", Rostock, Wismar, Greifswald, Stralsund, war nichts wendisches, als der Name. Ueberall regte sich deutscher Handelsgeist, und die wichtigsten Produkte des Ostseehandels: Korn, Talg, Häute, Leder, Honig, Pelzwerk flossen durch den Zwischenhandelsplatz Wisby auf der Insel Gothland im 13. und 14. Jahrhundert nach den deutschen Städten, wofür diese die Erzeugnisse unsres gewerbfleißigen Vaterlandes, Tuche, Leinwand, Waffen, Bier, Wein, und in der Ostsee gefangene Häringe nach Norden führten. Die des Handels halber in Wisby ansässigen Deutschen, von deren Reichthum heute noch die von ihnen erbaute Kathedrale der Stadt Zeugniß gibt, fühlten schon früh, daß es in ihrem Interesse läge, wenn sie sich fest aneinander schlössen, und ihre Personen wie ihr Eigenthum sowohl gegen Seeräuber als gegen die großen regierenden Herren schützten, welche beide gleichmäßig im Mittelalter die Kaufleute als melkende Kühe betrachteten, denen man ungestraft das Eigenthum nehmen könne. Aus diesem Grunde entstand der „Verein deutscher Kaufleute auf Gothland", der bald zu hohem Ansehen gelangte, Verträge mit fremden Herrschern, z. B. dem Fürsten von Smolensk, im eigenen Namen abschloß (1292) und Vorschriften über Bergung und Wiedererstattung gestrandeter Güter erließ. Aus diesem Bunde ist die deutsche Hansa erwachsen. Der Name bedeutet Vereinigung, Gesellschaft, aber das Gründungsjahr vermag nicht mit Sicherheit angegeben zu werden. Schon kannte man Schutz und Trutzbündnisse zwischen einzelnen Städten, sowohl im Binnenlande als an der Küste, die auf Gegenseitigkeit berechnet, allmählich zu einer allgemeinen Vereinigung führten, die in der Mitte des 13. Jahrhunderts unter dem Vorsitze der mächtigen Stadt Lübeck zum Hansabunde sich gestalteten.

Nach der 1364 zu Köln verfaßten Bundesurkunde führte Lübeck den Vorsitz; es berief die Abgeordneten zum Hansatage ein, der alle drei Jahre zu Pfingsten abgehalten wurde, brachte als „Abschied" die gefaßten Beschlüsse in Gesetzesform, führte die Korrespondenz, schickte Gesandte und befehligte die Bundesflotte. Die höchste Zahl der vereinigten Städte belief sich auf 85, welche in vier „Quartiere", das „wendische" mit der Hauptstadt Lübeck, das „sächsische" mit der Hauptstadt Braunschweig, das „westfälische" mit der Hauptstadt Köln, das „baltische" mit der Hauptstadt Danzig eingetheilt waren. Dieser mächtige Bund, anfangs nur zum gegenseitigen Schutz geschlossen, wurde nun tonangebend und gebietend; er benutzte seine Gewalt, um neue Handelsvortheile zu erringen und benachbarte Fürsten nöthigenfalls mit gewaffneter Hand zur Aufrechterhaltung verliehener Privilegien zu zwingen. Bald gab es keinen Handelspunkt in Europa mehr, der nicht in den Wirkungskreis der Hansa gezogen worden wäre; aus und in ihr entwickelte sich zum ersten Male eine in alle Verhältnisse eingreifende Handelspolitik, von der kein Herrscher damals eine Ahnung hatte. Im 12. Jahrhundert setzten die Hansen sich in der Republik Nowgorod fest, wo sie im deutschen Quartier ihre eigenen Herren waren; von dort aus führten sie den russischen Handel, wie von Kowno aus den lithauischen. Bergen in Norwegen war eine fast ganz deutsche Stadt, von wo die zoll- und steuerfreien Hanseaten durch ihr Kapital, ihre Handelsgewandtheit und ihre Verbindung mit dem Mutterlande Norwegen regierten. Auch ein Hauptantheil am englischen Handel fiel ihnen zu. Der deutschen Hansen Stapelhof oder Stahlhof, der erst 1853 verkauft wurde, war im 14. Jahrhundert das, was heute die großartigen Londoner Docks sind, ein Sammelplatz für die Produkte der ganzen Handelswelt. Mehr als einmal beugte die Regierung des stolzen Albion sich vor den deutschen Kaufherren, hinter denen allerdings eine achtunggebietende Orlogsflotte stand. In den Niederlanden, deren Städte theilweise selbst Hansaglieder waren, herrschte Brügge als erste Handels- und Hansastadt. Ja, selbst so ferne Städte, wie Krakau, damals Polens Hauptstadt, schätzten sich es zur Ehre, dem großartigen deutschen Städtebunde angehören zu dürfen.

Die Hanseaten waren die ersten, welche Kanonen auf die Schiffe brachten und fremde Könige ihre Macht fühlen ließen. So Waldemar von Dänemark, der 1361 Wisby zerstörte und dafür gezüchtigt wurde. Als die Hanseaten vor Kopenhagen erschienen, räumte er ihnen nicht nur Handelsfreiheit, das Recht der Häringsfischerei u. s. w. ein, sondern verpfändete ihnen Städte und gestand zu, daß jede zukünftige Königswahl in Dänemark von der Beistimmung der Hanseaten abhängig sei. So groß stand der Bund ohne Unterstützung von Kaiser und Reich da, ein herrliches Zeugniß der Kraft deutschen Bürgerthums. Wohin damals der deutsche Kaufmann kam, war er hochgeehrt, man rühmte und anerkannte nicht blos seine Handelstüchtigkeit — wie auch heutzutage — man achtete vor allen Dingen die Macht, die ihn zu schützen wußte. Gegen den skandinavischen Unionskönig Erich ließ die Hansa 284 Orlogschiffe, bemannt mit 12,000 Streiter ausziehen; 100 hanseatische Kriegsfahrzeuge erschienen vor Lissabon und brandschatzten die portugiesische Hauptstadt, ja Paul Niederhoff, Danzigs Bürgermeister, konnte im Namen seiner einzigen Stadt dem Dänenkönige Christian I. den Krieg erklären!

Das waren die großen Tage hanseatischen Glanzes, die Wohlstand über die betheiligten Städte ausschütteten. Aber sie waren gezählt! Schon mit dem Ende des 15. Jahrhunderts begann ein Sinken der Hansa. In Rußland erhob sich mit Zar Iwan I. Wasiljewitsch ein nationaler Herrscher auf dem Throne zu Moskau, der die hansische Faktorei in Nowgorod plündern und dem Erdboden gleich machen ließ. Die dortigen Hanseaten wurden hingerichtet und den Hansen das Betreten Rußlands bei Strafe ewiger Gefangenschaft verboten. Die Entdeckung Amerikas 1492, die Auffindung des Seewegs nach Ostindien 1498, das Uebergehen der Handelsgröße zur See an die Portugiesen, Spanier, dann an die Holländer, der Kampf, den die

Reformation Luthers herbeiführte, das alles führte zum Erlöſchen des Bundes, der auch in Skandinavien ſeine werthvollſten Gerechtſame verlor und den Wettbewerb der erſtarkenden Niederländer und Briten fühlte. Im Innern mehrten ſich die Wirren und als 1589 Königin Eliſabeth im Tajo 60 hanſeatiſche Schiffe wegnehmen, den Stahlhof in London beſetzen ließ, da war auch der engliſche Handel von der hanſiſchen Vormundſchaft befreit. Viele Städte fielen ab, ſo daß ſtatt 85 nur noch 14 ſtimmfähige Hanſaſtädte im Jahre 1612 vorhanden waren. 1630 ſchloſſen Hamburg, Lübeck und Bremen, denen fortan der ehrenvolle Name der Hanſeſtädte verblieb, ein engeres Bündniß. Verſuche nach dem weſtfäliſchen Frieden, den alten Bund wieder aufleben zu laſſen, ſchlugen fehl und auf dem letzten Hanſatage 1669, auf dem außer den drei genannten noch Braunſchweig, Danzig und Köln — die drei Quartierſtädte — vertreten waren, wurde die Hanſa begraben*). Das Hauptfeld ihrer Thätigkeit war ſtets der Oſtſeehandel geweſen, an dem großen Verkehr, der nach den neuentdeckten überozeaniſchen Ländern führte, nahmen ſie keinen Antheil, bis ſpäter Hamburg und Bremen dieſem Mangel abhalfen und deutſche Schiffe nach den fernſten Gegenden ausſandten.

Der indiſche Ozean. Dieſes Meer, deſſen Begrenzung nach Oſten zu eine ungewiſſe iſt, indem man das oſtaſiatiſche Inſelmeer ihm bald beirechnet, bald zum ſtillen Ozean ſchlägt, ſteht als ein großes Bindeglied zwiſchen dem atlantiſchen und dem pazifiſchen Weltmeere da. Es wird begrenzt im Weſten von Afrika und Arabien, im Norden von Südaſien, im Oſten von Auſtralien und den oſtaſiatiſchen Inſeln und verläuft nach Süden in das ſüdliche Eismeer. Beſonders ſein nördlicher Theil iſt reich gegliedert, indem hier die vorder- und hinterindiſche Halbinſel wie zahlreiche große Eilande in ihm liegen. Das rothe Meer, der perſiſche Buſen, der Golf von Bengalen ſind ſeine wichtigſten Theile. Der Euphrat und Tigris, der Indus, der Ganges, der Brahmaputra und Irawaddi ſind die wichtigſten Ströme, die in ihn münden. Die Flüſſe, welche er von Afrika und Auſtralien her erhält, ſind für den Handel ohne Bedeutung. Wichtige Handelsplätze, die, abgeſehen von den Nebenmeeren, an ſeinem Haupttheile liegen, ſind: Sanſibar, Aden, Maskat, Karratſchi, Bombay, Goa, Point de Galle, Madras, Calcutta, Akyab, Rangun (Singapur und Batavia). An Strömungen iſt der indiſche Ozean reich; die bedeutendſte darunter iſt die zwiſchen Madagaskar und dem afrikaniſchen Feſtlande durchgehende Moſambikſtrömung, die ſich bis zum Kap der guten Hoffnung fortſetzt. Weit wichtiger für Handel und Schifffahrt als die Strömungen, ſind jedoch die Winde des indiſchen Ozeans. Kaum in einem andern Meere treten dieſe regelmäßiger ein, nirgends ſind die Hin- und Rückfahrten mehr begünſtigt als hier durch die Monſune oder Mouſſons, welche die Schiffer ſeit den älteſten Zeiten benutzten und die ſchon den Arabern zu Gute kamen, als ſie lange vor den Europäern bis tief in den malaiiſchen Archipel ſchifften. Von ihnen auch ſtammt der Name, der von dem arabiſchen „Muſi",

---

*) Eine ſehr überſichtliche Darſtellung der Geſchichte der Hanſa findet ſich in Büchele, Geſchichte des Welthandels. Stuttgart. S. 103—118.

Jahreszeit, abgeleitet ist und auf einen Wind hinweist, der sich nach der Jahreszeit verändert.

Befindet sich die Sonne in nördlicher Deklination, so erwärmt sich die große Ländermasse des asiatischen Kontinents weit bedeutender, als das südlich gelegene Meer, und diese ungleiche Vertheilung der Wärme bewirkt eine Strömung von Süden nach Norden. Die während des Sommers dem zu Folge nördlich vom Aequator wehenden Südwinde nehmen zugleich wegen der am Aequator beschleunigten Erdumdrehung eine südwestliche Richtung an. Hierdurch kommt es, daß in den Sommermonaten, also vom April bis September, im indischen Ozean nördlich vom Aequator der Südwest-Monsun herrscht, welcher die Schiffe zur Fahrt nach Osten einladet und sie schnell und sicher nach den Orten ihrer Bestimmung führt.

Bei der südlichen Deklination der Sonne hingegen strahlt von den Ländern Asiens die Wärme ungleich stärker aus als vom Meere. Sie werden folglich ungleich kälter als das Meer. Da nun die Luftströmung auch, den allgemeinen Verhältnissen gemäß, als Passat nach der Aequatorialzone sich richtet, so finden wir in der zweiten Jahreshälfte, vom September bis April, im indischen Ozean lebhafte nördliche Winde, die aus höheren Breiten in niedere ziehend, wegen ihrer geringen Umlaufsgeschwindigkeit als Nordost= winde erscheinen. In dieser Zeit herrscht daher der Nordostmonsun vor, der die Schiffe nach Westen führt.

Für die Handelsgeschichte ist der indische Ozean von hervorragender Bedeutung. Um einen Weg nach den Ländern der kostbaren Spezereien und des Goldes zu finden, wurde der Seeweg nach Indien von den Portu= giesen gesucht und 1498 von Vasco da Gama der Weg um das Kap der guten Hoffnung gefunden. Aber auch die größte aller Entdeckungen, jene des Christoph Columbus, hatte kein anderes Ziel in Aussicht genommen, als denselben Ozean auf einer Fahrt nach Westen hin zu durchfurchen. Indien und sein Meer beschäftigten seit Jahrtausenden die Phantasie aller westlich wohnenden Völker; nach ihrem Begriff war dort aller Reichthum, alles Glück zu finden, und so sehen wir denn schon die Phönizier längs des arabischen und persischen Meerbusens Handel treiben und bis Ceylon (Taprobane) gelangen. Kühn durchkreuzten die Araber den ganzen Ozean; es folgten Portugiesen, Spanier, Holländer und zuletzt die Engländer, die dort ihre werthvollste Besitzung, Ostindien, eroberten.

Das rothe Meer erstreckt sich gleich einem Arm in einer Länge von fast 400 Meilen von der Bab=el=Mandeb bis Sues zwischen dem nordöst= lichen Afrika und der westlichen Küste Arabiens. Es ist für den Verkehr unsrer Tage von hoher Wichtigkeit, wenn gleich die Natur durch ein Hinder= niß seine Bedeutung abschwächt. Das rothe Meer ist nämlich für Segel= schiffe bei den jetzigen Anforderungen an die Schnelligkeit des Verkehrs, fast so gut wie unfahrbar, da ziemlich das halbe Jahr hindurch Windstille dort herrscht und Mangel an guten Häfen ist. Zudem machen die seine Gestade einsäumenden Korallenklippen die Fahrt äußerst gefährlich, und auch die Versorgung der Schiffe mit Wasser, Kohlen oder Lebensmitteln ist eine äußerst mangelhafte. Nur Dampfer beherrschen diesen Meeresarm vollkommen und durchfahren ihn in vier bis fünf Tagen. Sues, an der Ausmündung

des Kanals und der Eisenbahn nach Alexandria, Koffeir, von wo die Kara-
wanenstraße nach Keneh am Nil führt, Jembo, das Eingangsthor zur heiligen
Stadt Medina, Dschidda, der Hafenplatz Mekkas, Suakin, von wo die
Karawanen nach Chartum abgehen, dann Massaua, der Hafen Abessiniens,
sind die wichtigsten Handelsplätze des rothen Meeres. Gummi und Straußen-
federn, Droguen und Elfenbein, Wachs und Honig, nicht minder aber
Sklaven sind die Erzeugnisse seiner produktenreichen Länder, die in allen
Hafenplätzen feil gehalten werden. Als Vermittlerin des Post- und Handels-
Verkehrs zwischen Europa und Indien, der seine Straße durch das rothe
Meer nimmt, ist dieses ungemein belebt geworden und als „Schlüssel zu
Indien" wird es von den Engländern seiner handelspolitischen Bedeutung
wegen mit eifersüchtigen Augen bewacht und durch die Befestigungen von
Aden und Perim beherrscht.

Der persische Golf. Wie die Bab-el-Mandeb nach dem rothen
Meere, so führt die Straße von Ormus nach dem persischen Golfe, der,
zwischen den öden Gestaden Persiens und Arabiens liegend, eines der stillsten
Gewässer ist, aber noch eine Zukunft voraus hat. An seinen Küsten finden
wir keine guten Häfen, nur ein bedeutender Strom, der vereinigte Euphrat-
Tigris mündet in ihn und nur wenige Handelsstraßen, wie z. B. die außerordentlich schlechte von Schiras nach Abuscher führen hinab an die vulkanischen
Gestade. Piraten haben diesen Golf lange Zeit unsicher gemacht, seit aber
die englischen Kriegsdampfer hier regelmäßig verkehren, verläuft der nicht
erhebliche Handelsverkehr ruhig und sicher. Die nicht bedeutenden Strömungen
des Golfes wechseln nach der Jahreszeit: vom Mai bis Oktober tritt eine
Strömung ein, vom Oktober bis Mai hinaus. In der Handelsgeschichte
spielte der persische Meerbusen eine Rolle, als 1507 der große Affonso
Albuquerque die an seinem Eingange gelegene Insel Ormus eroberte, damals
berühmt wegen ihrer Schätze und als ein Stapelplatz des indischen Handels.
Eine neue Epoche wurde 1862 mit der Versenkung des Telegraphenkabels
eingeleitet, das von der Euphrat-Tigris-Mündung nach Karratschi in Indien
führt und der Dampferverkehr wird im Golfe denselben Aufschwung wie im
rothen Meere nehmen, wenn die durch Kleinasien projektirte Euphratbahn
vollendet sein wird.

Das hinterindisch-chinesische Meer steht als Bindeglied zwischen dem
Indischen und Stillen Ocean da; es ist eine See für sich, mit eigenthüm-
licher Beschaffenheit, abgeschlossenen, natürlichen Grenzen und höchst charak-
teristischer Handelsgeschichte. Es wird begrenzt von den östlichen Gestaden
der hinterindischen Halbinsel, dem Süden China's und den vielfach gegliederten,
zerrissenen, von Straßen und Buchten durchbrochenen Inseln und Archipelen,
die zwischen Australien und Neu-Guinea einerseits und dem asiatischen Festlande anderseits sich erstrecken; genauer durch eine über Formosa, die Philippinen, Molukken, die kleinen Sundainseln, Java und Sumatra gezogene
Linie.

Jener asiatisch-australische Archipel, der vom Aequator durchschnitten
und von den lauwarmen Wassern der tropischen Meere umfluthet wird, zeichnet
sich durch ein Klima aus, das gleichmäßiger heiß und feucht ist als dasjenige irgend eines andern Landes unserer Erdkugel. Die Ueberfülle der

Producte, welche er erzeugt, ist geradezu staunenerregend; die köstlichsten Früchte und die theuersten Gewürze kommen von dort; die Rafflesia, die riesigste aller Blumen, der Orang-utan, die Malayen und merkwürdigen Papuas, sie haben dort ihre Heimat. Unter den Tausenden von gleichsam zerbröckelten Eilanden, die scheinbar wirr und regellos über den weiten Raum zerstreut sind, gewahren wir auch die größten Inseln unseres Erdballs: Borneo und Neu-Guinea, deren jede an Ausdehnung etwa dem ehemaligen deutschen Bunde gleichkommt. Erscheint auch dieser Archipel, der sich über eine Länge von 4000 und eine Breite von 1300 engl. Meilen erstreckt, auf unsern Karten wie ein geographisch zusammengehöriges Ganzes, so ergeben doch nähere Forschungen, daß er in zwei ziemlich gleich große, aber außerordentlich scharf von einander geschiedene Gruppen zerfällt, in eine australische und eine asiatische Gruppe, bedingt durch die Beschaffenheit des Meeres. Die Seichtigkeit des Meeres, das Java, Sumatra und Borneo von einander und vom Festlande trennt, übersteigt selten die Tiefe von 40 Faden, ermöglicht daher Schiffen überall innerhalb dieses Raumes Anker zu werfen, während die übrigen Inseln, von tieferem Meere umgeben, in ihrem Charakter zu Australien hinneigen. Wie im Indischen Ozean sind auch hier die Monsune die Winde, welche die Schifffahrt und den Handel begünstigen, von denen in den bestimmten Jahreszeiten überhaupt alle kommerzielle Thätigkeit der seetüchtigen Bevölkerung des Archipels abhängig ist. Die Schifffahrt in jenen Meeren ist eine äußerst gefährliche, sowohl wegen der zahlreichen Korallenbänder als auch wegen der Stürme. Letztere sind jedoch auf bestimmte Regionen beschränkt. Auf den ganzen weiten Flächenraum zwischen Java nebst der Inselreihe, die sich östlich bis zu dem im Süden liegenden Timor hinzieht, und dem 10° nördl. Br. hat man noch nie einen jener furchtbaren Stürme erlebt, die in der Bai von Bengalen als Cyclone und im chinesischen Meere als Teifune bekannt sind. Dagegen sind in der Java- und Bandasee die starken Meeresströmungen und vielen Korallenriffe die Hauptquellen der Besorgniß für den Seefahrer. Bis nach den Karolinen im Osten und dem südlichen Japan in Norden herrschen jene Teifune, Wirbelstürme, denen alljährlich zahllose Dschunken und Prahus, wie europäische Schiffe zum Opfer fallen. In früheren Jahren, als man die Theorie dieser eine kreisförmige Bahn im Meere beschreibenden furchtbaren Stürme noch nicht kannte, ist es nichts seltenes gewesen, daß Schiffe in dem Glauben, dem Sturme entgehen zu können, so unrichtig manövrirten, daß sie tagelang im Heerde desselben verblieben und so lange mit fortgeführt wurden, bis sie entmastet und leck an die Küsten trieben, wenn nicht ein glücklicher Zufall sie vor dem Verhängnisse bewahrte. Jetzt durchbricht man die Bahn des Teifuns seiner Breite nach, gelangt dann in das verhältmäßig ruhige Mittelwasser und nimmt nochmals den Kampf mit dem empörten Elemente auf, indem man den Kreis des Wirbelsturmes an der entgegengesetzten Seite passirt. Was die Teifune im chinesischen Meer auf der östlichen Erdhalbe, das sind genau die Hurrikane der westindischen Gewässer auf der westlichen Hemisphäre.

Wie der Schiffer durch Ergründung der Naturgesetze und der daraus gefolgerten Vorschriften für seine Fahrten allmählich die Schrecken der Tei-

fune zu überwinden weiß, wie er durch immer mehr vervollkommnete See=
karten die bräuenden Korallenklippen umgehen lernt, so arbeitet er auch an
der Vertilgung einer dem Handel höchst nachtheiligen Gefahr jener Meeres=
regionen, der malayischen Seeräuber, die bis heute noch ihr schänd=
liches Gewerbe im großartigen Maßstabe betreiben, das bei ihnen jedoch für
rechtmäßig und patriotisch gilt. Als nämlich im 15. und 16. Jahrhundert,
theils durch die Malayen, theils durch die Europäer besiegt, manche Stämme,
welche früher blos Ackerbau und Handel trieben, aus ihren Heimatsitzen aus=
wanderten, wurden sie aus Rachegefühl gegen ihre Unterdrücker dazu ange=
regt, einen großen Seeräuberbund zu bilden. Lange Zeit waren sie der
Schrecken aller Nationen, welche mit den reichen Ländern des indischen
Archipels und dem asiatischen Kontinente Handel trieben. Ihre zahlreichen
schnellsegelnden Prahus, die mit langen Kanonen (Lilas) bewaffnet waren,
durchkreuzten zu hunderten das an Schlupfwinkeln, seichten Buchten und
Inseln reiche Meer. Nicht leicht entging ihnen ein Schiff, welches irgendwo
am Rande des Horizontes auftauchte und das im günstigsten Falle, wenn
es eingeholt wurde, durch schweres Lösegeld seine Freiheit erkaufen mußte.
Gelegentlich fielen die malayischen Seeräuber auch über friedliche Inselbe=
wohner her, deren Dörfer sie niederbrannten, während die Menschen als
Sklaven verhandelt wurden.

    Bis zum 17. Jahrhundert waren selbst die Javanesen sowie die Küsten
Sumatra's nicht sicher vor den Anfällen der Piraten. Doch als bewaffnete
Schiffe der holländisch=ostindischen Compagnie diese Gewässer mehr und mehr
durchkreuzten und die Inselbewohner bei diesen Schutz suchten, zogen die
Piraten sich weiter nach Norden und Osten zurück. Sowohl von Bundes=
genossen dazu aufgefordert, als auch um die Sicherheit zur See für alle
Nationen wo möglich herzustellen, veranstaltete die holländische Flotte öfter
Expeditionen gegen die Seeräuber. Selten jedoch wurden diese Streifzüge
mit dem gewünschten Erfolge gekrönt. Die schlauen Piraten, welche durch
einzelne Kreuzer, sowie die in ihrem Bunde stehende Fischer gar bald von
der gegen sie ausgesandten Flotte in Kenntniß gesetzt wurden, eilten sogleich
nach ihren Schlupfwinkeln, nach den hinter Korallenbänken versteckten Inseln,
wohin ein größeres Schiff ihnen nicht nachzufolgen vermochte. In den vier=
ziger Jahren trat dagegen ein Umschwung ein, als die Holländer kleine,
kaum einen Meter tief gehende Kriegsdampfer bauten, die mit ihren schweren
Geschützen unter den Seeräubern aufräumten. An der Nordwestküste Bor=
neo's war es dagegen der edle Sir James Brooke, Radscha von Sarawak,
der ihnen das Handwerk legte.

    Der Mittelpunkt des Seeraubes befindet sich auf den unter spanischer
Herrschaft stehenden Philippinen, besonders auf Mindanao, wo schon Dam=
pier ihre Bekanntschaft machte. Den Sultan von Sulu erkennen die meisten
als ihren Gebieter an. Das nöthige Schießpulver verfertigen sie selbst, auch
gießen sie ihre eigenen Kanonen. Im Frühjahre geht die Räuberflotte noch
alljährlich, 70 bis 80 Segel stark, von Mindanao aus, um sich dann in
kleineren Flotillen zu theilen und verschiedene Richtungen des Archipels zu
durchstreifen. Die größeren Prahus sind mit 30 bis 40 Lenten bemannt
und führen 4 bis 6 Kanonen. Wie die Dinge heute stehen, entnehmen

wir aus Nachſtehendem. Der offizielle Bericht des niederländiſchen Admirals zu Batavia über die Seeräuber ſchloß 1854 mit folgenden Worten: „Eine vollkommene Ausrottung des Piratenweſens läßt ſich für die nächſte Zeit noch nicht erwarten. Wird indeſſen die Durchkreuzung aller Meere planmäßig mit Eifer und Fleiß fortgeſetzt, dann werden die Strandbewohner mehr und mehr von jedem heimlichen Einverſtändniſſe mit den Seeräubern abgehalten, dieſe werden von Punkt zu Punkt verjagt, ſo daß ſie endlich genöthigt ſind, ſich zu ergeben oder den Archipel zu verlaſſen." Und der amerikaniſche Reiſende Bickmore ſchreibt 1867: „Vor einigen Jahren ſchickten die Seeräuber der holländiſchen Flotte in Batavia eine Herausforderung zu, in die Straße von Makaſſar zu kommen, um dort mit ihnen zuſammenzutreffen, und mehrere Offiziere verſicherten mir, es ſeien fünf Schiffe hingeſandt worden. Als ſie ankamen, waren keine Seeräuber zu ſehen, aber man glaubt allgemein, daß die Herausforderung redlich gemeint war und daß der einzige Grund, weshalb die Seeräuber nicht bereit waren, ihre Rolle durchzuführen, darin lag, daß mehr Kriegsſchiffe erſchienen, als ſie geahnt hatten." Was die Malayen als Piraten im ſüdlichen Theile dieſer Gewäſſer, das ſind im nördlichen die Chineſen, die mit ihren Opfern nur noch weit grauſamer verfahren. Erwähnen wollen wir hier noch, daß die Spanier die Seeräuber in den philippiniſchen Gewäſſern Moren (moros) nennen, weil ſie aus ihrer Heimat gewohnt ſind, die ſpaniſchen Araber, die ſie ehemals bekämpften, Moren (Mauren) zu nennen. In Deutſchland hat man ſich dies Wort angeeignet und im fünfzehnten und ſechszehnten Jahrhundert ſprach man vom weißen (arabiſchen) und ſchwarzen (äthiopiſchen) Morenland. Später haben die Spanier Moren alles genannt, was dem Islam angehörte und da die philippiniſchen Seeräuber mohamedaniſche Malayen ſind, ſo erklärt ſich zu Genüge, wie ſie Moren genannt werden konnten.

Die Seeräuberei iſt das gefährlichſte aber einträglichſte Gewerbe in den oſtaſiatiſchen Gewäſſern, die von den allerproduktenreichſten Ländern unſeres Erdballs eingeſäumt werden. Europäiſche und einheimiſche Schiffe ſind dort befrachtet mit Arak, Arrowroot, Betelnüſſen, Wachs, Kampher, Caſſia, Gewürznelken, Chinarinde, Kaffee, Kupfer, Kochenille, Kubeben, Baumwolle, Elfenbein, Goldſtaub, Guttapercha, Benzoe, Harzen, Kautſchuck, Perlen, Perlmutter, Muskatnüſſen, Kokosöl, Opium, Pfeffer, Reis, Rum, Sago, Cigarren, Seide, Zucker, Thee, Zimmet, Zinn, Schildpatt. Das alles ſind Waaren, die jederzeit verkäuflich ſind und guten Gewinn abwerfen. Eine Reihe der bedeutendſten Handelsſtädte umgibt die ganze hinterindiſch=chineſiſche See wie mit einem Kranze: Singapur, Bangkok, Saigon, Makao, Hongkong, Manila, Makaſſar, Surabaja und Batavia ſind hier zu nennen. Chineſen, Kochinchineſen, Siameſen, Javaner, Malayen und Papuas von eingeborenen Völkern, Niederländer, Engländer, Spanier, Franzoſen und Portugieſen als Beſitzer von fremden Niederlaſſungen ſind am Handel betheiligt, während die Deutſchen und Nordamerikaner, auch ohne dort Grundbeſitz zu haben, im Handel und der Schifffahrt eine hervorragende Rolle ſpielen.

Eine ſo wichtige Meeresregion weiſt begreiflicherweiſe auch eine reiche Handelsgeſchichte auf. Von der Ankunft der Europäer in Indien nach Umſchiffung des Kap der Guten Hoffnung lag der Handel jener Gegenden aus-

2*

schließlich in den Händen von Arabern und Hindus, welche als Vermittler dienten zwischen dem weiten Osten und Europa. Jede Insel im Archipel hatte im Verhältniß zum Reichthum ihrer Erzeugnisse und der Ausdehnung des fremden Verkehres einen oder mehrere Seehäfen, in welchen die Bodenprodukte aufgehäuft wurden, bis der Monsun die Ankunft der Kaufleute aus dem Westen gestattete. In der günstigen Jahreszeit liefen nun Araber und Inder mit ihren Fahrzeugen in diese Häfen ein und brachten indische und andere Produkte und Waaren mit, welche sie gegen Gold, Gewürze, Harze, Schildpatt, Juwelen und sonstige Handelsartikel umwechselten. Atschin im Norden von Sumatra, Bantam auf Java, Goa auf Celebes, Bruni auf Borneo und Malakka auf der malayischen Halbinsel waren die wichtigsten Stapelplätze. Gegenwärtig ist die Bedeutung aller dieser Häfen nur noch eine historische, während Singapur, das auch Batavia überflügelte, durch seine überaus günstige geographische Lage und die daselbst herrschende vollständige Handelsfreiheit die Königin der hinterindischen Gewässer wurde. Mit dem Auftreten der Europäer erhielten jene Gegenden eine ganz andere Bedeutung; auf die Portugiesen folgten dort die Holländer und Engländer; fast alle Inseln kamen unter europäischen Einfluß; Siam wurde dem Handel eröffnet, die Franzosen eroberten Kochinchina und der Opiumkrieg zeigte den Chinesen die Uebermacht der Abendländer. Fahren auch noch viele Schiffe durch die zwischen Sumatra und der hinterindischen Halbinsel sich erstreckende Straße von Malakka in das hinterindisch-chinesische Meer ein, so ist der Hauptzugang zu demselben von Südwesten durch die Sundastraße zwischen Java und Sumatra. Man kann sie in Bezug auf ihre Wichtigkeit für die Schifffahrt mit dem Kanal zwischen England und Frankreich vergleichen. Während aber den nordischen Kanal und die angrenzenden Küstenstriche dicke Nebelschichten bedecken, legt sich hier der meist reine, tiefblaue Himmel über das Meer und das in der Tropensonne brütende Waldgebirge. Die Sundastraße hat eine trichterförmige Gestalt; sie verringert ihre Breite je weiter man nach Osten vorschreitet und ist durch mehrere Korallen- oder vulkanische Inseln noch verengt.

Der große Ozean. (Stilles Weltmeer, Pacific oder Südsee.) Diese gewaltige Wasserfläche, die das größte aller Meere bildet, dehnt sich zwischen den langhingestreckten Gestaden Amerika's vom Kap Hoorn bis zur Beringsstraße im Osten und den vielfach eingebuchteten Küsten Asiens und dem Australischen Kontinent im Westen aus. Ist es auch schwer, die breit hingelagerte Wassermasse zu gliedern, so hat man dieses dennoch versucht und folgende Abtheilungen aufgestellt. 1. Das Nordmeer umfaßt im Norden und Westen das Berings- oder Kamtschatkische Meer, das Ochotskische Meer, das Japanische Meer, das nordchinesische Meer mit dem Gelben Meere; dann im Osten den Californischen Meerbusen. Als seine ideale Südgrenze kann der Wendekreis des Krebses betrachtet werden. In ihm wehen veränderliche Winde; doch herrscht der West vor. 2. das Mittelmeer zwischen den beiden Wendekreisen. Es ist das eigentliche Stille Meer, das im Osten die Meerbusen von Tehuantepec, Panama und Guayaquil zeigt und im Westen das Karolinen- und Korallenmeer einschließt! In ihm wehen Ostpassatwinde und liegen die zahllosen Inselgruppen

von Neu-Guinea bis zu den niedrigen Inseln, die wir gewöhnlich als Polynesien zusammenfassen. 3. Die eigentliche Südsee, vom Wendekreis
des Steinbocks bis zum südlichen Eismeere, welche nur wenige Inseln,
darunter aber das „Großbritannien bei den Antipoden", Neuseeland, enthält
und veränderliche Winde zeigt, meist Westwinde, wie das Nordmeer.

Mannichfaltig sind die Strömungen des großen Ozeans. Vom Süden
kommt aus dem Eismeer die antarktische Polar-Driftströmung, deren einer
Arm sich um das Kap Hoorn dem atlantischen Ozean zuwendet, während
ein zweiter, die Humboldtströmung, auf die peruanische Küste trifft und
die Schifffahrt an der südamerikanischen Küste in der Richtung von Süden
nach Norden wesentlich begünstigt. Mitten durch den stillen Ozean führt,
bei den Galapagos-Inseln beginnend, der warme, schnell fließende große
Süd-Aequatorialstrom von Osten nach Westen, im Nordbrande begleitet
von der umgekehrt verlaufenden äquatorialen Gegenströmung. Abzweigend
von dem großen Aequatorialstrom nach Süden finden wir die ostaustra-
lische Strömung, welche gegen die Küsten von Neu-Süd-Wales brandet
und dann sich gegen Neu-Seeland wendet. Der Nord-Aequatorialstrom
zieht, wie sein Name bezeichnet, im Norden des Aequators nach Westen; er
trifft auf die berühmte Japanische Küstenströmung oder den Kurosiwo,
welchen man den Golfstrom des großen Ozeans genannt hat. Er führt von
der chinesischen Küste nach den östlichen Gestaden Japans und geht über in
die nordpacifische Driftströmung, welche die Wasser zurück nach den californischen Küsten führt. Zu ihm gesellt sich, aus dem Beringsmeer kommend,
die arktische Polarströmung. Mit allen diesen Strömungen hat der
Schiffer im großen Ozean zu rechnen; für die Abkürzung der Fahrten und
die Handelsbeziehungen sind manche von ihnen außerordentlich wichtig. Todte,
strömungslose Stellen, sogenannte „verlassene Regionen", gibt es im Norden
wie im Süden des Ozeans; sie sind rings von den im Kreislauf fließenden
Strömungen umgeben und wurden wegen ihrer Windstille früher sorgfältig
von den Schiffern gemieden.

Nach Norden zu ist es die Beringsstraße, welche aus dem großen
Ozean in das nördliche Eismeer führt. Der Schiffer, welcher sie durchfährt,
kann an nebellosen Tagen sowohl die amerikanische, wie die asiatische Küste
sehen, denn hier treten beide Kontinente einander am meisten nahe. Aber
außer den Entdeckungsreisenden ziehen nur Walfischfänger durch diese oft
von Eisbergen durchfluthete Straße, in welcher während der Sommermonate
ein reger Handelsverkehr der Eingeborenen von der asiatischen zur amerikanischen Küste stattfindet. In ihren ledernen Baidaren setzen die Tschuktschen über
die Beringsstraße, um von den amerikanischen Eskimos Pelzwerke gegen
Tabak einzutauschen. — Erst wieder an der Magelhaens-Straße, zwischen
dem Feuerlande und dem mürben, gleichsam zerfressenen Südende Amerika's,
finden wir einen Ausgang des stillen Ozeans, der jedoch verhältnißmäßig
wenig benutzt wird, da die Schiffer die Fahrt um's Kap Hoorn vorziehen,
die während des Winters (Mai bis Juli) sich am besten bewerkstelligen läßt,
sonst aber ungemein stürmisch und gefährlich ist und bei den vorherrschenden
Westwinden gewöhnlich die Schiffe, die aus dem atlantischen in den großen
Ozean ~~fahren wollen~~, lange Zeit aufhält. Diese geringe Zugängigkeit des

großen Ozeans von seiner Ostseite ist auch der Grund einer Menge Projekte, welche alle die Durchstechung und Canalisirung Mittelamerika's in Aussicht nehmen. Vor der Hand begnügte man sich jedoch mit Eisenbahnen und von Panama, dem Endpunkte der Panamabahn, wie von San Francisco, dem Endpunkte der nordamerikanischen Pacificeisenbahn, strömt das hauptsächlichste Handelsleben in den Ozean ein. Nicht weniger gefährlich und beschwerlich sind die Zugänge von der australisch-asiatischen Seite. Hier führen zahllose Straßen zwischen der ostasiatischen Inselwelt hindurch. Aber der große Handel benutzt sie nicht, da sie fernab von seiner Bahn liegen. Ebenso wird die zwischen Neu-Guinea und Australien liegende, an Korallenklippen reiche Torresstraße wenig von Schiffern benutzt. Entweder direkt von den chinesischen und japanischen Häfen oder von jenen Australiens zieht der Seefahrer aus, um die Inseln der Südsee oder die Häfen Amerika's zu besuchen.

Die Flüsse, welche in den großen Ozean münden, sind weit bedeutender auf der asiatischen als der amerikanischen Seite. Der Sikiang oder Fluß von Kanton, der dreihundert Meilen weit in's Innere von China schiffbare Jangtzekiang, der Hoangho, der mächtige Amur ergießen eine gewaltige Wasserfülle in das stille Weltmeer, während von Amerika vermöge seiner ganzen Gestaltung und der nahe dem Westrande dieses Kontinents hinziehenden Gebirge nur kleinere Flüsse dem großen Ozean zueilen können. Erwähnenswerth sind hier nur der Jukon oder Kwitschpack, der Fraser, Columbia, Sacramento, Colorado, sämmtlich in Nordamerika. Australiens und Südamerika's Ströme kommen nicht in Betracht.

Kann der stille Ozean auch in Bezug auf die Flüsse, welche er aufnimmt, sich dem atlantischen nicht an die Seite stellen, so weist er dagegen an seinen Gestaden eine Reihe glänzender Handelsstädte auf, die kühn den Wettbewerb aushalten. San Francisco, das Emporium der wichtigen Goldländer, Panama, der Ausgangspunkt der berühmten Eisenbahn, Guayaquil, Callao, Arica, Cobija, Valparaiso und Valdivia sind die wichtigsten auf der amerikanischen Seite, während in Asien Nikolajewsk, Hakobaden, Jedo mit Jokohama, Ohasaka, Nagasaki, Tientsin, Schanghai, Ningpo, Futscheu, Amoy, Hong-kong, Kanton, Macao, in Australien Brisbane, Sydney, Melbourne genannt werden müssen.

Höhere Bedeutung für den Handel hat der stille Ozean erst in unserm Jahrhundert erhalten; dafür ist er aber in einem so rapiden Aufschwunge begriffen, daß die Weltgeschichte, wenn man selbst die kolossal schnelle Entwickelung Amerika's damit vergleicht, nichts dem ähnliches aufzuweisen hat. Die Handelsgeschichte dieses Weltmeeres, das nun als einer der ersten Factoren im Verkehre eine Rolle spielt, ist kurz in folgendem skizzirt.

Vasco Nuñez de Balboa, einer jener kühnen Spanier, die im Gefolge des Columbus nach der neuen Welt gekommen waren, vernahm zum ersten Male, als er über die Landenge von Panama marschirte, das zauberhafte Wort von einem „andern Ozean". Durch feuchte Niederungen, dichte Urwälder, über Ströme und Hügel hinweg bahnte er sich in einem mühseligen Zuge 1510 den Weg zum großen Weltmeer, in das er mit Schwert und Fahne bis zu den Knieen hineinwatete, um es für den König von Spanien in Besitz zu nehmen. Epochemachend für das neue Meer wurde

dann die Fahrt des großen Seefahrers Magelhaens, den man uneigent=
lich den ersten Weltumsegler nannte. Durch die nach ihm benannte Straße
am Südende Amerika's lief er am 28. November 1520 mit vier Schiffen
in das Meer ein, das spiegelglatt, von keinem Lüftchen bewegt, vor ihm lag
und daher den Namen des „Stillen Ozeans" erhielt. Drei Monate und
zwanzig Tage segelte der kühne Mann weiter nach Westen, ohne auch nur
eine der zahlreichen Inseln zu sehen, welche diesen Ozean bedecken. Viele
seiner Leute starben Hungers, andere verzagten — nur er nicht! fest hielt
er an seiner Meinung: Indien müsse in Sicht kommen und er fand die
Philippinen — aber auch (26. April 1521) auf der Insel Mactan bei Zebu
seinen Tod durch die Eingeborenen. Sein Gefährte d'Elcano führte das
einzige übrig gebliebene Schiff, die „Viktoria", nach Spanien zurück und
wurde der erste Weltumsegler.

Jetzt galten die Spanier als die besten Schiffer und kühnsten Seehelden
ihrer Zeit, sie hatten geleistet, was man vordem für unmöglich gehalten.
Franzosen und Engländer räumten ihnen die Siegespalme ein und ließen
sie die Länder und Inseln im und am stillen Ozean erobern. Aber
thörichter Weise hinderten die Spanier die genauere Erforschung der
Länder, die sie in Besitz genommen; in Folge ihrer unverbesserlichen
Engherzigkeit ließen sie sich zu den schreiendsten Ungerechtigkeiten gegen
die übrigen Nationen hinreißen. Sie behandelten jedes Schiff, das sich
in einem von ihnen beherrschten Meere blicken ließ, als einen Seeräuber
und führten dadurch eine Erbitterung aller anderen Völker herbei. Nur ein=
mal im Jahre ging von Acapulco in Mexiko nach Manila auf den Philip=
pinen die berühmte Silbergaleone ab, die für mehr als eine Million Silber
und Droguen nach Asien führte — aber für den Handel war diese eine
Ladung, die „Silber und Mönche" an Bord hatte, natürlich von keinem
Belange. Spaniens höchste Machtentfaltung und Größe war durch Gewalt=
mittel in kurzer Zeit herbeigeführt worden — es theilte aber auch das
Schicksal aller Gewaltreiche. Die Holländer erhoben sich und wurden ge=
fährliche Nebenbuhler; bald stachen ihre Seefahrer im asiatischen Osten Por=
tugiesen wie Spanier aus und drangen vor nach Australien und der Süd=
see. Als die Engländer 1588 die spanische Armada zerstörten, hatte ein
kleiner Krieg zur See die Macht der ersteren schon bedeutend gestärkt und
eine vortreffliche Schule für tüchtige Seeleute herangebildet. Die Flibustier
und Buccanier, kühne Freibeuter, die zuerst in Westindien aufgetreten
waren, führten einen Einzelkampf gegen alle spanischen Schiffe und Kolonien,
der unter Sir Francis Drake namentlich in der Südsee großartige Verhält=
nisse annahm.

In gleichem Maße wie die spanische Flotte aufhörte, die Welt zu be=
herrschen, hob sich die Seemacht Hollands, Englands und Frankreichs. Eine
Zeit lang war Holland an Spaniens Stelle getreten und Niederländer waren
es, die den Handel mit Ost= und Westindien unterhielten, die im stillen
Ozean immer weiter um sich griffen. Einen großartigen Gewinn zogen sie
namentlich aus Frachtschifffahrt. Auf den Werften von Zaardam wurden
die besten und zugleich die billigsten Schiffe sowohl für den eigenen Bedarf,
wie für die übrigen seefahrenden Nationen erbaut, und die Holländer be=

sorgten die Waarentransporte für Frankreich wie England, da niemand so billig wie sie zu fahren vermochte. Besaßen sie doch im sechzehnten Jahrhundert mehr als 2000 Frachtschiffe. Bald jedoch erkannten Frankreich und England ihren Vortheil und es entspann sich ein Ringkampf der drei Nationen, der in der Entdeckungs- und Handelsgeschichte der Südsee sich lebhaft äußerte. Ein Volk sucht das andere im Lösen schwieriger geographischer und nautischer Probleme zu übertreffen und dadurch sein höheres Anrecht auf das Uebergewicht zur See darzulegen. Auf Niederländer wie Houtman und Abel Tasman (1642—1644), die unsterblich in der Entdeckungsgeschichte Australiens bastehen, folgten die Engländer Dampier (1680—91), Roggeween (1721—24), Anson (1740—44), Byron (1764—66), Wallis (1767); die Franzosen Carteret (1765—68), Bougainville (1766—69), Surville (1769), La Peyrouse (1785). Größere und belangreichere Ergebnisse als alle diese tüchtigen Männer jedoch erzielte James Cook auf seinen drei Reisen in der Südsee (1769—1779), die, über zahlreiche Inselgruppen des großen Ozeans, den australischen Kontinent und Neuseeland sich erstreckend, eine Aufregung in der gebildeten Welt hervorriefen, wie sie seit Columbus und Magelhaens Zeiten nicht dagewesen war. Ebenso wichtig wie an rein wissenschaftlicher Ausbeute waren seine Expeditionen an praktischen Folgen für den Schiffer, den Handelsmann, ja für die Gesammtentwickelung ganzer Länder, die seine Fahrzeuge berührt hatten. Dem Walfischfang und der Pelzjagd wurden neue, große Gebiete erschlossen, dem Handel neue Erzeugnisse der Ferne und neue Absatzwege für heimische Produkte bezeichnet. Den Ackerbauern und Viehzüchtern öffnete sich ein großer Kontinent und kirchlich gestimmte Gemüther hofften auf die Bekehrung ganzer Völker zum Christenthum.

Die Tage der eingeborenen Bevölkerung der Südsee sind gezählt. Wie vor wenigen Jahren die letzten Tasmanier ausstarben, so gehen auch die Schwarzen des australischen Festlandes, die heldenmuthigen Maoris auf Neuseeland, die Tahitier und Sandwichsinsulaner ihrem Untergange entgegen. Ueberall sind weiße Menschen eingerückt und auch die gelben Chinesen beginnen in großer Zahl sich über Australien, Neuseeland und Amerika zu ergießen. China und Japan, die so lange dem europäischen Handel verschlossen waren, sind nun geöffnet; am Amur haben die Russen sich einen Weg nach dem stillen Ozean gesucht, nachdem sie lange genug nur auf die drei Viertel des Jahres zugefrorenen Häfen am ochotskischen und Beringsmeere angewiesen waren. Eine ganz neue Aera führten auch die Goldentdeckungen in Californien 1848, in Australien 1852 herbei. Beide sind seitdem blühende Reiche geworden mit Handelsstädten ersten Ranges; Dampferlinien durchkreuzen die Südsee von San Francisco nach Japan und China, wie denn auch längs ihren gesegneten Gestaden, im Osten wie im Westen Dampferverbindung zwischen allen wichtigen Hafenplätzen stattfindet.

„Wie wird einst der Kontakt so verschiedener Rassen und Völker wirken, welche gegenseitigen Einfluß auf einander üben, wenn der lebhafte Verkehr sich einige Jahrhunderte hindurch fortgesetzt hat! Die Länder an und in der Südsee bringen werthvolle Erzeugnisse aller Himmelsstriche in den Welthandel und liefern auch die wichtigsten tropischen Stapelwaaren. Sie geben

Zucker und Kaffee ab, Indigo und Kakao, Guano und Fieberrinde, Thee und Baumwolle, Kampfer und Sago, Tabak und Gewürze, Gold, Silber, Kupfer, Blei und Zinn, Farbeholz und Kokosöl, Wolle und Häute, Perlen und Holothurien, Pfeilwürz und Reis, Flachs und Pelzwaaren, Bauholz und Walfischthran; auch an Kohlen haben sie keinen Mangel. Ein stets anwachsender Verkehr ist ihnen sicher. Die Südsee ist erwacht, sie pulsirt mit frischem, gesundem, vollem Schlage; sie steht mitten im großen Welt=verkehr und ist lebenskräftig in die Geschichte eingetreten." *)

Der Walfischfang in der Südsee **). Diese Fischerei, eine der wich=tigsten überhaupt, erstreckt sich auf der Potwal oder Kaschelot (Phy=seter macrocephalus) und den echten Bartenwal (Balaena mysticetus). Der Potwal ist der nobelste und gefährlichste unter allen Walen; er weiß nicht nur seinen mächtigen Schwanz äußerst wirksam zu gebrauchen, sondern greift auch, gleich einem Widderschiff, was ihm in den Weg kommt mit seinem kolossalen Kopf an und zermalmt in seinem langen, doch schmalen Maule ein Boot mit der größten Leichtigkeit. Die Potwale schwimmen meist in „Schulen", die zehn bis dreißig Stück zählen, wenn aber viele Weibchen unter der Aufsicht einiger mächtiger „Schulmeister" schwimmen, so mag deren Zahl auch bis über hundert zu steigen. Alte, griesgrämige „Bullen" son=dern sich von der Schule ab und schwimmen ihren eigenen Weg. Ein solcher ist der berühmte „Neuseeländer Thomas", der mindestens 300 Faß Thran in sich bergen soll, und der bisher noch allen Walfischjägern entgangen ist. Sein Rücken ist mit Harpunen so gespickt, daß er einem Stachelschwein gleicht, und manches schöne Boot, viele tausend Faden Leinen, das Andenken an durch ihn verunglückten „Speckjägers", lassen ihn als einen sehr theuren und immer noch zu erringenden Preis erscheinen. Solche „fechtende Wale" haben sich an vielen Orten einen berühmten Namen gemacht, ähnlich wie ein „Hauptschwein" oder ein „Kapitalhirsch" unserer Forsten. Der Potwal ist schlank und mit Ausnahme des kolossalen Kopfes sehr gelenkig. Seine größte Länge wird 70 Fuß niemals überschreiten, und sind darauf die fabel=haften Maße, die oft angegeben, zurückzuführen. Der Potwal besitzt eine Schnelligkeit, die jener des besten Seedampfers gleichkommt. Sein Speck ist am Rumpf 4 bis 8 Zoll dick, während der obere Theil des ungeheuren Kopfes aus einem einzigen elastischen Fettpolster besteht. Neben diesen werden im nördlichen Theile des stillen Weltmeers der bow-head (Balaena mysticetus) und der right wale (Balaena australis) gejagt. Während der erstere soweit nördlich geht, als er offenes Wasser findet und manchmal unter dem Eise verschwindet, hält sich der zweite stets südlich von der Beringstraße, hauptsächlich in der Nähe der Aleuten. Beide sind meilenweit an der Verschiedenheit des ausgespritzten Wasserstrahls und der abweichenden Form des Schwanzes zu erkennen, beide gebrauchen diesen zu ihrer Ver=theidigung. „Den right wale," schreibt der deutsche Walfischjäger Pechuel, „habe ich stets in kleinen Schulen beisammen gesehen, den bow-head niemals.

---

*) Karl Andree, Geographie des Welthandels. Stuttgart 1867. I. 492.
**) Vergleiche Moritz Lindemann: Die arktische Fischerei der deutschen Seestädte. Gotha 1869.

Letzterer zieht seinen eigenen Weg, doch gehen viele meist in derselben
Richtung. Ein sonderbarer Anblick ist es, die riesigen, tonnenähnlichen
schwarzen Köpfe zwischen dem Eise einhergleiten zu sehen; kein Lüftchen regt
sich, das Wasser ist spiegelglatt, und man hört nun von nah und fern das
lang gezogene „Huff Huff" der blasenden Thiere, alle einen Kurs steuernd,
auf= und niedertauchend, kommend und gehend in stundenlanger Prozession.
In der Nähe der Herald=Insel vom Eise besetzt, mußten wir unthätig einer
solchen „Passage" beiwohnen, sie dauerte beinahe 15 Stunden, und da ich
die sich ablösenden „Ausgucks" zum Zählen anhielt, kann ich die Anzahl
der bow-heads, die uns während dieser Zeit nordwärts passirten, auf
beinahe 400 angeben."

Die Eröffnung der Walfischjägerei in der Südsee ist den Amerikanern
zu danken. Fischgründe zu suchen, Fische zu fangen, gleichviel wo und wie,
ist die Aufgabe des Walers. Noch heute durchstreifen die amerikanischen
Waler so ziemlich alle Meere, ihre Reviere reichen von den Inseln des
indischen Meeres bis zur Bai von Ochotsk und diesseits des amerikanischen
Nordkontinents von der Hudsonsbai bis tief südlich in den atlantischen
Ozean zu den Falklandinseln. In Chile und Californien, auf der Landenge
von Panama, an den Küsten Afrika's und auf den zahllosen Inseln des
stillen Ozeans haben die Amerikaner ihre Stationen, und man darf kühn
behaupten, daß gerade der Walfischfang es war, der in den Nordamerikanern
jenen tüchtigen Seemannsgeist entwickelte, der sie kennzeichnet. Ihre Wal=
fischjägerei auf der hohen See begann 1712. Sechzig Jahre später sehen
wir die ersten Fahrzeuge auf dem Walfischfang in der Südsee, der jedoch
erst nach dem großen Unabhängigkeitskriege von New Bedford aus schwunghaft
betrieben wurde. Die ganze Walerflotte der Nordamerikaner bestand am
1. Januar 1869 aus 336 Fahrzeugen, von zusammen 74,519 TonnenGehalt.
Der Bruttoertrag dieser Schiffe im Jahre 1868 war: Spermöl für 2,897,603,
Walthran für 1,652,650 und Barten für 945,893, zusammen für
5,496,206 Dollars. So großartig ist der Segen des Walfischfangs!

Englands Betheiligung an der Südseefischerei war im Vergleich zu
dem Walfischfang Nordamerika's mäßig, jedoch wurden von englischen Walern
neue Fischgründe aufgesegelt: 1819 die noch immer ergiebigen Walfischgründe
bei Japan, später im indischen Ozean, bei Neu=Seeland, Californien, im
Ochotskischen Meere. Erst 1848 war es dem Amerikaner Roys vorbehalten,
die Beringsstraße als Fischer zu durchsegeln, und die jenseits gelegenen ergie=
bigen Fischgründe zu entdecken. Zu Anfang der dreißiger Jahre betrug die Zahl der
auf den Südsee=Walfischfang gehenden britischen Fahrzeuge 30 bis 40, jetzt tritt
Australien, Neuseeland und namentlich die Insel Tasmania in den Vordergrund.

Schon Ludwig XVI. hatte französische Südseefahrer in Dünkirchen
ausrüsten lassen: 1817 wurde eine französische Südseefischerei begründet und
von 1831 bis 1844 wechselte die Zahl der französischen Südseewaler
zwischen 16 und 44, dann sank sie und 1868 war nur ein Schiff auf der
Speckjagd gewesen. 1859 hatte noch die gesammte französische Walfischerei
(den atlantischen Ozean eingerechnet) 622,500 Kilogramm Thran und
24,700 Kilogramm Barten ergeben, während sie 1868 auf 107,000 Kilo=
gramm Thran und 3808 Kilogramm Barten gesunken war.

Die Deutschen traten zu Ende der dreißiger Jahre in der Südseewalerei auf und zwar begannen die an Kapital und Unternehmungsgeist erstarkten Hansastädte, zuerst Bremen, dann Hamburg diesen wichtigen Zweig der Fischerei. Hamburg rüstete 1844 den ersten Südseefahrer aus und im folgenden Jahre expedirte eine Kompagnie zwei Schiffe. Später folgten einzelne Unternehmungen von Stettin und Wolgast nach Kamtschatka. Eine Zeitlang war Bremen unter den deutschen Seeplätzen der Mittelpunkt für die Südseefischerei-Unternehmungen. Es wurden an der Weser Fahrzeuge für fremde Rechnung ausgerüstet und expedirt. Die Seestädte blieben ganz und gar auf sich angewiesen. Dabei bestanden in Großbritannien, den Vereinigten Staaten von Nordamerika und in Frankreich hohe Schutzzölle zu Gunsten der nationalen Fischereien. Im Jahre 1838 beispielsweise betrug der Einfuhrzoll auf Thran von fremder Fischerei in den Vereinigten Staaten 6 Thlr., in England 16 Thlr. für die Bremer Tonne. In Frankreich war damals der Zoll so hoch, daß die französische Fischerei dadurch thatsächlich ein Monopol hatte. Daneben bestanden in Frankreich die Prämien und zwar von einem solchen Betrage, daß ein Schiff wie die „Virginia", der erste Bremer Südseefahrer, bei der Rückkehr 36,000 Franken Prämie erhalten haben würde. Wie wichtig die Förderung der eigenen Südseefischerei war, ergab die Thatsache, daß im Jahre 1837 die Einfuhr von Südseethran in Bremen 39,000 Tonnen zu einem Kapitalwerth von etwa 600,000 Thlr. betrug. Bremen erhob einen Eingangszoll von 8 Groten auf jede Tonne. Die Bremer Südseefahrer machten beim Senate wiederholte, aber immer vergebliche Anstrengungen, damit sie den selbsterbeuteten Thran zollfrei in Bremen einbringen könnten. — Das erste Bremer Schiff, jene „Virginia", brachte 1838 nach einer Abwesenheit von 25 Monaten 2800 Tonnen Thran und 20,000 Pfund Barten nach der Weser zurück, daneben aber — was in Deutschland nicht geringes Aufsehen erregte — zwei Neuseeländer, welche Harpuniere gewesen und als besoldete Matrosen die Reise nach Europa gemacht hatten. Seit dieser Pionierreise segelten im Ganzen 43 Schiffe von Bremen in directer Hin- und Rückreise auf den Südseefischfang.

Die Polarmeere. Mit dieser Benennung oder dem Namen Eismeer bezeichnet man die den Nord- und Südpol umgebenden Gewässer, wonach man ein südliches (antarktisches) und ein nördliches (arktisches) Polar- oder Eismeer unterscheidet.

Das südliche Eismeer breitet sich innerhalb der südlichen kalten Zone als ein uneingeschlossenes, offenes mit dem atlantischen, indischen und großen Ozean unmittelbar zusammenhängendes Meer aus. Das unerforschte Gebiet dieser Region beträgt 396,000 deutsche Quadratmeilen, mehr als doppelt der Umfang von Europa. Die in ihm gelegenen unwirthsamen, zum Theil vulkanischen, aber menschenleeren Inseln und Länder: Victorialand, Wilkesland, Enderby-Insel, Alexanderland, Grahamland sind für Handel und Weltverkehr ohne Bedeutung. Um die Erforschung dieses Meeres haben sich verdient gemacht: Cook (1772—1775), Bellingshausen (1819 —1821), Webbell (1822—1823), Biscoe (1830—1832), Kemp (1834), Balleny (1839), d'Urville (1838—1840), Wilkes (1839—1840), J. C. Roß (1840—1843), Moore (1845). Am weitesten gegen den Südpol drang vor Roß im Februar 1842 und zwar erreichte er eine Breite von 78° 10′. Die Wintergrenze der Eisregion dieses Meeres ist noch nicht genauer bekannt. Einzelne Treibeismassen gelangen bis in die Nähe der Südspitze Afrika's, ja selbst bis in die Breite von Buenos Ayres, und am Südende Amerika's trägt ihre Anhäufung wenig zu den Gefahren bei, mit welchen die Umschiffung des Kap Hoorn verbunden ist.

Das nördliche Eismeer bietet dagegen ein ganz anderes Interesse und ist nicht nur durch seine Geschichte, sondern auch durch seine Produkte für unsere Zwecke von der größten Wichtigkeit. Innerhalb der nördlichen kalten Zone gelegen, von den öden, unwirthbaren Nordküsten Amerika's, Asiens und Europa's umschlossen, steht es mit dem großen Ozean nur mittels der engen Beringsstraße, mit dem atlantischen Ozean durch die etwa 200 Meilen breite Durchfahrt zwischen Grönland und Norwegen in Verbindung. Das unerforschte Gebiet innerhalb des Polarkreises beträgt nicht weniger als 140,000 deutsche Quadratmeilen, oder mehr als das Festland von Australien. Die bisher bekannten Glieder sind auf der östlichen Halbkugel: das Spitzbergen'sche Meer, das Lappländische Meer, das Weiße Meer, das Karische Meer, das Sibirische Meer mit dem Obischen, Jeniseiskischen, Taimyr-, Lena-, Indigirkabusen und der Kolymabucht. Auf der westlichen Halbkugel: das Grönländische Meer, die Baffinsbai mit der Davisstraße im Süden und dem Smithsund sammt Kennedykanal im Norden; ferner die amerikanische Polarsee mit den Durchfahrten des Inselgewirres im Norden von Amerika. Die Flüsse, welche namentlich in Rußland und Sibirien in das Eismeer sich ergießen, sind an ihren Mündungen den größeren Theil des Jahres vom Eise versperrt und daher für das Eindringen des Handels auf diesen Wegen ungeeignet. Außer den zahlreichen Archipelen, welche durch die Nordpolexpeditionen bekannt werden, rechnet man zu den Inseln des nördlichen Eismeeres: Grönland, Spitzbergen, Gillisland, Nowaja-Semlja, die Neu-Sibirischen Inseln, das 1867 entdeckte Wrangelland. Wo die Landgrenzen fehlen bildet der Polarkreis (66½° nördl. Br.) die Südgrenze des arktischen Meeres, wenn auch die Eisgrenze weit nach Süden darüber hinausreicht, namentlich im Winter, wo Labrador, die Südspitze von Grönland und Nordisland mit in das Bereich des festen Eises einbezogen werden. Treibeismassen überschreiten selbst die Wintergrenze des ewigen Polareises noch um vier Breitengrade und werden zu gewissen Zeiten der Schifffahrt in dem vielbefahrenen nördlichen Theile des atlantischen Ozeans zwischen dem 40° und 50° nördl. Br. sehr gefährlich. Oft gelangen sie, durch die arktische Strömung getrieben, bis zur Breite der Azoren, ehe sie schmelzen.

Eis und Kälte sind die charakteristischen Merkmale des nördlichen Meeres und der arktischen Länder. Unter dem 70. Breitengrade, welcher die meisten der genannten Gebiete durchschneidet, währen der längste Tag und die längste Nacht zwei Monate; unter dem 80. Breitengrade, den Spitzbergen, Grönland und Grinnelland erreichen, über drei Monate, und am Pole selbst geht die Sonne 186 Tage nicht unter und 179 Tage nicht auf. Der lange Tag im Norden ist dessen Sommer, die lange Nacht der Winter; andre Jahreszeiten gibt es nicht; nur bezeichnen undurchbringliche Nebel, Schneefall, Regen und Stürme den Uebergang von dem einen zum andern. Während der Periode des Lichtes erwacht die Natur aus ihrem starren Winterschlafe; der Schnee schmilzt an günstig gelegenen Stellen weg, strömt in Kaskaden von hohen Klippen hernieder und die Vegetation beginnt sich zu zeigen. In die Zwerg=weiden steigt der Saft, Moose, Mohn und Löffelkraut fangen zu sprießen an, während Eis noch rings um ihre Wurzeln liegt. Die Luft wird von dem Geschrei zurückkehrender Vögel erfüllt; die Klippen sind mit kleinen Alken belebt, Schaaren von Eidergänsen ziehen im raschen Fluge nach den Inseln, die sie zum Sommeraufenthalt wählen; zierliche Seeschwalben spielen und flattern über dem Meere; das tiefe Brüllen des Walrosses wird gehört; die Baien sind mit Seehunden besäet, welche von unten sich durch das Eis emporgegraben haben und sich der warmen Sonne freuen. Der Wechsel ist mit unglaublicher Schnelligkeit eingetreten und das eisbedeckte Meer wird freier und freier.*) Aber der arktische Sommer ist von kurzer Dauer; die Sonne kann selbst bei ihrem höchsten Stande jene Gegenden nur von der Seite bescheinen und kaum hat sie den Rückzug von ihrem höchsten Punkte angetreten, so beginnen Nacht und Eis wieder ihre Herschaft. Schon Anfang September sieht sich der Schiffer, der nothgedrungen in dieser Eiswelt über=wintern muß, nach einer ruhigen Bucht für sein Schiff um. Ist dieses, von treibenden Blöcken, Flarden und Schollen umringt, endlich eingefroren, ohne daß es zerquetscht wurde, so beginnt das neunmonatliche Stilliegen. Wohl entschädigt manch herrliches Phänomen, manches Nordlicht, Neben=monde u. s. w. den Eingefrorenen — aber die arktische Nacht bricht herein, von der Hayes sagt: „er habe auf dem Antlitz der Natur keinen Ausdruck gesehen, der so schreckensvoll war, wie ihr Schweigen". Der Thermometer sinkt allmählich von etwa — 20° R. immer tiefer, die Luft wird klar und rein und im Januar erreicht die Kälte die furchtbare Höhe von — 40 bis 44°. Bei 39° versagt das Quecksilber seine Dienste und gefriert; nur der Wein=geistthermometer bleibt noch brauchbar. Zeigt sich endlich für die im hohen Norden Ueberwinternden das langersehnte Tagesgestirn wieder über dem Horizonte, so ist es immer noch lange hin, ehe die Eisfesseln um ein ein=gefrorenes Schiff sich lösen und ihm im glücklichen Falle ein freies Fahr=wasser öffnen oder im unglücklichen einen nachträglichen Untergang bereiten.

Wir haben nur ein allgemeines Bild der Natur innerhalb des Polar=kreises entwerfen können, das nach Umständen und Gegenden sich wesent=lich abändert. Zu den Schrecken der nordischen Welt gesellen sich die riesigen Eisberge, deren Nachbarschaft dem Schiffer nicht geringe Gefahren bereitet, da sie, wenn durch Abschmelzen sich ihr Schwerpunkt allmählich verändert hat, plötzlich umschlagen und Verderben um sich her verbreiten. Aber was wollten diese Gefahren bedeuten, wenn der Mensch in den Ländern, die von ihnen umgeben waren, Gold und Edelsteine zu finden hoffte? Und das Suchen nach diesen gab den ersten Anstoß zu den Nordfahrten — freilich fand der Mensch Beides nicht, aber Meere wurden entdeckt, die andere Schätze in in Hülle und Fülle bargen und wetteifernd nun von den verschiedenen Natio=nen ausgebeutet und der Schauplatz der Großfischerei wurden.

---

*) Hayes, das offene Polarmeer. S. 328.

Die **Nordfahrten.** Nachdem das amerikanische Festland entdeckt worden war, schwebte den seefahrenden Nationen noch immer das Ziel vor einen möglichst nahen Weg nach den Goldländern Zipango (Japan) und und Kathay (China) aufzufinden. Man versuchte dieses auf verschiedene Weise. Einmal hielt man es für möglich um das skandinavische Nordkap herum quer durch Asien zu segeln, dessen nördliche Ausdehnung man nicht kannte; dann glaubte man zwischen dem atlantischen und stillen Ozean im Norden Amerika's eine Wasserverbindung zu finden, und drittens dachte man an den Weg quer über den Nordpol. Von drei gleich falschen Hoffnungen geleitet, goldschimmernde Länder vor Augen, wagte eine Nation nach der andern den Kampf mit Eis und Noth.

Im Dienste Englands fuhr der Italiener Giovanni Gaboto (John Cabot) zuerst nach Nordwest-Amerika. Er sah das Festland, fand am Johannistage 1497 Neufundland und brachte zuerst die Nachricht heim, daß daselbst das Meer von Kabeljaus wimmle und damit war auch der Grund zu der großartigen, später folgenden Stockfischerei gelegt. Immer mit dem Zwecke vor Augen, gold- und silberreiche Länder zu finden, folgten den Engländern in der angegebenen Richtung Portugiesen; dann 1524 Franzosen. Zehn Jahre später umschiffte der kühne Bretone Jacob Cartier Neufundland und fuhr in den majestätischen Lorenzstrom ein, bis zur Indianerniederlassung Hochelaga, da, wo heute die blühende Stadt Montreal steht. Nicht wenig erstaunt war er, dort die Indianer „aus langen Röhren so lange Rauch ziehen zu sehen, bis er ihnen, wie der Qualm aus dem Schornsteine, aus Mund und Nase kam". Das war eine der ersten Bekanntschaften mit dem Tabake; das Land aber, welches Cartier entdeckt hat, erhielt den Namen Canada oder später Neufrankreich. Die Versuche, nördlich von Amerika in den stillen Ozean zu gelangen, führten vorläufig zu keinem Resultate und man wandte sich nun der nordöstlichen Richtung, längs der Küste Lapplands zu. Eine englische Gesellschaft rüstete die ersten Nordostfahrer aus, um den Weg nach China zu suchen. Unter Mühen und Gefahren, im ewigen Kampfe mit dem Eise, wobei zwei Schiffe mit dem Commandeur Willoughby und der gesammten Mannschaft 1554 an der russischen Nordküste zu Grunde gingen, erreichte das dritte Schiff unter Chancellor das weiße Meer und landete an einer Stelle, wo heute sich die Stadt Archangel erhebt. Nun erst erfuhr Chancellor, daß er sich auf moskowitischem Gebiete befinde, ließ sein Ziel China und Asien im Stiche und begab sich zu Lande nach Moskau, wo er beim Großfürsten freundlich Aufnahme fand und Verbindungen anknüpfte, die als der Anfang des Handelsverkehrs zwischen Rußland und England anzusehen sind. In London entstand die „moskowitische Handelskompagnie", welche über Moskau und Archangel persische und indische Produkte bezog aber allmählich erlosch, je mehr der Eifer auch für die Auffindung einer Nordostpassage erkaltete.

Gegen Ende des sechszehnten Jahrhunderts nahmen die Holländer die Sache in die Hände. Barent machte 1594 und 1596 vergebliche Versuche zwischen Sibirien und Nowaja-Semlja hindurch oder um die Nordspitze des letzteren herum zu kommen; ja, im zweiten Jahre, nachdem er den großen Archipel von Spitzbergen entdeckt, gerieth er bei Nowaja-Semlja so in Eis

und Nebel, daß er liegen bleiben, und in dem fürchterlichen Lande mit
17 Leuten in einem Bretterhause überwintern mußte. Mit Zurücklassung
ihres Schiffes entkam ein Theil der Mannschaft auf Booten im folgenden
Jahre aus der eisigen Gefangenschaft. Barent aber und sieben Gefährten
waren dem Klima erlegen. Durch diese ungünstigen Ergebnisse kam der
Gedanke der Nordostpassage und der andre Plan über den Nordpol hinweg
nach China und Japan zu fahren, in Ungunst, ohne in Vergessenheit zu gerathen.

Der Engländer Martin Frobisher, war 1576 nördlich von Labrador
in die Frobisherstraße eingedrungen, von wo er glänzenden Schwefelkies zurück-
brachte, welchen man für Gold hielt. Sofort regte sich in London das
Goldfieber, eine Flotte lief aus, die allerdings kein edles Metall fand, wohl
aber die Hudsonsstraße entdeckte. Sieben Jahre später sehen wir John
Davis in denselben Regionen, um auf's Neue nach der Durchfahrt nach
Asien zu forschen; er fand sie so wenig, wie viele andere nach ihm, entdeckte
aber die nach ihm benannte Davisstraße. Einen Schritt weiter kam 1610
Hudson, der das große nach ihm benannte Wasserbecken auffand, das er
für einen Theil des stillen Weltmeers hielt. Ihm folgte 1616 Baffin,
der Entdecker der Baffinbai.

Unterdessen trat die Hoffnung auf Goldgewinn immer mehr in den
Hintergrund und ein besser begründetes Handelsinteresse an den Polarländern
nahm dessen Stelle ein. Auf dem Landwege war der Franzose de Grosselier
nach der Hudsonsbai gelangt, an welcher er Stationen für den Pelzhandel
zu errichten beschloß. Von Frankreich zurückgewiesen, veranlaßte er 1669
den englischen Prinzen Rupert seinen Einfluß für den großartigen Plan in
die Wagschale zu werfen und die Folge war die Gründung der Hudsonsbai-
Compagnie, von der wir später noch ausführlich reden. Die Ansicht, daß
von der Hudsonsbai ein Ausgang nach dem stillen Meer vorhanden sei,
stand damals fest und die englische Regierung setzte Preise für deren Auffindung aus, obgleich ein praktischer Nutzen dieser Wasserstraße für Handels-
zwecke damals schon sehr zweifelhaft erschien.

Man versuchte nun auch die Lösung des arktischen Räthsels von der
asiatischen Seite. Von Peter dem Großen erhielt der Däne Vitus Bering
den Auftrag, von Sibirien aus nach Amerika vorzudringen. 1728 schiffte
er sich in Ochotsk ein, durchfuhr die nach ihm benannte Straße und
fand erst 1741 die Nordwestküste Amerika's. Stürme und Krankheit hinderten
seine weiteren Entdeckungen, er selbst starb am 8. Dezember 1741 auf der
wüsten Insel Awatscha. Sein Nachfolger wurde der große James Cook,
der, nachdem er die Inselschwärme der Südsee besucht und in die Eisregionen
des Südpols vorgedrungen war, auch den Norden erforschen wollte. Aber
auch er gelangte nicht weit über die Beringsstraße hinaus, und mußte am
Eislap umkehren, da ihm das Eis überall undurchdringliche Schranken ent-
gegenstellte (1778).

Politische Ereignisse brängten die Nordfahrten in den Hintergrund; sie
stockten ganz während der Kriege, welche England gegen die Franzosen und
die abfallenden Kolonien in Nordamerika zu führen hatte. Erst der Engländer
Barrow vermochte es, das Interesse seiner Landsleute wieder für die nordwestliche Durchfahrt zu erwecken und und eine großartige Regsamkeit, ein

haftiges Nacheinander merkwürdiger Expeditionen entfaltete sich auf einem
Gebiete, das einen Raum umfaßte, groß genug einen neuen Welttheil zu
bergen und das trotz zweihundertjähriger Anstrengungen doch noch sehr wenig
bekannt war.

Aber Handelsnutzen, schiffbare Straßen, die den Seemann auf kurzem
Wege zum Ziele führen, waren in dem arktischen Labyrinthe im Norden
Amerika's nicht zu finden. Der Zweck der Expeditionen wurde ein rein
wissenschaftlich geographischer und aus diesem Grunde führen wir auch die
nachfolgenden bewunderungswürdigen Nordfahrten nur kurz an. Die Prämie,
welche die englische Regierung für die Entdeckung der nord westlichen
Durchfahrt ausgesetzt hatte, betrug nicht weniger als 20,000 Pfund
Sterling, und sie zu verdienen sehen wir nach und nach seit 1818 auf Reisen
im Norden: Roß, Bachan, Parry wiederholt, welcher auch 1827 mit Schlitten=
booten am weitesten nach Norden (bis 82° 45') vorrückte, John Roß 1829
abermals, wobei er am 1. Juni 1831 am Westrande von Boothia Felix,
weitab vom eigentlichen geographischen Pol, den magnetischen Nordpol ent=
deckte; Back, der zu Lande die Mündung des großen Fischflusses fand, 1845
endlich Franklin und Crozier mit den Schiffen Erebus und Terror, welche
in der Entdeckungsgeschichte der arktischen Regionen zu trauriger Berühmtheit
gelangen sollten. Nordwestlich von King=Williams=Sund froren die Schiffe
ein und gingen mit sämmtlichen Begleitern zu Grunde. Lange wartete man
auf deren Rückkehr — als aber immer und immer noch nicht die Ersehnten
erschienen, da wurden zur Aufklärung ihres Schicksals und zu ihrer Rettung
eine große Anzahl glänzender Expeditionen in den Jahren 1848 bis 1857
ausgerüstet, die zwar den bereits Untergegangenen keine Hilfe mehr bringen
konnten, wohl aber die Wissenschaft ungemein bereicherten. Der Archipel im
Norden Amerika's wurde nun genau bekannt, die naturwissenschaftlichen und
klimatischen Verhältnisse der arktischen Zone klärten sich auf und die so lange
gesuchte nordwestliche Durchfahrt wurde 1854 von Mac Clure aufgefunden.
Am weitesten nach Norden zu, zwischen Grönland und Grinnell=Land drangen
die Amerikaner Kane und Hayes (1860) vor, welche die Ueberzeugung
von einem offenen Polarmeere (?) nördlich vom Kennedykanal zurückbrachten.
Mit der Aufhellung der Schicksale Franklins durch Rae (1853), sowie den
angeführten Reisen der beiden muthigen Amerikaner ruhte das Werk der
Nordpolfahrten jedoch keineswegs. In England war es Sherard Osborne,
in Frankreich Lambert, in Deutschland der verdiente August Petermann, in
Schweden Nordenskjöld, die neue Expeditionen anregten, um endgiltig das
große Räthsel zu lösen. Namentlich that sich in Deutschland ein großer
Eifer für die Sache kund und nach einer kleineren 1868 auf dem Schiffe
„Grönland" unter Kapitain Koldewey unternommenen Expedition, lief 1869
vom Bremerhafen eine zweite größere unter demselben Führer und Kapitain
Hegemann mit einem zahlreichen Stabe von Naturforschern aus. Jedenfalls
haben die Nordfahrten das Verdienst die arktische Fischerei im hohen Grade
befördert zu haben. Nicht die Erde ist innerhalb des Polarkreises die Allein=
herrin, sondern das Meer. Der Ausspruch Humboldts: „Es ist die Frage ob
das Land eine größere Fülle des Lebens erzeugt, oder der Ozean!" wird uns nir=
gends näher geführt und zu Gunsten des letzteren beantwortet als im Polarmeer.

Die Fischerei im nordischen Meere.*) Von jeher ist das Gewerbe des Seefischfangs, besonders die sogenannte große Fischerei, nächst ihrer wirthschaftlichen Bedeutung als ein wirksamer Hebel der Seemacht eines Volkes betrachtet worden. Die Rechte auf Fischreviere wurden deshalb von den Regierungen und Völkern immer hoch gehalten, ja sie waren zuweilen Gegenstand ernster Zerwürfnisse, wie die Streitigkeiten bei Neufundland und Spitzbergen beweisen. In älterer Zeit hielt es z. B. die Hansa der Opfer werth, wegen ihres Anspruchs auf die Fischerei an der jütischen Westküste einen Krieg zu führen und in unsern Tagen ist die Fischereigrenze in der Nordsee zwischen Großbritanien und Deutschland durch einen Staatsvertrag festgestellt worden, demzufolge derjenige Theil der See, welcher innerhalb einer Entfernung von drei Seemeilen von der äußersten Grenze belegen ist, welche die Ebbe an der norddeutschen Seeküste oder den davor liegenden Sandbänken und Inseln trocken läßt, als unter der territorialen Souveränetät des norddeutschen Bundes stehend betrachtet wird. Das ausschließliche Fischerrecht innerhalb dieser Grenze gebührt demgemäß nur Fischern deutscher Nationalität und englische Fischerboote dürfen sich dort nicht blicken lassen. —

Der Walfischfang ist, wie Bennett sagt, der unbedingt vorzüglichste Zweig aller kaufmännischen Schifffahrt. Zugleich ist derselbe im Frieden das am besten geeignete Mittel, n Muth, die Ausdauer und den Unternehmungsgeist des Seemannes in ihrem wahren und hellsten Lichte zu zeigen. Der Walfischjäger fischt im fast buchstäblichen Sinne Geld aus dem Meere, Geld, welches nur statt in geprägter, metallischer Form, in Gestalt riesenhafter, lebender Thiere, ihres Fettes, Walraths und Fischbeins dort schwimmt.

Gegenstände der großen Fischerei in den arktischen Meeren sind gegenwärtig: Der grönländische Walfisch und andere Walarten, das Walroß, der Seehund und — gleich jenen kein Fisch — der Eisbär.

Der gemeine oder grönländische Walfisch (Balaena mysticetus), von den Engländern The Black genannt, ist für den Fang am wichtigsten. Seine gewöhnliche Länge ist 50 bis 60 Fuß und wenn er ausgewachsen ist, liefert er 14 bis 20 Tons Thran. Der Rachen enthält statt der Zähne zwei lange Reihen von Barten oder Fischbein, die an den Seiten des Schädels festsitzen. Fünfzehn Fuß ist die größte Länge des Fischbeins, 10 bis 11 Fuß die mittlere Größe. Ein großer Wal giebt bisweilen dreißig Centner Fischbein. Unmittelbar unter der Haut liegt der Speck oder das Fett, das den ganzen Körper des Thieres umkleidet. Die Farbe desselben ist gelblich-weiß bis roth; es schwimmt auf dem Wasser, daher die im Verhältniß zu seinem Gewichte enorme Schwimmkraft des Fisches. Die Dicke desselben rund um den Körper ist zwischen 8 und 20 Zoll; sie ist an verschiedenen Theilen verschieden. Die Menge Thran, welche ein Walfisch durch Auskochen dieses Speckes liefert, steht gewöhnlich in einem Verhältniß zu der Länge seiner längsten Barten. Man hat die folgende Tabelle über dieses Verhältniß nach einem mittleren Anschlage aufgestellt:

---

*) Vergl. M. Lindemann, die arktische Fischerei der deutschen Seestädte 1620—1868. Gotha 1869.

Richard Andree, Handelsgeographie. **5**

Bartenlänge (Fuß) 1.   2.   3.   4.   5. 6.   7.   8.   9.   10. 11. 12.
Thranertrag (Tons) 1½. 2½. 2¾. 3½. 4. 5. 6½. 8½. 11. 13½. 18. 21.

Von einem großen Walfisch, der 60 Fuß lang und 70 Tons schwer ist, wiegt der Speck etwa 30 Tons; die Knochen des Kopfes, das Fischbein, die Floßen und der Schwanz 8 bis 10 Tons und der übrige Theil des Rumpfes 30 bis 32 Tons.

Der Rorqual, (Balaenoptera boops), bei den Engländern Finner genannt, wird 90 bis 100 Fuß lang. Er ist geringer an Thranergiebigkeit als der vorige und wird besonders von den Norwegern gejagt, weniger von deutschen Fischern, die sich gewöhnlich auf den gemeinen Walfisch beschränken.

Der weiße Wal (Delphinopterus leucas), die Bjeluga der Russen, wird 12 bis 15 Fuß lang und liefert nur ⅛ bis ⅙ Ton Thran. Er wird besonders in der Cumberlandstraße von den englischen Walern mit Hilfe der Eingebornen getödtet. Der Narwal (Monodon monoceros), dem vorigen an Größe und Thrangehalt gleich. Einen nicht unbedeutenden Handelswerth (150 Thaler) hat der 9 bis 10 Fuß lange Stoßzahn, das „Einhorn", wie unsere Seeleute diese Walart nennen. Der Bottle nose Wal, 15 bis 20 Fuß lang, liefert bis 2 Tons Thran.

Die besten „Fischgründe" im nordischen Meere sind gegenwärtig: der Norden der Hudsonsbai, die Hudsonsstraße, die Davisstraße, die Baffinsbai bis hinauf zum Smithsund, namentlich in ihrem westlichen Theile, die Ostküste von Grönland bis zum 77⁰ nördl. Br. und im Westen von Spitzbergen einige Gründe unter dem Meridian von Greenwich.

Das Walroß, dessen Zähne sehr gesucht sind, ist in Gebieten, in denen es früher sehr häufig war, jetzt selten geworden. Noch im vorigen Jahrhundert gab es auf Spitzbergen ungeheure Heerden. Holländische Fischer tödteten im Jahre 1767 auf Moffen-Eiland 2200 Walrosse, die am Ufer überrascht und denen der Rückweg dadurch abgeschnitten wurde, daß man die Leichen der getödteten Thiere als einen Wall zwischen der Heerde und dem Meere aufstapelte. Gegen das Walroß ist die Lanze, nicht die Harpune die richtige Waffe. Jetzt gehen von Tromsöe in Norwegen noch einige Schiffe auf den Walroßfang in Spitzbergen. In kolossaler Menge kommen sie noch im Smith-Sund (Nordwestgrönland) vor, wo Hayes, durch ein heiseres Gebrüll aufmerksam gemacht, sie auf dem Packeis „wimmeln" sah. „Ihre Zahl," sagte er, „schien über alle Begriffe zu gehen, denn sie erstreckten sich so weit als das Auge reichte; fast jedes Stück Eis war bedeckt. Es müssen viele hunderte oder selbst tausende gewesen sein." Durchschnittlich liefert ein Walroß 2 Tons Thran.

Den wesentlichen Theil der deutschen, englischen, norwegischen und dänischen Grönlandunternehmungen macht gegenwärtig noch der Seehundsfang oder Robbenschlag aus. Es sind die Küsten und Inseln von Westgrönland, Neufundland, Neu-Schottland und gewisse Theile des europäischen Eismeeres östlich von Grönland zumal die „Seehundswiesen" von Jan Mayen, wo noch heute zu vielen Tausenden der Seehund geduldig den Todesstreich empfangen muß, um dem Fischer Thran und Fell zu liefern. Für den Grönländer ist der Seehundsfang der wichtigste Erwerbszweig. Die Zahl der von den Eingebornen an der Westküste Grönlands jährlich getödteten

Robben beträgt wohl 100,000 Stück, von welchen etwa 50,000 Felle nebst Speck im Werthe von etwa 100,000 Thaler durch die dänische Handelsgesellschaft auf den Markt kommen. Im Jahre 1868 stellte sich der Robbenschlag folgendermaßen:

Durch 5 deutsche Schiffe	17,000	Stück
„ 5 dänische Schiffe	5,000	„
„ 15 norwegische Schiffe	63,750	„
„ 22 britische Schiffe	51,000	„
In Grönland erlegt	100,000	„
Im Ganzen:	236,750	Stück.

Der Handelswerth dieses gesammten Fanges würde sich, wenn man die Hälfte des Fanges in Grönland für den dortigen Verbrauch abrechnet und Thran und Fell der Robbe durchschnittlich zu 3 Thaler annimmt, auf 560,250 Thaler stellen. Die Klappmütze (Cystophora cristata), die Grönlandsrobbe, die Bartrobbe, sind die häufigsten Arten. Der Preis der Robbenfelle ist sehr verschieden und richtet sich danach, ob es junge Robben (blonde, weiße, halbweiße), mittlere Robben (Klappmützen, greise, mittlere, blaue) oder alte Robben (Sattlerweibchen) sind. Der Werth der 1868 von den Norwegern bei Jan Mayen erlegten Robben betrug 184,284 Speziesthaler. Das Fell wurde bekanntlich früher vorzugsweise zu der Anfertigung von Tornistern und Koffern gebraucht, jetzt verwendet man es in England auch zur Schuhfabrikation, indem es zu diesem Zwecke gespalten wird. Ferner werden sogar Handschuhe, Tapeten und Unterbeinkleider daraus verfertigt.

Der Eisbär wird wegen seines Fells und für zoologische Gärten gejagt und der nordische Jäger hat mit ihm manchen Strauß zu bestehen. Das Fell ist, je nach der Größe 15 bis 20 Thlr. werth; ein ausgewachsener lebendiger Eisbär wird mit 100 bis 150 Thlr. bezahlt. Das Einfangen des Bären geschieht vom Boot aus mittels einer geschickt um den Hals des Thieres geworfenen Schlinge. Auf dem Decke jedes Grönlandschiffes befindet sich ein Käfig, in dem die Thiere aufbewahrt und mit Seehundfleisch gefüttert werden. Seit 1852 wurden bis 1868 durch die von der Weser ausgehenden Schiffe 156 Eisbären als Beute mitgebracht.

Geschichtliches. Der Fang der Walfische wurde wahrscheinlich schon vor dem zehnten Jahrhundert von Norwegen aus betrieben. Die Edda erwähnt den Walfischfang. Um das Jahr 890 unternahm Other von Drontheim aus eine Nordfahrt bis nach dem weißen Meere, bis zu einem Punkte, „wohin Walfischjäger zu gehen pflegten". Neben oder vor den Norwegern treten die Basken an der biskayischen Bucht als des großen Fischfangs kundig auf. Es muß eine kleinere Art von Walfisch gewesen sein, welche die Biskayer auf kurzen Meerfahrten von ihren Küsten aus mit Speeren und Harpunen verfolgten und tödteten. Der Fischfang wurde regelmäßig und im großen Umfang betrieben. Im Jahr 1261 finden wir, daß von allen nach Bayonne eingeführten „Walfischzungen" ein Zoll erhoben wird. Walfische wurden auf den Märkten von Biarritz und Cherbourg gesalzen und frisch verkauft und als Fastenspeise genossen. Ein Mönchsbericht erwähnt endlich den Walfischfang an der französischen Küste im

3*

zwölsten Jahrhunderte. Aus alledem ergibt sich, daß in jener Zeit in den mitteleuropäischen Meeren Walfische nichts seltenes waren. Im Laufe der Zeit erst wurden sie an den Küsten seltener und zogen sich immer mehr nach Norden zurück. Die Basken als kühne Seeleute folgten ihnen und betrieben später in den nordischen Meeren, wie berichtet wird, mit 50 bis 60 Fahrzeugen, gemeinschaftlich mit den Isländern den Walfischfang.

Im großartigen Maßstabe wurde die Walfischjagd zuerst im Anfange des siebzehnten Jahrhunderts von den Engländern und Holländern unternommen. Die erwähnten englischen und holländischen Nordfahrten richteten die Aufmerksamkeit der Küstenbevölkerungen des atlantischen und des deutschen Meeres nach dem Norden. Statt des geträumten Goldes fand man andere Reichthümer, die Fische. Zunächst war es das Fett der großen Meerungeheuer, welches eines der werthvollsten und gesuchtesten Handelserzeugnisse jener Zeit, den Thran, in ungeahnter Menge abgab. Er wurde als Beleuchtungsstoff, vorzüglich aber zur Lederbereitung in großartiger Menge verbraucht.

Einst stand der Walfischfang bei den Hanseaten in hoher Blüthe. Wir finden schon 1625 Islandfahrten der Bremer, Handels- und Schifffahrtsgesellschaften in Hamburg und Bremen. Es gab eine Zeit, in welcher von Bremen über zwanzig, und von den Weser- und Elbhäfen zusammen zwischen fünfzig und sechzig Schiffe auf die nördlichen „Gründe" segelten — eine Zeit, in welcher der von deutschen Schiffen erzielte „Segen" jährlich auf drei- bis vierhundert Wale stieg. Freilich war das nur in der höchsten Blüte der Spitzberger Fischerei im siebzehnten und im achtzehnten Jahrhundert der Fall, indessen gab es auch später noch ähnliche glanzvolle Epochen. So waren z. B. von 1770 bis 1790 im Durchschnitt jährlich 44 deutsche Schiffe in der grönländischen Fischerei beschäftigt, welche während dieser zwanzig Jahre eine Beute von 2200 Walen heimbrachten. Welche Werthe aber repräsentiren diese und wie viel kann ein tüchtiger Fischer heute noch gewinnen! Wir staunen, wenn wir vernehmen, daß 1828 Scoresby, der Vater, mit seinem einzigen Schiffe allein 150,000 Pfd. Sterling oder eine Million Thaler aus dem Meere fischte!

Nicht Mangel an Energie und Unternehmungsgeist haben den vollständigen Rückgang des einst blühenden Walfischfangs verschuldet, sondern die durch rücksichtslose Ausbeutung veranlaßte Erschöpfung der früher so ergiebigen Gründe. Die großen Schulen von Walen, welche sich noch vor hundert Jahren dort tummelten, sind entweder ausgerottet oder haben sich vor den unaufhörlichen Verfolgungen in unzugänglichere Gebiete zurückgezogen, wo sie der Mensch noch nicht wieder aufgespürt hat.

In England, Holland, Rußland waren „nordische Kompagnien" entstanden, welche zu Beginn des sechzehnten Jahrhunderts namentlich bei Grönland und Spitzbergen jagten. Auf der zu letzterem gehörigen Amsterdaminsel entstand die holländische Fischerstadt Smeerenberg, deren Wichtigkeit mit Batavia rivalisirte. Oft war das Blut nicht nur von den Walfischen, sondern auch von den Fischern der verschiedenen Nationen geröthet, die den Fang sich streitig machten. Das führte 1620 zu einer Vertheilung der Spitzberger Häfen, wobei auch die Hamburger ihren Antheil erhielten, wie denn eine an der Westküste gelegene Bucht bis zum heutigen Tage die

„Hamburger Bai" heißt. Zu Zeiten hatte das Hamburger Geschäft allein eine größere Ausdehnung als das englische und schottische zusammen genommen. Der Rang, den unsre Vorfahren einnahmen, war somit ein keineswegs untergeordneter und ihr Verdienst ist um so höher anzuschlagen, als sie im allgemeinen keine Ermunterung und Unterstützung von Seiten ihrer Regierung in Gestalt von Prämien und Monopolen erhielten, sondern, ganz allein auf ihre eigene Kraft angewiesen, gegen die Konkurrenz begünstigter Nebenbuhler anzukämpfen hatten. Unser Antheil an der nordischen Fischerei beschränkte sich nicht auf die eigenen unter deutschen Flaggen segelnden Fahrzeuge. Vielmehr dienten außerdem eine große Anzahl deutscher Seeleute auf fremden Schiffen. Namentlich ist dies von den Ostfriesen und den Bewohnern der schleswig'schen Westküste erwiesen. Uebrigens wurde der Walfischfang von den Deutschen ganz nach holländischer Art betrieben und 1684 wurde das „grönländische Recht der Holländer" von den Bremer Rhedern förmlich adoptirt.

Mit der Erschlaffung des nationalen Geistes, unter der Ungunst politischer Verhältnisse, bei der geringeren Ergiebigkeit des Fanges nahm die Waljägerei, die einst so groß dagestanden, allmählich ab. Wenig ward gethan um die Jagd zu heben. Aber zu den Lieblingswünschen des erleuchteten Königs Friedrichs des Großen gehörte es, den Walfischfang in seinem Reiche eingeführt zu sehen, so daß er demgemäß im Jahre 1768 die Ausrüstung mehrerer Schiffe auf Staatskosten zur Fahrt nach Grönland und Spitzbergen befahl. Der Betrieb der nordischen Fischerei im Großen fällt übrigens gerade in die Zeit vom dreißigjährigen Krieg bis zur französischen Occupation, also die Periode der tiefsten Ohnmacht und Hilfslosigkeit des Reichs, während welcher der deutsche Name nicht einmal auf dem Lande, geschweige denn auf dem Meere, irgend welche Geltung hatte. Es fehlt indessen auch nicht an erfrischenden Zügen, wo die Seestädte sich mannhaft selbst halfen, wenn ihre Bitten und Vorstellungen umsonst waren. Wie gegen die algierischen Seeräuber, so wurden auch gegen die christlichen Kaper im Norden hanseatische Kriegsschiffe ausgerüstet, unter deren Schutze die Flotten nach dem Mittelmeer und nach Grönland gingen. Convoyen von Grönlandsfahrern sind namentlich gegen Ende des siebzehnten und im Anfange des achtzehnten Jahrhunderts sehr häufig. So geleitete im Jahre 1678 die von Jakob Berend Karpfanger befehligte hamburgische Fregatte Leopoldus primus eine Flotte von 55 Schiffen mit einem Segen von 513 Fischen von Grönland nach dem Heimathafen zurück und bei dieser Gelegenheit war es, wo Karpfanger in der Elbmündung ein rühmliches Seetreffen gegen fünf französische Kaper aus Dünkirchen bestand, deren Angriffe er siegreich zurückschlug und zwei derselben mit Mann und Maus in den Grund bohrte.

Vergleicht man die holländischen, britischen und deutschen Fischereien hinsichtlich ihres Umfangs in derjenigen Periode, wo sich die Daten von allen dreien vorfinden, so stellt sich heraus, daß in diesen Zeiten Schiffe ausrüstete:

	Großbritannien.	Holland.	Deutschland.
1750—1759	556	1679	215
1760—1769	459	1620	250
1770—1779	741	1337	459

Die deutschen Grönlandsrhedereien vermehrten sich also in dieser Zeit über das Doppelte der Zahl der Schiffe nach, während die holländischen zurückgingen und die britischen nur wenig zunahmen. Die Preise für Thran und Barten schwanken nicht genau nach dem reichen oder geringen Ertrage jedes Jahres, da sie noch von andern Verhältnissen, namentlich der größeren oder geringeren Nachfrage, beeinflußt werden, so daß auch bei einem reichen Ertrage erhöhte Nachfrage hohe Preise erzielt. Für Barten schwanken die Preise von 21 bis 47½ Reichsthaler Banco pr. 100 Pfd., für Thran von 34 bis 60 Mark die Tonne, für Seehundsfelle von 25 bis 50 Schilling. Im Oktober 1868 war dagegen der Preis für Grönlandsbarten in Bremen 105 Thlr. Gold für 100 Pfd., für die Tonne Thran 22 Thlr. Gold, der Preis für Seehundsfelle mindestens 1 Thlr. pr. Stück.

Der größte Schlag gegen die Walfischjägerei erfolgte in der napoleonischen Zeit. Die französische Revolution mit ihrem Gefolge, den Seekriegen und Handelsstörungen, der Kaperei und der massenhaften Verwendung der Mannschaften für militärische Zwecke, machten für eine Reihe von Jahren der nordischen Fischerei ein Ende. Die Engländer blockirten die Flüsse und als im Dezember 1807 Napoleon von Mailand aus seinen Bannstrahl gegen den englischen Seehandel erließ, wurden die Interessen der Marinen der Continentstaaten auf das tiefste geschädigt. Auf den Fischereiunternehmungen und dem Seeverkehr lastete ein furchtbarer Druck, der sich selbst bis zur Zerstörung der Handelsblüte einzelner Städte steigerte.

Großbritannien dagegen, das seine schützenden Kriegsschiffe zur Seite hatte, setzte schwunghaft die Fischerei fort. In der Zeit von 1810 bis 1818 einschließlich segelten von England 824 Schiffe nach Grönland, von Schottland 361. Der Erfolg war reichlich lohnend; 392 Schiffe von England brachten in der Periode von 1814 bis 1817 einschließlich allein 3348 Walfische mit, außerdem zahlreiche Seehunde, Bären, Walrosse. Der Ertrag an Thran belief sich auf 35,824 Tons und an Fischbein auf 1806 Tons. Ganz besonders ergibig war das Jahr 1814, wo auf jedes beim Fischfang betheiligte Schiff beinahe 19 Fische und über 159 Tons Thran kamen. Die „Resolution" von Peterhead brachte 44 Fische und es betrug der Bruttowerth der Fischerei dieses Schiffes, die Prämie eingerechnet, die enorme Summe von 11,000 Pfd. Sterling.

Man darf sich hiernach nicht wundern, daß, sobald durch den Sturz Napoleons die Meere wieder frei wurden, sich die Grönlandsflotillen wieder in Bewegung setzten. Während die Holländer zurückblieben, traten Hamburg und Bremen rüstig auf — aber nochmals erfolgte ein Rückschlag. Die Unergiebigkeit des Fischfangs, der geringe Werth des Thrans, dem im Gas, im Rübsamenöl und Petroleum gewaltige Konkurrenten entstanden, die anderweitig lohnendere Beschäftigung im Seehandel, galten als Ursache.

Gegenwärtige Lage der großen Fischerei. In den letzten dreißig bis vierzig Jahren erblicken wir einen allgemeinen Rückschritt in der arktischen Fischerei. Die Fischerei englischer und schottischer Häfen wird geringer und nur in Norwegen sehen wir einen Fortschritt. In Schottland sendet nur Dundee noch jetzt eine größere Anzahl Dampfer auf den Robbenfang nach Grönland. Sodann gehen dieselben Dampfer, nachdem sie den

Robbenfengen abgeladen, nach der Davisstraße, um bis weithinauf nach Norden Walfische zu fangen. Die Einführung der Dampfer für diese Großfischerei datirt aus dem Jahre 1858. Das in Dundee's Fischerflotte angelegte Kapital beträgt weit über 200,000 Pfd. Sterling. Im Ganzen waren im Jahre 1868 von Schottland aus 39 Schiffe mit einem Gehalt von 8397 Tonnen im Walfischfang beschäftigt. Das Jahr 1868 war für die Schotten ein sehr ergiebiges, denn allein die Dampfer von Dundee fingen in der Davisstraße 79 Wale, deren Bruttowerth 49,780 Pfd. Sterling betrug. Ob dieser glückliche Fang, im Verein mit der Dampfschifffahrt und verbesserten Fangmethoden (mit Bombenbüchsen u. s. w.) die große Fischjagd wieder heben wird, steht dahin. Im Ganzen ist nur ein Rückschritt zu beobachten. So betrug die Gesammtzahl der in Großbritannien beim Fang betheiligten Plätze 1830 noch 15, 1868 aber nur noch 6 (Peterhead, Fraserburg, Aberdeen, Dundee, Kirkaldy, Hull). 1831 gingen noch 91, 1868 nur noch 30 Schiffe auf den Fang.

Deutschland ist immer noch auf dem Platze, wenngleich auch hier manches Unternehmen zu Grunde ging. Im Oldenburgischen wurde neben kleineren Fischergesellschaften 1843 die „Stedinger Kompagnie" begründet, welche den Betrieb neunzehn Jahre lang fortsetzte, in einzelnen Jahren außerordentlich günstige Resultate erzielte (sie zahlte selbst während des dänischen Krieges, als die deutsche Schifffahrt sehr bedroht war, 12½ Procent Dividende und 1853 nicht weniger als 65 Procent), in andern wiederum große Verluste erlitt, ohne daß ihr auch nur ein Schiff verloren ging und die sich endlich 1862 ohne Verlust und Gewinn auflöste. Die Hamburger senden gegenwärtig (1869) keine Schiffe mehr auf die arktische Fischerei; wohl aber die Weserhäfen. Es sind vier Dampfer, die von diesen ausgehen und. im Durchschnitt reichlichen Segen heimbringen.

Die Schifffahrt und die Entdeckungen. „Wenn auch die Seetüchtigkeit der Völker am spätesten zu reifen pflegt," sagt O. Peschel in einer Arbeit über die Rückwirkung der Ländergestaltung auf die menschliche Gesittung, „so hat sie doch auf die Geschicke der Gesellschaft die höchsten Folgen geübt, denn wie hoch man auch die Schöpfungen eines Volks auf dem Gebiete der Kunst, wie hoch man seine wissenschaftlichen Erkenntnisse, oder seine Religionssatzungen stellen mag, die That eines einzigen kühnen und beharrlichen Seemanns verdunkelt, wenn wir nur an die physische Geschichte unserer Erdveste denken, alles andere an Wirksamkeit." Die Meere sind die wirksamsten Hindernisse gewesen, aber der Seemann, der die alte Welt mit der neuen verknüpfte, hob diese Hindernisse und vernichtete an Amerika die Eigenschaft eines gesonderten Erdraumes.

Sehen wir uns nach den Anfängen der Schifffahrt bei verschiedenen Völkern um, so finden wir dieselben wenn auch nicht gleichzeitig, so doch unter bestimmten Bedingungen gleichartig entwickelt. Nicht an Flüssen und noch weniger an Binnenseen, sondern nur an den Küsten dürfen wir nach den Völkern ausschauen, die Länder mit Ländern verknüpften. Weder die großen Ströme Amerika's, noch Seen, wie jene der Schweiz oder das kaspische Meer, haben die nautischen Fertigkeiten bei den Uferbewohnern ausgebildet. Wo aber an engen Küstensäumen die Bevölkerung sich verdichtete und am fernen Horizonte winkende Inseln zum Zuge über das Meer einluden, da finden wir die ersten Spuren der Schifffahrt. Solche Völker, die frühzeitig auf das Meer sich hinauswagten, waren bei uns z. B. die Phönizier und die Griechen. Den ersteren zeigte sich als leicht erreichbarer Gegenstand Cypern, die Kupferinsel; die letzteren hatten einen förmlichen Archipel vor Augen. Die verwegensten Seefahrer hatte aber jedenfalls Norwegen erzogen, denn sie gingen im neunten, zehnten und elften Jahrhundert ohne Bekanntschaft mit der Nordweisung der Magnetnadel nach Island, Grönland und dem amerikanischen Festlande. Keine bessere Schule für den Seemann als eine verwitterte Steilküste, wie Norwegen sie bietet, und ein so rauhes aber auch ergiebiges Meer wie die Nordsee! Fand doch schon zu Plinius Zeiten eine Schifffahrt zwischen Norwegen und der Shetlandgruppe statt, wozu eine längere Ueberfahrt nöthig war, als von irgend einer Mittelmeerinsel bis zur nächsten Uferstelle.

Ueberall erscheint es als Gesetz, daß Inseln, welche einer Küste nahe liegen, die Ausbildung der Seetüchtigkeit befördern. So hat die Nähe Elba's und von Elba aus die Nähe Corsica's die Etrusker viel zeitiger als die Römer hinausgezogen in das Mittelmeer; Genua's ehemalige Größe beruht nicht nur auf der Geräumigkeit seines natürlichen Hafens, sondern auch auf dem Umstande, daß bei klarem Wetter von der Riviera aus Corsica sichtbar ist, das erste Ziel einer längeren Seefahrt für ligurische Fischerbarken.

Aehnlich gestalteten sich die Beziehungen in der neuen Welt, deren Bewohner keineswegs so fremd der Schifffahrt waren, wie man gewöhnlich anzunehmen pflegt, wenn sie auch zurückstanden gegenüber den Völkern der alten Welt. Die Westküste Südamerika's, welcher vorgelagerte Inseln fehlen, mangelte es auch an Baumstämmen, die sich hätten zu Fahrzeugen benützen lassen. Dennoch herrschte längs der peruanischen Küste ein Seehandel, wie er sich in der neuen Welt vor der Entdeckung nur noch an wenigen Stellen wiederfindet. Als Francisco Pizarro 1526 an der Küste des heutigen Ecuador die Bucht San Mateo erreicht hatte, fielen ihm inkaperuanische Kauffahrer in die Hände, die aus Tumbez Llamawollentücher und Juwelierarbeiten brachten. Es war kein Schiff sondern nur ein Floß, auf dem sie eine Küstenfahrt von 90 deutschen Meilen zurückgelegt hatten. Nicht Mangel an Fertigkeiten oder Erfindungsgabe, sondern Mangel an Schiffbauholz allein zwang die Küstenbewohner zur Erbauung so roher Verkehrswerkzeuge, mit denen sie übrigens noch heutigen Tages Fahrten von Guayaquil bis Callao (180 deutsche Meilen) machen. Das Floß aus Tumbez, welches die Spanier aufgriffen, wurde bewegt durch ein Segel und gelenkt durch ein Steuerruder; es vertrat die höchste nautische Leistung der neuen Welt. *)

Sehen wir nun auch bei den amerikanischen Völkern die Anfänge einer Schifffahrt, so ist doch eine Entwicklung und Geschichte derselben nur in der alten Welt zu finden. Araber, Malayen, Chinesen und Japanesen leisteten im Schiffsbau und in der Kunst die Meere zu befahren höchst beachtenswerthes, und ein Theil ihrer Ruder- oder Segelschiffe nimmt es an Schnelligkeit mit den Fahrzeugen der abendländischen Völker auf. Die dem Handel

---

*) Peschel a. a. O.

im großen Maßstabe dienstbar gemachte Schifffahrt, der Kontinente er=
schließende Zug in die Weite ist aber nur bei letzteren anzutreffen. Die am
Mittelmeer wohnenden Völker des Alterthums, die Phönizier, Griechen,
Römer, welche Küstenschifffahrt trieben und kaum von einem Tage zum
andern das Land aus dem Auge verloren, kannten bereits Segel und Ruder.
Nach der Zahl der Ruderbänke, die in verschiedenen Reihen übereinander
lagen, erhielten die Fahrzeuge verschiedene Namen. Waren Phönizier, Kar=
thager, Griechen auch dem Schiffsdienst zugethan, so betrachteten die Römer,
welche im Handel überhaupt nicht an die Größe jener Völker hinanragten,
ihn als etwas entehrendes. Zur Zeit der Herrschaft Roms blühte die See=
fahrt überhaupt nicht und so beachtenswerthes auch die Völker am Mittel=
meer in ihr leisteten, die Anfänge einer großen atlantischen Schifffahrt ent=
wickelten sich nicht bei ihnen, sondern bei den germanischen Völkern im Norden.
Wir wiesen bereits darauf hin, wie die Norweger in dieser Beziehung durch
die Gestaltung ihres Landes begünstigt wurden; nicht minder die Friesen,
die im ewigen Kampfe mit dem Meer lagen, welches ihnen gleichsam ihr
Vaterland unter den Füßen wegriß, es zerbröckelte und verschlang. Mit
den verwandten Sachsen im Bunde steuerten sie in den ersten Jahrhunderten
unserer Zeitrechnung hinüber nach Albions weißen Kreideklippen und be=
gründeten dort das Volk, welches bestimmt war, das erste und größte aller
meerbeherrschenden Nationen zu werden. Alle germanischen Nationen im
frühen Mittelalter pflegten den Seeraub, der ihnen keineswegs als ent=
ehrendes Gewerbe galt; als Wikinger waren sie der Schrecken der nor=
dischen Meere; reiche Beute von den Küsten gesegneter Landstriche brachten
sie heim in ihre arme Heimat und dem Kaufmann zollte man Tribut,
damit sein Handelsschiff unbehindert des Wegs ziehe. Vom achten bis zum
elften Jahrhundert finden wir diese Normannen mit ihren „Drachen" ge=
nannten Fahrzeugen in den europäischen Meeren als die herrschenden „See=
könige". Leute ihres Schlags waren es, die (867) Island entdeckten und
es besiedelten, die unter Erich dem Rothen (983) Grönland und im
Jahre 1000, 500 Jahre vor Columbus, Amerika fanden. Auch in das
Mittelmeer gelangten nordische Schiffer. Eine Friesenflotte eroberte 1218
Damiette. Ohne Kompaß und ohne Seekarte waren die tapferen Nord=
länder von der Rheinmündung bis zum Nil gefahren, im Gegensatz zu den
Franzosen, welche erst drei Jahrhunderte später wagten mit ihren Galeeren
von Marseille nach England überzuschiffen.

Namentlich sehen wir im 13. und 14. Jahrhundert im Mittelmeer
einen lebhaften Seeverkehr zwischen der blühenden Republik Venedig und
Flandern sich entwickeln. Obgleich der Landverkehr dadurch beeinträchtigt
wurde, brachen flandrische Galeeren unter der unmittelbaren Fürsorge des
Staats nach Venedig auf und umgekehrt erschienen venetianische in den
Niederlanden. Sluys, Middelburg, Antwerpen waren die Häfen, in denen
aus Venedig die Manufakturen dieser Stadt wie die Produkte Indiens und
Persiens anlangten. Die Galeeren, ächte Mittelmeerschiffe, brauchten Ruder
und Segel gleichzeitig und waren bisweilen über 100 Fuß lang. Neben
ihnen kommen im 14. Jahrhundert die Carrequen auf, die eine größere
Tragfähigkeit hatten, und oft 400 Tonnen hielten. Sie führten schon

mehrere Masten und hatten Kanonen an Bord. Alle diese Schifffahrt jedoch, im Mittelmeere wie in den nordischen Seen, wo die Hanseaten den Schiff- bau vervollkommneten, steht noch in den Schuhen der Kindheit.

Um den Anfang des 14. Jahrhunderts war den Seeleuten mit der Erfindung des Schiffskompasses das werthvollste Geschenk gemacht, dessen sie sich je zu erfreuen gehabt haben. Bis dahin hatten sie sich auf ihren Fahrten nur in der Nähe der Küste halten können. Mußten sie sich aufs hohe Meer hinauswagen, so konnten sie. Tags nach der Sonne und Nachts nach den Sternen ihren Lauf richten, aber bei trübem, dunklem Wetter irrten sie rathlos auf der See umher. Erst im Kompaß erhielten sie einen Führer, der sie sicher leitete und dazu nie im Stiche ließ. Um die Richtung zu erforschen, wo das Land lag, hatte man vor der Erfindung des Kompasses sich eines höchst einfachen Mittels bedient. Man ließ auf offenem Meere Raben, die man mitgenommen, ausfliegen und folgte, wenn sie nicht zurückkehrten, der Richtung ihres Fluges, im Vertrauen, daß ihr Instinkt sie nach der nächsten Küste führen würde. Schon Plinius berichtet, daß im indischen Meere die Beobachtung des Vogelfluges ein gewöhnlicher Behelf der Seefahrer sei, und Noah, der seine Tauben steigen ließ, benutzte noch früher dieses nautische Hilfsmittel. Aber der Kompaß erst kürzte und sicherte den Lauf der Schiffe. Freilich kannten ihn die Chinesen und wahrscheinlich auch die Araber vor den Europäern; unter diesen aber gebührt Flavio Goja von Amalfi das Verdienst, den Magnet in eine Büchse (buxola, Bussole) eingeschlossen und so den Kompaß geschaffen zu haben. Zur Erinnerung daran führt Amalfi eine Kompaßrose im Wappen. Nun ent- stauben die Kompaßkarten, jene alten meist von Catalanen oder Italienern hergestellten Küstengemälde, welche die Schifffahrt unendlich förderten. Von dem Geiste neue Länder aufzusuchen beseelt gingen die Portugiesen am weitesten auf die Meere hinaus; ihr Prinz Heinrich, genannt der See- fahrer, der talentvolle und emporstrebende Sohn des Königs Johann I, ließ von 1416 an Expeditionen unternehmen, welche namentlich Afrika's Westküste entschleierten und als Vorläufer des großen nun beginnenden Zeit- alters der Entdeckungen dastehen. Madeira wurde wieder aufgefunden, die Azoren entdeckt und 1486 drang Bartolomeo Diaz zum Kap der guten Hoffnung vor. Wie aber die Portugiesen sich nach Osten wandten, um den Weg nach Indien, nach dem Lande der Gewürze, des Goldes und der Edel- steine zu finden, so sehen wir die Spanier nach Westen ziehen. Auch der große im Dienste Spaniens stehende Genuese Christoph Columbus wollte Kathay (China) und Zipango (Japan) auf dem Seewege finden — aber er entdeckte am 12. Oktober 1492 eine neue Welt — Amerika. Ueberall glaubte er das goldreiche Zipango zu erkennen; von Insel zu Insel fragte er nach dem Fundorte des edlen Metalles und wie er, so handelten seine Nachfolger. „Die örtliche Verbreitung der edlen Metalle beherrschte wie ein Naturgesetz die Besiedlung des spanischen Amerika und den Gang der Entdeckungen." Ueber die Nachfolger des Columbus und die Auffindung des großen Ozeans haben wir schon früher (S. 22) gesprochen; aber auch auf der östlichen Erdhalbe fanden kaum minder folgenschwere Entdeckungen durch kühne Schiffer statt. Der Nachfolger des Bartolomeo Diaz wurde

Basco da Gama. Vom Glück begünstigt fand er nach dreitägigem Kreuzen vor der Südspitze Afrika's einen gefälligen Wind, der ihn am 22. November 1497 um das gefürchtete Kap der guten Hoffnung trug. Er erkannte nun die Gestalt Südafrika's und entdeckte den Seeweg nach Ostindien. Vom ostafrikanischen Hafen Malinda aus, wo der freundlich gesinnte Scheich ihn mit einem verläßlichen Steuermann versah, begünstigt vom Südwestmonsun, gelangte er in 23 Tagen am 20. Mai 1498 nach Calicut, dem größten damaligen Gewürzmarkt des Morgenlandes. Nun folgte die Eroberung Indiens durch die Portugiesen unter dem großen Affonso d'Abuquerque, der den Osten und Südosten Asiens mit der alten Welt verband.

Mit diesen folgenschweren, durch die Schifffahrt herbeigeführten Entdeckungen am Ausgange des fünfzehnten Jahrhunderts beginnt eine neue Zeit, nicht nur für die Weltgeschichte im Allgemeinen, sondern auch für den Handel im besondern. Während die Blüthe ganzer Städte und Völker, die am alten Mittelmeerhandel und seinen Nebenstraßen betheiligt waren, dahinwelkte, traten andere an ihre Stelle und gaben dem Handel einen solchen Aufschwung, daß wir eigentlich erst jetzt vom Welthandel sprechen können, wie die Schifffahrt erst jetzt von der Küstenfahrt zur Meerfahrt vorwärtsschritt.

Von ganz außerordentlicher Wichtigkeit für die weitere Entwicklung des Seewesens waren zunächst die Arbeiten und und Entdeckungen des Deutschen Gerhard Kremer, genannt Mercator (geboren 1512, gestorben 1594). Er war der erste, der eine richtige Ansicht von der Lage des magnetischen Pols, des anziehenden Punktes auf der Erdoberfläche hatte, und die Abweichung der Magnetnadel, die der Seemann Mißweisung nennt, bereits 15.. feststellte. Zwar hatte Columbus schon 1492 beobachtet, daß die Mißweisung an verschiedenen Orten eine verschiedene sei, aber noch im ganzen 16. Jahrhundert hatten die bedeutendsten Männer darüber die sonderbarsten Vorstellungen, bis Mercator hier Licht schaffte. Schlug der Schiffer einen Kurs ein, den die Verbindungslinie zwischen zwei Orten auf den damaligen Karten angab, so machte man die Erfahrung, daß dieser Kurs nur in den seltensten Fällen richtig zum Bestimmungsorte führte. Woher dieses kam, konnte bis auf Mercator Niemand entziffern; er erst fand den Grund des Uebels, wies nach, wie fehlerhaft die alten Seekarten seien und entwarf 1569 die noch heute giltige, nach ihm benannte Projection, nach der alle Seekarten gezeichnet werden, ja er gab auch eine vollständige Anweisung für deren Gebrauch. Die Karte in Mercators Projection ist noch heute der treueste Begleiter des Schiffers bei seinen Reisen über den Ozean und an Wichtigkeit stellt sich ihr später nur die Erfindung des Spiegelsextanten an die Seite, zu dem der große Newton die erste Idee gab. Es ist ein kleines Instrument, welches dazu dient, die Winkel zweier Gegenstände in jeder Richtung und selbst dann zu messen, wenn der Beobachter sich, wie dies auf Schiffen der Fall ist, auf keinem festen Standpunkt befindet.

Auf Portugiesen und Spanier folgten zunächst die Niederländer. Wie ehedem Venedigs Seemacht, wie später die der Hanseaten, so entstand auch die holländische aus der Fischerei. Diese war Grundlage und Schule für das Anwachsen der holländischen Schifffahrt, die den Namen des kleinen Landes bald über alle Meere trug. In Folge der direkten Beziehungen zu

beiden Indien und der Errichtung von Kolonien trat außerordentliche Hebung
des niederländischen Handels ein, Amsterdam, welches an die Stelle Lissa-
bons trat, wurde zu Ende des 16. und Anfang des 17. Jahrhunderts
Handelsmetropole der Welt, mußte seine Stellung aber wiederum an London
überlassen. Die Engländer traten ihre Seeherrschaft zur Zeit der Regierung
der Königin Elisabeth an, ihr Drake wird der zweite Weltumsegler und die
von König Philipp II. von Spanien, dem unversöhnlichen Feind der Reformation im Jahre 1588 gegen das verhaßte ketzerische England ausgesandte
„unüberwindliche Armada" geht im Sturm der Elemente elend zu Grunde.
Jetzt erwacht der britische Leu zu voller Kraft: seine Flotten durchziehen die
Meere, die Namen seiner Seefahrer werden mit Achtung genannt und die
Nordfahrten (S. 30) kommen vornehmlich durch Engländer in Fluß. Gleichzeitig suchte man die Entdeckungen möglichst nutzbar zu machen und aus den
überseeischen Besitzungen der verschiedenen Völker entwickeln sich allmählich
Kolonien, deren Rückwirkung auf Schifffahrt und Entdeckungen selbstverständlich eine gewaltige sein mußte. In Westindien theilten sich alle bei
der großen Schifffahrt thätigen Nationen; in den Neu-Englandstaaten wurde
der Grund zu der großen amerikanischen Union gelegt; Frankreich breitete
sich in Canada, später in Louisiana aus; Spanier und Portugiesen ver-
wertheten ihre Vizekönigreiche in Süd- und Mittelamerika, und in Ostindien
und dem malayischen Archipel verdrängen Portugiesen, Niederländer und
Engländer einander wechselseitig. Eine von großen Gesichtspunkten geleitete
Kolonialpolitik greift Platz und die verheerenden europäischen Kriege des
16. und 17. Jahrhunderts wirken zurück auf das Wohl und Wehe der
außereuropäischen Besitzungen. Alle aber überragt das meerbeherrschende
England. Kein Land der Erde dankt soviel wie gerade Großbritannien der
Schifffahrt: Freiheit und Reichthum. Als ein hervorragender Moment in
der Entwicklung der britischen Handelsflotte ist die 1651 von Oliver Cromwell erlassene Navigationsakte zu betrachten, durch welche die in englische Häfen einlaufenden fremden Fahrzeuge nur solche Erzeugnisse einführen
durften, welche ihren Ursprung im eigenen Lande hatten. Dadurch wurden
namentlich die Niederländer hart betroffen, die bis dahin einen Hauptgewinn
als Vermittler der Frachten aus den Kolonien nach England zogen. Bitt-
schriften der Seefahrer bestürmten die Regierung der Generalstaaten, auf die
Zurücknahme der harten Maßregel hinzuwirken; allein umsonst. In dem nun
ausbrechenden Kriege siegten die Engländer, zeigten, daß die Herrschaft zur
See an sie übergegangen sei und im Frieden von 1654 fügte Holland sich
in das Unvermeidliche. Von jener Zeit bis auf den heutigen Tag glänzt
Großbritannien als erste Seemacht und noch ist keine Aussicht vorhanden,
daß das stolze Wort zu Schanden werde: Britannia rule the waves!

    Wo aber, fragen wir beschämt, blieb während der Machtentwicklung
fremder Völker zur See, während sie die neuentdeckten Länder untereinander
theilten, unser Vaterland? Deutschland war im 16. und 17. Jahrhundert das Schlachtfeld für ganz Europa: der Türke, der Italiener, der
Franzose, Spanier, Schwede und Däne tummelten ihre Heere auf unsern
Fluren; Volk und Fürsten hatten keinen Blick in die Ferne und der Jammer
der Heimat, die elende politische Zerrissenheit, namentlich die Sonderinteressen

der Atome, aus denen das mürbe Reich bestand, ließen keine maritime
Thätigkeit aufkommen. Die altehrwürdige Hansa erlosch (S. 14) und die
noch früher von dem reichen Hause der Welser in Benezuela unternommenen
Kolonisationsversuche gingen an der Mißgunst der Spanier zu Grunde.
Aber ein Sonnenblick in der trostlosen Oede jener Zeit verdient hervorgehoben zu werden: er knüpft sich an die Unternehmungen des großen Kurfürsten von Brandenburg. Der geniale Herrscher hatte seine Jugend
in den Niederlanden zugebracht, er hatte dort erkannt, zu welchem Glanze
auch ein kleines Land emporsteigen kann, welches seinen Theil am Welthandel hat. Mit Hilfe des Holländers Benjamin Raule aus Middelfahrt
schuf er eine Flotte und der rothe brandenburgische Adler wehte bald über
dem Stern einer Anzahl tüchtiger Schiffe, die in der Eroberung Rügens
und Vorpommerns eine achtungswerthe Rolle spielten. Königsberg wurde
Kriegshafen und unter dem Befehl des brandenburgischen Admirals Cornelius
Klaus von Beveren kreuzte eine Flotte im Kanal und im Golf von Mexiko,
wo siegreiche Gefechte gegen die Spanier geliefert wurden. Auch Kolonial-
projekte tauchten nun auf. Ein brandenburgisches Geschwader nach dem
andern ging an die afrikanische Küste nach Ahanta, wo der Kammerjunker
Otto Friedrich von der Gröben 1683 die erste deutsche Kolonie „Groß-
Friedrichsburg" gründete und mit den Negern vom Stamme der Kabusier
ein Bündniß schloß, was unter einigen Ceremonien geschah. Gröben ergriff
eine mit Branntwein gefüllte Schale, die mit Schießpulver angesetzt war,
und trank den Häuptlingen zu. Diese thaten kräftig Bescheid und mit dem
Reste wurden den gemeinen Negern die Zunge bestrichen, damit auch diese
ein Pfand der Treue hätten. Die aufblühende Kolonie hatte viele Kämpfe
mit den benachbarten Holländern zu bestehen, die neidisch und mißgünstig
das heranwachsende Brandenburg betrachteten. Treu hielten die Neger zu
diesen und einer ihrer Häuptlinge „Jante" erschien als Abgesandter in
Berlin. Der große Kurfürst, der wohl erkannte, daß die geschlossene Ostsee
nicht günstig für die Entwicklung einer Handels- und Kriegsflotte sei, ver-
legte den Sitz derselben dann nach Emden an der Nordsee; er veranlaßte
eine Ansiedlung auf der westindischen Insel St. Thomas und unterstützte
jede Handelsgesellschaft. Mit dem Gedanken einer brandenburgischen Herrschaft zur See starb der geniale Mann; doch die afrikanischen Kolonien
gingen an die Holländer verloren — aber wir trösten uns mit dem Gedanken, daß ein Urenkel des großen Kurfürsten jetzt an der Spitze eines
neuen, aufblühenden deutschen Seewesens steht und dieses endlich seiner Bestimmung entgegenführt.

Verfolgen wir die Geschichte der Schifffahrt weiter, so ist aus dem
18. Jahrhundert noch eine Reihe epochemachender Reisen und Entdeckungen
zu erwähnen. Durch James Cook (1769 bis 1779) erhielten wir genaue
Kenntniß eines neuen Welttheils, Australien und Polynesien, und eine ganze
Reihe vorzüglicher englischer, französischer, russischer Seefahrer führten sein
Werk fort, erweiterten räumlich die Erdkunde, stellten die letzten noch nicht
bekannten Küsten und Inseln unsrer Erde fest. Der unglückliche Graf
Lapeyrouse (1785—1788), Malaspina, Krusenstern, Kotzebue, Duperrey,
d'Urville u. s. w. vollendeten die Hydrographie der Erde. Die uralte

Streitfrage, ob die trockene Erbhälfte der nassen räumlich überlegen sei oder ihr wenigstens das Gleichgewicht halte, wurde durch die genannten Seefahrer entschieden. Nach Cooks Reisen wußte man zuversichtlich, daß das Wasser mehr als doppelt soviel Raum bedecke wie das Land, und daß die Erdveste aus zwei großen Inseln bestehe, denen nur die enge Beringsstraße im hohen Norden den Zusammenhang raube[*]).

Neben Landreisen, die das Innere der Kontinente enthüllten, ist das 19. Jahrhundert in der Schifffahrt, soweit sie auf Entdeckungen abzielte, namentlich durch die Nordfahrten (S. 32) vertreten. Neben diesen finden großartige Handelsexpeditionen unter dem Schutze der Kriegsfahrzeuge statt und die Pforten bis dahin verschlossener Länder öffnen sich dem Kaufmanne wie dem Gelehrten und dem Glaubensboten. Das Schiff bringt bis in die entlegensten Gegenden vor und der Waarenballen erobert sicherer als das Schwert. Der Schiffbau und die Einrichtungen zur Sicherung des Seeverkehrs erreichten einen Grad von Vollkommenheit, den man früher sich nicht träumen ließ und die Einführung der Dampfschifffahrt ermöglichte eine Regelmäßigkeit des Verkehrs zu Wasser, gerade so wie sie von den Eisen= bahnen zu Lande eingehalten wird, ganz abgesehen von der Abkürzung, welche die Entfernungen erfuhren. Das Segelschiff selbst ist im Klipper zu seiner höchsten Vollkommenheit gediehen. Durch Verlängerung des Rumpfes gewinnen diese von den Amerikanern eingeführten Fahrzeuge an Raum, durch Ver= ringerung der Breite wird das Schnellsegeln ermöglicht. Fast möchte man sagen: der Klipper vermag mit dem Dampfer zu wetteifern, so vorzüglich sind seine Leistungen; sie erscheinen in rasch wachsender Anzahl auf den Meeren und sind auf den Werften die fast ausschließlichen Konstruktions=Objekte ge= worden. Der Klipper ist das eigentliche Kauffahrteischiff der Neuzeit und durch seine elegante schlanke Figur und die etwas nach hinten geneigte Be= mastung auch für den Laien sofort erkennbar. Die Theeklipper, welche von China nach London fahren, legen diese Fahrt um das Kap der guten Hoffnung — oft um hohe Preise in die Wette segelnd — gewöhnlich in hundert Tagen zurück, eine Schnelligkeit, die nur durch richtige Benützung und vollkommene Kenntniß der Strömungen und Winde ermöglicht wird. Selbst noch kürzere Fahrten kommen vor. So gebrauchte im Herbste 1869 das Theeschiff „Thermopylä", Kapitän Kimball, zur Reise von Fu=tscheu in China, nach London nur 88 Tage; es war die schnellste Segelfahrt, die je von diesem Hafen aus gemacht worden ist. Was die Schifffahrt hier dem Amerikaner Maury zu verdanken hat, haben wir S. 5 gezeigt. Ein weiterer Fortschritt war die umfangreiche Anwendung des Eisens im Schiffbau, wodurch be= deutender Gewinn an Laderaum und die Möglichkeit zur Konstruktion schwimmender Kolosse, die bis 5000 Tonnen Tragfähigkeit besitzen, gegeben wurde. Den Antheil, welchen gegenwärtig die einzelnen Nationen an der Schifffahrt haben, die Größe und Bedeutung ihrer Handelsmarinen erkennt man am besten aus nachstehender Uebersicht. Die durch ihre vergleichsweise Darstellung besser als lange Auseinandersetzungen uns erkennen läßt, bei welchen Völkern der Schwerpunkt der Schifffahrt und damit des Handels liegt.

---

[*]) Peschel, Geschichte der Erdkunde. S. 461.

Uebersicht der Handelsmarine der Welt nach dem Tonnengehalt.

I. Europa.

Großbritannien u. Irland	5,900,000 Tons.
Deutschland*)	1,400,000 „
Frankreich	1,000,000 „
Norwegen	776,000 „
Italien	700,000 „
Niederlande	550,000 „
Rußland	400,000 „
Spanien	400,000 „
Schweden	360,000 „
Oesterreich	310,000 „
Griechenland	300,000 „
Türkei	180,000 „
Dänemark	160,000 „
Portugal	82,000 „
Belgien	35,000 „
Europa	**12,553,000 Tons.**

II. Amerika.

Vereinigte Staaten	5,100,000 Tons.
Britisch Nordamerika	1,070,000 „
Brasilien	232,000 „
Argentina	95,000 „
Spanische Kolonien	74,000 „
Chile	67,000 „
Centralamerik. Republiken	35,000 „
Haiti	28,000 „
Peru	24,000 „
Columbia	16,000 „
Bolivia	7,000 „
Mexiko	6,000 „
Uruguay	3,000 „
Amerika	**6,757,000 Tons.**

III. Asien.

China	616,000 Tons.
Spanische Kolonien	162,000 „
Englische Kolonien	95,000 „
Niederländische Kolonien	60,000 „
Siam	40,000 „
Japan	40,000 „
Asien	**1,013,000 Tons.**

IV. Afrika.

Marokko	19,000 Tons.
Aegypten	21,000 „
Tunis	12,000 „
Tripolis	6,000 „
Englische Kolonien	20,000 „
Algerien	5,000 „
Afrika	**83,000 Tons.**

V. Australien.

Victoria	57,000 Tons.
Tasmania	26,000 „
Neu-Süd-Wales	20,000 „
Neu-Seeland	11,000 „
Süd-Australien	2,000 „
Australien	**116,000 Tons.**

Danach faßt in runder Summe die Handelsmarine der Welt 20,500,000 Tonnen. Unter der Voraussetzung, daß die Schiffe bis zur effektiven Tragfähigkeit wirklich geladen werden, reicht die gegenwärtige Handelsflotte aus, gleichzeitig 400 Mill. Ctr. Güter aufzunehmen und an den Bestimmungsort zu befördern. Nachdem jedoch jedes Handelsschiff durchschnittlich mehrere Reisen in einem Jahre ausführt, kann man daraus schließen, welche ungeheuren Waarenmengen heute durch die Handelsflotten transportirt werden.

---

*) Genau genommen bestand Ende 1868 die norddeutsche Handelsmarine aus 5057 Segelschiffen mit 1,316,374 Tonnen à 20 Ctr. Tragfähigkeit und 41,444 Mann Besatzung; 153 Dampfern (darunter 108 Schraubendampfer) mit 90,402 Tonnen Tragfähigkeit und 21,162 Pferdekräften. Der Tonnengehalt der Segelschiffe betrug bei Preußen 648,056; bei Mecklenburg 128,074; bei Oldenburg 58,560; bei Lübeck 10,165; bei Bremen 231,227; bei Hamburg 245,289. Dampfer besitzt Preußen 80 mit 9698 Tonnen und 3633 Pferdekraft; Mecklenburg 1 mit 210 Tonnen und 50 Pferdekraft; Lübeck 17 mit 4430 Tonnen und 1439 Pferdekraft; Bremen 20 mit 39,203 Tonnen und 8920 Pferdekraft; Hamburg 35 mit 36,855 Tonnen und 7120 Pferdekraft.

Prof. F. X. Neumann hat berechnet*), daß auf je 24,6 Tonnen durch=
schnittlich ein Mann zur Bedienung der Handelsschiffe entfällt, wonach die
Gesammtzahl des ganzen Handelsflottenpersonals ungefähr 830,000 betragen
würde oder soviel Köpfe wie das Großherzogthum Hessen Einwohner zählt.

Sicherungen des Seeverkehrs. Der ungeheure Werth, welcher
durch die Handelsflotten und die Güter, welche sie verfrachten, dargestellt
wird, nicht minder die tausende von Menschenleben die auf ihnen beschäftigt
jahraus jahrein den Gefahren und Wechselfällen zur See preisgegeben
sind, führte schon seit alten Zeiten dazu, soviel als der Mensch nur vermag
zur Sicherung des Seeverkehrs beizutragen. Diese Sicherung, welche in
unsren Tagen eine hohe Ausbildung erlangt hat, ist nicht nur gegen die
Gefahren, welche die Natur durch Sturm, Klippen, Sandbänke bereitet,
sondern auch gegen die Beeinträchtigungen gerichtet, welche die Schifffahrt
durch Menschen erleidet, durch Seeraub, Strandraub und Krankheiten.
Trotz aller Anstrengungen aber erleiden die Handelsflotten noch immer
schwere Verluste, wie aus der Statistik der Schiffbrüche, die regel=
mäßig alle Jahre veröffentlicht wird, hervorgeht. Nach einem Berichte der
Versicherungsgesellschaft „Veritas" in Havre sind im Jahre 1868 total ver=
loren gegangen 2080 Segelschiffe und 104 Dampfer; in den drei Jahren
1866 bis 1868 aber 8348. Verhältnißmäßig am geringsten bei diesen
Schiffbrüchen sind — wegen ihrer tüchtigen Bemannung — die Deutschen
vertreten. Es gingen in dem genannten Jahre verloren englische Schiffe
1222; nordamerikanische 253, französische 210, deutsche 203. Der Rest
vertheilt sich auf die übrigen Völker. Solchen Verlusten gegenüber ist es
erfreulich, daß festgestellt wurde, wie die Zahl der Schiffbrüche überhaupt
sich relativ verminderte und dieses verdanken wir den Fortschritten in der
nautischen Wissenschaft. Die Rückwirkungen auf den Handel bleiben natürlich
nicht aus und die Gewißheit, mit welcher der Rheder und Kaufmann auf
das Eintreffen einer schwimmenden Ladung rechnen, die Dispositionen, die
er hiernach nehmen kann, werden immer größer und sicherer. Es verdienen
daher hier einige der wichtigsten Vorkehrungen zur Sicherung des See=
verkehrs genannt zu werden. Wie oft verlautet nicht die Nachricht, daß im
Nebel zwei Schiffe aufeinanderstießen, daß eines von ihnen oder nach Um=
ständen auch beide zu Grunde giengen, daß Mannschaft und Ladung ver=
unglückten. Dem zu begegnen sind die seit altersher gebräuchlichen Nebel=
signale bedeutend vervollkommnet worden. Durch internationale Verord=
nungen ist eine Einheit auf den Schiffen der seefahrenden Nationen her=
gestellt worden, wonach alle Fahrzeuge, wenn nebliges Wetter herrscht, in
kurzen Zwischenräumen von wenigen Minuten in stark befahrenen Meeres=
theilen, wie z. B. im Kanal, Nebelsignale zu geben haben, Dampfschiffe
mit der Dampfpfeife, Segelfahrzeuge mit dem „Nebelhorn". Für die Nacht
sind Lichter aufzustecken, die von Sonnenuntergang bis Sonnenaufgang an
bestimmter Stelle zu führen sind. So muß der Seedampfer an der Spitze
des Vormastes ein helles weißes Licht anbringen, welches so stark leuchtet,

---

*) Bericht über die Weltausstellung zu Paris 1867. Zweiter Band. Wien 1869.
Heft 5. S. 26.

daß es auf fünf Seemeilen Entfernungen in einer nicht nebligen Nacht sichtbar ist. Weit geringer sind die Gefahren auf offenem Meere als in der Nähe der Küsten, wo Klippen, Sandbänke, Untiefen in den Strommündungen und vor den Häfen den Seemann zu einer besonderen Vorsicht auffordern. Gewöhnlich legt der Kapitän die Führung des Schiffes nieder und nimmt als Commandanten einen Lootsen an Bord, der mit den Lokalverhältnissen genau vertraut sein muß. Dieser, welcher eine Prüfung abgelegt haben muß, steht unter der Aufsicht der Staatsbehörden; er ist entweder Beamter des Staats, wie in Norddeutschland, oder, wie in den meisten andern Ländern, unabhängig. Sein mühsames, verantwortliches Geschäft, dem er während Nacht und Nebel, während Regen und Sturm nachkommen muß, wird ihm erleichtert durch gewisse Zeichen, welche gefährliche Stellen im Meere und an den Flußmündungen markiren. Auf den Sandbänken, meist an deren Endpunkten, errichtet man hohe, thurmartige hölzerne Gerüste, die Baaken, während die Untiefen durch vor Anker liegende, grell angestrichene eiserne Tonnen, sogenannte Bojen, bezeichnet sind. Für die Nacht warnen Leuchtthürme und Leuchtschiffe den Seefahrer vor der gefährlichen Nähe des Landes. Schon die Alten kannten sie und der großartige Leuchtthurm oder Pharus vor dem Hafen des alten Alexandria wird geradezu noch heute als der Typus seines gleichen betrachtet. Er gehört zu den sieben Wunderwerken der alten Welt, war von Sostrates aus Knidos erbaut und war noch im Beginn des vierzehnten Jahrhunderts vorhanden. Aber gegen unsre Leuchtthürme steht dieses Werk des Alterthums bedeutend zurück. Auf viele Meilen werfen sie jetzt ihr warnendes Licht über die Fläche des Ozeans, seit statt der alten Hohlspiegel ein sinnreiches System vielgürteliger Linsen angewendet wird. Auch ersann man die Drehlichter, bei welchen ein Uhrwerk das Lampensystem im Kreise bewegt und suchte ihm noch dadurch Abwechslung zu geben, daß verschiedene Lampen durch farbige Glasscheiben gedeckt wurden. Hieran reiht sich das Blitzlicht, welches plötzlich auftaucht und im Moment verschwindet. Alle diese verschiedenen Einrichtungen haben den Zweck, daß der Schiffer, in dessen Büchern die Leuchtthürme verzeichnet sind, durch das bloße Erscheinen des Lichtes und die besondere Art, in der es leuchtet, gleich erkennen kann, an welchem Punkte einer Küste er sich befindet. Wo Leuchtthürme, wegen unsicheren Baugrundes, nicht anzubringen sind, da legt man stark gezimmerte Schiffe vor Anker, Leuchtschiffe, welche an der Spitze ihres Mastes ein weithin sichtbares Feuer tragen. Am reichlichsten versehen mit Leuchtthürmen ist die Nordsee und der Kanal, beide wegen ihrer Gefahren berüchtigt und zugleich die befahrensten Meeresstrecken überhaupt. Im Kanal z. B. werden auf einer Strecke von 75 deutschen Meilen auf der französischen Seite 99 und auf der englischen 50 Leuchtfeuer unterhalten, von denen kein einziges unentbehrlich ist. Ueber alle Leuchtthürme der Erde wird Register geführt, die Art ihres Lichtes und ihr Standpunkt sind genau bekannt. Doch man ist noch weiter in der Sicherung des Seeverkehrs gegangen und hat mit Hülfe der Meteorologie und der Telegraphie dem Sturme seine Spitze abzubrechen gewußt, indem man vor Eintreten desselben die Schiffe im Hafen warnte, damit sie diesen nicht verließen. Freilich mußte die Meteorologie sich erst zu dem hohen Grade entwickelt haben, den sie jetzt er-

reicht hat, ehe solche Signale möglich wurden. In den Händen des geist=
vollen, leider durch Selbstmord allzu früh der Welt entrissenen englischen
Admirals Fitzroy († 1865) erhielt das System von Sturmsignalen, durch
welches England seine Küsten warnend umgibt, einen bewunderungswürdigen
Organismus. Sobald eine der hundert meteorologischen Beobachtungsstellen
in England die Anzeichen eines Sturmes empfängt, hat sie davon telegra=
phische Nachricht an die Centralstelle in Greenwich zu geben. Diese De=
peschen gehen allen andern, selbst den Staatsdepeschen im Range vor. Das
Greenwicher Observatorium konstruirt aus den verschiedenen Beobachtungen,
die ihm zufließen, sofort den ungefähren Verlauf des Sturmes und wenige
Minuten darauf erheben sich, telegraphisch angewiesen, an den bedrohten
Küstenstellen die fern in's Meer hinaus sichtbaren Sturmsignale. Diese
bestehen aus Kegeln und Cylindern am Tage, aus farbigen Lichtern in der
Nacht, welche durch ihre gegenseitige Stellung zu einander die Richtung des
Sturmes angeben. So bedeutet □ Sturm aus südlicher Richtung; △ Sturm
aus nördlicher Richtung; ▽ östliche Richtung und $\frac{\triangle}{\square}$ westliche Richtung.
Durch andere Combinationen dieser Zeichen kann man die verschiedenen
Hauptstriche der Windrose deutlich angeben. Zeitweilig waren diese Sturm=
signale aufgehoben worden, allein von ihrem großen Nutzen überzeugt,
wurden sie bald wieder hergestellt. Folgendes Beispiel wird näher erläutern,
welche große Wohlthat sie für die Schifffahrt sind. Im Juli 1858 ver=
kündigten die Fitzroy'schen Signale an einem klaren Morgen in der Nähe
von Tynemouth die Bildung eines Sturms. Keine der gewöhnlichen prak=
tischen Wetterregeln bestätigte die Prophezeihung und von über 100 Fischer=
barken, die im Hafen lagen, verließen mehr als 80, der Signale spottend,
den Hafen. — Am Abend war die Küste meilenweit mit ihren Trümmern
und den Leichen ihrer Bemannung bedeckt und nur die wenigen Boote die
den Signalen gehorcht hatten, waren gerettet. Auch über die deutschen
Häfen, für welche Dove in Berlin die Sturmdepeschen ausfertigt, über
Frankreich und Italien hat sich Fitzroy's System verbreitet.

Wenn aber trotz aller dieser Vorkehrungen, wie die Zahl der Schiff=
brüche beweist, dennoch Unglücksfälle eintreten und Fahrzeuge verloren gehen,
so ist man wenigstens bemüht das Leben der Menschen zu retten. Zu
diesen Zwecken sind, auf englische Anregung hin, in allen civilisirten Ländern
Gesellschaften zur Rettung Schiffbrüchiger zusammengetreten, die
eigens konstruirte Rettungsboote und andere Apparate unterhalten. (Raketen,
an welchen Taue befestigt sind, die nach dem gestrandeten Schiffe hinüber=
geschossen werden und so eine Verbindung mit dem Lande herstellen u. s. w.).
In England sind z. B. im Jahre 1866 durch 174 Rettungsboote gegen
tausend Menschen gerettet worden und auch in Deutschland besitzen wir eine
solche, segensreich wirkende Gesellschaft, die ihren Mittelpunkt in Bremen
hat. Diese deutsche Gesellschaft zählt fast 20,000 zahlende Mitglieder; sie
besitzt ein jährliches Einkommen von 35,000 Thalern und zerfällt in ver=
schiedene, auch über Süddeutschland verbreitete Bezirksvereine. Durch ihre
Stationen an der Nord= und Ostsee sind 1868 im ganzen 68 Personen
gerettet worden, gegen 128 im Jahre 1867 und 141 im Jahre 1866, so

daß während dieser Periode überhaupt 337 Menschen durch künstliche Rettungs=
geräthe der größten Lebensgefahr entrissen worden sind. Die Gesellschaft
zahlt für jedes von wirklicher Seegefahr gerettete Menschenleben eine Prämie
von fünf Thalern. Einen Thaler erhält derjenige, welcher die erste Nach=
richt von einem Wrack oder einem Schiff in Gefahr bei einer Rettungs=
station überbringt. Die Gesellschaft behält sich vor, ungewöhnliche An=
strengungen mit außerordentlichen Prämien zu belohnen; Prämien, welche
für die Rettung von Menschenleben gezahlt werden, kommen ausschließlich
der Mannschaft zu Gute, ohne daß für das Boot irgend ein Abzug gemacht
wird; alle Prämien werden gleichmäßig unter die Mannschaft vertheilt,
welche sich bei der Rettung betheiligte.

Haben wir so die Sicherungen kennen gelernt, welche im echten Hu=
manitätsstreben der Mensch zum besten der Schifffahrt ersonnen, so müssen
anderseits auch wieder die Hindernisse hervorgehoben werden, die er selbst
ihr bereitet. Den Ozean durch die Schifffahrt dem Handel dienstbar ge=
macht zu haben, in dem großartigen Maßstabe, wie dieses bisher geschehen,
erkennen wir als eine der größten Segnungen aller Zeiten. Er ist Ge=
meingut geworden, nicht mehr ausschließliches Eigenthum einzelner see=
fahrender Nationen und was schädigend gegen diese Gemeinsamkeit wirkt,
was die Sicherheit aller gefährdet, muß verfolgt und ausgerottet werden.
Dahin geht auch das Streben aller seefahrenden Mächte und internationale
Bestimmungen regeln und befördern die Benutzung des gemeinsamen Gutes,
arbeiten an der Vertilgung noch bestehender Schäden. Dem Seeraub,
wie er früher von den Barbareskenstaaten am Mittelmeer oder noch jetzt
in den asiatischen Meeren (S. 18) betrieben wird, ist der allgemeine Krieg
erklärt worden und je mehr abendländisches Wesen auch in den fernen
Meeren Platz greift, um so mehr wird diese Plage des ehrlichen Kauffahrers
verschwinden. Der Strandraub, der vor Zeiten namentlich auch an den
norddeutschen Küsten bestand, ist jetzt im großen Ganzen eine historische
Erscheinung geworden; selten noch wird er ausgeübt, wenigstens in den
europäischen Meeren. Im Mittelalter z. B. flehte man in den Kirchen zu
Gott, daß er den Strand segnen, d. h. recht viele Menschen Schiffbruch
leiden lassen möge. Nach altem deutschem Strandrecht besaß der Landes=
herr alles was an den Ufern wuchs oder gefunden wurde; es umfaßte auch
die verabscheuungswürdige Befugniß sich der sämmtlichen Güter eines ge=
strandeten Schiffes ohne Rücksicht auf den Eigenthümer zu bemächtigen.
Manchmal hat es auf den friesischen Inseln, z. B. Sylt, sich ereignet, daß
die rechtmäßigen Besitzer als lästige Zeugen des Strandraubs erschlagen
wurden. An die Stelle des Strandrechtes ist das Bergerecht getreten,
wonach ein Theil der geretteten Güter denen, die sie retteten (bargen), ein
Theil dem landesherrlichen Fiscus und in der Regel nur der dritte Theil
den Eigenthümern zufällt. Als ein Beispiel aus neuer Zeit führen wir die
Geschichte der Erzstatue Gustav Adolphs von Schweden in Bremen an.
Sie war für Gothenburg bestimmt und in München gegossen. Das trans=
portirende Schiff strandete bei Helgoland, die dortigen Bewohner bargen
das Standbild als Strandgut und die Bremer kauften ihnen dasselbe 1856
ab, nachdem Gothenburg den hohen Bergelohn nicht bezahlen wollte.

4*

In der Umwandlung begriffen, und mehr humanen Grundsätzen zu=
neigend, ist auch das Seerecht, das von dem mächtigen England einseitig
zu seinen Gunsten ausgebeutet wurde.   Durch den ersten größeren Seekrieg
der neuesten Zeit, jenen, welchen 1854 die Westmächte England und Frank=
reich gegen Rußland führten, kamen lange schwebende seerechtliche Fragen zur
Erörterung und theilweise zum Austrag.   Die britische Regierung erklärte damals
noch, daß das Eigenthum, welches die im feindlichen Lande Angesessenen aus
Feindesland ausführen, in allen Fällen als Feindesgut und mithin als recht=
mäßige Kriegsprise behandelt werden solle, wenn es auch an Bord eines neutralen
Schiffes geladen sei.   Welche Schädigung der Handel durch Befolgung solcher
Grundsätze in Kriegszeiten erleidet, liegt auf der Hand; ebenso die Unge=
rechtigkeit solches Vorgehens gegenüber den im Landkriege geltenden Prin=
cipien, da hier einfache Beutezüge und Wegnahme des Privateigenthums
längst nicht mehr statthaft noch ehrenvoll erscheinen.   Erst durch die 1856
zwischen England, Frankreich, Rußland, Preußen und andern europäischen
Staaten abgeschlossene Pariser Convention wurde eine humanere Grund=
lage für das Seerecht angebahnt und die Privatkaperei aufgehoben.   Die
Vereinigten Staaten lehnten den Beitritt ab, weil sie als Bedingung ihres
Beitritts die Beseitigung aller Wegnahme feindlichen Privateigenthums mit
Ausnahme von Kriegscontrebande hinstellten, eine Forderung die hauptsäch=
lich an dem Widerstande Englands scheiterte.   Letztere Anschauung, die dem
Geiste unserer Zeit entsprechende, dürfte auch zur Geltung gelangen und
künftig die Basis eines neuen Seerechts bilden.

Zur Sicherung gegen die Krankheiten, welche, wie das gelbe Fieber,
die Cholera und die orientalische Pest, oft durch Schiffe in von diesen
Epidemien verschonte Länder eingeführt wurden, haben wir schließlich das
Contumaz= oder das Quarantänewesen zu erwähnen, das wir bereits
im fünfzehnten Jahrhundert in Venedig in Anwendung finden.   Es ist
namentlich in den Mittelmeerhäfen entwickelt, die den Herden jener Krank=
heiten, namentlich der Cholera, am nächsten liegen.   Jedes einlaufende Schiff
muß ein Gesundheitszeugniß über den Hafen, aus dem es kommt, vorzeigen.
Auf dieses stützen sich dann die Quarantäneverordnungen, welche nach Maß=
gabe der größeren oder geringeren Gefahr, welche für Ansteckung vorhanden
ist, dem Schiffe eine Absperrung auferlegen.   Da die oft lange Dauer der
Quarantäne dem Seehandel ein großes Hinderniß bereitet, so sind in neuester
Zeit viele Stimmen gegen dieselbe laut geworden, ohne eine Beseitigung
erzielen zu können.   Im Februar 1866 war unter dem Vorsitze des türki=
schen Ministers Ali Pascha zu Konstantinopel eine internationale Gesund=
heitskommission versammelt, welche sich mit Quarantänemaßregeln beschäftigte
und Vorschriften ausarbeitete, wie namentlich die Verbreitung der Cholera
durch die heimkehrenden Mekkapilger verhütet werden solle.   Bricht die
Cholera aus, so soll jeder Verkehr zwischen den arabischen und ägyptischen
Häfen abgesperrt werden.

Die neuen Verkehrsmittel.

Die ozeanische Dampfschifffahrt. Wie alle großartigen Erfindungen eine Vorgeschichte besitzen und die Erfindung selbst nicht gleich auf einmal fertig dastand, gleich Pallas Athene, die gerüstet dem Haupte des Zeus entsprang, so ist es auch mit dem Dampfschiffe gewesen. Papin, Perrier, Symington u. A. waren Vorläufer des Amerikaners Fulton, welchem es 1807 gelang, das erste wirklich brauchbare Dampfschiff „Clermont" herzustellen. Mit demselben begann er am 4. September regelmäßige Fahrten zwischen New-York und Albany auf dem Hudsonflusse. Zu dieser Entfernung (150 englische Meilen) bedurfte er noch 32 Stunden, während sie heute von einem Dampfer in etwa 7 Stunden zurückgelegt wird. Die Lebensfähigkeit der Schifffahrt mit Dampf war nun erwiesen und im Kometenjahre 1811 baute der Mechaniker Henry Bell das erste brauchbare europäische Dampfschiff, den „Komet", welches seine Fahrten auf dem Clyde zwischen Glasgow und Greenock machte. Von da an, bis die Dampfschifffahrt ozeanisch wurde, vergingen jedoch noch zehn Jahre und abermals waren es die Amerikaner, welche hier den Anfang machten. Auf den Hauptströmen Europa's wie Amerika's freilich hatten die Dampfer schon mehrere Jahre früher Eingang gefunden; so erschien am 12. Juli 1816 der erste Dampfer auf dem Rhein. Der erste Ozeandampfer war die 1818 zu New-York erbaute „Savanah". Im folgenden Jahre wurde auf diesem die epochemachende Fahrt nach Liverpool angetreten, die nach ihrer glücklichen Vollendung keinen Zweifel mehr darüber aufkommen ließ, daß auch auf dem Ozean die Fortbewegung der Schiffe mittels Dampf gelingen werde. Nicht weniger als 25 Tage brauchte die „Savanah" zur Ueberfahrt; 18 Tage arbeitete sie mit Dampf, den Rest mittels Segeln, — sie war daher ein echtes Uebergangsschiff. Weitere neunzehn Jahre vergingen, ehe ein zweiter Versuch, diesmal von englischer Seite, mit glänzendem Erfolge angestellt wurde. Im April 1838 eröffnete der „Sirius" und der „Great Western" durch ihre Fahrt von Bristol nach New-York die transatlantische Schifffahrt, die seitdem regelmäßig betrieben, rasch zu großartiger Entwicklung gelangte. Die Möglichkeit große Seereisen mit ausschließlicher Anwendung der Dampfkraft zu vollenden, war bewiesen und sofort schloß die englische Regierung mit Samuel Cunard in Halifax einen Kontrakt über die Einrichtung von Postdampferlinien, wornach dieser gegen eine jährliche Unterstützung von 65,000 Pfund Sterling sich verpflichtete, zweimal monatlich einen Dampfer nach Amerika und zurück gehen zu lassen. So begann am 4. Juli 1840 die „Britannia" von Liverpool aus die Fahrten der seitdem so berühmt gewordenen Cunard-Linie. Schon 1825 war ein Dampfer von London nach Calcutta, freilich in 113 Tagen, gegangen und zehn Jahre darauf fand Verbindung zwischen den spanischen Häfen und England statt. Hamburg, Rotterdam, Calais und Ostende wurden schon früher in den Bereich der

Dampferlinien einbezogen. Seitdem haben neue Erfindungen im Maschinen=
wesen die Dampfschifffahrt wesentlich gefördert. Die alten Räderschiffe
werden auf den ozeanischen Fahrbahnen seltener und seltener und die von
dem Deutschen Ressel zuerst in der Schifffahrt angewandte archimedische
Schraube behauptet das Feld. Schon 1845 ließ man in England eines
der größten Dampfschiffe, den Great Britain, von 1200 Pferdekraft, mit
der Schraube fortbewegen und das riesigste aller jemals erbauten Fahrzeuge,
der Great Eastern, vereinigt Schaufelräder und Schraube. Dieses 1858
auf der Themse von dem berühmten Ingenieur Isambard Brunel erbaute
Riesenschiff kann eingerechnet die Bemannung 4000 Menschen fassen; es
wird bewegt durch eine Dampfgewalt von 11,500 Pferdekräften und Schaufel=
räder von 56 Fuß Durchmesser. Neben diesen ist zugleich eine 1200 Centner
schwere Schraube von 24 Fuß Durchmesser thätig. Neben seinem kolossalen
Kohlenvorrath vermag der Great Eastern 5000 Tonnen Waare und die
oben angeführte Anzahl Passagiere zu fassen; aber zu den projektirten Fahrten
nach Ostindien hat er sich als unpraktisch erwiesen; er wurde vorzugsweise
zur Legung der Telegraphenkabel zwischen Europa und Amerika benutzt.
Welcher Fortschritt liegt nicht in diesem Schiffe gegenüber der nur 40 Jahre
älteren Savanah!

Jetzt beherrscht von den eisigen Meeren um den Nordpol bis in die
tropischen Gewässer und wieder bis zum antarktischen Ozean der Dampf
allenthalben die salzigen Fluthen und kein Hafenort von irgend einer Bedeutung
entbehrt einer regelmäßigen Dampfverbindung. Rings um die Erde ist seit
1866 der große Kreis der Seepostkurse geschlossen und eine Weltumseglung,
zu welcher 1519 bis 1522 Sebastian d'Elcano, der Gefährte des Magel=
haens, noch drei Jahre brauchte, wir legen sie jetzt sicher und bequem in
hundert Tagen zurück. Den Dienst im nordatlantischen Ozeane versehen allein
15 verschiedene Gesellschaften, die jährlich etwa 1200 Fahrten unternehmen.
Es kreuzen wöchentlich 21 oder täglich 3 Dampfer dieses Weltmeer. Wie
genau die Kurse eingehalten werden und mit welcher Gleichmäßigkeit die
Dampfer fahren, dafür wollen wir ein Beispiel aus der neuesten Zeit bei=
bringen. Die „Russia", Kapitän Cook von der Cunard=Linie und die „City
of Paris", Kapitän Kennedy von der Inman=Linie, verließen an demselben
Tage und nur eine Stunde nach einander New=York und langten am
20. Februar 1869 des Morgens, das eine Schiff nur 35 Minuten nach
dem andern in Liverpool an; jedes hatte 20 Minuten in Queenstown
(Irland) angehalten und die Fahrt über den Ocean in 8 Tagen und
18 Stunden gemacht. Am 11., 12., 13. und 14. Februar segelten beide
Dampfer dicht nebeneinander und erst kurz vor Liverpool überholte die
„Russia" (3100 Tonnen Gehalt) die „City of Paris" (2875 Tonnen).

Die hauptsächlichsten Dampferlinien, denen zahllose kleinere sich
anschließen, sind folgende:

1. Von Liverpool oder Southampton nach New=York. Dauer der
Fahrt 10 bis 12 Tage. Von Hamburg oder Bremen dorthin 1 bis 2
Tage länger.

2. Von Southampton nach Colon (Aspinwall) an der Landenge von
Panama. Dauer der Fahrt 19 Tage.

3. **Von Bordeaux nach Pernambuco in Brasilien,** 17 Tage, nach Bahia 19 Tage, nach Rio de Janeiro 21 Tage, nach dem La Plata 26 Tage.

4. **Von Plymouth nach der Kapstadt, Südafrika,** Dauer der Fahrt 34 Tage.

5. **Die ostindische Linie. Von Southampton nach Gibraltar** 5 Tage, von da nach Alexandria 7 Tage, über den Isthmus von Sues und von Sues durch das rothe Meer bis Bombay 14 Tage. Benutzt man statt dessen Brindisi in Italien als Ausgangspunkt, so gelangt man via Sues in 17½ Tagen bis Bombay. Die Fahrt von Sues nach Point de Galle auf Ceylon dauert 17 Tage; von da nach Singapur 7, von da nach Hongkong 8, von da nach Schanghai in China 5 Tage. Von Brindisi nach Schanghai gelangt man in 41 Tagen. Neben der englischen Peninsular and Oriental Steam Navigation Company besorgen den Dienst auf diesen Routen die französischen Messageries impériales.

6. **Australische Linie.** Sie schließt sich an die vorige bei Point de Galle auf Ceylon an und geht von da nach Melbourne in 21, nach Sydney in 24, nach Wellington, der Hauptstadt Neuseelands, in weiteren 7 Tagen. Eine direkt von Liverpool um das Kap der guten Hoffnung herum führende Linie braucht 57 Tage bis Melbourne.

7. **Von Panama nach San Francisco,** Acapulco in Mexico anlaufend, Dauer der Fahrt 15 Tage.

8. **Von Panama nach Neuseeland. Die Panama-New-Zealand and Australian Mail Company,** welche die Fahrt nach Wellington in 27 Tagen zurücklegte, ist 1868 im November wieder eingegangen, harrt aber ihrer Auferstehung als Linie Wellington-San-Francisco.

9. **Von San Francisco nach Japan und China,** als Fortsetzung der großen nordamerikanischen Pacificbahn nach Westen. Dauer der Fahrt bis Jokohama in Japan 20, bis Schanghai in China weitere 5 Tage.

Die Peninsular and Oriental Steam Navigation Company, welche den Dienst zwischen England, Indien und Ostasien versieht, ist die größte in ihrer Art; sie hat in der That alle andern Unternehmungen überflügelt. Nach ihrem 1867 veröffentlichten Jahresbericht erhalten wir einen ungefähren Begriff von der Bedeutung des Verkehrs, den diese Gesellschaft vermittelt. Jede in Southampton an Bord genommene Post aus Briefen, Zeitungen und Waarenmustern bestehend, hat das ungeheure Gewicht von 1000 Centnern. Die Verbindungsdampfer von Calcutta, Schanghai und Sydney müssen so regelmäßig expedirt und so genau geführt werden, daß sie pünktlich in Point de Galle auf Ceylon, dem Sammelplatze der orientalischen Post eintreffen und da es sich um Entfernungen von 8000 bis 14,000 englische Meilen handelt, so muß man wohl die verhältnißmäßige Schnelligkeit und Pünktlichkeit des durch diese Dampfschifffahrtsgesellschaft vermittelten Postdienstes bewundern. Die Compagnie hat täglich an Bord ihrer Dampfer im Durchschnitt 10,000 Personen zu speisen; sie hat eine Armee von 12,600 Agenten, Offizieren, Commis und Matrosen in ihrem Dienste, von denen sich über 8000 stets auf dem Meere befinden. Die Zahl ihrer großen Ozeandampfer beträgt 60; außerdem ist eine ganze Flotte von 15,000 Tonnen Gehalt nur damit beschäftigt, die nöthigen Kohlen nach den verschiedenen Depots zu bringen, welche durchschnittlich einen Kohlen= vorrath von 90,000 Tonnen bereit halten. Der jährliche Kohlenverbrauch kostet der Compagnie über eine halbe Million Pfund Sterling; der Gesammt= werth ihres Eigenthums macht etwa vier Millionen Pfund Sterling aus; die Ausgaben 1866 betrugen 1,977,000, die Einnahmen 2,136,000 Pfd. Sterling.

Vortrefflich organisirt, eine wahre Ehre des Vaterlands, sind auch die großen deutschen transatlantischen Postdampfergesellschaften in Hamburg und Bremen, die sich gegenseitig die Wage halten und in gleich hohem Range stehen. In Hamburg hat die „Hamburg=Amerikanische=Packetfahrt=Ak= tien=Gesellschaft" ihren Sitz; in Bremen der „Norddeutsche Lloyd" über den wir hier einige nähere Nachrichten mittheilen, um dem Leser einen Begriff von der Großartigkeit dieses Instituts zu verschaffen. Der Nord= deutsche Lloyd wurde am 18. Februar 1857 begründet und hatte in den ersten Jahren seines Bestehens eine harte Prüfungszeit, veranlaßt durch die Ungunst der Verhältnisse, durchzumachen. Die Aktien des Unternehmens waren einmal auf 25 Prozent herabgesunken; aber die tüchtigen Leiter ver= zweifelten nicht und führten nun schöne Ergebnisse herbei. Schon im Jahre 1860 gab es einen kleinen Gewinn, 1864 schon 10 Proz., 1865 dann 15 Proz., 1866 gar 20 Prozent Dividende und fast noch glänzender stellte sich 1867 heraus, als mit den Dampfern des norddeutschen Lloyd allein 28,000 Europamüde ihr Vaterland verließen um in Amerika eine neue Heimat zu suchen. Für den transatlantischen Verkehr waren 1869 nicht weniger als 16 Schraubendampfer ersten Ranges eingestellt; alles elegante Prachtschiffe von 2500 Tonnen Gehalt und 600 Pferdekraft. Die Länge eines solchen Ozeandampfers ist 325 bis 330 Fuß, die Breite 40 Fuß, der Tiefgang 26 Fuß. Seine Besatzung ist meist 100 bis 110 Mann stark; die erste Kajüte kann 80, die zweite 120, das Zwischendeck 600 Passagiere aufnehmen, so daß alles in allem gerechnet 900 Menschenleben an Bord sind, wenn das Schiff vollzählig ist. Jede Hin= und Herreise nach Amerika erfordert über 29,000 Ctr. Kohlen und nicht weniger als 4000 Pfund Oel zum Schmieren der Maschine. In den letzten Jahren betrug die Dauer einer Fahrt selten mehr als 11 bis 12 Tage; ja die Schiffe „Union" und „Weser" legten die Strecke von der englischen Station Southampton nach New=York mehrere Male in der kurzen Zeit von neun Tagen zurück. Und trotz aller dieser fast beispiellos schnellen Fahrten ist seit dem Jahre 1858 auch nicht ein einziger erheblicher Unglücksfall vorgekommen. Bei solchen Ergebnissen hatte der Norddeutsche Lloyd wohl ein Anrecht darauf, daß ihm die Beförderung der wöchentlichen englisch=amerikanischen Post, wie der Norddeutschen Bundes= post übertragen würde. Die Hauptlinie des Norddeutschen Lloyd ist zwischen Bremen und New=York, Southampton anlaufend. Der Preis in der ersten Kajüte beträgt 165 Thlr., in der zweiten 100 Thlr., im Zwischendeck 55 Thaler einschließlich der Beköstigung. Zwei andere Linien führen nach Baltimore und über Havanna nach New=Orleans. Außerdem besitzt der Norddeutsche Lloyd noch sechs Dampfer von 600 Tonnen mit 100 Pferde= kraft, welche nach London und Hull fahren, Korn und fettes Vieh unserer

und schweiden Altengland zuführen. Daran schließen sich endlich nach Helgo=
land, Hamburg, Rotterdam und Antwerpen gehende Dampfer, sowie kleine,
die Weser befahrende Flußdampfer.

Ein zweites großartiges Seeinstitut, dessen wir hier speziell gedenken
wollen, ist der Oesterreichische Lloyd (Lloyd austriaco) eine Schöpfung
des verstorbenen genialen Ministers Bruck. Aus kleinen Anfängen heran=
wachsend wurde der Oesterreichische Lloyd bald Herrscher im Mittelmeer
und allmählich wurden in den Kreis seiner Fahrten einbezogen: alle Haupt=
häfen der istrischen, kroatischen, dalmatischen und albanischen Küste, der
Jonischen Inseln, Griechenlands, der italienischen Küste, dann Alexandrien,
Port=Said, Jaffa, Kaifa, Beyrut, die Insel Cypern, Alessandretta, Scher=
sina, Rhodus, Smyrna, Konstantinopel, die Haupthäfen des schwarzen
Meeres, so daß der Versand der Waaren von der Schweizer Grenze bis in
die entferntesten Häfen des Orients durch die Dampfschiffe der Anstalt ver=
mittelt werden konnte. Mit der Ausdehnung der Dampferlinien ging Hand
in Hand die Umgestaltung der Flotte, welche bis zum Jahre 1867 große
Fortschritte machte. Sie bestand im Jahr 1868 aus 34 eisernen Schrauben=
dampfern von 100 bis zu 400 Pferdekraft und 400 bis 2000 Tonnen,
4 eisernen und 32 hölzernen Raddampfern von 100 bis 400 Pferdekraft
und 300 bis 1500 Tonnen Tragfähigkeit, zusammen 70 kleinere und größere
Dampfer von 16,940 Pferdekraft und 66,370 Tonnengehalt, gegen 63
Dampfer von 35,140 Tonnengehalt im Jahre 1862 und 7 Schiffe von
630 Pferdekraft vor dreißig Jahren. Welchen Nutzen das Institut des
Oesterreichischen Lloyd dem Handelsverkehr von Mitteleuropa gebracht hat,
erhellt aus der Thatsache, daß die Lloydschiffe seit ihrem Bestehen nicht
weniger als 34,345,744 Centner Waaren und 1,828,803,815 Gulden
Geldsendungen befördert haben, ohne daß irgend Jemand zu Schaden ge=
kommen wäre. Das überaus schnelle Aufblühen des Oesterreichischen Lloyd
äußerte namentlich auf den Triestiner Handel seine wohlthätigen Wirkungen
und die Bedeutung des Instituts wurde weder durch italienische noch durch
ägyptische Konkurrenzinstitute, die im Laufe der Zeit entstanden, verringert.
Er genießt — was beim Norddeutschen Lloyd und der Hamburger Packet=
fahrtgesellschaft nicht der Fall ist — großartige Unterstützungen von Seiten
der österreichischen Regierung (2 Mill. Gulden jährlich), die außerdem für
die Bemannung der Fahrzeuge sorgt. Von unberechenbarer Wichtigkeit für
das Institut und den Handel von Triest überhaupt war die Vollendung
des Suezkanals — Triest wurde dadurch zu einem derjenigen Häfen, die
Indien und Australien am nächsten liegen. Zur Erleichterung des Handels=
verkehrs auf der neuen Route wurden mit Eisenbahnen Umladungskon=
ventionen geschlossen, die hauptsächlich auf den Transport der ostindischen
Baumwolle Bezug haben.

Einem Dampferverkehr rund um den Erdball stellt sich seit
der Eröffnung des Suezkanals nur noch der Isthmus von Panama ent=
gegen. Aber auch dieser wird kanalisirt werden und eine Bahn überschneit
ihn bereits seit 1855. Nur hier braucht der Reisende, wenn er mit dem
Dampfschiff unsern Planeten umkreisen will, auf wenige Stunden das Fahr=
zeug zu verlassen, um sich der ebenbürtigen Lokomotive anzuvertrauen. Sonst

überall braucht er sich von der salzigen Fluth nicht zu entfernen. Freilich kostspielig ist eine solche Fahrt noch, aber die Kosten werden durch den Zeitgewinn wieder aufgewogen. Von Europa über Japan, San Francisco und Panama kostet die Fahrt auf dem ersten Platze 1787 Thaler, auf dem zweiten 1578 Thaler und die Zeitdauer beträgt 109 Tage. Indessen seit Eröffnung der amerikanischen Pacificbahn ist hier eine bedeutende Abkürzung eingetreten und wir vermögen die Reise um die Erde jetzt in 86 Tagen zurückzulegen. Folgendes sind die Stationen: Von London bis New-York 12, von da bis San Francisco 7, von da bis Japan 20, von da bis Schanghai in China 5, von da bis Singapur 13, von da bis Point de Galle 7, von da bis Sues 17, von da bis Brindisi 3½, von da bis London 1½ Tage.

Das Postwesen. Wenn auch an sich schon alt, stehen doch als ein wichtiges Glied in der Reihe moderner Verkehrsmittel ferner die Posten da, die als eine staatliche und gesellschaftliche Einrichtung von großartiger Ausdehnung erscheinen, und durch fortwährende Erweiterung an der Umgestaltung der Lebensverhältnisse aller Völker arbeiten. Schon die alten Perser hatten ihre Postläufer (Angaren) und auch die Griechen besaßen Hemerodromen, welche die Briefe nach allen Seiten des Reichs brachten. Aber planmäßige Verbindungen rief mit klarem Bewußtsein erst der römische Staat in's Leben; er schuf die dazu nöthigen Bedingungen: gute, haltbare Straßen, rasche Beförderung auf denselben nach festgestellten Orten. Unter Augustus entstand die kaiserliche Reichspost (cursus publicus) mit ihren Schnellzügen (velox cursus) und Gepäckzügen (cursus clabularis), mit Stationen und Wechselstellen, Postknechten und Gepäckaufsehern. Aber Zweck und Umfang der römischen Post war zunächst fiskalischer Natur; sie war keine allgemeine, keiner öffentlichen Benützung freigegeben, was die Fähigkeit freier Bewegung in allen Volksklassen voraussetzt, die im römischen Reiche nicht vorhanden war. Selbst nach dem Sturze des weströmischen Reiches erhielt sich das kaiserliche Postwesen unter den Ostgothen in Italien, ja unter den Vandalen in Afrika; wir finden seine Spuren unter den Merovingern in Italien und sehen wie Karl der Große an dasselbe anknüpft. Nun verlor sich der fiskalische Charakter; die Fuhren für die Gepäckpost wurden in Frohndienst, die Reisebeförderung durch Vorspann in eine Zwangsverbindlichkeit umgewandelt. Dadurch erhob sich eine allgemeine Gegenbewegung gegen die Posten, welche ihr Ziel, Befreiung von den dem Volke aufgebürdeten Lasten, erreichte. Aus dem Bedürfniß des Lebens entstand nun an Stelle jener Posten das Städtebotenwesen, das Geleitwesen, wie es die Hansastädte schufen; auch Klöster, Stifte und Universitäten hatten ihre eigenen, wohl organisirten Botenposten. Berühmt war die Post der Pariser Hochschule, die sich im Mittelalter über ganz Frankreich und die Niederlande erstreckte.

In Deutschland finden wir bereits unter der Regierung Friedrichs III. zu Ende des 15. Jahrhunderts Roger de Tassis mit der Leitung von Postzügen zwischen Italien und Oesterreich betraut. Aber erst der große Zug der Weltbegebenheiten nach der Entdeckung der neuen Welt veranlaßten 1516 Kaiser Maximilian durch Franz von Tassis eine geregelte

Verbindung zwischen Italien und den Niederlanden herstellen zu lassen.
Gleichzeitig entstand in Frankreich die Staatspost und damit beginnt die
Geschichte des modernen Postwesens. Rudolf II. ernannte 1595 Leonhard
von Taxis zum Generaloberpostmeister im deutschen Reiche, machte seine
Post zum hochbefreiten kaiserlichen Regal und bahnte die Privilegien der
eng mit der Geschichte der Posten verbundenen Familie Thurn und Taxis
an, die erst in Folge der Ereignisse des Jahres 1866 abgelöst wurden. Das
ganze vorige und den Anfang dieses Jahrhunderts charakterisirt in Deutschland eine große Zerfahrenheit im Postwesen. Noch 1810 bestanden im Gebiet des ehemaligen deutschen Reichs dreizehn verschiedene Postanstalten; in
den Territorien des Rheinbundes gesellten sich dazu französische Institute, so
daß die Verwirrung in der Spedition und Taxirung den höchsten Grad erreichte und der Handel empfindlich litt. Der Schöpfer des musterhaften
preußischen Postwesens war der große Kurfürst, den seine von Kleve bis
Memel weit zerstreuten Besitzungen und die „Förderung der Kommerzien"
gleich nach Beendigung des breißigjährigen Krieges zur Schaffung des Ge-
neralpostamts veranlaßten.

Was außereuropäische Länder anbelangt, so sehen wir bereits
bei den alten Mexikanern Eilboten, welche die verschiedenen Theile des
Landes in beständiger Verbindung erhielten. Alle zwei Meilen waren Post-
häuser errichtet. Der Kurier lief mit seinen Depeschen — in Hieroglyphen
— bis zur ersten Station, wo zur Weiterbeförderung ein anderer Bote bereit stand. Nicht selten wurden an Montezuma's Tafel Fische aufgetragen,
die 24 Stunden vorher im Golf von Mexiko, 50 deutsche Meilen von der
Hauptstadt, gefangen und mit der Eilpost in den kaiserlichen Palast gelangt
waren. Aehnlich ist die Postbeförderung in den Kulturstaaten Ostasiens
noch heute, obgleich dort jetzt auch europäisches Postwesen einbringt. Die
Japaner besaßen im Jahre 250 unserer Zeitrechnung bereits vorzügliche
Kunststraßen durch die Gebirge; die mit Bäumen eingefaßt und mit Brücken
versehen waren. Reisehandbücher mit Karten beschrieben damals schon alle
interessanten Punkte am Wege. Die Briefe durch die ganze Länge des
Reichs, auf dem Tokaido, der Hauptstraße, beförderten Boten, die z. B.
von Jedo bis Nakasaki in zehn Tagen gelangten. Jetzt werden die Briefe
mit den japanischen Regierungsdampfern nach den Hafenplätzen der verschiedenen Inseln geführt.

Zweierlei wirkte dahin, das Postwesen auf die heutige Höhe zu erheben.
Die Dienstbarmachung der Eisenbahnen für den Postverkehr und die Durchführung der englischen Postreform. In England hatte man, gleichwie
auf dem Kontinent, hohe Portotaxen. Der alte Posttarif stieg, mit 4 Pence
für eine Entfernung von 15 Meilen beginnend, bis zu 14 Pence auf 500
englische Meilen. Nur der begüterte Theil der Bevölkerung konnte unter
solchen Umständen die Post benützen, den armen Theilen war das Porto
fast unerschwinglich. Da trat Rowland Hill mit dem Vorschlage einer Reform hervor, welche im Volke und in der Handelswelt lebhaften Beifall
fand. Er schlug 1837 — in den Kinderjahren der Eisenbahnen also —
vor, einen einfachen Portosatz von einem Penny für alle Briefe durch das
ganze britische Reich festzusetzen und die Entfernung hierbei gänzlich aus dem

Spiele zu lassen. Die neue Taxe trat, nach vielen Kämpfen, am 10. Januar 1840 in Kraft. Bisher war die Post in England als Finanzanstalt betrachtet worden; von jetzt ab sollte sie ihren eigentlichen Zweck erfüllen, lediglich dem Verkehre zu dienen. Anfangs, nach Einführung des Pennysatzes, sanken die Ueberschüsse der Post ganz bedeutend und erreichten erst nach Verlauf von 15 Jahren ihre alte Höhe wieder. Doch das System bewährte sich in großartiger Weise, so daß heute keine Stimme dagegen mehr laut wird. In Deutschland konnte das Groschenporto erst 1867 durchgeführt werden, nachdem in Folge der Ereignisse des Jahres 1866 das Gesammtpostwesen des norddeutschen Bundes an Preußen übergegangen war.

Die heutige Ausdehnung des Postwesens läßt sich nur durch Zahlen kennzeichnen, die durch ihre Länge uns einen Begriff von der Macht und der Bedeutung des Verkehrs beibringen. Als 1784 die Bruttoeinnahmen der preußischen Posten eine Million Thaler ausmachten, schrieb Friedrich II. an den Rand des Berichts: „Das ist admirabel!" Was würde er zu den Ziffern der heutigen deutschen, englischen oder amerikanischen Post sagen! Im Jahre 1839 hatte die Einnahme der englischen Post 2,390,763 Pfund Sterling bei 82 Millionen Briefen betragen. Die Zahl der Correspondenzen nahm nun mit jedem Jahre zu. Sie war 1845 bereits auf 271 Millionen, 1850 auf 347 Millionen und 1866 auf 750 Millionen Briefe gestiegen. Jetzt steht sie nahe vor 1000 Millionen! Berühmt wegen seiner vortrefflichen Organisation und der kolossalen Briefmenge, die es zu befördern hat, steht das Londoner Generalpostamt da. Im Jahre 1859 versendeten die Sacred Harmonic Society und die Krystallpalastcompagnie durch dasselbe an einem Tage 400,000 Circulare. Die gefürchtetsten Tage sind jedoch der 13. und 14. Februar — St. Valentinstag. Im Jahre 1867 passirten durch das Generalpostamt an diesen beiden Tagen allein 1,199,142 Briefe, was der Post ein Einkommen von 11,242 Pfund Sterling einbrachte.

England hat seine segensreichen Posteinrichtungen auch seinen Kolonien zu Theil werden lassen was wir beispielsweise am Postverkehr Indiens erkennen, der sich vergleichsweise in noch viel höherem Grade gehoben hat, als der englische. Es bestehen dort 1500 Postämter, die jährlich 60 Mill. Briefe und Zeitungen verbreiten. Schon jetzt hat man dort billigere Portosätze als in Europa, eine Einrichtung die man Lord Dalhousie verdankt. Während der Reinertrag der indischen Postverwaltung 1850 nur 80,956 Pfd. Sterling ausmachte, hatte er sich 1860 schon auf 437,864 Pfund Sterling gehoben.

Der norddeutsche Postbezirk umfaßt (1868) 4464 Postanstalten, auf etwa 1½ Quadratmeile und für 6850 Einwohner je eine. Die Zahl der Briefkasten betrug 21,248, das gesammte Personal 42,700 Personen. Briefe wurden aufgegeben und bestellt 307,300,000, wozu sich noch 146 Millionen Stück einzelner Zeitungen gesellten. Die Portoeinnahmen für den inneren Briefverkehr betrugen 6,566,000 Thaler. Der Päckerei- und Geldversendungsverkehr erstreckte sich auf 39,473,000 Stück mit 2376 Millionen Thalern deklarirtem Werthe. Postanweisungen wurden

8,374,000 Stück über Beträge von 104,732,184 Thaler allein im nord=
deutschen Bezirk beförbert.

Bei der nordamerikanischen Post ist es von großem Interesse, den
durch die Postdampfer vermittelten Verkehr mit der alten Welt zu beachten,
der uns einen Begriff gibt von der bedeutenden Ausdehnung der gegen=
seitigen Beziehungen. Die Einnahmen des Postdepartements betrugen wäh=
rend des am 30. Juni 1868 beendeten Fiskaljahres 16,292,600 Dollars;
die Ausgaben dagegen 22,730,552; sie überstiegen daher die Einnahmen
um fast 6½ Millionen und diese bedeutende Summe wurde lediglich vom
Staate im Interesse der Verkehrserleichterung zugeschossen. Was den Post=
dienst mit dem Auslande betrifft, so betrug das Briefporto für fremde Corre=
spondenzen 2,153,690 Dollars, wovon allein 1,706,461 auf europäische
Briefe entfielen. Von 4,666,673 Briefen, die mit den britischen, deutschen
und französischen Postdampfern in Amerika ankamen, wurden 126,866 als
unbestellbar nach Europa zurückgesendet; und von 5,401,986 von Amerika
nach Europa gesendeten Briefen kamen nur 30,970 als unbestellbar zurück.
Die neuen Postverträge mit Großbritannien, dem norddeutschen Bund u. s. w.
haben eine wesentliche Vermehrung des Briefverkehrs mit den vereinigten
Staaten zur Folge gehabt.

Der Briefverkehr eines Landes ist zugleich ein Kulturmaßstab für
dasselbe und läßt uns auf die Ausdehnung seines Handels schließen. Wo
die Schreiblust und Schreibnothwendigkeit zunehmen, hebt sich die Gesittung,
mit ihr Handel und Industrie. Im Jahre 1840 wurden in Oesterreich
24 Millionen Briefe versendet; 1866 schon 96½ Million. Die Zahl der
jährlich auf eine Person entfallenden Briefe schwankt in den industriereichen
westlichen Provinzen des Landes zwischen 2 und 4; in Ungarn, Galizien,
Kroatien aber zwischen 1 und 2; in Siebenbürgen entfällt nicht einmal ein
Brief auf die Person im Jahre. In Großbritannien kommen auf den Kopf
der Bevölkerung 14, in Frankreich, Deutschland, den Vereinigten Staaten
etwa 7, in Rußland nur ⅓ Brief per Jahr. Unter den deutschen Städten
stehen im Briefverkehr oben an Frankfurt a. M. mit 54 und Leipzig mit
45 Briefen per Jahr und Kopf.

Dieser gewaltige, allenthalben sich kundgebende Aufschwung war jedoch
nur durch die Benützung der Eisenbahnen möglich. Post und Eisenbahn
sind durchaus keine Gegensätze, sondern Phasen in der großartigen Ent=
wicklung des Verkehrswesens. Während die Eisenbahnen nach und nach die
Fahrpost, Personen und Packetbeförderung aufschlürfen, bleibt der Post vor=
zugsweise die Aufgabe, den allgemeinen Gedanken=, Privat= und Geschäfts=
verkehr in der ganzen Nation mit fremden Völkern und unter sich zu ver=
mitteln. Dazu bedurfte sie der geflügelten Eile der Lokomotive und der
Einführung der Ambulancen oder fahrenden Bureaur, die mit den Schnell=
zügen dahinbrausen und die Geschäfte erledigen, während der Zug sich seinem
Ziele nähert. Was wäre der Handel ohne die Erleichterungen, die ihm
jetzt die moderne Post bietet! Alle Preiscourants, Geschäftsavise ja selbst
Waarenproben, Leinen=, Tuch=, Tapetenmuster, Kaffee=, Getreide= und Sämerei=
proben genießen ermäßigte Portosätze. Der Geldverkehr ist durch die Post=
anweisungen, für welche auch die Vermittlung des Telegraphen in Anspruch

genommen wird, ganz unglaublich erleichtert und die englische Post besorgt
sogar das Einziehen von Geldbeträgen. Ein weiterer Fortschritt sind die
9869 in Oesterreich eingeführten „Correspondenzkarten", welche gegen den
geringen Betrag von 2 Nkr. offene Briefe durch die ganze Monarchie be=
fördern. Um das Maß der Wohlthaten voll zu machen ist die Post auch
die Vermittlerin des Zeitungsverkehrs geworden; sie gibt uns, da die Tages=
presse unentbehrlich wurde, täglich unsre geistige Speise, wenn auch in der
Art der Beförderung und den Aufschlägen, die hierbei eintreten, noch viele
Verbesserungen wünschenswerth erscheinen.*)

    Die Eisenbahnen. Kaum hat je eine Schöpfung in civilisatorischer,
volkswirthschaftlicher, komerzieller und gewerblicher, ja militärischer Beziehung
so tief in das Leben der Völker eingegriffen wie die Eisenbahnen. Erst
vierzig Jahre sind seit ihrer Begründung verflossen und schon können wir
unser ganzes Kulturleben uns ohne sie nicht mehr denken. Niemals sind
auch wohl Kapitalien mehr nutzbringend in direkter und indirekter Weise
angelegt worden als gerade in den Eisenbahnen. Sie haben nicht etwa,
wie man wohl annahm, den Verkehr auf der Landstraße verdrängt, sondern
sind neben diesem als etwas Neues aufgetreten, wenn auch an vielen Orten
statt alter, wenig passender Wege neue geschaffen wurden. Der Frachtwagen,
der auf den Hauptstraßen durch sie beseitigt wurde, lenkte in die Nebenwege
ein und vermittelte nun für diese den Verkehr; die alten Transportpreise,
die eine unverhältnißmäßige Höhe erreicht hatten, wurden auf den vierten
Theil herabgemindert und eine Gütermasse in die fernsten Gegenden ver=
frachtet, die mit den alten Mitteln nicht zu bezwingen gewesen wäre. Die
natürliche Folge waren ein ungeheurer Aufschwung des Handels und der
Gewerbe, wenn auch damit die Aufzählung der Segnungen, welche die
Eisenbahnen uns brachten, lange nicht erschöpft ist. Wir sprechen nicht von
der Geschwindigkeit und dadurch herbeigeführten Zeitersparniß, davon, daß
sie eine ganze Reihe von Industrien erst ermöglichten, indem sie diesen billige
Rohstoffe zuführten, abgelegene Kohlenreviere und Bergwerke erschlossen. Wie
der erleichterte Transport den Handel hob, dieser, im Wachsen begriffen,
Beschäftigung gab und die Arbeitslöhne steigerte, die Verminderung der
Transportkosten auch die Lebensmittel billiger machte und so auf die ar=
beitenden Klassen zurückwirkte, ist allgemein bekannt. Wo Uebervölkerung
eingetreten war, erleichterten die Eisenbahnen den Abzug der Menschen, be=
günstigten sie die Auswanderung, welche ohne die Eisenbahnen niemals in dem
Grade, wie sie jetzt besteht, sich entwickelt haben würde.

    Wie durch die Eisenbahnen der Handel zu einer schwindelerregenden
Höhe gesteigert wurde, läßt sich mit Ziffern belegen und der Engländer
R. Dudley Barter hat sich der schwierigen aber dankbaren Aufgabe unter=
zogen diesen Nachweis zu führen. Als Beispiel wählen wir aus seiner
Arbeit, die sich auf Frankreich, England, Nordamerika und Belgien erstreckt,
das letztere Land. Es betragen in Belgien:

---

*) Vergl. über Posten: Der Weltverkehr und seine Mittel. (Leipzig 1868 S. 84
bis 110) E. Hartmann. Die Entwicklungsgeschichte der Posten (Leipzig 1868).

	Eisenbahnen und Kanäle.	Ein- und Ausfuhr.	Werth der Ein- und Ausfuhr auf 1 engl. Meile Verkehrsweg.
1839	1055	15,680,000 Pfd. St.	14,862 Pfd. St.
1845	1205	26,920,000 „	22,340 „
1853	1590	47,760,000 „	30,037 „
1860	1907	72,120,000 „	37,818 „
1864	2220	97,280,000 „	42,919 „

„Dieses enorme Anwachsen des belgischen Handels," fügt Barter hinzu, „muß seinem klugen System der Eisenbahnbauten zugeschrieben werden, und es ist nicht schwer zu sehen, wie es zuging. Ehe es Eisenbahnen gab, war Belgien vom europäischen Kontinent durch die Kostspieligkeit der Landfracht und den Mangel an Kommunikation zu Wasser ausgeschlossen. Es besaß keine Kolonien und nur wenig Schifffahrt. Die Eisenbahnen gaben ihm direkten und raschen Zugang zu Deutschland, Oesterreich und Frankreich und machten Ostende und Antwerpen zu großen Häfen des Kontinents. Eins seiner Hauptprodukte sind Wollenstoffe; es importirt 21,000 Tonnen Wolle im Werthe von 2,250,000 Pfund Sterling aus Deutschland, Oesterreich und dem südlichen Rußland und exportirt einen großen Theil davon im verarbeiteten Zustande. Es entwickelt sich rasch zur Hauptwerkstätte des Kontinents und jeder Zuwachs an Eisenbahnen in Europa muß die Kommunikationen Belgiens und seinen Handel fördern." [*])

Wenn auch die Schienen, auf denen die Wagen dahinlaufen, schon vor drei Jahrhunderten in deutschen Bergwerken angewandt und später nach England verpflanzt wurden, so gebührt doch das Verdienst die Dampfkraft in praktischer Weise — nach vielen vergeblichen Versuchen — für die Schienenwege brauchbar gemacht zu haben, den Engländern. George Stephenson war es, der seine Lokomotive „Rocket" zuerst zwischen Liverpool und Manchester laufen ließ und damit die Eisenbahnära eröffnete. Am 15. September 1830 ging der erste große Passagierzug mit einer Geschwindigkeit von mehr als drei deutschen Meilen für die Stunde zwischen beiden Städten hin und her. Jene Lokomotive hatte noch das bescheidene Gewicht von 80 Centnern, jetzt stellt man wahre Ungeheuer von 1300 Centnern Gewicht her und die Schnelligkeit unsrer Lokomotiven erreicht bei Eilzügen das vierfache an Fahrgeschwindigkeit. Stephenson hatte hart zu kämpfen, ehe seine Ideen überall Eingang fanden; manche Mißgriffe schadeten den neuen Unternehmungen, doch im Jahr 1845 hatten sich die meisten großen englischen Bahnlinien schon erfolgreich bewiesen, sie warfen 10 bis 15 Prozent ab. Die englischen Bahnen sind seitdem stetig gewachsen und haben das ganze Land mit einem engen Netze überzogen, das seine Vereinigungspunkte in London, dem Hauptgeldmarkt und der politischen Metropole, in Liverpool der kommerziellen und Manchester der industriellen Hauptstadt des Landes hat. In Folge des Eisenbahnbaus hat sich seit 1834 in England der Passagier- und Güterverkehr beinahe verzwanzigfacht. Die Eisenbahnzüge in Großbritannien und Irland legten im Jahre 1867 zusammen 148,542,827

---

[*]) Siehe: Die modernen Verkehrsmittel von E. Behm. Gotha 1867.

englische Meilen zurück. Demnach waren in jeder Sekunde 4³/₄ Meilen mit Zügen bedeckt. Am Ende des genannten Jahres waren 7844 Meilen doppelte und 6403 Meilen eingeleisiger Schienen, im Ganzen also 22,091 Meilen befahren. Man hat berechnet, daß — ein gleichmäßiges Anwachsen vorausgesetzt — in fünf Jahren die Länge der englischen Bahnen hinreichen wird die Erde zu umspannen! Im Ganzen wurden 329 Millionen Passagiere befördert oder über 900,000 per Tag. Auf jeden Einwohner Großbritanniens und Irlands, Erwachsene wie Kinder, kommen elf Reisen im Jahre. Wenn die 329 Millionen Passagiere im ganzen nur 200 Millionen Stunden Zeit im Vergleich zu Fußreisen profitirten, so würde sich die Gesammtzeitersparniß durch die Eisenbahnfahrten während des Jahres 1867 auf 22,815 Jahre belaufen haben.

Auf England folgte mit Errichtung von Eisenbahnen zunächst das kleine Belgien. Während in Großbritannien die Privatspekulation thätig war, baute in Belgien der Staat selbst seit 1834 die Bahnen und erst seit 1845 wurden auch Konzessionen an Gesellschaften vergeben. Belgien war der erste Staat, der die Amortisirung der Eisenbahnanleihen zur Anwendung brachte, indem bestimmt wurde, daß durch jährliche Abzahlung die Schuld binnen 50 Jahren gelöscht werden sollte. Danach wird 1884 die ganze Eisenbahnschuld abgetragen sein und ein Nettogewinn von 6 Mill. Thalern jährlich dem Staate zu Gute kommen.

In Frankreich wurde die erste Lokomotivbahn von Paris nach St. Germain am 26. August 1837 dem Betrieb übergeben. Lange krankte das französische Eisenbahnwesen, erst als die Regierung die Sache in die Hand nahm und, reglementirend, durch Staatsaufsicht und Staatsgarantie das Vertrauen des Publikums erweckte, begann ein Aufschwung Platz zu greifen. Staat und Private arbeiten in Frankreich gemeinschaftlich; der erstere ist Eigenthümer der Bahnen und die Privatgesellschaften haben für eine bestimmte Reihe von Jahren den Betrieb in Händen. Paris ist die Centralsonne, in der alle französischen Bahnen zusammenlaufen, gemäß dem centralisirenden Charakter der Franzosen überhaupt. Die Länge der in Frankreich in Betrieb stehenden Bahnen betrug 1868 schon 16,191 Kilometer, die einen Gesammtertrag von 664,968,043 Francs lieferten, ungerechnet den zu Gunsten des Staats erhobenen Zehnten. Der Staat bezieht in Frankreich gegenwärtig eine Revenue von etwa 100 Millionen Francs aus den Bahnen.

In Deutschland entstanden die Bahnen noch etwas früher als in Frankreich. Eine Pferdeeisenbahn von Linz nach Budweis wurde bereits 1828 unter v. Gerstner's Leitung erbaut; die erste Lokomotivbahn wurde am 7. Dezember 1835 von Nürnberg nach Fürth eröffnet. 1838 und 1839 entstanden dann die ersten größeren Bahnen und zwar zwischen Wien und Brünn, Berlin und Potsdam, Leipzig und Dresden, Braunschweig und Wolfenbüttel. Stetig und gesund hat sich das deutsche Eisenbahnwesen entwickelt. Sämmtliche deutschen und österreichischen Bahnen (letztere mit einigen Ausnahmen) bilden einen Verband, der am Ende des Jahres 1866 2825 deutsche Meilen (118 mehr als im Vorjahre) im Betriebe hatte. Von diesen Bahnen waren 946 Meilen Staatsbahnen, 209 Meilen Privatbahnen.

Letztere stehen unter Staats-, 1670 Meilen Privatbahnen dagegen unter eigener Verwaltung. *) Das zur Erbauung und zum Betriebe dieser Eisenbahnen von den verschiedenen Regierungen konzessionirte Anlagekapital belief sich in runder Summe auf 1468 Millionen Thaler, im Durchschnitte auf 530,000 Thaler für eine Meile Bahnlänge, und dieses großartige Kapital ist fast ganz von dem deutschen Volke aufgebracht worden. Zum Betriebe auf den deutschen Bahnen wurden 5297 Lokomotiven im genannten Jahre benutzt, die für mehr als sieben Millionen Thaler an Brennmaterial verbrauchten. Es wurden 99 Millionen Fahrgäste und 1185 Millionen Centner Güter befördert, wodurch eine Gesammteinnahme von beinahe 186 Millionen Thalern erzielt wurde.

Deutschland, als das Herz Europas, stellt in seinem Bahnnetze, das in Berlin und Wien die bedeutendsten Knotenpunkte besitzt, so recht das Vermittlungsland der Verkehrslinien dar. Es verknüpft den Osten und Westen, zieht den Südosten durch die ungarischen Bahnen an sich heran und nicht minder den Süden durch die großartige Ueberschienung der Alpen. Nachdem Oesterreich in der Semmeringbahn im Jahre 1854 zum ersten Male die Alpen unter das eiserne Joch gezwungen hatte, wurde im Sommer 1867 auch zur Verbindung zwischen Deutschland und Italien die Brennerbahn eröffnet, deren Länge von Botzen bis Innsbruck 33 Stunden beträgt, die durch mehrere Tunnel geht und in einer Höhe von 4325 Fuß über den Brennerpaß geführt ist. Sie ist in technischer, militärischer und kommerzieller Beziehung unstreitig die interessanteste Bahn des europäischen Kontinents; auf sie herab schauen die schneegekrönten Gipfel der Alpen und der Fremdling aus dem Norden, der mit ihr nach Süden eilt, wird im Verlaufe weniger Stunden in das milde Klima des Eisack- und Etschthales versetzt, wo Kastanienbäume und Weinreben ihm als Vorboten Italiens entgegenwinken.

Doch diese Bahn, die eine weitere Bedeutung für den Weltverkehr hat, besitzt ihre Concurrenzlinien in der im Entstehen begriffenen Gotthardbahn, in der Mont-Cenis-Bahn und in der südosteuropäischen Bahn, welche bestimmt ist, die Türkei zu durchkreuzen und die ihre Fortsetzung in

---

*) Im Juli 1869 waren im Zollverein folgende Bahnlinien eröffnet: Nürnberg-Fürth 0,8 Meilen; Homburg 2,41; Glückstadt 4,50; Frankfurt-Hanau 5,46; Neiße-Brieg 6,18; Taunusbahn 6,71; Tilsit-Insterburg 7,16; Aachen-Maastricht 8,68; Main-Neckarbahn 11,62; Lübeck-Büchen 14,60; Friedrich-Franzbahn 15,44; Sächsische Privatbahnen 16,57; Mecklenburgische Bahn 19,37; Bebra-Hanau 19,47; Berlin-Magdeburg 19,74; Hessische Nordbahn 19,92; Oldenburgische 20,29; Werrabahn 22,71; Breslau-Schweidnitz 22,99; Wilhelmsbahn 24,71; Nassauische 25,14; Main-Weserbahn 27; Rechte Oderuferbahn 27,04; Berlin-Görlitz 27,60; Leipzig-Dresden 29,23; Ostpreußische Südbahn 30,17; Schleswigsche Bahnen 30,72; Altona-Kiel 32,79; Saarbrückener und Rhein-Nahebahn 34,63; Hessische Ludwigsbahn 34,71; Braunschweigische Bahnen 37,40; Thüringische Bahn 38,60; Pfälzische Bahnen 38,68; Berlin-Hamburg 39,72; Magdeburg-Leipzig 41,52; Magdeburg-Halberstadt 43,90; Berlin-Anhalt 49,14; Westfälische 52,48; Köln-Minden-Gießen 70,41; Rheinische 72,02; Bayerische Ostbahnen 81,40; Niederschlesisch-märkische 81,76; Bergisch-märkische Bahn 82,66; Berlin-Stettin 91,47; Oberschlesische mit Zweigbahn 96,21; Württembergische Staatsbahn 105; Sächsische Staatsbahnen 105,74; Hannoverische Staatsbahn 107,19; Badische Staatsbahnen 112,17; Preußische Ostbahn 121,27; Bayerische Staatsbahnen 228,10. Summe aller innerhalb des Zollvereins eröffneten Bahnen: 2365,25 Meilen.

Kleinasien bis an die Mündung des Euphrat und Tigris erhalten wird. Auf dem Wege der Brennerbahn über Brindisi in Italien kann man die Reise von London nach Alexandria in 150 Stunden zurücklegen; über den Mont-Cenis in 150½ oder nach Vollendung des Tunnels in 147½ Stunden. Nicht nur die Verbindung zwischen Italien und Mitteleuropa stellen diese Bahnen her; sie sind Verbindungsglieder der großen Weltbahnen, welche die natürlichsten und kürzesten Wege nach dem Orient eröffnen, seit der Suez-Kanal vollendet ist. Wenn auch die nordamerikanische Pacific-Eisenbahn den Verkehr von Europa nach Ostasien zum Theil an sich ziehen wird, so sind doch die Länder im Westen von Singapur noch wichtig genug, um jener Weltstraße, die von Suez über Brindisi und die Alpen führt, ihre hohe Bedeutung zu sichern.

Die schweizerischen Eisenbahnen hatten zu Ende 1868 eine Ausdehnung von 1330 Kilometer erlangt. Ihre Gesammteinnahmen betrugen 28,453,760 Francs und zwar stellte sich hier das Ergebniß heraus, daß der Personen- wie der Güterverkehr nahezu gleich hohe Erträgnisse abwarfen, während bei den meisten Bahnen der Haupttheil der Einnahmen auf den Güterverkehr entfällt. Erst wenn die Gotthardbahn vollendet sein wird, deren Inangriffnahme 1869 gleichzeitig vom norddeutschen Bunde, Italien, Baden und der Schweiz beschlossen wurde, erhalten die Schweizer Bahnen, die bisher vor den Alpen stehen blieben, Luft und erhöhte Bedeutung. Der Gotthardübergang liegt genau in der Mitte zwischen der Mont-Cenis- und Brennerbahn und die Interessen der letztern beiden Alpenüberschienungen, von denen die eine specifisch den französischen, die zweite der ostdeutsch-österreichischen Interessen dient, werden durch eine Gotthardlinie nicht berührt; dagegen erhält die letztere, weil sie in genauer und direkter Linie zwischen Genua und den beiden norddeutschen Handelsemporien Bremen und Hamburg liegt, eigene Verkehrsfelder und Verkehrslinien. Die Schweizer Bahnen sind verhältnißmäßig spät entstanden, denn erst 1849 gab der Bundesrath die Angelegenheit Stephenson in die Hand.

Wir können hier nicht die geschichtliche Entwicklung der Eisenbahnen in allen europäischen Ländern verfolgen; nur noch einige der wichtigsten Linien mögen hervorgehoben werden. Italien ist seiner ganzen Länge nach jetzt von Bahnen durchzogen; an seiner Ostküste zieht sich der wichtige Schienenstrang hin, der sich in Brindisi mit den nach Alexandria fahrenden Dampfern verbindet und so eine Hauptader im Weltverkehr bildet, die nach Vollendung des Mont-Cenis-Tunnels noch an Bedeutung gewinnen wird. Die Arbeiten an diesem Riesenwerke wurden 1857 fast gleichzeitig zu Bardonnèche auf italienischer und zu Modane auf französischer Seite begonnen und seitdem mit rastloser Energie und bewunderungswürdig ausgesonnenen Maschinen fortgeführt. Die ganze Länge des Tunnels wird 12,220 Meter betragen und in einer mittleren Höhe von 1200 Meter über dem Meere durch den Berg hindurchführen. Da die Vollendung des Tunnels jedoch Jahrelang auf sich warten ließ, so legte man 1867 nach einem höchst sinnreichen Systeme, dem Fell'schen, provisorisch eine Bahn über den Mont-Cenis an. Der Hauptcharakter dieses neuen Systems besteht in einem Geleise mit Mittelschiene, an der als einer Art von Kletterstütze die

Zugkraft sich hinaufzuarbeiten hat. Die Lücke zwischen den bei Susa endigenden italienischen und bei St. Michel schließenden französischen Bahnen von 77 Kilometer Länge wurde durch die Fell'sche Bahn geschlossen. Das schwierige Problem der Steilgebirgsbahnen wurde damit gelöst, da nach dem neuen System die bedeutendsten Kurven mit Leichtigkeit und Sicherheit passirt werden können.

Heute besitzen (Montenegro, Serbien u. s. w. noch abgerechnet) alle europäischen Staaten Eisenbahnen. Die Türkei selbst baute 1860 und 1866 zwei kleine Strecken von Köstendsche nach Tschernawoda an der Donau und von Rustschuk nach Varna. Von gewaltiger Bedeutung wird die Bahn von Konstantinopel über Adrianopel durch Bosnien nach Serbien und Kroatien werden. Sie ist die kürzeste Verbindungslinie nach dem Orient.

Das letzte Volk welches dreißig Jahre nach der Eröffnung der ersten Eisenbahn einen Schienenweg anlegte, waren die entarteten Griechen. Erst 1869 wurde eine kurze Strecke von Athen nach dem Pyräus eröffnet; die Rumänen befuhren in demselben Jahre zuerst die kurze Bahn von Bukarest nach Dschurdschewo an der Donau.

Eine besondere Erwähnung verdient noch seiner gewaltigen, theils vollendeten, theils angestrebten Ausdehnung wegen das russische Eisenbahnnetz. Nach zwei Richtungen hin arbeiten die Russen vorwärts, einmal über Nischni-Nowgorod nach dem Osten, nach Sibirien hin, wo eine Bahn nach Tjumen projektirt ist, dann in verschiedenen Zügen nach dem ..., dem schwarzen Meere zu, das bald mit dem Centrum des Reichs verbunden sein wird. Mit Schluß des Jahres 1868 standen in Rußland zweiundzwanzig Linien in Betrieb, die eine Gesammtlänge von 5167 Werst besaßen, wovon die große Hauptlinie von der deutschen Grenze über Warschau, Petersburg, Moskau nach Nischni-Nowgorod fast die Hälfte, nämlich 2221 Werst entfallen. Die Bruttoeinnahmen betrugen im Ganzen 42 Millionen Rubel in runder Summe; es wurden befördert 8,171,512 Passagiere und über 340 Millionen Pud Güter.

Ununterbrochen von Lissabon an der Mündung des Tajo bis nach Nischni-Nowgorod an der Wolga führt jetzt das eiserne Band quer durch Europa hindurch. Auf unsern Bahnen bewegen sich jährlich über 400 Mill. Reisende oder 120 Millionen mehr als Europa Bewohner hat. Diese Reisenden vermitteln den Verkehr unter den Menschen der fernsten Länder, tauschen ihren Ueberfluß aus und befriedigen die wechselseitigen Bedürfnisse. Die Bahnen sind das Band welches Menschen und Nationen näher zusammenführt und, allmählich die Vorurtheile vernichtend, hinwirken muß auf eine Befestigung des Friedens.

Noch erübrigt es die Eisenbahnen der außereuropäischen Erdtheile zu besprechen. Hier sieht man sofort, daß da wo fortgeschrittenere Völker wohnen, wo die Europäer und vor allen Dingen die thatkräftigen Angelsachsen Fuß faßten, sofort Eisenbahnen entstanden. Die Eisenschiene ist unauflöslich verwachsen mit den Fortschritten der germanischen Rasse, die den Erdkreis beherrscht — das beweisen die Bahnen in ihren Ansiedlungen in Nordamerika, in Australien, in Ostindien.

5

Britisch Nordamerika besitzt etwa 4000 Kilometer Bahnen in seinem östlichen, besiedelten Theile. Im Verhältniß zu der noch geringen Einwohnerzahl ist jenes Netz bedeutend zu nennen, da auf eine Million Bewohner dort 1300 Kilometer Eisenbahnen entfallen, ein Verhältniß, das nur von den Vereinigten Staaten übertroffen wird. (Vergleiche die weiter unten folgende Tabelle).

Den riesenhaftesten Aufschwung im Eisenbahnwesen zeigen aber ohne allen Zweifel die Vereinigten Staaten von Nordamerika. Neben der reichen Gliederung des Flußsystems, der großen Anzahl schiffbarer Gewässer und Binnenseen, die allein schon einen leichten und billigen Verkehr zwischen den verschiedenen Theilen des Landes gestatten, ist nun über das ganze weite Land von der canadischen Grenze bis zum Golf von Mexiko, von dem atlantischen bis zum stillen Ozean ein weites Schienennetz gezogen, das 1867 schon über 39,284 englische Meilen lang war und 1868 schon auf 44,000 Meilen gestiegen ist. Jene Bahnen dienten einem Nettogüterverkehr von 48½ Millionen Tonnen (à 20 Ctr.), die wieder einen Werth von 793 Millionen Dollars repräsentirten. Für 1851 ward der Nettogüterverkehr auf den Nordamerikanischen Eisenbahnen auf 6 Millionen Tonnen geschätzt; er hat sich also binnen 16 Jahren verachtfacht. Die Vereinigten Staaten bauen jährlich 2000 bis 2500 englische Meilen Eisenbahnen, während in England nur etwa 600, in Deutschland etwa 500 englische Meilen durchschnittlich im Jahre neu eröffnet werden.

Den Glanzpunkt aller Bahnen überhaupt und der nordamerikanischen insbesondere bildet die große am 10. Mai 1869 vollendete Pacific-Eisenbahn, die an Großartigkeit alle Eisenstraßen der alten Welt übertrifft und den Transport von Ozean zu Ozean auf sechs Tage abkürzt. Bei Omaha am Missouri beginnend führt sie durch die weiten Prairien von Nebraska und Colorado fort über die jähen Felsengebirge nach der Mormonenstadt am großen Salzsee, durch Nevada und über die schneegekrönte Sierra Nevada in mehr als 7000 Fuß Höhe hinab in die gesegneten Landschaften des goldreichen Californien, um bei San Francisco am goldenen Thore zu endigen! Am 1. Juli 1862, inmitten des Bürgerkrieges, erließ der Congreß das Gesetz zur Errichtung jener Eisenbahnlinie, am 17. Juni 1868 dampfte die erste Lokomotive über die Sierra Nevada und am 10. Mai 1869 wurde die letzte Schwelle, die letzte Schiene gelegt. Die Schwelle auf der pacifischen Seite bestand aus californischem Lorbeerbaumholz, die auf der atlantischen aus Mahagoniholz, die letzten Klammern waren aus Nevada-silber, der zuletzt eingeschlagene Nagel von californischem Golde. Die Wirkungen, die diese Bahn, welche von New-York bis San-Francisco über 22 Breitengrade sich erstreckt, auf den Handel ausübt, sind von zweierlei Art. Das ganze Innere der Vereinigten Staaten besitzt eine fast augenblickliche Verbindung mit den Häfen an den beiden großen Ozeanen der Welt, dem atlantischen und dem stillen Weltmeer. Der erste große Schritt ist gethan, um das nordamerikanische Festland zu einem Lande zu machen. Der amerikanische Handel, sei er nun von Californien nach Europa, oder von den Neuenglandstaaten nach Ostasien und Australien gerichtet, nimmt seinen Weg über diese Bahn. Was aber den großen Durchgangshandel zwischen Europa und Ostasien betrifft, so nimmt dieser nur theilweise den Weg auf der neuen Route, weil für den westlichen Theil Asiens, zumal den europäisch-indischen Handel, die Concurrenz der alten Ueberlandroute (Suez) eine siegreiche ist. Von London gelangt man mit der letzteren nach Hongkong in 39, nach Schanghai in 43, nach Jokohama (Japan) in 48 Tagen; mit der Pacificbahn und den verschiedenen Seedampfern von London nach Hongkong in 47, nach Schanghai in 43, nach Jokohama in 38 Tagen. Schanghai ist somit der Punkt, nach dem man von beiden Seiten gleich schnell gelangt. Für Japan (und dasselbe ist bei Australien und Neuseeland der Fall) hat die Route der Pacificbahn im Verkehr mit Europa entschieden den Vorzug vor dem Wege über Suez.

Von den übrigen Staaten Amerikas ist bezüglich der Eisenbahnen nur wenig zu melden. Die Spanier haben auf Cuba ein verhältnißmäßig bedeutendes Netz angelegt; auch Jamaica hat seine Bahnen; in dem durch und durch zerrütteten, von Indianern und verkommenen Kreolen bevölkerten Mexiko haben Franzosen, Kaiserliche und Republikaner es nur dahin gebracht, ganz kurze Strecken von Veracruz in das Innere, von der Hauptstadt nach einigen benachbarten Orten zu errichten. Von großer Bedeutung für den Verkehr ist die Bahn über den Isthmus von Panama, eines der wichtigsten Passageländer der Welt geworden. Die Bahn, welche unter der tropischen Sonne durch den Urwald zwischen Palmen und Bananen, Schlingpflanzen und Farrnkräutern hindurch von Ozean zu Ozean führt und im wahren Sinne des Worts auf den Leichen von Chinesen errichtet ist, die beim Bau den furchtbar verheerenden Miasmen erlagen, ist nur zwölf Meilen lang und die Fahrt dauert im ganzen drei Stunden. Nicht die Regierung der Republik Columbia, durch deren Gebiet sie führt, sondern drei thatkräftige Yankees, an deren Spitze William Aspinwall stand, erbauten diese Bahn von Colon (Aspinwall) an der atlantischen, nach Panama an der pacifischen Küste. Am 27. Januar 1855 dampfte die erste Lokomotive über den Isthmus und damit war dem weiten und gefährlichen Wege um das Kap Horn der Abschied gegeben. Die Erleichterung des Verkehrs über den Isthmus, die Schnelligkeit und Bequemlichkeit, mit welcher der Transit von einem Ozean zum andern bewerkstelligt wurde, übten auch auf die Dampfschifffahrt in beiden Weltmeeren einen wahrhaft staunenswerthen Einfluß. Panama und Colon wurden die Knotenpunkte großer Seepostlinien. Während der 12 Jahre von 1855 bis 1866 wurden auf der Panamabahn befördert: 396,032 Passagiere, 614,535 Tonnen Postgüter und Waaren, für 501,278,748 Dollars Gold, für 147,372,113 Doll. Silber, für 5,130,010 Dollars Juwelen. Der Reingewinn, den diese Bahn im Jahre 1866 abwarf, bezifferte sich auf 1,216,613 Dollars. Eine Schmälerung desselben, sowie der Bedeutung dieser Bahn überhaupt ist durch die nordamerikanische Pacificbahn bewirkt worden. Ueber die Concurrenzbahnen (Nicaraguabahn, Hondurasbahn) und projektirten Kanäle durch den Isthmus von Darien u. s. w. sprechen wir später bei Centralamerika.

Die südamerikanischen Bahnen haben eine große Bedeutung noch nicht erlangt. Am meisten sind sie entwickelt in Chile, den la Plata-staaten und Brasilien. Ueber ihre Ausdehnung gibt die nachfolgende Tabelle das Nähere an.

Der Länge seiner Eisenbahnen nach steht Asien als dritter Erdtheil in der Reihe da und dieses hat es vor allem den dort herrschenden Engländern (und theilweise Niederländern) zu danken, während die dritte große europäische in Asien herrschende Macht, die russische noch nicht eine Meile Bahnen in seinen fast den halben Kontinent einnehmenden Besitzungen erbaut. Voran steht in Asien Indien, wo am 18. April 1853 die erste Strecke der Great-Indian-Peninsular-Bahn eröffnet wurde. Lange haben dort die Eingeborenen sich gesträubt das neue Verkehrsmittel zu benutzen, aber sie mußten sich doch allmählich der Macht der Verhältnisse fügen und damit wurde eine Schranke des indischen Kastengeistes durchbrochen. Die bis Ende 1868 in Ostindien vollendeten Eisenbahnen umfassen eine Länge von 4090 englischen Meilen. Abgesehen von den Nebenbahnen entwickeln sie sich nach drei Hauptrichtungen hin: von Bombay quer durch Delhan nach Madras, von Calcutta den Ganges entlang nach Lahore im Pendschab und am Indus von Karratschi aufwärts in's Pendschab. Fast das ganze Kapital für die gut rentirenden indischen Eisenbahnen ist in England aufgebracht worden; es betrug 1865 nicht weniger als 55 Millionen Pfund Sterling; die Nettoeinnahmen betrugen gegen eine Million Pfund Sterling. Außer dem direkten Nutzen wurden die Bahnen für das Mutterland noch dadurch zu ergiebigen Quellen des Erwerbs, daß alles Baumaterial in England angefertigt wurde und durch seine Verfrachtung allein schon bedeutende Summen abwarf. Auf je 100 Quadrat-Kilometer entfielen 1865 in Ostindien bereits 221 Kilometer Bahnen, auf je eine Million Einwohner 59 Kilometer.

Ceylon besitzt seit 1865 Eisenbahnen, über Java verbreiten die Niederländer ein Netz, in Kleinasien sind Strecken von Smyrna in das Innere eröffnet.

Das rasch vorwärtsstrebende Australien mit seiner germanischen Bevölkerung ist nicht hinter den übrigen britischen Kolonien zurückgeblieben. Namentlich der südöstliche Theil, in welchem die großen Goldentdeckungen stattfanden, wo die dichteste Bevölkerung wohnt und blühende Hafenstädte mit regem Verkehr liegen, hat die Anfänge eines gut angelegten Eisenbahnnetzes aufzuweisen, das sich über die Kolonien Victoria, (1866 betrug die Zahl der beförderten Passagiere 3,340,000, das Gewicht der transportirten Waaren über eine halbe Million Tonnen; die Gesammteinnahme 717,162 Pfund Sterling), Neu-Süd-Wales (beförderte Passagiere 741,587, Güter 46,707 Tonnen, Einnahme 166,032 Pfund Sterling) Südaustralien und Queensland erstreckt. — Die erste Eisenbahn auf Neu-Seeland, die von Christchurch in der Provinz Canterbury nach dem Heathcotefluß führt, wurde am 1. Dezember 1863 eröffnet.

In Afrika, dem Lande der Karawanen, steht die Ausbildung der modernen Verkehrsmittel auf der niedrigsten Stufe. Nur am Rande des plumpgestalteten, ungegliederten Kontinents, da wo fremde Völker sich niedergelassen haben, sind bisher Eisenbahnen erbaut worden. Und zwar zuerst

in Unterägypten, wo von Alexandrien durch das Nildelta nach Kairo, von
dort durch die Wüste nach Sues und von Sues nach dem Mittelmeer sich
Bahnen hinziehen. In dem französischen Algerien finden wir seit 1862
eine kurze Strecke zwischen der Hauptstadt und Blidah im Innern, überhaupt die einzige Bahn welche die Franzosen, die so zahlreiche und große
Besitzungen in fremden Erdtheilen ihr eigen nennen, errichtet haben. Hier
zeigt sich so, wie ungeeignet die Franzosen sind, die Kultur nach außen hin
zu tragen, besonders, wenn man vergleicht, was die Engländer unter denselben Verhältnissen leisteten. An der Südspitze Afrika's, im Kaplande, sind
seit 1861 verschiedene Bahnstrecken eröffnet worden, ebenso in der benachbarten englischen Kolonie Natal.

Versuchen wir es ein Gesammtbild der jetzt so weit über unsern
Erdball verbreiteten und so tief in alle Verhältnisse eingreifenden Eisenbahnen zu gewinnen, so gelangen wir zu Zahlen die geradezu schwindel-
erregend genannt werden müssen. Die Summen des in sämmtlichen Eisenbahnen der Erde angelegten Kapitals betrug (1867) in runder Ziffer
11,650 Millionen Thaler und zwar kommen von dieser gewaltigen Summe
auf Europa 8810 Millionen, auf Amerika 2290, auf Asien 386, auf
Australien 124 und auf Afrika 40 Millionen Thaler. Das Reinerträgniß
aller Bahnen muß sich täglich auf 1,300,000 Thaler belaufen, damit sich
das Gesammtanlagekapital auch nur zu vier Prozent durchschnittlich verzinse.
Prof. Neumann hat berechnet, daß täglich ungefähr drei Millionen Menschen
auf sämmtlichen Schienenwegen der Erde verkehren, sowie daß täglich an
27 Millionen Centner Güter verfrachtet werden.

Uebersicht der Eisenbahnen der ganzen Erde.

I. Europa.			II. Amerika.		
England 1867 .	. 24,621	Kilom.	Ver. Staaten 1867	61,300	Kilom.
Frankreich 1867	. 14,908	„	Brit. Nordamerika	. 3,922	„
Deutschland 1867	. 14,455	„	Cuba 1866 . . .	640	„
Oesterreich 1867	. 6,305	„	Brasilien 1867 .	601	„
Spanien 1867 .	. 5,110	„	Chile 1867 . . .	600	„
Italien 1868 .	. 5,729	„	Mexiko 1866 . .	122	„
Rußland 1867 .	. 4,494	„	Brit. Guiana 1866	96	„
Belgien 1867 .	. 2,566	„	Peru 1866 . .	89	„
Schweden 1867 .	. 1,732	„	Columbia . . .	77	„
Schweiz 1868 .	. 1,330	„	Paraguay . . .	74	„
Niederlande . .	. 1,049	„	Jamaika	22	„
Portugal 1867 .	. 700	„	Venezuela . . .	15	„
Dänemark 1867	. 478	„			
Norwegen 1867 .	. 315	„	Amerika 67,758 Kilom.		
Türkei 1867 . .	. 286	„			
Griechenland 1869 .	8	„			
Europa 84,086 Kilom.					

III. Asien.

Britisch Indien 1867	5468	Kilom.
Kleinasien 1867 . .	233	„
Java 1866 . .	163	„
Ceylon 1865 . .	59	„

Asien 5893 Kilom.

IV. Afrika.

Aegypten 1867		
Kapkolonie 1866		
Algerien 1864		
Natal 1866		

Afrika 1051 Kilom.

V. Australien.

Victoria 1866 . . .	444	Kilom.
Neu-Süd-Wales 1866	233	„
Südaustralien 1866 .	118	„
Queensland 1866 .	64	„
Neuseeland 1866 . .	26	„

Australien 885 Kilom.

VI. Zusammenstellung.

Europa	84,086	Kilom.
Amerika	67,758	„
Asien	5,893	„
Afrika	1,051	„
Australien . . .	885	„

Summa 159,673 Kilom.

oder etwa 22,000 deutsche Meilen.

Eine richtige Vorstellung dieser Ausdehnung erhält man, wenn man bedenkt, daß sämmtliche Bahnlinien, selbst nur als einspurig angenommen, genügen würden, um die Erde am Aequator nahezu mit einer Parallelbahn zu umgürten. Wollte ein Sonderling alle Eisenbahnen der Welt einmal bereisen, so müßte er bei unausgesetzter Tag- und Nachtfahrt und mit Benützung der Eilzüge mehr als fünf Monate in den Waggons zubringen.

Doch die absolute Länge der Eisenbahnen, wie wir sie hier mittheilen, läßt uns noch nicht vollständig den Werth dieses Verkehrsmittels für die Bewohner eines Landes ermessen, dieses geschieht besser, wenn wir zeigen, wie viel Kilometer Bahnen auf je eine Million Bewohner eines Landes entfallen.

Danach erhalten wir folgende Tabelle:

Vereinigte Staaten .	1673 Kil.	Niederlande	295 Kil.
Britisch Nordamerika	1294 „	Aegypten	272 „
Großbritannien . . .	823 „	Italien	200 „
Australien	646 „	Norwegen	185 „
Belgien	519 „	Oesterreich	179 „
Schweiz	516 „	Portugal	175 „
Schweden	425 „	Rußland	67 „
Deutschland . . .	395 „	Brasilien	51 „
Frankreich	392 „	Ostindien	39 „
Spanien	338 „	Türkei	21 „
Chile	333 „	Algier	17 „
Dänemark . . .	298 „	Griechenland . . .	8 „

Die Telegraphen. Neben den Dampfern und Eisenbahnen stehen die elektrischen Telegraphen als das dritte große Verkehrsmittel in der Gegenwart da und wenn sie auch jünger als die beiden erstgenannten sind, so haben sie sich doch nicht minder schnell und tief in das Leben der Völker eingearbeitet. Heute gibt es keinen wichtigen Punkt unsres Erdballs mehr, welcher der telegraphischen Verbindung entbehrte und die noch isolirten Telegraphensysteme, wie z. B. jenes Australiens, werden binnen kurzem in das allgemeine Netz einbegriffen sein, das den Verkehr zwischen allen Kulturstellen mit der Geschwindigkeit des Gedankens ermöglicht. Trotz der gewaltigen Ausdehnung, die das Telegraphennetz unserer Erde bereits erlangt hat, ist keine Erfindung, was ihre praktische Verwerthung betrifft, so schnell vervollkommnet und so schleunig über die ganze Erde gegangen, wie die Telegraphie. Nur im beschränkten Maße erfüllten die alten optischen Zeigertelegraphen ihren Zweck. Den ersten brauchbaren Telegraphen errichteten Gauß und Weber 1833 in Göttingen. Ihnen folgte Steinheil in München; der um die Telegraphie besonders verdiente Engländer Wheatstone construirte den ersten Nadeltelegraphen (1837) und gleichzeitig, auf deutscher Erfindung fußend, ersann der Amerikaner Morse den Drucktelegraphen. Für den Eisenbahnverkehr brauchbar gemacht wurde 1840 der Telegraph auf der Londoner Blackwallbahn, 1843 wurde von Aachen aus der erste größere deutsche Telegraph gebaut; 1844 verband man Washington und Baltimore, 1845 fand das neue Verkehrsmittel Eingang in Frankreich, 1847 in Holland; 1849 in Belgien, 1851 in Rußland, 1852 in der Schweiz, 1855 in Norwegen. Heute ist kein Land, das auf irgend einen Grad von Kultur Anspruch machen will, dem neuen Verkehrsmittel gegenüber zurückgeblieben und 1867 berechnete man die Gesammtlänge sämmtlicher Telegraphenlinien der Erde schon auf 370,000 Kilometer oder 50,000 deutsche Meilen, während die Länge aller bei den verschiedenen Linien verwendeten Drähte die ungeheure Ziffer von 120,000 deutschen Meilen erreicht und in rapider Zunahme begriffen ist. Zahlen sind dem Anwachsen unserer Verkehrsmittel gegenüber veränderlich wie der Sand am Gestade des Meeres; was heute gilt und mühsam statistisch ermittelt wurde — morgen ist es schon veraltet. Und dennoch müssen wir, um nur einigermaßen einen Anhalt zu geben, diese Zahlen vorführen. In Europa gibt es gegen 9000 und auf der ganzen Erde — nach Durchschnittszahlen geschätzt — mehr als 13,000 Telegraphenstationen. In Europa wurden im Jahre 1866 täglich nicht weniger als 58,000 Depeschen befördert. Die Kosten der Einrichtung und Herstellung per Kilometer schwanken zwischen 2000 und 4000 Thaler, so daß die für die Landtelegraphenlinien unsrer Erde aufgewandte Summe auf 90 Mill. Thaler veranschlagt werden kann. Rechnet man dazu die Kosten der transatlantischen Kabel mit 10,000,000 Thaler und für die übrigen submarinen Leitungen mit 5,000,000 Thaler so stellt sich der gesammte Kapitalaufwand für alle Telegraphenlinien der Erde in runder Summe auf 105 Millionen Thaler.

Der bei weitem größere Theil aller vorhandenen Telegraphen befindet sich aus guten Gründen in der Verwaltung der Staaten und selbst England hat 1870 die Privattelegraphen abgelöst. Der Telegraph, welcher gleich der Post das unbedingte Vertrauen besitzen, der eine Garantie für die Geheimhaltung der Depesche bieten muß, und durch manche Verträge mit Nachbarstaaten zu einer internationalen Anstalt erweitert wurde, befindet sich am besten in der Hand des Staats.

Was die internationalen Verhältnisse der Telegraphen betrifft, so wurden sie auf einer Konferenz zu Wien vom 12. Juni bis 21. Juli 1868 geordnet. Als Hauptergebniß kann die innige Verbindung sämmtlicher europäischer und asiatischer Telegraphenverwaltungen betrachtet werden, so daß die vollständigste Einheit nicht nur in den staatsrechtlichen Beziehungen, sondern auch in der ganzen Manipulation für sämmtliche Telegraphenlinien der alten Welt gesichert ist. Unter den einzelnen Bestimmungen ist hervorzuheben die Einführung des Hughes'schen Apparats für die Korrespondenz auf den langen Linien, ferner die Ermäßigung der Tarife, welche namentlich für die indische Korrespondenz erheblich sind. Die Beförderung der Telegramme durch die Post für jene Orte, in welchen sich keine Telegraphenämter befinden, geschieht unentgeltlich. Hierdurch ist das Princip festgestellt, daß gegen Entrichtung der Telegraphengebühr, welche für jedes Land einheitlich ist, das Telegramm nach jedem der Post zugänglichen Orte befördert wird und somit der Telegraph ein ebenso allgemeines Verkehrsmittel bietet wie die Post.

Gleich der Post darf der Telegraph nicht als Finanzanstalt betrachtet werden, dennoch liefert er — bei den liberalsten Bedingungen, die allgemein durchgriffen — Erträgnisse in die Staatskassen, z. B. in Preußen etwa 250,000 Thaler, in Rußland 50,000 Rubel per Jahr. Was von der kommerziellen Bedeutung der Post gesagt wurde, tritt im gleichen oder erhöhten Maßstabe auch bei den Telegraphen ein. Welche Rolle spielt er bei den Kursen, im ganzen Börsenwesen, wie wirken die durch ihn beförderten politischen Nachrichten auf den Gang des Handels! Die glückliche Ankunft der großen Dampfer jenseit des Ozeans, das Eintreffen der Ueberlandpost — das alles wird uns binnen wenigen Stunden bekannt; er vermittelt Zahlungen durch Telegraphenanweisungen und ist selbst z. B. in Norwegen auf eine Strecke von 300 Meilen längs der Küste hin der Fischerei dienstbar gemacht, indem er den Schiffern die Bewegungen der Häringsschwärme und Kabeljaus anzeigt.

Wie bei der Post wir dem Verkehrsgesetze begegneten, daß die Ermäßigung des Tarifs nicht nur eine höhere Belebung in der Benutzung herbeiführte, sondern auch durch den Massenumsatz die Ertragsfähigkeit sich steigerte, so ist dieses auch bei den Telegraphen der Fall gewesen. Das läßt sich deutlich an dem Beispiele Preußens nachweisen. Im Jahre 1863 betrug bei den Sätzen von 8, 16 und 24 Groschen für die einfache Depesche die Zahl der Telegramme 462,996. Im folgenden Jahre fand die Ermäßigung auf 8, 10 und 16 Groschen statt und die Depeschenzahl stieg auf 639,481 bei gleichzeitiger Erhöhung der Einnahme, die 1863 nur 258,386 Thaler, 1864 aber 313,462 Thaler betrug. Aber man ging in der gerechten Voraussetzung, daß eine abermalige Herabsetzung der Taxe den Verkehr und die Einnahme abermals steigern müsse, noch weiter und führte am 1. Juli 1867 die Sätze von 5, 10 und 15 Silbergroschen ein. Im Norddeutschen Bunde wurden im Jahre 1868 bei einer Länge von 3180 Meilen Telegraphenlinien und bei 933 Telegraphenstationen 4,304,600 Depeschen aufgegeben; mit den angekommenen, weiter telegraphirten und übertragenen Depeschen stellt sich die Summe aller verarbeiteten Telegramme auf 17,474,756. Die Gebühren für den internen Verkehr erreichten allein die Summe von 918,984 Thaler. Man vergleiche damit die für 1863 angeführten Ziffern und bewundre den Fortschritt! Alle diese Zahlen beziehen sich auf den internen Verkehr. Was ihre Vertheilung betrifft, so zeigt sich, daß der Telegraph vorzugsweise im Interesse des Handels arbeitet, denn 72 Prozent aller Depeschen, entfallen nach einer Durchschnittsberechnung auf Börsen- und Handelstelegramme, die Familienangelegenheiten sind mit 18, Zeitungsdepeschen mit 4, Staats- und Dienstdepeschen mit 6 Prozent vertreten.

Nachdem die Bedeutung des Telegraphen für die europäischen Länder sich herausgestellt hatte, trachtete man danach Weltlinien herzustellen, die geeignet waren den Verkehr zwischen den verschiedenen Erdtheilen zu vermitteln; und zwar wurden hier die weite Ausdehnung der Kontinente wie die Tiefen des Ozeans in gleicher Weise bezwungen, die Kombination der submarinen Kabel mit den Ueberlandlinien durchgeführt. Drei große kontinentale Linien sind es vor allem, die wir hier zu betrachten haben: die englische Ueberlandlinie nach Indien, der russisch-sibirische und der große vom atlantischen zum stillen Ozean führende nordamerikanische Telegraph.

Der indische Ueberlandtelegraph, der es ermöglicht, daß Calcutta in wenigen Stunden mit London verkehrt, ist in politischer wie kommerzieller Beziehung von gleicher Wichtigkeit. Durch ihn erhalten die Engländer schleunige Mittheilung von den Ereignissen, die in ihrer wichtigsten Besitzung vorgehen, mit der Englands Größe steht und fällt. Der Bau des Telegraphen, im Jahre 1862 in Angriff genommen und im März 1865 vollendet, stieß auf bedeutende Schwierigkeiten und besondere Verträge waren nöthig, um ihn unter den Schutz der halb unabhängigen Beduinenstämme Kleinasiens zu stellen. Die Linie führt von Karratschi nach Gwader an der Küste Belubschistans, geht durch die Straße von Ormus und den persischen Meerbusen bis zum Schat-el-Arab, der vereinigten Mündung des Euphrat und Tigris, betritt hier wieder festen Boden und führt über Bagdad nach Mossul und Konstantinopel, wo sie an das europäische Telegraphennetz anschließt. Durch Indien selbst, wo die Eingeborenen den Telegraph nicht nur fleißig benutzen, sondern zum großen Theil als Beamte für denselben thätig sind, erstreckt sich ein wohlorganisirtes System von Telegraphen, das 1869 bis Rangun in Hinterindien reicht und nach Singapur, an der Spitze der malayischen Halbinsel fortgesetzt werden soll. Von diesem wichtigen Handelscentrum geht bereits ein unterseeisches Kabel nach Batavia auf Java. Java selbst ist seiner ganzen Länge nach von elektrischen Drähten durchzogen, die ihrer Fortsetzung nach Australien harren. Andererseits arbeitet man an der Verlängerung der Linien von Singapur nach Hongkong und Schanghai in China.

Als wiederholt der Versuch, Europa mit Amerika durch ein Kabel zu verbinden, mißglückt war, wurde der kühne und großartige Plan gefaßt die alte und neue Welt durch einen Telegraphendraht zu verbinden, der durch die ganze Länge Sibiriens und das Beringsmeer hindurch nach Amerika hinüberreichen sollte. Dieser Plan, der zum größeren Theile verwirklicht wurde, ist doch nicht zur völligen Durchführung gelangt. Immerhin ist großartiges geleistet, denn der Telegraph führt in ununterbrochener Linie von Petersburg bis nach Nikolajewsk an der Mündung des Amur. Von Kasan aus geht er über den Ural nach Jekaterinburg, über Omsk, Tomsk und Krasnojarsk nach Irkutsk, am Beikalsee vorüber nach Kiachta, dann nach der berüchtigten Bergwerksstadt Nertschinsk und von da am Amur abwärts. Allein durch Sibirien — von Jekaterinburg bis Nikolajewsk — durchschneidet er die ungeheure Strecke von 80 Längengraden oder ²/₉ des Erdumfanges. Auf amerikanischer Seite arbeitete man dem Anschlusse fleißig entgegen und die Leitungen erstrecken sich dort jetzt von San Francisco bis in das ehemals russische Nordamerika; der weitere Verlauf der Linie am Jukonflusse und durch das Beringsmeer längs der ostsibirischen Küste bis zum Amur war untersucht, das Material theilweise herbeigeschafft — da gelang 1866 die Legung des atlantischen Kabels und der Plan, für dessen Ausführung bereits drei Millionen Dollars ausgegeben waren, blieb liegen.

Die dritte große kontinentale Linie ist jene durch die ganze Breite der vereinigten Staaten, die nach Ueberwindung gewaltiger Schwierigkeiten 1862 zu Stande kam. Hunderte von Meilen führen die Drähte durch pfadlose, nur von Indianern und Büffeln durchschwärmte Prärien und doch ist selten eine Verletzung und Unterbrechung derselben zu beklagen gewesen. Er folgt im allgemeinen der von der Pacificbahn eingeschlagenen Linie über die Felsengebirge (bei Denver), Utah, Nevada und von da über Sacramento nach der Küste des stillen Ozeans. Wie diese Linie von San Francisco nach Norden zu fortsetzt (zum Anschluß an den erwähnten, nicht vollendeten sibirischen Telegraphen), so hat sie von New-York entlang den Küsten des atlantischen Ozeans ihre nordöstliche Verlängerung bis nach St. John auf Neufundland. Von diesem äußersten Ostpunkte bis nach Californien überschreitet sie bei einer Länge von 865 deutschen Meilen im Ganzen 70 Längengrade. Zum ersten Male wurde auf dieser Strecke der überzeugende Beweis geliefert, wie viel schneller der elektrische Strom dahineilt als die Zeit, denn eine in St. John Mittags um 12 Uhr aufgegebene Depesche trifft in San Francisco zwischen 8 und 9 Uhr Morgens nach dortiger Zeit ein — Raum und Zeit sind überholt, die Sonne in ihrem Laufe überflügelt, mit Hülfe des elektrischen Telegraphen! — Bei St. John, wo die kontinentalen Telegraphenlinien Nordamerika's enden, findet der Anschluß an die großen submarinen Kabel statt, die jetzt die alte und neue Welt in ununterbrochenem, augenblicklichen Verkehr unterhalten und die als eine der größten Errungenschaften im Verkehrswesen unserer Zeit dastehen. Selbst die wildesten Länder können heute nicht mehr dem Telegraphen widerstehen. Siemens hat ihn von Tiflis am Kaukasus 1869 bis Täbris und Teheran in Persien geführt, um so eine neue Linie nach Ostindien herzustellen. Seit 1868 führt der Draht auch von Kairo bis nach Chartum, der Hauptstadt des ägyptischen Sudan am Zusammenfluß des blauen und weißen Nil, deren Steigen — das für das Wohl und Wehe Aegyptens so wichtig ist — er mit Blitzesschnelle anzeigt. Manche harte Kämpfe waren aber zu bestehen, ehe der Telegraph überall durchdrang. Als der Kaiser von Marokko sich im Jahre 1865 entschlossen hatte, die erste Linie von Mekines nach Tetuan durch eine englische Gesellschaft bauen zu lassen, wurden alle Arbeiten durch die Kabylen zerstört; Maßregeln von drakonischer Strenge, die darin bestanden, daß die Duaren der schuldigen Stämme den Flammen Preis gegeben und die Köpfe von fünf Anführern auf die Spitzen der Tele-

graphenstangen gesteckt wurden, ermöglichten erst die Vollendung des begonnenen Werkes.

Unterseeische Telegraphen. Versuche die elektrischen Drähte
durch das Wasser zu führen, wurden bereits vor dreißig Jahren veranstaltet
und wiederholte, mit Erfolg durchgeführte Experimente im Hudson bei New-
York, im Kieler Hafen und an andern Orten bewiesen, daß das Wasser,
trotz seiner großen Ableitungsfähigkeit, kein Hinderniß für die telegraphische
Verbindung zweier durch das Meer getrennter Länder sei. Erst aber als
mit der 1849 im Handel auftauchenden Guttapercha das richtige Isolirungs-
mittel für die Drähte gefunden war, versprachen die Versuche auch praktischen Erfolg. Der englische Ingenieur James Brett war es, der 1851
zunächst England und Frankreich durch ein von Dover nach Calais gelegtes
Kabel verband. Es folgten nun hintereinander Kabellegungen zwischen England und Irland (1852), England und Belgien (1853), zwischen den
dänischen Inseln und Schweden, Frankreich und Corsica (1854), Italien
und Sizilien (1855), England und Holland. Bei allen diesen mit mehr
oder weniger Glück durchgeführten Verbindungen wurden reiche Erfahrungen
gesammelt und der technische Theil der elektrischen Telegraphie ungemein
vervollkommnet. Was war natürlicher als der große Gedanke, nun auch
die alte und neue Welt durch ein Kabel miteinander zu verknüpfen? Mit
den ersten 1857 veröffentlichten Plänen des Amerikaners Gisborne beginnt
die ereignißreiche Geschichte der Telegraphenlegung zwischen Amerika und
Europa, die nach einer Reihe von fehlgeschlagenen Versuchen endlich in
dauernder Weise glückte. Im Jahre 1857 hatte man bei der Legung des
ersten Kabels große Fehler begangen, der Draht riß und versank. Keineswegs abgeschreckt durch das theure Lehrgeld waren Engländer und Amerikaner im folgenden Jahre mit einem neuen Kabel wieder zur Stelle und
diesmal schien das Glück dem kühnen Unternehmen hold. Am 5. August 1858
tauschten Amerika und Europa die erste telegraphische Botschaft aus und
jubelnd erklärte man das Werk für gelungen. Aber die Leistungsfähigkeit
des Kabels ließ nach, es traten Störungen ein und nachdem etwa 300
Depeschen hinüber und herüber gewechselt worden waren, versagte es am
1. September 1858 gänzlich den Dienst.

Nun ruhte das Werk jahrelang und der Plan des amerikanisch-sibiri-
schen Telegraphen trat an seine Stelle, bis 1865 ein neuer Versuch unternommen wurde. Man hatte das Kabel weit sorgfältiger, nach ganz neuen
Prinzipien gearbeitet und zu dessen Abwicklung das berühmte Riesenschiff
„Great Eastern" gemiethet. In Bezug auf Festigkeit und Isolirtüchtigkeit
ließ der neue Draht, der das Gewicht von 82,000 Centnern repräsentirte,
nichts zu wünschen übrig und am 23. Juli 1865 begann dessen Legung
von Valencia in Irland aus. Schon war man 200 Meilen weit mit ihm
nach Westen vorgedrungen — da riß es abermals und war trotz vieler
vergeblicher Mühen nicht wieder zu finden. Errungen wurde der große
Sieg endlich im Jahre 1866; abermals lief der Great Eastern am 13. Juli
von Valencia aus, glücklich versenkte er seine Last im Ozean und am
27. Juli war Trinity Bai auf Neufundland erreicht, die dauernde Verbindung hergestellt. Gleich darauf wurde auch das 1865 verlorene Kabel

wieder aufgefunden und Europa erhielt nun eine doppelte telegraphische Verbindung mit Amerika.

Anfangs kostete eine einfache Depesche von Europa nach Amerika 20 Pfund Sterling und während dreier Monate wurden täglich im Durchschnitte nur 29 Telegramme expedirt; dann folgten dreizehn Monate mit einem Tarife von 10 Pfund Sterling, wobei die tägliche Depeschenzahl sich auf 64, die Einnahme durchschnittlich auf 579 Pfund Sterling hob. Im Dezember 1867 erfolgte eine weitere Herabsetzung auf 5 Pfund Sterling, die Durchschnittsanzahl der täglichen Telegramme betrug nun 131 und die mittlere Einnahme 635 Pfund Sterling täglich. Endlich wurde am 1. September 1868 der Tarif auf 3 Pfund Sterling 7½ Schilling ermäßigt und seitdem hob sich die Depeschenzahl auf 205 und die Einnahme betrug jetzt 613 Pfund Sterling durchschnittlich im Tage. Die von der Gesellschaft vertheilten Dividenden betrugen 37 Prozent im Jahre 1868. Die Ermäßigung war dringend geboten im Interesse des verkehrenden Publikums und aus Rücksichten auf eine Concurrenzgesellschaft in Frankreich. Die Concession dieser „französisch=transatlantischen Kabelcompagnie" datirt vom 6. Juli 1868. Die Länge ihres Kabels beträgt 3047 Meilen, von denen 2345 Meilen von Brest nach der französischen Insel St. Pierre bei Neufundland und 722 Meilen von da nach dem amerikanischen Festland führen. Die erste Depesche zwischen St. Pierre und Brest wurde am 14. Juli 1869 gewechselt. Mit der Eröffnung dieser Linie trat abermals eine Herabsetzung des Preises für die einfache Depesche (zehn Worte) auf dreißig Schilling oder zehn Thaler bei beiden Concurrenzgesellschaften ein.

Ueberficht des Telegraphennetzes der Erde.

I. Europa.

Rußland 1866	32,220 Kilom.
Frankreich 1866	29,669 "
England 1866	25,855 "
Deutschland 1866	23,966 "
Oesterreich 1867	19,670 "
Italien 1867	15,513 "
Spanien 1864	10,003 "
Türkei 1866	6,410 "
Schweden 1867	3,559 "
Schweiz 1867	3,559 "
Belgien 1867	3,500 "
Rumänien 1866	3,204 "
Norwegen 1867	3,065 "
Niederlande 1866	1,972 "
Dänemark 1867	1,536 "
Serbien 1866	786 "
Portugal 1866	630 "
Griechenland 1866	501 "
Kirchenstaat 1866	222 "

Europa 188,027 Kilom.
= 25,340 deutsche Meilen.

II. Amerika.

Ver. Staaten 1866	88,495 Kilom.
Brit. Amerika 1866	12,060 "
Chile 1867	1,500 "
Brasilien 1867	1,450 "
Cuba 1866	1,179 "
Mexiko 1866	970 "

Amerika 105,654 Kilom.
= 14,239 deutsche Meilen.

III. Asien.

Ostindien 1865	18,550 Kilom.
Kleinasien 1866	7,340 "
Sibirien 1866	4,264 "
Niederl. Kolonien 1866	3,791 "
Persien 1864	801 "
Cochinchina 1864	400 "

Asien 35,146 Kilom.
= 4736 deutsche Meilen.

IV. Auſtralien.

Victoria 1866 . .	4,300 Kilom.
Neu=Süd=Wales 1866	4,700 „
Süd=Auſtralien 1866	1,500 „
Queensland 1866 .	1,272 „
Neu=Seeland 1866 .	1,898 „

Auſtralien 13,670 Kilom.
= 1842 deutſche Meilen.

V. Afrika.

Algerien 1864 . .	3,752 Kilom.
Aegypten 1867 . .	3,573 „
Senegambien 1860 .	2,000 „
Kapkolonie 1864 .	1,001 „
Tunis 1862 . . .	500 „
Marokko 1866 . .	334 „

Afrika 11,160 Kilom.
= 1504 deutſche Meilen.

VI. Submarine Kabel.

Dreitransatlant.Kabel	10,000 Kilom.
Malta=Alexandrien .	2,469 „
England=Continent .	1,427 „
Spanien=Balearen .	620 „
Andere ſubmarine Kabel	3,000 „

Submarine Kabel 17,516 Kilom.
= 2458 deutſche Meilen.

VII. Zuſammenſtellung.

Europa . . .	188,027 Kilom.
Aſien . . .	35,146 „
Amerika . .	105,654 „
Auſtralien . .	13,670 „
Afrika . . .	11,160 „
Submarine Kabel .	17,516 „

Länge aller Telegrapenl. 371,173 Kil.
= 50,120 deutſche Meilen.

Unſer Rundgang durch die modernen Verkehrmittel, die im Dienſte des Handels arbeiten, iſt vollendet. Wie viel von ihnen auf die einzelnen Länder und Völker ſich vertheilt, geben die Tabellen an. Unſere Eiſenbahnen haben innerhalb 38 Jahren eine Ausdehnung erlangt, die gleich 3½mal dem Umfang der Erde iſt, während alle Drahtleitungen aneinandergeſetzt wohl zwanzigmal die Erde umſpannen würden. Die Dampfer endlich haben nun alle Ozeane erobert, der Kreis um die Erde iſt geſchloſſen und Europa hat mit Amerika bereits tägliche Steamerverbindung. Durch die Betrachtung der Verkehrsmittel erhalten wir ein Bild von dem rieſigen Handels = und Unternehmungsgeiſte unſerer Tage, ſehen wir, bei welchen Völkern das Ueber= gewicht liegt, erkennen wir, wo die größte Förderung der Kultur in unſrer Zeit zu finden. Wie dieſes in unzweifelhafter Weiſe bei den germaniſchen Völkern (Deutſchen, Engländern, Nordamerikanern, Niederländern, Skandi= naviern u. ſ. w.) der Fall iſt, ſo daß alles was die Romanen (Franzoſen, Italiener, Spanier u. ſ. w.) und Slaven dagegen zu ſetzen haben, faſt verſchwindet, habe ich an einem andern Orte (Allgemeine Zeitung 1868 Nro. 228) zuſammengeſtellt. Es entfallen 1867 auf die

	Handelsflotte, Tonnen.	Eiſenbahnen, Kilom.	Telegraphen, Kilom.
Germaniſchen Völker	14,585,039	118,421	218,881
Romaniſchen Völker	2,963,698	29,628	71,852
Slaviſchen Völker	1,037,131	7,933	54,016

Die Zahlen ſprechen für ſich ſelbſt; wir erkennen, daß eine Einrich= tung wie die modernen Verkehrsmittel, welche tauſende von Millionen Thalern verſchlang, mehrere Millionen Menſchen regelmäßig beſchäftigt und Millionen Centner täglich an den Beſtimmungsort führt unſre ganzen ſozialen und ökonomiſchen Zuſtände im Verlauf der jetzigen Jahrzehnte umgeſtalten und den Handel einer neuen Aera entgegenführen mußte.

Europa.

178,068 Quadratmeilen.　293,000,000 Bewohner.

Europa ist unter die Erdtheile gekommen, wie Pontius Pilatus in's Credo. Es ist kein Continent für sich, sondern eigentlich nur eine große, nach Westen vorgestreckte und reichgegliederte Halbinsel Asiens, die durch ihre außerordentlich günstige Lage schon von Natur auf die lebhaftesten Wechselbeziehungen zu den übrigen Continenten hingewiesen wurde. „Das gesammte trockene Land des Planeten liegt vorherrschend auf der Nordost= halbe der Erdkugel zusammengedrängt. In dieser zusammengedrängten Masse bildet Europa die Mitte: es ist der umgebene Erdtheil, die andern sind die umgebenden — es ist daher der centrale Erdtheil. Von Asien, Afrika, Amerika ist Europa gänzlich umgeben mit einem Minimum scheidender Meere. Durch den merkwürdigen Ring von Continenten eingefaßt, sollte Europa allen gleich nahe stehen, allen gleich verwandt werden, mit allen in Wechsel= wirkung, in Austausch und Verkehr treten können. So gleicht Europa's Stellung der Lage des Fruchtbodens in der Mitte der Blume, zu dem alle Saftgefäße leiten, zu dem der ganze reiche Blätterschmuck mitgehört. Der Fruchtknoten kann allein den Samen des ganzen Gewächses zur Reife bringen. Dieser Zuleitung der Frucht= und Saftgefäße entsprechen ebenso die Meeresbewegungen gegen Europa hin. Europa hat durch dieses Ver= hältniß der Concentration der Continente aber auch an der ganzen Summe der Schicksale aller Nachbarländer mehr Antheil nehmen müssen, als jeder der andern Erdtheile insbesondere an dem einen oder andern." [*] In diesen Worten ist gleichzeitig die Bedeutung Europa's für den Handel und die Handelsgeschichte angedeutet. Europa's Stellung bewirkte es, daß von ihm aus zum ersten Male ein Welthandel ausgehen konnte, indem es die Schiff= fahrt auf die heutige Stufe der Vollkommenheit erhob, damit alle Meere beherrschte und seine Söhne nach Millionen in fremde Lande schickte, diese be= siedelte und zu würdigen Töchterstaaten und Töchtercontinenten umschuf, die mit der alten Mutter in lebhaften Beziehungen blieben. Von keinem Theile Europa's aus ist dies aber im höheren Maße der Fall gewesen, als dem Lande, mit welchem wir unsre Spezialdarstellungen beginnen.

1. Großbritannien und Irland.

5769 Quadratmeilen.　30,000,000 Bewohner.

Handelsgeschichtliches. Umschließt Großbritanniens Handelsgeschichte in neuer Zeit jene des ganzen Welthandels, so lag dieses Reich, als es zuerst in der Geschichte auftauchte, als alles sich um das Mittelmeer drehte,

---

[*] Karl Ritter. Europa.

doch fern ab von dem, was wir Kultur nennen. Macaulay sagt von seinem Vaterlande: „Nichts deutete in ältester Zeit auf die Größe hin, die es zu erreichen bestimmt war. Als seine Bewohner den kühnen phönizischen Seefahrern, die von der Küste Zinn holten, zuerst bekannt wurden, standen sie wenig über den Eingeborenen der Sandwichinseln." Die Römer, welche unter Cäsar das Land eroberten, fanden dort ein wildes keltisches Volk. Sie machten Britannien zur Provinz (um 50 nach Chr.), führten geordnete Zustände ein und hoben den Handel. Die fortdauernden Bürgerkriege und Eroberungen waren wenig geeignet, den Handel in gesunde Bahnen zu lenken. In der Mitte des fünften Jahrhunderts eroberten die deutschen Angelsachsen das Land und legten den Grund zu seiner tüchtigen Bevölkerung. Von ihnen empfing Großbritannien seine Kraft, sein Mark, sie waren es, welche die Schifffahrt entwickelten und somit die spätere Meeresherrschaft schufen. 1066 nimmt Wilhelm von der Normandie England in Besitz und pfropfte französisches Wesen auf den angelsächsischen Stamm — zum Vortheile des Ganzen. Aber das von ihm eingeführte Feudalwesen trug zum Stillstand der Nation in Gewerbe und Handel bei. England lieferte nur wenige Rohprodukte, dasselbe Reich, das jetzt eine der ersten Mächte unserer Erde und ihre größte Industriewerkstätte geworden ist.

Während des Mittelalters stand England bezüglich seiner Handelsthätigkeit weit hinter den Völkern des Continentes zurück. In der Hand von Fremden lagen Ein- und Ausfuhren und namentlich waren es die Hanseaten, die neben Italienern, Holländern und Franzosen hier maßgebend auftraten. Erst im vierzehnten Jahrhundert sehen wir die Engländer sich einigermaßen entschließen. Wollenwaaren, Leinen- und Metallarbeiten, Produkte des eigenen Landes, waren die ersten englischen Industrieerzeugnisse, die damals auf fremden Märkten, wenn auch in geringer Menge erschienen. In den englischen Gewässern wehten fremde Flaggen, fremde Fischer holten die Schätze aus dem Meere an Englands Küsten und Irland wie Schottland beschränkten sich in ihrer gesammten Handelsthätigkeit auf den Export von etwas Wolle, Vieh und Häuten nach England. Solche untergeordnete Zustände, in denen Niemand die Anfänge des größten Handels aller Völker und aller Zeiten zu erkennen vermochte, dauerten bis in das fünfzehnte Jahrhundert. Allmählich wird ein Aufschwung jetzt bemerkbar, aber er ist noch langsam, bis dann unter der großen Königin Elisabeth im sechzehnten Jahrhundert der entschiedene Fortschritt eintrat. Ein Protektionssystem der härtesten Art und Weise wurde durchgeführt, indem man die fremden Waaren theils gar nicht mehr, theils nur gegen hohe Zölle zuließ und gleichzeitig die Vorrechte der fremden Kaufleute, z. B. der Hanseaten, aufhob. Schifffahrt und Schiffbau erhielten durch die großen überseeischen Entdeckungen einen gewaltigen Anstoß und bald zeigten die Engländer, daß in ihren Adern dasselbe Blut stöße, wie in den meerbeherrschenden Hanseaten und Friesen. Ihre Schiffe zogen nach der Ostsee, nach dem weißen Meere (S. 30) und knüpften direkte Handelsverbindungen im Auslande an. Bald fand man englische Tuche auf den Märkten des Continents. In Spanien erstand dem jung aufstrebenden England, das die Reformation angenommen hatte, ein gefürchteter Gegner, welcher allen Fortschritt wieder in Frage stellte. Aber die „unüberwindliche

Armada", die Philipp II. im Jahre 1588 gegen das gehaßte keßerische England aussandte, vermochte mit dem viel schwächeren Gegner nicht fertig zu werden und ging im Sturme der Elemente zu Grunde.

Unter der Herrschaft des Hauses Stuart war der Fortschritt des eng= lischen Handels nur ein geringer; Bürgerkriege verwüsteten das Land, bis unter Cromwell mit der Navigationsakte 1651 (S. 44) wieder ein großer Aufschwung der Schifffahrt bemerkbar wird. Unter Karl II. herrschten aber= mals französische Waaren auf dem englischen Markte, von denen jährlich für zwei Millionen Pfund Sterling eingeführt wurden, für damalige Zeiten eine ungeheure Summe, bis die Klagen der englischen Fabrikanten 1678 die Regierung zwangen die Einfuhr französischer Waaren zu verbieten. Ein lichteres Bild gewähren die n o r d a m e r i k a n i s c h e n K o l o n i e n Englands, die von Sir Walter Raleigh unter der Königin Elisabeth begründet wurden, allmählich den ganzen Ostrand Nordamerika's umspannten und zuerst Pelze und Tabak in den Handel lieferten. Jamaika wurde unter Cromwell (1655) englisch, in Ostindien begannen die Kolonien sich im Anfange des siebzehnten Jahrhunderts zu entwickeln. Hier, wie in Afrika, wo an der Guineaküste englische Niederlassungen entstanden, mußte mit den Portugiesen gekämpft werden.

Die Glanzzeit beginnt 1688 mit Wilhelm III., der die einheimische Industrie durch zweckmäßige Ein= und Ausfuhrverbote hob und Regierungs= prämien vertheilte. In diese Handelsperiode fällt auch (1703) der mit Portugal abgeschlossene M e t h u e n v e r t r a g, welche den portugiesischen Weinen eine Zollermäßigung von $33\frac{1}{3}$ Prozent gegenüber den französischen Weinen zugestand, während Portugal sich verpflichtete, die Einfuhr britischer Fabrikate in keiner Weise zu verhindern. Während im Innern nun die Industrie zu blühen begann, befördert durch die aus Frankreich ver= triebenen evangelischen Seidenweber, Glasbläser, Papiermacher u. s. w., der Bergbau sich hob, die reichen Steinkohlenschätze des Landes aufgethan und zur Eisengewinnung verwandt wurden, strömten allmählich auch Reis, Kaffee, Zucker, Thee, Tabak nach England, die dann weiter auf den Continent ver= handelt wurden und große Reichthümer einbrachten. Englands Seemacht erstarkte mehr und mehr und eine Reihe spanischer wie französischer Kolonien gingen in seinen Besitz über; nach der Niederwerfung Spaniens und Frank= reichs auf dem Meere (1739—1748) war England erste Seemacht. Der Tonnengehalt der 1770 in britischen Häfen einlaufenden fremden und ein= heimischen Schiffe betrug 760,000, was gegen früher eine ungeheure Steige= rung des Handels bewies. Das Volk, ohnehin im Besitze einer freien Ver= fassung, war glücklich, der Zinsfuß stand niedrig, der Nationalreichthum wuchs stetig. Freilich, die Kriege hatten große Summen verschlungen und es war eine anständige Schuldenlast angewachsen. Damit waren aber auch Staatsanleihen in England in Aufnahme gekommen und ein neuer Geschäfts= zweig, der Handel mit Staatspapieren, hielt seinen Einzug.

Der Abfall der nordamerikanischen Kolonien führte nur eine vorüber= gehende Störung im Handel Englands herbei, die bald durch einen leb= hafteren und großartigeren Austausch zwischen beiden Ländern wieder aus= geglichen wurden. Fast gleichzeitig aber erhebt sich die Industrie des Landes wie ein Riese: die Dampfmaschine wird von James Watt in die Praxis eingeführt; Arkwright erfindet 1769 die Baumwollspinnmaschine und Cartwright führt 1787 den mechanischen Webstuhl ein. Damit wurde in der Leinen-, Wollen- und Baumwollenfabrikation eine förmliche Umwälzung angebahnt, die sich über alle andern Zweige der Industrie ausdehnte. Englands Wollen-, Baumwollen und Leinenwaaren, seine Metall-, Glas- und Seidenfabrikate verbreiteten sich über die ganze Erde und drückten durch Solidität wie Billigkeit die Arbeit aller concurrirenden Völker zu Boden. Asien, Amerika und Afrika, die fast ganz von England mit Fabrikaten versehen wurden, schickten ihre Produkte auf den englischen Weltmarkt und erst von hier fanden sie ihren Weg nach den Staaten des Continents. Erst in unserm Jahrhundert ist es letzteren gelungen sich zum Theil von Englands Handelseinfluß frei zu machen. Die größte Maßregel jedoch, um den Handel Großbritanniens zu vernichten, Napoleons Continentalsperre, schlug fehl. Im Gegentheil, England ging gekräftigt und unbesiegt aus dem gewaltigen Kampfe hervor, während die Völker des Continents lange an den blutigen Wunden krankten, die ihnen die Kämpfe seit der französischen Revolution geschlagen.

Die englische Sprache. Wie allmählich das Land und sein Volk sich ausbreiteten, so auch die Sprache, die nun allen andern den Rang abgelaufen hat, mit der keine zweite in Bezug auf Bedeutung und Verbreitung sich zu messen vermag. Sie ist die eigentliche Welthandelssprache geworden, an welche die gerühmte französische gar nicht heran reicht. Denn eine größere Verbreitung als selbst das Französische im Handel haben das Deutsche, das Spanische, das Arabische. Als Elisabeth den Thron bestieg, sprachen weniger Leute Englisch als jetzt im Weichbilde von London wohnen. Dreimal so viele redeten Französisch, fünfmal so viele Deutsch, siebenmal so viele Spanisch. Dieses war die Modesprache in Neapel, in Quito, Brüssel, Mexiko und in Wien, wie später Französisch; es war auch die Sprache des Handels und der Diplomatie, die einzige Sprache die jenseit des Aequators und jenseit des Kaps geführt wurde. Und was von der Sprache galt, das galt auch von der Münze, spanisches Geld war das Umlaufsmedium der Welt. — Seitdem welche Aenderung! Unter der Königin Elisabeth, schreibt ein Engländer, fingen wir an zu wachsen. Damals gaben wir es auf, in Kriegen mit Frankreich unser Geld und Blut zu vergeuden, und indem wir dafür unsere Kraft der Seeküste der neuen Welt im Westen zuwandten, begannen wir in einer Weise zu gedeihen, wie nur so scharfsinnige Politiker wie Raleigh sich's hatten träumen lassen. Wir hatten die Franzosen mit Schwert und Speer bekämpft; wir bekämpften nun die Spanier mit Spaten und Pflug. Mit der Zeit vertrieben wir den Spanier aus dem nördlichen Amerika, und theilweise aus Westindien .... Und so wuchsen wir allmählich aus der kleinen Familie von 3 Millionen englischredender Menschen zu mindestens 70 Millionen heran, mit der Aussicht, daß es in zwanzig Jahren 100 und in hundert Jahren 300 Millionen werden. Die Sprache Shakespeare's wird jetzt von Millionen Menschen gesprochen, die bei Lebzeiten dieses Dichters Dänisch, Holländisch, Deutsch, Französisch, Italienisch, Irländisch sprachen. Sie wurden in eine englische Form umgegossen. Ob sie in Amerika oder Australien wohnen, sie haben ein neues Idiom, ein neues Recht, neue Lebensgewohnheiten angenommen. Und das hat die Rassen-Energie des englischen Stammes vollbracht.*) „Die überaus geistige, wunderbar geglückte Anlage und Durchbildung der englischen Sprache, sagt Jakob Grimm, war hervorgegangen aus einer überraschenden Vermählung der beiden edelsten Sprachen des spätern Europa's, der germanischen und romanischen, und bekannt ist, wie im Englischen sich beide zu einander verhalten, indem jene bei Weitem die sinnliche Grundlage hergab, diese die geistigen Begriffe zuführte. Ja die englische Sprache, von der nicht umsonst auch der größte und überlegenste Dichter der neuen Zeit im Gegensatz zur klassischen alten Poesie, Shakespeare, gezeugt und getragen worden ist, sie darf mit vollem Recht eine Weltsprache heißen und scheint gleich dem englischen Volk ausersehn, künftig noch in höherem Maße an allen Enden der Erde zu walten. Denn an Reichthum, Vernunft und gedrängter Fuge läßt sich keine aller noch lebenden Sprachen ihr an die Seite setzen, auch unsere deutsche nicht."

Landwirthschaft. Fast ein Drittel der Bevölkerung ist in der Landwirthschaft beschäftigt, die in England und Schottland auf einer sehr hohen Stufe steht. Die Benützung der Bodenoberfläche erhellt aus folgenden Angaben: Ackerland 30, Wiesen und Gärten 28, Triften 28, Wald 4, Unbenutzt 10 Prozent. Die Eigenthumsverhältnisse des Bodens beruhen auf den Feudalgesetzen, und nur selten ist der Landwirth zugleich Eigenthümer des von ihm benützten Bodens (Freeholder), sondern er ist entweder Copyholder, der beim Antritt des Landes einen Erbzins bezahlt, Leaseholder, wenn er sein Land auf sieben oder mehr Jahre gepachtet hat, oder Tenant-at-will, wenn der Grundherr von Jahr zu Jahr kündigen kann. Der große durch Privilegien geschützte Grundbesitz vertheuert dem armen Mann die Nahrung; England würde mehr und daher billigere Nahrungsmittel erzeugen, wenn die grundbesitzende Aristokratie nicht große Strecken wüst liegen ließe, um jagdbare Thiere darauf zu ernähren. Vier Kaninchen fressen soviel wie ein Schaf, aber sie geben nicht soviel Nahrung wie eine einzige Hammelkeule. Die großen Jagdgründe der Aristokratie sind daher ein Raub am Nationalwohlstand, an der Nahrung der Armen. Unter allen Getreidearten ist die wichtigste in England der Weizen, in Schottland der Hafer. Irland fruchtbarer als Großbritannien, befindet sich dennoch durch Zerstückelung des Bodens und die drückenden Pachtverhältnisse in einem schlimmeren Zustande als jenes. Agrarische Verbrechen sind dort keine seltene Erscheinung; die Kartoffel ist das hauptsächlichste landwirthschaftliche Produkt Irlands. Trotzdem der Gesammtwerth des Ackertrags in den vereinigten Königreichen jährlich im Durchschnitt 180,000,000 Pfund Sterling ausmacht, bedarf das Land noch einer großen Getreidezufuhr von Außen. Im Jahre 1868 belief sich die Weizeneinfuhr auf 22,069,353 Pfd. Sterl., Gerste 3,799,527 Pfd. Sterl., Hafer 3,875,929 Pfd. Sterl. Der meiste Weizen kam aus Rußland (für 6,337,135 Pfd. Sterl.), in zweiter Linie stehen die Vereinigten Staaten (für 4,385,601 Pfund Sterling), in dritter Deutschland

---

*) Dilke. Great-Britain. London 1868.

(3,358,296 Pfd. St.); dann die Türkei, Aegypten, Dänemark. Mehl wird aus den Vereinigten Staaten, Britisch Nordamerika, Deutschland und Frankreich zugeführt. So großartig diese Einfuhren auch sind, Großbritannien gleicht sie durch Ausfuhr seiner Industrieartikel leicht wieder aus.

Viehzucht. Namentlich in England hat die Viehzucht die höchste Stufe erreicht, namentlich dienen britische Rinder und Pferde als Muster rationeller Thierzucht, welche letztere Kunst und Wissenschaft geworden ist. Daß dem englischen Volke so vortreffliche Fleischnahrung zu Gebote steht, hat dessen tüchtigen Charakter mit bilden helfen. Dort ist auch der Fleischverbrauch am größten überhaupt. „Bis zu einer gewissen Grenze können zwar Hülsen- früchte die aus dem Thierreiche stammenden Nahrungsmittel vertreten, fallen die letzteren aber ganz aus, und werden Fleisch, Fett, Milch u. s. w. dem Menschen dauernd entzogen, so liegt bei harter Arbeit, sei sie mehr körper- licher oder mehr geistiger Natur, die Ernährung dennoch darnieder. Er- schlaffung und Verkümmerung sind alsdann der Fluch, der auf dem Volke ruht; ihm fehlt die Energie des Charakters, und die Unselbständigkeit, welche ihm allmählich als Erbtheil zufällt, setzt es der Gefahr aus, dem Despotismus zu verfallen. Es dürfte die Behauptung daher nicht gesucht erscheinen, daß für die Verallgemeinerung und Hebung der Thierzucht arbei- ten auch die Tüchtigkeit der Nation begünstigen, den Charakter derselben stählen heißt. Wie der Mensch ißt, so ist er." *)

Das englische Rindvieh theilt man in vier Hauptrassen. Die Devonshire-Rinder mit Hörnern von mittlerer Länge, rothbrauner Farbe, krausem Haar und dicker Haut. Die Short-horns (Kurzhörner) von Holder- neß, Teeswater und Northumberland liefern vorzügliches Fleisch und reich- liche Milch. Die Rinder von Lancashire, mit außerordentlich langen Hörnern, sollen ursprünglich aus Irland stammen. Die Rinder von Galloway haben gar keine Hörner, sind meist schwarz oder gefleckt, liefern vorzügliches Fleisch, und wenige, aber gute Milch. Von ihnen stammen die Rinder von Suffolk ab. Die Käsebereitung ist am ausgebreitetsten in Gloucester und Cheshire (Chesterkäse); der geschätzte Stilton kommt aus Leicester.

Bei der Schafzucht sieht man weniger auf Erzeugung von guter Wolle als gutem Fleisch. Man unterscheidet Schafe mit langer Wolle und ohne Hörner (Teesdale, Lincoln, New-Leister), Schafe mit kurzer Wolle (die der Downs im Süden Englands) und die Cheviots, Heideschafe mit schwarzen und Bergschafe mit schwarzbraunen Gesichtern. Geschätzt sind die kleinen Schafe von Wales (welsh mutton). Ganze Distrikte Schott- lands, namentlich in Sutherland, scheinen nur mit Schafen bevölkert zu sein. Untergeordnet ist die Schweinezucht. Yorkshire und Westmoreland liefern die besten Schinken; Wilts, Hants und Berks den besten Speck.

Was die englische Pferdezucht zu bedeuten hat, ist allgemein aner- kannt. Die berühmten Rennpferde, stammen in gerader Linie von Arabern, Persern und Berbern ab. Der große, schwere Schlag schwarzer Pferde in Leicester stammt ursprünglich aus Flandern. Die Füchse von Cleveland werden besonders als Wagen- und Reitpferde geschätzt. Suffolk und Clydes-

*) Settegast. Die Thierzucht. Breslau 1869. S. 4.

dale in Schottland liefern kleine, aber ausdauernde Ackerpferde. Die schotti=
schen Hochlande, Wales und die Shetland=Inseln Ponys.

Der Gesammtwerth des Viehstands wird auf fast 34,000,000 Pf. St.
veranschlagt. Im Jahre 1868 gab es im Vereinigten Königreich: 9,083,416
Stück Hornvieh, 35,607,812 Schafe, 3,189,167 Schweine und 1,800,000
Pferde. Der Werth des jährlich geschlachteten Viehs beträgt etwa 46 Mill.
Pfund Sterling. Trotzdem bedarf das Land einer bedeutenden Zufuhr von
Schlachtvieh, namentlich aus Deutschland.

Fischfang. Derselbe wird nirgends großartiger als im Vereinigten
Königreiche betrieben. Die zur Untersuchung der Seefischereien vom briti=
schen Parlamente 1863 niedergesetzte Commission erklärte: „Das deutsche
Meer (Nordsee) ist ertragsfähiger als unser Ackerland, unsre reichsten Felder
sind weniger fruchtbar an Nährstoffen als dessen Fischereigründe. Ein Acker
guten Bodens bringt etwa 20 Centner Korn oder 3 Centner Fleisch jähr=
lich. Ein Acker guten Fischereigrundes bringt wenigstens dasselbe Quantum
Nährstoff jede Woche. Fünf Fischerboote desselben Besitzers brachten in
einer Nacht von einem Raume, der nicht über 60 Acker groß war, eine
Masse trefflichen Nahrungsstoffes heim, die im Gewichte gleich 50 Ochsen
oder 300 Schafen war." Besser kann sicher die Bedeutung der Seefischerei
nicht charakterisirt werden, als in diesen wenigen, aber schlagenden Worten;
namentlich an den schottischen und irischen Küsten wird die Gewinnung der
Meeresschätze stark betrieben; sie beschäftigte 1867 nicht weniger als 23,540
Fischerboote mit fast 85,000 Mann Besatzung. In Schottland war es
Jacob III. (1460—1488), der den wichtigen Häringsfang aufmunterte und
auch in England wurde er durch Gesetze geschützt. In letzterem Lande
wurden 1867 über 825,000 Faß Häringe eingesalzen und fast gleich groß
ist der Ertrag Schottlands. Nächstdem ist der Fang von Kabljau, Leng,
Flundern, Butten, Pilchards und Makrelen wichtig. Austern und Hummern
kommen an den Küsten in Menge vor; man sucht sie jetzt künstlich zu ver=
mehren. — Unter den Süßwasserfischen ist der Lachs von der größten Be=
deutung. Als dieser köstliche Fisch noch häufig war, schlachteten die schotti=
schen Farmer ihre Lachse wie ihre Hammel und das Hausgesinde prote=
stirte gegen das allzuhäufige Vorkommen auf der Tafel. Es gab Zeiten,
wo das Pfund Lachs in Schottland 2 Groschen galt, während es auf dem
Londoner Markt jetzt mit einem Thaler und höher bezahlt wird. Früher
fing man Lachse von Centnerschwere im Tay und Tweed, jetzt ist das Durch=
schnittsgewicht 16 Pfund. Künstliche Zuchtanstalten (z. B. in Stormontfield)
und Schonungsgesetze haben wieder eine Vermehrung der arg verfolgten
Lachse bewirkt. Ueber den Walfischfang und die große Fischerei ver=
gleiche S. 33 ff.

Bergbau. Das Land ist reich an Schätzen des Erdinnern. Englands
Industrie und sein Reichthum sind wesentlich auf das Vorkommen der Stein=
kohlen, der „schwarzen Diamanten" begründet. Bedenkt man jedoch, welche
Schwierigkeiten der Einführung der Steinkohlen sich anfangs entgegenstellten,
so muß man über den Verbrauch und die Ausdehnung, welchen sie in ver=
hältnißmäßig kurzer Zeit erlangten, erstaunen. Mit dem neunzehnten Jahr=
hundert beginnt die Aera der Industrie, welche mit Hülfe der Steinkohlen

ihre sinnreichen Maschinen in Bewegung setzt und die Metalle ausschmilzt. Von den englischen Kohlenrevieren liegen die bedeutendsten in der Nähe des Meeres; das eine befindet sich in Wales und die Kohlen werden von Cardiff aus nach allen Himmelsgegenden versendet. Das andere liegt im Nordosten, im Bassin von Newcastle. Andere weniger bedeutende Kohlenlager sind im Innern der Grafschaften Stafford, Derby, Lancaster, York; in Schottland jene von Edinburg bis Glasgow. Irland liefert wenig. Vielfach hat man die Frage ventilirt, ob die britischen Kohlenfelder bald erschöpft seien; doch ist, trotz einiger Schwarzseher, noch auf Jahrhunderte hinaus reichlicher Vorrath, selbst bei unendlich gesteigertem Verbrauche, vorhanden. Die Ausbeute ist in geradezu riesigen Verhältnissen angewachsen und wir stehen nicht an, die Zahlen seit 1846 hier anzuführen:

1846:	38,400,000	Tonnen	1860:	84,044,798	Tonnen
1854:	64,661,401	„	1861:	83,635,214	„
1855:	66,453,079	„	1862:	85,721,216	„
1856:	66,645,450	„	1863:	88,292,515	„
1857:	65,394,707	„	1864:	92,787,873	„
1858:	65,008,649	„	1865:	98,150,587	„
1859:	71,979,765	„	1866:	101,630,543	„

Der Werth der im letztgenannten Jahre allein geförderten Kohlen betrug beinahe $25\frac{1}{2}$ Mill. Pfund Sterling. Welche Schätze werden hier dem Boden entrissen! Freilich sind dagegen die Kohlenarbeiter ein armseliges Geschlecht, das oft durch die in England besonders häufigen schlagenden Wetter umkommt.

Von den Steinkohlen ist die Eisenproduktion abhängig. Welche Vortheile genießen England und Schottland nicht dadurch, daß beide werthvolle Bergwerksprodukte häufig an ein und derselben Stelle vorkommen! Bis 1740 benutzte man nur Holzkohle zum Eisenschmelzen; da erst begann man Steinkohle im größeren Maße anzuwenden. Im genannten Jahre wurden 17,350 Tonnen Roheisen gewonnen, 1866 aber schon 4,530,051 Tonnen (Werth 11,326,127 Pfd. Sterl.). Von den andern Mineralprodukten erwähnen wir: Blei 11,153 Tonnen (Werth 1,381,168 Pf. St.), Kupfer, 11,153 Tonnen (Werth 1,019,168 Pf. St.), Zinn für 885,368 Pf. St. Außerdem Zink, Silber und etwas Gold. Letzteres seit 1868 in Sutherland (Schottland) in größerer Menge. Dazu kommen $1\frac{1}{2}$ Millionen Tonnen Steinsalz (Werth 600,000 Pf. St.) und Bausteine, Ziegelsteine, Porzellanerde, Schiefer, Granit, Graphit, im Betrage von 8 Mill. Pfd. St., so daß das Mineralreich, einschließlich der Kohlen, 1866 Erzeugnisse im Werth von über 50 Mill. Pfund Sterling lieferte. Die Kohlen machen hiervon die Hälfte aus.

Industrie. Wir haben schon hervorgehoben, daß Großbritannien, namentlich England, das erste aller Industrieländer ist, dem noch immer kein zweites sich an die Seite zu stellen vermag. Die günstige Lage, die Aufhebung aller Monopole, die unbedingte Gewerbefreiheit und das Freihandelssystem, welches die Fabrikanten zwang, auf eigenen Füßen stehen zu lernen, das Vorhandensein von Eisen und Kohlen, begünstigten ungemein den Aufschwung der Industrie. Die sprichwörtliche Solidität der englischen Waaren half ihnen den Markt behaupten; was den Geschmack betrifft, so sind hierin die Franzosen und Deutschen den Engländern voraus gewesen. Seit aber in letzterer Zeit die Gewerbemuseen und Zeichenschulen überall in England für gute Muster und Vorbilder sorgten und außerordentlich fördernd wirkten, hat das Kunstgewerbe in England eine hohe Bedeutung erlangt; es ist nicht nur der Geschmack der englischen Fabrikate denen des Continents ebenbürtig, sondern theils überlegen.

Der wichtigste Zweig der britischen Industrie ist die Fadenindustrie und innerhalb derselben kommt der Baumwollenmanufaktur wieder der erste Rang zu.

Während der Fabrikation baumwollener Stoffe in Deutschland bereits um 1430 Erwähnung geschieht, das Baumwollspinnrad aus dem deutschen, von Jürgens 1530 erfundenen Flachsspinnrad entstand, nahm in dem jetzt die Baumwolle beherrschenden Großbritannien die Verarbeitung derselben erst 1583 den Anfang. Dort erhielt sie aber ihre Weltbedeutung, dort konnte das Wort entstehen: „Baumwolle ist König" und zwar vom Jahre 1769 an, in welchem Richard Arkwright die Spinning-Jenny erfand. An der Vervollkommnung der Maschinen und Webstühle arbeiteten noch John Wyatt, James Hargreaves, Crompton, Cartwright, Robert Peel d. Aelt. und diesen Männern ist es zu verdanken, daß die englische Baumwolleninindustrie zu riesenhaften Dimensionen sich entwickelte. Im Jahre 1764 betrug die Einfuhr der Baumwolle nach England noch nicht 4 Mill. Pfund; 1787, kurze Zeit nach der Erfindung der Spinnmaschine wurden schon 23 Mill. Pfund versponnen. Wie aber der Verbrauch in unserm Jahrhundert sich gestaltet hat und in welchem Verhältniß England gegenüber andern Ländern den nothwendigen Rohstoff consumirt, ergibt sich aus nachstehenden Tabellen. Es betrug der absolute Baumwollenverbrauch Großbritanniens, Frankreichs und des übrigen Europa's in Hunderttausenden von Ballen:

	England	Frankreich	Rest Europa
1821—25	5.53	2.06	1.30
1826—30	7.12	2.63	1.47
1831—35	9.03	2.78	1.82
1836—40	11.56	3.72	2,57
1841—45	13.68	4.15	3.14
1846—50	14.58	3.55	4.21
1851—55	18.95	4.42	6.98
1856—60	22.65	5.27	9.63
1861—65	16.69	4.40	7.56

Hieraus sieht man, wie England noch immer alle andern, mit der Verarbeitung der Baumwolle beschäftigten Länder überragt, eine Thatsache, die um so unzweifelhafter wird, wenn man erwägt, daß England im Verhältniß weit mehr eigentliche Feinspindeln für höhere Garnnummern hat, als alle anderen Länder zusammen, woraus dann wiederum folgt, daß für England eine relative Abnahme bei Verbrauch des Rohstoffs noch nicht absolut eine Abnahme des Produktenwerthes und der Kraft seiner Baumwolleninindustrie zu bedeuten hat.

Der relative Baumwollenverbrauch der genannten Länder ist dagegen aus nachstehenden Zahlen zu ersehen. Von der gesammten Baumwollen-Consumtion Europa's entfielen Prozente auf:

	England	Frankreich	Rest Europa
1821—25	62.20	23.17	14.62
1831—35	66.25	20.39	13.35
1841—45	65.23	19.79	14.97
1846—50	65.26	15.84	18.84
1851—55	62.43	14.56	22.99
1856—60	60.30	14.03	25.60
1861—65	58.25	15.35	26.38
1866	58.08	14.62	27.31

Der Aufschwung in der letzten Rubrik kommt besonders Deutschland zu Gute. Neben Faden und Garnen, producirt Großbritannien namentlich Kattune, welche durch die ganze Welt gehen. In Folge des großen amerikanischen Bürgerkriegs trat Baumwollenmangel und in Folge dessen eine großartige Noth unter der in der Baumwollenindustrie beschäftigten Bevölkerung ein. Der Markt war aus Mangel an hinreichendem Zuflusse in der größten Gefahr dem Hungertode zu verfallen, bis andre Länder hilfreich in die Lücke sprangen und Ostindien, Aegypten, Brasilien, China, Australien u. s. w. Baumwolle im großartigen Maßstabe zu liefern begannen. Hauptsitz der Industrie ist Lancashire.

Nächst der Baumwolleninbustrie folgt die uralte Wollenmanufaktur, die im siebzehnten Jahrhundert durch eingewanderte Flamingen gehoben wurde. Während früher die Wolle zu den vortrefflichen englischen Tuchen, Decken, Shawls u. s. w. meist aus Spanien kam, sind die Bezugsquellen jetzt ganz andre geworden. Im Jahre 1867 erhielt England vom Auslande 233.7 Mill. Pfd. und zwar Lamm-, Schaf- und Alpakawolle. Hiervon wurden im Lande verarbeitet 142.9 Mill. Pfd. während 90.8 Mill. Pfd. wieder in's Ausland gingen. Die Hauptbezugsquellen waren: Australien mit 133.1 Mill. Pfd., Kapland und Natal mit 36.1 Mill. Pfd., Ostindien mit 15.2 Mill. Pfd., Südamerika und der europäische Continent mit je 21.3 Mill. Pfd. Hauptsitz der Wollmanufaktur ist Yorkshire, dann Gloucester, Wilts, Lanark in Schottland. Strumpfwaaren kommen aus Leicester, Flanelle aus Halifax.

Die sog. Shobby- oder Mungofabrikation, d. i. die Erzeugung von Wollstoffen aus alter oder getragener Schafwolle ist in letzter Zeit ein bedeutender Erwerbszweig geworden, namentlich in den Fabrikstädten Batley und Dewsbury. Getragene Kleider und Abfälle werden durch eine Reihe von mechanischen Prozessen wieder in Wollfasern aufgelöst, welche sobann gesponnen und entweder mit oder ohne Beisatz von reiner Schafwolle neuerdings zu Stoffen verarbeitet werden. Die Bekleidung der britischen Armee und Marine ist zum größten Theil aus diesem Material verfertigt. In Batley allein werden 12 Mill. Pfd. Schafwolle (rag-wool) erzeugt. Die Fabrikation hat viel Analoges mit der Papiererzeugung und ist zugleich ein schöner Triumph der Kunst und Civilisation, indem in beiden Fällen das

häßlichste und scheinbar unbrauchbarste Material in zierliche Stoffe ver=
wandelt wird. Der Werth der jährlich in Großbritannien fabrizirten Schaf=
wollwaaren beträgt circa 26 Mill. Pfd. Sterling.

Die Leineninbustrie hat sich in der letzten Zeit gehoben; vorzüg=
liche Waare liefert Irland. Versponnen wird neben Flachs und Hanf noch
Jute, ein aus Ostindien stammender Faserstoff (von Corchorusarten). Der
Verbrauch ist bereits auf 3 Mill. Centner gestiegen.

Die Seideninbustrie, bereits im vierzehnten Jahrhundert eingeführt,
wurde aber erst durch protestantische Franzosen gehoben, welche nach der
Aufhebung des Edikts von Nantes ihr Vaterland verlassen mußten (1665).
Sie entwickelte sich im laufenden Jahrhundert zu hoher Blüthe und hat
ihre Hauptsitze in Cheshire, Lancashire, Derby, Essex. Den Rohstoff liefert
vorzugsweise China (Schanghai).

Folgende Tabelle zeigt den Fortschritt und gegenwärtigen Stand der
britischen Fadeninbustrie.

	1850	1861	1868
Zahl der Baumwollfabriken	1,932	2,887	2,549
„ „ Spindeln	20,900,000	30,300,000	32,000,000
„ „ Dampfwebstühle	249,000	399,000	379,000
„ „ Personen	330,000	451,000	401,000
„ „ Wollfabriken	1,497	1,679	1,652
„ „ Spindeln	1,590,000	2,180,000	4,580,000
„ „ Webstühle	9,439	21,790	46,204
„ „ Personen	74,000	81,000	127,000
Kammgarn=Inbustrie:			
Zahl der Fabriken	501	532	703
„ „ Spindeln	875,000	1,289,000	2,193,000
„ „ Webstühle	32,000	43,000	71,000
„ „ Personen	79,000	86,000	131,000
Seiden=Inbustrie:			
Zahl der Fabriken	277	771	591
„ „ Spindeln	1,225,000	1,338,000	1,978,000
„ „ Webstühle	6,092	10,709	14,625
„ „ Personen	42,000	52,000	41,000
Leinen=Inbustrie:			
Zahl der Fabriken	393	399	405
„ „ Spindeln	965,000	1,216,000	1,588,000
„ „ Webstühle	3,670	14,792	31,040
„ „ Personen	68,000	87,000	118,000

Die Metallinbustrie Großbritanniens hat gleichfalls die höchste
Stufe erklommen. Auch hier sind wieder Eisen und Kohle in der Menge
und Vortrefflichkeit ihres Vorkommens als Grundlage zu betrachten. Die
Maschinen, Messerschmiede= und Stahlwaaren erfreuen sich eines großen Rufs.
Sheffield ist der Hauptsitz der Messerschmiede, Süd=Wales und Schottland
erzeugen Eisengußwaaren, Birmingham Metallwaaren der verschiedensten Art,
London Schlösser und Uhren. Kupferarbeiter kommen aus Wales. Der

Eisenverbrauch in den Fabriken ist gegen 3 Mill. Tonnen. Die Zahl der Metallarbeiter beträgt gegen 3,500,000.

In der Lederfabrikation sind eben so viel Menschen beschäftigt. Northampton erzeugt Schuhe fabrikmäßig, London liefert die besten Sattlerwaaren, Worcester, Woodstock und Yeovil Handschuhe.

In der Fabrikation irdener Waaren sind 60,000 Personen beschäftigt. Das Wedgwood, Steingut von Staffordshire zeichnet sich durch Härte, Dauerhaftigkeit, Feinheit und Glanz aus. Erfunden wurde es von Josiah Wedgwood (geb. 12. Juli 1730 zu Burslam), der als Fabrikant dieser und verwandter Waaren das Dorf Etruria anlegte und Begründer des Töpfereibezirks (Potteries) wurde. Er starb als reicher, namentlich durch gemeinnützigen Sinn ausgezeichneter Mann 1795. Nicht minder blüht die Porzellanmanufaktur in Worcester, Derby, London. Englands Glas, sowohl Spiegel- als Flaschenglas, steht den übrigen Erzeugnissen nicht nach, das gleiche ist mit dem Papier der Fall. Die schwunghaft betriebene Bierbrauerei liefert neben den gewöhnlichen Sorten Ale und Porter, die vielfach exportirt werden. Die Branntweinbrennerei nimmt leider noch nicht sehr ab. Whisky wird in Schottland und namentlich in Irland als Nationalgetränk in großartigen Massen getrunken. Die Zahl der Säufer ist in allen großen Städten eine enorme. Wie z. B. die Polizeiberichte Glasgows nachweisen, wurden 1864 nicht weniger als 27,181 Glasgower als hülflos oder gefährlich betrunken in die Polizeigefängnisse gebracht, also 1 Individuum unter je $17\frac{1}{2}$ der Bevölkerung, 1 von je 7 Erwachsenen, 1 von je 3 Männern.

Verkehrsmittel. Eisenbahnen siehe S. 63. Postwesen S. 59. Telegraphen S. 72. Außer mehr als 100,000 engl. Meilen Chausseen (highways) gibt es in England und Wales noch etwa 25,000 engl. Meilen Wege. Vorzüglich sind die Landstraßen in Schottland, doch erschweren hier hohe Weggelder (tolls) oft den Verkehr. In Irland sind sie weniger gut. Kanäle fing man erst seit 1755 an zu errichten; trotzdem ist, die Niederlande ausgenommen, ihre Ausdehnung jetzt größer als in irgend einem andern Lande. Die Länge aller Kanäle beträgt etwa 700 deutsche Meilen. Der bedeutendste ist der Caledonian-Kanal, welcher quer durch Schottland hindurchführt. Er wurde 1803—1847 nach dem Plane Telfords erbaut und hat über 1,256,000 Pfund Sterling gekostet, wird jedoch wenig benützt und deckt kaum die Unterhaltungskosten. Er verbindet Fort William an der Westküste mit Inverneß an der Ostküste und führt durch drei Seen hindurch. Seine Länge beträgt 60 englische Meilen, davon entfallen 37 auf die Seen, 23 sind ausgegraben.

Ueber die britische Handelsflotte, die größte der Erde, vergleiche S. 44. 47. Der Schiffsbau, ein sehr bedeutender Zweig der Industrie und auch für das Ausland thätig, wird namentlich an der Themse, am Humber, Wear, Clyde, Mersey und Severn betrieben.

Handel. Wie in Bezug auf Industrie, so nimmt auch im Handel Großbritannien unbedingt die erste Stelle ein. Schon durch die lebhafte Gewerbthätigkeit wird ein großartiger Binnenverkehr bewirkt, noch großartiger aber ist der auswärtige Handel, der in der That Welthandel ist und die fernsten, entlegensten Gegenden unserer Erde in sein Netz einbezieht. Englische Fabrikate findet man nicht nur in allen Ländern Europa's und Amerika's und wo sonst europäische Kultur sich angesiedelt hat, sondern auch auf den entlegensten Märkten im Innern Afrika's und Mittelasiens.

Der Ausfuhrhandel Großbritanniens war 1866 stärker als je zuvor; 1867 verminderte er sich um etwa 4 Prozent und 1868 um weitere ³/₄ Prozent. Er stellte sich aber doch noch auf die ungeheure Summe von 179,463,664 Pfund Sterling, also auf reichlich 1200,000,000 Thaler. Davon kommen auf den Export nach britischen Besitzungen 28 Prozent. Der Exporthandel Englands nach Deutschland ist beinahe so beträchtlich als der nach sämmtlichen britischen Colonien, mit Ausnahme Indiens, und Deutschland steht allen übrigen Ländern voran. Es importirt von England mehr als Indien, fast doppelt so viel wie Australien; es übertrifft die Vereinigten Staaten von Nordamerika; es übertrifft Frankreich um das Doppelte und bezieht einen beträchtlichen Theil der aus England nach Holland und Belgien geführten Waaren. Um nur einige wichtige Zahlen aus dem genannten Jahre hervorzuheben, nennen wir den Export nach:

Indien	21,211,343	Pfd. Sterling
Australien . . .	12,071,435	" "
Deutschland . .	22,777,390	" "
Vereinigte Staaten .	21,410,184	" "
Frankreich . . .	10,633,721	" "
Holland	10,392,253	" "

Daß Großbritannien nach allen Ländern der Welt exportirt, braucht nicht besonders hervorgehoben zu werden, vorstehende Posten sind aber die wichtigsten. Gegenstände der Ausfuhr sind die angeführten Industrieprodukte und ein großer Theil der überseeischen Einfuhren, namentlich aus China, Indien, Afrika, Australien und Amerika bezogene Artikel. Von den fünf Hauptausfuhrartikeln wertheten (1866) Baumwollwaaren 74,565,426 Pfd. Sterling, Schafwollwaaren 21,725,821 Pfd. St., Eisen und Eisenwaaren 14,829,369 Pfd. St., Leinenwaaren 9,576,163 Pfd. St., Kurz= und Putzwaaren 5,403,366 Pfd. St.

Einfuhren. Seine Einfuhren holt Großbritannien überall her und wo irgend ein neues Handelsgebiet eröffnet wird, da ist sicher bald der Brite zu finden. Weder diplomatische Ränke noch Kriege wurden gescheut, um irgend ein civilisirtes oder halbcivilisirtes Land zu zwingen, daß es dem britischen Handel zugängig werde. Der Werth der 1867 eingeführten ausländischen und colonialen Erzeugnisse betrug 275,249,852 Pfd. Sterling. Von den fünf Hauptartikeln der britischen Einfuhren werthete (1866) rohe Baumwolle 77,521,406 Pfd. St., Getreide 30,057,443 Pfd. St., Wolle 17,550,871 Pfd. St., Thee 11,208,815 Pfd. St., Rohseide 7,243,199 Pfd. St. Bezugsgebiete sind Rußland (Getreide, Flachs, Leinsaat, Holz, Hanf, Talg, Wolle); Schweden und Norwegen (dieselben Produkte); Deutschland (dieselben Produkte und wollene, baumwollene und leinene Waaren, Musikinstrumente, Glas); Holland und Belgien (wie Deutschland); Frankreich (Getreide, Wein, Manufakturen, vorzüglich Seide); Spanien, Portugal

(Wein, Südfrüchte); Italien, Oesterreich, Türkei (Getreide, Wein, Schwämme, Seide, Oele); Afrika (alle seine Rohprodukte); Indien (Baumwolle, Seide, Häute, Harze, Hölzer, Mineralien); China und Japan (Zucker, Thee, Seide, Gewürze); Australien (Wolle, Baumwolle, Getreide); Vereinigte Staaten (Getreide, Kaffee, Felle, Baumwolle, Tabak, Holz); Südamerika, Westindien (Kaffee, Zucker, Baumwolle, Rum, Hölzer, Mineralien).

Geld, Maß und Gewicht. In England kursirt nur englisches Geld, ausländische Münzen oder Papiergeld sind im gewöhnlichen Verkehre nicht zu verwerthen. Die englischen Geldsorten sind: In Gold: der Sovereign oder Pound Sterling (£) zu 20 Shillings; Half-sovereign zu 10 sh.; Guineas zu 21 Shilling kursiren nicht mehr, sind aber noch immer eine beliebte Rechnungsmünze. In Silber: Shilling (sh.) zu 12 Pence (b.), Crown (Krone) zu 5 sh., Half-Crown zu 2 sh. 6 b., Florin zu 2 sh., Six pence (ein halber Shilling), Four pence (ein drittel Shilling), Three pence (ein Viertel Shilling). In Bronzemetall: Penny (Mehrzahl Pence), Half-Penny (halber Penny), Farthing (Viertel Penny). Alle englischen Münzen werden in dem berühmten, 1806 mit einem Aufwande von ¼ Mill. Pfd. Sterl. erbauten Münzgebäude in Towerhill, London, geprägt und schon manches Stücklein Metall hat dort seine Metamorphose überstanden. Denn nicht nur der Staat ließ hier Münzen schlagen, sondern auch jeder Einzelne konnte früher eine beliebige Quantität Kupfer, Silber oder Gold in Münzen von gleichem Gewichtsbetrage einschmelzen lassen, während der Staat die Prägungskosten trug. Daß die Münzen selbst von dem Publikum mit verschiedenen Gefühlen aufgenommen werden, und entweder allgemein beliebt oder durchaus mißliebig sind, sollte man kaum glauben. Am besten zeigt uns dies die Guinea. Zuerst unter Karl II. geprägt, erhielt sie ihren Namen von der Guinea-Company, welche diesem Goldstück häufig zum Zeichen seines afrikanischen Ursprungs einen Elephanten anprägte. Sie erfreute sich einer solchen Popularität, daß ihr Nachfolger, der Sovereign, sich lange nicht die von ihr besessene Gunst zu erwerben vermochte, und erst dann anfing gern gesehen zu werden, als die Guineastücke gänzlich aus dem Verkehr gezogen waren. Andere Stücke waren nie beliebt, so das Fourpencestück, welches, erst 1836 eingeführt, schon seit 1856 nicht mehr geschlagen wird; so das Fünfshillingstück (die Krone), das, obwohl die schönste Silbermünze Englands, sich keinen Eingang zu verschaffen wußte, und jetzt nur noch auf den Falklandsinseln als Verkehrsmünze gilt, wohin jährlich für 2000 Pf. St. dieser Geldsorte abgehen. Auch die sehr beliebte halbe Krone hat dem unliebsameren Florin weichen müssen. Und so sind von Silbermünzen jetzt nur noch Florins (= 20 Sgr.), Shillings (10 Sgr.), Sixpence (5 Sgr.) und Threepencestücke (2½ Sgr.) im Umlauf. Der durch falsche Münzen angerichtete Schaden ist in England sehr klein, weil einerseits die Verfertigung derselben nur sehr langsam bewerkstelligt werden kann, und andrerseits die Verbreitung noch schwieriger ist als die Anfertigung.

Längen-Maße. 1 yard (Elle) = 3 feet (Fuß) = 0,91437 Meter. 1 foot (Fuß) = 12 inches (Zoll) = 0,30479 Meter. — 1 fathom (Faden) = 6 feet. — 1 statute mile = 1760 yards — 1609,3 Meter. — 1 chain (Kette) = 4 poles (roods, Ruthen) — Flächenmaße 1 acre =

4 roobs = 0,40467 Hektaren. — 1 square statute mile (engl. Quadrat=
meile) = 670 acres. — Gewichte: 1 pound avoirdupois (Handelsgewicht)
= 16 ounces (Unzen) = 0,45359 Kilogrammes = 0,90718 deutsche
Zollpfund. — 14 Pfund = 1 stone (Stein); 2 stones = 1 quarter; —
4 quarters (112 Pfund) = 1 hundredweight (Centner, Cwt.); 20 Cwt.
= 1 ton. Hohlmaße: 1 gallon = 4 quarts zu 2 pints, zu 4 gills
= 4,54 Liter. — 36 gallons = 1 barrel (Biermaß); 1 bushel (Ge=
treidemaß) = 4 pecks = 8 gallons. — 8 bushel = 1 quarter = 2,90
Hektoliter. Kubikmaß: 1 registred ton (Schiffstonne) = 42 cubic feet.

Kolonialbesitz und Auswanderung. „Die Angelsachsen", sagt Dickens
in seiner Geschichte von England, „haben die großartigste Volksthümlichkeit
unter allen Nationen der Erde entwickelt. Wohin die Nachkommen der
sächsischen Stämme auch gekommen sind, sei es zu Lande oder zu Schiffe,
bis zu den entlegensten Theilen des Erdkreises hin, überall zeigen sie sich
beharrlich und unermüdlich; niemals und nirgends wurde die Kraft ihres
Geistes und ihr Muth gebrochen, niemals ließen sie sich von Unternehmungen
ablenken, auf welche ihr Entschluß einmal gerichtet war. In Europa, Asien,
Afrika und Amerika und über die ganze Welt hin, in der Wüste, in den
Wäldern, auf der See, unter dem dörrenden Einfluß der brennenden Sonne,
unter dem Froste der mit ewigen Eismassen bedeckten Zonen — immer
bleibt das angelsächsische Blut unverändert. Wohin dieses Volk sich wendet,
da bringt es Gesetz und Thätigkeit, Sicherheit des Lebens und Eigenthums
und alle die großen Ergebnisse muthvoller Ausdauer mit unwandelbarer
Gewißheit mit sich."

Diesen vortrefflichen Eigenschaften verdankt Großbritannien seine zahl=
reichen Kolonien, die es nicht nur zu erringen, sondern auch zu besiedeln
und gedeihlich zu entwickeln wußte. Sind ihm auch die Vereinigten Staaten
verloren gegangen, so ist es doch noch immer das erste und größte Ko=
lonialreich.

Der angelsächsische Stamm besitzt gegenwärtig die wichtigsten, wenn=
gleich nicht immer die größten, Küsten und Inseln des atlantischen Meeres.
Da finden wir auf der Ostseite zunächst die britischen Inseln, von denen
der ganze Stamm seinen Ausgang genommen hat, mit den sie umge=
benden kleineren Eilanden und der Insel Helgoland, welche die Mündung
unserer Elbe beherrscht; weiter südlich die Felsenfestung Gibraltar, den
Schlüssel zum mittelländischen Meere; verschiedene Niederlassungen und kleine
Inseln an der afrikanischen Küste und endlich das Kapland. Auf der West=
seite dehnt sich das britische Nordamerika nicht nur vom Nordpol herab bis
zu den Vereinigten Staaten, sondern auch quer über den ganzen Erdtheil
bis zum stillen Meere aus; weiter südlich folgen die Küsten der Vereinigten
Staaten, gleichfalls von Engländern besiedelt, dann die westindischen Inseln
nebst Honduras und Britisch Guiana und an der Südspitze des Erdtheils
die Falklands=Inseln. Ja, wie durch einen Naturtrieb geleitet, hat der angel=
sächsische Stamm bereits auf den Küsten und Inseln des stillen Meeres
seine Stellungen zu nehmen gewußt. Australien hat er binnen kurzem rings
an seinen Rändern besiedelt und in ein blühendes Kulturland umgeschaffen;
an den Küsten Chinas und Hinterindiens sind wichtige Plätze (Hongkong

Singapur, Labuan) in den Händen der Briten und Indien, das große Indien ist derjenige Theil seines Kolonialbesitzes, mit welchem Großbritanniens Macht steht und fällt. In Arabien ist Aden endlich die feste Position der Engländer, welche den Handel des indischen Meeres beherrscht.

Die jährlichen Unterhaltungskosten sämmtlicher britischer Kolonien in Asien, Afrika, Amerika und Australien betragen etwa 4½ Mill. Pfd. St., dagegen wird, wie wir beim Handel gesehen haben, ein ganz bedeutender Theil der britischen Industrieerzeugnisse in den Kolonien abgesetzt, wodurch es dem Handel und der Schifffahrt Großbritanniens allein möglich ward, jene weltbeherrschende Stellung zu erringen, die sie gegenwärtig behaupten. Von den einzelnen Kolonien erheischen die bedeutendsten Unterhaltungskosten Gibraltar 424,000 Pfd. St., Malta 445,000 Pfd. St., das Kapland 682,000 Pfd. St., Hongkong 304,000 Pfd. St., die westindischen Inseln, einschließlich Jamaica, 50,000 Pfd. St.

Nächst Deutschland stellt Großbritannien nebst Irland das größte Contingent zur Auswanderung. Namentlich sind die Irländer stark bei der Auswanderung vertreten. Doch bilden sie nirgends ein tüchtiges Element, sondern tragen überall zur Verschlechterung der Zustände bei. Die Durchschnittszahl der Auswanderer in dem Jahrzehnt 1847 bis 1857 betrug 275,276, in dem Jahrzehnt 1857 bis 1867 aber nur 161,915. Die Gesammtzahl der Auswanderer 1868 belief sich auf 138,203. England gab dazu 58,268, Schottland 14,954, und Irland 64,981 Seelen. Außerdem schifften sich viele fremde Auswanderer in England, namentlich Liverpool, ein. Hauptziele der britischen Auswanderung sind die Vereinigten Staaten und die britischen Kolonien, namentlich die in Nordamerika und Australien.

Indem wir die Behandlung der einzelnen britischen Kolonien uns für die verschiedenen Erdtheile vorbehalten, in denen jene gelegen sind, geben wir hier nur eine allgemeine Uebersicht des britischen Kolonialreichs.

Helgoland	0,01 D.=M.	2,172	Einw.
Gibraltar	0,09 "	16,643	"
Malta mit Gozo	6,71 "	144,868	"
Europäische Besitzungen	6,81 D.=M.	163,683	Einw.
Brit. Indien	44,929,8 D.=M.	144,674,615	Einw.
Malacca, Singapur u. s. w.	51,5 "	282,381	"
Hongkong	1,4 "	125,504	"
Aden	2,1 "	2,785	"
Ceylon	1,162,0 "	2,049,728	"
Asiatische Besitzungen	46,146,77 D.=M.	147,135,463	Einw.
Neu-Süd-Wales	14,513,2 D.=M.	411,388	Einw.
Victoria	4,160,3 "	626,639	"
Südaustralien	17,901,7 "	167,884	"
Westaustralien	24,624,1 "	—	
Queensland	31,431,2 "	87,775	
Nordaustralien	45,898,1 "	20,260	"
Tasmanien	1,233 "	95,201	"
Neuseeland	4,998 "	201,712	"
Australische Besitzungen	144,760,1 D.=M.	1,610,859	Einw.

Kapkolonie	9,070	Q.M.	496,381 Einw.
Br. Kafraria	160	„	81,353 „
Natal	910	„	158,621 „
Goldküste	—	„	151,346 „
Sierra Leone	22	„	41,681 „
Gambia	1	„	6,939 „
Mauritius	33,3	„	222,517 „
St. Helena	2,2	„	6,860 „
Afrikanische Besitzungen	10,198,5	Q.=M.	1,265,698 Einw.
Dominion of Canada	17,731,7	Q.=M.	3,464,766 Einw.
Prinz=Eduard=Insel	102,2	„	84,386 „
Neufundland	1,890,82	„	122,638 „
Britisch Columbia	10,018	„	77,000 „
Bermuda	1,13	„	11,451 „
Honduras (Belize)	635	„	25,635 „
Westindische Inseln	695,5	„	942,601 „
Britisch Guiana	4,700	„	162,026 „
Falkland=Inseln	223	„	648 „
Amerikanische Besitzungen	35,997,35	Q.=M.	4,891,151 Einw.
Britisches Kolonialreich	237,110	Q.=M.	155,066,854 Einw.

Englands Fabrik= und Handelsstädte.

London, die Hauptstadt des britischen Reichs, die volkreichste Stadt der Erde, ist auch die erste aller Handelsstädte. London ist die größte Ansammlung von Gebäuden auf dem Erdkreis, ein unübersehbares Häusermeer. Es ist zusammengesetzt aus vielen Städten, umfaßt ein großes Emporium, einen Hafen, der weit die Themse hinabreicht, mehrere industrielle Vorstädte, während der Westbezirk der Sitz der Regierung ist und die Wohnstätte der reichsten Aristokratie und Mittelklasse der Welt. Mittels verschiedener Parlamentakte ist diese wunderbare Sammlung von Nachbarschaften für gewisse Zwecke vereinigt worden, so für öffentliche Bauten, Polizei und Armenpflegschaft. Sonst aber besteht London nur aus vielen, lose mit einander verknüpften Städten. Der Kern des ganzen ist die City.

Geschichtliches. Als die Römer im Jahre 43 n. Chr. erobernd in Britannien eindrangen, war London bereits eine wichtige Stadt, von der Tacitus ausdrücklich hervorhebt, daß in ihr viele Kaufleute gewohnt hätten. Von den Sachsen wurde die Stadt Lunden oder Lyndenburg genannt. Erst unter den angelsächsischen Königen gewann sie größere Wichtigkeit; ihr Handelsruhm reicht aber schon in die frühesten Zeiten römischer Herrschaft zurück und die Eroberung durch die Angelsachsen vermochte darin nur eine kurze Unterbrechung hervorzubringen; aber schon in den Tagen Ethelberts (Ende des sechsten Jahrhunderts) genoß der Londoner Handel wieder eines großen Rufs. Alfred der Große (871—901) hatte die Stadt von den Dänen befreit, den Tower gegründet und die inneren Angelegenheiten derart geordnet, daß später Ethelred (979—1016) besondere dem Handel günstige

Berechnungen erlassen konnte, in denen von dem Verkehre die Rede ist, welchen London mit allen an dem westlichen Ozean wohnenden Völkern unterhielt. Flaminger, Franzosen, Männer von Ponthieu, von Brabant und Lüttich füllten die Londoner Märkte mit ihren Waaren an und bereicherten die Truhen der Stadt mit ihren Zöllen. Gewürdigt und begünstigt vor allen aber kamen die Seefahrer des alten sächsischen Bruderlandes, die Pioniere der mächtigen Hansa des Nordens, die später Nowgorod und London durch den Handel verknüpften; diese „Männer des Kaisers", wie sie damals von den Engländern genannt wurden, besaßen viele Privilegien im Handel, die durch das Andenken an das gemeinschaftliche Blut und die gemeinschaftliche Sprache ihnen verschafft worden waren. Daß die Tüchtigkeit der deutschen Händler dazu beitrug, diese Vorrechte lange zu bewahren, ist bekannt und die Engländer selbst sagten von ihnen: „die Männer des Kaisers allein sind unter den Eingeborenen fremder Länder guter Gesetze ebenso würdig, wie sogar wir selbst."*) Ihr Haus in London hieß der Stahlhof oder Steel-Yard.

Die Aufstände, Hungersnöthe und Seuchen, die inneren und äußeren Streitigkeiten, welche Londons Chronik im Mittelalter verzeichnet, sind wenig verschieden von denen anderer großer Städte und haben keine direkte Beziehung zum Handel. Am schlimmen Maitag (Evil Mayday) 1517 erhoben sich die Arbeiter und Lehrjungen gegen die Ausländer, welche man beschuldigte, den Handel zu monopolisiren, was auch wirklich der Fall war, indem London damals — zur Zeit Heinrichs VIII. — nur fünf eigene Schiffe von über 120 Tonnen hatte und der Handel fast ausschließlich in deutschen Schiffen betrieben wurde. Wie ganz England, so nimmt auch London erst unter der Regierung der jungfräulichen Königin Elisabeth einen großen Aufschwung. Die Furcht, London könne eine gefährliche Ausdehnung gewinnen, veranlaßte Verbote, neue Häuser zu bauen, doch ohne Erfolg. Auch die Pest, welche 1665 fast 70,000 Menschen wegraffte und das „große Feuer" im folgenden Jahre, welches 13,200 Wohnhäuser in Asche legte, konnten dem schnellen Wachsthum der Stadt auf die Dauer keinen Einhalt thun. Die Bevölkerung hat besonders während unsres Jahrhunderts in riesenmäßigen Verhältnissen zugenommen. London zählte Einwohner 1600: 150,000; 1801: 864,845; 1821: 1,225,694; 1841: 1,870,727; 1861: 2,803,921; 1868: 3,126,000; 1870: 3,215,000. Mit dem Handel direkt beschäftigen sich 60,000; mit der Beförderung von Menschen, Thieren, Waaren 112,000; mit der Industrie 690,000 Menschen.

Die City. Hier ist am nördlichen Themseufer der Hauptsitz des Londoner Handels. Hier treiben die Makler bei der Börse, die Bankiers in Lombardstreet, die Kornhändler in Marklane, die Kolonialwaarenhändler in Mincinglane, die Buchhändler in Paternosterrow, die Drucker in Fleetstreet, die Juden in Shoreditch ihre Geschäfte. „Hier pulsirt das mächtige Herz der Handelswelt, die Bank von England, und nirgends empfängt der Fremde eine großartigere Vorstellung von dem gewaltigen kommerziellen Leben der Weltstadt, das aus allen Zonen in endlosen Strömen durch die rauschenden menschenbelebten Straßen auf- und niederwogt. Der bei weitem

---

*) Freeman's history of the Norman Conquest.

Richard Andree, Handelsgeographie. 7

größere Theil der Kaufleute hat übrigens nur seine Comptoirs und Waarenlager in der City, und Tausende kommen Morgens im Omnibus oder mit
der Eisenbahn vom Lande herein, und ziehen sich, nachdem sie Tags über
ihren Geschäften nachgegangen sind, Abends wieder in ihre vorstädtischen
Wohnungen zurück."*)

Unterhalb der City liegen an beiden Ufern der Themse die weitläufigen
Docks und andere der Schifffahrt gewidmete Anstalten.

Verkehr der City. Um den großartigen in der City herrschenden Verkehr kennen zu lernen, haben die Londoner Behörden besondere Zählungen an-
stellen lassen. Im Jahre 1850 überzeugte man sich durch aufgestellte Polizei-
männer, daß an einem besonderen Tage zwischen 8 Uhr Morgens und 8
Uhr Abends 11,000 Wagen Cheapside, eine der Hauptstraßen der City, passirten; dreizehn Jahre später, 1863, betrug die Zahl 12,300. Allein in der
Mittagsstunde zwischen 12 und 1 Uhr passirten am 25. März des genannten Jahres 291 Omnibus, 573 Droschken und 294 andere Fuhrwerke,
oder überhaupt 1158 Wagen, d. h. 19 in jeder Minute. Die merkwür-
digste Untersuchung, die man je in Bezug auf diesen Gegenstand machte,
betraf die Gesammtzahl aller Wagen und Menschen, die von den 48 Haupt-
eingängen aus an einem Maitage in die City eintraten. Die Gesamm-
summen erscheinen fast unglaublich und es erheischt großes Vertrauen zu
Genauigkeit der mit der Zählung beauftragten, um zu glauben, daß soviel
Fuhrwerke und soviele Personen an jedem Wochentage auf einer Boden-
zusammenkamen, die wenig mehr als eine englische Quadratmeile umfaßt.
An nicht weniger als zwölf Einlässen traten über 20,000 Personen in die
City, an einigen sogar 80,000. Die Gesammtzahl der Fuhrwerke machte
48,177 aus; sie enthielten außer unzähligen Tonnen Waaren 155,000
fahrende, während 370,107 andere Personen zu Fuß eintraten; wir können
danach schließen, daß ebenso viel Menschen im Verlauf von 24 Stunden
die City wieder verließen.

Wie groß mögen aber die Geschäfte sein, welche alle diese hunderttausende
dort machen? Das freilich entzieht sich der Zählung; aber Angaben einzelner
Häuser liegen dennoch vor. Die Firma Morrison, Dillon & Comp. z. B.
(Tuch-, Seiden- und Kurzwaaren) empfängt durchschnittlich jeden Morgen
150 Aufträge von Kaufleuten auf dem Lande, und die bestellten Waaren
befinden sich innerhalb 3—4 Stunden auf der Eisenbahn. Diese Firma
hat in den ersten drei Tagen des April 1863 mehr als 2200 Pakete versandt, welche 23 Gepäckwagen und 40 Karren füllten. Das größte Spe-
zereiwaarenhaus, Travers, gibt an, seine Firma brauche 17 Häuser in
Cannonstreet und den benachbarten Gassen, um ihr Geschäft zu führen.
Copestake & Moore geben an, daß sie, um ihren unermeßlichen Handel
in Manchesterwaaren zu führen, nicht weniger als 25 Häuser in der City
hätten kaufen und in eins zusammenschmelzen werden müssen und daß sie
außerdem siebzehn Zweighäuser besitzen. Die Zahl ihres Personals in der
City allein beträgt zwischen 500 und 600.

Um den vom Verkehr überfüllten Hauptstraßen Londons neue Abzugs-

*) Ravenstein. London. 1870. S. 34.

Kanäle zu öffnen, hat man die städtischen Eisenbahnen, welche ganz London mit einem Netz durchziehen und hunderte von Stationen innerhalb der Stadt haben, zum Theil in Tunnel unter die Stadt verlegt oder auf hohen Viadukten über die Häuser hinweg geführt. Wie die Eisenbahnen, so dienen auch zur Beförderung des gewaltigen Verkehrslebens der Metropole die Themsedampfschiffe. Die Zahl derselben, welche innerhalb der Stadtgrenzen, auf dem Flusse auf- und abwärts fährt, beläuft sich auf etwa 300, während die Zahl der mit Laden, Löschen und Ueberfahren beschäftigten Kähne, Fuhren und Lastboote auf 15,000 geschätzt wird. Außerdem kreuzen über 100 Omnibuslinien und im ganzen mehr als 25,000 Omnibus und Droschken (Cabs) London. An Stadttelegraphen ist kein Mangel, allein die London Distrikt Telegraph Company verfügt über 400 Meilen Draht und 200 Stationen innerhalb des Weichbildes der Stadt. — Wir schildern jetzt die hauptsächlichsten dem Handel gewidmeten Institute Londons.

Die Bank von England, unstreitig das wichtigste Handelsinstitut in London, beherrscht das ungeheure Reich des englischen Geldmarkts, wodurch die strengste Einheit im Circulationssystem und eine ebenso wohlthätige Regulirung in Bezug auf Ueberprodukticn und Kreditüberschreitung bewirkt wird. Ihre Gründung im Jahre 1694 ist das gemeinsame Werk des großen Staatsmanns Charles Montague und des schottischen Abenteurers William Patterson. Erster Zweck der Bank war, der Regierung zu einem mäßigen Zinsfuß Geld zu verschaffen. Die früheren sehr ausgedehnten Privilegien der Bank, welche fast auf ein Monopol hinausliefen, wurden ihr 1826 und 1833 größtentheils entzogen, doch ist sie die einzige Londoner Zettelbank geblieben und sie besorgt noch immer die Zahlung der Zinsen auf die Nationalschuld. Ein solideres Institut als diese Bank existirt nirgends und doch war auch sie zweimal in der Lage, ihre Zahlungen einstellen zu müssen, nämlich 1697 und 1823, während welcher Zeit ihre Noten Zwangscours hatten. Die Verwaltung wird von einem Governor, einem Deputy-Governor und 24 Direktoren besorgt. Letztere werden von den Besitzern von 500 Pfd. St. Aktienkapital gewählt. Ueber 900 Beamte, die einen Gehalt von 50 bis 1200 Pfd. St. beziehen, besorgen die großartigen Geschäfte. Allein für die Verwaltung der britischen Staatsschuld erhält die Bank jährlich 40,000 Pfd. St. Sie diskontirt Wechsel, hat das Privilegium Banknoten auszugeben, welche überall zum Nennwerthe genommen werden müssen und betreibt die gewöhnlichen Bankgeschäfte. Die von ihr gezahlte Dividende beträgt durchschnittlich 7 Prozent. Das Stammkapital der Bank beträgt 14,553,000 Pfd. St.; der Staat hat ein Darlehn von 11,015,000 Pf. St. in Händen und das in den Kellern deponirte Edelmetall repräsentirt etwa einen Werth von 20 Mill. Pfd. St. Im Jahre 1868 waren für etwa 24 Mill. Pfd. St. Banknoten im Umlauf. Diese auf weißes Papier gedruckten Noten zeichnen sich durch große Einfachheit aus, sie sind berühmt und bekannt durch alle Welt und werden von Jedermann so gern genommen wie Gold und Silber. Eine Fünfpfundnote ist folgendermaßen gedruckt:

7

Bank of England

I promise to pay the Bearer on demand
the Sum of Five Pounds
1858 Dec 14 London 14 Dec 1858
For the Gov and Comp of the
BANK OF ENGLAND.
A. B.

£ Five.

Wie bedeutend der Geschäftsbetrieb der Bank von England alle andern Banken überragt, erkennt man daraus, daß die sämmtlichen englischen Provinzialbanken und die Banken von Schottland und Irland 1868 nur für 16 Mill. Pfd. St. Noten umlaufen ließen. Das Gebäude der Bank von England liegt im Herzen der City, in Threadneedlestreet, der Börse gegenüber. Es hat nach außen keine Fenster und ist stets sorgsam bewacht.

An andern Banken ist in London kein Mangel. Man zählt 51 fremde (koloniale oder ausländische), 43 Privatbanken und 17 Lokalbanken. Die Londoner Geschäftsleute legen ihre Baarschaften bei einem Bankier nieder, der auf Cheques (Anweisungen) hin die nöthigen Zahlungen besorgt. Die Bankiers unter sich rechnen durch das sog. Clearinghouse in Lombardstreet ab; es ist dies eine Centralanstalt, in der alle zwischen den verschiedenen Bankiers schwebenden Rechnungen in's Gleiche gebracht werden, so daß nur die geringen Ueberschüsse durch Baarzahlungen ausgeglichen werden, wodurch man das zeitraubende Zählen großer Geldsummen erspart.

Die königliche Börse (Royal Exchange), an dem wichtigen Platze der City gelegen, wo Threadneedlestreet und Cornhill zusammentreffen, wo die Bank und das Haus des Lord Mayors stehen, ist nicht nur für England, sondern für die gesammte Kulturwelt der Gradmesser der öffentlichen Meinung, einem Barometer vergleichbar, der alle Schwankungen der Industrie und des Handels, der Landwirthschaft und des politischen Lebens genau und zuverläßig signalisirt. Versammeln sich doch an dieser Stätte zwischen drei und fünf Uhr täglich die Fürsten des heutigen Welthandels, um hier ihre Geschäfte nach dem weiten Erdenrund abzuschließen. Millionen Pfund Sterling schweben dort täglich auf den Lippen der Vertreter der englischen Handels- und Geldaristokratie. Der Begründer dieses Weltinstituts war Sir Thomas Gresham, ein reicher, einflußvoller Seidenhändler. Der Grundstein wurde am 17. Juni 1566 gelegt und das Gebäude am 23. Januar 1571 durch die Königin Elisabeth in Person eröffnet. Vorbild für dasselbe war die alte Antwerpener Börse. Das erste Gebäude brannte 1666 während des großen Feuers ab. Auch das zweite wurde 1838 ein Opfer der Flammen. Phönixartig erhob sich nun auf derselben Stelle das heutige, mit korinthischen Säulen gezierte Prachtgebäude. Die zwei Haupttage der Börse sind Dienstag und Freitag, dann findet von $\frac{1}{2}4$ bis $\frac{1}{2}5$ Uhr Nachmittags die Hochflut der Geschäfte statt.

In der neuen Börse befindet sich auch die berühmte unter dem Namen Lloyd's bekannte Anstalt, der Mittelpunkt des Verkehrs aller, die mit der Rhederei zu thun haben.

Der Name Lloyd stammt von einem Kaffeewirthe in London, welcher in der Lombardstreet im siebzehnten Jahrhundert ein schwunghaftes Geschäft betrieb. Bei ihm versammelten sich die Großhändler, um ihre Briefe zu lesen und sich über den Stand der Auktionen zu unterrichten. Lloyd's ist also die Bezeichnung einer Oertlichkeit, entlehnt von einem Wirthshausschilde. Als das ehemalige Wirthshaus in Lombardstreet seine Aufgabe nicht mehr erfüllen konnte, behielt man gleichwohl den Namen bei, wenn auch der Schauplatz in das Londoner Börsengebäude selbst verlegt wurde. Die heutzutage Lloyd's benannte Oertlichkeit in der Börse enthält als das wichtigste das sogenannte Verlustbuch (loss-book), häufiger noch das schwarze Buch (black-book) genannt, in dem alle vorgekommenen Schiffbrüche eingetragen werden. In jedem Hafen und in jeder Küstenstadt der Erde, soweit der Handel reicht, befindet sich Jemand, der an Lloyd's die Nachricht von einem verunglückten Schiffe sendet. An größeren Plätzen sind es meist die Konsuln, an kleineren bezahlte Agenten, welche die Dienste versehen. Unter dem Titel „Lloyd's Liste" erscheint auch eine aus dem Jahre 1727 stammende Rhedereizeitung, die vorzugsweise dem Schiffsassekuranzwesen gewidmet ist. Die älteste Schiffsversicherungsgesellschaft überhaupt wurde in Portugal unter König Dom Fernão (1367—1383) begründet; keine aber hat sich zu solcher Blüthe und Höhe zu erheben vermocht, wie Lloyd's. Lloyd ist ein Verein von Leuten, die Versicherungsgeschäfte übernehmen oder Versicherung gegen Seegefahren suchen, keine eigentliche Assekuranzgesellschaft. Diejenigen, welche die Versicherung bewilligen, nennt man kurz Unterzeichner (underwriter), weil sie nämlich die Assekuranzverträge unterzeichnen. Die Höhe der Versicherungsprämie richtet sich nach dem Alter und der Seetüchtigkeit des Schiffes, der Art seiner Frachten, dem Ort seiner Bestimmung, der Jahreszeit u. s. w. Die Nachrichten, welche man von einem versicherten Schiffe erhält, sind deshalb sehr wichtig und darum unterhält Lloyd's auch seine Correspondenten in allen Theilen der Welt. Zu den Räumlichkeiten bei Lloyds gehört auch ein Lesezimmer, wo alle Zeitungen und Schifffahrtsblätter, nach Ländern geordnet, aufliegen. Wie man sich denken kann, sind die Unterhaltungskosten einer solchen Anstalt nicht gering, sie belaufen sich jährlich auf 10,000 Pfd. St.

Für den Geschäftsverkehr Londons sind noch von großer Wichtigkeit die Aktienbörse (Stock Exchange), hinter der eigentlichen Börse, wo der Handel mit Staatspapieren und Aktien von Jobbers, welche auf eigene Rechnung kaufen und verkaufen und von Brokers (Mäklern), welche für fremde Rechnung handeln, betrieben wird. Die Kohlenbörse in der unteren Themsestraße beherrscht den Handel mit Kohlen. Allein London consumirt jährlich 140 Millionen Centner. Die Kornbörse in Mark Lane, der Hauptsammelplatz der Getreidehändler, die Hopfen- und Malzbörse in Southwarkstreet, wichtig für die schwunghaft betriebene englische Brauerei.

Neben Börse und Bank müssen als drittes großartiges Beförderungsmittel des Londoner Handels die Docks genannt werden, gewaltige künstliche Wasserbassins mit Schleusen zu beiden Seiten der Themse, um die herum unabsehbare Reihen kolossaler Waarenhäuser und unterirdische Gewölbe erbaut sind. Sie dienen für die Ladung und Löschung, die Ankunft und

Abfahrt von tausenden großer Schiffe, wie für die Aufbewahrung unermeß-
licher Gütervorräthe aus allen Theilen der Welt. Diese Londoner Docks
sind die größten der Erde und sämmtlich Privateigenthum.

Zu Anfang dieses Jahrhunderts ging ein Drittel des ganzen britischen
Handels durch London und der Werth des auf der Themse schwimmenden
Eigenthums wurde auf 70 Mill. Pfd. St. jährlich geschätzt. Schon damals
bewiesen sich die Hafenanlagen als völlig ungenügend und die Löschplätze
vermochten die Masse der Schiffe und Waaren nicht zu fassen. Eine neue
Aera hob an, als die westindischen Kaufleute durch eine Parlamentsakte 1799
die Erlaubniß erhielten, die ersten Docks anzulegen. Waaren durfte man
bereits seit 1714 in den Kaien lagern, doch war die Vergünstigung lange
auf den Tabak beschränkt; erweitert wurde nun 1799 diese Befugniß, als
die Westindia-Docks-Compagnie mit einem Capital von 500,000 Pfd. St.
in's Leben trat. Diese ersten Docks wurden 1802 eröffnet und warfen
anfänglich guten Nutzen ab. Bald folgten die London-Docks (1801—1805
eröffnet) und 1803 ging eine Akte durch, welche die Anlage der Eastindia-
Docks für alle von Ostindien kommenden oder dorthin gehenden Schiffe
genehmigte. Wichtiger war aber für Londons Handel das in demselben
Jahre eingeführte System der Zollspeicher (bonded warehouses) in den
Docks, wo Waaren aller Art zollfrei lagern können, bis sie entweder zum
Verbrauch benöthigt sind oder wieder ausgeführt werden. Erst später wurde
diese Vergünstigung auch auf andere Hafenplätze ausgedehnt und besonders
durch die Akte von 1853 den Bedürfnissen des freien Verkehrs mehr an-
bequemt. 1810 wurden in Rotherhithe die Commercial-Docks für Holz
und Eisen auf dem südlichen Themseufer, im folgenden Jahre das East-
Country-Dock ebendaselbst begonnen. Die Katharinen-Docks entstanden 1825
und 1850 die großartigen Victoria-Docks, welche in jeder Beziehung den
ersten Rang einnehmen. Diese liegen am weitesten stromabwärts an einer
Stelle, wo Grund und Boden billig war; sie haben auch den Vortheil,
daß sie jederzeit leicht erweitert werden können. Nachstehende Tabelle zeigt
die Verhältnisse der Docks in der letzten Zeit:

	Wasserfläche: (Morgen)	Lagerraum: (Kubikfuß)
London-Docks	34	31,553,654.
Katharina-Docks	11	17,823,229.
West-India-Docks	98	31,531,725.
East-India-Docks	30	5,402,200.
Victoria-Docks	100	19,728,550.

Seitdem die Docks nun durch ein Netz von Eisenbahnen und Telegraphen dem Mittelpunkt des Verkehrs so nahe wie möglich gerückt sind,
genügen sie selbst den kolossal gesteigerten Ansprüchen der Gegenwart. Die
neuesten erst 1867 eröffneten Docks sind die Millwall-Docks, südlich von
den West-India-Docks und die New-South-London-Docks.

Weiter Themseabwärts und diesen Fluß bis fast zu seiner Mündung
einfassend liegen die großen Schiffswerfte, auf denen alle Arten Fahrzeuge bis zu den riesigsten Panzerfahrzeugen erbaut werden. Der Schiffbau
nimmt in der Industrie Londons eine bedeutende Stelle ein, doch tritt

die Gewerbthätigkeit der Weltstadt hinter dem Handel zurück. Die Bierbrauerei und Zuckerfabrikation sind die wichtigsten Industriezweige Londons. Es gibt 110 großartige Brauereien (darunter die bekannte Riesenanstalt von Barklay, Perkins & Comp., welche jährlich eine Million Fässer produzirt). — Die jährliche Ausfuhr und Spedition Londons, im Ganzen mit der Einfuhr gleich, übersteigt den Werth von 200 Mill. Pfd. St. Die Zahl der zum Londoner Hafen gehörigen Seeschiffe beträgt 3000, darunter 550 transatlantische Dampfer, die nach allen Erdtheilen gehen. Der Gehalt der 1865 eingelaufenen 11,690 Seeschiffe betrug 3,501,749 Tonnen.

In Kent. Woolwich, am rechten Themseufer, Vorstadt Londons, mit dem großartigen Arsenal und der 1715 von einem Deutschen, Schalch, begründeten Geschützgießerei der britischen Flotte. Die bedeutenden königlichen Schiffswerfte sind 1869 geschlossen worden. — Rochester am Medway bildet mit Chatham eine Stadt von 53,000 Einw. mit den von der Königin Elisabeth begründeten Schiffswerften. Der lebhafte Handel abhängig von den Werften und Militäretablissements. — Sheerneß, unterhalb Rochester an der Mündung des Medway in die Themse mit 12,000 Einw., mit Schiffswerften, Austernfang. — Canterbury, 23,000 Einw., starker Handel mit Wolle, Hopfen und Getreide. — Whitestable, 5000 Einw. an der Themse, Austernfang. — Ramsgate, Seehafen mit 12,000 Einw., Schifffahrt, Fischerei. — Dover, Seehafen am Kanal mit 25,000 Einw., bedeutende Schifffahrt, wichtig als Ueberfahrtsort nach dem Kontinent. — Folkestone, 9000 Einw., Schifffahrt, Exporthandel.

In Sussex. Lewes, 10,000 Einw., Wollhandel, Brauerei und Gerberei. — Brighton, am Kanal, von 7300 Einw., zu Anfang dieses Jahrhunderts, auf 80,000 angewachsen, berühmtes Seebad („London am Meer"), Fischfang. — Hastings, Seestadt mit 24,000 Einw., Schiffsbau.

In Hampshire. Portsmouth auf der Insel Portsea, an dem herrlichen Kriegshafen, zählt 120,000 Einw., besitzt großartige Schiffswerfte. Gegenüber Gosport mit 8000 Einw. — Southampton, 47,000 Einw., auf einer durch die Flüsse Test und Itchin gebildeten Halbinsel, Hauptstation der englischen Postdampfer, von welchen jährlich 900 hier einlaufen. Sitz der Peninsular und Oriental Steam Navigation Company (S. 55). Im ganzen laufen aber 2000 Seeschiffe aus, welche für 3½ Mill. Pfd. St. britische Waaren in alle Weltgegenden führen. — Christchurch, 9500 Einw., große Kettenfabrikation, Fischfang. — Die Insel Wight, der Garten Englands, mit 50,000 Einw., und dem an der Mündung der Medina gelegenen Hafen Cowes (5500 Einw.). Letzteres oft erwähnt als derjenige Ort, welchen die nach Southampton zurückkehrenden transatlantischen Handelsdampfer zuerst besuchen („Cowes anlaufen").

In Berkshire. Reading, 25,000 Einw., starker Handel mit den dort fabrizirten Leinen- und Seidenwaaren, Stecknadeln und Zwiebacken.

In Wiltshire. Salisbury, 13,000 Einw., starker Viehhandel mit den Schafen und Kühen der wiesenreichen Grafschaft, Messerschmiedewaaren. — Marlborough, 3700 Einw., Käse- und Kornhandel. — Bradford am Avon, 4500 Einw., vorzügliche Tuchfabriken.

In Dorsetshire. Weymouth, 12,000 Einw., befestigte Hafen-

stadt, Küstenhandel. — **Bridport**, 8000 Einw., Hafenstadt, Segeltuchfabrikation, Seilerei. — **Poole**, 10,000 Einw., Hafenstadt, Segeltuchfabrikation,
Austernzucht.

In Somersetshire. **Bath**, 54,000 Einw., vielbesuchte heiße Bäder
und Papierfabriken. Daher kommt der Stempel „Bath“, den schimpflicher
Weise unsre deutschen Papierfabrikanten oft auf ihre Waare setzen, obgleich
in Deutschland ebenso gutes Papier wie in England fabrizirt wird. —
Bridgewater, Hafenstadt am Parret, der für große Fahrzeuge schiffbar ist,
12,000 Einw., Schifffahrt.

In Devonshire. **Exeter**, 35,000 Einw., Hafenstadt, starker Ausfuhrhandel. — **Exmouth**, 5700 Einw., Hafenstadt. — **Bideford**, 6000
Einw., Schiffsbau, Spitzenklöppelei, Ausfuhr von den in der Nähe gewonnenen Steinkohlen. — **Torquay**, 17,000 Einw., an der Torbucht,
Hafenstadt. — **Darmouth**, 4500 Einw., Hafenstadt mit lebhaftem Ausfuhrhandel. — **Plymouth** mit Devonport und Stonehouse eine Stadt
von 130,000 Einw. bildend, liegt an einer herrlichen Bucht, einem der
besten Kriegshäfen Englands. Außer Branntweinbrennerei, Glasfabrikation
und Zuckersiederei werden namentlich jene Gewerbe betrieben, die mit der
Schifffahrt im Zusammenhange stehen. Starke Ausfuhr britischer Produkte
und rege Dampfschifffahrt. — **Tavistod**, 9000 Einw., Eisengießereien.

In Cornwallis. **Truro**, 12,000 Einw., Hauptort des Bergbau-
distrikts der Grafschaft mit Eisenhochöfen, Papier- und Porzellanfabriken.
Der Handel wird zum Theil über das benachbarte Falmouth geführt, dessen
Hafen besser ist. — **St. Ives**, 7200 Einw., Hafenstadt, von der aus die
britische Pilchardfischerei betrieben wird. — In Cornwall gehören auch die
Scilly-Inseln, westlich von Cornwall, deren 2500 Einw. sich mit
Schifffahrt, Fischfang und der Darstellung von Varec-Soda aus Seetang
beschäftigen. Sie sind granitischer Natur. Zinn kommt dort nicht vor, sie
können also auch nicht die Zinninsel (Kassiteriden) gewesen sein, von denen
die Phönizier jenes Metall holten.

In Gloucestershire. **Gloucester**, 17,000 Einw., an der Mündung
des Severn in der Bristolbucht und an dem Berkelay-Gloucester-Kanal,
besitzt Docks für kleinere Seeschiffe, treibt Handel mit britischen Produkten
und Messerfabrikation. — **Cheltenham**, 40,000 Einw. mit besuchten Mine-
ralbädern. — **Stroud**, 9200 Einw., bedeutende Tuchfabriken. — **Bristol**,
170,000 Einw., nahe der Mündung des schiffbaren Avon in der Bristolbai,
zugängig für große Seeschiffe und mit geräumigem künstlichem Hafen, führt
namentlich Baumwollwaaren und Eisen aus, Tabak und Zucker ein. Große
Glas-, Tabak- und Cigarren-Fabriken, Zuckersiedereien, Stecknadel-, Ketten-
Anker- und Maschinen-Fabriken, Wachstuchbleichereien, Töpfereien.

In Monmouthshire. **Chepstow**, Hafenstadt mit 3500 Einw. an
der Mündung des Wye in der schiffbaren Severn. Ausfuhrhandel. —
Newport, 24,000 Einw. an der Uskmündung an der Bristolbai, Hafen
mit Eisen- und Steinkohlenausfuhr, Nagelschmieden.

In Herefordshire. **Hereford**, 16,000 Einw., Handschuhfabrikation,
Eisengießerei. — **Leominster**, 6000 Einw., Vieh- und Getreidehandel.

In Worcestershire. **Worcester**, 32,000 Einw., Porzellan-, Hand-

schuh- und Seidenfabrikation, Spinnereien und Brennereien. — Kidder=
minster, 17,000 Einw., eine schon im 16. Jahrhundert wegen ihrer
Tücher, später wegen ihrer leinenen und halbleinenen Waaren (Lindsey=
Woolsey), noch später wegen ihrer Kreps, Bombasins und Poplins in
großem Ruf stehende Stadt. Seit 1735 ist sie Hauptsitz der englischen
Teppichfabrikation, man fabrizirt hier die eigenthümlichen geschorenen Teppiche,
welche wegen ihrer eleganten Muster und dauerhaften glänzenden Farben
sehr beliebt sind. — Oldbury, 16,000 Einw., Brauereien, Fabriken für
Eisenbahnbedarf. — Stourbridge, 8200 Einw., Glashütten, Eisenschmel=
zereien, feuerfeste Thonwaaren.

In Shropshire. Shrewsbury, 23,000 Einw., Flachsspinnereien. —
Market=Drayton, 3700 Einw., Roßhaarzeuge, Papier. — Coalbrookdale,
Shiffnall, Brosely, kleine Orte mit Eisengießereien und Kohlenwerken. —
Ludlow, 6000 Einw., Papier= und Handschuhfabrikation.

In Cheshire. Chester, 32,000 Einw. an der Deemündung, für
kleinere Schiffe zugängig, Gerbereien, Seifensiedereien, Tabaksfabrikation.
Ausfuhr des Chesterkäses. — Birkenhead, anwachsende Stadt mit 37,000
Einw., gegenüber Liverpool mit Docks von 153 Acres Wasserfläche, den
berühmten Schiffswerften der Gebrüder Laird, auf welchen das amerikanische
Kaperschiff Alabama gebaut wurde. Eisenwerke, Maschinenfabrikation. —
Northwich, 1300 Einw., Hauptsitz des Salzhandels. In der Umgebung
wurden jährlich 800,000 Tonnen Salz gewonnen. — Macclesfield, 37,000
Einw., Seiden= und Baumwollfabriken. — Congleton, 13,000 Einw.,
Seidenbänder, Baumwollwaaren. — Stockport, 55,000 Einw., rings
umgeben von kolossalen Schornsteinen, ist ein Hauptsitz der Baumwoll=
spinnereien und Baumwollzeugfabriken, hat aber auch ausgedehnte Garn=,
Musselin=, Hut= und Seidewaarenmanufakturen, sowie Fabrikation von
Bürsten, Webeschiffen, Maschinen, Eisen= und Messingwaaren. Außerdem
ist der Handel mit Käse und Hafermehl schwunghaft. — Dukinfield,
15,000 Einw. und Stalybridge, 25,000 Einw., gleichfalls mit bedeutenden
Baumwollfabriken.

In Middlesex. In dieser Grafschaft liegt London, das schon be=
schrieben wurde. — Chiswick, 6500 Einw., Brennereien, Brauereien. —
Brentford, 9700 Einw., Seifenfabriken, Brauereien, Holzhandel. —
Enfield, 13,000 Einw. mit einer großen königlichen und mehreren Privat=
gewehrfabriken, in denen 2500 Arbeiter mit der Herstellung der bekannten
Enfieldbüchsen beschäftigt sind, von denen 1859 bis Juni 1862 nicht weniger
als 1,110,000 Stücke vollendet wurden.

In Hertfordshire. Hertford, 6800 Einw., Korn= und Malzhandel,
Brauereien. — Hitchin, 6500 Einw., Bishop Storford, 4700 Einw.,
St. Albans, 8000 Einw., alle mit Seidenspinnereien und Brauereien.

In Buckinghamshire. Buckingham, 4000 Einw., Spitzenklöppelei. —
High Wycombe, 4300 Einw., Papierfabrikation, Möbel=, Kutschen=, Per=
gamentfabrikation. — Eton, 3000 Einw., mit berühmtem Colleg, aber auch
bekannt durch ausgedehnten Schweinehandel.

In Oxfordshire. Witney, 3500 Einw., Fabrikation wollener
Decken und Filz für Papiermacher. — Banbury, 11,000 Einw., Ale=
brauerei, Fabrikation von Plüsch.

In Bedfordshire. Bedford, 14,000 Einw., Korn= und Vieh=
handel. — Leighton Buzzard, 4400 Einw., Dunstable, 4500 Einw.,
Spitzenklöppelei, Strohflechterei.

In Cambridgeshire. Soham, 4300 Einw., Korn=, Malz= und
Käsehandel. — Ely, 7500 Einw., Irdenwaaren, Brauereien. — Wisbeach,
10,000 Einw. an der Nene, die für kleine Schiffe zugängig, Ausfuhrhandel.

In Huntingdonshire. Huntingdon, 4000 Einw., Korn= und
Wollhandel.

In Northamptonshire. Northampton, 33,000 Einw., Hauptsitz
der britischen Schuhfabrikation, in welcher hier gegen 3000 Arbeiter be=
schäftigt sind. — Wellingborough, 6000 Einw., Schuh= und Spitzenfabri=
kation. — Peterborough, 12,000 Einw., Korn=, Kohlen= und Holzhandel.

In Warwickshire. Kenilworth, 3000 Einw., chemische Fabriken,
Blaufarben. — Coventry, 42,000 Einw., Seidenbänder, Spitzen= und
Uhrenfabrikation. — Atherstone, 4000 Einw., Kohlenwerke, Steinbrüche.

Birmingham, 370,000 Einw., Hauptsitz der britischen Waffen=
fabrikation. Birmingham zählte 1685 nur erst etwa 4000 Einwohner und
bezog seinen Waffenbedarf aus Lüttich. Die ersten Waffen wurden dort
1689 im Auftrage des Königs Wilhelm III. gefertigt, der fünf Meister mit
der Lieferung von 200 Musketen, das Stück zu 17 Schilling, beauftragte.
Jetzt gilt das System der Arbeitstheilung in Birmingham; Lauf, Schloß
u. s. w. werden von verschiedenen Leuten geliefert und später zusammen=
gesetzt. Im Jahre 1865 waren 599 Meister und 7340 Arbeiter in der
Waffenfabrikation beschäftigt. Die Löhne sind höher als in irgend einem
anderen Gewerbe und die Arbeiter stellen sich dabei sehr gut. Jedes Gewehr
unterliegt, ehe es auf den Markt kommt, einer zweimaligen Probe. In den
zehn Jahren von 1855 bis 1864 sind in England überhaupt 6,116,305
Gewehre und Pistolen geprüft worden; davon in Birmingham allein etwa
4,230,000, der Gesammtwerth aller dieser Mordwaffen betrug 10,772,156
Pfd. St. Die jährliche Produktion war 1865 im Ganzen 633,272 Stücke,
wovon 424,000 allein auf Birmingham entfielen. Zum Vergleiche sei
erwähnt, daß in den genannten zehn Jahren in Lüttich 6,842,264 Stücke
Schießwaffen produzirt wurden, die allerdings nur 8,609,849 Pfd. St.
wertheten. Unter den übrigen Industrieerzeugnissen dieser großartigen Fabrik=
stadt sind die Knöpfe, die electroplattirten und Silberwaaren (namentlich von
Elkington & Comp.), die Glaswaaren, Sattlerwaaren und Stahlfedern zu
erwähnen. Letztere finden Absatz in der ganzen Welt.

In Leicestershire. Leicester, 97,000 Einw., in einem für die
Wollproduktion sehr wichtigen Weidebezirk gelegen, am schiffbaren Soar und
Leicesterkanal, ist der Hauptsitz der Weberei von wollenen Strumpfwaaren,
Hosenzeugen, Mützen, Handschuhen und Hemden, welche etwa 5000 Arbeiter
in der Stadt, außerdem 15,000 in der Umgebung beschäftigt. — Lough=
borough, 11,000 Einw., Woll= und Baumwollmanufaktur, Steinkohlen=
handel. — Hinkley, 6500 Einw., Strumpfwaaren, Steinkohlen, Schieferbrüche.

In Staffordshire. Stafford, 12,000 Einw., Schuh= und Leder=
fabrikation. — Lichfield, 7000 Einw., Teppichfabrikation. — Burton am
Trent, 14,000 Einw., der berühmteste Ort für Alebrauerei. Die Vor=

zugeschrieben wird dem gypshaltigen Wasser des Trent zuge=
schrieben. — Die „Potteries" Töpfereiorte, in welchen das meiste Porzellan
und Steingutwaaren gewonnen werden, sind namentlich Burslam, 18,000
Einw., Stocke am Trent, 12,000 Einw., und Longton mit Laneed
17,000 Einw.

In Derbyshire. Derby, 44,000 Einw., Seidenfabrikation (1718
hier die erste englische Seidenfabrik), Strumpfwirkerei, Eisengießerei, Gold=
schmiedewaaren. — Cromford, 1200 Einw. mit einer von Arkwright ge=
gründeten Baumwollenfabrik. — Chesterfield, 10,000 Einw., Steinkohlen,
Eisen, Schiefer. — Eckington, 6000 Einw., Messerschmiedewaaren.

In Nottinghamshire. Nottingham, 89,000 Einw., ist, be=
günstigt durch die benachbarten Kohlenlager, Sitz einer starken Fabrikindustrie,
der Mittelpunkt der Bobbinet= und Spitzenmanufaktur, insbesondere der
Seiden= und Baumwollstrumpfwirkerei. 1809 erfand hier John Heathcoat
die Bobbinetmaschine zur Nachahmung des früher nur durch Handarbeit
mittelst Klöppelns erzeugten Spitzengrundes. 1862 waren 2448 Bobbinet=
maschinen und 700 Spitzenmaschinen in Thätigkeit. Die jährliche Produktion
von Spitzen wurde (1857) auf 4,780,000, die der Spitzen auf 2,100,000
Pfd. St. berechnet. Außerdem bestehen Stecknadel=, Draht=, Eisen= und
Messingwaarenfabriken, Ale= und Porterbrauereien. — Snenton, 12,000
Einw., mit Nottingham zusammengewachsen, ist der Sitz der Kaufleute und
hat chemische Fabriken. — Radford, 14,000 Einw., Spitzen= und Maschinen=
fabriken. — Basford, 12,000 Einw., Lenton, 6000 Einw., Arnold, 4700
Einw., Bullwell, 3700 Einw., gleichfalls lebhafte Industrieorte.

In Essex. Chelmsford, 5500 Einw., Getreide= und Lederhandel. —
Maldon, Hafenstadt mit 5000 Einw., Fischfang. — Braintree, 4500 Einw.,
Seidenindustrie. — Colchester am Colne mit Hafen für kleinere Seeschiffe,
24,000 Einw., Seiden=, Sammet=, Eisenwaarenfabriken, Fischfang und
Austernzucht. — Harwich, Hafenstadt mit 6000 Einw., lebhaftem Küsten=
handel, Düngerfabriken, Fischfang.

In Suffolk. Ipswich an der Orwellmündung mit 40,000 Einw.,
Docks, Papier= und Tabakfabriken, Schiffsbau, Kornhandel, Fischfang. —
Woodbridge, Hafenstadt an der Mündung des Deben mit 4500 Einw.,
Küstenhandel. — Lowestof, 11,000 Einw., Seehafen, Fischfang.

In Norfolk. Norwich, 81,000 Einw., war schon seit 1336 wegen
seiner wollenen Zeuge, die nach dem benachbarten Orte Worstead, Wor=
steadstuffs hießen, berühmt. Vierhundert holländische Flüchtlinge legten hier
unter der Regierung der Königin Elisabeth den Grund zu der nachfolgenden
Blüthe der Fabriken von Tuch, Wollenstoffen und Strümpfen. Fabrikation
und Handel erreichten ihren Höhepunkt zu Ende des vorigen Jahrhunderts,
wo der Werth der bis nach Rußland und Ostindien ausgeführten Waaren
¼ des Gesammtwerths der englischen Wollwaaren betrug. Seitdem wurde
es durch Lancashire und Yorkshire überflügelt. Gegenwärtig fertigt man
besonders wollene und seidene Shawls, Borten, Franzen, Kamelot, Gaze,
Krepp, Damast. Neben einer bedeutenden Hausweberei bestehen Seiden=
und Wollspinnereien, Eisengießereien, Schuhfabriken. — Yarmouth, Seestadt
mit 40,000 Einw. an der Yaremündung, Hauptsitz der Häringsfischerei in

England. Schiffsbau, Segeltuchfabrikation, Brauereien, Gerbereien. Ausfuhr von Gerste, Malz, Fischen und den Fabrikaten von Norwich. — Kings Lynn, Hafenstadt mit 17,000 Einw., Schifffahrt, Ausfuhrhandel.

In Lincolnshire. Lincoln, 21,000 Einw., Handel mit Korn, Kohlen, Holz, Gerbereien, Maschinenfabrikation. — Gainsborough, Hafen-stadt am Trent mit 6500 Einw., Schiffsbau, Handel. — Barton am Humber, 4000 Einw., Kornhandel, Brauereien. — Grimsby, 12,000 Einw. am Humber, Schifffahrt, Küsten- und Exporthandel, Dampfschifffahrt nach den Nordseehäfen, Schiffsbau, Gerbereien, Brauereien. — Boston, 15,000 Einw., Seehafen mit Küstenhandel.

In Lancashire. Lancaster, 15,000 Einw., Baumwoll- und Seiden-fabriken. — Preston, 84,000 Einw. am schiffbaren Ribble, großartige Baumwollfabriken. — Fleetwood on Wyne, 4000 Einw., Hafenstadt, Schiff-fahrt. — Blackburn, 64,000 Einw., großartige Baumwollfabriken. — Oswaldwistle, Haslingdon, Accrington, Städte von 7000—14,000 Einw., alle in der Baumwollenmanufaktur beschäftigt. — Burnlay, 30,000 Einw., Baumwollwaaren, Maschinenfabrikation, Kohlengruben. — Colne, Klitheroe, Tobmorton, Bacup, Städte von 6000—12,000 Einw. mit Baumwoll-fabriken, Kattundruckerei, Färbereien, Worstedfabriken. — Rochdale, 40,000 Einw., Flanell-, Wollwaaren- und Kattunfabrikation. Den „Arbeiter-verein von Rochdale," oder „The Society of Equitable Pionneers," kennt jeder der sich für volkswirthschaftliche Fragen nur einigermaßen interessirt. Es ist ein Verein der im Jahr 1844 von 28 Arbeitern gegründet wurde, um sich die Anschaffung ihrer Kleider und Lebensmittel durch Einkäufe en gros zu erleichtern — ein Verein, der mit einer Capitalanlage von 28 Pfd. St. begann, der jedoch gegenwärtig etwa 7000 Mitglieder zählt, über ein Betriebscapital von 800,000 Thlr. verfügt, seit vielen Jahren anständige Profite abwirft, an vielen Orten Englands Nachahmer gefunden hat, sich einen Bau in Rochdale aufgeführt der über 10,000 Pfd. St. kostet, und ausschließlich den Vereinszwecken dient. Es ist ein imposantes, vier Stock hohes Gebäude, mit gothischen Frontverzierungen und zweckentsprechenden Räumen. Den Flur nehmen drei Magazine ein, das eine für Colonial-waaren (sogenannten Gewürzkram), das zweite für Kleidungsstücke ver-schiedener Gattung, das dritte, kleinere, ausschließlich für Schuhwerk. In den Kellerräumen befinden sich ebenfalls Werkstätten für Schuhmacher und Lagervorräthe, in den oberen 3 Stockwerken wieder Ladenräume, aber da-neben auch eine Bibliothek, ein Zeitungssaal nebst Räumen für das Ver-waltungspersonal, und im alleroberten ein Saal für öffentliche Besprechungen, der für 1500 Personen Sitzplätze enthält und in dem, außer Meetings, auch Vorlesungen und gesellige Vergnügungen stattfinden. — Abham, 74,000 Einw., großartige Baumwoll-, Woll- und Seidenfabriken. — Manchester bildet mit dem auf dem andern Ufer des Flüßchens Irwell gelegenen Sal-ford eine Stadt mit 500,000 Einw. Es ist die wichtigste aller Fabrik-städte überhaupt und der Hauptsitz der Baumwollenmanufaktur. Alle die tausende von Werkstätten, Niederlagen, Verkaufslokalen, Wohnungen der mächtigen Industriestadt, bedecken eine Bodenfläche von 7000 Morgen. Manchester zählt 1500 Straßen und seine Fabriken erregen durch ihre Zahl nicht weniger Erstaunen als durch ihren Umfang und ihre Wichtigkeit. Die Stadt ist von einem förmlichen Wald hoher Schornsteine umgeben und bei lebhaftem Betrieb verdunkelt der aus denselben aufsteigende Rauch gleichsam die Sonne. In Manchester begegnen wir Arbeiterpalästen von sechs und sieben Stockwerk Höhe. Hier in diesen Baumwollfabriken feiert die moderne Göttin Industrie ihre höchsten Triumphe. „Das Eisen und die Steinkohle, das Gas und der Dampf sind dort vereint die gehorsamsten Diener des Menschen geworden, dessen Hand nur den reißenden Faden wieder anknüpft, der Maschine Stillstand oder Anfang gebietet und den Naturkräften blos das Pensum vorlegt, das sie verarbeiten sollen." Und doch ist Manchester nur der Mittelpunkt des größten Baumwollenmanufakturbezirks der Welt, die „Börse", wie man es nennt. Um diese Metropole herum lagern in Lancashire 300 kleinere und größere in derselben Industrie thätige Orte. Hier wohnen über 1000 country-manufacturers, welche alle mit Manchester in Verbindung stehen. Mit welcher Genauigkeit und Schnelligkeit mit Hilfe der vervollkommneten Maschinen man in Manchester zu arbeiten versteht, dafür diene folgendes als Beispiel. Ein Kaufmann bedurfte 1500 Stück Kattun von besonderem Druckmuster, die am folgenden Tag über Liverpool nach Amerika gehen sollten. Umsonst sein Suchen in allen Waarenläden, er kann das gewünschte nicht finden! Er fährt Abends 5 Uhr zu einem großen Kattundrucker in dem drei Miles entfernten Harpurhey. Dieses Haus übernimmt es, die 1500 Stücke in drei Farben zu drucken und vollständig hergestellt am nächsten Tage Mittags 12 Uhr auf dem Liverpooler Bahnhofe abzuliefern. Der Fabrikant hält Wort; um 3 Uhr sind die Ballen in Liverpool, werden dort sofort an Bord des amerikanischen Dampfers gebracht und gehen um 5 Uhr, 24 Stunden nach der Bestellung, in See. Vor der Baumwollenkrisis veranschlagte man den Werth der städtischen Produktion auf 68 Mill. Pfd. St., die Hälfte davon ging in's Ausland. Außer den Baumwollmanufakturen gibt es Seiden-, Hut-, Papier-, Maschinen-, Stahlwaarenfabriken, Gießereien, Färbereien, Brauereien, Brennereien. Der Engroshandel, von mehr als 200 Häusern betrieben, wird nicht nur durch ein vorzügliches Eisenbahnnetz, sondern auch durch mehrere Kanäle befördert. Manchester wird zu Ende des vierzehnten Jahrhunderts als ein gewerbfleißiges Dorf erwähnt, das wollene und leinene Zeuge liefert. Vor hundert Jahren zählte die Stadt erst 20,000 Einwohner. — Andre Fabrikstädte sind noch: Barton am Irwell, 15,000 Einw.; Bolton le Moors, 71,000 Einw.; Ince, 8000 Einw.; Chorley, 15,000 Einw. — Die große Lunge, welche diese Fabrikstädte mit Baumwolle, wie den Körper mit Luft versieht, ist die Stadt Liverpool mit 520,000 Einw. am Mersey, der erste Seehafen des Vereinigten Königreichs, London nicht ausgenommen. Im Jahre 1700 hatte es erst 7000 Einw., aber der Sklavenhandel und nach Aufhebung desselben der Baumwollenhandel erweiterten und bereicherten die Stadt in dem Maße, daß sie nächst London jetzt als die zweite Handelsstadt der Erde dasteht. Außer dem Handel, der Seele der Stadt, besteht eine lebhafte Gewerbthätigkeit, welche vorzugsweise mit dem Schiffbau und der Rhederei im Zusammenhange steht (Seilerei, Segelmacherei, Chronometerfabrikation, Schiffsbrotbäckereien). Die 36 Docks, 16 bis 26 Fuß tief, erstrecken sich 4½ Miles längs dem Mersey; sie haben eine Wasserfläche von 235 Aker und sind theilweise mit Waarenspeichern umgeben. In findet der größte Schiffsverkehr der Welt statt. Liverpool allein besitzt 2450 Seeschiffe von über 1 Mill. Tonnen Gehalt, d. h. soviel wie ganz Frankreich, es steht durch Dampfer mit dem Continent, den wichtigsten britischen Häfen, Amerika, Afrika und Asien in Verbindung. China liefert hierher den größten Theil seiner kolossalen Ausfuhren an Thee und Rohseide, Amerika seine Baumwolle, die per Eisenbahn in die Fabrikdistrikte von Lancashire geht. Nächst den genannten Importartikeln sind Wolle und Tabak zu nennen, wogegen britische Erzeugnisse im Werth von 70 Mill. Pfd. St. vorzugsweise Baumwoll= und Eisenwaaren, ausgeführt werden. Liverpool ist auch, durch seine Lage mehr als London auf Amerika hingewiesen, der wichtigste Auswandererhafen Großbritanniens, in dem 1868 allein 119,673 Europamüde sich einschifften, oder soviel Menschen, wie ganz Sachsen=Gotha Einwohner hat.

In Yorkshire. York, 46,000 Einw., Maschinen, Stiefeln, Glaswaaren, Leder. — Whitley, 8400 Einw., Hafenstadt, Alaunwerk. — Scarborough, Hafenstadt mit 19,000 Einw., Schiffsbau, Küstenhandel, starke Häringsfischerei. — Hull, einer der wichtigsten Seehäfen, 130,000 Einw., vermittelt den Handel mit Bremen, Hamburg, Skandinavien und den Ostseeländern, führt dorthin britische Erzeugnisse aus und Rohprodukte, Korn, Vieh, Flachs, Wolle, Holz u. s. w. ein. Schiffsbau, Flachs= und Baumwollspinnereien, Maschinenfabriken. — Wakefield, 24,000 Einw., Tuchfabriken. — Leeds, 260,000 Einw., Hauptsitz der englischen Wollenindustrie, deren Woll=, Worsted=, Flachs= und Seidenfabriken etwa 25,000 Arbeiter beschäftigen. Außerdem bedeutende Eisengießereien und Maschinenfabriken. Ungeheure Mengen von Tuchen kommen nach Leeds von Bradford und Halifax, um fertig gemacht zu werden, und die Weber der Umgebung bringen das breite feine Tuch theils weiß, theils schon in der Wolle gefärbt hierher, um es auf besonderen Tuchmärkten in den Tuchhallen feil zu bieten. Die ganze Umgebung ist eine große Tuchmanufaktur mit zahlreichen großen Fabriken und tausenden von kleinen selbstständigen Hauswebern. Leeds zählte im siebzehnten Jahrhundert erst 7000 Einw., 1775 erst 17,000, war aber damals schon wegen seiner Tuchfabriken bekannt. — Halifax, 38,000 Einw. Nächst Leeds und Bradford Hauptsitz der Wollenindustrie. — Bradford, 150,000 Einw. Außer Worsted wird wollenes Garn fabrizirt und Maschinen gebaut. In der Nähe Eisen= und Steinkohlengruben. — North Bierley, 13,000 Einw., Thornton, 8000 Einw., Huddersfield, 35,000 Einw., Baresly, 18,000 Einw., gleichfalls Sitze der Wollwaarenindustrie. — Shesfield, 250,000 Einw., an der Mündung des Seaf in den schiffbaren Dom, welcher eine große Anzahl Werke für Stahl= und Eisenindustrie in Bewegung setzt, ist der Hauptort für Metallwaaren aller Art, begünstigt durch den Ueberfluß an Eisenerzen und Steinkohlen in der Umgebung. Der Ort war schon im dreizehnten Jahrhundert wegen seiner Märkte bekannt. Anfangs fabrizirte man nur Messer, Scheeren, Sicheln, Sensen. Seit Anfang des siebzehnten Jahrhunderts kamen Maultrommeln und Tabaksdosen hinzu, dann Rasirmesser und Feilen, die noch jetzt berühmt sind. 1750 begann der direkte Handel mit dem Continent, 1758 fing man an, plattirte Waaren herzustellen. Seitdem nahm die Erzeugung immer größere Dimensionen an, besonders nachdem 1814 die aus dem sechszehnten Jahrhundert stammende Messerschmiedezunft aufgehoben und jedem gestattet wurde, sich als Arbeiter niederzulassen. Die gegenwärtige Industrie umfaßt alles, was in das Bereich der Messerschmiedewaaren (cutlery) gehört, mit Einschluß von chirurgischen, optischen und mathematischen Instrumenten, von Sensen, Sicheln und Sägen, von Handwerksgeräthen aller Art. Außerdem Britanniametall, plattirte Kupferwaaren. Es bestehen 70 Stahlöfen, 600 Schmelzöfen, die ½ Mill. Ctr. Eisen und 7 Mill. Ctr. Steinkohlen jährlich verbrauchen. — Doncaster, 17,000 Einw., Leinen=, Garn= und Pferdehandel.

In Durham. Durham, 15,000 Einw., Teppich=, Papier=, Leder= fabrikation. — Darlington, 16,000 Einw., Wollkämmereien, Flachsspinnereien, Messingwaaren. — Stockton am Tees, 14,000 Einw., Hafenstadt mit Ausfuhrhandel. Steinkohlen. — Hartlepool, 13,000 Einw., Hafen, Kohlenhandel, Fischerei. — Sunderland, 95,000 Einw., Hafen, sehr starker Schiffsbau, starker Ausfuhrhandel, namentlich gehen Steinkohlen aus den Mont=Wearmuthwerken nach London. Die Rhederei ist nach London, Liverpool und Shields die stärkste in England (1000 eigene Schiffe von 250,000 Tonnen). — Shields (Süd=Shields zu Durham, Nord=Shields schon zu Northumberland gehörig), der Gesammtname für die an der Tynemündung liegenden Städte von etwa 100,000 Einw., (mit Tynemouth, Jarrow ꝛc.). Große Rhederei (1100 Schiffe von 2800 Tonnen Gehalt), Segeltuchfabriken, Steinkohlenverfrachtung.

In Northumberland. Newcastle am Tyne, 140,000 Einw., durch seine Kohlenlager berühmt. Weder der Tynefluß, der seine Kaien bespült, noch die Mauer, welche Septimius Severus hier gegen die Einfälle der Pikten errichtete, noch die Feste, welche Robert, der Sohn Wilhelms des Eroberers erbaute, konnten dazu beitragen, der Stadt einen Namen zu erwerben. Es ist einzig die Steinkohle, welche auch die Gründung von Sunderland als Ausfuhrhafen neben Newcastle veranlaßte, und die Engländer geben ihrem Stolz auf diesen Reichthum dadurch Ausdruck, daß sie die Umgebung dieser Stadt The black Indies nennen — das schwarze Indien, um die Wichtigkeit derselben anzudeuten. Die Gruben von Newcastle liefern jährlich 24 Millionen Tonnen. Das dem altgriechischen „Eulen nach Athen tragen" entsprechende englische Sprichwort „Kohlen nach Newcastle tragen" deutet den Charakter der Stadt genugsam an. In einem Umkreise von 10 Miles werden über 50 große Werke bearbeitet, von denen die von Wallsend und Hartley weltbekannt sind. Steinkohlen, Eisen und Maschinen bilden den überwiegenden Theil der in's Ausland verschifften Landesprodukte. Maschinenfabriken und Eisengießereien sind bedeutend. — Berwick am Tweed, 15,000 Einw., Dampfmaschinenfabriken, Eisengießereien, Kornhandel, Lachsfischerei.

In Cumberland. Carlisle, 30,000 Einw., Hafenstadt, Ausfuhr= und Küstenhandel. Färbereien. — Maryport, Workington, Whitehaven, Hafenstädte von 6000 bis 15,000 Einw. mit Ausfuhrhandel und einiger Industrie.

In Westmoreland. Kendal, 12,000 Einw., Teppich= und Tuchfabriken,

Fabrik= und Handelsstädte in Wales.

Holyhead auf der Insel Anglesea, 6300 Einw. bedeutender Hafen. — Anglesea ist durch zwei berühmte Brücken mit dem Festlande von Wales verbunden. Die Menaibrücke, 1820 bis 1826 von Telford erbaut, ist eine Kettenbrücke, welche von zwei 153 Fuß hohen, 550 Fuß von einander entfernten Pfeilern getragen wird. Die Höhe des Fahrwegs über dem Wasserspiegel ist 100 Fuß. Die Britanniabrücke ist 1846 bis 1850 von Stephenson erbaut und dient der Eisenbahn. Sie besteht aus einem 1513 Fuß langen viereckigen Doppelrohr von Schmiedeisen, welches auf fünf Pfeilern ruht. Die Spannweite auf beiden Seiten des Mittelpfeilers beträgt 460 Fuß. Die eisernen Röhren wiegen 11,400 Tonnen; sie wurden am Lande zusammengesetzt, auf Pontons zwischen die Pfeiler gefahren und mit Hilfe hydraulischer Maschinen in ihre gegenwärtige Lage gebracht. — Caernarvon, 9000 Einw. an der Menaistraße; Hafen, bedeutende Schifffahrt und Fischfang. Bangor, 7000 Einw. in der Nähe großartige Schieferbrüche, deren Produkt in der Stadt zu Kaminsteinen und Billardtischen verarbeitet wird. — Denbigh, 6000 Einw. Lederfabrikation. — Mold, 4000 Einw., Baumwollfabriken, Papiermühlen. — Holywell, 5500 Einw., Kupfer= und Bleiwerke. — Welshpool, 7500 Einw., am schiffbaren Severn, Flanellfabrikation. — Brecknock, 5300 Einw., Flanell= und Tuchfabrikation. Llanelly (Brecknockshire), 10,000 Einw., großartige Eisenwerke von Clydach. — Caermarthen am Towy, 10,000 Einw., Zinn= und Eisenwerke, Fischfang, Schiffbau und Handel. — Llanelly (Caermarthen), 12,000 Einw., Kohlengruben, Kupferwerke, Eisengießereien und starke Schifffahrt. — Cardigan, 3600 Einw., Hafen, Küstenhandel. — Aberystwith, 6000 Einw., Hafen, Fischfang. — Cardiff, 35,000 Einw., nahe der Mündung des Taafe, blühende Handelsstadt, die namentlich den Versand der Steinkohlen von Wales besorgt. Der Glamorgan=Canal und eine Eisenbahn verbinden die Stadt mit den großen Eisenwerken von Merthyr Tydvil (50,000 Einw.); außerdem führt ein Kanal nach dem Hafen Penarth. Rhederei, Schiffsbau. Ringsum ziehen sich die Kohlen= und Eisenwerke von Wales. Dowlais, wo allein gegen 200 Hochöfen in Betrieb sind, Aberdare (35,000 Einw.), Newbridge. — Swansea, 43,000 Einw., an der Mündung des Tawe mit schönem Hafen und großen Docks. Bedeutende Kupferschmelzereien, Zinkwerke, Gerbereien, Brauereien. Der Ausfuhrhandel ist sehr stark namentlich mit Steinkohlen, Eisen, Kupfer, Zinn. — Milford, 3000 Einw., kleiner Ausfuhrhafen. — Pembroke, 16,000 Einw., großes Seearsenal.

Schottlands Fabrik= und Handelsstädte.

Edinburg die Hauptstadt Schottlands zählt mit seinem Hafenorte Leith am Firth of Forth über 200,000 Einw.; es ist eine in rascher Entwicklung begriffene Stadt, die zur Zeit der Vereinigung Schottlands mit England, 1707, erst 35,000 Einw. hatte. Edinburg ist der Hauptsitz des schottischen Buchhandels, der durch mehr als 100 Firmen repräsentirt wird.

Die Zahl der Druckereien beträgt 70. Die einst bedeutende Leineninbustrie
⬛erloschen. Feine Shawls, schottische Juwelierarbeiten, Kutschen, Bier und
⬛ sind die hauptsächlichsten Industrieerzeugnisse. Es bestehen außer der
⬛ und einer Handelsgesellschaft mehrere Banken. Seit etwa 140 Jahren
⬛ in Schottland zum Segen des Landes Bankfreiheit, welche nicht
⬛ beitrug, das ehemals arme Land zu heben. Es giebt zwölf
⬛ Banken mit nicht weniger als 600 Filialen, so daß auf 500
⬛ schon eine Bank entfällt. Durch diese Filialen und den „Cassa-
⬛ der sich als besonders nützlich für kleine Gewerbs- und Kaufleute
⬛ hat, wird jeder Schilling aus dem bescheidenen Privatumsatz zum
⬛punkt gezogen, dort verzinst und dem Ganzen nutzbar gemacht, so
⬛ den neuesten Ausweisen die bei den schottischen Banken zur Ver-
⬛ hinterlegten Gelder sich auf 50 Mill. Pfd. St. belaufen. Seit der
⬛ der Bankfreiheit sind in Schottland nicht mehr als vier Fälle
⬛ Zahlungseinstellungen vorgekommen, wobei ein Schaden von nur
⬛000 Pfd. St. erwuchs. Ohne Leith wäre die verwaiste Residenz
⬛ zu einer einfachen Provinzialstadt herabgesunken, die nur von
⬛ geschichtlichen Ruhm zu zehren hätte. Durch den Hafenort pulsirt
⬛ das frische Leben des Handels und der Schifffahrt dort und ersetzt
⬛ den Schaden, der durch den Verlust des schottischen Hofes ange-
⬛ wurde. Leith ist mit Edinburg zusammengewachsen und jetzt neben
⬛ der bedeutendste Hafen an der schottischen Ostküste. Docks und
⬛bauten sind großartig mit vielen Kosten angelegt, da das Ufer des
⬛ of Forth seicht und sandig ist. Zwei über 3000 Fuß lange Hafen-
⬛ helfen diesem Uebelstande ab. Dampferverbindung findet regelmäßig
⬛ und dem Kontinente statt; das Ausfuhrgeschäft mit Kohlen,
⬛, Papier, Spirituosen, Leinwand, Fischen, Baumwollwaaren ist sehr
⬛. Es bestehen Brauereien, Brennereien, Segeltuchfabrikation, chemische
⬛, Schiffsbau. — Musselburgh, 8000 Einw., gewerbthätiger Vorort
⬛. — Haddington, 3000 Einw., Gerbereien, Brauereien. — Dunbar
⬛ Ostküste, 4000 Einw., starker Häringsfang. — Peebles, 3000 Einw.,
⬛ und Wollfabrikation. — Selkirk, 4000 Einw. und Galashiels 7000 Einw.
⬛ mit Wollwaarenfabriken, in denen besonders die schottischen Stoffe,
⬛ und Tweeds, hergestellt werden. — Jedburgh, 2500 Einw.,
⬛waaren- und Teppichfabrikation, die auch in Kelso, 4500 Einw.
⬛, 8500 Einw. ihren Sitz haben. — Dumfries, 12,500 Einw.
⬛ Nith. Baumwoll- und Wolleninbustrie, Schifffahrt. —
⬛, 3000 Einw., Eisenbahnknotenpunkt, Schweinehandel. — Stran-
⬛, 8000 Einw., guter Hafen am Loch Ryan an der Südwestküste; Schifffahrt, Küstenhandel. — Lanark, 5000 Einw., Strumpfwaaren. — Airdrie,
13,000 Einw., Coatbridge, 11,000 Einw., Gartsherrie, 2000 Einw.,
⬛, 3000 Einw., alle im Herzen des schottischen Steinkohlen- und
⬛ mit bedeutender Eiseninbustrie.

Glasgow, die bedeutendste Fabrik- und Handelsstadt Schottlands,
⬛ Clyde, zählt mit den Vorstädten 500,000 Einw. Mit
⬛ von zwei Mill. Pfd. St. hat man den Clyde für Schiffe
⬛ Fuß Tiefgang zugängig gemacht und am Broomielaw, der 14,000 Fuß

⬛ Andree, Handelsgeographie.

langen Hafenlinie Glasgows liegen jetzt die größten Ostindienfahrer, an einer Stelle, wo noch vor sechzig Jahren die Einwohner von Ufer zu Ufer wateten. Seitdem die Hafenverbesserungen eingeführt wurden, ist Glasgow die merkantile Metropole Schottlands geworden, die sich durch Reichthum, Bevölkerung und lebhafte Industrie auszeichnet. Kaum in einer zweiten Stadt der Welt dürften die Fabrikschornsteine einen so imposanten Eindruck hervorbringen, wie in Glasgow. Sie stehen wie die Bäume eines Waldes zusammen, wie entlaubte kalifornische Riesenfichten, anständige Stämme, deren einer die Höhe von 468 Fuß erreicht. Der Ursprung von Glasgows Welthandel fällt in's Jahr 1668. Damals verführte ein Kaufmann, Walter Gibson, auf einem holländischen Schiffe Häringe nach St. Martin in Frankreich, wo er sie gut absetzte. Nun begann er weitere Fahrten selbst nach Virginien oder wo er Tabak holte. Nun war der Tabakhandel angebahnt, das Geschlecht der reichen »Tobacco-Lords« entstand, welche zuerst durch die amerikanische Revolution einen herben Stoß erhielten. Nun kamen die Baumwollmanufakturen auf und gegenwärtig arbeiten 25,000 Dampfwebstühle in Glasgow, welche täglich 625,000 Ellen Stoff produziren. Die Zahl der Spindeln, die im Betriebe sind, beträgt jetzt nahezu zwei Millionen und der jährliche Verbrauch an Baumwolle war vor dem Ausbruche des amerikanischen Bürgerkrieges gegen 50 Mill. Pfd. Aber viel wichtiger als der Handel und die Manufaktur von Baumwollstoffen ist in der letztern Zeit der Eisenhandel geworden und die „Eisenherren" verdrängen die „Baumwollherren" wie diese früher die „Tabaksherren" verdrängten. Vom Clyde aus geht Eisen bis in das Innere Deutschlands, denn die billigen Gestehungskosten und die billige Wasserfracht erlauben es dem schottischen Roheisen auf den Märkten von Köln, Hamburg oder Wien mit dem deutschen zu concurriren. Charakteristisch ist die Mannichfaltigkeit der Industrie von Glasgow. Es vereinigt die Baumwollspinnerei und Weberei von Manchester, die gedruckten Callcots von Lancashire, die Wollstoffe von Norwich, die Shawls und Musseline von Frankreich, die Seidenfabriken von Macclesfield, die Teppiche von Kibberminster, die Flachsspinnereien von Irland, die Eisen- und Maschineninustrie von Birmingham, die Steingut- und Glasfabriken von Staffordshire, den Schiffsbau von London. Ja der Schiffsbau auf dem Clyde ist überhaupt der bedeutendste auf der Erde. Große Panzerschiffe und Postdampfer (auch die für die deutschen transatlantischen Linien) werden hier gebaut. Nirgends in der Welt sieht man eine so stattliche Reihe Schiffe auf den Werften liegen wie an den Ufern des Clyde. Die Glanzzeit des Schiffbau's war dort während des amerikanischen Bürgerkrieges als hier die Blokadebrecher gebaut wurden, die aus den Häfen der Südstaaten die Baumwolle nach Liverpool holten.

Ebenso können mit den chemischen Fabriken Glasgows sich keine zweiten messen. Die St. Rollox-Werke, die größten der Welt, nehmen allein 16 Acker ein. Glasgow besitzt 700 eigene Schiffe, darunter gegen 200 Dampfer. Der Werth der exportirten britischen Produkte beläuft sich jährlich auf sechs Mill. Pfd. Sterl. — Ayr, 9000 Einw., Hafenstadt mit Ausfuhrhandel, Schiffbau, Baumwoll- und Wollfabrikation. — Kilmarnock, 23,000 Einwohner, bedeutende Woll-, Baumwoll-, Shawl- und Teppichfabriken. Schot-

Mützen. — Irvine an der Mündung des gleichnamigen Flusses, Einw., Hafen, Ausfuhrhandel. — Kilwinning, 4000 Einw., Dalry, Einw., Beith und Kilbirnie mit je 3500 Einw., haben Baumwoll-, Woll- und Eisenfabrikation. — Renfrew am Clyde, 3500 Einw., Musselin-webel. — Paisley am Cart und einem nach dem Clyde führenden Canal, 50,000 Einw., eine der gewerbthätigsten, fleißigsten Städte Schottlands mit wichtigen Baumwollfabriken; Manufaktur halbseidener Waaren und Plaids. — Greenock, Hafenstadt am Clyde, 45,000 Einw., mit vortrefflichen Docks, großen Schiffswerften, bedeutender Rhederei, treibt starken Ausfuhrhandel und besitzt Zuckerraffinerien, Eisengießereien, Maschinenbauanstalten, Spinnereien, Segeltuchfabriken. — Port Glasgow, 8000 Einw., am Clyde, in früheren Zeiten, ehe der Fluß bis Glasgow für große Seeschiffe fahrbar war. — Rothesay, Hauptstadt der Insel Bute vor der Clydemündung, 7500 Einw., Baumwollspinnereien, Schiffsbau, Fischerei. — Dumbarton, 6100 Einw., an der Mündung des Leven in den Clyde. Große Glasfabriken, Schiffswerfte. — Stirling, 13,000 Einw., am Forth in sehr fruchtbarer Umgebung. Getreide und Viehmärkte, große Tartanfabriken. Tartans nennt man die bunt gewürfelten, sogen. schottischen Stoffe, die für jede Sippe oder Familiengemeinschaft (Clan) der alten Schotten ganz besondere Farbenzusammenstellung haben mußten. Mit der Abnahme und dem Verschwinden der schottischen Nationaltracht werden diese Stoffe immer seltener, ja man führt sie aus Sachsen nach Schottland ein. — Falkirk am Forth, 9000 Einw., Eisengießereien, chemische Fabriken, große Viehmärkte. — Grangemouth, 2000 Einw., guter Hafen an der Forthmündung mit starkem Ausfuhrhandel und Schiffsbau. — Alloa, 7000 Einw., sehr gewerbthätiger Ort am Forth mit eigener Rhederei, Ausfuhrhandel, Glashütten und Maschinenfabriken. — Cupar, 15,000 Einw., irdene Waaren, Leinwand. — St. Andrews, 6000 Einw., Universitätsstadt mit kleinem Hafen an der Ostküste. — Kirkaldy, 6000 Einw., Hafen mit eigener Rhederei, Ausfuhrhandel, Leinwandweberei, Brauereien, Salzsiedereien. — Dunfermline, 9000 Einw., Leinwand- und Damastweberei. — Perth, 26,000 Einw., am Tay mit kleinem Hafen, besitzt Baumwollspinnereien, Brennereien, Gerbereien, Eisengießereien. — Forfar, 10,000 Einwohner, starker Viehhandel. — Dundee, 100,000 Einw., am Firth of Tay, der Hauptsitz der Leineninbustrie und des Leinwandhandels in ganz Großbritannien, beschäftigt in 45 Leinwand-, Drillich-, Segeltuch-, Beuteltuch- und Sacktuchfabriken 25,000 Arbeiter, hat große Calander- und Verpackungsanstalten mit hydraulischen Pressen, außerdem Schiffswerfte, Eisenwerke, Maschinenbauanstalten. In neuer Zeit ist hier namentlich die Jutespinnerei in Aufnahme gekommen. Von Dundee aus wird die schottische Walfischfängerei am großartigsten betrieben (S. 38). Der überseeische Handel ist bedeutend, der Hafen sehr gut. — Arbroath, Hafenstadt mit 9000 Einw., Ausfuhrhandel, Fabriken. — Montrose, 15,000 Einw., Hafenstadt, Ausfuhrhandel, schöne Docks, Leinwandindustrie. — Aberdeen, 80,000 Einw., an der Mündung des Dee in die Nordsee, die bedeutendste Stadt Nordostschottlands mit vorzüglichen Hafenanlagen. Die großen Spinnereien und bedeutenden Fabriken in Woll-, Baumwoll- und Leinenwaaren, in Papier,

8*

Seife, Lichtern, ferner Gerbereien und Seilereien, Eisengießereien, Schiffbau, Ausfuhr von Rindvieh, Lachsen, Eiern, Butter, Schweinefleisch, Getreide und Granitplatten aus den großartigen Brüchen der Nachbarschaft, sowie Grönlandsfischerei sind die Haupthebel eines bedeutenden Handels, der eine große eigene Flotte beschäftigt. — Peterhead, 8000 Einw., mit gutem Hafen, Ausfuhrhandel; bekannt als einer der Hauptsitze der Walfischjägerei. — Banff, 4000 Einw., Hafenstadt an der Nordsee; Fischerei. — Elgin, 7000 Einw., Brauereien, Eisengießereien. Der Hafen dieser Stadt heißt Lossiemouth. — Inverneß, 13,000 Einw., eine aufblühende Stadt an der Mündung des Inver und am Endpunkt des caledonischen Canals mit gutem Hafen, besitzt Tuch= und Hanffabriken, Lachsfischerei, starker Handel. — Golspie, 1000 Einw., Fischerstädtchen, in der Nähe die 1868 entdeckten schottischen Goldfelder — Helmsdale, 1000 Einw., starke Häringsfischerei. — Wick, mit dem Hafen Pulteneytown, 8000 Einw., der Hauptsitz der schottischen Häringsfischerei, mit einer Flotte von circa 1000 Booten. Zur Zeit des Fangs, im Sommer, herrscht hier ein ungemein reges Leben. Von Männern und Weibern wird das Geschäft des Einsalzens mit merkwürdiger Geschicklichkeit vollbracht; man entfernt die Eingeweide, welche als Dünger verwandt werden, und salzt dann die Fische lagenweise, eine Lage mit dem Bauche nach oben, die andre darüber mit dem Rücken nach oben ein. Die Tönnchen (barrels) erhalten die Garantiemarke des Regierungs= commissärs und werden dann sofort auf größeren Fahrzeugen weithin versandt. — Lerwick, 3000 Einw., die Hauptstadt der Shetlandinseln, ein Fischerstädtchen. — Kirkwall, Hauptstadt der Orkneys, 2500 Einw., Fischerei, Küstenhandel.

Irlands Handels= und Fabrikstädte.

In Leinster. Dublin, die Landeshauptstadt, an der Dubliner oder Liffeybai, zählt 250,000 Einw., mit gutem Hafen, schönen Kaien und Docks, steht durch den Königskanal mit dem Shannon im Innern Irlands in Verbindung. Zur Einfuhr kommen namentlich Bauholz, Dielen, Kaffee, Zucker, Thee, Tabak, Wein und andre ausländische Produkte, Steinkohlen und für ¼ Mill. Pfd. Sterl. alte Kleider, welche unter dem niedrigen irischen Volke großen Absatz finden. Die Ausfuhren bestehen in Schlacht= vieh, Butter, Pöckelfleisch und Bier. Da Wasserkraft und Kohlen fehlen, so erscheint die Industrie Dublins im Gegensatz zum Handel unbedeutend. Sonst galt die Stadt als Hauptstapelplatz für irische Leinwand, wie jetzt Belfast; auch stand früher die Seidenwirkerei in Blüthe. Von einiger Be= deutung sind die Brauereien, welche große Quantitäten Porterbier nach England liefern und die Branntweinbrennereien. Der Irländer ist und bleibt ein unverbesserlicher Säufer und eine auf Branntwein begründete Handelsspekulation schlägt dort allemal ein. Dublin schreitet nicht in dem Grade vorwärts, wie die britischen Städte; das liegt in den irischen Verhältnissen, welche theils durch Schuld der eigenen Einwohner, theils durch jene der Regierung außerordentlich betrübender Art sind und natürlich auf Handel und Verkehr zurückwirken. Vor 22 Jahren überstieg die Be= völkerung Irlands 8¼ Millionen; vor 62 Jahren war sie so stark wie

jetzt (5,560,000). Der Ueberschuß des weiblichen über das männliche Ge=
schlecht ist bedeutend, die Zahl der Taubstummen, Blinden, Blöd= und
Wahnsinnigen und Krüppel nimmt auffällig zu, die Auswanderung ist
enorm. Ein Land und eine Nation, die mit England sehr wenig gemein
haben, und in vielen Beziehungen geradezu einen unversöhnlichen Gegen=
satz zu ihm bilden, von England selbst regieren zu wollen, war der
größte Fehler, den Großbritannien begehen konnte. Irland hat weder die
historischen Associationen noch nationale Neigungen mit England gemein.
In England wird Cromwell als ein nationaler Held verehrt; für Irland war
er einfach der Urheber der Metzelei von Drogheda. Wilhelm III., den die
Engländer so hoch schätzen, gilt den Irländern als der Urheber grausamer
Kriminalgesetze. Als in England der „corsische Usurpator" in Pamphleten
herabgewürdigt wurde, sangen die Irländer Loblieder auf General Bona=
parte. Aber trotz dieser nationalen Antipathie würde Irland ohne England
kaum existiren können. Diese nationalen Gegensätze bedingen zum Theil
mit, daß wir in Irland auf wenig erfreuliche Bilder in Handel und In=
dustrie stoßen. — Drogheda, 14,000 Einw., Garnspinnereien, Brauereien,
chemische Fabriken, kleiner Hafen. — Dundalk, Hafenort mit 10,000 Einw.,
Tabak= und Stecknadelfabriken. — Athlone, 5600 Einw., am Shannon,
Brennereien, Gerbereien, lebhafter Verkehr. — Longford, 4500 Einw.,
Korn= und Butterhandel. — Mountmellick, 3000 Einw., Wollspinnereien,
Eisengießereien, Maschinenfabriken. — Athy, 4100 Einw., bedeutender Ge=
treidehandel. — Wicklow, 3300 Einw., Kupfer= und Bleihütten. — Wex=
ford, 12,000 Einw., Hafenort an der Mündung des Slaney, Küstenhandel.
— Roß, Hafenort am Barrow mit 6500 Einw., Küstenhandel, Korn= und
Fischmärkte. — Carlow, 8000 Einw. am Barrow, Brauereien, Butter=
handel. — Kilkenny, 13,000 Einw., Brauereien, Brennereien, Marmor=
schleiferei.

In Munster. Cork, 80,000 Einw., auf einer Insel im Lea, ober=
halb seiner Mündung in den großen Hafen von Cork, liefert Glas= und
Messerschmiedewaaren, lederne Handschuhe. Zahlreiche Brennereien und
Brauereien. Die Rhederei und der Ausfuhrhandel sind bedeutend. — Queens=
town, 8700 Einw. auf einer Insel im Hafen von Cork, treibt Fischerei
und wird oft von transatlantischen Dampfern angelaufen. — Youghal,
6300 Einw., Töpferei, wichtiger Fischfang. — Bandon, 6200 Einw.,
wollene und baumwollene Waaren, Brennereien, Lachsfischfang im Bandon. —
Kinsale, 4000 Einw., Hafenort, Brauereien und starke Seefischerei. —
Skibereen, 3700 Einw., Hafen, Küstenhandel, Flachsspinnerei. — Tralee
an der Traleebai an der Westküste, 10,000 Einw., Brauereien, Brennereien,
Schifffahrt. — Südwestlich am Ausgang der Dinglebai liegt die Valentia=
Insel mit der Telegraphenstation, von welcher das atlantische Kabel nach
Nordamerika ausgeht. — Limerick, 44,000 Einw., am Shannon mit
Hafen für kleinere Seeschiffe. Brauereien, Brennereien, Spitzen= und Hand=
schuhfabrikation; Handel mit Pöckelfleisch, Schinken, Butter. — Waterford,
23,000 Einw. am Suir, Hafen, Küstenhandel, Schiffsbau. — Clonmel,
11,000 Einw., Getreidemärkte, Brauereien, Brennereien. — Ennis, 7000 Ein=
wohner, Brauereien, Mehlproduktion.

In Connaught. Galway, 17,000 Einw., an der Mündung des Corrib in die Bai von Galway. Brauereien, Brennereien, führt viel Leinwand aus; guter Hafen. — Roscommon, 2700 Einw., Fabrikation grober Wollwaaren, Töpferei. — Sligo, 10,000 Einw. an der Mündung des fischreichen Garrogue. Starke Fischerei, Küstenhandel, Brauereien und Brennereien.

In Ulster. Enniskillen, 5600 Einw., Messerschmiedewaaren, Strohflechterei, Brauerei, Brennerei. — Monaghan, 3700 Einw., Leinwandhandel. — Armagh, 8600 Einw., bedeutender Handel. — Newry, 11,000 Einw., Leinen und Baumwollfabriken, Glasmanufaktur, Eisengießerei. Ein Schiffskanal verbindet die Stadt mit der Carlingfordbai. Hafen und starke Rhederei, Küstenhandel. — Downpatrik, 3600 Einw., Leinwandfabriken. — Holywood, 2400 Einw., Fischerei. — Bangor, 2500 Einw., Leinwandfabriken, Küstenhandel. — Belfast, 120,000 Einw., nahe der Mündung des Lagan in die Bai von Belfast an der Nordostküste, der bedeutendste Fabrikort und nach Dublin die bevölkertste und wichtigste Stadt Irlands, mit gutem Hafen, der durch einen Kanal mit dem großen Landsee Loch Neagh in Verbindung steht. Obenan steht die Leinenfabrikation und Flachsspinnerei, dann folgt Baumwollfabrikation; von Bedeutung sind auch die chemischen Fabriken, Maschinenbauanstalten, Eisengießereien, Brauereien. Es bestehen zwei große Werfte und mehrere Segeltuchfabriken. Leinwand, nächst dieser Baumwolle, ist der Hauptausfuhrartikel. Nach Liverpool werden große Mengen von Vieh, Pökelfleisch, Schinken, Butter und andere Provisionen gesandt. Leinengarn, rohe Baumwolle, Steinkohlen, Wollwaaren, Leinsamen sind die wichtigsten Einfuhrartikel. Zahlreiche Dampfboote unterhalten den Verkehr mit den schottischen und englischen Häfen. Ansehnlich ist der Handel besonders mit den Vereinigten Staaten, den britischen Kolonien, dem Mittelmeer, der Ostsee und Archangel. — Londonderry, 20,000 Einw. am Foyle, Hafen mit starkem Ausfuhrhandel, Brennerei, Flachsspinnereien. — Coleraine, 5600 Einw., Papier- und Leinenfabrikation.

Die britischen Inseln in Europa.

Die Insel Man, 13 Quadratmeilen mit 52,000 Einwohner in der irischen See, von Natur öde und unfruchtbar, ist durch den Fleiß ihrer Bewohner in ein blühendes Culturland verwandelt worden. Man baut Kartoffeln, Rüben und Flachs, außerdem Weizen, Gerste und Hafer, brennt Kalk in bedeutender Menge; aber der Haupterwerbszweig ist, neben der Schafzucht, der Häringsfang. Nicht unbedeutend ist auch die Küstenschifffahrt. Man zählt 600 Fischerboote, 350 Segelfahrzeuge und einige Dampfer. Hauptstadt ist Castletown an der Südküste mit schwer zugängigem Hafen und deßhalb unbedeutendem Handel. — Bedeutender ist Douglas, an der Ostküste mit 7500 Einw., die sich hauptsächlich mit Schifffahrt, Härings- und Seehundsfang beschäftigen, auch Butter, Geflügel und Windvieh nach Liverpool ausführen.

Helgoland, der Inselfels in der Nordsee vor der Elbe- und Wesermündung mit 2200 friesischen Einwohnern, die Fischerei und Lootsendienst betreiben, ist wichtig als Fischereistation. Während der Napoleonischen Kriege

und in der Zeit der Continentalsperre von den Engländern beseßt, diente
es als Hauptstation des im großen Maßstabe nach dem Continent geführten
Schmuggelhandels.   Jeßt ist es Sammelpunkt der deutschen wie der eng=
lischen Nordseefischerflotten.

Die normännischen Inseln (Channel Jslands), ihrer Lage, Ab=
stammung, Sprache und Sitte nach zu Frankreich gehörig, sind dennoch
nicht blos zufällig mit dem britischen Reiche verknüpft.   Mit diesem können
sie nämlich leicht verkehren, während die benachbarte französische Küste nur
kleineren Fahrzeugen und selbst diesen nicht ohne Gefahr, zugänglich ist.   Sie
umfassen 5½ Quadratmeilen und zählen darauf 91,000 Bewohner.   Die
größte Insel ist Jersey, es folgt darauf Guernsey, Alderney, Serk und
einige kleinere.   Ungemein reich ist das thierische Leben in der See und
groß auch der Pflanzenreichthum auf diesen Inseln.   Da sie eine gleich=
mäßigere Temperatur als irgend ein Ort an der Westküste Europa's, aber
doch nicht einen größern Regenfall haben, so gedeihen hier viele Pflanzen,
die in südlicheren Ländern ihre Heimat haben.   Der Handel ist nicht unbe=
deutend; außer den Bodenprodukten umfaßt die Ausfuhr besonders Steine,
Granit und Sandstein, von denen 1861 aus dem Hafen St. Samson auf
Guernsey 142,866 Tonnen verschifft wurden.   Hummer, von denen durch=
schnittlich 5000 Stück wöchentlich gefangen werden, sowie Fische werden
meist auf den Londoner Markt geschickt.   Der Austernfang, mit dem 1860
165 Fahrzeuge beschäftigt waren, warf fast 30,000 Pfd. Sterl. ab, doch
ist der Ertrag in den letzten Jahren bedeutend geringer geworden.   In
großen Massen wird der Seetang gewonnen.   Man benüßt denselben zum
Düngen, theils in natürlichem Zustande, theils als Asche, nachdem er den
ärmeren Klassen zuvor als Brennmaterial gedient hat.   Da eine Meile
Küste nach den darüber angestellten Beobachtungen im Durchschnitt 2000
Tonnen Tang liefert, so ist die Ertragsfähigkeit der Inseln bei einer Küsten=
ausdehnung von 100 Meilen sehr bedeutend, und man hat angefangen, den=
selben auch weiter zur Jodbereitung zu verarbeiten.   Zwanzig Tonnen liefern
eine Tonne Sodaasche im Werthe von 4 Pfd. Sterl. und eine im Jahre
1845 angelegte Fabrik führt jährlich 20,000 Unzen Jod aus.   Neben
Fischerei und Tanggewinnung betreiben die Einwohner den Ackerbau, der
freilich in Folge der Zerstücklung des Grundbesitzes auf einer niedrigen Stufe
steht, aber doch durch die günstigen klimatischen Verhältnisse sehr lohnend ist.
Wenn auch für einzelne Produkte die Einfuhr der Ausfuhr fast gleichkommt,
so ergiebt sich doch ein nicht unbedeutender Ueberschuß zu Gunsten der Inseln.
Wichtig ist die Ausfuhr an Obst, besonders der feineren Sorten; etwa
20,000 Bushel (à 60 Pfd.) gehen davon jährlich nach London.   Von Kühen,
sogen. „Alderneys" werden von Jersey und Guernsey jährlich 1500 bis
2000 Stück ausgeführt.

Obschon ein Theil des britischen Reiches und in einem Krieg als Flotten=
station von hoher Wichtigkeit, stehen die Inseln doch fast unabhängig da; sie
bezahlen weder Zölle noch sonstige Abgaben, und haben ihre eigene Gesetz=
gebung und das Recht die französische Sprache vor Gericht zu gebrauchen.
Französisches Geld kursirt neben dem englischen und außerdem besißen sie

im Halfpenny und Penny, von denen aber 13 auf den englischen Schilling gehen, eine eigene Münze. *)

Malta mit seinen Nebeninseln: Gozzo, Comino und dem unbewohnten Cominotto im Mittelmeer, umfaßt 6³/₄ Quadratmeilen mit 150,000 Einwohnern. Obgleich der Boden rauh und klippig, so ist er doch durch die starke Bevölkerung gut bebaut. Man gewinnt neuerdings viel Baumwolle, Hülsenfrüchte, Gemüse, Zuckerrohr und Obst. An Ziegen, Schafen, Geflügel, Fischen und Honig mangelt es nicht; aber Getreide muß eingeführt werden. Man bricht Marmor, Alabaster und gute Bausteine; aus dem Seewasser wird Salz bereitet. Die Industrie beschränkt sich auf die Verfertigung von baumwollenen und seidenen Zeugen, von Tischlerwaaren und Cigarren. Handel, Schifffahrt und Fischerei sind durch die günstige Lage der Insel zwischen Afrika und Europa sehr bedeutend. Phönizier, darauf Karthager, waren die frühesten Bewohner der im Alterthum Melite genannten Insel; die guten und bequemen Häfen lockten sie; zur Römerzeit lieferte Malta Schooßhündchen in den Handel, die bei den römischen Damen sehr beliebt waren. Auf die Araber, die Malta gleichfalls als Handelsstation betrachteten, folgten Byzantiner, Normannen, 1530 wurde sie bis 1798 Eigenthum des Johanniterordens; 1800 fiel sie den Engländern in die Hände, die die Insel zu einer ihrer stärksten Positionen erhoben und jährlich 445,000 Pfd. Sterl. für Unterhaltungskosten ausgeben. Hauptstadt ist das befestigte Lavaletta mit 60,000 Einwohnern, vorzüglichem Freihafen und ausgedehntem Zwischenhandel. Mehrere große englische, französische und italienische Dampferlinien haben hier Station.

Gibraltar, der berühmte befestigte Felsen an der gleichnamigen Straße im südlichen Spanien gehört seit 1704 den Engländern, die es als einen Posten im Kriege, und Posten für den Handel betrachten und damit eine der wichtigsten Meerespassagen beherrschen. Die Zahl der Bewohner, welche den verschiedensten Nationen angehören, beträgt 25,000, darunter 9000 Soldaten. Gibraltar ist nicht blos Festung, sondern als Waarendepot und Transitoplatz von außerordentlicher Bedeutung; es ist Freihafen und nur Wein und andere Getränke zahlen Eingangszölle. Es bestehen Regierungswerften, auf denen auch Kauffahrer ausgebessert werden dürfen. Obschon an diesem Zwischenpunkte die verschiedensten Münzsorten umlaufen, werden die Rechnungen doch in spanischer Münze (Golddublonen) geführt. Maße und Gewicht sind die englischen. Der Handelsverkehr mit Spanien geschieht durch Küstenfahrer, sowie durch spanische und französische Dampfschiffe. Mit England besteht wöchentliche Dampferverbindung. Ein großes Kohlendepot ist Ursache, daß hier fast alle nach dem Mittelmeer bestimmten Dampfer anlaufen; die Menge der jährlich hier eingenommenen englischen Kohlen wird auf 150,000 Tonnen geschätzt. Da es in Folge der heftigen Gegenströmung für Segelschiffe unmöglich ist, bei Westwind aus dem Mittelmeer in den atlantischen Ozean zu gelangen, so trifft man oft im Hafen von Gibraltar mehrere Hundert Kauffahrer, welche ängstlich auf den Umsprung des Windes warten. Im Jahre 1867 verkehrten 4146 Schiffe aller Nationen in diesem

---

*) Ansted and Latham: The Channel Islands. London 1862.

Hafen, darunter 1407 Dampfer. Der Haupthandelsartikel für Gibraltar besteht namentlich in allen Sorten englischer Baumwollwaaren, welche nach Nordafrika (Marokko ꝛc.) ausgeführt werden. Auch die Belgier sind stark beim Handel von Gibraltar vertreten, besonders mit Glas und Zucker. Der Verkehr mit Marokko ist sehr lebhaft und wird durch einen regel= mäßigen Dampferdienst erleichtert. Der Werth der dahin ausgeführten Waaren beläuft sich auf 1³⁄₄ Millionen Thaler. Da der Felsen von Gibraltar selbst nichts erzeugt, so werden alle Lebensbedürfnisse von aus= wärts eingeführt. Mehl von Frankreich und Nordamerika.

2. Schweden und Norwegen.

Schweden 8027 Quadratmeilen, 4,200,000 Bewohner.
Norwegen 5799 Quadratmeilen, 1,700,000 Bewohner.

Die skandinavische Halbinsel ist bereits zum Theil ein Polarland und dennoch zugleich das mildeste unter gleicher Breite auf Erden, das am reichsten be= gabte. Ist hierin die Natur auch den Menschen günstig, so erinnert sie ihn doch gleichwohl, daß er ein Nachbar jener Gegenden ist, wo sie allein und einsam herrscht und des Menschen Kunst und Thätigkeit verachtet. Nur ein abgehärtetes, arbeitsames und verständiges Geschlecht konnte Skandina= viens Thäler und Berge bebauen, sonst wäre es verloren gewesen und wirk= lich bestätigt auch die schwedische Geschichte diese Ansicht, indem sie uns deutliche Züge von moralischer Kraft und Elasticität nachweist, die auch die nordische Lebensweise entwickelt und unterhält. So wurde die Freiheit des gemeinen Mannes in Skandinavien unzerstörlich, während sie im übrigen Europa vom Feudalsystem verschlungen wurde. Diese Natur bewirkte es auch, daß der Schwede ebenso in der Arbeit, im Reichthum und im Ent= behren, die größte Gewandtheit seine Bedürfnisse sich herbeizuschaffen zeigt; es gibt keine Noth, der er nicht gewachsen wäre. Die arbeitende Klasse muß im Norden mit den Händen ihr Leben fristen. Sie thut es mit Muth, Geschick und großer Kraft. Trotz der Majestät seiner Gebirge, der Klarheit seiner Seen und dem Reichthum seiner Bergwerke ist die Natur für Skandinavien eine harte Stiefmutter gewesen, was jedoch nicht verhindert hat, daß es einen Linné, Berzellus, Tegnér hervorgebracht. Sehen wir dem geistigen Aufschwunge gegenüber einen verhältnißmäßig geringeren auf materiellem Gebiete, in Handel und Verkehr, so ist es eben diese dürftige Natur, welche den Grund dafür abgiebt.

Handelsgeschichtliches. Erst verhältnißmäßig spät nehmen die drei stammverwandten nordischen Reiche — Schweden, Norwegen, Däne= mark — einen selbständigen Antheil an dem unermeßlichen Aufschwunge des Handels der seit der Entdeckung des Seewegs nach Ostindien (S. 15) im südlichen und westlichen Europa Platz gegriffen hatte. Die politische Ohnmacht, die verhältnißmäßig schwache, auf weiten Länderstrecken zer= streute Bevölkerung, der Mangel an industrieller Thätigkeit erklären uns,

warum bis zum sechszehnten Jahrhundert diese weiten, überall von der
See umspülten Gebiete weder auf dem Felde der Politik noch dem des
Handels unabhängig erscheinen, während schon fast ein Jahrhundert früher
die von den Hanseaten auf deutschen Schiffen nach Holland, Deutschland
und England verführten Stapelprodukte, Schiffsbauholz, Pech, Theer, Getreide, Fische, dort hochgeschätzte und vielbegehrte Artikel waren. Erst im
sechszehnten Jahrhundert änderte sich das in Etwas zu Gunsten der skandinavischen Länder. Wachsende Concurrenz der Engländer und erwachende
eigene Thätigkeit brachen zuerst die alten hanseatischen Monopole und riefen
dann zugleich eine immer steigende eigene Theilnahme am fremden Handel
wie eine rasch sich entwickelnde Rhederei und Schiffsbau hervor. Zunächst
ging Schweden voran nachdem es sich 1524 von der Union der drei
nordischen Reiche losgerissen. Gustav Wasa und seine nächsten Nachfolger
trafen eine Reihe von Maßregeln zur Schaffung einer einheimischen Industrie und zur Hebung und Entwickelung des wichtigen Bergbaus und der
Verarbeitung der gewonnenen Eisen- und Kupfererze. Der Bergbau hob
sich und die begünstigte Ausfuhr des ausgezeichneten schwedischen Stabeisens
war gegen Ende des siebzehnten Jahrhunderts auf 150,000 Schiffpfund
gestiegen. Die Versuche in dem im Allgemeinen armen, schwach bevölkerten
Lande, industrielle Bestrebungen heimisch zu machen, mißlangen dagegen
theils dieser gegebenen Verhältnisse halber, theils weil die Regierung thörichter Weise nur Luxusindustrie begünstigte, für die das Volk weder Geld
noch Bedarf noch einheimischen Rohstoff besaß. Indeß war doch auch durch
die damals stattfindende Ausdehnung der schwedischen Herrschaft über die
meisten Ostseeländer die Schifffahrt und Rhederei ungemein gehoben, sogar
überseeische Colonien gegründet worden, welche freilich nicht dauernd behauptet
werden konnten. Von allen diesen guten Anfängen blieb aber im achtzehnten Jahrhundert wenig übrig. Die thörichten Kriege Karls XII. er-
schöpften und verarmten das Land gänzlich, die Ostseeprovinzen und endlich
auch 1808 im russischen Kriege Finnland, gingen verloren; an eine nach-
haltige Besserung des Zustandes während der napoleonischen Kriege war
nicht zu denken. Erst seit 1819 hat sich die Eisenindustrie bedeutend wieder
gehoben und die entsprechende Ausfuhr war von 1862—64 um fast 25
Prozent gestiegen. Gleichwohl war trotz der großen gemachten Anstrengungen
für eigentliche Industrie in Eisen- und anderen Artikeln diese noch nicht
vermögend auch nur den inländischen Bedarf zu decken und hielt die Gesammtausfuhr Schwedens der Gesammteinfuhr noch nicht völlig die Waage,
während die Schifffahrt sich auf einer immer noch ansehnlichen Höhe
behauptete.

Dänemark begann sich ebenfalls erst seit Mitte des sechszehnten
Jahrhunderts von den alten Fesseln des Monopols zu befreien. Die dänische
Marine hob sich bedeutend namentlich seit der Erwerbung der Inseln St.
Jean und St. Thomas in Westindien und während des Nordamerikanischen
Krieges zog sie als neutral vielfach auch den holländischen Frachthandel
aus dem spanischen Amerika an sich.

Den Hauptgrund zu dem damaligen hohen Wohlstand des Landes legte
aber die sehr bedeutende Ausfuhr von Landesprodukten, von Getreide jeder

Art, von Butter, Fleisch, Häuten, Wolle, Hornvieh und Pferden, mit denen namentlich Frankreich und England versorgt wurden.

Vorübergehend wurde dieser ganze gedeihliche Zustand 1807 durch die Eroberung Kopenhagens durch die Engländer und die Vernichtung der Flotte zerstört. Nach dem Frieden fanden sich zwar nicht wieder die früheren günstigen Verhältnisse des überseeischen Handels ein, aber der Export der gesuchten Bodenprodukte nahm nun wieder seinen Weg nach England, Frankreich und den Niederlanden und mit ihm hob sich auch bedeutend die Viehzucht und der Viehexport. Ein wesentlicher Theil dieser Produkte wie der Rhederei kommen indeß auf Rechnung der jetzt von Dänemark getrennten Herzogthümer Schleswig-Holstein. Von den Colonien lieferte St. Thomas und St. Croix etwas Zucker und Rum, Island und Grönland sehr beschränkte Quantitäten von Produkten der Jagd und des Fischfangs, jetzt auch Mineralien. Die Industrie Dänemarks endlich, zuerst durch französische Flüchtlinge zur Zeit der Aufhebung des Edikts von Nantes dort angebahnt, hat niemals den Handel im Großen berührende Verhältnisse augenommen.

Mit Dänemark war, nach Schwedens gewaltsamer Lostrennung noch Norwegen verbunden geblieben, zunächst nicht zu seinem Gedeihen, denn dänische Schifffahrtsprivilegien traten an die Stelle der hanseatischen, Norwegen verlor seinen Jahrhunderte alten Handel mit Island und Finnmarken und mußte sein Getreide von Dänemark nehmen, während seine wichtige Metallproduktion vernachlässigt oder zum einseitigen Vortheil Dänemarks ausgebeutet wurde. Seit der Vereinigung Norwegens mit Schweden im Jahre 1815 hat sich unter seiner ganz freien Verfassung Norwegen in allen Beziehungen seiner Handels- und Gewerbethätigkeit bedeutend gehoben, während von eigentlicher Industrie kaum die Rede sein kann.

Die Regierungen der letzten drei Könige Schweden-Norwegens treffen in glückliche Friedenszeiten. Diese Fürsten haben mit vielem Erfolge die blutenden Wunden, welche noch von den unglücklichen Kriegen Gustav's IV. herstammten, zu heilen versucht und dem früher nach außen strebenden Ehrgeize des Volkes eine friedliche Richtung gegeben. Die Künste und Wissenschaften, der öffentliche Unterricht blühen; Handel und Industrie machen große Fortschritte. Schweden war immer gezwungen, Getreide zu importiren, jetzt führt es davon aus und man benutzt im allgemeinen die natürlichen Reichthümer des Landes so viel als möglich. Alles verspricht eine friedliche Zukunft. Weniger eingelenkt haben in diese Bahnen die Dänen, welche an den Wiedergewinn Schleswigs denken und ihre Thätigkeit mehr nach außen als auf die innere Entwicklung lenken.

Landwirthschaft. Ein sehr großer Theil der beiden Länder ist alles Anbaues unfähig. Die gegenwärtig in Schweden angebaute Landfläche beträgt sogar nur weniger als 1 Prozent des ganzen Landes. Der Wald ist das Kleid des Landes; er überzieht es von den Hügelebenen Schonens an bis zu den Einöden Lappmarkens, in welchen die Mitternachtsonne leuchtet. Alles übrige ist Ausnahme, so das Sumpf- und Torfland, die Seen, das Kulturland der Menschen. Die Zahl der Seen ist so groß, daß sie nur noch von der des finnischen Landes übertroffen wird. Sie nehmen mehr als den achten Theil des Areals von Schweden ein. In Südermanland, wo dieses Verhältniß noch auffallender, hat man das Sprichwort: „Als Gott einst Wasser und Land geschieden, hat er Südmanland vergessen." Nur an wenigen Stellen findet man tiefe Dammerde; gewinnbringend kann der Ackerbau nur in den Thälern betrieben werden. Die trotzdem vermehrte Ackerbauproduktion Schwedens rührt von den Verbesserungen in den Kulturmethoden her. Die Ergebnisse sind in folgender nach Tonnen (à 20 Ctr.) zusammengestellten Tabelle ersichtlich. Es wurde producirt:

	1820	1865	
Weizen	165,000	540,000	Tonnen
Roggen	1,692,000	5,600,000	"
Gerste	1,684,000	3,500,000	"
Hafer	1,288,000	4,100,000	"
Gerste und Weizen gemischt	693,000	1,550,000	"
Erbsen	311,000	545,000	"
Kartoffeln	2,289,000	6,970,000	"

Das ist ein achtungswerther Fortschritt in Schweden. Auf weit niedrigerer Stufe steht das klimatisch theilweise noch ungünstiger gelegene Norwegen, das der Getreidezufuhr vom Auslande bedarf. Am verbreitetsten ist der Hafer- und Gerstenbau. Auch gewinnt man viele Wildbeeren, die ausgeführt werden.

Viehzucht. Diese zeigt nur eine langsame Zunahme, ja theilweise sogar eine Verminderung, die sich in einem an Grasgründen reichen Lande nicht leicht erklären läßt. Aber das Klima ist ungünstig; die Thiere müssen viele Monate lang eingeschlossen gehalten werden. Gegenwärtig zählt man in Schweden etwa 400,000 Pferde, 2,000,000 Stück Rindvieh, 1,550,000 Schafe, 460,000 Schweine und 150,000 Ziegen. Die Schafe sind grobwollig. Norwegen hat einen bedeutend geringeren Viehstand; dort gesellt sich zu den Hausthieren noch das Rennthier der Lappen (etwa 100,000 Stück). Die Pferde sind klein aber kräftig. Fleisch, Speck und Butter werden noch eingeführt.

Fischfang. Von diesem ist hier mehr zu berichten. In Schweden bildet er ein Hauptgewerbe der Küstenbewohner am Kattegat und Skagerad. Seitdem zu Anfang dieses Jahrhunderts der früher sehr ergiebige Häringsfang aufhörte, richtet sich die Fischerei auf Dorsche, Schellfische, Makrelen u. s. w. Die Fischerei in den Flüssen und Landseen liefert namentlich Lachse. Die Ostseefischerei deckt indessen keineswegs den Bedarf Schwedens und es werden große Massen von Norwegen eingeführt. Das ist ein richtiges Fischerland. Unter den regelmäßig wiederkehrenden Fischereien nimmt der Häringsfang im Winter, wo diese Fische um zu laichen an die Küsten kommen, den ersten Rang ein. Diese Fischerei, welche von Mitte Januar bis Mitte März stattfindet, erstreckt sich gegenwärtig auf die Küstenstrecken nördlich von Stavanger bis südlich von Bergen und auf die von Kap Stat bis südlich von Freioe. Sie giebt etwa 40,000 Menschen Beschäftigung. Die Vorzeichen der Ankunft der Häringe, der „Häringsschein" werden kurz vor Beginn des Fangs sichtbar. Man sieht alsdann ungeheure Schaaren (Häringsberge) dem Gestade sich nähern, gefolgt von Delphinen und Seeügeln. Nun beginnen die eigens zu diesem Zwecke längs der norwegischen Küste errichteten Telegraphen ihre Thätigkeit, indem sie fortlaufend die Fischer über die Ankunft der Fische in Kenntniß erhalten. Fliegende Telegraphenstationen werden bereit gehalten, um sie an jedem beliebigen Punkte der Linie aufzustellen und benachrichtigt durch dieselben eilen von allen Seiten die Fischer herbei. Diese wissen recht gut die Rolle zu würdigen, welche der Telegraph in ihrer Industrie spielt, und in solchen Fällen, wo der Fang lediglich durch Dazwischenkunft des Telegraphen ermöglicht worden, nennt sie die gefangenen Fische „Telegraphenhäringe.“ Wenn schon die Dauer der ganzen Fischersaison 2—3 Monate umfaßt, so findet doch der Hauptfang innerhalb eines Zeitraums von 4—6 Wochen statt; allein zur Ausfuhr kommen jährlich 600,000 Tönnchen (à 480 Stück Häringe) im Werthe von 2½ Mill. Speziesthaler. Ebenso wichtig ist der Kabeljaufang im Winter; man veranschlagt den jährlichen Fang auf 20—24 Millionen Stück Kabeljaus im Werthe von 8—9 Mill. Speziesthaler. Weniger wichtig ist die Sommerfischerei des Kabeljaus, welche man „Lobbefischerei“ nennt, weil die Lobbe dann an die Küste kommt und vom Kabeljau gejagt wird. Die Lobbe wird als Köder bei der Dorschfischerei benützt. Neuerdings wird der Fang des Haakjäring (Scymnus microcephalus) von dem die Leber gebraucht wird, bei Bäreneiland, auch an Spitzbergens Westküste, stark betrieben. In den Flüssen fängt man viele Lachse. Der Fischguano ist ein in Norwegen besonders stark produzirtes Erzeugniß. Die große Fischerei (S. 35) wird schwunghaft betrieben. Sämmtliche Produkte des norwegischen Großfischfangs gehen frei ein; die Anzahl der nach den nordischen Meeren expedirten Fahrzeuge, meist von Tromsö und Hammerfest auslaufend, beträgt etwa 40, darunter ein Dampfer. Der Gesammtwerth der norwegischen Fischereiprodukte schwankt zwischen 7 und 8 Mill. Speziesthaler. — Neben der Fischerei ist die Jagd zu erwähnen; sie ist in Schweden von untergeordneter Wichtigkeit, liefert aber in Norwegen noch ziemlich viel Pelzwerk.

Bergbau. Sowohl für Schweden als Norwegen ist derselbe von großer Wichtigkeit. In Schweden wird er, hauptsächlich in Kopparberg, Oerebro, Wermland und Westmanland auf Eisen, Kupfer, Silber und andre Mineralprodukte betrieben. Die Eisengewinnung, welche voransteht (berühmt sind die Gallivara-Werke), liefert gegen 10 Mill. Centner. Es steht indessen zu befürchten, daß sie trotz des Erzreichthums zurückgehen, weil die Holzpreise im Steigen begriffen und Steinkohlen im Lande nur wenig vorhanden sind. (Die Braunkohlengruben von Scanien lieferten 1865 1½ Mill. Cubikfuß.) Andre Länder erzeugen wohlfeileres Eisen als Schweden, das seinen Platz nur durch treffliche Qualität behauptet. Kupfer wird jährlich gegen 50,000 Centner erzeugt. Außerdem gewinnt man Zink, etwas Silber und Nickel. In Norwegen gewinnt man das Eisen im Süden; Kongsberg liefert 30,000 Mark Silber im Jahre; Waschgold wird seit 1867 im Gebiet des Tana Elf im hohen Norden gewonnen. Daran reihen sich Kupfer, Kobalt, namentlich bei Modum, Chromerze zu Farben, Schwefelkies, Schiefer, Schleifsteine. Kohlen sind neuerdings bei Andön gefunden.

Industrie. Unzweifelhaft ist in Schweden ein industrieller Fortschritt in den Manufakturen verschiedenster Art bemerkbar. Die Produktion, welche im Jahre 1850 den Werth von 37 Mill. Ryksdaler erreichte, war 1860 schon auf 69 Mill. R., 1865 auf 76 Mill. R. gestiegen und steigt fortwährend. Tücher sind aber zurückgegangen, da die kleinen Etablissements zurückgingen und nur die größeren die Concurrenz mit fremden Ländern aushalten konnten. Baumwollenfabriken haben sich vermehrt. Ihre Erzeugnisse stiegen von 4,800,000 R. im Jahre 1850 auf 12,182,000 im Jahre 1860. Unter andern Fabriken können wir Zuckerraffinerien, Tabak-, Papier-, Porzellan-, Zündwaaren- und Seifemanufakturen erwähnen. Die erwähnte Summe von 69 Mill. R. schließt nicht den Werth der Bergbauerzeugnisse und Branntweinbrennerei in sich. Letztere erzeugten 1850 noch 30 Mill. Kannen, zehn Jahre später nur 14 Mill. Diese Verminderung wurde durch Steuererhöhung herbeigeführt, welche die Einkünfte des Staates vermehrte, den Verbrauch des Giftes verminderte. Die Bierbrauer gewannen, was die Brenner verloren. Das ist ein gesellschaftlicher Vortheil. — Obgleich in Norwegen die Industrie zunimmt, hat sie doch eine geringe Entwickelung. Die häusliche Betriebsamkeit beschränkt sich dort auf die Befriedigung des eigenen Hausbedarfs; der Landmann, durch große Entfernungen und schwierige Wege von den Städten abgeschnitten, ist sein eigener Handwerker. Die bedeutendsten Etablissements (Sägemühlen, Kornmühlen, Ziegeleien, Gerbereien) beschränken sich auf die erste Verarbeitung der Rohprodukte.

Verkehrsmittel. Telegraphen siehe S. 78, Eisenbahnen S. 72. Die schwedischen Eisenbahnen wurden erst ziemlich spät erbaut. 1852 erhielt eine englische Gesellschaft die Concession, welche zahlungsunfähig wurde; 1857 wurde die erste Bahnstrecke zwischen Orebro und Arboga dem Verkehr übergeben. Der Staat übernahm selbst den Bau der meisten Bahnen und nahm eine ausländische Anleihe zu diesem Zwecke auf, welche 1866 schon 125,400,000 Ryksdaler betrug; dadurch erhielt Schweden eine auswärtige Schuld. Jetzt ist die Verbindung zwischen den südlichen, westlichen und östlichen Provinzen des weitgedehnten Landes hergestellt. Im Norden (Norbotten) besteht eine kurze Strecke Pferdebahn. Norwegen hat von Christiania auslaufend mehrere Bahnen und von Drontheim aus eine Strecke in's Innere. Als ein großartiger Schöppenstedter-Streich, der hier Erwähnung verdient, ist es zu bezeichnen, daß die Privatbahnen Schwedens eine geringere Spurweite der Geleise als die Staatsbahnen haben. Von ganz besonderer Wichtigkeit für das Land sind die künstlichen Wasserstraßen, die Kanäle, welche durch die zahlreichen Seen und Flußläufe begünstigt werden. Der große Göthakanal, 1810—1832 mit einem Aufwande von 13½ Mill. Ryksdaler erbaut, dient zur Verbindung der Ostsee und Nordsee. Ihm schließen sich die Kanalarbeiten am Götha-Elf an, die eine 52 Meilen lange Wasserstraße zwischen Ostsee und Kattegatt herstellen. Im Zusammenhange damit steht das Philippstad'sche System, das durch Landseen führend, Philippstad mit dem See Sjöänban verbindet; der Sestekanal im westlichen Wermland, die Kanäle in Dalsland u. s. w. alle mit Benützung von Landseen. Der letztere führt durch Vermittlung des Store-Lee-Sees nach Norwegen, so die Verbindung mit dem Frederikshald'schen Wassersysteme herstellend, das eine 14 Meilen lange Wasserstraße bildet. Aber die natürliche

Beschaffenheit Norwegens erlaubt nicht eine so ausgedehnte Kanalisirung wie in Schweden. Die Chausseen Schwedens (4300 Meilen) sind gut und mit Stationshäusern versehen; ebenso jene Norwegens, welche über die hohen Gebirge führen. Ihre Länge in Norwegen beträgt 2500 Meilen. Im Winter spielt der Schlitten eine große Rolle.

Ueber die Handelsmarine vergl. S. 47. Sie ist, wenn man Norwegen und Schweden, die allerdings getrennte Flagge führen, zusammenrechnet, die vierte der Reihe nach und über die ganze Erde verbreitet. Namentlich in den letzten Jahren hat sie stark zugenommen, wozu die Seelage des Landes, die bedeutende Anzahl guter Häfen und zweckmäßige Schifffahrtseinrichtungen viel beitrugen.

Handel. In Schweden herrscht Handelsfreiheit, die Beschränkungen sind aufgehoben und die Regierung bemüht sich dem Handel durch Verträge mit dem Auslande einen immer größeren Aufschwung zu geben. Hinderlich ist noch, daß keine Zolleinheit zwischen beiden Ländern besteht. Jedes Land hat sein eigenes System. Schwedische Waaren werden in Norwegen, norwegische in Schweden, falls sie zur See eingehen, der Regel nach ebenso hoch verzollt, wie fremde. Auf der Landgrenze dagegen sind sie gegenseitig zollfrei mit Ausnahme von Zucker, Branntwein, Tabak, Band, Garn, Geweben. Transitirende ausländische Güter zahlen auf der Landgrenze, falls sie beim Eingange in das andere Land nachweislich bereits Zoll erlegt, nur die Hälfte. Die Küstenschifffahrt ist neuerdings freigegeben. — Nach den Commerzialausweisen betrug im Jahre 1867 der Werth der Waaren-Einfuhr in Schweden 134 Mill. schwed. Rblr. (à 2⅗ Rblr. = 1 Thlr. preuß.), und die Ausfuhr 128,₆ Mill. Rblr. Von jenen 134 Mill. treffen auf den Handel mit dem Norddeutschen Bund 30,₇ Mill., darunter Lübeck mit 19 Mill., Bremen mit 4,₃ Mill., Hamburg mit 3,₆ Mill., Preußen mit 4,₃ Mill. Rblrn.; von dem Ausfuhrwerth zu 128,₆ Mill. Rblrn. entfallen auf den Norddeutschen Bund 11,₃ Mill. Nach England hat in Bezug auf den schwedischen Gesammt-In- und Exporthandel der Norddeutsche Bund die bedeutendste Verkehrsbeziehung mit Schweden. Rußland führt Getreide, Norwegen Fische; Deutschland Wolle, Getreide, Fleisch, Colonialwaaren, Fabrikate aller Art ein; England Steinkohlen, Maschinen, Manufacturen, Colonialwaaren; Frankreich Wein, Zucker, Salz; Nordamerika Tabak ein.

Der Werth der norwegischen Ausfuhr wird auf 15½ Mill. Speziesthaler (darunter die Producte der Fischerei und Waldwirthschaft mit je 7 Mill., Metalle 800,000 Speziesthaler), der Werth der Einfuhr aber (dieselben Waaren wie Schweden) auf 20 Mill. Speziesthaler geschätzt. Der bedeutende hierdurch entstehende Ausfall wird durch die Frachtschifffahrt der Norweger in allen Meeren ausgeglichen, welche einen Reingewinn von 7 Mill. Speziesthaler abwirft. An der Einfuhr sind namentlich England und Hamburg betheiligt.

Geld, Maß, Gewicht. Man rechnet in Schweden nach Ryksbalern à 100 Oere. Auf 1 Zollpfund fein Silber gehen 78,₃₆ R. 1 R. = 11½ Silbergroschen. 4 R. machen einen Speziesthaler = 400 Oere aus. Seit 1868 hat man in Folge der Pariser Münzconvention eine neue Goldmünze „Carolin" in Umlauf gesetzt. Sie hat den Werth von 10 Franken und wird im Handel zu 7 Rylsbaler 12 Oere genommen. Kupfermünzen circuliren in Stücken zu 5, 2, 1 und ½ Oere. Gewöhnlich sieht man nur Papiergeld. Die Reichsbank hat allein das Recht Einthalerscheine ausgeben zu dürfen, während die vielen Privatbanken 5, 10 und 100=Thalerscheine ausstellen. Diese Banken stehen unter der Aufsicht der Regierung und genießen im Allgemeinen ihrer soliden Basis wegen das Vertrauen des Volks. Der preußische Thaler wird zu 2 Rylsbaler 66 Oere genommen. Maße: 1 Stange à 10 Fot (Fuß) à 10 Tum (Zoll) = 2.969 Meter. 1 Kubikfuß à 10 Kannen à 100 Kubikzoll. 1 Kanne = 2.617 Liter. Handelsgewicht ist die Last (Nyläst) à 100 Centner à 100 Pfund, à 100 Ort, à 100 Korn, 1 Pfund = 425 Gramm.

In Norwegen. Man rechnet nach Speziesthalern à 5 Ort oder Mark, à 24 Schillinge. Auf ein Zollpfund feines Silber gehen 19.77 Spezies. 1 Spezies = 1 Thlr. 15½ Silbergroschen. Längenmaß: 1 Ale (Elle) à 2 Fuß = 0.628 Meter. Getreidemaß: 1 Tonne (Tønd) à 8 Schipp à 4 Viertel à 2 Achtel = 139 Liter. Flüssigkeitsmaß: 1 Faß à 4 Oxhoft à 1½ Ohm à 4 Anker à 38¾ Pott. 1 Pott = 0.945 Liter. 1 Theer oder Fischtonne = 120 Pott. Handelsgewicht 1 Pfund à 16 Unzen à 2 Loth, à 4 Quint = 498.4 Gramm. 1 Liespfund = 16 Pfd., 1 Schiffspfund = 20 Liespfund; 1 Ctr. = 100 Pfund.

Auswanderung und Kolonialbesitz. Wenn gleich beide Länder nur schwach bevölkert sind, stellen sie doch ein großes Contingent zur Auswanderung, die vorzugsweise nach Nordamerika gerichtet ist. Die ungünstigen natürlichen Verhältnisse, der ewige Kampf mit Boden und Klima sind die hauptsächlichsten Ursachen. Das schwedische Auswanderungsgesetz vom 5. Februar 1869 regelt die Verhältnisse der Auswanderer in sehr zeitgemäßer Weise. Die Zahl der letzteren ist im fortwährenden Steigen begriffen. Sie betrug in Schweden 1851—55 schon 12,744 Personen; 1855—60 sank sie auf 4156; 1867 betrug sie allein 9334 Köpfe. Seitdem hat sie noch bedeutendere Progressionen angenommen. Von den Norwegern gehen etwa zwei Drittel nach Canada. In den Jahren 1836—1864 wanderten 73,355 Köpfe aus.

Eine eigene Art von Auswanderung, die jedoch nur temporärer Natur ist, findet von Schweden nach Deutschland hin statt. Wenn im Frühjahr bei uns die Arbeitskräfte, namentlich im Ackerbau stark gesucht sind, dann kommen große Schaaren schwedischer Arbeiter nach Mecklenburg, Pommern, Hannover, Holstein gezogen, wo sie sich den Sommer über gegen guten Lohn verdingen und im Winter dann mit ihren Ersparnissen wieder in die Heimat ziehen. Nicht Uebervölkerung, sondern Armuth ihrer Heimat ist der Grund dieser Landgängerei.

Der einzige, unbedeutende Kolonialbesitz Schwedens ist die westindische Insel St. Barthelémy (¾ Quadratmeilen, 2900 Bewohner) mit der Hauptstadt Gustavia. Dort herrscht fortdauernd Noth; die Insel verursacht der Staatskasse eine jährliche Ausgabe von 25,000 Thalern und die Regierung beabsichtigt dieselbe zu verkaufen.

Schwedens Fabrik= und Handelsstädte.

Stockholm, die Haupt= und Residenzstadt am Ausgange des Mälar=
sees in die Ostsee, besteht aus verschiedenen Theilen, die auf dem Festlande
und Inseln zerstreut liegen, und 140,000 Einwohner zählen. Begünstigt
durch seine Lage inmitten des Reichs und an der See ist Stockholm der
wichtigste Handelsplatz des Landes geworden, über den ein ganz bedeutender
Theil der Ein= und Ausfuhren geht, wenn auch Gothenburg gegenwärtig
starke Concurrenz macht. Namentlich besorgt Stockholm noch die Hälfte
der Getreideausfuhr des Landes. Die stockholmer Eisenwage, wo die
Metalle, besonders Schmiedeeisen ein und ausgewogen werden, ist das größte
Eisenmagazin der Erde. Das „Eisencomptoir", das die Hüttenbesitzer
gründeten, sorgt für diesen Handelszweig durch Verkauf, Anleihen und Vor=
schüsse. Bedeutende Geschäfte werden an der am Markt belegenen Börse
gemacht. Früher wurden auf dem Markt unter freiem Himmel alle Wechsel=
angelegenheiten und Börsengeschäfte erledigt; vor etwa hundert Jahren zog
man nach dem Kirchhof der deutschen Gertrudenkirche, bis man endlich den
heutigen Börsenpalast bezog. Die Reichsbank ist eines der wichtigsten In=
stitute des ganzen Handels, indem sie Depositen=, Wechsel= und Leihbank
ist; sie steht unter den Ständen des Reichs, welche zu deren Leitung an
jedem Reichstage zwölf „Banko=Bevollmächtigte" wählen. Der Kleinhandel
ist in Stockholm sehr lebhaft; er heißt dort „Minuthandel". Stockholm
ist auch die wichtigste Fabrikstadt des Landes. Sie betreibt allein in
Schweden Seidenweberei und nimmt hinsichtlich der mechanischen Werkstätten,
sowie in der Tabaks=, Zucker=, Leder=, Seifen= und Lichtfabrikation den
ersten, in der Tuchbereitung den zweiten Rang ein. Der Werth sämmtlicher
erzeugten Produkte wird auf 18 Mill. Ryksdaler veranschlagt. Eisenbahnen
verbinden die Stadt im Norden mit Upsala und im Süden mit allen
wichtigeren Städten des Landes. Regelmäßige Dampfschifffahrt findet nach
den schwedischen Küstenorten, Rußland, Deutschland und Dänemark statt. —
Malmö am Kattegatt, 24,000 Einw., mit gutem Hafen, wichtiger Handels=
und Stapelplatz, ansehnlicher Export von Getreide und Handschuhen. (Schwe=
dische Handschuhe.) — Helsingborg am Sund, 7500 Einw. Guter Hafen.
Regelmäßige Verbindung mit Kopenhagen. — Ystad, 6000 Einw. Hafen
und Dampfverbindung mit Kopenhagen und Bornholm. Seifen=, Tabaks=
und Wagenfabriken. — Christiansstad an der Mündung der Helge=Å hat
6300 Einw., Fabriken, Handel. — Karlskrona, 18,000 Einw., Hafen,
Marinewerfte mit großen Docks, Hauptstation der schwedischen Marine. —
Weriö, 3600 Einw., mit Tuchfabriken, Brauerei und Gerberei. — Jön=
köping, 10,000 Einw. am Wettern= und Mönchsee, nicht unbedeutender
Handelsplatz, der 10 Dampfer besitzt und mittels des Wettern= und Göta=
kanals mit dem ganzen Lande in Verbindung steht. Bedeutende Fabriken,
darunter die der bekannten Sicherheitszündhölzer (Säkerhets=Tändsticor).
Borgholm, 800 Einw., Stadt auf der Insel Oeland, Fischerei, Schifffahrt.
Ausfuhr von behauenen Steinen. — Kalmar, 9000 gewerbthätige Einw.,
Hafen, Schiffahrt. — Linköping, 6600 Einw., an der Stang=Å; Handel,
Gewerbe. — Norrköping, 22,000 Einw. an der Motala. Große Ausfuhr

von Getreide, Holz, Tuch und Wollenstoffen, Papier. In der Nähe Marmorbrüche und eine Kanonengießerei. Dampfschifffahrt mit den Küstenstädten
und Lübeck. — Warberg, 2500 Einw., mit gutem Hafen am Kattegatt. —
Boras, 3200 Einw., Baumwollspinnerei und Weberei. Die Bewohner der
benachbarten Dorfschaften Mark, Kind, Ähs sind fast alle Weber und
treiben einen ausgebreiteten Hausirhandel durch Norwegen und Schweden.
Auch giebt es dort Tricot- und Malerleinwandfabriken. — Gothenburg,
(Götheborg) 60,000 Einw., neben Stockholm die bedeutendste Handelsstadt
an der Göta-Elf, die an ihrer Mündung hier einen vorzüglichen eisfreien
Hafen bildet, exportirt Eisen, Holz, Bretter und Getreide. Am Schluß
des Jahres 1868 zählte die Stadt 7 Dampfer und 141 Segelschiffe von
zusammen 14,000 Nyläst. Sie ist auch als Fabrikstadt bedeutend, namentlich werden Zucker, Porter, Baumwollstoffe, Segeltuch hier angefertigt. —
Wisby auf der Insel Gotland, 6200 Einw., noch immer eine wichtige
und wohlhabende Handelsstadt, treibt Schifffahrt, Fischerei, Robbenschlag,
Jagd auf Seevögel und Kalkbrennerei. In der Geschichte der Hansa (S. 12)
spielt Wisby eine große Rolle, denn hier ist eine der Grundlagen jenes
großartigen Vereins zu suchen, hier entstand „Dat Waterrecht, dat de Koop-
lüde un Schippers gemakt hebben to Wisby.“ — Upsala, 10,000 Einw.,
Universitätsstadt; etwas Handel. — Dannemora, weltberühmter Bergwerksort, an dem gegen 600,000 Ctr. vortreffliches Eisenerz alljähr-
gewonnen werden. Die Gruben gleichen einem großartigen Steinbruch,
bem statt der Steine schwarzes Erz gebrochen wird. Die größte Tiefe
600 Fuß. In alten Zeiten sind die Minen von Dannemora auf Rechnung des Staats bearbeitet worden. Im Jahre 1627 nahm Louis de
Geer, ein Niederländer, sie in Pacht, kaufte sie später und durch Verge-
rung und Zertheilung sind sie jetzt Eigenthum von elf Privatpersonen.
Eisen gilt für das beste der Welt; es geht nach England, wo es zu feinen
Stahlwaaren benutzt wird. Das größte Hochofenwerk in der Nähe ist
Löfsta, ebenfalls sehr bedeutend ist Oesterby. Hier wird das Erz verschmolzen.
— Nyköping, 5000 Einw. an der Mündung der Nyköpings-A, Baumwollspinnereien, Papierfabriken, lebhafter Handel, Hüttenwerke. — Eskiltuna,
5100 Einw. am Mälarsee, Eisen- und Stahlschmieden, wird das schwedische
Sheffield genannt. — Malmköping, Aker, kleine Orte mit großen Eisen-
werken. — Oerebro, 8800 Einw., große Destillationen, Brauereien, Wagenfabriken, Schwefelhölzerfabriken. In der Nähe Alaunfabriken. — Karlstad,
5000 Einw., Ausfuhr von Getreiden, Metallen, Holz, großer Markt Mitte
Juni. Eisenhüttenwerke. — Christinehamn, 3100 Einw., am Wener und
der Göta-Elf. Mitte März wird hier ein großer Markt für die Produkte
der Provinzen Wärmland und Nerike gehalten. — Fahlun, 5800 Einw.,
Bergstadt am Runnsee, mit berühmten Kupfergruben, die schon vor 500
Jahren bestanden. Ringsum ist alles wüst und todt. Man sieht nichts
als braune Schlacken, neben welchen kaum ein Grashalm hervorkeimt.
Dunkle Rauchwolken erheben sich von den Kupfererzröſthäusen und durch-
ziehen die Luft, die Gebäude mit einer schwarzen Kruste deckend. Gustav
Wolf nannte die große Kupfergrube (Stora Kopparberget) die Schatzkammer

des Reichs. Die Ausbeute betrug 1650, zur Blütezeit über 65,000 Ctr. Garkupfer, 1863 nur 14,750 Ctr. Daneben etwas Gold und Silber; außerdem viel Schwefel, Blei und Vitriol. Die Verarbeitung des Kupfers findet in dem Werke Avesta statt. Neuerdings hat man Petroleum hier erbohrt. — Hedemora, 1200 Einw., Jahrmarktsort. — Gefle, 12,000 Einw., die dritte Handelsstadt Schwedens, mit gutem Hafen, starker Rhederei und Schiffsbau. Der Handel mit Holz und Eisen ist sehr bedeutend. Segeltuchfabriken, Baumwollspinnereien, Gerbereien und Reepschlägereien beschäftigen viele Hände. — Söderhamn, 3600 Einw., große Ausfuhr von Eisen, namentlich aber Holz. — Hubiksvall, 3000 Einw., Hüttenwerke. — Hernösand, 3300 Einw., Hafen, Schifffahrt. — Umeå, 2200 Einw., großer Export von Theer und Brettern. Hafen an der Mündung der Umeå. — Luleå, 1800 Einw., Handel mit Theer, Pelzwerk, Brettern. — Gallivara, neuerdings entstandener bedeutender Bergwerksort im Norden, am Fuße des gleichnamigen, 1300 Fuß hohen Erzberges, der fast ganz aus reinem Eisenerz (67 °/₀ Eisen) besteht. Großartige Hüttenwerke sind angelegt. Für den Absatz sorgt eine nach dem Luleå-Elf geführte Eisenbahn.

Norwegens Fabrik- und Handelsstädte.

Christiania, die Landeshauptstadt mit 66,000 Einw. am Christianiafjord, ist jetzt zugleich der bedeutendste Fabrik- und Handelsplatz des Landes. Exportirt werden Holz, Thierhäute, Seehundsfelle, Fischguano, Häringe, Anchovis. Die Stadt besitzt über 200 eigene Fahrzeuge, und Dampfer stellen die Verbindung mit den übrigen norwegischen Häfen bis Hammerfest und Tromsö her. Die Fabrikthätigkeit erstreckt sich auf Baumwollspinnerei, Brauerei, Branntweinbrennerei, Papierfabrikation. In Christiania befindet sich eine Filiale der norwegischen Bank (zu Drontheim). — Elverum, am Glomman mit großem Markt im März. — Gjövig am Mjösen, Sägwerke, Glashütten, Holzhandel. — Kongsberg, 5000 Einw. Die bedeutendste Bergstadt des Landes im engen Thale des Laagen, verdankt ihr Entstehen den 1623 entdeckten Silbergruben, den einzigen des Landes, die 1851—55 jährlich 21,371 Pfund an reinem Silber lieferten. Eisenwerk, Gewehrfabrik. — Drammen am Dramsfjord, 14,000 Einw., Eisen- und Holzhandel. — Laurvig, 7000 Einw., große Eisenwerke, Sägemühlen. Arendal, 7200 Einw., an der Mündung des Nid-elv, in einer dem Handel günstigen Lage mit bedeutenden Eisenwerken im Hinterland. — Christiansand, 11,000 Einw., Handel, Schifffahrt. — Stavanger, 17,000 Einw., am Bukkefjord, eine der ältesten und bedeutendsten Landesstädte; starker Häringshandel. — Bergen am Vaagen, der innersten Bucht am Byfjord, 30,400 Einw., ist die zweite Stadt des Landes und in Bezug auf Fischerei die erste. An der „Brücke", dem Orte, wo der Handel am lebhaftesten ist, hatten die Hanseaten sich festgesetzt. Seit 1440 war trotz aller Eifersucht dort kein norwegischer Kaufmann mehr zu finden. Dort geboten einzig die Deutschen, welche den Handel monopolisirten. Sie hatten dort großartige Waarenlager errichtet, welche von dem Volke „Garper" genannt wurden. Garper aber heißt die Laus; „Dieweilen"— wie ein alter Chronist schreibt — „das Hansevolk eine mächtige Laus sei, die sich in dem norbi-

9*

schen Bärenpelze festgesetzt habe." Die erwähnte „Brücke" zerfiel in zwei
Gemeinden, in die Marien= und Martinsgemeinde; die erstere bestand
aus 13, die letztere aus 9 Höfen. Ein solcher Hof war ein langes hölzernes
Haus; im ersten Stocke waren die Schlafstellen für die „Kaufgesellen",
unter demselben befanden sich die Magazine und darüber der „Schütting",
ein großer Saal, der als allgemeiner Versammlungsort diente. Eine große
Landungsbrücke führte an den Hafen. So war das Innere der von Wällen
und Gräben umschlossenen deutschen Factorei beschaffen; schwerbewaffnete
Söldner hielten im Verein mit wohlabgerichteten Bluthunden Wache. Vor
den Thoren der Factorei wurde eine deutsche Handwerkerstadt gegründet, die
unter lübischem Rechte stand und wenig um die Norweger sich kümmerte.
Die Norweger aber, das Drücken der Deutschen müde, vertrieben 1558 die
„Contor'schen", womit allerdings der Handel Bergens einen empfindlichen
Stoß erhielt. Aber noch immer sind dort zahlreiche Deutsche ansässig. Der
Export der gesalzenen und getrockneten Fische bildet den Lebensnerv des
Handels von Bergen. Schiffe aller Nationen, namentlich aus dem katho-
schen Süden, holen hier die Fastenspeise. Ein Fehljahr in der Fischerei
genügt aber den ganzen Küstenstrich in bittere Noth zu versetzen. Zur Zeit
des Stockfischtausches, denn anders kann man diesen Handel nicht benennen,
herrscht in Bergen die größte Thätigkeit: Magazine und Comptoire bleiben
in den hellen Nächten bis spät am Abend offen und im Hafen sind deutsche,
spanische, portugiesische, italienische Schiffer beschäftigt, die gewogenen
Fischmassen in den Bauch ihrer Fahrzeuge zu befördern. Gewöhnlich kommen
die fremden Schiffe in Ballast; zuweilen mit englischen Steinkohlen. Die
die deutschen bringen Colonial= und Manufacturwaaren, während Italiener
und Spanier Salz anbringen; denn Norwegen besitzt kein Salz und um es
aus dem Meereswasser darzustellen, ist die Temperatur zu niedrig. Zweimal ist im Jahre in Bergen großer Fischmarkt oder Stävne, vom Mai bis
Juni und vom Juli bis August. Dann stellen dort die Nordländer sich
ein; da ihr Land außer Fischen und Thran blutwenig hervorbringt, so
müssen sie für diese Producte in Bergen sich alle Lebensbedürfnisse eintauschen. Darin wurzelt die Bedeutung Bergens. — Christianssund, 6000
Einw., Fischfang, Schifffahrt. — Drontheim (Throndhjem), 20,000 Einw.,
am gleichnamigen Fjord, Sitz der norwegischen Bank, einige Fabriken und
starke Fischerei. — Tromsö, 4000 Einw., der wichtigste Hafen im Norden,
namentlich thätig in der großen Fischerei, dem Walfischfang und Robbenfang.

3. Dänemark.

Das eigentliche Königreich umfaßt nur 693 Quadratmeilen mit
1,716,290 Bewohnern. Seit es im Wiener Frieden 1864 Schleswig-
Holstein abtreten mußte, hat es seine reichsten Landschaften und damit einen
großen Theil seiner Handelsbedeutung verloren. Immer noch bleibt es aber
ein rühriges Land mit tüchtiger, fleißiger Bevölkerung. Ueber die Handelsgeschichte, die theilweise mit jener Norwegens zusammenfällt, vergleiche
S. 122.

Der **Ackerbau** bildet die Hauptbeschäftigung des Volkes und ist namentlich auf den Inseln, weniger in dem zum Theil unfruchtbaren Jütland, in blühendem Zustande. Es werden Getreide, Hülsenfrüchte, Kartoffeln, Raps, Flachs gebaut; in Jütland Buchweizen. Die Viehzucht liefert Pferde, Rindvieh, Schafe, Schweine. Das jütische Pferd ist bekannt wegen seiner Stärke, Schönheit, Ausdauer. Die Schafe sind noch wenig veredelt. Die Fischerei ist nicht in dem Maße betrieben, wie man der Küstenausdehnung nach denken sollte. Der Fischfang war früher von größerer Bedeutung. Jetzt wird er vorzugsweise von den Jüten cultivirt. — Bergbau wird der geologischen Verhältnisse wegen nicht betrieben. Es bestehen Kalkbrennereien; man gräbt einige Braunkohlen und gewinnt in Jütland etwas Bernstein. Sehr fühlbar ist der Salzmangel.

Die **Industrie** Dänemarks ist von keinem großen Umfange und abgesehen von der Hauptstadt ziemlich unbedeutend. Am bedeutendsten ist die Tabakfabrikation und Zuckerraffinerie. Den weitesten Ruf genießen das dänische Leder und die dänischen Handschuhe. Sehr entwickelt ist dagegen die Gewerbthätigkeit im Hause. Man spinnt viel Flachs und verwebt ihn. In Jütland werden bedeutende Massen grober Wolle zu Strümpfen, Handschuhen, Jacken u. s. w. verarbeitet und selbst in die Ferne abgesetzt. Bierbrauerei und Branntweinbrennerei, dann Schiffsbau sind gleichfalls noch zu erwähnen.

Verkehrsmittel. Eisenbahnen S. 78, Telegraphen S. 71. Kanäle in Jütland: der 10 Meilen lange Silkeborgkanal, auf der Insel Seeland der Dannenskjöldkanal, welcher dazu dient, der Hauptstadt Holz zuzuführen. Der natürlichen Beschaffenheit des Landes zufolge wird der Binnenverkehr meist zu Wasser betrieben. Die Dampfschifffahrt an den Küsten und zwischen den einzelnen Inseln ist eine sehr ausgedehnte. Chausseen giebt es 80 Meilen auf den Inseln, 110 in Jütland. Ueber die Handelsflotte S. 47.

Handel. Dieser ist weit bedeutender als die Industrie. Der auswärtige Handel findet hauptsächlich mit Schweden und Norwegen, England und Deutschland (Stettin, Lübeck) statt. Die Einfuhren betrugen 1860 für das eigentliche Dänemark 36½ Mill. Reichsthaler, denen eine Ausfuhr von nur 18 Mill. gegenübersteht. Der bedeutendste Antheil daran kommt auf Kopenhagen. Baumwollwaaren, Fische, Eisen, Kolonialwaaren, Salz machen die Hauptposten des Imports aus, von dem jedoch wieder viel ausgeführt wird. Die Produkte des Ackerbaus und der Viehzucht sind die Hauptgegenstände der eigenen Ausfuhr.

Geld, Maß, Gewicht. Man rechnet nach Rigsdaler zu 6 Mark oder 96 Schilling à 5 Pfennig. Der silberne Rigsdaler ist gleich 22⅔ Silbergroschen. Es circuliren noch 2 Dalerstücke (Species) und halbe Daler. 1 Mark = 3¾ Silbergroschen. Die Frederiksd'or und Christiansd'or in Gold sind gleich dem Louisd'or. Gebräuchlich im gewöhnlichen Verkehr sind dänische Nationalbankscheine von 100, 50, 20, 10 und 5 Daler. Ein oft vorkommender Preisansatz ist 1 Mark 8 Schilling, dem Rigsohrt, 5⅔ Silbergroschen entsprechend; er existirt aber nicht geprägt. Längenmaß: 1 Alen (Elle) à 2 Fuß à 12 Zoll = 0,628 Meter. Hohlmaß 1 Laest (Last) à 12 Tonder (Tonnen) à 8 Skjäpper (Scheffel). 1 Tonder = 139 Liter.

Flüssigkeitsmaß: 1 Fuder à 6 Ahm à 4 Anker à 19³/₈ Kannen à 2 Pott à 4 Pegel. 1 Ahm = 149³/₄ Liter. Gewicht: 1 Ctr. = 100 Pfd., à 100 Quintin, à 10 Ort, 1 Pfund = 500 Grammen. 1 Schiffspfund = 20 Liespfund à 16 Pfund. 1 Kommerzlast = 52 Ctr.

Kolonialbesitz und Auswanderung. Gleich ihren Verwandten in Schweden und Norwegen wandern die Dänen gerne aus, doch nicht in die unwirthlichen eigenen Besitzungen, sondern meist nach Nordamerika, wo sie zu den Mormonen ein großes Contingent stellen. Die auswärtigen Besitzungen und Kolonien sind:

Die Faröer	24	Q.=M. .	9000 Bewohner
Island	1870	„ . .	67,000 „
Grönland	36,000	„ . .	10,000 „
St. Thomas, St. Croix, St. John	5¹/₂	„ . .	40,000 „
Dänische Besitzungen	37,899¹/₂	Q.=M. .	126,000 Bewohner

Seit 1867 steht Dänemark mit den Vereinigten Staaten in Unterhandlungen wegen des Verkaufs von St. Thomas und St. John, ohne bis Frühjahr 1870 einen Abschluß erzielt zu haben.

Dänemarks Fabrik= und Handelsstädte.

Kopenhagen, die Haupt= und Residenzstadt auf der Insel Seeland mit 160,000 Einw. repräsentirt eigentlich ganz Dänemark, denn alle dänischen Städte zusammengenommen, haben nicht so viel Einwohner wie diese; alle andern sind elende Nester. Darum strebt alles nach Kopenhagen, von wo allein Bewegung ausgeht, ohne welches Dänemark nicht denkbar, das von sich sagen kann: Ich bin der Staat. Die Industrie ist conform dem ganzen Lande gering, einige Maschinenfabriken, Leinwand= und chemische Fabriken ragen hervor. Aber der wichtigste Theil des dänischen Handels und der Schifffahrt concentriren sich hier. Es ist der Sitz der Nationalbank, der Assekuranzen, unterhält Dampferverbindungen mit den Ostseeländern, England, Hamburg und Frankreich und besitzt selbst über 400 Seeschiffe von circa 50,000 Tonnen. Der Schiffsbau wird lebhaft betrieben. Unter den Handelshäusern befinden sich viele deutsche. — Helsingör, 8500 Einw. am Sund, wo früher der Sundzoll erhoben wurde (S. 10). — Odense, Hauptstadt der Insel Fünen, 14,200 Einw., einige Fabriken und Brauereien. — Korsör auf Seeland, 3000 Einw., Hafenort und Endpunkt der seeländischen Bahn. — Rönne auf Bornholm, 5500 Einw., Seehandel, Fischerei. Die Uhrenfabrikation wird schwunghaft betrieben, seit 1750 dort ein mit Schwarzwälder Uhren befrachtetes Schiff strandete, das den Einwohnern die nöthigen Muster lieferte. In Jütland sind zu erwähnen: Aalborg, 10,000 Einw., Zucker= und Handschuhfabriken, Häringsfang. — Aarhuus, 11,000 Einw., desgleichen. — Silkeborg, bedeutende Papierfabrik. — Randers, 10,000 Einw., Handschuh=, Zucker=, Tuchfabriken, Kattundruckerei. — Horsens, 9000 Einw., Gerberei, Branntweinbrennerei. — Kolding, 4000 Einw., Schifffahrt, Fischerei.

Die Faröer, d. h. Schafinseln, liegen 70 Meilen südöstlich von Island im atlantischen Ozean und sind dürftig bewachsen. Die Hauptnährungs=

zweige der Bewohner bilden die Vieh=, besonders Schafzucht, der Fischfang (auch Grindwale), der Seevogelfang und das Sammeln von Eiderdunen. Die Schafwolle wird zu Jacken und Strümpfen verarbeitet. Der Handel wird auf königliche Rechnung betrieben. Haupthandels= und Hafenort ist Thorshavn mit 1000 Einw.

Island, d. h. Eisland, diese nordische, eigenthümliche Welt, mit seinen Geysern und Vulkanen, seinen weiten Lavafeldern und tiefen Fjorden, spielt trotz der ungünstigen natürlichen Verhältnisse und der schwachen Be= völkerung im Handel eine nicht unbedeutende Rolle. Durch vorzüglichen Wiesenwachs begünstigt, gedeiht die Viehzucht, namentlich die Schafzucht. Von nutzbaren Mineralien sind zu erwähnen Sandstein, Porzellanerde und sehr viel Schwefel, der im Distrikte Krisurik im Großen ausge= beutet wird. Industrie giebt es nicht, da jedermann sein eigener Handwerker. Der Handel, welcher bis 1854 Monopol war, ist den dänischen Unterthanen freigegeben, gegen hohe Abgaben auch fremden. Der Waarenumsatz zwischen Island und Dänemark beläuft sich auf etwa $1^1/_2$ Mill. Rigsdaler. Die Fischereiprodukte (Stock= und Plattfisch, Thran, Fischbein) stehen in erster Reihe da; ihr Markt sind die katholischen Länder zur Fastenzeit (Frankreich, Irland, Spanien). Andere Ausfuhrprodukte sind Schafwolle, Schwefel, Eiderdunen, Federn, Pferde, Polarfuchsfelle, Isländisches Moos. Es giebt 32 autorisirte Handelsplätze, darunter die Hauptstadt Rejkjavik mit 1500 Einwohner. Der Hafen ist schlecht.

Grönland, d. h. Grünland, schon zu Amerika gehörig, ein im Innern ganz mit Gletschern erfülltes Polarland, hat für den Handel geringe Bedeutung. Es giebt dort Metalle, an deren Ausbeutung jedoch nicht ge= dacht wird, dagegen hat die Gewinnung des Kryolit, der zur Darstellung von Aluminium benutzt wird, einen großen Umfang in der letzten Zeit ge= wonnen. Am Arsukfjord gewinnt man durch 100 Arbeiter jährlich 11,000 Tonnen. Die Fische, Renthiere, Robben und Eidergänse liefern den nur an der Westküste angesiedelten Bewohnern, Eskimos und wenigen Dänen, die Mittel zur Existenz. Fischbein, Thran, Robben=, Fuchs=, Bärenfelle und Eiderdunen sind die Ausfuhrprodukte. Julianshaab mit 1500 Einw. ist der bedeutendste Ort.

4. Die Niederlande (Holland).

596 Quadratmeilen. 3,553,000 Bewohner.

Handelsgeschichtliches. Dem heutigen Sprachgebrauche entgegen um= faßten bis zum fünfzehnten Jahrhundert die Niederlande den ganzen um die Quellgebiete der Maas, der Schelde, des Rheins bis zur Nordsee ge= legenen Landstrich ungetheilt, den wir jetzt Holland und Belgien nennen. Der geographischen Lage nach ein deutsches Vorland, gehörte es auch politisch zum deutschen Reiche, dessen Kaiser die einzelnen Provinzen zu Lehen gaben. Aber die zunehmende politische Schwäche des Reiches lockerte früh= zeitig jenes Band auch in den Nordprovinzen, während die Südprovinzen durch Erbschaft an Oesterreich und Spanien und zu einem kleinen Theil, dem eigentlichen Burgund, an Frankreich fielen.

Im Gegensatz zu den feudalen Einrichtungen im deutschen Reiche war hier in Flandern, Brabant und Burgund unter der Pflege einsichtiger Fürsten ein kräftiger Bürgerstand frühzeitig emporgekommen, und namentlich die Wollenindustrie einheimisch gemacht worden. Unter solcher Pflege hatte diese, im Anfang der deutschen weit nachstehende Industrie die letztere bald überholt. Bei dem seit den Kreuzzügen wachsenden Begehr nach Tuchstoffen und unterstützt von dem zu Anfang genügend im Lande selbst erzeugten Rohstoff gelangte die flandrische Wollenweberei rasch zu hoher Blüthe. Ihre Tücher beherrschten unbedingt den Markt, nicht nur im Norden, sondern auch im levantinischen Handel. Gent, Brügge, Lille, Arras erscheinen uns die berühmtesten Hauptsitze dieser Industrie, Hunderttausende ihrer Einwohner beschäftigten sich mit den verschiedenen, immer mehr vervollkommneten Zweigen des Gewerbes, mehr als einmal retteten die streitbaren Tuchmacher das Land in offener Feldschlacht vor französischer Herrschaft. Aber ihr trotziges Selbstgefühl gab ihnen die Waffen auch zu Zunftstreitigkeiten und selbst zu offenem Widerstand gegen ihre Grafen in die Hand und solche Unruhen trieben viele Arbeiter im vierzehnten Jahrhundert in die brabantischen Städte und stellenweise bis nach Holland und England, wo sie überall mit offenen Armen aufgenommen wurden. Doch behielten in diesem Zweige Flandern und Brabant noch für einige Zeit unbestritten die erste Stelle während zu gleicher Zeit die Leinwandfabrikation ähnliche Erfolge erzielte und die Spitzen von Valenciennes ihren Ruf gründeten. Endlich erblühte neben diesen verwandten Industriezweigen und getragen von den frühzeitig entdeckten Schätzen an Kohlen und Metallen eine halb ausländischer Zufuhr von Rohstoffen bedürfende Metallindustrie. Brüsseler Harnische, Lütticher Waffen aller Art wurden den besten Mailänder und Augsburger Arbeiten gleich geachtet. Seit den Kreuzzügen namentlich errangen sich die niederländischen Produkte einen Platz im Welthandel, der mit ihnen auf dem alten Handelswege durch Italien und Deutschland die Erzeugnisse des Orients austauschten. Brügge war damals unbestritten der Mittelpunkt des ganzen Seehandels, eine Stadt von mehr als 50,000 Einwohnern und auch der Stapelplatz aller südlichen Produkte, Früchte, Gewürze, seit die Italiener direkte Fahrten dahin machten; sie blieb es auch trotz der nachtheiligen Einflüsse der schon gedachten inneren Unruhen bis gegen das Ende des fünfzehnten Jahrhunderts. Während dieser Kämpfe aber und durch sie gestört zog sich der Handel nach Antwerpen zu einer Zeit wo die Entdeckung des Seewegs nach Ostindien ohnedem den ganzen Handel in neue Bahnen lenkte und das allmählige Aufhören der Benützung der alten Handelsstraße durch Italien und Deutschland auch alle diese Länder als Consumenten nach Antwerpen wies. Andererseits wurden die Spanier durch die aus ihren neuen Entdeckungen gewonnenen Schätze zu sehr guten Consumenten und zugleich brachte die Folge die Industrie und Produktion der Nachbarländer eine Menge neuer Waaren auf den Markt Antwerpens. So nahm die dortige Handelsbewegung unge heure Verhältnisse an und die flandrische Industrie nahm wieder zu nahe baren. Naturgemäß wurde Antwerpen bald auch der Hauptgestapel platz auf welchem die großen Banquierhäuser Deutschlands und Italiens, die Fugger, die Welser, die Genueser Spinola und viele andern ihre Comptoire hatten.

Dies ganze reiche und große Leben ward, nicht hundert Jahre später, durch den Erbanfall der Niederlande an Spanien und dessen tyrannische und bigotte Regierungsweise vernichtet. Mit der Einnahme Antwerpens durch die Spanier (1585) flohen viele Tausende in die benachbarten Länder und zumeist nach dem eigentlichen Holland und verpflanzten dorthin ihre Kunstfertigkeit. Nach Amsterdam zog sich der ganze Handel des gefallenen Platzes und übertraf bald den seiner einstigen Rivalin. Der Schiffsbau, schon seit dem zwölften und dreizehnten Jahrhundert höchst bedeutend und berühmt, nahm bald kolossale Verhältnisse an. Die Niederländer zogen den ganzen Handel mit Norwegen, Schweden, Deutschland an sich; englische und französische Industrieerzeugnisse strömten dort zusammen. Zugleich wuchs die Fischerei ungemein, wie z. B. die Zahl der 1601 zum Häringsfang ausgelaufenen 1500 Boote im Jahr 1609 auf das Doppelte gestiegen war. Zu ungeahnter Größe aber erwuchs dieser Handel durch die seit Anfang des siebzehnten Jahrhunderts beginnenden Unternehmungen sich im Vaterlande der kostbaren Gewürze und sonstigen indischen Produkte festzusetzen. Der glänzende Erfolg der ersten im Jahre 1598 unternommenen Versuchsexpedition von 4 Schiffen nach Ostindien rief sofort viele ähnliche hervor, und führte bald nothwendig zu einer Vereinigung dieser einzeln zu schwachen Gesellschaften in der im März 1602 gegründeten und von der Regierung mit großen Privilegien und Hoheitsrechten ausgestatteten holländischen Ostindischen Compagnie. Nicht ängstlich in der Wahl der Mittel entrissen die Holländer binnen wenigen Jahren den Portugiesen fast alle ihre Besitzungen auf den ostasiatischen Inseln und erbauten 1618 Batavia auf Java als Mittelpunkt ihrer Herrschaft. Das wichtige Ceylon nahmen sie 1658. Die während des spanischen Krieges gegründete Westindische Gesellschaft, die den Spaniern einige Inseln, den Portugiesen auf kurze Zeit Brasilien entriß, verlor mit dem Ende dieses Kaperkrieges und durch die Navigationsakte (S. 44) völlig ihre Bedeutung. Rückwirkend hoben sich durch den Besitz der Colonien Schifffahrt und Handel und der allgemeine Wohlstand auf das Höchste.

Die Holländer waren durch die ungemein starke und gute Marine wie durch die Tüchtigkeit ihrer zum großen Theil aus deutschen Elementen rekrutirten Seeleute als Frachtführer jeder anderen Nation weit überlegen, sie beherrschten den ganzen europäischen Seehandel und brachten dabei auch in den Zeiten des spanischen Krieges außerordentlich bedeutende den Silberschiffen Spaniens abgejagte Schätze in die Heimath. Aber mittlerweile waren die Nachbarn erstarkt und Frankreich, und noch mehr England, begann als Handelsrival Hollands aufzutreten, und zunächst durch Zölle dem holländischen Handel hinderlich zu werden. Seit der Mitte des siebzehnten Jahrhunderts trat ein entschiedener Rückgang ein. Die durch Cromwells Navigationsakte seiner Rhederei und seiner Fischerei bereiteten Nachtheile und Verluste vermochte Holland nicht mehr gutzumachen, noch die Wiederaufhebung der Akte zu erreichen. Auch den nordischen Handel wie die Fischerei mußten die Holländer mehr und mehr mit ihren Concurrenten theilen; sie behaupteten aber doch bis gegen Ende des achtzehnten Jahrhunderts durch ihre Verbindungen und die angehäuften Kapitalmassen einen sehr respektabeln Platz. Die in vorigen Zeiten im Waarenhandel und der Industrie beschäftigt gewesenen Kapitalien wurden nun zu Anlehen an Regierungen verwendet. Aus dem Handel mit den darüber lautenden Schuldscheinen bildete sich bald ein eigentlicher Effectenhandel in dessen Ausbildung Holland allen Staaten voranging und in dem Amsterdam noch heute eine tonangebende Großmacht ist.

Nachdem in der zweiten Hälfte des achtzehnten Jahrhunderts äußere Handelsverhältnisse, der amerikanische Krieg, die verderbliche Colonialpolitik und die aus diesem Allem entstandene große Staatsschuld die Niederlande in sehr üble Lage gebracht hatten, wurde ihr Wohlstand durch die verschiedenen Phasen der Napoleonischen Herrschaft, der sie als willenlose Bundesgenossen dienen mußten, furchtbar geschädigt, der Handel durch die Continentalsperre vernichtet, sogar ihre staatliche Existenz auf kurze Zeit aufgehoben.

Auf dem Wiener Congreß erstanden sie wieder als Königreich der Niederlande und erhielten auch von den Engländern die weggenommenen Colonien zurück mit Ausnahme von Ceylon, dem Cap und Guiana. Handel und Industrie des Mutterlandes sind seit jener Zeit in erfreulichem Fortschritt. Die Regierung gab das Prohibitivsystem auf und suchte besonders durch Verträge dem niederländischen Handel vortheilhafte Beziehungen zu verschaffen. Das Princip der Gegenseitigkeit trat an die Stelle der Ausschließung und der Schutzzölle. Die seit 1830 von den Niederlanden losgerissenen Südprovinzen, das heutige Belgien, sind ihrerseits eine Industriemacht geworden während der Seehandel derselben naturgemäß sich in bescheidenen Grenzen hält.

Landwirthschaft, Viehzucht, Fischerei. Die holländische Landwirthschaft befindet sich in einem Zustande hoher Blüthe. Die fruchtbarsten Gegenden sind Seeland und Geldern. Schöne Waiden giebt es in fast allen Provinzen. Die Umgebungen von Harlem, Utrecht und Amsterdam gleichen einem wohlgepflegten Garten und viele große Sumpf- und Meeresstrecken sind in fruchtbares Ackerland verwandelt worden. So hat man das Harlemer Meer von 1840—1853 mit einem Kostenaufwande von 5 Mill. Thaler ausgetrocknet und dadurch über drei Quadratmeilen Boden gewonnen, auf dem jetzt 8000 Menschen wohnen. Aber noch liegen weite Moorflächen in Drenthe, Gröningen u. s. w. unbenützt. Gebaut werden alle Getreidearten, Flachs, Hanf, Krapp, Delfrüchte, Tabak, Hopfen, Gemüse, Buchweizen, Blumenzwiebeln. In den fetten Marschen gedeiht vorzugsweise die Rindviehzucht, die nicht nur den Bedarf des Landes befriedigt, sondern eine bedeutende Ausfuhr von Schlachtvieh, Butter und vorzüglichem Käse ermöglicht. Da Speck einen Hauptnahrungszweig der niederu Klassen ausmacht, so wird Schweinezucht stark betrieben. Die Fischerei gewährt 20,000 Familien Nahrung; auf sie wurde die holländische Handelsbedeutung begründet. Der einst großartige Häringsfang ist verfallen, scheint sich aber wieder heben zu wollen. Austern, Muscheln, Hummern, alle Arten Seefische sind in Menge an den Küsten und in den Binnengewässern vorhanden. Eine wichtige Rolle spielt der Torf, von dem jährlich 35 Mill. Tonnen gewonnen werden. Da Holland meist angeschwemmtes Land ist, so giebt es keinen Bergbau. Gewonnen werden Thon, Pfeifenerde und viel Seesalz.

Industrie. Sie steht hinter dem Ackerbau und Handel bedeutend zurück. Es herrscht völlige Gewerbefreiheit und die 1778 gegründete niederländische Gesellschaft zur Beförderung der Industrie hat einen wohlthätigen Einfluß ausgeübt. Die Hauptfabriken sind in den großen Städten. Vorzüglich blühen jene Gewerbe, die mit dem Schiffbau und dem Kolonialhandel in Verbindung stehen. Der Schiffbau selbst ist bedeutend und ehedem waren die Holländer hierin Meister anderer Völker, wie auch das Beispiel Peters des Großen beweist, der bei ihnen in diesem Gewerbszweig in die Lehre ging. Holzsägemühlen, Seilereien und Segeltuchfabriken sind bedeutend. Eisengießereien und Maschinenfabriken sind neuerdings von Wichtigkeit geworden. Sonst erwähnen wir die Leinenfabriken und Tuchfabriken, beide von europäischem Ruf; die Leder- und Baumwollfabriken, die Fabrikation von Tabak und Cigarren, Zuckerfabriken, Bierbrauereien, Branntweinbrennereien (Genever), Goldschmiedewaaren und die Diamantenschleiferei.

Verkehrsmittel. Eisenbahnen S. 71, Telegraphen S. 78. Die Binnenschifffahrt auf Strömen und Kanälen, namentlich dem Rhein, spielt eine große Rolle. Das Kanalsystem ist, durch die natürlichen Verhältnisse des flachen, wasserreichen Landes begünstigt, außerordentlich entwickelt. Die großen Kanäle, die alle wichtigen Orte verbinden, haben eine Länge von 90 Meilen; an sie schließen sich kleinere künstliche Wasserstraßen an, die hauptsächlich landwirthschaftlichen Zwecken dienen und auf denen die bekannten Trekschuiten (Ziehschiffe) fahren. Ein Riesenwerk ist der im Bau begriffene Kanal, welcher vom Y in die Nordsee geführt wird. Die niederländische Handelsflotte ist noch immer eine der hervorragendsten (S. 47).

Handel. Die maritime, aber zugleich die kontinentale Lage, der Besitz wichtiger Strommündungen, die vielfache Verzweigung ihrer Wasserbahnen, alles dieses bot die Grundlagen zu einem Weltverkehr, die der Unternehmungsgeist des Volkes trefflich zu verwerthen wußte. Der Seehandel der Niederländer sucht, ohne Rücksicht auf den Ursprung der Produkte und Fabrikate, in dem gegenseitigen Austausch zwischen entfernten Völkern einen doppelten Gewinn zu erreichen. Auf den Trümmern der ostindischen Compagnie wurde 1824 die niederländische Handelsmaatschapij gegründet, neben der zahlreiche andere Handels- und Assekuranzgesellschaften bestehen. Die Handelsbewegung ist eine stets sich hebende. Im Jahre 1868 erreichte die allgemeine Einfuhr einen Gesammtwerth von 578,265,475 Gulden oder ungefähr 5 Procent mehr als 1867. Die Einfuhr für den Verbrauch hatte einen Werth von 469,927,381 Gulden (mehr als 7 Procent höher). Der Werth der Ausfuhr betrug im Ganzen 843,336,245 Gulden oder 14 Procent mehr als im Vorjahre. Die Durchfuhr hat dagegen mit mehr als 3 Procent abgenommen, und erreichte nur einen Betrag von 105,513,573 Gulden. Die vorzüglichsten Ausfuhrartikel sind Vieh, Käse, Butter, Tabak, Leinwand, Spitzen, Leder, Papier, Genever, Fische, Thran. Eingeführt werden dagegen, theils zum eigenen Gebrauche, theils zur Spedition, meist nach den Rheinlanden, Getreide, Holz, Metall=, Seiden= und Wollwaaren, Wein, Kolonialprodukte.

Geld, Maß und Gewicht. Man rechnet nach Gulden niederländisch à 100 Cents. 1 Gulden = 17 Silbergroschen. Das Maßsystem ist das französische, metrische, allein mit einheimischer Benennung. 1 Elle (Meter) à 10 Palmen (Decimeter) à 10 Duime (Centimeter) à 10 Steepen (Milli= meter), 1 Rode = 1 Dekameter. Hohlmaß: 1 Last = 30 Mudden à 10 Scheepel à 10 Kop à 10 Maatjes. Flüssigkeitsmaß: 1 Bat = 100 Kannen à 10 Maatjes à 10 Wingerhoed. 1 Bat = 1 Hectoliter. Gewicht: 1 Pond (Kilogramm) à 10 Onzen à 10 Looben à 10 Wigtjes à 10 Korrels. 1 Steen = 3 Pond.

Auswanderung und Kolonialbesitz. Die Niederländer hängen mit Liebe an dem Boden ihrer Väter und wandern wenig in die Fremde aus. Von Ende 1847 bis Ende 1861 verließen in 15 Jahren nur 27,000 Per= sonen ihr Vaterland um nach Amerika zu ziehen. Daher kommt es auch, daß in den großen Kolonien nur verschwindend wenig Holländer sich befinden. Einzig und allein ein ganz vortreffliches Kolonialsystem bewirkte es, daß die Kolonien im Besitze Hollands blieben und diesem zur fortdauernden Quelle des reichsten Gewinnes wurden. Holland, einst meerbeherrschend, war früher noch weit reicher an überseeischen Besitzungen als heute, steht aber darum doch noch als eine der ersten Kolonialmächte da. Im Folgen= den geben wir die Uebersicht der niederländischen Kolonien.

Residentschaften.	Quadratmeilen.	Bewohner.
Java und Madura	2444,6	14,168,416
Sumatras Westküste	2900,6	1,093,232
Benkulen	455,6	125,067
Lampongs	475	93,307
Palembang	2912	525,331
Riau	825	25,666
Banka	237	55,519
Billiton	119	17,713
Borneo, Westabtheilung	2806	855,706
Borneo, Süd= und Ostabtheilung	6568	873,192
Celebes	2149,9	297,895
Menado	1267,2	865,178
Ternate	1129,7	93,762
Amboina } Moluken	478,9	161,875
Banda	411,3	111,320
Timer mit Sumba	1042,6	907,184
Bali und Lombok	190	863,725
Niederländisch Indien	25,713	20,074,155
Neu Guinea	8210	200,000
Westindische Inseln (Curaçao ꝛc.)	17,31	33,443
Surinam	2956	59,078
Besitzungen an der Guineaküste	500	120,000
Niederländisches Kolonialreich	32,396	20,486,676

Hollands Fabrik= und Handelsstädte.

Amsterdam mit 270,000 Einwohnern, die alte Hauptstadt und zweite Residenzstadt des Königreichs am Y (Ei), einem Arm der Zuydersee. Es ist der bedeutendste Handelsplatz Niederlands, für den im allgemeinen gilt, was wir über Ein= und Ausfuhren Hollands schon sagten. Der vortreff= liche, mit guten Docks versehene Hafen ist für die größten Schiffe zugängig. Amsterdam besitzt über 300 eigene größere Schiffe mit einem Gehalt von 115,440 Tonnen, die hauptsächlich nach Ost= und Westindien fahren. Unter= stützt wird der Handel durch zahlreiche Geldinstitute, darunter die Bank von Niederland. Viele Handelshäuser sind in deutschen Händen. Die Stadt wurde im dreizehnten Jahrhundert gegründet. Ihre Handelsgeschichte fällt mit jener der Niederlande zusammen (S. 137). Die Industrie ist gleich= falls wie oben (S. 139) angegeben. Hervorzuheben sind noch die von der Handelsgesellschaft alljährlich veranstalteten Kaffee=, Indigo=, Zucker= und Gewürzauctionen, die von Einfluß auf die Preise dieser Waaren sind. — Rotterdam, die zweite Handelsstadt der Niederlande an der schiffbaren Maas mit 120,000 Einwohnern, der natürliche Seehafen und Seestapelplatz des Rheingebiets, ist im fortwährenden regen Aufschwunge begriffen und namentlich mit Deutschland in regem Verkehr. Im Jahre 1866 liefen 4500 Schiffe, darunter 1400 Dampfer, im Hafen ein. Handel und Ge= werbe wie Amsterdam. — Haag, 50,000 Einw., königliche Residenz, Gieße= reien, Porzellanfabriken. — Leyden, 40,000 Einw., Wollfabriken, Vieh= handel. — Harlem, 31,000 Einw., Seiden= und Leinenfabriken, Handel mit Blumenzwiebeln. — Zaandam, 13,000 Einw., Schiffsbau, Papierfabrik. — Enkhuysen, 6000 Einw., Fischerhafen. — Hauptsitze des Käse= und Butterhandels sind: Alkmaar 12,000 Einw., Edam 5000 Einw., Hoorn 10,000 Einw. — Helder, 17,000 Einw., Hafenstadt mit Marineetablisse= ments. — Gouda, 1800 Einw., Branntweinbrennerei, holländ. Thonpfeifen, Segeltuch, Wollfabriken. — Delft, 22,000 Einw., Tapetenfabrikation, Waffenfabrik, Teppichfabrikation, früher berühmt durch Steingut (Delfter Zeug). — Schiedam, 17,000 Einw., Genèvrebrennerei. — Dordrecht, 25,000 Einw., starker Handel, Zuckerraffinerien. — Utrecht, 60,000 Ein= wohner am alten Rhein, chemische Fabriken, Bierbrauereien, Cigarrenfabriken, Leinwandbleichen, Handel mit Trinkwasser nach Amsterdam. — Amersfoort, 13,000 Einw., Tabakshandel, Spedition. — Middelburg, Hafenstadt mit 16,000 Einw., Schiffsbau. — Herzogenbusch, 25,000 Einw., Salzraffine= rien, Leinenfabrikation. — Breda, 15,000 Einw., Teppichfabriken. — Steenbergen, 6300 Einw., Mittelpunkt der Krappfabrikation. — Roer= monde, 9000 Einw., Tuchfabriken. — Maestricht, 29,000 Einw., Leder= fabriken, Glas. — Arnhem, 31,000 Einw., Tabakfabrikation, Schiffsbau, Getreidehandel. — Nimwegen, 23,000 Einw., Gerberei, Bierbrauerei. — Zwolle, Hafen mit 21,000 Einw., Schifffahrt, Schiffsbau, Getreide und Viehhandel, Baumwollweberei. — Apeldoorn, 12,000 Einw., Papierfabri= kation. — Deventer oder Demter, 18,000 Einw., an der Yssel, bedeutende königliche Teppichfabrik, Eisengießereien, Fabrikation von Strickwaaren, Vieh= und Butterhandel, Fabrikation von Honigkuchen (¼ Mill. Pfd. jährlich.) — Hogeveen, 11,000 Einw., Torfhandel. — Leeuwarden, 25,000 Einw., Tabak= und Leinenfabriken, Viehhandel. — Gröningen, 38,000 Einw., Papierfabriken, Viehhandel, Leinen= und Tabaksfabriken. — Harlingen, 10,000 Einw., Salzsiederei. — Als Hafenorte sind noch zu erwähnen

Maassluis 3600 Einw., Vliessingen 12,000 Einw., Briel 4300 Einw. und Delfzyl 5700 Einw.

Einst mit dem Festland verbunden, jetzt durch das Meer von diesem getrennt, liegen an der nordöstlichen Küste Hollands und vor der Zuyder See die Inseln Texel, Vlieland, Terschelling, Ameland, Schiermonikoog und Rottum, alle mit herrlichem Wiesenwachs und Viehzucht.

5. Luxemburg.

47 Quadratmeilen. 210,000 Bewohner.

Im vollen Sinne des Worts ein Kleinstaat mit allen seinen Vorzügen und Mängeln, verbunden durch Personalunion mit dem Königreich der Niederlande, aber zum deutschen Zollverein gehörig und bis 1866 ein Theil des deutschen Bundes. Die Bevölkerung, deutschen Stammes, zeigt in den höhern Ständen viel Französisches. Auch im Großhandel herrscht die französische Sprache vor. Der Zollverein hat das Ländchen zur Blüte gebracht, und mit einer Trennung von demselben würde die ganze Industrie und ein großer Theil des Handels vernichtet werden. Das Großherzogthum ist ein reiches Getreideland, die breiten, fruchtbaren Thäler gestatten beträchtliche Viehzucht, und die Waldungen bieten Nutzholz. An der Mosel wird Wein gebaut. Im nördlichen Theil gedeiht die Schweinezucht und die Lohhecken liefern reichen Ertrag. Die großen Eisenwerke und Eisensteingruben, die Gerbereien und Korkfabriken, die Handschuhfabriken, die Flanell- und Papierfabriken repräsentiren ein Kapital von 100 Mill. Francs. Vier Hauptbahnen verbinden das Ländchen mit Frankreich, Belgien und Deutschland und senden Zweigbahnen ins Innere. — Die umlaufenden Münzen sind die der drei Nachbarstaaten. Maß und Gewicht wie bei Niederland. Im Zollwesen gilt das Zollpfund.

Die Hauptstadt Luxemburg oder Lützelburg mit 14,000 Einwohnern konzentrirt hauptsächlich den Handel. Andere Städte: Echternach, 4000 Einwohner und Diekirch 3300 Einwohner.

6. Belgien.

535 Quadratmeilen. 5 Millionen Bewohner.

Belgien, früher mit den Niederlanden vereinigt, deren Handelsgeschichte auch die seinige ist, riß sich durch die Revolution von 1830 los und proklamirte sich als selbständiger Staat, der unter der Regierung des Königs Leopold I. zu hoher Blüte gelangte und dem von den übrigen Mächten „ewige Neutralität" zugesichert wurde. Es ist ein von romanischen Wallonen und germanischen Flamingen bewohntes französisch-deutsches Uebergangsland, ein Hort bürgerlicher und politischer Freiheit mit hoch entwickeltem Städtewesen, durch seine Lage und die kurze, noch nicht zehn Meilen lange Küste am Kanal ein Durchgangsland vom Kontinent nach England.

Productivität. Die Landwirthschaft gedeiht vortrefflich. Alle Arten Getreide, Hanf, Flachs, Oelsamen, Tabak, Hopfen, Cichorie, Krapp, Runkelrüben, Obst, im Südosten auch Wein werden gebaut. Die Viehzucht steht in gleicher Blüte; man züchtet Pferde, Rinder, Schafe (700,000 Stück, wichtig für die entwickelte Tuchindustrie), Schweine, Geflügel. In den Ardennen stehen noch bedeutende Wälder. Einen unerschöpflichen Reichthum besitzt das Land in seinen unterirdischen Schätzen. Der Bergbau wird auf Blei, Kupfer, Zink, Galmei, Alaun und Marmor betrieben. Das Zusammenvorkommen von Steinkohlen und Eisen in erstaunlicher Fülle begründete die hochentwickelte belgische Industrie. Die jährliche Produktion an Steinkohlen beträgt 12 Millionen Tonnen. Das Kohlenbecken erstreckt sich von Lüttich über Namur und Charleroy bis Mons. Die Gruben enthalten alle Arten von Steinkohlen, besonders die „Charbon flénu", die selbst von Pariser Fabriken gesucht wird. Der Reichthum an Kohlen wird selbst noch gesteigerten Ansprüchen auf Jahrhunderte hinaus genügen. Schwefel wird jährlich gegen 8000 Centner gewonnen.

Industrie. In den Steinkohlenbezirken reiht sich Grube an Grube, Hochofen an Hochofen, Maschinenbauanstalt an Maschinenbauanstalt; zahllose Bahnen vermitteln den Verkehr zwischen den verschiedenen Anstalten. Die Eisenindustrie ist dort zu einem ihrer Höhepunkte vorgeschritten. Gewehrfabriken, Maschinenfabriken, Nagelschmieden, Blechwalzwerke, Drahtziehereien bedecken das Land. Da die belgischen Eisenerzgruben nicht mehr den Ertrag wie früher liefern (1868 nur 136,000 Tonnen), so mußten im genannten Jahre 396,282 Tonnen Erz zugeführt werden. Die Ausfuhr an Eisenwaaren hebt sich stark; 1868 betrug sie 189,802 Tonnen. Hierzu gesellen sich Zinkgießereien, Schrotwerkstätten, Fabriken von Gold- und Silberwaaren. Die Leinenindustrie, früher verfallen, beginnt sich wieder zu heben und beschäftigt 250,000 Arbeiter, namentlich in Flandern. Das Handgespinnst nimmt mehr und mehr ab. Bekannt sind die Damast- und Battistwebereien von Brügge; Brüsseler und Brabanter Spitzen, die hauptsächlich in Brüssel geklöppelt werden, sind weit berühmt. Die Valenciennes, die den Hauptzweig der Spitzenindustrie ausmachen, werden meist in Westflandern fabrizirt. Die Tuchfabrikation, die den Ruf der alten Niederländischen Tücher aufrecht erhält, hat ihren Hauptsitz im Osten, mit Verviers als Centrum. Daran schließen sich Teppich- und Strumpffabriken, letztere im Hennegau. Der Consum an Baumwolle in Belgien beträgt gegenwärtig 10 Mill. Pfund. Die Hauptfabriken liegen in Flandern, Brabant und im Hennegau. Als Belgien sich von Holland trennte, fiel für diese Fabriken die Ausfuhr nach den Kolonien fort und ein Rückgang der Baumwollenmanufaktur trat ein. Die Gerberei ist bedeutend; Leder wird um Lüttich, Namur und besonders Stavelot verfertigt; die Handschuhfabrikation in Brüssel gewinnt von Jahr zu Jahr an Aufschwung. — Die chemischen Fabriken gedeihen namentlich in der Neuzeit; Schwefelsäure wurde 1867 über 415,000 Centner produzirt; es giebt Glasfabriken, die namentlich für den überseeischen Handel arbeiten, Porzellan- und Fayencefabriken, Runkelrübenzuckerfabriken (15,000 Tonnen Zucker jährlich), Strohhut und Holz-

waarenfabriken. Ueberall aber, wo es möglich, ist Dampfkraft in der In=
dustrie verwendet. Die Zahl der Dampfmaschinen beträgt 5500.

Verkehrsmittel. Belgiens Eisenbahnsystem ist eines der
ständigsten entwickelten (S. 69 und 71). Die Chausseen und Kan.
in vortrefflichsten Stande. Unter den Flüssen hat für die Schifffa.
größere Bedeutung die Schelde, die auch in handelspolitischer Be.
für Belgien eine Rolle spielt. Durch den Londoner Traktat von
wurde die „Scheldefrage“ insofern zu Gunsten Hollands gelöst, als b.
von jedem Schiffe 1½ Gulden per Tonne erheben durfte, welche Bes.
tung ein Beschluß der Kammer durch die Rückerstattung des Zolls an
sämmtliche Schiffe aufzuheben suchte. Dieser schwere Tribut an Holland,
den die gewaltsame Losreißung Belgien auferlegte, wurde erst 1863 durch
Rückkauf und unter Betheiligung der verschiedenen mit Antwerpen verkehrenden
Seestaaten beseitigt. Die Handelsflotte Belgiens ist nicht bedeutend
(S. 47).

Handel. Der gesammte Ein= und Ausfuhrhandel stellte sich 1861
auf den Werth von 1,870,700,000 Franken. In dieser Ziffer ist der
Werth der sämmtlichen zum innern Verbrauche, zur direkten Durchfuhr und
zur Lagerung in den Entrepots eingeführten Waaren mit zusammen 956 Mill.
Franken inbegriffen. Der Generalhandel bei der Ausfuhr (belgischer und
fremder Waare) betrug 846 Millionen. Die ausländischen, zum belgischen
Consum eingeführten Waaren und die ausgeführten belgischen Erzeugnisse
repräsentirten einen Werth von 1010 Mill. Franken. Der Gesammtwerth
der ausländischen, zum inneren Verbrauch abgefertigten Waaren betrug
557 Millionen, jener der exportirten belgischen Produkte 454 Mill. Franken.
Ausgeführt werden: Steinkohlen, Flachs, Lein=, Baumwoll= und Wollen=
waaren, Maschinen, Leder, Glaswaaren, Feuerwaffen, Spitzen, Nägel,
Spiegel, Zink, Papier, Steine. Eingeführt: Baumwolle, Eisenerze, Wolle,
Häute, Colonialwaaren, Wein, Getreide, Düngerstoffe, Oelkuchen. Belgien
hat zahlreiche Handelsverträge, selbst mit Japan, abgeschlossen, das Consulat=
wesen ist gut geordnet, die Zolltarife werden fortwährend erniedrigt und die
Verbindung mit überseeischen Staaten wird regelmäßig aufrecht erhalten.

Geld, Maß, Gewicht. Wie in Frankreich. Als Scheidemünze hat
man 20=, 10= und 5=Centimesstücke aus Nickel, neben dem Kupfergeld.
Allein zur Ausgabe von Banknoten berechtigt ist die durch Gesetz vom
5. Mai 1850 begründete Nationalbank mit einem Kapital von 25 Mill.
Franken. Sie macht ausschließlich Depositen, Giro= und Diskontogeschäfte
und führt außerdem die Staatskasse gegen eine Entschädigung von 200,000
Franken im Maximum.

Fabrik= und Handelsstädte.

Brüssel, mit 190,000 Einwohnern ist nicht blos die Residenzstadt,
es ist in hervorragender Weise Fabrik= und Handelsstadt, in der neben
luxuriösen Palastvierteln Fabrikquartiere mit langen Rauchessen versehen
und an den beschifften Kanälen eine von Verkehr und Wandel aller Art
bewegte Handelsstadt sich hinziehen. Brüssel ist der Sitz bedeutender Geld=
institute und Banken; im Handel herrscht der Detail= und Luxushandel vor.

Die hauptsächlichsten Gewerbezweige sind: Spitzen=, Kutschen=, Möbel=, Papier=, Lederfabrikation. — Antwerpen, 124,000 Einw., der erste Handels= und Hafenplatz Belgiens, an der für die größten Seeschiffe zugängigen Schelde mit schönen Hafenbassins, ist Freihafen, der Sitz bedeutender Assekuranz= und Handelsinstitute, einer der ersten Punkte für Auswanderung und überseeische Dampfschifffahrt. Seit einem Jahrzehnt ist es der wichtigste Platz für den Petroleumhandel. Die Fabriken und Manufakturen in Zucker, Bleiweiß, Lakmus, Stöcken, Baumwollstoffen, Spitzen, Tapeten, Gold= und Silbertressen, Diamantschleifereien sind sehr ansehnlich. Die einst berühmten Messen sind zu Jahrmärkten herabgesunken. Handelsgeschichtliches siehe S. 136. — Löwen (Louvain), 33,000 Einw. an der Dyle, starker Getreidehandel, Bierbrauereien, Tabaks= und Spitzenfabriken, Töpfereien und Salzsiedereien. — Tienen (Tirlemont), 12,000 Einw., der wichtigste Wollmarkt Belgiens. — Mecheln (Malines) 35,000 Einw. an der Dyle, Knotenpunkt des belgischen Eisenbahnsystems, heute sehr herabgekommen, hat noch Baumwoll= und Maschinenfabriken. — Turnhout, 13,000 Einw., Leinwandbleichen, Drillichfabriken. — Ostende, 18,000 Einw. am Meer, mit gutem Hafen, Sitz einer Handelskammer und eines Handelsgerichts, mit Leinen=, Segeltuch= und Tabaksfabriken, Schiffbau, Fischerei, Austernzucht und lebhaftem Handel, ist von Wichtigkeit als Endpunkt der Dampferlinien von Dover und London. — Brügge (Bruges), 50,000 Einwohner, an der Vereinigungsstelle der Kanäle von Gent, L'Ecluse und Ostende, welche Seeschiffen Zugang zur Stadt gestattete, war im Mittelalter eine der wichtigsten Handels= und Hansastädte, welche nach Versandung der Häfen von Sluys und Damme von Antwerpen überflügelt wurde. Noch immer eine hervorragende, gewerbthätige Stadt, hält sie mit ihrer früheren commerziellen Bedeutung heute keinen Vergleich mehr aus. Es bestehen Leinen=, Woll=, Baumwoll=, Spitzenfabriken, Bierbrauerei und Schiffbau. — Ypern, 18,000 Einw., Tuchfabriken. — Kortryk (Courtray), 24,000 Einw. an der schiffbaren Lys, mit Leinen=, Spitzen=, Baumwollzeugfabriken, Bleicherei, Seifensiederei und Zuckerraffinerien. In der Umgebung wächst der beste niederländische Flachs. — Gent (Gand), 127,000 Einw. am Einfluß der Lys in die Schelde, Sitz eines Handelsgerichts und einer Handelskammer. Die Umgebung, einem wohlgepflegten Garten vergleichbar, ist ausgezeichnet durch eine vorzügliche Blumenkultur. Im fünfzehnten Jahrhundert von hoher Bedeutung und Macht, so daß sie 30,000 Mann in's Feld stellen konnte, und 40,000 Leinen= und Wollarbeiter beschäftigte, sank die Stadt allmählich und litt durch die Trennung von Holland sehr empfindlich. Doch hat sie jetzt wieder große Leinen= und Baumwollmanufakturen, Tuch=, Leder=, Papier= und Tapetenfabriken, Eisengießereien, Maschinenwerkstätten, Zuckerraffinerien. — Dendermonde, 9000 Einw., an der Schelde, Salzraffinerien, Deckenweberei, Seilerei, Bleicherei. — Wetteren, 9500 Einw., Leinenindustrie. — Aelst (Alost), 20,000 Einw., Leineninbustrie, Hopfenbau. Die Leineninbustrie hat in dem durch seinen Flachsbau bekannten Waeslande in St. Nikolas, 24,000 Einw., Lokeren 18,000 Einw., ihren Hauptsitz. — Tournay (Dornik) mit 32,000 Einw. an der Schelde, liefert Wollstoffe, Strumpfwaaren, Teppiche, Leinwand, Band, Fayence, Seife, Lichter. Starker

Handel mit Getreide und dem Schiefer aus den Brüchen der Umgebung.
— Bergen (Mons), 28,000 Einw. an der Trouille, Sitz eines Handelsgerichts, Baumwollfabriken, Handel mit Getreide und Steinkohlen. In der
Umgegend die wichtigsten Steinkohlengruben Belgiens. Ferner Mittelpunkte
der Steinkohlenbergwerke, der Eiseninbustrie und Glasfabrikation sind Charleroy an der Sambre, 14,000 Einw., Jumet 15,000 Einw., Gilly
15,000 Einw., Montigny 12,000 Einw. — Namur (Namen) am Einflusse der Sambre in die Maas mit 28,000 Einw. berühmt durch seine
Messerschmiedewaaren, Metallarbeiten und Lederfabriken. — Lüttich (Liéges)
an der Maas, 105,000 Einw., Sitz einer Handelskammer und eines Handelsgerichts, mit großem Handel, der durch die Maasschifffahrt und die Eisen-
bahnverbindungen begünstigt wird. Unter den Fabriken sind die Tuch- und
Wollzeugfabriken und die Gewehrfabriken (vergl. S. 106 unter Birmingham) die ansehnlichsten. Außerdem Geschützgießerei, Zinkfabrik, Gerberei,
Leimsiederei, Cichorienfabriken, Nagelschmieden. Bekannt ist die Passage
Lemonier, ein großartiger Bazar. — Seraing bei Lüttich, 27,000 Einw.,
eine von John Cockerill 1820 begründete wichtige Maschinenbauanstalt, die
einst Weltruf besaß, jetzt aber schon von andern Werken in Deutschland
und England überflügelt ist. Man verbraucht jährlich 220 Mill. Kilogramm Kohlen, beschäftigt 7500 Menschen und erzielt eine Bruttoeinnahme
von 20 Millionen Franken. Nach Cockerills Tode (1840) übernahm eine
Gesellschaft die Werke. — Verviers, 32,000 Einw., Grenzstation nach
Deutschland hin. Mittelpunkt der Tuch- und Kasimirfabrikation. Im Jahre
1866 wurden von Verviers aus über 200,000 Stück Tuch im Werthe von
mehr als 43 Mill. Franken versandt. Außer 45 Tuchfabriken bestehen
bort 13 Woll- und Kammgarnspinnereien.

7. Die Schweiz.

740 Quadratmeilen. 2,600,000 Bewohner.

Handelsgeschichtliches. Die kleine Schweiz verdankt einen großen
Theil ihrer Bedeutung der geographischen Lage; sie ist ein Uebergangsland
zwischen Deutschland, Frankreich und Italien und hat von allen drei Kultur-
ländern etwas an sich genommen. Im Mittelalter fällt ihre Handelsgeschichte noch theilweise mit jener Deutschlands zusammen. Tuch- und Leinenweberei wurden schon frühzeitig betrieben. Im sechzehnten Jahrhundert
gesellte sich die Seidenweberei, dann die Baumwollmanufaktur hinzu. Den
Hauptanstoß zur späteren Ausdehnung dieser Erwerbszweige gab die Einwanderung wohlhabender französischer Fabrikanten, die durch die Aufhebung
des Edikts von Nantes aus ihrem Vaterlande vertrieben wurden. Ihnen,
die vorzugsweise in Basel sich niederließen, ist die Vervollkommnung der
Seidenfabrikation zu danken. Die schwunghafte Uhrenfabrikation bildete sich
in Genf und Neuenburg im Laufe des achtzehnten Jahrhunderts aus. Harte
Zeiten überstand der Schweizer Handel während der Kriege zu Anfang
dieses Jahrhunderts durch die Unterbrechung des Verkehrs mit England,

von wo man die Baumwollengarne und rohen Gewebe bezog. Die Kontinen=
talsperre, die diesen Zustand zu verschlimmern drohte, rief im Lande selbst
Spinnereien und Webereien hervor, die sich Dank der Intelligenz und
Thätigkeit der Unternehmer bei bedeutender Kapitalkraft und billigen Ar=
beitslöhnen nicht nur hielten, sondern zu hoher Blüte emporschwangen. Schon
die natürlichen Verhältnisse des Landes wiesen seine Bewohner — die in
ihrer Nahrung vom Auslande abhingen — auf die Industrie hin. Fleiß
und Sparsamkeit, die zahlreichen Wasserkräfte, eine vernünftige politische
Freiheit, die mit der Handelsfreiheit Hand in Hand ging, begünstigten
Handel und Industrie. Der Schweizer, auf die eigene Kraft hingewiesen,
wandert doch gern und verschafft selbst in der Ferne den heimischen Pro=
dukten Absatz; er hat durch Handelscomptoire in Amerika wie Asien dafür
gesorgt, daß er mit der Geschmacksrichtung der fernsten Länder vertraut
bleibt, die er, ohne an die See zu grenzen und eine Flotte zu besitzen, er=
folgreich mit seinen Waaren versieht. Namentlich die letzten zwei Jahr=
zehnte sind eine Periode außerordentlichen industriellen Aufschwungs gewesen.
Die mit Amerika geknüpften Beziehungen konnten nur vorübergehend durch
die Krisis von 1857 gestört werden und selbst die Folgen des nordameri=
kanischen Bürgerkriegs mit seinen hochgeschraubten Baumwollpreisen, den
hohen Schutzzöllen, welche die Union einführte, überstand die Schweizer In=
dustrie. Der Schweizer, von Natur sehr gelbliebend und erwerbseifrig,
bringt überall hin, wo es etwas zu verdienen giebt. Sein Consulatwesen
ist gut geordnet; er hat mit China, Japan (1866) und andern überseeischen
Ländern Handelsverträge abgeschlossen. Der Vertrag mit dem deutschen
Zollverein datirt vom 13. Mai 1869.

Landwirthschaft und Viehzucht. Gegen drei Achtel des Bodens in
der Schweiz bestehen aus Seen und andern Gewässern, Gletschern, nackten
Felsen und unwirthbaren Höhen. Dieser große Theil des Bodens ist also
dem Anbau verloren. Die reichen Waiden aber ersetzen manches wieder.
Der Ackerbau erstreckt sich je nach der Lage und dem Klima auf Getreide,
doch lange nicht genug, um das Volk zu ernähren, Wein (1½ Millionen
Eimer). Große Sorgfalt wird der Kultur des Obstes und der Kastanien
zugewendet. Charakteristisch für die Schweiz und im innigen Zusammen=
hange mit der Viehzucht, ist die Alpenwirthschaft*). Unter ihr versteht
man die Sicherung des Alpbodens gegen Naturereignisse, die gute Benützung
des vorhandenen Viehdüngers, Ausrottung schädlicher Kräuter, Nachpflanzung
von Bäumen u. s. w. alles im Interesse der Milchwirthschaft, die den
hauptsächlichsten Ertrag der Alpen liefert. Der Kapitalwerth sämmtlicher
schweizer Alpen, d. h. Gebirgsgegenden, die zur Waide des Viehs benützt
werden, wurde 1864 auf über 77 Millionen Franken veranschlagt. Es
waideten 153,320 Kühe in den Alpen, die meisten in Graubünden und
Bern, die durchschnittlich über 4 Maß Milch per Tag und per Kuh ein=
brachten und einen Nettoertrag von 8,182,788 Franken lieferten. Durch
die Verarbeitung der Milch zu Butter, Käse, Milchzucker wurde der Ge=

---

*) Die Alpenwirthschaft der Schweiz. Herausgegeben vom statistischen Bureau.
Bern 1868.

sammtertrag der Alpen 1864 auf 11 Mill. Franken erhöht. Die Gesammtzahl des Schweizer Rindviehs beträgt gegen eine Million Stück; Pferde
zählt man über 100,000. Schafe und Schweine genügen nicht dem Bedarf. Der Gesammtwerth des Viehs wird auf 140 Millionen Franken
angegeben.

Bergbau. Trotzdem die Schweiz das gebirgigste Land Europa's ist,
hat ihr Mineralreichthum nicht viel zu bedeuten. Sie hat schöne Bausteine,
Marmor, Alabaster; gutes aber nicht hinreichendes Eisen, Kupfer, wenig
Waschgold. Von untergeordneter Wichtigkeit sind Kohlen und Salz. Eine
Quelle des Reichthums sind die' zahlreichen Mineralquellen (St. Moritz,
Ragatz, Pfeffers, Schinznach, Baden), die viele Kurgäste herbeilocken.

Industrie. Wir haben schon gesagt, daß die Schweiz wesentlich ein
Industrieland ist. Voran steht die Fadenindustrie. Die Seiden weberei
hat ihren Hauptsitz im Kanton Zürich, wo 21,000 Stühle mit 27,000
Arbeitern thätig sind. Die mittlere Jahresproduktion wird auf 270,000
Stück und der Werth der exportirten Stoffe auf 75 Mill. Franken veran-
schlagt. Früher war Amerika, jetzt ist England der hauptsächlichste Abnehmer
von Schweizer Seidewaaren. Die Seidenbandindustrie ist namentlich in
Basel, dann in Aargau, Bern und Thurgau vertreten. Man schätzt die
Gesammtproduktion Basels auf 35 Millionen Franken jährlich. Der ganze
Ertrag der Schweizer Seidenindustrie wird aber auf 154 Mill. Franken
angenommen. Kaum geringer steht die Baumwollenindustrie da. Die
Zahl der Spindeln beträgt über 1½ Millionen; darunter der Kanton Zürich
mit 607,000, Aargau mit 265,000. Die Zahl der Spindeln vermehrt
sich constant und von Jahr zu Jahr werden mehr feine Garnnummern gesponnen. In noch stärkerem Maße haben die mechanischen Webereien zugenommen, die 13,086 Kraftstühle zählen; die Zahl der Handwebstühle macht
noch über 42,000 aus. Ein neuer Zweig der mechanischen Weberei ist die
Buntweberei, die früher nur durch Handarbeit betrieben wurde. An die
Webereien schließen sich Färbereien (berühmte Rothfärbereien) und Zeugdruckereien. Die Verfertigung von Musselinen in Verbindung mit Stickerei
wird in Appenzell und St. Gallen betrieben. Hier tritt die in der Schweiz
so günstige Resultate erzielende Hausindustrie namentlich hervor. Außer
der Stickerei, der Seidenstofffabrikation und Bandweberei gehören hieher noch
die Strohwaarenfabrikation in Aargau, die Holzschnitzerei im Berner Oberlande
und zum großen Theil die Bijouterie- und Uhrenfabrikation. Die
Schweiz liefert jährlich über eine Million Uhren, die aus Genf und Neuenburg kommen. Der Export ist sich ziemlich gleich geblieben und hat die
Solidität der Werke der Schweizer Uhren erfolgreich die Concurrenz der
französischen Fabrikate bestanden. Da Kohlen und Eisen der Schweiz mangeln,
so tritt die Metallwaarenindustrie nicht in den Vordergrund. Trotzdem hat
man es verstanden einige große Maschinenbauanstalten zu gründen,
die nicht nur die meisten Schweizer Fabriken mit Maschinen versehen, sondern
sogar noch exportiren. (Escher, Wyß und Comp. in Zürich; Gebrüder
Sulzer und Rieter und Comp. in Winterthur.)

Handel. Hand in Hand mit dieser schwungvollen Industrie geht der
Handel, der einen großartigen Anstrich besitzt. Der jährliche Waarenumsatz

an den Landesgrenzen beträgt gegen 1300 Millionen Franken. Die Ein= fuhren an Waaren machten im Jahre 1868: 9,335,991 Centner aus. Die vorzüglichsten Gegenstände waren: Baumwolle, Seide, Eisen, Getreide, Mehl Colonialwaaren, Salz und Steinkohlen. Unter den Ausfuhren stehen voran: Baumwollwaaren, Seidenstoffe und Seidenbänder, Uhren, Käse, Vieh. Dem Gewicht nach wurden 1866 eingeführt 305,607 Centner Baumwolle und 11,666 Ctr. Rohseide. Für Lebensmittel zahlt die Schweiz jährlich 100 Mill. Franken, ohne ihren Nationalwohlstand zu ruiniren. Sie gleicht durch die Industrie aus, was ihr die Natur versagt hat.

Verkehrsmittel. Eisenbahnen S. 71. Durch die Ueberschienung der Alpen, die Gotthardbahn (S. 66), erhält die Schweiz, die ziemlich spät erst ihr Bahnsystem entwickelte, nun auch Anschluß an die italienischen Bahnen. Die zahlreichen Seen werden von Dampfschiffen befahren, unter den Kanälen ist der wichtigste der Linthkanal und vortreffliche Kunststraßen führen über die Alpen.

Geld, Maß und Gewicht. In der Schweiz gilt der französische Münzfuß. 1 Frank = 100 Rappen (Centimes). Maße: 1 Fuß (0,3 Meter) à 10 Zoll, à 10 Linien. 1 Ruthe = 10 Fuß. 1 Klafter = 6 Fuß. 1 Elle = 2 Fuß. Flächenmaß ist das Juchart (Arpent) = 40,000 Quadratfuß. Getreidemaß: 1 Viertel (Sester) à 10 Immi oder à 4 Vier= ling à 4 Mäßlein. 10 Viertel = 1 Malter. 1 Viertel = 15 Liter. Flüssigkeitsmaß: 1 Maß à 2 halbe Maß à 2 Viertelmaß = 1½ Liter. 25 Maß = 1 Eimer. 100 Maß = 1 Ohm. Gewicht: 1 Centner à 100 Pfund à 16 Unzen à 2 Loth. 1 Pfund = 500 Grammen.

Handels= und Fabrikstädte.

a) In der deutschen Schweiz:

Schwyz 5800 Einw., Viehhandel. — Altorf 2500 Einw., Käsehandel. — Stans 2000 Einw., Gewehrfabrik, Gerbereien. — Sarnen 3300 Einw., Gerberei, Färberei. — Luzern, 12,000 Einw. am Ausflusse der Reuß aus dem Vierwaldstättersee, Seiden=, Baumwoll=, Flachsspinnerei; Handschuh=, Band=, Wagenfabrikation, Speditionshandel. — Zürich, 20,000 Einw., die blühendste und gewerbfleißigste Stadt der Schweiz, der Mittelpunkt der ganzen deutschen Eidgenossenschaft, Hauptsitz der Seidenindustrie, Baumwoll= waaren, Maschinen, Papierfabriken, lebhafter Handel. Börse, Bank, Dampf= schifffahrt auf dem Zürichersee. — Horgen 5400 Einw., Seidenfabrikation. — Winterthur 8000 Einw., Baumwollspinnereien, Maschinenfabriken, be= deutender Handel. — Zug am Zugersee, 4000 Einw., Obsthandel. — Glarus 5000 Einw., Bank, Baumwollindustrie. — Thun am Thunersee, 3800 Einw., Schifffahrt. — Bern, Sitz der eidgenössischen Behörden, 30,000 Einw., Tuch= und Leinwandfabriken, Strohhüte, Seidenzeuge, Strümpfe; Handel mit Holzschnitzereien, Wein und Käse. — Langnau 6000 Einw., Hauptsitz des Käsehandels. — Interlaken 1500 Einw., Par= ketfabrik, Holzschnitzerei. — Solothurn 6000 Einw., Papier, Lederfabrikation, Kirschwasser. — Olten 2500 Einw., Eisenbahnknotenpunkt. — Freiburg 11,000 Einw., Wollspinnerei, Strohflechterei, Lederfabrikation, Tabakfabri= kation. — Greyerz (Gruyères) Käsehandel. — Schaffhausen 10,000 Einw.,

Waggonfabrik, Waffenfabrik, Woll- und Baumwollspinnereien, Webereien, Färbereien, Watt- und Maschinenfabriken, Holz- und Fourniersägen, Draht- seil- und Etuisfabriken. — Basel am Rhein, 40,000 Einw., die Seiden- bandfabrikation, die 3000 Arbeiter beschäftigt, ist noch immer der blühendste Gewerbzweig. Papierfabriken, Gerbereien, Ausfuhr von Honigkuchen (Basler Leckerli), Rheinschifffahrt. Seit 1843 besteht eine Bank. Basel ist der größte Wechselplatz der Schweiz. — Liestal 3600 Einw., Brauereien, Gerberei, Spinnerei. — Appenzell 3500 Einw., Handel mit Stickereien, Leinen- und Baumwollwaaren, Salpeter und Schleifsteinen, Kattunweberei, Tüllfabrikation. — Herisau 10,000 Einw., wie Appenzell. — Aarau 5200 Einw., Baum- woll-, Seiden-, Bandfabriken, Kanonengießerei, Messerfabriken, Strohflechterei. — Zofingen 4000 Einw., lebhafter Handel, Hauptsitz des Schweizer Tele- graphenbureaus, Seiden- und Baumwollindustrie, Rothfärberei. — Zurzach, Marktflecken mit 1000 Einw. am Rhein, mit früher bedeutenden Messen. — Frauenfeld 4000 Einw., Baumwollspinnerei, Wein- und Obstbau. — Romanshorn, 2500 Einw. am Bodensee, Schifffahrt, Speditionshandel. — St. Gallen 16,000 Einw., der Haupthandelsplatz für Erzeugnisse Thurgau's und Appenzells, hat große Musselin- und Tüllfabriken, Stickereien, Bleichen, Spinnereien. (Schweizer Weißwaaren). — Rorschach 3000 Einw., belebter Hafenort am Bodensee, der Hauptdurchgangspunkt des Handels nach Süd- deutschland; Stapelplatz für Getreide. — Chur (Coire, Coira) 8000 Einw., lebhafter Speditionshandel nach Italien, Spinnerei, Stickerei, Wollmanu- faktur, Gerberei, Bierbrauerei, Schrotfabrikation, Handel mit räthischem Wein.

b) In der französischen Schweiz:

Genf (Genève) am Genfersee, 55,000 Einw., die Hauptstadt der französischen Schweiz, bedeutend durch seinen Transitohandel, Börse, Banken, Uhren- und Bijouteriefabrikation. — Neuenburg (Neufchatel) am Neuen- burgersee, 10,000 Einw., mit ausgedehntem Handel; die Taschenuhren, Spieldosen und Bijouterien gehen in alle Welt; Kattun- und Spitzenfabri- kation. In der Umgebung Weinbau. — Die Uhrenfabrikation wird ebenso schwunghaft noch in Locle 10,000 Einw., la Chaux de fonds, 17,000 Ein- wohner, im Travers-Thale, Boudry und Moliers betrieben. — Lausanne 21,000 Einw., am Genfersee mit dem Hafenort Ouchy. Weinhandel; Baumwoll- und Wollfabriken. — Morges oder Morsee, 3800 Einw. am Genfersee, Hafen, lebhafter Handel. — Bevey (Vivis) 6500 Einw., Seiden- bau-, Chokolade- und Champagnerfabriken, Strohflechterei; Handel mit Käse, Holz und Wein. — Yverdon (Ifferten), 5000 Einw. am Neuen- burger See, Weinhandel, Fabriken. — Bex 3600 Einw., große Salinen die jährlich 30,000 Ctr. Salz liefern. — Sitten (Sion) 4500 Einw., ansehnlicher Weinhandel. — Martinach (Martigny) 1500 Einw., Stapel- platz für den Waarentransport über den großen St. Bernhard nach Italien.

c) In der italienischen Schweiz:

Bellinzona, 23,000 Einw. am Tessin, Stapelort des Waarenverkehrs über den Gotthard und Bernhardin; Handel mit Wein und Südfrüchten. — Lugano am Luganersee, 5500 Einw., lebhafte Messe, großer Viehmarkt im Oktober, Seidenspinnerei, Gerberei, Kupferhämmer. — Locarno, 3000 Einw. am Langensee, Hafen und Schifffahrt; Handel mit Südfrüchten.

8. Deutschland.

Allgemeiner Ueberblick. Nachdem der alte Bund im Jahre 1866 zerfallen war, wurde durch den Prager Frieden vom 23. August der Grund zu einer Umgestaltung Deutschlands gelegt. Oesterreich wurde mit seinem ganzen Gebiete aus Deutschland ausgeschlossen; die nördlich vom Main gelegenen Staaten bildeten den norddeutschen Bund und Luxemburgs Verhältniß zu Deutschland wurde durch internationalen Vertrag vom 11. Mai 1867 gelöst. Deutschland besteht jetzt ohne das unter österreichischer Verwaltung befindliche Fürstenthum Liechtenstein aus folgenden politischen Einheiten:

Norddeutscher Bund	. . . .	7535 Q.-M.	30,000,000	Einw.
Bayern	. . . . . .	1382 „	4,825,000	„
Württemberg	. . . . .	354 „	1,800,000	„
Baden	. . . .	278 „	1,435,000	„
Hessen südlich vom Main	. .	80 „	565,000	„
	Deutschland	9629 Q.-M.	38,625,000	Einw.

Die völkerrechtliche Gemeinschaftlichkeit zwischen diesen Staaten wird begründet durch Schutz- und Trutzbündnisse und den deutschen Zoll- und Handelsverein. Unser Vaterland bildet den Mittelpunkt des civilisirten Europa. Es ist hineingeschoben zwischen die romanischen, an den Ozean grenzenden Völker im Westen und die kontinentalen Slaven im Osten, es liegt zwischen den nördlichen und südlichen Halbinseln unseres Erdtheils, es reicht von den schneebedeckten Alpen bis zur Nord- und Ostsee. Aber nicht nur in der Mitte Europa's, dessen Herz Deutschland ist, auch in der Mitte der nördlichen Halbkugel, zwischen Pol und Aequator ist es gelegen; es nimmt dadurch eine vermittelnde Lage ein, die sich auch in seiner Geschichte, seiner Weltstellung, seinem Handel wiederspiegelt. „Wie der Körper im Herzschlag seinen Lebenspunkt hat, ist der ganzen Welt in Deutschland ihr geographischer und historischer Einheitspunkt gegeben." Den Deutschen gehören die Nord- und Ostsee. Dort am Meere wohnt ein kräftiges, seemännisches Geschlecht mit weitem Blick in die Ferne, das von unsern Häfen, von Königsberg, Danzig, Kolberg, Stettin, Stralsund, Wismar, Lübeck, Flensburg, Hamburg, Bremen, Emden nach allen Seeplätzen der Erde fährt, heimische Erzeugnisse hinausführend, fremde Produkte zurückbringend. Die Vielseitigkeit der Bodenformung Deutschlands vom Hochgebirge der Alpen, durch das Mittelgebirge zum Tiefland und dem Weltmeer, übt auf die Bewässerung seinen günstigen Einfluß. Zumal den beiden nordischen Meeren eilen, von zahlreichen schiffbaren Nebengewässern gespeist, unsre großen Ströme zu: die Weichsel, die Oder, die Elbe, die Weser, der Rhein. Aber auch nach dem Südosten, nach den slavisch-ungarischen Hinterländern und dem schwarzen Meere öffnet einer der herrlichsten Flüsse uns den Weg: die mächtige Donau, der entlang ein großer Theil der deutschen Kulturarbeit, des deutschen Handels zieht. Wenn auch unter dem Einflusse des Winters unsre Ströme und Seehäfen einige Monate im Jahre dem Schiffsverkehr nicht dienstbar sind, so erscheinen sie doch als eins der wichtigsten

Hilfsmittel für die Erleichterung des Verkehrs. Neben ihnen finden wir
wichtige Kanalanlagen, und das deutsche Eisenbahnnetz mit seiner von Jahr
zu Jahr wachsenden Ausdehnung überspannt das ganze Land. Giebt es
auch reichere Länder in Europa, als unser Vaterland, so ist dieses doch
keineswegs arm und was hier und da die Ungunst der Natur versagt,
ergänzt die Tüchtigkeit der Bewohner. Fast zwei Drittel der Bevölkerung
Deutschlands widmen sich dem Ackerbau. Alle Getreidearten, Oelfrüchte,
Hanf und Flachs, Runkelrüben, Gartengewächse, Obst, Gemüse, Wein,
Krapp, Tabak gedeihen vorzüglich an den geeigneten Lokalitäten. Die
Wälder, einst groß und ansehnlich, sind vor der Kultur zurückgewichen.
Aber wo sie noch sich ausdehnen, werden sie wissenschaftlich gepflegt. Die
Forstwissenschaft gehört uns Deutschen; hierin thut es kein Volk der Erde
uns gleich. Neben dem Ackerbau begründet die Viehzucht mit den National-
reichthum. Pferde, Rinder, Schafe sind in den edelsten Rassen vertreten.
Die Schweine- und Federviehzucht sind weit verbreitet. Reiche Schätze bietet
der Boden und er wird durch unsere Bergleute besser ausgebeutet, als
irgend ein anderes Volk dieses vermag. Sind auch die edlen Metalle in
verhältnißmäßig geringen Mengen vertreten, so fehlen uns doch nicht Zinn,
Zink, Kupfer und Blei; Eisen ist im Ueberfluß vorhanden; großartig ist
der Steinkohlenreichthum einzelner Gegenden, und mit Salz sind wir versehen, wie nur irgend ein anderes Land.

Gab es auch eine Zeit, in der wir in der Industrie von fremden Völkern
überflügelt waren, so halten wir jetzt mit allen andern doch den Vergleich
aus, ja es giebt einige Zweige, in denen wir unbedingt voranstehen. Auf
den Märkten der Welt finden unsere Erzeugnisse jetzt überall Absatz und
es ist namentlich die Billigkeit, welche Deutschlands Produkte auszeichnet.
Wo der Bergbau gedeiht, hat die Metallindustrie sich angesiedelt; dort wird
das Eisen geschmolzen, der Stahl bereitet (in größeren Mengen als in
jedem anderen Lande), das Kupfer dargestellt. Maschinen- und Waffenfabriken scheuen keinen Vergleich. Weithin durch die Welt wandert deutsches
Glas, deutsches Porzellan. Unsre Musikinstrumente erfreuen sich eines vorzüglichen Rufs; Spezialitäten sind Münchner Fernröhre, Regensburger Bleistifte, Schwarzwälder Uhren. An die Landwirthschaft knüpfen sich die großartig betriebenen landwirthschaftlichen Gewerbe: die Rübenzuckerfabrikation,
Brennereien, Brauereien. Mit der Leineninindustrie sind ganze große Bezirke
beschäftigt und auch die Baumwollenindustrie ist an einzelnen Brennpunkten
gewaltig entwickelt. Ebenso die Seidenmanufaktur. Wo alle diese natürlichen oder durch der Menschen Arbeit geschaffenen Reichthümer vorhanden
sind und jetzt auch der deutsche Handel im Auslande eine kräftige Vertretung
seit dem Jahre 1866 genießt, wo eine gesunde Zollgesetzgebung Platz greift,
das Verkehrs- und Bankwesen, die Assekuranz- und Handelsgesellschaften
gut organisirt sind, da muß der Handel sich mächtig entwickeln. Er findet
seinen Sitz in unsern großen Gemeinwesen, in den Städten, die Stätten
der Freiheit und nationalen Unabhängigkeit waren und sind, in denen Kunst,
Wissenschaft, Handel und Industrie am mächtigsten gedeihen. An unsre
Städte knüpft sich der große Geldmarkt, knüpfen sich die wichtigsten Messen
und Märkte, der Seehandel. Der Schätzungswerth der Ein- und Ausfuhren

der verschiedenen handeltreibenden Völker der Erde, die Produkte ihres Bodens, die Erzeugnisse ihres Fleißes und ihrer industriellen Geschicklichkeit wird auf etwa 11,000 Millionen Thaler im Jahre veranschlagt. Und Deutschland nimmt davon keinen kleinen Theil für sich in Anspruch. Denn während Großbritannien sich mit 3000 Millionen Thaler am Welthandel betheiligt, entfallen auf Deutschland gegen 800 Millionen Thaler, soviel, wie auch auf Frankreich kommt, während Oesterreich nur mit 300 Mill. Thalern vertreten ist.

Handelsgeschichte. Sehen wir ab von den ältesten Zeiten, so tritt uns ein lebhafterer Handel, ein Aufblühen der Gewerbe erst zur Zeit der Ottonen in Deutschland entgegen. Unter ihnen wurde eine größere Anzahl Städte gegründet und der bürgerlichen Betriebsamkeit ein günstigerer Boden geschaffen. Wir sehen, wie sich in ihnen, nunmehr rascher, Gilden und Zünfte entwickeln, Messen und Märkte unter entsprechenden Verordnungen und mit kaiserlichen Privilegien ausgestattet eingerichtet werden. Mehrfach erweiterten bei der steigenden Einwanderung vom Lande, die Städte ihren Mauerring. Schon hatten sich im zwölften und dreizehnten Jahrhundert die Großhändler, und unter ihnen namentlich die Gewandschneider, d. h. die Tuchmacher und Tuchhändler zu einer bevorrechteten Stellung in der Bürgerschaft emporgeschwungen; sie gehörten zu den patrizischen Familien; ihre Vorstände, (Aldermänner) waren zugleich Rathsmitglieder.

Die Wollenmanufaktur blühte rasch auf in den Niederlanden, in der Gegend von Magdeburg, Stendal, Salzwedel; Passau und Regensburg lieferten geschätztes Scharlachtuch und zu gleicher Zeit hob sich auch in Norddeutschland die Leinenweberei. Ueberall liehen die geistlichen Stifter dem aufblühenden Gewerbe ihre Unterstützung.

Eine Zeit lang indeß behaupteten die Donaustädte in der Handelsthätigkeit den Vorrang vor den rheinischen Städten, wohl auch weil dort die ersten wirklichen Handelsstraßen zusammentrafen. Die Waaren des Orients gelangten auf der Donau über Wien und Passau bis Regensburg und wurden von da einerseits über Erfurt, Magdeburg und das uralte, (von Heinrich dem Löwen hernach zerstörte) Barbowyk nach Norddeutschland, und andererseits über Nürnberg und Würzburg nach Mitteldeutschland weiter befördert. Handelsschiffe von Regensburg brachten Waffen, Wollenzeuge, Leinwand, Lederwaaren, Geschirr bis nach Konstantinopel und von ihren in Wien gegründeten Handelshäusern aus besuchten Regensburger Kaufleute auch Kiew und Nowgorod und traten mit den italienischen Handelsplätzen in regelmäßige Verbindung. In diesen Richtungen indeß wurde Regensburg bald von dem von seinen Herzogen sehr begünstigten Wien überholt. Wien war der Knotenpunkt der Straßen nach Ungarn, nach Krakau, nach Kiew über Lemberg, nach Italien (Venedig, Aquileja). Zu gleicher Zeit auch traten in dem benachbarten Donaugebiet eine Reihe von aufblühenden Städten, Augsburg, Ulm, Kempten, und weiterhin Nürnberg, Bamberg, Würzburg, als Concurrenten auf.

Mit der Gründung des oströmischen Kaiserthums zu Konstantinopel hatte indeß der Bezug der orientalischen Waaren auf der Donau ein Ende und die Donaustädte, Wien voran, waren genöthigt sich dieselben nunmehr

auf den italienischen Märkten zu suchen, nach welchen drei ▓▓▓▓ führten:
die Brennerstraße nach Verona, die Gotthardstraße über ▓▓▓ ▓▓▓ an
den Lago maggiore, die dritte über Zürich und Chur über ▓▓▓▓▓▓▓▓
an den Comersee. An den Hauptplätzen Italiens aber, in ▓▓▓▓ und
Genua, begegneten die Donaustädte einer bereits übermächtigen ▓▓▓▓▓▓
oberdeutscher Städte, namentlich Ulms und Augsburgs, deren ▓▓▓▓▓▓▓▓
überaus bedeutend war, und deren Handelsverbindungen sich über Polen,
Ungarn und die sogenannten Donauländer erstreckten. Augsburg hatte
von den schwäbischen Herzogen schon früh viele Privilegien erhalten. Von
1276 an, in welchem Jahre es freie Reichsstadt wurde, begann es immer
bedeutender zu werden; es brachte den größten Theil des ganzen Com-
missions- und Speditionsgeschäftes mit Italien in seine Hand und beherrschte
den Brenner, die Hauptstraße nach Venedig, vollständig; zu deren Erhaltung hatte es verschiedene Mauthrechte von den Kaisern bekommen. Ihre
höchste Blüthe erreichte die Stadt etwa hundert Jahre später, als eine freiere
demokratische Regierung an die Stelle des bisherigen aristokratischen Regi-
ments trat. Der fast fürstliche Glanz der Fugger und Welser erlangte
europäische Berühmtheit; Fabrikthätigkeit, Handelsspekulationen und Bankgeschäfte häuften für damalige Zeit ungeheure Reichthümer auf. Ihre Schiffe
waren auf allen damals bekannten Meeren zu treffen und in Antwerpen,
Genua, Venedig und anderen Orten hielten sie Comptoirs, und das Zu-
sammenströmen so gewaltiger Capitalien begünstigte das Entstehen eines
sehr umfangreichen Bank- und Börsengeschäfts. So konnte Kaiser Karl V.,
als ihm der königliche Schatz in Paris gezeigt wurde, wohl sagen: „Zu
Augsburg ist ein Leineweber der kann das Alles mit eigenem Gelde bezahlen.“ Es war das derselbe Anton Fugger von dem erzählt wird, daß
er bei des Kaisers Rückkehr von Algier, als derselbe bei ihm Wohnung
genommen, ein Kaminfeuer von wohlriechendem Holze mit der Schuldver-
schreibung desselben angezündet habe. Die Welser waren es, die 1526 eine
Expedition nach Venezuela ausrüsteten, das von ihren Hauptleuten Ambrosius
Alfinger und Nikolaus Federmann erobert wurde. Leider ging aber diese
erste überseeische Besitzung der Deutschen am Neide der damals weltbeherrschen-
den Spanier zu Grunde.

Mit Augsburg rivalisirte Nürnberg, dessen Aufschwung mit dem
dreizehnten Jahrhundert beginnt. Es begann seinen Handelsverkehr über
die Schweiz, Italien, Spanien, die Niederlande auszudehnen und östlich bis
nach Schlesien und Ungarn, und bildete den Stapelplatz zwischen Ober- und
Niederdeutschland, wohin es die Waaren des Orients, die ihm über Venedig
zugeführt waren, brachte und englische und holländische Waaren und Produkte
eintauschte. So wuchs auch Nürnbergs Reichthum und Macht derart,
daß es ihm gelang, sogar mit fremden Staaten, wie Frankreich und Flandern,
Handelsverträge selbständig abzuschließen und daß der Cardinal Aeneas
Sylvius von ihm sagen konnte: „Die schottischen Könige würden sich glücklich schätzen, wenn sie wie ein Nürnberger Handelsherr wohnen könnten.“*)
Neben dem Handel stand aber auch das Gewerbe und namentlich auch die

---

*) Lüchele, Gesch. des Welth. S. 99.

Kunstindustrie in beiden Städten in hoher Blüthe. Augsburger Webereien, Nürnberger Metallarbeiten waren weit berühmt. Gold= und Silberschmiede, Bildhauer und Bildgießer, Drechsler und sonstige Holzarbeiter erwarben sich einen europäischen Ruf; viele ihrer Namen nennt noch heute die Geschichte in ehrenvollster Weise und mit diesen auch die Namen kunstsinniger und wissenschaftlich gebildeter Bürger, die solches Streben mit reichsten Mitteln unterstützten. Eine Anzahl kleinerer Handelsstädte, Luzern, Zürich, Bern, Lindau u. a. m., lag an den Eingängen der Alpenstraßen; ihr Stapelplatz war Constanz, welches den Verkehr mit dem Elsaß und Lyon vermittelte.

Am Rheinstrom entlang zogen vornehmlich Speier, Mainz und Köln den Handel an sich; der Verkehr wuchs trotz des für den vorüberfahrenden Kaufmann so überaus lästigen breitägigen Stapelrechts. Seit dem dreizehnten Jahrhundert indeß ließ Köln sämmtliche anderen Plätze weit hinter sich; für seine Schiffe erzwang es freie Fahrt von Mainz bis in die Nordsee und trieb mit Norwegen wie mit Italien Handel. Sein Hauptmarkt indeß war London wo die Kölner sich großer Privilegien erfreuten und ein eigenes großes Kaufhaus besaßen.

Am großen Verkehr nahmen in Mitteldeutschland noch Erfurt und Halle neben Leipzig Theil, Erfurt durch den Handel mit Landesprodukten, Getreide, Tuch, Leder, Holz, Halle durch die Erzeugnisse seiner Salinen; sein wachsender Speditionshandel ging aber bald wieder zu Grunde, nachdem Kaiser Max I. Leipzig das Privilegium seiner drei Messen bestätigt hatte.

Mit der Entdeckung Amerika's und des Wegs um das Kap nach Ostindien (S. 42) trat auch für den so blühenden Handel der oberdeutschen Städte der Umschlag ein, der schon etwas früher dem Handel der Hansa fühlbar nachtheilig geworden war. Mit der Benutzung der neuen Seewege begann auch der an jene gebundene Handel der deutschen Städte zu kränkeln und allmählich aufzuhören, wenn auch bis in das sechzehnte Jahrhundert hinein noch einzelne Augsburger Comptoirs in Antwerpen zu finden waren. Allenthalben drängte der Welthandel zur See; die gänzlich veränderte Lage schloß von demselben die nunmehr auf den Binnenhandel angewiesenen oberdeutschen Städte um so völliger aus als der Sturz des griechischen Kaiserthums durch die Türken ihnen zugleich die Donaustraße und damit den direkten Zugang zur See verschloß.

Ein neues Leben regt sich von da an in Norddeutschland, an den Küsten der Nord= und Ostsee, dem auch wieder Karl der Große wirksam vorgearbeitet hatte. Er hatte zuerst die niederdeutschen Stämme bis zur Elbe hin an feste staatliche Ordnung gewöhnt und unter ihnen verschiedene Bischofssitze gegründet, welche jetzt rasch zu Städten heranwuchsen. Bardowyk, dann Hamburg und Bremen vermittelten schon frühe den Handelsverkehr mit den zwischen der Elbe und Weichsel wohnenden slavischen Stämmen und tauschten von den bis Schleswig kommenden bulgarischen Kaufleuten indische und arabische Waaren ein. Für alle rings um die baltischen Meere wohnenden Nationen war Wisby (S. 130) auf der Insel Gothland der Sammelplatz für Waarenaustausch; freilich nur von bewaffneten Schiffen geleitet und in Flotillen vereinigt wagten die Kaufleute diesen Weg zu machen. Erlagen doch selbst hochberühmte und mächtige Handelsplätze wie z. B. Vineta, dann Sigtuna in Südschweden um das zwölfte Jahrhundert der Zerstörung durch dänische Heerschaaren. Neben Wisby hob sich im zwölften Jahrhundert namentlich auch das von Heinrich dem Löwen gegründete und sehr begünstigte Lübeck und weiterhin wurden im Gefolge des Deutschordens an allen Flußmündungen dieser Küste deutsche Handelsstädte erbaut, wie Riga, Stralsund, Danzig, Königsberg. Ihr Handelsverkehr dehnte sich von bescheidenen Anfängen bald über einen großen Theil von Teutschland aus, für welches sie die russischen Produkte vermittelten. Die Anfänge des Gedeihens waren also vorhanden; aber zu Lande wie zur See herrschte das Faustrecht. Bei der Ohnmacht der Kaiser und dem üblen Willen und der Feindseligkeit der ersten Dynasten schaarten sich die Städte zunächst nur zur Behauptung der Unabhängigkeit und keineswegs noch in handelspolitischer Hinsicht in Städtebünde. Der Rheinische, der Schwäbische Städtebund wurden gebildet. Den niederdeutschen Städten fiel die Aufgabe zu, den Seehandel zu schützen und einen sicheren Verkehr ihrer Bürger an fremden Handelsplätzen zu ermöglichen; das versuchten zunächst freie Gesellschaften von Kaufleuten, welche bald in dem später so hoch berühmten Bunde der Hansa aufgingen (S. 12). Ueber zweihundert Jahre war dieser Hansebund die herrschende Handelsmacht in den nördlichen und westlichen Gewässern gewesen; ein großer Theil alles damaligen Zwischenhandels war durch seine Hände gegangen. Aber mit der Entdeckung der neuen Seewege im fünfzehnten Jahrhundert und der reißend schnell wachsenden Seetüchtigkeit der westeuropäischen Nationen mußte dieser ganze wesentlich auf Monopole gegründete Handel schnell zurückgehen. Der Bund erlag der Ungunst der Zeit wie den Angriffen der Holländer und Engländer, gegen welche er daheim keine Unterstützung fand. Zu gleicher Zeit ging auch die glänzende Stellung verloren, welche die Kraft und Thätigkeit des deutschen Bürgerthums im Mittelalter im Handel und Verkehrsleben errungen hatten. Zuerst büßten die oberdeutschen Städte durch das Aufhören des Waarenzuges über Italien fast völlig ihre Handelsbedeutung ein. Dann aber begann eben damals sich die landesherrliche Macht der Fürsten der Oberhoheit des Reiches gegenüber auszudehnen und zwar zum Nachtheil der städtischen Freiheiten. Willkürlich errichtete Zollschranken hemmten den Absatz und sperrten den Zugang zu den Absatzmärkten, Ausfuhrverbote fremden Rohmaterials und auswärtige Concurrenz legten manche Industriezweige wie z. B. die Färberei englischer Tuche, die Fabrikation von Luxusgegenständen, den Anbau von Farbekräutern völlig lahm, selbst der Bergbau wurde in Folge des anfänglich massenhaften Einströmens edler Metalle aus den amerikanischen Gold- und Silberminen, hier und da vernachlässigt.

Lediglich die westfälische und thüringische Metallwaaren- und Waffenfabrikation und die Leineninbustrie in Westfalen und Schlesien blieben von der allgemeinen Calamität unberührt und behielten ihre alten Märkte. Länger als die übrigen oberdeutschen Städte vermochten Nürnberg und Augsburg sich in ihrer Blüthe zu erhalten. Die Verbindungen mit den flandrischen Städten Gent, Brügge, Ypern dauerten noch bis in's siebenzehnte

Jahrhundert, und auch nach Entdeckung des Seewegs nach Ostindien behauptete sich Nürnberg im Vertrieb der ostindischen Waaren, die es auf Rhein und Main bezog und auf der Donau weiter versandte. Die Plünderung Antwerpens 1576, bei welcher die großen Lager der Nürnberger Kaufleute fast ganz zu Grunde gingen, vernichteten diesen Handel völlig, aber Nürnberg beschäftigte nunmehr seine Capitalien in einheimischen Industrieanlagen (Fabrikation halbseidener Stoffe), in Bergwerksunternehmungen am Harz und in Ungarn, und gründete um 1621 zur Bequemlichkeit des Handels eine Bank nach dem Muster der von Venedig errichteten. Neben Nürnberg stand gleich angesehen Augsburg. Seine Silberarbeiter, Mechaniker, Kunstschlosser, Kupferstecher hatten Weltruf. Den Alpen näher gelegen als Nürnberg zog mit dem Verfall Venedigs Augsburg fast den ganzen Wechselhandel an sich. Derselbe ging indessen bald auf das gleich thätige und durch seine Meßprivilegien und seine Lage mehr begünstigte Frankfurt am Main über. Dem anfänglich bedeutenden Buchhandel während dieser Messen machte indessen schon seit dem siebenzehnten Jahrhundert Leipzig Concurrenz. Dieses war seit dem achtzehnten Jahrhundert der unbedingt wichtigste Meßplatz für den Buchhandel. Leipzig hatte schon sehr früh den Zwischenhandel zwischen Deutschland und Polen nebst dessen Hinterländern an sich gezogen; einen bedeutenden Aufschwung als Handelsstadt nahm es aber, seit Markgraf Otto der Reiche gegen Ende des zwölften Jahrhunderts der Stadt zwei Messen verliehen hatte, zu denen später, um 1459, noch eine dritte, die Neujahrsmesse kam. Kaiser Max verlieh Leipzig 1507 das Stapel- und Niederlagsrecht wonach 15 Meilen in der Runde jede Messe und Niederlage verboten wurde. Auch einige Fabrikthätigkeit wurde durch aus den spanischen Niederlanden vertriebene Wollarbeiter und Färber hergezogen. Für Sachsen wurde es Stapelplatz; seine Handelsthätigkeit erstreckte sich besonders über Böhmen, Schlesien, Polen und Oesterreich.

Bremen, Hamburg und Lübeck erhielten sich nach der Auflösung des Hansebundes doch den größten Theil ihres früheren Verkehrs mit den westlichen und den nordischen Staaten. Von den Leiden der Kriegszeiten wenig berührt gelang es ihnen allmählig den überseeischen Zwischenhandel Deutschlands in ihre Hände zu bekommen. Für Hamburg insbesondere war es werthvoll, daß nach der Eroberung Antwerpens Flüchtlinge von da sich in Hamburg ansiedelten, deren Kapitalien und Verbindungen der Stadt sehr zu Nutze kamen. Frühzeitig (schon Anfang des siebenzehnten Jahrhunderts) wurde auch eine Wechselordnung und Assecuranzeinrichtung eingeführt. Von Frankreich und England hatte es sich mancherlei Verkehrsbegünstigungen, von ersterem auch Neutralitätsanerkennung während der Reichskriege erwirkt. Sehr bedeutend wurde sein Export schlesischer Leinenwaaren nach Spanien und England; sein Kolonialwaarenhandel hob sich während der Kriege zwischen England, Holland und Frankreich und ebenso während des nordamerikanischen Freiheitskrieges; für wichtige Artikel des Binnenverkehrs gewährte Hamburg Zollfreiheit. Bremen vermittelte den Export der westfälischen und niedersächsischen Leineninbustrie und hatte bedeutenden Verkehr in Wein, Holz, Getreide; seine zahlreichen während der englisch-amerikanischen Kriege angeknüpften Verbindungen mit Ost- und Westindien trugen wesentlich zur Befreiung Deutschlands von der fremden Handelssuprematie bei. Was Lübeck angeht so wurde es schon durch seine Lage von der Theilnahme am großen Handel abgehalten und blieb auf den Handelsverkehr mit Standinavien und den Ostseeländern beschränkt.

Auf dem Rhein war der bis zum sechszehnten Jahrhundert sehr lebhafte Handel durch den Fall Antwerpens lahm gelegt und dann durch die Holländer gesperrt und monopolisirt. Auch auf Elbe und Oder war überaus lebhafter Verkehr, aber auf allen drei Strömen durch verschiedene Stapelrechte und alle möglichen Plackereien und Hemmungen seitens der angrenzenden Fürsten äußerst erschwert. Eine gemeinsame gedeihliche Handelspolitik wie in England und Frankreich war aber in Deutschland nicht möglich; für jeden Reichsfürsten, für jede Reichsstadt war das Sonderinteresse allein maßgebend, daneben herrschten in den Städten fortwährend innere Streitigkeiten und in Bezug auf die Gewerbe ein ganz verknöchertes, jedem Fortschritt feindliches Zunftwesen.

Das deutsche Reich war ein leerer Begriff geworden; an seiner Stelle fand sich eine wunderlich zusammengewürfelte Masse von mehr als dreihundert geistlichen und weltlichen Staaten und Städtchen, die sich aller möglichen Verfassungen erfreuten, und lediglich durch die formelle Vereinigung unter einem nach Innen und Außen gleich machtlosen Reichsregiment zusammengehalten wurden. Der furchtbare dreißigjährige Krieg verwischte nun die letzten Spuren von der Herrlichkeit des deutschen Reiches und ließ es nach Außen in einem Zustande völliger Ohnmacht und Erniedrigung zurück; im Innern hatte er den bereits durch die großen Ereignisse des vorigen Jahrhunderts gefährdeten Wohlstand fast völlig vernichtet. Handel und Gewerbe hatten auf das Aeußerste gelitten, die Felder lagen unbebaut, die Wohnungen verbrannt und zerstört. Hunderte von Dörfern sind damals völlig verschwunden; zur Bestellung des Feldes fehlte es an Vieh, hier und da mußte der Landmann selber den Pflug ziehen; und zu alledem war in dem langen Kriegselend in allen Ständen eine entsetzliche Sittenverderbniß eingerissen.

Es fehlten in der zweiten Hälfte des sechszehnten Jahrhunderts nicht an vielfachen Bemühungen der Regierungen, dem Gewerbsfleiß durch Vorschüsse, Prämien u. dergl. wieder aufzuhelfen. Aber die eigene Tüchtigkeit und Rührigkeit des Volkes, ohne die solcherlei Bemühungen keinen durchschlagenden Erfolg haben können, war unter den Kriegsdrangsalen erstickt worden und es bedurfte langer Zeit um wieder einen gedeihlichen Zustand anzubahnen. Mehrere damals durch französische Flüchtlinge eingeführte Luxusindustrieen konnten sich doch nur mühsam fristen, weil die Rohstoffe nicht im Lande zu haben waren. Einzig die Metallarbeiten und Leinenwaarenfabrikation behauptete das alte Uebergewicht. Der Werth der nach Italien, Spanien, Frankreich, England ausgeführten Leinwand wird für die erste Hälfte des achtzehnten Jahrhunderts, bevor England hier selbst Concurrenz macht, auf 20—30 Millionen Thaler jährlich berechnet; im Gegensatz zu den meisten deutschen Fabrikaten genoß auch die deutsche Leinwand in den meisten fremden Zolltarifen großer Begünstigung.

Wirksame Anstrengungen zur Beseitigung der Nachwehen des dreißigjährigen Krieges vermochten doch nur die drei größeren Staaten Preußen, Oesterreich und Sachsen zu machen. Viel schon hatte in Brandenburg der große Kurfürst (S. 45), viel der bürgerlich-sparsame Friedrich Wil= helm I. gethan. Dann war Friedrich der Große unermüdlich in Begünsti= gung und Verbesserung von Gewerbe und Industrie, in Herbeiziehung neuer Branchen, die Iserlohner Eisen=, die Crefelder Seidenfabrikation verdankten ihm ihren Ursprung, und trotz der unzweckmäßigen Prohibitivmaßregeln im Geschmacke der Zeit ward für das preußische Gewerbewesen damals der feste Grund zu seiner späteren Bedeutung gelegt. Die Landwirthschaft erfreute sich ebenfalls unter Friedrich II. großer Fürsorge.

In Oesterreich hatten die Religionswirren, dann der dreißigjährige Krieg ebenfalls überaus verderblich gewirkt. Die Industrie litt unter der Vertreibung der gewerbfleißigen Protestanten, welche sich großentheils nach Preußen wandten. Unter Leopold I. und Karl VI. begann es besser zu werden. Heerstraßen aus Innerösterreich nach der Küste wurden gebaut, regelmäßige Posten eingerichtet, Triest und Fiume zu Freihäfen erhoben, Fabrikanlagen gefördert. Joseph II. begann indeß allmählig ein Prohibitiv= system für viele inländische Fabrikate und für die allermeisten ausländischen Luxusartikel einzurichten. Doch machten Handel und Gewerbe unter ihm Fortschritte, wenn auch seine weiterreichenden Pläne von Handelsverbindungen mit Rußland und Ostindien sich nicht erfüllten. Namentlich zeichnete sich Böhmen aus durch die von seinen deutschen Bewohnern betriebene Leinen= industrie, durch die Erfolge seiner Glasfabrikation und Glasschleiferei und seiner Eisenhämmer; ebenso Mähren durch seine Tuchmanufaktur, Oberöster= reich durch Spinnereien und Kattunfabriken. Die naturwüchsige steyrische Eisen= fabrikation war früher ohne Schutzzölle gediehen, welche ihr jetzt eher hinder= lich waren. Auch wurden allmählig die inneren Zolllinien unter den Pro= vinzen, Ungarn ausgenommen, beseitigt, zur Hebung des Verkehrs viel für Straßen und Canäle gethan. Indeß blieben diese vielfachen theilweisen Anstrengungen bei dem Fortbestehen der großen auf dem österreichischen Staatswesen lastenden Uebelstände, dem auf dem Landvolke lastenden Drucke der Ausnahmestellung der Güter des Clerus und des Adels, dem Wider= stande gegen jede Reform, der Isolirung nach Außen, der Unterdrückung des Volksgeistes, für das staatliche Gedeihen Oesterreichs vielfach unfruchtbar.

Neben den beiden Großstaaten nahm endlich das Kurfürstenthum Sachsen durch seine industrielle Regsamkeit einen ehrenvollen Platz ein. Zu der Leinen=, Baumwollen= und Wollenweberei kam bereits in der zweiten Hälfte des fünfzehnten Jahrhunderts das später für die Bevölkerung des Gebirges so wichtig gewordene Spitzenklöppeln hinzu; alle diese Zweige ge= diehen allein durch die Rührigkeit des Arbeiterstandes, ohne Beihülfe der Regierung, die nur gewähren ließ. Eisenwerke, Kupferhämmer, Blaufarben= werke erzielten bedeutenden Umsatz. Die Meißener Porzellanfabrik erlangte europäischen Ruf. Durch den sich hebenden Buchhandel Leipzigs gewannen die Papierfabriken.

So ging es in den Großstaaten leidlich, desto trüber aber sah es mit Gewerbe und Handel in dem politisch zerfahrenen übrigen Deutschland aus; beide mußten in den winzigen Absatzgebieten der zahllosen kleinen Staaten rückwärts gehen, umsomehr als die größeren Territorien sich gegen diese durch hohe Schutzzölle absperrten. Ausgeführt wurden nur Leinenwaaren, Metall- und Nürnberger Kurzwaaren, daneben einige Rohprodukte als etwas Getreide und Wolle von der Ostsee, und den Rhein herab Obst, Schiff-bauholz, Potasche u. dergl.; auch einiges Hornvieh und Milchprodukte aus Holstein, Oldenburg und Mecklenburg zumeist nach England.

Anders stellte sich die Einfuhr. Trotz der allgemeinen Verarmung war der Verbrauch fremder Mode- und Luxusartikel, Gewürz und Weine ganz ungemein gestiegen. Hamburg und Holland theilten sich in den Nutzen. Gegen Ende des achtzehnten Jahrhunderts stellte sich ziemlich übereinstim-mend die traurige Thatsache heraus, daß auf dem englischen, dem französi-schen Markt und bei den Hansestädten die Ausfuhr aus Deutschland an Geldwerth um das Doppelte von der Einfuhr überragt wurde. Einzig Spanien zahlte die ihm nöthige Leineneinfuhr mit baarem Gelde.

Die Deckung für diesen dem zerrütteten Lande verderbenbrohenden Aus-fall kam aus den großen Subsidien, welche während der Kriege des acht-zehnten Jahrhunderts nach Deutschland flossen, so aus England im sieben-jährigen Kriege allein über 10 Millionen Pfund Sterling. Im Durchschnitt sollen jährlich etwa 6 Millionen und im Ganzen nicht unter 500 Millionen Thaler hereingeflossen sein, ungerechnet die zum Unterhalt der Truppen etwa nachgesendeten Summen. Daneben sollen vom französischen Hofe für allerlei Bestechungen und politische Intriguen an verschiedene deutsche Höfe von 1750—1772 nicht weniger als 137 Millionen Livres gekommen sein. Dafür hatten deutsche Fürsten das Wohl des Vaterlandes und ihre Ehre an den Reichsfeind verkauft.

Am Schlusse dieses achtzehnten Jahrhunderts trat nun aber ein Welt-ereigniß ein, welches diesen ganzen verrotteten Zuständen ein jähes Ende be-reitete. Die französische Revolution bewirkte nicht blos auf politischem Gebiet eine völlige Umwälzung, sondern bereitete auch durch Wegräumung einer Menge von Vorurtheilen und Hemmnissen aller Art auf dem ökono-mischen Gebiete eine gänzliche Umwälzung vor. Sie brachte zunächst Gleich-heit vor dem Gesetz, Freiheit des Eigenthums und der Arbeit, dann weiter Aufhebung der Leibeigenschaft des Bauern, der nun selbst Grundbesitzer und danach Consument werden konnte, endlich die Anfänge des Freihandels-systems. Zwar zunächst machte Deutschland in den langen Kriegsjahren der Napoleonischen Zeit begreiflicher Weise keine großen materiellen Fort-schritte. Aber der von manchen Fesseln befreite Ackerbau hob sich doch, namentlich die Bezirke, welche während der Continentalsperre Färbekräuter, Tabak, Cichorie u. dergl. bauten. Daneben machte die Tuchfabrikation gute Fortschritte und gewann den russischen Markt. Auch der schlesische Bergbau und die Metallwaarenfabrikation hoben sich in Folge der steten Kriegsbe-dürfnisse und der Ausfuhr nach Nordamerika. Für letzteres arbeiteten auch mit Erfolg die sächsischen Fabriken für Manufakturwaaren. Endlich ent-standen mit dem Eintritt der Continentalsperre Baumwollspi... ereien und Webereien, namentlich in Sachsen, und andere Zweige, wie z. B. die Wollmanufaktur, Kurzwaaren- und Metallfabrikation und andere mehr dehnten sich unter jenem, freilich nur temporären Schutze aus.

Die Leinenindustrie dagegen verlor während dieser Zeit der Sperre den von ihr bisher beherrschten auswärtigen Markt völlig und gerieth ganz in Verfall; die Engländer die kein Leinengarn mehr aus Deutschland beziehen konnten, warfen sich nun mit aller Anstrengung auf diesen Gewerbszweig und erreichten bald solche Erfolge, daß später Nordamerika und Westindien sich ihren Bedarf an Leinen aus England dauernd holten.

Den Hansestädten, die schon den nordamerikanischen Krieg gut zu benutzen gewußt hatten, fiel durch das gänzliche Aufhören des holländischen Handels dessen ganzer Verkehr mit Colonialwaaren und englischen Waaren nach Süd- und Westdeutschland und der Schweiz in die Hände. Selbst der Transithandel verließ die den kriegerischen Störungen zu sehr ausgesetzte Rheinstraße und zog nun von Hamburg und Bremen aus südwärts. Die Continentalsperre vernichtete indeß bald die daran geknüpften Hoffnungen. Napoleons Sturz ließ Alles neue Hoffnung schöpfen, Handel und Industrie erwachten zu neuer Thätigkeit, nicht ohne mehrfache Täuschung der Erwartungen. Zunächst überschwemmten wohlfeile englische Fabrikate die deutschen Märkte und fügten der kaum erstarkten Baumwollen- und Metallindustrie schweren Schaden zu. Einzig die Leineninindustrie erhob sich wieder und erkämpfte sich den verlorenen amerikanischen Markt wieder und neben ihr überdauerte die Tuchfabrikation in Folge der veredelten Schafzucht, die verderbliche Krisis. [*]

Eine neue segensreiche Zeit, wenn auch unter schweren Wehen, beginnt. Zur Zeit der französischen Revolution zählte man 290 Staaten in Deutschland, nach dem Lüneviller Frieden (1801) nur noch 176, als der deutsche Bund gegründet wurde 39, und gegenwärtig ohne Deutschösterreich und Liechtenstein 25. Als Gegenstück zu dieser staatlichen Zerfahrenheit, welche der wichtigste Grund war, daß Handel und Verkehr sich nicht in dem Maße heben konnte, wie es der natürlichen Lage und Beschaffenheit Deutschlands und der Tüchtigkeit seiner Bevölkerung nach der Fall sein mußte, war Preußen seit einer Reihe von Menschenaltern nicht nur stetig gewachsen, sondern es war auch tiefer und tiefer in Deutschland hineingewachsen, während Oesterreichs Hauptgebiet außerhalb desselben lag. Mächtig griff die nordöstliche Macht nach Westen und Süden vor, eine rasch wachsende Bevölkerung vorschiebend. Dazu nehme man die althergebrachte, sparsame und gewissenhafte Finanzwirthschaft, die durchschnittlich gute Landesverwaltung, die lange Zeit wegen ihrer Unabhängigkeit gefeierte preußische Justiz, die kräftig in seinem Volke pulsirende Liebe zum Vaterlande, die Quelle eines stählernen Selbstgefühls, die Stein'sche, die Scharnhorst'sche Periode, das zu einem Volk in Waffen umgestaltete gewaltige Heer, das Uebergewicht der protestantischen Literatur, Geschichtsschreibung und Journalistik, welche Preußen doppelt nutzen mußte, so lange Oesterreich in konfessioneller Beziehung die Parität nicht durchführte, endlich, daß Preußen sich durch Schaffung des Zollvereins an die Spitze von Deutschlands Handel und Verkehr stellte — und man wird trotz mancher Kehrseite des glänzenden

[*] Ueber Deutschlands Handelsgeschichte vergl. Büchele, Geschichte des Welthandels. (Stuttgart, Maier) S. 97. 189. 274.

Bildes die Gründe dafür finden, daß die Zukunft Deutschlands auf dem
Gebiete des Handels wie der Politik an die Zukunft des großen und
mächtigen Preußens geknüpft ist.

Der Zollverein. Nach der Wiederherstellung des Friedens (1815)
trat in Deutschland das Bedürfniß nach wirthschaftlicher Einigung lebhaft
hervor. Zwischen den einzelnen deutschen Ländern bestanden unnatürliche
Zollschranken, welche Handel und Industrie in der empfindlichsten Weise
lähmten und ein großartiges Schmuggelsystem an den Grenzen begünstigten.
Preußen war es, welches in dieser Noth die Sache in die Hand nahm,
und beim Entwurf der Bundesverfassung die zweckmäßige Regulirung der
Zölle, sowie gemeinsame Maßregeln zur Förderung des wechselseitigen
Handels und Verkehrs anregte. Aber, wenn es auch auf Widerspruch hierbei
stieß, so ließ es das große Ziel nicht aus den Augen und führte es zu
einem glücklichen Ende. Indem es sich an die Spitze des wirthschaftlichen
Fortschritts in Deutschland stellte, ein einheitliches Zollgebiet schuf, legte es
auch den Grund zu seinem wachsenden Uebergewicht, das ihm in Deutschland
nun naturgemäß zu Theil wurde. Nachdem 1828 Bayern und Württemberg ein gemeinschaftliches Zollgebiet geschaffen, dem Baden nicht beitrat,
vereinigten sich Hessen, Darmstadt und die anhaltischen Staaten mit Preußen
zu einem solchen; die mitteldeutsche Staatengruppe bildete ein besonderes
System. Endlich schlossen sich der preußisch-hessische und bayrisch-württem-
bergische Verein 1833 zu einem einzigen deutschen Zollverein zusammen, dem bald Sachsen und die thüringischen Länder, 1836 Baden,
Nassau und Frankfurt, 1842 Braunschweig, Lippe und Luxemburg, 1854
Hannover und Oldenburg beitraten, so daß nur Hamburg, Lübeck, Bremen
und Mecklenburg nicht Glieder des großen Bundes waren, innerhalb dessen
Handelsfreiheit herrschte und der seine Zölle nur an den Grenzen nach
dem Auslande hin auf gemeinschaftliche Rechnung erhob. Ein großer Fehler
in der Gesetzgebung des Vereins lag jedoch darin, daß jeder, selbst der
kleinste Staat die heilsamsten Reformen verhindern konnte, wenn er seine
Zustimmung zu einem neuen Gesetze nicht gab. Trotzdem war der Zollverein Jahrzehnte hindurch die einzige gemeinsame Institution unsres deutschen Vaterlandes, die uns erst die Grundlage des staatlichen Zusammen-
lebens, den freien einheitlichen Markt für die Erzeugnisse des Menschenfleißes
gab und sich als das wichtigste Band unserer Nationalität erwies. Der
ganze Lebenslauf des Zollvereins ist ein Ringen um seine eigene Existenz
gewesen; er hat drei große Krisen durchgemacht, deren jede für ihn tödtlich
zu sein schien, die er aber alle überdauerte. Die erste war eine innere,
mehr wirthschaftliche, sie spielte in der Mitte der vierziger Jahre und
bewegte sich vornehmlich um die Erhöhungen der Zölle, die den Spinnern
und Eisenproducenten einen größeren Schutz gewähren sollten. Es war
der Kampf zwischen Schutzzoll und Freihandel, der allmählich
zu Gunsten des letzteren durchgefochten wurde. Hierbei wirkten von außen
politische Einflüsse, namentlich war es Oesterreich, welches entweder auf
seinen Eintritt in den Verein oder Sprengung desselben, wiewohl vergeblich,
hinzuarbeiten suchte. Eine neue Krisis entstand 1862 als der Handels-
vertrag mit Frankreich abgeschlossen wurde, der von großer Tragweite

und ein neuer Fortschritt auf dem Gebiete des Freihandels war. Aber die widerstrebenden Elemente fügten sich und die aus dem Vertrage abgeleiteten und vorausgesagten Nachtheile für den deutschen Handel und die Industrie blieben aus. Glänzend endlich überbaute der Zollverein die Krisis des Jahres 1866, aus der er neuverjüngt hervorging. Während des Kriegs, in dem die einzelnen Glieder des Vereins sich feindlich einander begegneten, bestand der Zollverein thatsächlich fort, die Kriegsparteien erhoben Zölle für gemeinschaftliche Rechnung und lieferten dadurch den besten Beweis für die Lebenskraft des Vereins.

Mit der Gründung des norddeutschen Bundes trat der Zollverein in eine neue Phase. Der norddeutsche Bund bildet ein einziges Zoll- und Handelsgebiet mit geringen Ausschlüssen, die wir später aufzählen; er schuf den Zollverein, so weit er den Bund anging, zu einer bleibenden Institution um, deren Einrichtung und Entwicklung von Organen sicher gestellt wurde, welche nach Majorität entscheiden. Dieses große neue Handelsgebiet schloß nun mit den süddeutschen Staaten einen neuen Vertrag am 4. Juni 1867. Nach diesem sollte der Zollverein auf Grund der Convention von 1865 fortgesetzt, die Gemeinschaftlichkeit der Einnahmen auch auf die Besteuerung von Tabak und Salz erstreckt werden. Die Gesetzgebung für den Verkehr wurde einheitlich organisirt und im Bundesrathe des Zollvereins, wie im Zollparlamente, wurde ein regelrechter staatlicher Apparat geschaffen, der die Gesetzgebung im Flusse erhält; das Majoritätsprincip ermöglichte es, eine der fortgeschrittenen Einsicht der Mehrheit entsprechende consequente Handelspolitik zu verfolgen, ohne, wie es bisher der Fall war, auf die abweichenden Forderungen selbst der kleinsten Minorität Rücksicht zu nehmen. Was das Zollparlament betraf, so wurde es zusammengesetzt aus dem norddeutschen Reichstage und Abgeordneten Süddeutschlands. Auch eine Executive wurde geschaffen. Das Präsidium (die Krone Preußen) ist zum Abschluß von Handelsverträgen mit fremden Staaten berechtigt und besitzt ein Veto gegen Gesetzesänderungen. Der neue Vertrag mit den süddeutschen Staaten hat Giltigkeit bis 1877. Für die gedeihliche Fortentwicklung des Vaterlandes auf materiellem Gebiete bietet der neue Zollverein die sichersten Garantien und mit seiner Hilfe werden Reformen angebahnt, welche Handel, Verkehr und Industrie in unserm Deutschland mächtig heben.

Außer den früher erwähnten Staaten sind die preußische Provinz Schleswig-Holstein, das Herzogthum Lauenburg, Lübeck und beide Mecklenburg dem Vereine noch beigetreten; selbst Luxemburg, obwohl jetzt politisch ganz von Deutschland getrennt, gehört ihm noch an. Der deutsche Zollverein umfaßt gegenwärtig 9667 Quadratmeilen, mit etwa 38 Mill. Einwohnern; ausgeschlossen ist von demselben das deutsche Freihafengebiet, von 7½ Quadratmeilen (Geestemünde und Bremerhafen, dann Brake und die Stadt Bremen an der Weser; Hamburg, Altona und Curhaven an der Elbe) Dazu kommen einige kleinere Gebietsstrecken an der badisch-schweizerischen Grenze, die der Abrundung halber vom Zollvereinsgebiete ausgeschlossen wurden.

Der Zollverein hat sich finanziell vortrefflich bewährt. Der gegen-

11 *

wärtig in Geltung stehende Zolltarif datirt vom 1. Juli 1865. Nach demselben sind die Eingangszölle eingeschränkt und ermäßigt und sind bei der Ausfuhr nur Lumpen und andre Abfälle zur Papierfabrikation einer Abgabe unterworfen. Weitere Zollermäßigungen stehen (1870) in Aussicht. Die gemeinsamen Einnahmen werden unter besonderen Modifikationen nach der Kopfzahl an die einzelnen Staaten vertheilt. Die Einnahmen sind nach den wechselnden Zollsätzen, politischen Verhältnissen u. s. w. natürlich Schwankungen unterworfen. Sie betrugen 1868 aber 27,319,525 Thlr. Fast die Hälfte dieses Betrags (über 49 Prozent) lieferten die Zölle auf Kaffee, Tabak und Salz. Ueber fünf Prozent lieferte der Wein, gegen vier die Wollwaaren, ebensoviel Südfrüchte, über drei Prozent Rohzucker, Reis. Es folgen mit niedrigeren Prozentsätzen Baumwollgarn, Roheisen, Häringe, Gewürze, Baumwollwaaren, Tabaksfabrikate, Branntwein, Leinengarn und Zwirn, Seidenwaaren ꝛc. Neben diesen Eingangszöllen ist noch die Rübenzuckersteuer dem Zollverein gemeinschaftlich; sie ergab in dem Betriebsjahre 1867—1868: 10,148,345 Thlr. Auch die Salzsteuer ist seit 1868 gemeinschaftlich; sie betrug im genannten Jahre 10,201,061 Thlr.

Nach außen hin hat der Zollverein seine Stellung durch besondere Handelsverträge geregelt, die auf der Grundlage gegenseitiger Vergünstigungen beruhen und den kleineren Staaten, die für sich allein mit fremden großen Mächten keine Verträge abschließen konnten, die Theilnahme am Welthandel zusichern. Es bestehen Handelsverträge mit Griechenland, Portugal, Holland, Türkei, Frankreich, Belgien, Großbritannien, Italien, Oesterreich, Spanien, Kirchenstaat, Mexiko, Uruguay, Argentinische Conföderation, Paraguay, Chile, Liberia, Persien, China, Japan, Siam. — Der 1857 zwischen dem Zollverein einerseits und Oesterreich und Liechtenstein anderseits abgeschlossene Münzvertrag ist in Bezug auf Oesterreich und Liechtenstein mit Ende 1867 außer Kraft getreten. *)

Gemeinsam, wie der Zollverein, ist den deutschen Staaten auch das deutsche Handelsgesetzbuch nebst der deutschen Wechselordnung, das mit Ausnahme des Seerechts (Handelsgesetzbuch V.) auch in Oesterreich Geltung hat. In Luxemburg gilt der Code de commerce. Zu erwähnen ist ferner das norddeutsche Bundesgesetz vom 4. Juli 1868 über die Erwerbs= und Wirthschaftsgenossenschaften, das auch in dem nicht zum Bunde gehörigen Theile Hessens, sowie in wesentlicher Uebereinstimmung in Bayern gilt; ferner das preußische allgemeine Berggesetz vom 24. Juni 1865, giltig in Preußen, Lauenburg, Waldeck, in wesentlicher Uebereinstimmung auch in Bayern, Braunschweig, Sachsen=Gotha. Wir besprechen hier gleich noch einige für ganz Deutschland gemeinsame Angelegenheiten.

Verkehrsmittel Deutschlands. Diese sind außerordentlich entwickelt und wir stehen in dieser Beziehung nur hinter wenigen Ländern zurück. Unsre das ganze Land durchziehenden Chausseen sind in vortrefflichem Zustande. Der größere Theil der deutschen Eisenbahnen (S. 64. 65)

---

*) Vergl. Binnengräber: Statistik des Verkehrs und Verbrauchs im Zollverein. Berlin 1868. Weber: Der deutsche Zollverein, Geschichte seiner Entstehung und Entwicklung. Leipzig 1869.

bildet mit den österreichischen den „Verein deutscher Eisenbahnverwaltungen," welchem am 1. Januar 1869 schon 77 Bahnverwaltungen angehörten. Das Gesammtgebiet des Vereins umfaßte damals 3371 Meilen Bahnen; hiervon entfielen auf Deutschland 2238 Meilen, auf Oesterreich 931 Meilen. Außerdem waren in diesem Verein die niederländischen, die Warschau-Wiener und die Warschau-Bromberger Bahn mit 203 Meilen vertreten. Wie unser Telegraphenwesen sich entwickelte, haben wir S. 74 und 78 gezeigt, von Deutschlands Posten war S. 58 und 60 die Rede. Auch an Ka= nälen ist kein Mangel, obgleich diese nicht in einer dem Bedürfnisse ent= sprechenden Anzahl vorhanden sind. Ein bedeutendes Werk im Nordosten ist der oberländische Kanal zwischen Osterode und Elbing in der Provinz Preußen; er ist einzig in seiner Art in Europa, indem bei ihm das System der geneigten Ebenen angewendet wurde, auf denen die Schiffe auf Wagen aus dem Wasser fort und über die geneigten Ebenen in die nächste Kanal= strecke geführt werden. Eine Reihe von Seen begünstigen diesen Kanal, der den Produkten des Oberlandes Absatz nach der Ostsee verschafft. Andere wichtige Kanäle sind der Finow= und Müllroserkanal, zur Verbindung der Oder mit dem Elbgebiet angelegt; ferner zu Abkürzungen im Havelgebiet der Ruppiner= und Plauensche Kanal; zwischen Stecknitz und Trave der Travekanal; zwischen Eider und Kieler Bucht der Kieler Kanal und der Kanal von Bremervörde von der Oste zur Schwinge. Projektirt ist ein großer Ost=Nordseekanal, welcher die deutsche Schifffahrt unabhängig von der Passage durch den Sund machen soll. Im Süden erwähnen wir zuerst den Ludwigskanal, welcher mittels Rednitz und Altmühl den Main mit der Donau, d. h. das schwarze Meer mit dem atlantischen verbindet. Dieser Kanal ist ein unfruchtbares Unternehmen. Nicht allein das ganze 16 Mill. Gulden betragende Anlagekapital bringt gar keine Rente, sondern alljährlich findet noch ein bedeutendes Deficit statt. Die deutsche Handelsflotte (S. 47) ist naturgemäß eine norddeutsche; sie fährt unter der schwarz= weiß=rothen norddeutschen Bundesflagge, ist die drittgrößte der Welt und genießt wegen ihrer Tüchtigkeit allgemeine Achtung.

Deutschlands Handel. Wie wir gesehen haben, bildet Deutschland ein großes Handelsgebiet, von dem nur die oben bezeichneten Theile des Zollvereins ausgeschlossen sind. Ueber deren Handel wird das Spezielle unter Hamburg, Bremen u. s. w. gesagt werden. Es ist dies aber der wichtigste Theil des äußeren Handels und verweisen wir daher auf jene Hansastädte, die wesentlich den überseeischen Export besorgen. Ein zweites großes Absatzgebiet ist Rußland, das mehr als die Hälfte seiner Gesammt= einfuhren aus dem Zollverein bezieht. Dieser exportirte dorthin 1861 für 26 Mill. Rubel, 1865 schon für 50 Mill. Rubel, 1866 für 69 Mill. Rubel, 1867 für 92 Mill. Rubel, abgesehen von dem riesigen, durch hohe Zölle begünstigten Schmuggel. Oesterreich und die Süddonauländer bilden ein weiteres wichtiges Absatzgebiet; dann Nordamerika. So viel wir auch selbst ausführen, sind wir doch vortreffliche Abnehmer der englischen (S. 92) wie der französischen Waaren und der Kolonialprodukte. Die wichtigsten im Jahre 1868 zur Eingangsverzollung oder zollfreien Abfertigung ge= kommenen Artikel sind (nach Durchschnittssätzen) die nachstehenden. Wegen der mangelhaften Ernte des Jahres 1867 war die Einfuhr von Getreide und Hülsenfrüchten besonders bedeutend. Es gingen ein:

Weizen	13,521,203	pr. Scheffel,	47,824,000 Thlr.
Roggen	10,917,479	„ „	29,477,000 „
Gerste	7,284,788	„ „	16,753,000 „
Andres Getreide	5,407,751	„ „	8,111,000 „
Hülsenfrüchte	785,864	„ „	2,829,000 „
Baumwolle	2,321,141	Centner,	59,885,000 „
Schafwolle	924,081	„	46,204,000 „
Kaffee	1,700,531	„	30,609,000 „
Seide	31,270	„	25,641,000 „
Wollengarn	244,799	„	15,422,000 „
Tabak	796,441	„	15,132,000 „
Baumwollgarn	328,469	„	15,110,000 „
Flachs, Hanf, Werg	1,101,786	„	14,322,000 „
Wollwaaren	77,374	„	13,927,000 „
Petroleum	2,051,927	„	12,824,000 „
Rohe Häute	715,400	„	11,446,000 „
Mehl, Graupen	0,322	„	11,151,000 „
Indigo	87,873	„	8,710,000 „
Oelsämereien	1,831,474	„	8,607,000 „
Steinkohlen	32,960,205	„	7,650,000 „
Seidenwaaren	4452	„	6,678,000 „
Häringe	514,202	Tonnen,	6,170,000 „
Wein	455,370	Centner,	5,009,000 „
Leinengarn	138,160	„	4,835,000 „
Palm- u. Cocosöl	267,418	„	4,011,000 „
Talg	256,569	„	3,720,000 „
Roheisen	2,699,086	„	3,374,000 „
Reis	870,553	„	3,308,000 „
Leinöl	291,088	„	3,202,000 „
Gefärbtes Wollgarn	26,692	„	2,802,000 „
Südfrüchte, getrocknet	229,170	„	2,750,000 „
Baumwollwaaren	27,317	„	2,742,000 „
Halbseidenwaaren	4,802	„	2,581,000 „
Baumöl	108,698	„	2,552,000 „
Cigarren	15,214	„	2,282,000 „
Rüb- u. Hanföl	195,161	„	2,146,000 „
Butter	68,674	„	1,888,000 „
Zinn	54,444	„	1,742,000 „
Rohzucker	211,416	„	1,691,000 „
Rohe Leinwand	42,884	„	1,672,000 „

Da uns statistische Daten über die Ausfuhr des Zollvereins aus dem Jahre 1868 nicht vorliegen, so geben wir, um zu zeigen, wie die Ausfuhr die Einfuhr überwiegt, nach Binnengräbers Werk den Vergleich der Ein- und Ausfuhr aus früheren Jahren.

1834 : 105,940,000 Thlr. Einfuhr und 143,620,000 Thlr. Ausfuhr
1842 : 188,670,000   „   „   162,940,000   „   „
1857 : 354,310,000   „   „   353,090,000   „   „
1864 : 360,380,000   „   „   377,050,000   „   „

Man ersieht aus diesen Zahlen, daß sich die Einfuhr um 250 Prozent, die Ausfuhr um 162 Prozent in den zwanzig Jahren seit Entstehung des

Zollvereins bis zum Abschluß des Handelsvertrags mit Frankreich gehoben hat und daß 1864 die Ausfuhr die Einfuhr um etwa 17 Mill. Thaler überstieg.

Maß und Gewicht. Statt der grauenvollen Verwirrung, die auf diesem Gebiete bisher geherrscht und die der selige Bundestag nicht zu überwältigen vermochte, ist nun endlich gesetzlich (in Norddeutschland durch Reichstagsbeschluß vom 15. Juni 1868) eine Einheit durchgeführt. Vom 1. Januar 1870 an darf, vom 1. Januar 1872 an muß das französische metrische Maßsystem allenthalben im norddeutschen Bunde im Gebrauch eingeführt sein. Dem haben sich die süddeutschen Staaten gleichfalls angeschlossen. Der Stab oder Meter als Einheit des Längenmaßes wird nach dem Decimalsystem eingetheilt und vervielfältigt. Die üblichen Theilungen bestehen im Decimeter (= $\frac{1}{10}$ M.), Centimeter (oder Neuzoll = $\frac{1}{100}$ M.) und Millimeter (oder Strich = $\frac{1}{1000}$ M.). Die gebräuchlichsten Vervielfältigungen sind ein Dekameter (oder Kette = 10 M.) und ein Kilometer (= 1000 M.). Dazwischen liegt das weniger gebräuchliche Hektometer (= 100 M.). 7500 Meter bilden von jetzt ab die deutsche Meile (80 neue Meilen = 81 alte deutsche, geographische Meilen). Unter einem Lachter, beim Bergbau, sowie unter einem Faden, im Seewesen, soll eine Länge von 2 Metern verstanden werden, eine Ruthe aber soviel als eine Länge von 5 Metern bedeuten. Die hiervon abgeleiteten Flächenmaße werden durch die Quadrate der bezüglichen Längenmaße gebildet, als Einheit gilt hier also das Quadratmeter, oder der Quadratstab. Insbesondere dienen als Feldmaß das Ar (= 100 Quadratmeter); ferner des Hektar (= 10,000 Quadratmeter). Der Morgen soll 25 Ar oder 2500 Quadratmeter enthalten. Bei den Körpermaßen kommen vornehmlich die Hohlmaße in Betracht und zwar das Liter oder die Kanne (= 1 Kubikdecimeter oder $\frac{1}{1000}$ Kubikmeter), sowie das Hectoliter oder Faß (= 100 Liter). Das halbe Liter wird in Deutschland Schoppen, fünfzig Liter ein Scheffel genannt und die Klafter ist gleichbedeutend mit einem Körperraum von 4 Kubikmetern. — Als Gewichtseinheit gilt nach diesem System das Gewicht eines Kubikcentimeters destillirten Wassers unter dem Namen Gramm.. 1000 Gramme sind ein Kilogramm und das halbe Kilogramm heißt bei uns Pfund. Das Kilogramm wird in tausend Gramme getheilt mit decimalen Unterabtheilungen: 10 Gramme soviel als 1 Dekagramm (Neuloth); $\frac{1}{10}$ Gramm = 1 Decigramm, $\frac{1}{100}$ Gramm = 1 Centigramm, $\frac{1}{1000}$ Gramm = 1 Milligramm. Fünfzig Kilogramm oder 100 Pfund sind gleich einem Centner, 1000 Kilogramm (= 2000 Pfund) gleich einer Tonne und 2000 Kilogramm (= 4000 Pfund) gleich einer Schiffslast. Das früher übliche Medizinal- und Apothekergewicht ist abgeschafft und das eben erwähnte neue an dessen Stelle gesetzt.

Uebersicht der alten deutschen Maße im Verhältniß zu dem neuen.

Preußen. 1 preuß. (rheinländ.) Fuß = 0,313 Meter. 1 Klafter (Faden = 1,883 M. 1 Ruthe = 3,766 M. 1 Morgen = 25,532 Ares. — Bayern. 1 Fuß = 0,291 M. 1 Klafter = 1,751 M. 1 Ruthe = 2,918 M. 1 Tagwerk, Morgen oder Juchart = 34,072 M. — Hannover. 1 Fuß = 0,292 M. 1 Klafter =

1,752 M. 1 Ruthe = 4,673 M. 1 Morgen = 26,210 Ares. — Sachsen. 1 Fuß = 0,283 M. 1 Klafter = 1,699 M. 1 Feldmesserruthe = 4,295 M. 1 Morgen oder Scheffel Landes = 27,671 Ares. — Württemberg. 1 Fuß = 0,288 M. 1 Ruthe = 2,864 M. 1 Morgen = 31,517 Ares. — Baden. 1 Fuß = 0,3 M. 1 Klafter = 1,8 M. 1 Ruthe = 3 M. 1 Morgen = 36 Ares. — Braunschweig. 1 Fuß = 0,285 M. 1 Ruthe = 4,565 M. 1 Feldmorgen = 25,015 Ares. — Oldenburg. 1 Fuß = 0,295 M. 1 Neuruthe = 5,325 M. 1 Juck (Joch) = 45,383 Ares. — Schleswig-Holstein. 1 Hamburger Fuß = 0,286 M. Bei Vermessungsarbeiten gilt der preuß. (rheinländ.) Fuß. 1 Steuertonne (Feldmaß) = 54,660 Ares. — Anhalt. Wie Preußen. — Bremen. 1 Fuß = 0,289 M. 1 Klafter = 1,736 M. 1 Ruthe = 4,629 M. 1 Morgen = 25,720 Ares. — Hamburg. 1 Fuß = 0,286 M. 1 Klafter (Faden) = 1,719 M. 1 Marschruthe = 4,012 M. 1 Geestruthe = 4,585 M. 1 Morgen = 96,579 Ares. 1 Havelboden (Flächenmaß) = 4,599 Ares. — Frankfurt a. M. 1 Fuß = 0,284 M. 1 Klafter = 1,707 M. 1 Ruthe = 3,557 M. 1 Morgen = 20,251 Ares. 1 Hufe = 607,540 Ares. — Hessen-Homburg. a) Amt Homburg. Längenmaß wie Frankfurt. 1 Morgen = 19,065 Ares. b) Amt Meisenheim. 1 Fuß = ⅓ M. 1 Ruthe = 5 M. 1 Morgen = 25 Ares. — Hessen-Darmstadt. 1 Fuß = ¼ M. 1 Klafter = 2,5 M. 1 Morgen = 25 Ares. — Hessen-Kassel. 1 kurhessischer Fuß = 0,287 M. 1 Kasseler Fuß = 0,284 M. 1 Ruthe = 3,988 M. 1 Acker = 23,865 Ares. — Lippe-Bückeburg. 1 Fuß = 0,290 M. 1 Ruthe = 4,641 M. 1 Morgen = 25,854 Ares. — Lippe-Detmold. 1 Fuß = 0,289 M. 1 Ruthe = 4,632 M. 1 Scheffel = 17,166 Ares. 1 Morgen = 25,749 Ares. — Lübeck. 1 Fuß = 0,287 M. 1 Ruthe = 4,602 M. 1 Scheffel Aussaat (à 60 Quadratruthen) = 12,706 Ares. 1 Scheffel Aussaat (à 70 Quadratruthen) = 14,824 Ares. — Mecklenburg-Schwerin. Es gilt Hamburger Längenmaß. Daneben ein Mecklenburger Fuß = 0,291 M. 1 Ruthe = 4,656 M. 1 Scheffel Aussaat = 13,007 Ares. 1 Morgen = 52,030 Ares. — Mecklenburg-Strelitz. Es gilt der rheinländische Fuß. Beim Feldmessen das Schweriner Längenmaß. 1 Feldfuß = 0,291 M. 1 Feldruthe = 4,656 M. 1 Scheffel Aussaat (bei den Domänen „Morgen") = 21,679 Ares. — Nassau. 1 Werkfuß = 0,3 M. 1 Werkruthe = 3 M. 1 Morgen = 25 Ares. Reuß-Greiz. 1 Fuß = 0,282 M. 1 Ruthe = 4,520 M. 1 Acker oder Scheffel = 32,689 Ares. — Reuß-Schleiz. a) Gera. 1 Fuß = 0,286 M. 1 Ruthe = 4,589 M. 1 Scheffel = 25,214 Ares. b) Schleiz. 1 Leipziger Fuß = 0,282 M. 1 Leipziger Ruthe = 4,520 M. 1 Morgen = 22,695 Ares. — Sachsen-Altenburg. 1 Fuß = 0,283 M. 1 Ruthe = 5,675 M. 1 Acker = 64,433 Ares. — Sachsen-Koburg-Gotha. a) Gotha. 1 Fuß = 0,287 M. 1 Feldruthe = 4,026 M. 1 Feldacker = 22,700 Ares. 1 Hufe = 681,003 Ares. b) Koburg. 1 Werkfuß = 0,303 M. 1 Werkruthe = 4,255 M. 1 Feldmorgen oder Acker = 28,977 Ares. — Sachsen-Meiningen. 1 Werkfuß = 0,283 M. 1 Ruthe = 4,255 M. 1 Acker = 28,977 Ares. — Sachsen-Weimar-Eisenach. 1 Fuß = 0,281 M. 1 Ruthe = 4,511 M. 1 Acker = 28,497 Ares. — Schwarzburg-Rudolstadt. a) Rudolstadt. 1 Fuß = 0,282 M. 1 Ruthe = 4,515 M. 1 Acker = 32,620 Ares. b) Frankenhausen. Der Werkfuß = dem preußischen. 1 Vermessungsfuß = 0,282 M. 1 Ruthe = 4,520 M. 1 Acker = 32,689 Ares. — Schwarzburg-Sondershausen. — Wie Preußen. — Waldeck. Wie Preußen bei Vermessungen. Im Verkehr: 1 Fuß = 0,292 M. 1 Ruthe = 4,677 M. 1 Morgen = 26,257 Ares. — Lauenburg 1 Fuß = 0,288 Meter.

Münzwesen. Das Münzwesen fast aller civilisirten Staaten befindet sich in einem Uebergangsstadium und es ist viel darüber berathen worden, welche internationale Münzeinheit, ob Gold- oder Silberwährung, oder beide nebeneinander einzuführen seien. Ein ganz bedeutendes Gebiet hat sich der französische Frank bereits erobert. Die internationale Münzcommission in Paris (1868) hat die Prägung von 25-Frankenstücken als internationale Münze empfohlen, ohne bisher durchdringen zu können.

Unterdessen gelten in Deutschland folgende Münzfuße und Rechnungs-
arten.

Preußen. Der 30 Thalerfuß. 1 Thaler = 30 Silbergroschen à 12 Pfennige. Bayern. Der 52½ Guldenfuß. 1 Gulden = 30 Kreuzer. — Hannover. Der 30 Thalerfuß. 1 Thaler = 30 Groschen à 10 Pfennige. — Sachsen.
Der 30 Thalerfuß. 1 Thaler = 30 Neugroschen à 10 Pfennige. — Württemberg. Wie Bayern. — Baden. Wie Bayern. — Braunschweig. Wie Hannover. — Oldenburg. Der 30 Thalerfuß. 1 Thaler = 30 Groschen à 12 Schwaren. Das Fürstenthum Birkenfeld wie die benachbarten preußischen und bayrischen
Lande. Das Fürstenthum Lübeck wie die Stadt Lübeck. — Schleswig-Holstein.
Wie Lübeck. — Anhalt. Wie Preußen. — Bremen. Goldwährung. 1 Thaler Gold
= 72 Grote à 5 Schwaren. 1 Bremer Thaler im Durchschnitt = 1 Thaler 3 Silbergroschen preußisch. — Hamburg. 1 Mark = 16 Schillinge. 1 Mark Banco =
15 Silbergroschen. 1 Mark Courant = 12 Silbergroschen. — Lübeck. 1 Mark
lübisch = 16 Schillinge. 1 Mark = 12 Silbergroschen. 1 Thaler = 2½ Mark. —
Frankfurt a. M. Wie Bayern. Daneben preußisch. — Hessen-Homburg.
Wie Bayern. Daneben preußisch. — Hessen-Darmstadt. Wie Bayern. —
Hessen-Kassel. Wie in Preußen. — Lippe Bückeburg und Lippe Det-
mold. Wie in Preußen. — Mecklenburg-Schwerin. 14 Thalerfuß. 1 Reichs-
thaler = 48 Schillinge à 12 Pfennige. 1 Reichsthaler = 1 preußischer Thaler. —
Mecklenburg-Strelitz. Wie M.-Schwerin. — Nassau. Wie Bayern. —
Reuß-Greiz und Reuß-Schleiz. Wie Preußen. — Sachsen-Altenburg.
Wie Sachsen. — Sachsen-Koburg-Gotha. a) Koburg. Wie in Bayern. b)
Gotha. Wie in Sachsen. — Sachsen-Meiningen. Wie in Bayern. Camburg
wie in Preußen. — Sachsen-Weimar-Eisenach. Wie in Preußen. —
Schwarzburg-Rudolstadt. a) Rudolstadt. Wie in Bayern. b) Frankenhausen.
Wie in Preußen. — Schwarzburg-Sondershausen. Wie in Preußen. —
Waldeck. Wie in Preußen. — Lauenburg. Wie in Mecklenburg-Schwerin.

Auswanderung. Leider fehlt die Rubrik Kolonialbesitz in dem Ab-
schnitte „Deutschland." Während die andern Nationen weiten Blickes
hinausschauten, die fremde Welt theilten und deren Schätze einheimsten,
beschäftigten die deutschen Fürsten sich damit, im Innern Kriege zu führen
und Land und Volk herabzubringen. Und doch hätte nächst England kein
zweites Reich so sehr Nutzen aus Kolonien ziehen können, wie Deutschland,
das einen großen Ueberfluß an Menschen abzugeben hat und heute das
Hauptkontingent zur europäischen Auswanderung stellt. Der Strom deutscher
Auswanderung wendet sich hauptsächlich nach den Vereinigten Staaten von
Nordamerika, wo bereits etwa 5 Millionen Deutsche ansässig sind. Sie
sind dort die wichtigsten und am liebsten gesehenen Einwanderer. Allein in
dem einen Hafen New-York landeten: 1865: 82,894; 1866: 108,840;
1867: 115,829; 1868: 104,515 und 1869: 101,571 Deutsche oder in
fünf Jahren eine halbe Million. Nicht alle deutschen Staaten sind gleichmäßig bei der Auswanderung betheiligt. Sehr stark ist sie beispielsweise
in Württemberg. Der Ueberschuß der Auswandernden gegenüber den Ein-
wandernden belief sich dort in dem Triennium von 1861—64 auf 7967,
in 1864—67 auf 15,437 Personen. Die Auswanderung aus Deutschland
ist im Steigen begriffen und Hamburg und Bremen sind diejenigen Häfen
von denen die meisten Auswanderer nach der neuen Heimath ziehen. Im
Jahre 1868 gingen über Hamburg 43,505, über Bremen 66,423 Seelen.
Indirekt, über Hull und Liverpool, 4425 Personen. Abgesehen von den
nach Nordamerika ziehenden Deutschen, geht ein schwächerer Strom nach
Australien und Südbrasilien; namentlich in dem letzteren Lande, wo schon

gegen 100,000 unserer Landsleute wohnen, hat das beutsche Element eine schöne Zukunft. Der Deutsche ist über die ganze Erde verbreitet; er ist in allen Ländern zu finden, erringt sich durch Fleiß und Solidität überall Achtung. In den großen außereuropäischen Handelsemporien, zumal in Afrika, Ostasien, Südamerika gehören die ersten und geachtetsten Handels= häuser Deutschen. Was könnten die überseeischen Deutschen sein, wenn sie in einem günstig gelegenen Kolonialreich zusammen einen Staat bildeten!

A. Der Norddeutsche Bund.

Allgemeiner Ueberblick. Dem deutschen Handel und Verkehr widmet die Verfassung des norddeutschen Bundes eine besondere Aufmerksamkeit. Er löste viele noch bestehende Fesseln indem er ein gemeinsames Heimats= recht (Indigenat) für seine Angehörigen schuf, die Freizügigkeit, Heimats= und Niederlassungsverhältnisse ordnete und Bestimmungen über Gewerbe= betrieb, Auswanderung, Münz=, Maß= und Gewichtswesen, Papiergeld und Banken, Eisenbahnen, Schifffahrtsbetrieb, Posten und Telegraphen, welche Bundesinstitute sind, und den Schutz des deutschen Handels im Auslande traf. Statt der vielen bedeutungslosen Consulate, von denen jeder einzelne Staat im Auslande eine Menge unterhielt, steht ein einheitliches, kräftig organisirtes Consulatwesen da, das sich über alle bedeutenden Handelsplätze der Erde erstreckt. Der norddeutsche Bund besteht aus folgenden einzelnen Staaten, deren Bevölkerung nach der Zählung vom 3. Dezember 1867 angegeben ist.

Preußen	6,366.34	Quadratmeilen,	23,957,922 Einwohner
Lauenburg	21.29	„	48,529 „
Sachsen	271.83	„	2,426,193 „
Mecklenburg-Schwerin . . .	244.12	„	560,628 „
Sachsen-Weimar	66.03	„	283,044 „
Mecklenburg-Strelitz . . .	49.49	„	98,770 „
Oldenburg	116.15	„	315,995 „
Braunschweig	67.02	„	302,801 „
Sachsen-Meiningen . . .	44.97	„	181,483 „
Sachsen-Altenburg . . .	24.00	„	141,426 „
Sachsen-Koburg-Gotha . .	35.73	„	168,735 „
Anhalt	48.28	„	197,041 „
Schwarzburg-Rudolstadt . .	17.58	„	75,149 „
Schwarzburg-Sondershausen .	15.63	„	66,076 „
Waldeck	20.36	„	57,509 „
Reuß ältere Linie	6.80	„	43,889 „
Reuß jüngere Linie . . .	15.06	„	88,097 „
Schaumburg-Lippe . . .	8.05	„	31,814 „
Lippe-Detmold	20.60	„	112,062 „
Lübeck	5.05	„	49,183 „
Bremen	3.50	„	111,411 „
Hamburg	7.32	„	305,196 „
Oberhessen	60.19	„	257,899 „
Norddeutscher Bund	7,535.39	Quadratmeilen,	29,882,652 Einwohner.

Die Landwirthschaft. Sie steht im norddeutschen Bunde in hoher Blüthe. In Preußen ist mehr als die Hälfte der Bevölkerung in derselben beschäftigt und die neue Gesetzgebung hat viel gethan um durch Entfesselung des Grundbesitzes das Emporkommen des Betriebs zu erleichtern; auch werden zahlreiche landwirthschaftliche Lehranstalten, Versuchsstationen und Musterwirthschaften unterhalten. Haupterzeugniß des Ackerbaus ist der Roggen, das wichtigste Nahrungsmittel des Volks; diesem schließen sich die übrigen Getreidearten und die Kartoffeln an. Man gewinnt durchschnittlich im Jahre 150 Mill. Scheffel Roggen, 50 Mill. Scheffel Weizen, 35 Mill. Scheffel Gerste, 130 Mill. Scheffel Hafer und 390 Mill. Schfl. Kartoffeln. Der Bau des Flachses ist in den nördlichen und östlichen Theilen sehr verbreitet, der des Hanfs mehr im Westen (Westfalen), Hopfen in Posen, Braunschweig, Hannover (circa 100,000 Ctr. jährlich). Die Runkelrübe gewinnt, seit die Zuckerindustrie sich stark ausdehnt, dem Getreide immer mehr Boden ab; sie wird namentlich im mittleren Theile Norddeutschlands gebaut; in Hannover, Braunschweig, Anhalt, Provinz Sachsen. Der Tabak ist eine außerordentlich wichtige Handelspflanze geworden, wenn auch in Norddeutschland nicht in dem Maße wie im Süden. 1868 waren 24,428 preuß. Morgen mit dem „edlen Kraut" bestellt, welche 169,033 Ctr. Blätter lieferten oder 32 Prozent des Gesammtertrags im Zollverein. Der Weinbau erstreckt sich nur über einzelne Gegenden. Edle Sorten, die edelsten der Welt, gedeihen am Rhein; geringere in Thüringen, Sachsen, Schlesien. Der Gesammtwerth der Bodenfläche der nassauischen Weinberge *) beträgt 18½ Mill. Gulden. Das ganze im Weinbau und Weinhandel Nassau's beschäftigte Kapital betrug 31 Mill. Gulden, das sich, wegen der Fehljahre, im ganzen nur mit 4 Prozent verzinst. Der Obstbau ist in wärmeren Strichen, namentlich am Rhein, von Wichtigkeit. Es fehlt nicht an trefflichen Gras- und Weidegründen, zumal in Hannover (Elb- und Wesergegend), in Pommern und Preußen. Dadurch wird dort die Viehzucht ungemein begünstigt. Von dem gesammten Areal des norddeutschen Bundes entfallen auf Acker- und Gartenland 50,1 Prozent, auf Wiesen und Weiden 17,6 Prozent, auf Waldungen 23,1 Prozent zusammen 90,8 Prozent nutzbarer Boden, dem nur 9,2 Prozent unproduktive Fläche gegenüberstehen.

Viehzucht. Das Rindvieh Ostfrieslands und der Marschen ist berühmt; es bildet einen wichtigen Exportartikel namentlich nach England. In der Pferdezucht stehen voran Schleswig-Holstein, Mecklenburg und Preußen (Trakehner). Die Schafzucht hat sich, unter der Concurrenz der außereuropäischen Wolleinfuhren, etwas verringert, aber die Qualität der mecklenburgischen, sächsischen und schlesischen Wolle nimmt die erste Stelle ein. Die Schweinezucht hat ihren Hauptsitz in Westfalen. Der Viehstand im norddeutschen Bunde beträgt 2,700,000 Pferde, 10,000,000 Stück Rindvieh, 27,000,000 Schafe (19,000,000 in Preußen), 5,600,000 Schweine, 1½ Mill. Ziegen. In Pommern ist noch die Gänsezucht von Bedeutung.

Fischfang. Die deutschen Weserhäfen betheiligen sich an der großen Fischerei (S. 39). Auch beginnt die Nordsee- und Ostseefischerei sich gegenwärtig sehr zu heben (S. 33). Wir besitzen jetzt mehrere Fischereigesellschaften, welche das vor unsern Küsten gelegene Meer ausbeuten und Kabel-

---

*) Vergl. Dünkelberg. Der nassauische Weinbau.

faus, Schellfiſche, Schollen ꝛc. heimbringen. In der Oſtſee iſt der Hærings-
und Sprottenfang von Bedeutung. Auſtern kommen namentlich von den
Küſten Holſteins und Schleswigs. Ihre Zucht und Vermehrung iſt ein
Gegenſtand der beſonderen Aufmerkſamkeit der Bundesregierung.

Berg- und Hüttenweſen. Eine außerordentliche Bedeutung für die
induſtrielle Thätigkeit des norddeutſchen Bundes hat der Reichthum deſſelben
an Mineralien, namentlich in Schleſien, Sachſen, Thüringen, am Harz und
im Rheinland. Man bricht Marmor, brennt Kalk, gewinnt Porzellanerde,
Mühlſteine, Schiefer und verſendet Traß- und Tuffſteine. Edelſteine freilich
giebt es keine beſondern, aber die Bernſteinfiſcherei au der preußiſchen Küſte
iſt eine Spezialität. Phosphorit, für die Düngung vorzüglich geeignet,
wird neuerdings an der Lahn in großen Mengen gewonnen. Die Gold-
und Silberproduktion iſt nur von mittlerer Bedeutung. Am ſtärkſten wird
der Gold- und Silberbergbau in Sachſen und Preußen betrieben. In
Bezug auf Steinkohlenproduktion nimmt der norddeutſche Bund unter allen
Staaten des Kontinents den erſten Rang ein und zwar iſt hier Preußen
voranſtehend, das bei Saarbrücken an der Ruhr und in Schleſien ſeine
großartigen Kohlenbergwerke beſitzt. In Sachſen ſtellen dieſen das Zwickauer
und das Plauen'ſche Becken ſich an die Seite. Neben den Steinkohlen
fehlt es nicht an rieſigen Braunkohlenwerken; die Produktionsmenge des
Zinks iſt die höchſte, die überhaupt auf der Welt erreicht wird (in Schleſien)
und an Eiſenerzen iſt unerſchöpflicher Reichthum. Zinnbergbau findet nur
in Sachſen ſtatt. Antimon, Kobalt, Nickel, Arſenik, Alaun u. ſ. w. reihen
ſich an. In Bezug auf Salzreichthum nimmt der norddeutſche Bund gleichfalls eine der erſten Stellen ein; insbeſondere äußert die Staßfurter Lager-
ſtätte einen großen Einfluß auf die Preiſe aller Kalipräparate, namentlich
des Salpeters, auf den europäiſchen Märkten. Ein neues großartiges
Lager wurde 1868 zu Sperenberg in der Mark entdeckt. Folgende Zahlen,
nach dem amtlichen Berichte zuſammengeſtellt, geben einen Ueberblick der
großartigen Produktion der preußiſchen Bergwerke und Salinen im Jahre 1868.
Es wurden erzeugt:

	Gewicht	Werth:	durch
Steinkohlen	454,630,648 Ctr.	41,696,089 Thlr.	106,213 Arbeiter
Braunkohlen	112,046,463 „	5,166,250 „	15,296 „
Eiſenerze	54,245,678 „	5,600,300 „	23,997 „
Zinkerze	7,323,652 „	2,525,646 „	10,504 „
Bleierze	1,771,698 „	4,713,234 „	10,478 „
Kupfererze	3,896,445 „	1,557,348 „	6,342 „
Silbererze	231 „	11,375 „	(zugl. mit Blei)
Queckſilbererze	450 „	300 „	5 Arbeiter
Kobalterze	687 „	11,162 „	164 „
Nickel-, Arſen-, Antimonerze	19,984 „	14,944 „	140 „
Manganerze	542,693 „	353,169 „	1929 „
Schwefelkieſe	1,933,788 „	547,819 „	721 „
Alaunerze	370,911 „	13,920 „	101 „
Graphit	663 „	994 „	4 „
Flußſpath	68,753 „	9158 „	30 „
Schwerſpath	98,714 „	9571 „	72 „
Phosphorit	693,140 „	184,249 „	842 „
Stein- und Kaliſalz . . .	3,467,778 „	459,171 „	646 „
Siedeſalz	3,354,372 „	1,335,298 „	1801 „

Industrie. Die freisinnige Handelspolitik und die Freigebung der Gewerbe tragen dazu bei, Norddeutschlands Industrie im Bunde mit dem Fleiß und der Intelligenz der Bewohner immer mehr zu heben. Sie hat eine achtunggebietende Höhe erklommen. Der Reichthum an Mineralien leistete außerdem der Gewerbthätigkeit mächtige Unterstützung und das regste industrielle Leben entwickelte sich in den Mittelgebirgen und ihren Vorlandschaften, da, wo in der Regel der fruchtbarste Boden, die reichste und mannigfachste physische Nutzbarkeit vorgefunden wird. Die wichtigsten Industriebezirke Norddeutschlands sind: Rheinland-Westfalen mit der höchsten Potenzirung deutschen Industrielebens in den Wupper- und Ruhrgegenden, der niederrheinische Bezirk um Krefeld und Aachen, der sächsische, namentlich im Westen des Königreichs Sachsen, der lausitzische, der schlesische und der thüringische. Roheisen wird da produzirt, wo die Steinkohlen gewonnen werden. Westfalen und Rheinland, ferner Schlesien, der Harz stehen in der Eisengewinnung voran. Die Eisengießereien treten durch die Schönheit und Feinheit ihrer Erzeugnisse in die Reihe der Kunstanstalten; einzig ist in ihrer Art die großartige Gußstahlfabrikation in Essen; dann in Bochum und bei Dresden. Waffen, Messer und andere Kleingeräthe werden von Solingen in alle Welt verschickt; Aachen und Iserlohn liefern berühmte Nähnadeln; Suhl, Sömmerda, Spandau Gewehre. Legirte Waaren werden in Berlin und an der Ruhr, Gold-, Silber-, und Bijouteriewaaren in Berlin, Hanau und Frankfurt, Maschinen in großer Menge in Berlin, Chemnitz, Hannover, Blechwaaren im Erzgebirge fabrizirt. Porzellan von Meißen, Berlin, Elgersburg, Zwickau geht in die Welt. Die Irdenwaaren der Rheinprovinz, von Großalmerode, die Thonkrüge und Pfeifen vom Westerwald sind bekannt; Ziegel- und Chamottenwaaren decken nicht nur den Bedarf, sondern gehen auch nach auswärts. Die Glasindustrie hat ihre Hauptsitze in Rheinland, Thüringen, im Harze und namentlich in Schlesien. Einzig in ihrer Art ist die Achatindustrie in Birkenfeld. Sehr vielseitig und von großem Belange ist die Fabrikation chemischer Produkte, von Seifen, Kerzen, Parfümerien, Zündwaaren. Die Rübenzuckerfabrikation, eine deutsche Erfindung, steht in der schönsten Blüthe und hat uns vom Colonialzucker unabhängig gemacht. In der Campagne 1865—66 verwendeten 257 Zuckerfabriken in Preußen 42,886,902 Ctr. Rüben, die 25 in Braunschweig 4,162,100 Ctr., die 2 Thüringer 194,265, 1 in Sachsen 117,670 Ctr. Rüben. Bierbrauerei, Branntweinbrennerei, Spiritusfabrikation, werden schwunghaft betrieben. Die Tabakindustrie ist von außerordentlicher Bedeutung; es bestehen über 3000 Fabriken mit den Hauptsitzen Bremen, Hamburg, Berlin, Braunschweig, Leipzig, Magdeburg, Köln. Die Heimat der Seidenindustrie ist am Niederrhein in Krefeld, Elberfeld, Barmen; auch in Berlin. In der Tuchmanufaktur nimmt der norddeutsche Bund eine der ersten Stellen durch die Vorzüglichkeit seiner Produkte ein. Rheinland und Sachsen stehen hier voran, dann Schlesien. Die Flachsgarnspinnerei ist im Norden noch größtentheils Handspinnerei. Die Leineweberei ist allgemein verbreitet; hauptsächlich aber in der Lausitz, in Schlesien und Westfalen. Die Segelmacherei ist in den Küstenstädten vertreten. Die Baumwollindustrie Norddeutschlands nimmt nach England und Frankreich

die dritte Stelle in Europa ein. In Sachsen ist sie der erste Erwerbszweig.
Die Färberei und Druckerei excellirt in Sachsen und Rheinland, die Strumpf=
wirkerei in Sachsen, Schlesien und Weimar, die Spitzenklöppelei im Erzge=
birge, die Lederwaarenindustrie in Thüringen und der Rheinprovinz. Die
Papierfabriken befriedigen nicht nur den Bedarf, sondern exportiren noch
bedeutend. Noch erwähnen wir: die Strohwaarenmanufaktur, Fournier=
schneidereien, Holzwaaren=, Schnitzwaaren=, Tischlerwaaren=, Kautschuk=,
Guttaperchawaaren=, Meerschaum=, Filz= und Hutwaarenfabrikation. Unter=
stützt wird diese großartige Industrie durch (1867) eine ganz bedeutende
Anzahl Dampfmaschinen von denen 35 Prozent Lokomotiven, 15 Prozent
im Berg= und Hüttenwesen, 50 Prozent in den Fabriken thätig sind. Es
besaßen im genannten Jahre Preußen 9482 Maschinen (411,654 Pferde=
kraft), Sachsen 1234 Maschinen (46,416 Pferdekraft), Braunschweig 261
Maschinen (1989 Pferdekraft), Thüringen 243 Maschinen (21,385 Pferde=
kraft), Anhalt 103 Maschinen (1286 Pferdekraft).

Es ist nöthig noch ein Wort über unsre Arbeiter hier hinzuzufügen.
In allen Gewerbzweigen, wo ein verwickeltes Maschinenwesen und die ge=
ringsten wissenschaftlichen Thätigkeiten erfordert werden, stehen sie den Eng=
ländern voran. Beim Wettbewerb der Nationen giebt schließlich die Summe
der Intelligenz innerhalb eines Volks den Sieg selbst über günstige Natur=
verhältnisse. Ein Schutzzoll nützt nichts, aber der beste Schutz, den ein
Staat den Gewerben angedeihen lassen kann, sind gute Schulen. Arbeits=
einstellungen aber, wie sie in England in so großem Maßstabe um sich
griffen, haben niemals den Arbeitern genützt, wohl aber zum Verfall ein=
zelner Gewerbe beigetragen.

Banken. Unter den zahlreichen Geldinstituten Norddeutschlands, welche
der Hebung des Handels und der Industrie gewidmet sind, erwähnen wir
in Preußen: die preußische Bank in Berlin mit einem Aktienkapital von
20 Mill. Thaler, die ritterschaftliche Bank in Pommern (zu Stettin) mit
1,890,000 Thlr. Aktienkapital, die städtische Bank in Breslau, die Bank
des Berliner Kassenvereins, die Danziger Privataktienbank, die Kölner,
Magdeburger, Königsberger Privatbank, die Posener Provinzialaktienbank
(1 Mill. Thlr. Grundkapital), die Hannoversche Bank (5,420,000 Thlr.),
die Bank zu Frankfurt a. M. (10 Mill. Thlr.), die landgräfliche Bank zu
Homburg. Alle die genannten besitzen das Recht der Notenausgabe.
Außerdem ohne dieses Recht: die Discontogesellschaft zu Berlin (10 Mill.
Thaler Grundkapital), der schlesische Bankverein, der Schaafhausen'sche Bank=
verein zu Köln, die nassauische Landesbank zu Wiesbaden, die Frankfurter
Filiale der Darmstädter Bank und die Frankfurter Vereinskasse (1 Mill.
Gulden Aktienkapital). Daneben noch zahlreiche Hypothekengesellschaften).
In Sachsen: die 1839 gegründete Leipziger Bank, die Chemnitzer Stadt=
bank, die sächsische Bank zu Dresden, der erbländische ritterschaftliche Credit=
verein zu Leipzig, die allgemeine deutsche Creditanstalt daselbst, die land=
ständische Bank für die Oberlausitz zu Bautzen, die sächsische Hypotheken=
bank. In den übrigen Bundesländern: die Banken zu Altenburg
(5 Mill. Thlr. Aktienkapital), zu Gotha, Sondershausen, Gera, Braun=
schweig, Rostock, Dessau, die niedersächsische Bank zu Bückeburg, die nord=

deutsche Bank und die Vereinsbank in Hamburg, die Hamburger Girobank, die Lübecker Privatbank, die Lübecker Commerzbank, die Bremer Bank, die mitteldeutsche Creditbank zu Meiningen, die Depositenbank in Bremen, die Creditanstalten zu Koburg und Dessau.

Norddeutschlands Fabrik= und Handelsstädte.

In Preußen. Provinz Brandenburg. Berlin, die Hauptstadt des Zollvereins, des norddeutschen Bundes und Preußens, nächst Hamburg die wichtigste deutsche Handels= und die bedeutendste deutsche Industriestadt mit mehr als 750,000 Einwohnern, ist durch den Fleiß und die Tüchtigkeit seiner Bewohner in den unfruchtbaren Sandflächen der Mark zur wichtigsten Stadt deutscher Arbeit emporgewachsen, denn nicht weniger als 67 Prozent oder 475,000 Köpfe sind dort in der großen und kleinen Industrie, im Handel und Verkehr thätig (auf Beamte und Militär entfallen nur 7½ Prozent.) Zur Zeit der Regierung Friedrichs I. (1713) zählte die Stadt 61,000 Einwohner und als Friedrich der Große starb 148,000; sie hat sich seitdem, im Verlauf eines Jahrhunderts um über eine halbe Million Seelen vermehrt. Berlin ist nicht nur die politische Hauptstadt Norddeutsch= lands, es nimmt auch in wissenschaftlicher, künstlerischer und industrieller Beziehung die erste Stelle ein. Es ist der Knotenpunkt der norddeutschen Eisenbahnen, liegt an der schiffbaren Spree und ist der Endpunkt ver= schiedener Kanäle, auf welchen gegen 40,000 beladene Flußschiffe alljährlich anlangen. Zu den wichtigsten Industriezweigen gehört der Maschinenbau, in dem 13,000 Arbeiter beschäftigt sind. Borsigs Lokomotivenbauanstalt lieferte 1867 allein 160 Lokomotiven; die Aktiengesellschaft für Fabrikation von Eisenbahnbedarf erreichte in demselben Jahre einen Absatz=Werth von fast 2½ Mill. Thaler. Nächstdem sind die Weberei= und Zeugmanufakturen mit 17,000 Arbeitern die wichtigsten. 1867 wurden 600,000 Stück be= druckte Kattune (à 80 Ellen) geliefert, die auf allen Weltmärkten erfolg= reich konkurrirten. In Konfektionsartikeln (fertige Kleider, Damenmäntel) wird ein Jahresumsatz von circa 7 Mill. Thaler erzielt. Die Berliner Färbereien in Wolle und Seide sind unübertroffen. Bedeutend sind die Etablissements für Shawls, Teppiche, Posamentierarbeiten. Dann sind anzu= führen die Fabriken für Tabak, Chemikalen, Leder und Lederwaaren, Spiegel, Metall=, Blech= und lackirte Waaren, für Möbeln (Fabrik „Re= naissance"), Wagen, Wachstuch, Tapeten. Neuester Zeit hat der Pianoforte= bau großen Aufschwung genommen. Die königliche Porzellanfabrik ist die bedeutendste Deutschlands. Für künstliche Blumen, Damenputz, Gold= und Silberwaaren (Sy & Wagner), Bronze= und Gypswaaren, Stickmuster, Gold= leisten, Papeterien, photographische Artikel (Schauers Institut), Oeldruck= bilder ist Berlin ein Hauptsitz. Sehr bedeutend sind das Geld= und Wech= selgeschäft, der Commissions= und Speditionshandel. Der Waarenhandel umfaßt alle Arten von gewerblichen Erzeugnissen und Rohprodukten. Von letzteren ist Berlin Hauptmarkt für Getreide, Spiritus und Wolle. Der Berliner Wollmarkt gilt als der größte auf dem Kontinent. 1868 standen 189,000 Ctr. Wolle im Werth von 11 Mill. Thaler zum Verkauf. — Angermünde, 6500 Einwohner, am Mündesee, Lein= und Wollweberei,

Brauerei, Garn- und Wollhandel. — Brandenburg, 26,000 Einwohner, an der Havel. Woll- und Seidenwaaren, Oel-, Goldleisten und Lederfabrik. Schifffahrt und Fischerei auf der Havel. — Jüterbogk, 67,000 Einwohner, die bedeutende Weberei, Spinnerei, Tuchfabrikation und Färberei, auch Weinbau betreiben. Woll- und Flachsmärkte. — Dahme, 5000 Einwohner, Tabaksfabriken, Wollspinnerei, Färberei, Brauerei. — Luckenwalde, 12,000 Einwohner, 5 große Tuchfabriken, darunter eine der bedeutendsten des Zollvereins, 18 Wollspinnereien, Oel- Säge- und Getreidemühlen, Brauereien, Ziegeleien. — Neustadt-Eberswalde, 8100 Einwohner, Stahl- und Eisenwaarenfabriken. — Potsdam an der Havel, 43,000 Einwohner, stark im Aufschwunge begriffen. Chokoladenfabrik (Mieth), Tabak-, Baumwollen-, Seiden-, Leder-, Tuch-, Wachs-, Leinwandindustrie, Brauereien, Kunstgärtnerei. — Prenzlau, 16,000 Einwohner, Tabakbau, Korn- und Viehhandel. — Neu-Ruppin, 12,000 Einwohner, Wollspinnerei, Tuchfabriken, Brauereien, Herstellung von Bilderbogen, die durch die ganze Welt gehen. — Schwedt an der Oder, 8500 Einwohner, Tabaks- und Seifenfabrikation, Schifffahrt. — Spandau, an der Mündung der Spree in die Havel, 17,000 Einwohner, große königliche Gewehrfabrik und Geschützgießerei, Zwirnfabrikation, Teppichweberei, Strumpfwirkerei, Schiffbau. — Finsterwalde 7000 und Forste 7500 Einwohner, Tuchfabriken. — Luckau, 5000 Einwohner, Teppich- und Cigarrenfabriken. — Frankfurt an der Oder, 41,000 Einwohner, bedeutende Handelsstadt, die namentlich den Verkehr mit Rußland vermittelt. Die drei Messen, nicht mehr so groß wie früher, finden zu Reminiscere, Margaretha und Martini statt. Es werden gegen 300,000 Ctr. Waare angebracht. Erst 1253 zur Stadt erhoben, zog es durch das ihm verliehene Stapelrecht bald den Oberhandel an sich. — Guben, 18,000 Einwohner, viel Weberei Tuch- und Tabaksfabriken, Färberei, Obst- und Weinbau. — Kottbus, 13,500 Einwohner, Tuchfabriken, Wollspinnerei, Brennereien. Der Eigen- und Speditionshandel sehr stark. — Küstrin, 10,000 Einwohner, am Einfluß der Warthe in die Oder. Produktenhandel, Schifffahrt. In der Umgebung viele Zuckerfabriken. — Landsberg an der Warthe, 18,000 Einwohner, große Getreidemärkte, Viehhandel, Spiritusbrennerei, Maschinenfabriken, Holzschneidereien. — Lübben, 5600 Einwohner, an der Spree, Tuch-, Leinen-, Tabaksfabriken. — Sorau, 11,000 Einwohner, sehr gewerbfleißige Stadt mit Tuch- und Leinenfabriken, Bleichen, Druckerei, Färberei; starker Garn- und Leinenhandel. — Spremberg, 9000 Einwohner, durch große Tuchfabriken im raschen Aufschwung, liefert jährlich 150,000 Stück leichte gemusterte und farbige Tuche. In der Nähe Braunkohlenwerke, Wollspinnereien, Glasfabriken.

Provinz Pommern. Stettin. 75,000 Einwohner an der Odermündung, eine der bedeutendsten deutschen Handelsstädte und die wichtigste Industriestadt Pommerns, unterhält Dampferverbindung mit den Ostseehäfen, Hamburg, Hull, Amsterdam, Rotterdam, Antwerpen, besitzt über 200 eigene Schiffe von 40,000 Tonnen. 1867 liefen aus 2254 und kamen an 2402 Schiffe. Außerdem bedeutende Küsten- und Oberschifffahrt. Die Einfuhren erreichen jährlich einen Werth von 50 Mill., die Ausfuhren von 30 Mill. Thaler. Getreide, Spiritus, Zink und Holz sind die wichtigsten Exportartikel. Im Jahre 1867 wurde für 22 Mill. Thaler Getreide zugeführt. Die Industrie erstreckt sich auf Schiffbau, Maschinenbau, Brauerei, Brennerei, chemische Produkten, Zucker, Tabak. Stettin hat eine große Zukunft. Es stieg seit Aufhebung des Sundzolls (S. 11) schnell und hebt sich noch mehr seit (1868) die Schifffahrtsabgaben für die Obermündungen nicht mehr erhoben werden. Größere Fahrzeuge, welche mehr als 14 Fuß Tiefgang haben, legen in Swinemünde (6800 Einwohner) an, das gleichsam den Vorhafen Stettins bildet. Es ist der Sitz eines Hauptzollamts, hat (1868) 44 eigene Schiffe von 9300 Tonnen, treibt Schiffbau, Handel und Fischerei. — Anclam, 12,500 Einwohner, an der schiffbaren Peene, nahe deren Mündung, treibt Handel, Schifffahrt, Weberei, Schiffbau. Schiffe bis 10 Fuß Tiefgang können an die Stadt gelangen. Die 26 Seeschiffe der Stadt haben 4500 Tonnen Gehalt. — Stargard, 17,000 Einwohner, Woll-, Vieh- und Leinenmärkte, Wollzeugfabrikation, gehörte einst zur Hansa. — Kolberg, 13,000 Einwohner, nahe an der Mündung der Persante in die Ostsee. Handel und Schifffahrt sind im Aufschwunge begriffen. Fischerei. Die alte Saline ist eingegangen. — Köslin, 13,000 Einwohner, Eisengießerei, Papier-, Mineralwasserfabriken. — Stolpe, 14,000 Einwohner, an der Stolpe. Bernsteinbrecherei, Lachsfang, Leinweberei, Seehandel. Der Hafen der Stadt an der Ostsee heißt Stolpmünde. Dieser besitzt 40 Seeschiffe von 5300 Tonnen. — Greifswald, alte Hansastadt, am schiffbaren Flusse Rick, nahe von dessen Mündung in den Greifswalder Bodden, zählt 18,000 Einwohner, die Handel und Schifffahrt treiben. Das pommersche Getreide geht von hier nach England, Holland, Frankreich. Maschinen-, Papier- und Tabackfabriken. — Stralsund, 27,000 Einwohner, am Strelasunde mit gutem Hafen, zählt (1868) 176 eigene Seeschiffe von 49,000 Tonnen Gehalt. Es liefen 1867 ein 249 und aus 229 Schiffe. Dampfschifffahrt nach Schweden. Der ansehnliche Seehandel erstreckt sich auf die Ausfuhr von Getreide, Vieh, Wolle; Spielkarten-, Spiegel-, Tabak- und Zuckerfabriken. Als Hansastadt besaß Stralsund früher größere Bedeutung. — Wolgast, 6900 Einwohner, an der schiffbaren Peene, nahe deren Mündung, treibt Schiffbau und Handel, Seifen- und Tabakfabrikation und besitzt (1868) 53 eigene Schiffe mit 13,500 Tonnen Gehalt.

Provinz Preußen. Königsberg, am Pregel, kurz vor dessen Mündung in das frische Haff, zählt 103,000 Einwohner, das Hauptgeschäft besteht in der Ausfuhr von Getreide und Hülsenfrüchten, von denen 1864 3,659,958 Ctr., 1867 nur 2,697,978 Ctr. ausgeführt wurden. Zweitgrößter Ausfuhrposten sind Flachs, Hanf und Heede (1867: 212,000 Ctr.); daran reihen sich Holz und Holzwaaren, thierische Rohprodukte. Das Speditionsgeschäft Königsbergs besteht hauptsächlich in der Beförderung von Waaren von und nach Rußland, wohin namentlich Colonialwaaren gehen. Die einst bedeutende Zuckersiederei Königsbergs ist in Folge der hohen Zuckerzölle fast ganz verfallen. Bedeutend ist die Spiritusbrennerei, Maschinenfabriken; wichtig der Wollmarkt, in der Reihenfolge der Märkte der letzte. — Pillau, am Pillauer Tief, dem Eingang zum frischen Haff, mit 4000 Einwohnern, bildet den Vorhafen für die nach Königsberg, Elbing und Braunsberg bestimmten großen Schiffe und ist nach Danzig der wichtigste

Seehafen der Provinz, in dem zwischen 4000 und 5000 Schiffe einlaufen. Die Pillauer treiben Schiffbau, Segelfabrikation, Caviarbereitung, Fischfang (Störfang). — Braunsberg, 11,000 Einwohner, an der Passarge, kurz vor deren Mündung ins frische Haff, treibt Brauerei, Gerberei, Leinweberei und exportirt Getreide, Flachs, Holz. — Memel, 18,000 Einwohner, die nordöstlichste Stadt Deutschlands, am Eingange des kurischen Haffs mit gutem Hafen, führt die Agrikulturprodukte Litthauens aus, Holz, Getreide, Flachs, Sämereien, besitzt 90 Schiffe von 48,000 Tonnen. Die Einfuhr, in Colonialprodukten, Eisen, Salz, Häringen bestehend, ist für das russische Hinterland bestimmt. Memel treibt Schiffsbau, hat Eisengießereien, Kettenschmieden und Bernsteinwaarenfabriken. — Schwarzorth, Dörfchen auf der kurischen Nehrung mit bedeutender Bernsteinbaggerei, die mittels Dampfbaggern betrieben wird. Der wöchentliche Ertrag ist hier über 5000 Pfund. Der Ertrag an Bernstein in Prökuls betrug per Morgen 1000 bis 1200 Thlr. jährlich. Die Waare geht von hier meist nach Wien und der Türkei. — Gumbinnen, 8600 Einwohner, Tuchmacherei Woll=, Baumwoll=, Leinweberei, Getreidehandel. — Insterburg, 13,500 Einwohner, Zuckerfabrikation, Woll=, Baumwollweberei, Kürschnerei, starker Getreidehandel. — Tilsit, 18,000 Einwohner, Papierfabrikation, Eisengießerei, Maschinenfabriken, Dampfmahl= und Schneidemühlen, Gerberei, Seifensiederei, Handels= gärtnerei, lebhafter Holz=, Getreide=, Flachs= und Fischhandel. — Danzig, 100,000 Einwohner, altberühmte Hansastadt und noch jetzt eine der wichtigsten deutschen Handelsstädte, zählt gegen 600 industrielle Etablissements, namentlich für Chemikalien, Potasche, Zucker, Liköre (Danziger Goldwasser) Schiffszwieback, Tuchfabriken, Goldschmieden, Bernsteinmanufakturen, Tabakfabriken. Seine Lage, nahe der Danziger Bucht am Einfluß der Mottlau in die Danziger Weichsel, mit dem kornreichen Weichselgebiete als Hinterland, bestimmte seine Bedeutung als Handelsstadt. Der eigentliche Hafen Danzigs heißt Neufahrwasser, von wo aus der große Dampfer= und Schiffsverkehr stattfindet. Von der größten Bedeutung ist der Getreidehandel. Zugeführt wurden 1868 sowohl auf der Weichsel als auf der Ostbahn und der Landstraße 89,140 Lasten (1867: 78,883 Lasten), von denen 73,375 Lasten wieder exportirt wurden, darunter ⅔ Waizen. Der zweitwichtigste Zweig ist der Holzhandel. Das Holz kommt aus Galizien (Karpathen) und Polen auf der Weichsel in Flößen nach Danzig und geht, wie das Getreide, meist nach England, dann auch nach den deutschen Nordseehäfen. Gegenüber dem Holz= und Getreideversand treten die andern Artikel des Danziger Exporthandels in den Hintergrund. Sie bestanden 1868 aus: 19,658 Achteltonnen Jopenbier, das nach England geht, 1678 Ctr. gesalzenem Schweinefleisch, über 1 Mill. Quart Branntwein und Spiritus, dann Mehl, Oelkuchen, Thierknochen, polnischen Bastmatten u. s. w. Danzig ist der wichtigste Schiffsbauplatz an der Ostsee und Station der norddeutschen Marine. Die Rhederei ist bedeutend; es gehörten Ende 1868 nach Danzig 144 Seeschiffe von 78,412 Tonnen, abgesehen von den Küstenfahrern und den Booten der „Danziger Ostseefischerei=Gesellschaft“. Eingelaufen waren 1868 1704 Schiffe, die Steinkohlen, Kalk, Häringe, Eisen, Salz, Steine, Kolonialwaaren importirten. Ausgelaufen 1744 Schiffe, darunter 698 nach

Großbritanien. Von jenen 1744 Fahrzeugen giengen 1000 mit Holz, 555 mit Getreibe aus. Zur Belebung des Danziger Handelsverkehrs tragen zwei Messen bei. — Elbing, 29,000 Einwohner, am schiffbaren Elbingfluß, der durch den Kraffohlkanal mit der Nogat in Verbindung steht, zeichnet sich durch lebhafte Gewerbthätigkeit aus. Weberei, Gerberei, Spiritus-, Tabak-, Seifen-, Cichorienfabriken; auch der Bau eiserner Schiffe wird stark betrieben. Der Seehandel Elbings ist an Danzig übergegangen, dafür hat sich aber die Binnenschifffahrt durch den oberländischen Kanal (S. 165) gehoben. — Marienburg, an der Nogat, 8000 Einwohner, starker Holz- und Getreidehandel; Woll- und Pferbemärkte. — Culm, an der Weichsel, 8500 Einwohner, einst bedeutend durch Tuchfabrikation und als Ausgangs-punkt des culmischen Rechts, heute gesunken, treibt Flußschifffahrt, Getreide-handel, Leinweberei. — Graubenz, 14,000 Einwohner, an der Weichsel, Schifffahrt, Getreidehandel, Tuchfabrikation, Baumwollweberei. — Thorn, 16,500 Einwohner, an der Weichsel, Fabrikation von Honigkuchen, Spiritus-brennerei, Lederfabrikation, Handel mit Getreide, Holz und Wein, Weichsel-schifffahrt.

Provinz Posen. Posen, 54,000 Einwohner an der Warthe, heute eine vorwiegend deutsche Stadt, die durch deutschen Fleiß aus einem ver-kommenen polnischen Orte zu einem wichtigen Handels- und Industriecentrum erhoben wurde, treibt Möbelfabrikation, Branntweinbrennerei, Eisengießerei, Tabakfabrikation. Der Handel, vielfach in jüdischen Händen, erstreckt sich auf Getreide, Holz, Wolle, Tuch. — Fraustadt, 6800 Einwohner, Tuch-fabrikation, Zeugdruckerei, Getreide- und Viehhandel. — Lissa, 11,000 Ein-wohner, starker Getreide- und Wollhandel. — Rawitsch, 9500 Einwohner, Getreidehandel, Tabaksfabrikation. — Bromberg, 25,000 Einwohner, an der Brahe, nahe von deren Mündung in die Weichsel, und am Bromberger Kanal, der nach der Netze führt, treibt starken Holz- und Getreidehandel; hat Tabak-, Zucker-, Oel- und Cichorienfabriken. — Gnesen, 9000 Einwohner, große Viehmärkte, Tuch- und Leinweberei.

Provinz Schlesien. Breslau, an der Oder, 180,000 Einwohner, einer der bedeutendsten Handelsplätze Deutschlands. Als Hauptartikel figuriren Wolle, Getreide, Oelfrüchte, Kleesamen, Spiritus, Berg- und Hüttenprodukte, Holz, Webwaaren, Zucker, Butter, Schaumwein (aus Landesgewächs), Leder, Tabak. Erzeugnisse der städtischen Industrie: Maschinen, Eisenbahnwagen, Möbel- und Bautischlerwaaren, Cigarren, Oel, Bier (90 Brauereien), Spiritus und Likör, Baumwoll- und Kammgarn (größte Firma R. Schöller), Kleider, Rauhwaaren, Chemikalien, Tuch, Kattun, Papier, Karten, Wachs-leinwand, Zuckerfabrikation (Rath & Comp. verarbeiten 850,000 Ctr. Rüben jährlich); neu ist die Fabrikation von Glimmerbrillen (M. Raphael). Der Wollmarkt hat einen jährlichen Umsatz von 60—70,000 Ctr. Für den Handel nach dem europäischen Osten ist Breslau ein außerordentlich wichtiger Platz. — Brieg, an der Oder, 13,000 Einwohner, Porzellan-, Tuchfabrikation, Maschinenbau. Lebhafter Handel. — Freiburg, 7000 Einwohner, große Leinen- und Baumwollweberei (Kramster & Söhne, jährlich 75,000 Stück). — Glatz, 11,000 Einwohner, Tuch-, Plüsch-, Holzwaarenfabrikation, Branntweinbrennerei. — Schweidnitz, 17,000 Ein-

wohner, Woll= und Lederfabriken, Bierbrauerei, Getreide=, Vieh=, Garn=
märkte. — Waldenburg, 7200 Einwohner, im Centralpunkt des mittel=
schlesischen Berglands, eine lebhafte Fabrikstadt, verlegt sich besonders
auf Maschinenspinnerei, Leinenweberei, Porzellan= und Steingutfabrik
(K. Krister). In der Umgegend Glashütten und große Bergwerke. —
Beuthen, 14,000 Einwohner, Mittelpunkt der unterirdischen Schätze
Oberschlesiens; dabei die Königshütte und Laurahütte, wo sich auf engem
Raume an 80 Hochöfen über 30 Zinkhütten, Steinkohlengruben, Coaks=
öfen, Eisengießereien, Walzwerke zusammengedrängt haben. Roheisen,
Gußwaaren, Zink, Zinkblech und Zinkweiß gehen in kolossalen Massen
von hier in den Handel. — Tarnowitz, 6000 Einwohner, mit Berg=
bau in der Umgebung auf Steinkohlen, Eisen, Galmai, silberhaltiges
Blei. Die bedeutendste Hütte heißt Friedrichshütte. — Gleiwitz, 13,000
Einwohner, besitzt europäischen Ruf durch die großen Eisenhüttenwerke,
Schleifereien, Emaillirwerke, welche von der Regierung unterhalten werden. —
Leobschütz, 10,000 Einwohner, Garnhandel, Leinwand= und Strumpfweberei,
Wollknopffabriken mit 2000 Arbeitern, Glashütten, Getreidemärkte. —
Neiße, 19,000 Einwohnern, Woll= und Leinweberei, Pulver= und Gewehr=
fabrik, chemische Fabriken, Wollmärkte. — Neustadt, 9500 Einwohner,
Leinen= und Baumwollengarn, Türkischrothfärberei, Seidenweberei, Appretur=
und Bleichanstalten. Die jährlich zum Verkauf gelangenden Produkte werthen
1¾ Mill. Thaler. — Oppeln, 11,000 Einwohner, an der Oder, Band=
Leinwand=, Lederwaaren, Getreide= und Wollmärkte. Lebhafter Speditions=
handel. — Ratibor, 14,000 Einwohner, Holz= und Getreidehandel. —
Görlitz, 37,000 Einwohner, nimmt in der Tuchfabrikation und Kamm=
garnspinnerei mit den Nebengewerben, Färberei, Appretur u. s. w. eine
hohe Stelle ein. Daneben Leinen= und Wollwaaren, Tabak, Leder. Tuche
gehen viel nach Italien, Amerika, dem Orient. Satins, Billardtuche,
Tricots finden in Deutschland Absatz. Türkische Teppiche (G. Schmidt)
jeder Größe ohne Naht, Jutegarn. — Glogau, 18,000 Einwohner, Land=
karten (Flemming), Tuch=, Tabak=, Watte=, Rübenzuckerfabriken. Bunzlau,
8600 Einwohner, Woll= und Leinenfabrikation, Töpferwaaren. — Liegnitz,
20,100 Einwohner, Tuchwaaren, mittelfeine Militär= und Billardtuche,
Leder=, Tabak=, Silberwaaren=, Rübenzucker=, Stärkefabriken. — Sagan am
Bober, 10,000 Einwohner, besitzt ausgedehnte Tuchmanufaktur mit ent=
sprechenden Spinnereien, Walk= und Appreturvorrichtungen; die hier gefertigten
Zephyrs und Royals gehen bis China und Japan. — Hirschberg, 11,000
Einwohner, der Centralpunkt der berühmten schlesischen Leinenindustrie,
die freilich sowohl als Manufaktur= wie als Handelszweig viel von ihrer
ehemaligen Bedeutung verloren hat. Der Grund zu derselben wurde in der
Mitte des 16. Jahrhunderts durch die Schleierweberei gelegt, die ein Schuh=
macher auf seiner Wanderung durch die Niederlande kennen gelernt hatte.
Die „Lothgarne" wurden so fein gesponnen, daß man ein ganzes Stück
durch einen Fingerring ziehen konnte. Sonst bestehen noch eine Porzellan=
fabrik, Maschinenspinnerei, bedeutende Tuchmanufakturen, Fabriken für Zin=
nober, Papier. — Erdmannsdorf, großartige Flachsmaschinenspinnerei und
Weberei der Seehandlungsgesellschaft in Berlin, beschäftigt 4000 Weber. —

Warmbrunn, Glasfabrik (Graf Schaffgotsch). — Grüneberg, 11,000 Einwohner, verdankt seinen Ruf dem sauren Wein. Dieser Weinbau, dessen 500jähriges Bestehen 1850 gefeiert wurde, lieferte 1858 etwa 58,000 Eimer. Er wird viel zu Champagner verarbeitet. Es bestehen sehr tüchtige Tuchfabriken, außerdem Strohhut-, Leder-, Tabaksfabriken. — Lauban, 8000 Einwohner, am Queis, thut sich durch seine Leineninbustrie hervor.

Provinz Sachsen. Magdeburg an der Elbe, 72,000 Einwohner, bildet mit den Städten Buckau, 8000 Einwohner, Sudenburg, 7000 Einwohner, und Neustadt, 16,000 Einwohner, ein großes Handels- und Industriecentrum. Es ist der Hauptsitz der deutschen Rübenzuckerfabrikation (J. Hennige mit einem Absatz von 2 Mill. Thaler). Chokolade-, Cichorien-, chemische, Wolle-, Baumwoll-, Seide-, Handschuh-, Band-, Lederfabriken. Großartige Eisengießereien und Maschinenfabriken. Buckau liefert Eisenbahnräder, Quetschwalzen, Geschütze, Paraffin, Schwefelsäure. Der Handel in Landesprodukten und den Erzeugnissen der eigenen Fabrikthätigkeit, dann in Colonialwaaren und Wein ist bedeutend. — Aschersleben 16,000 Einwohner, Garten- und Obstbau, Wollweberei. Neuerdings sind durch die Eröffnung ergiebiger Braunnkohlenwerke Etablissements entstanden, welche Mineralöl, Paraffin, Zündwaaren, Holzessig u. s. w. erzeugen. — Kalbe an der Saale, 9000 Einwohner, große Rübenzuckerfabrik, Spiritusbrennerei. — Burg, 16,000 Einwohner, Tuchfabriken. — Halberstadt, 25,500 Einwohner, Bierbrauerei, Oelraffinerie, Cigarren, Wollwaaren, Spiritus, Leder, Zucker. (Wiersdorf, Hecker & Comp. verarbeiten jährlich 300,000 Ctr. Rüben). — Oschersleben, 7200 Einwohner, Zuckerfabrik. — Quedlinburg, 17,000 Einwohner, Gartenbau, Kultur von Sämereien, Wollwaaren-, Maschinen-, Zuckerfabriken, Brauereien. Starker Viehhandel. — Salzwedel, 8700 Einwohner, Tuch-, Leinen-, Damastweberei. — Schönebeck, 9500 Einwohner, eine der großartigsten Salinen, welche über 1½ Mill. Ctr. Kochsalz liefert. In Verbindung damit stehen chemische Fabriken (Hermann), die Soda, Chlorkalk, Glaubersalz, Schwefelsäure liefern; Zündhütchenfabrik (Sellier & Bellot), Knopffabriken, Bierbrauereien. — Staßfurt, 6000 Einwohner, eines der berühmtesten Salzlager der Erde. Es erreicht eine Mächtigkeit von 1000 Fuß und liefert über 2 Mill. Ctr. Salz im Werthe von fast einer halben Mill. Thaler, darunter die werthvollen Kalisalze. Im Gefolge des Salzlagers hat sich eine große chemische Industrie in Staßfurt entwickelt; das Staßfurter Brom monopolisirt die Welt und hat das vollständige Aufhören der englischen und französischen Brominbustrie zur Folge gehabt. — Stenbal, 8700 Einwohner, Woll-, Baumwoll-, Tapeten-Tabaksfabriken. — Merseburg, 13,000 Einwohner, an der Saale, Pappfabriken, Färbereien, Webereien. Eine berühmte Brauereien. Große Obstbaumschulen. — Naumburg 15,000 Einwohner, an der Saale, Woll-, Leder- und chemische Fabriken; Weinbau und Weinhandel. — Eilenburg, 11,000 Einwohner, große Zeugdruckereien, die aber in den letzten Jahren zurückgingen. — Lauchhammer, gräfl. Einsiebel'sches Hüttenwerk mit berühmten Gußwaaren und Maschinenfabrik. — Eisleben, 12,000 Einwohner, mit bedeutendem Kupfer- und Silberbergbau, welcher den größten Theil der preußischen Kupferproduktion liefert. (Mansfeld'sche Werke). — Halle an der Saale, 50,000 Einwohner, stark aufblühende Stadt, verdankt zunächst den uralten Salzwerken (jährlich 140,000 Ctr.) seine Bedeutung. Außerdem Rübenzuckerfabrikation, Chemikalien, Tapeten, Töpferei. In der Umgebung große Braunkohlenwerke und starker Bau von Kümmel, Koriander, Anis, Gemüse (Gurken). Getreidehandel. — Sangerhausen, 8500 Einwohner, Töpferei, Schuhmacherei, Braunkohlen- und Kupferbergbau. — Torgau an der Elbe, 12,000 Einwohner, wegen seiner Bierbrauerei und Tuchmacherei bekannt, heute gesunken. — Weißenfels an der Saale, 13,000 Einwohner, Schuhmacherwaaren, Weinhandel, Getreide- und Holzmärkte. — Wittenberg an der Elbe, 13,500 Einwohner, Tuchfabrikation, Bierbrauerei. — Zeitz, 16,000 Einwohner, aufblühender Ort; Tuch-, Baumwoll-, Leder-, Pianofortefabrikation. Große Braunkohlenwerke mit Mineralöl- und Paraffinfabriken. — Erfurt 41,000 Einwohner, der Mittelpunkt der bedeutenden thüringischen Gartenkultur, welche in Deutschland nicht wieder ihres gleichen hat. Es bestehen (1868) 27 Handelsgärtnereien, die 430 Morgen bestellen; außerdem Gewächshäuser für exotische Pflanzen. Der jährliche Ertrag der Levloienkultur beträgt 60,000 Thaler. Bedeutender Handel mit jungen Gemüsen und Arzneikräutern. Woll-, Leinen-, Seide-, Baumwollwaarenfabriken, Brauereien, Brennereien. — Mühlhausen, 17,000 Einwohner, Tuchfabriken, Färbereien; Waid-, Saflor- und Anisbau. Getreidehandel, Wollmärkte. — Nordhausen, 20,000 Einwohner, vorzugsweise bekannt durch seine Brennereien, von welchen gegen 50 im beständigen Betriebe sind, über 150,000 Thaler jährlich Branntweinsteuer zahlen und bei 100,000 Oxhoft Branntwein zur Ausfuhr bringen. Große Brauereien. — Sömmerda, 6000 Einwohner, weltberühmt durch Dreyse's Zündnadelgewehrfabrik, die mit 1800 Arbeitern jährlich gegen 50,000 Gewehre nebst Munition liefert. — Suhl, 9000 Einwohner, gleichfalls bekannt durch seine Gewehrfabriken und Stahlwaaren der verschiedensten Art.

Provinz Hannover. Hannover 80,000 Einwohner, an der schiffbaren Leine, wesentlich Industrie- und Handelsstadt mit großen Baumwollspinnereien, Webereien, Flachsspinnereien, Wachstuchfabriken und bedeutender Maschinenfabrikation, die namentlich ihren Sitz in der Vorstadt Linden hat (früher Egestorff'sche jetzt Strousberg'sche Lokomotiv- und Waggonfabrik). Außerdem Bronze- und plattirte Waaren, Chemikalien, Lampen, Brauereien und Brennereien. Leder-, Woll- und Getreidemärkte. — Celle an der Aller, 15,000 Einwohner, Buchdruckerschwärze, Zündholz-, Leimfabriken, Branntweinbrennerei, Bierbrauerei, Handel mit Wolle, Wachs, Honig, Getreide. — Klausthal, 9000 Einwohner und Andreasberg 3700 Einwohner, Bergstädte im Harz, mit Silberbergbau. — Emden, 13,000 Einwohner, Hafen nahe der Emsmündung, wichtiger Ausfuhrhafen Ostfrieslands. Getreide-, Butter-, Viehausfuhr, Schiffbau, Gerberei, Brennerei. — Leer, 8600 Einwohner, Norden 6000 Einwohner, Hafenorte. — Geestemünde an der Mündung der Geeste in die Weser, seit 1847 zum Freihafen erklärt, mit großen Docks und Hafenbassins, als Concurrenzort Bremerhafens von der verflossenen hannover'schen Regierung geschaffen, hat einen zunehmenden Schifffahrtsverkehr. — Goslar, 8500 Einwohner, Harzstädtchen mit Bergbau im Rammelsberg (Communionharz, dessen Ertrag zu $^4/_7$ an Preußen, zu $^3/_7$ an Braunschweig fällt) und großartigen Schieferbrüchen. — Harburg,

14,000 Einwohner; Hafenstadt an der Elbe, thut sich nicht nur durch seinen Schiffahrtsverkehr und Exporthandel hervor, sondern auch durch eine außerordentlich rege Industrie. Am bedeutendsten sind die Kautschukwaarenfabriken (1200 Arbeiter); Chemikalien, Maschinenbau, Tabakfabriken. Fischerei und Personenverkehr nach Hamburg. — Lüneburg, 16,000 Einwohner, Salinen, Kalk- und Gipsbrüche, Leinenhandel, Handel mit Produkten der Lüneburger Haide: Wolle, Honig, Wachs, Flachs, Torf, Korn, Buchweizen, Beeren. — Hildesheim, 18,000 Einwohner, Brauerei, Brennerei, Gärtnerei, Garn- und Leinenhandel. — Achim, 2500 Einwohner, und Verden, am Einfluß der Aller in die Weser, mit starker Tabaks- und Cigarrenfabrikation, meist Filialen von Bremer Fabriken. — Papenburg, 6000 Einwohner, durch Kanäle mit der Ems verbunden, Seehandel, Schiffsbau, Torfcolonien. — Nienburg, 5300 Einwohner, Cichorienfabriken, Torfhandel, Eisengießerei. — Osnabrück, 19,600 Einwohner, Leinen- und Lederhandel, Zucker-, Eisen-, Tabakfabriken. — Eimbeck, 6000 Einwohner, früher berühmt durch sein Bier, Getreidehandel. — Göttingen, 13,000 Einwohner, Leinenhandel. — Osterode, Harzstadt mit 6500 Einwohner, Woll- und Baumwollfabriken, Schrotgießerei. —

Provinz Schleswig-Holstein. Altona, Freihafen an der Elbe, mit den Vorstädten Ottensen und Neumühlen 68,000 Einwohner, macht einen Theil des Hamburger Handelsgebietes aus, treibt Schiffsbau, Rhederei und besitzt Woll-, Baumwoll-, Zucker-, Tabaks-, Seifenfabriken. — Wandsbeck, 10,000 Einwohner, ist gleich Altona Zollvereinsausschluß, mit bedeutender Fabrikthätigkeit. — Glückstadt, 5500 Einwohner, Seehandel, Tabakfabriken. — Itzehoe, 8300 Einwohner, große Viehmärkte, Cichorienfabriken. — Elmshorn, 5000 Einwohner, Schiffsbau, Schiffahrt, Bierbrauerei, Getreide- und Viehhandel. — Haupthandelsplätze für das Vieh und Getreide des fruchtbaren Ditmarschen sind Heide 6700 Einwohner und Meldorf 3300 Einwohner. — Rendsburg, 13,000 Einwohner, an der Eider, Schiffahrt und starker Speditionshandel, begünstigt durch den Eiderkanal. — Kiel, 25,000 Einwohner, alte Hansestadt, jetzt Provinzialhauptstadt und Kriegshafen des norddeutschen Bundes, besitzt große Marineetablissements, treibt Schiffsbau, Sprottenfischerei, Getreidehandel, Speditionsverkehr nach Dänemark und Schweden. Uralt ist der „Kieler Umschlag,“ eine Messe, welche früher vom 6. Januar bis 2. Februar, jetzt aber nur 12 Tage dauert und der Hauptgeldmarkt für Schleswig-Holstein geworden ist. — Neumünster, 9000 Einwohner, Tuchfabriken. — Eckernförde 5200 Einwohner, Schiffsbau, Fischerei, Seehandel. — Schleswig, 13,500 Einwohner, an der Schlei, Fischerei, Zuckersiederei, Töpferei. — Flensburg, 22,000 Einwohner, Handel, Schiffahrt und nicht unbeträchtliche Industrie. Die Stadt besitzt 130 Schiffe von 12,000 Tonnen Gehalt; Hauptausfuhrartikel sind Getreide und Sämereien. Die Industrie umfaßt Schiffsbau, Zuckerfabrikation, Oelraffinerie, Papier-, Tabak-, Glas-, Messingfabrikation. — Apenrade, 6500 Einwohner, Hadersleben 8600 Einwohner, Husum, 5000 Einwohner, Tönning, 3000 Einwohner, Tondern 3500 Einwohner. Kleine Hafenorte mit Schiffahrt und Fischerei; Tönning auch mit Viehhandel.

Provinz Westfalen. Münster, 28,000 Einwohner, Leinwand- und

Baumwollfabriken, Brennereien, Brauereien. Handel mit Bildwerken aus Baumberger Sandstein, Glasmalerei, Schinken= und Pumpernickelhandel. — Bielefeld, 17,000 Einwohner, Hauptsitz der Leinenindustrie. Schon im 13. Jahrhundert waren hier Flachsbau, Garnspinnerei und Garnhandel im Gange, erhielten aber im 16. und 17. Jahrhundert durch Niederländer neuen Aufschwung. Gegenwärtig fertigt man 60,000 Stück feine Leinen jährlich, deren Absatz durch Großhändler vermittelt wird. Hauptetablissements: Bielefelder Aktiengesellschaft für mechanische Weberei, Gesellschaft Vorwärts, Ravensberger Spinnerei. Die großartigen 17 Bleichen Bielefelds sind nach holländischem Muster eingerichtet. In neuester Zeit wird auch Seiden=, Sammet= und Plüschweberei mit gutem Erfolg betrieben. — Herford, 12,000 Einwohner, Leinen=, Tabak=, Teppichfabrikation, Baumwoll= und Flachsspinnerei. — Minden an der Weser, 18,000 Einwohner, Runkel= rüben=, Tabak=, Cigarrenfabrikation. — Paderborn, 12,000 Einwohner, Getreidehandel, Viehzucht. — Gütersloh, 4500 Einwohner, Schinkenhandel. — Dortmund, 33,000 Einwohner, der Mittelpunkt der Steinkohlen= und Eisengewinnung Westfalens, mit großartigen Maschinenwerkstätten, Fabrik= anlagen, Gußstahlbereitung und Steinkohlenhandel. — Bochum, 13,000 Einwohner, Gußstahlfabrik (Gußstahlglocken, Achsen, Räder, Schienen, Kanonen mit 2500 Arbeitern). — Hattingen, 5500 Einwohner mit den Hoch= öfen der Heinrichshütte, die eine Produktionsfähigkeit von 75 Mill. Pfd. Roheisen haben. Große Puddel= und Walzwerke. — Witten, 11,000 Ein= wohner, große Gußstahlfabrik (Berger & Comp.), vermag Blöcke von 17,000 Pfd. Gewicht herzustellen. — Hamm, 9000 Einwohner, wichtige Eisen= und Blechwaarenfabrikation (größte Firma Hobrecker & Herbers beschäftigt 800 Arbeiter, die täglich 900 Ctr. Walz= und Eisendraht und 150 Ctr. Drahtstifte liefern; Cosack & Comp. 1000 Arbeiter). Iserlohn im Sauerlande, 17,000 Einwohner, von altersher eine Eisengewerbsstadt, liefert Eisenkurzwaaren, Messing=, Bronze=, Neusilber=, Drahtarbeiten und Nadeln. In der Mitte des 18. Jahrhunderts entstand die Messing= gewerkschaft zur Gewinnung von Galmei, die Grundlage zur Bronzefabrikation bildend, die jetzt in hoher Blüthe steht. Im Jahre 1854 entstand aus der Gewerkschaft der märkisch=westfälische Bergwerkverein, welcher 1865 z. B. allein gegen 9 Mill. Pfd. Rohzink darstellte. Später entwickelte sich die Nadel=, dann die Neusilberfabrikation (Kissing & Möllmann beschäftigen 1000 Arbeiter). Mehr als 60 angesehene Handelshäuser besorgen zu Iser= lohn den Verkehr mit Italien, Frankreich, Spanien, Amerika, Holland, England, Belgien und dem Norden. — Altena, 7000 Einwohner, Lüden= scheid, 7000 Einwohner und Hagen, 11,000 Einwohner, im Besitze ähnlicher Werke und Fabrikate, wetteifern mit Iserlohn in lebhaftestem Geschäfts= betrieb. — Harkorten, große Chemikalienfabrik mit einer jährlichen Produktion von 7½ Mill. Pfd. Schwefelsäure, Salzsäure, Soda u. s. w. — Enneper= straße, ein Thal am gleichnamigen Flüßchen, voller Eisenwerke und Schmieden, wo Sensen, Sicheln, Klingen, die in alle Welt versendeten „Sackhäuer" zur Fällung des Zuckerrohrs und neben andern Eisen= und Stahlwaaren auch Amboße und Maschinen fabrizirt werden. Auch Witten (f. oben) gehört hierher. — Hörde, 10,000 Einwohner, zählte vor 30 Jahren erst 1500, ist der Sitz eines der bedeutendsten deutschen Eisenwerke, der Hermannshütte, eines Bergwerks- und Hüttenvereines, der bei seinen Hochöfen, Hütten, Kohlen- und Eisengruben, bei der neuerdings errichteten Gußstahlfabrik und den Walzwerken zur Herstellung von Platten für Panzerschiffe über 4000 Arbeiter unterhält. Im Jahre 1866 hatten die 6 Hochöfen beinahe 92 Mill. Pfd. Roheisen geliefert. — Siegen, 10,000 Einwohner, am Endpunkte der Ruhr-Siegbahn, Mittelpunkt eines Bergwerksdistrikts, der seine Erze in 22 Hochöfen verschmilzt und ein gesuchtes Roh- und Rohstahleisen liefert. Im Jahre 1865 wurden 600,000 Tonnen im Werthe von 1 Mill. Thaler geliefert. Das Eisen geht nach England oder wird im Kreise selbst in etwa 40 Pubblings- und Walzwerken zu Stahl, Draht, Ketten, Achsen verarbeitet. Außerdem Silberbergbau, Blei und Kupfer. Sohllederfabrikation. — Müsen, großartige Spatheisensteinwerke des Köln-Müsener Bergwerksvereins, mit einer Jahreserzeugung von 200,000 Tonnen.

Rheinprovinz. Köln am Rhein, 130,000 Einwohner, die wichtigste Stadt Westdeutschlands, die alte Römerstadt, durch welche heute noch ein großer Theil des von Deutschland nach Westen gerichteten Handels geht, hat sich, nachdem es unter dem erzbischöflichen Regimente tief darniederlag, unter preußischer Herrschaft zu einer der blühendsten deutschen Städte entwickelt. Von hier aus pulsirt die lebhafte Rheindampfschifffahrt, auf dem Strome langen jährlich über 4½ Mill. Ctr. Güter an und gehen 2 Mill. Ctr. wieder fort; das Bankgeschäft hat sich zu einem bedeutenden Faktor in Kölns Handelsleben entwickelt und die Industrie für Zucker, Tabak, Maschinen, Baumwollwaaren, Kaffeesurrogate, Brustbonbons schwillt täglich mehr und mehr an. Das berühmteste Produkt ist die Eau de Cologne, das kölnische Wasser, zuerst im Beginne des vorigen Jahrhunderts von dem Italiener Johann Maria Farina am Jülichsplatze fabrizirt. Heute gibt es dort viele gleichnamige Firmen, von denen jede vorgiebt im Besitze des echten Geheimnisses zu sein. Das alljährlich versandte Quantum läßt sich schwerlich bestimmen, doch erreicht der Gesammtumsatz mehrere Millionen Thaler. — Bonn am Rhein, 24,000 Einwohner, Baumwoll-, Seide-, Alaunfabriken. — Mühlheim, 10,000 Einwohner, am Rhein, Sammet-, Seide- und Lederfabriken. — Düsseldorf, 64,000 Einwohner, am Rhein, Kattundruckereien, Spinnereien, Eisen-, Messinggießereien, Maschinenwerkstätten, Drahtfabriken, Tabak, Leder, Chemikalien, Senf, Punschessenz, Malerfarben, Rheinschifffahrt. — Barmen an der Wupper, 65,000 Einwohner, bis zum 16. Jahrhundert standen da, wo heute diese wichtige Industriestadt sich ausdehnt, nur vereinzelte Bauernhöfe. Das klare Wasser der Wupper lud zum Bleichen ein; zu diesem Geschäftszweige gesellte sich das Leinen- und Baumwollspinnen, die Verfertigung von Schnürriemen, das Leinen- und Bortenweben. Große Bortensendungen giengen nach Westindien. Nach und nach wurden namentlich die Baumwollfabrikation, dann die Seidenfabrikation und die Türkischrothfärberei von Bedeutung. Es entwickelte sich ein wichtiger Handel und bedeutendes Wechselgeschäft und gegenwärtig findet sich nirgends in Deutschland der Gewerbfleiß so zusammengedrängt wie im Wupperthale. Barmen ist der Hauptplatz für Bandmanufaktur auf dem Kontinent. Neben Bändern und Litzen aller Art blüht die Baumwoll- und

Seidenweberei, die Färberei, Zeugdruckerei und Bleicherei, Garn=, Nadel=, Knopf=, Maschinen=, Pianoforte=, Orgel=, Zündhütchen=, Stearinfabrikation. — Elberfeld, 65,500 Einwohner, Barmens Nachbarstadt, besitzt gegen 900 Fabriken, wovon 125 auf das Fach der Web= und Wirkwaaren fallen. Letztere beschäftigen 10,000 Webstühle und 20,000 Arbeiter und erzielen einen Produktionswerth von mindestens 12 Mill. Thaler. Die übrigen Etablissements liefern gemischte Artikel aus Seide, Wolle, Baumwolle, Leinen, Shawls, Möbelstoffe, Teppiche, Posamentier= und Knopfwaaren, Chemikalien, Gummigewebe, Maschinen. Berühmt ist die Türkischroth= färberei. Der Handel ist außerordentlich lebhaft und der jährliche Durch= schnittswerth des Geldverkehrs mag 15 bis 16 Mill. Thaler betragen. — Remscheid, 20,000 Einwohner, zählt über 200 Eisen= und Stahlhämmer und es werden über 2000 Kurzwaarenartikel hier gefertigt. Jährliche Sensenausfuhr 400,000 Stück. Weitere Produkte der Remscheider Industrie: Stahl, Sicheln, Strohmesser, Sägen, Säbelscheiben, Pferdegebisse, Ambose, Winden, Spaten, Pflugschaaren u. s. w. — Solingen, 13,000 Ein= wohner, nach dieser weltberühmten Industriestadt soll 1147 ein Graf von Berg Schmiede aus Damaskus verpflanzt haben, die die Anregung zu der bewundernswerthen Industrie gaben. Schwert=, Messer= und Scheeren= fabrikation sind die drei Hauptzweige; außerdem Bajonette, Lanzen, Feilen, Korkzieher, Zangen u. s. w. Diese Gegenstände werden auch in der Um= gebung gefertigt und an die Fabrikverleger, welche sie schleifen und zusammen= setzen, verkauft. Die Solinger Klingen haben eine unnachahmliche Güte und gehen in alle Welt; kaum dürfte ein Kriegsheer existiren, das nicht mit Solinger Klingen armirt ist. — Essen, 41,000 Einwohner inmitten unerschöpflicher Kohlenlager, wuchs schnell zu einer gleichfalls weltberühmten Fabrikstadt an, die Maschinen und Dampfkessel, Gußstahl, Kriegsmaterial, Eisenbahnrequisiten liefert. Obenan steht Krupps Gußstahlfabrik, die in ihrer Spezialität den ersten Rang in der Welt einnimmt. Sie wurde 1827 von Krupp dem älteren mit 2 Arbeitern gegründet, nimmt jetzt unter dem Sohne kolossale Dimensionen ein. Das Etablissement bedeckt 9200 pr. Morgen, es besitzt für den inneren Verkehr 2½ Meilen Eisenbahnen und benützt 160 Dampfmaschinen von 6000 Pferdekraft. Ohne die Bergleute in den Kohlen= und Eisengruben beschäftigt Krupp 10,000 Arbeiter, die jährlich über 5 Mill. Thaler Lohn empfangen. Krupp ist im Stande Gußstahlmassen von 4000 Ctr. darzustellen. Er liefert Radbänder, Schienen, Anker, Schrauben, Panzerplatten, besonders Gußstahlgeschütze für alle Staaten Europa's. — Ruhrort, 7800 Einwohner, Hauptsitz für den Steinkohlen= handel, die von hier rheinauf, rheinab gehen, außerdem Schiffsbau, Ma= schinenwerkstätten, Eisenhütten, Hochöfen. — Mühlheim an der Ruhr, 14,000 Einwohner, Papier=, Tuch=, Baumwollfabriken, Kattundruckerei, Bleichen, Eisen= und Kohlenwerke. — Duisburg, am Rhein=Ruhr=Kanal, 26,000 Einwohner, Strumpf= und Baumwollzeugfabrikation, Chemikalien. — Wesel, 19,000 Einwohner, am Rhein, Zuckerraffinerie, Stearinfabrikation, Papier, Tabak, Nägel. — Gladbach, 23,000 Einwohner, repräsentirt die rheinischen Halbwollwaaren, Baumwoll=, Seide=, Band= und Damast= weberei, Spinnerei, Bleicherei, Appretur, Zeugdruckerei. Man zählt 16

Etabliffements mit 1100 Kraftstühlen für gemischte Waaren. Als Spezialität
gelten Hofenzeuge für Arbeiter, Halbwollstoffe wie Biber und Cassinets.
Die München=Gladbacher Aktiengesellschaft umfaßt zwei Baumwollspinnereien
und eine Weberei mit 70,000 Spindeln und 800 Webstühlen. — Viersen,
15,000 Einwohner, Aktienspinnerei für Flachs nebst Weberei, hat 6000
Spindeln im Betrieb. Große Sammet= und Sammetbänderfabrik von
Fr. Diergardt mit 3000 Arbeitern. Die Weber arbeiten in ihren Wohnungen, nur das Fertigmachen der Arbeit findet in der Fabrik statt.
Krefeld, 54,000 Einwohner, Hauptsitz der deutschen Seideninduftrie und
der mit ihr verknüpften Appretur und Färberei, schwang sich durch den
Fleiß seiner Bewohner, vertriebene Mennoniten und Reformirte aus Jülich
und Berg, zu seiner Größe empor. Ueber 120 größere und kleinere Fabriken,
die mit 1500 Web= und 1000 Bandstühlen arbeiten, versenden ihre Seiden=
und Sammetstoffe zu einem jährlichen Umschlage von 14 Mill. Thaler.
Renommirte Firmen sind: F. Diergardt, Schuhmacher & Schmidt, David
& Comp. Der Handel mit Rohseide hat durch Errichtung von Commandit=
gesellschaften in Oftasien sehr zugenommen. In der Seidentrocknungsanstalt
werden jährlich 7—900,000 Pfd. Seide (à 10—16 Thlr.) conditionirt.
Auch in Baumwoll=, Strumpf=, Farbwaaren, Steinkohlen, Chemikalien
werden nicht unerhebliche Geschäfte gemacht. — Rheydt, 13,000 Einwohner,
Baumwollfabriken, Färberei. — Reuß, 11,000 Einwohner, der wichtigste
Getreidemarkt der Provinz, zahlreiche Oel= und Mahlmühlen. — Koblenz
am Rhein, 28,000 Einwohner, bedeutender Weinhandel. — Andernach
am Rhein, 4500 Einwohner, Weinhandel, Schifffahrt. — Kreuznach,
12,000 Einwohner, Weinbau, Lederfabriken, Mineralsalzhandel. — Wetzlar,
6000 Einwohner, Leder= und Handschuhfabriken, künstliche Haararbeiten,
Damenscheitel u. s. w., die von hier in großen Mengen in die Welt gehen.
In der Umgebung Eiseninduftrie. — Trier, 22,000 Einwohner, Obst= und
Weinbau, Wollweberei, Färberei, Wachsbleichen, Handel mit Holz und
Steinen. — Saarbrücken, 14,000 Einwohner, bekannt durch den ausgedehnten Steinkohlenbau, der für den südlichen Theil der Provinz und das
nordöstliche Frankreich (in Folge Vertrags wegen Kohlenlieferung) große
Wichtigkeit hat. Im Jahre 1864 wurden in 18 Gruben mit 14,743
Arbeitern bereits für 6,564,000 Thaler gewonnen. Der Ertrag steigert
sich. In der Umgebung große Glashütten, Stahl= und Eisenwerke, Draht=
stiftfabriken, Fayencefabriken, Ziegeleien. Bekannte Eisenhütten zu Neun-
kirchen, Sulzbach, Burbach, Goffontaine. — Aachen, 70,000 Einwohner,
liefert besonders feinere, durch die Güte der Wolle und Schönheit der Farbe
berühmte Tuche, neuerdings auch Buckskins im Jahreswerth von 4 Mill.
Thaler. Nicht minder wichtig sind die Spinnereien (Firma G. Pastor die
größte), die Färbereien, die Strumpfwirkereien, Teppich= und Posamentir=,
wie Farbwaarenfabrikation. Auch besitzt die Stadt Eisenwerke, Spiegel=
und berühmte Nähnadel= und Stecknadelfabriken. — An der Tuchmanufaktur
Aachens nehmen die benachbarten Städte Burtscheid, 9000 Einwohner, und
Eupen, 14,500 Einwohner, Theil. Die Tuch= Kasimir= und Buckskinfabriken
der letzteren Stadt stehen in hoher Blüthe. — Düren, 11,500 Einwohner,
an der Roer, Tuch=, Kunstwoll=, Eisenschienen=, Maschinen=, Nadeln=, Filz=

waaren=, Metallgewebfabriken, große Flachsspinnerei mit 16,000 Spindeln und 900 Arbeitern, namentlich aber große Papierfabriken (Gebr. Heinr. Schöller Söhne, F. H. Schöller). Das Dürener Papier geht in alle Welt. — Malmedy, 4500 Einwohner, mit den bedeutendsten Gerbereien und Lederfabriken Deutschlands, die eine Jahresproduktion von 2 Mill. Pfund aufweisen. — Stollberg, 9500 Einwohner, große „Aktiengesellschaft der Spiegelwaarenmanufakturen und chemischen Fabriken von St. Gaubain, Ghanny und Cirey" liefert gegossenes Spiegelglas und producirt jährlich 500,000 Quadratfuß für Spiegel, Schaufenster ꝛc. Große Kohlengruben, Drahtgießereien, Fabriken für Eisen=, Messing=, Blechwaaren, Zinkschmelz= und Glashütten, Blei= und Silbergruben. — Eschweiler, 14,500 Einwohner, dieselben Industriezweige wie im benachbarten Stollberg, dann mechanische Streichgarnspinnerei, Nähnadelfabriken, Vitriolhütten, Kupferhämmer.

Provinz Hessen=Nassau. Frankfurt am Main, 80,000 Einwohner, hervorragend durch günstige Lage, Handels= und Gewerbthätigkeit, der wichtigste Wechsel= und Börsenplatz im deutschen Westen, der Sitz großer Bankhäuser, die Wiege der Rothschilds, erlangte seine Bedeutung durch die jetzt im Verfall begriffenen beiden Messen (Ostern und Michaelis); auch war es einst Hauptsitz des deutschen Buchhandels, wurde aber in dieser Beziehung von Leipzig überflügelt. Die Industrie erstreckt sich auf Herstellung von Kupferdruck=schwärze, Wachstuch, Gold= und Silberwaaren, Tapeten, Tabak, comprimirte Gemüse, feinere chemische Produkte, Aepfelwein. Der Handel ist nach allen Richtungen ausgedehnt, besonders auch der Weinhandel. Große Schrift=gießereien. — Hanau am Main, 20,000 Einwohner, Handel mit Holz, Holz=waaren, Wein, vornehmlich blühende Industrie in Lederwaaren, Gold= und Silberfabrikation, Tabak, Leder; dann Seidenwaaren, Wagen, Handschuhe, Kamelots, Teppiche, Strumpfwaaren. — Bockenheim 6700 Einwohner, Piano=forte= und Wagenfabriken. — Großalmerode, 2500 Einwohner, feuerfeste Thonwaaren, Schmelztiegel. — Marburg, 8000 Einwohner, Töpferei (Mar=burger Geschirr), Gerbereien, Pianofortes, chirurgische Instrumente. — Eschwege 7300 Einwohner, Tuch=, Oel=, Lederfabriken, Seifensiederei. — Fulda, 10,000 Einwohner, und Hersfeld, 6300 Einwohner, Baumwoll= und Wollwaarenfabriken. — Kassel, 42,000 Einwohner, mit 90 bedeutenden Fabriken. Maschinenbau (Henschel), physikalische und mathematische Instru=mente (Breithaupt), Baumwoll=, Tapeten, Tabaks=, Gold= und Silberwaaren=fabriken. Zwei kleine Messen und ein Wollmarkt. — Schmalkalden, 5500 Einwohner, auf dem Thüringerwald, Eisen= und Stahlfabrikation, die als Hausindustrie betrieben wird. (Schmalkaldener Artikel: Messer, Scheeren, Feilen, Bohrer, Zangen ꝛc.) — Wiesbaden, 30,000 Einwohner, mit berühmten Heilquellen, Handel und Industrie. — Ems, 4000 Einwohner, Heilquellen und Mineralwasserexport, ebenso zu Selters und Schwalbach. — Montabaur 3200 Einwohner, Krugfabriken, Papier. — Dietz, 3700 Ein=wohner, Wollhandel, Marmorschleiferei. — Bieberich, 5600 Einwohner, Eltville, 2500 Einwohner, Geisenheim, 2700 Einwohner, Hochheim, 2600 Einwohner, Höchst, 3000 Einwohner, Rüdesheim, 3000 Einwohner, die Hauptsitze des nassauischen Weinbaus und Weinhandels. — Limburg, 4500 Einwohner, Maschinenfabrik, Töpferei, Marmorbrüche, Phosphorithandel. —

In Hohenzollern. Hechingen, 3400 Einwohner, im fruchtbaren und gewerbreichen Unterlande mit Obst= und Hopfenbau, Eisenhüttenwerken zu Lauchertthal und Baumwollspinnereien (Lauchertthal, Karlsthal). — Sigmaringen, 3000 Einwohner. —

Im Jahdegebiet. Wilhelmshaven, wichtigster Kriegshafen an der Nordsee, mit großartigen Marineetablissements und Docks. Ein großes Areal ist für Anlage einer Handelsstadt ausgesteckt.

In Lauenburg. Lauenburg, 1300 Einwohner, lebhafter Transithandel auf der Elbe. — Mölln, 3600 Einwohner, Brennerei, Getreide= und Holzhandel. —

In Sachsen. Dresden an der Elbe, 160,000 Einwohner, nimmt nicht die seiner Lage und Bevölkerungszahl entsprechende Stellung unter den Handels= und Industriestädten Deutschlands ein. Bedeutend sind Handel und Schifffahrt auf der Elbe; mehrere große Märkte. Unter den Gewerbserzeugnissen steht voran das Bier (Waldschlößchen), Chokolade (Jordan & Timäus), Tabak, Strohwaaren, künstliche Champagner. — Leipzig, 95,000 Einwohner, mit den Vororten 130,000, einer der wichtigsten Handelsplätze überhaupt, dessen schon im 12. Jahrhundert begründete Messen sich allein von allen deutschen in ihrer früheren Höhe und Bedeutung erhalten haben. Sitz des Bundes=Handelsobergerichts. Hauptgegenstände des Großhandels sind außer den Produkten der städtischen und deutschen Industrie jährlich für 10 Mill. Thaler fremde Garne, 2 Mill. Thaler Rohseide, für 10 Mill. Thaler Baumwoll= und Wollwaaren, 2 Mill. Tüll=Spitzen, Weißwaaren, für 6 Mill. Thaler Droguen und Colonialwaaren u. s. w. Für Pelzwerk (Rauchwaaren) ist Leipzig der Hauptmarkt der Welt; ein Drittel der Gesammtproduktion, im Werth von mehr als 6 Mill. Thaler aus Rußland, Amerika, Asien, Europa kommt hier, namentlich zur Ostermesse, in den Handel. Daran schließt sich ein bedeutender Woll=, Vieh=, Pferde=, Getreidehandel. Der Waarenverkehr der drei Messen, die aus den fernsten Gegenden, von Amerikanern, Persern, Russen, Türken u. s. w. besucht werden, und zu denen jedesmal 25—27,000 ständige Verkäufer, ohne die Besucher, deren Zahl oft an einem Tage 35,000 beträgt, anlangen, hat sich stetig vermehrt. Im Jahre 1864 betrugen die Meßwaarenzufuhren 2124 Mill. Ctr. Ein eigentlicher Börsenplatz ist Leipzig nicht, doch ist es Sitz zahlreicher Geldinstitute, hat wichtigen Export=, Commissions= und Speditionshandel. Leipzig ist der Centralsitz des wohlorganisirten deutschen Buchhandels, der hier viele seiner bedeutendsten Firmen zählt. Großartige Druckereien (F. A. Brockhaus, Breitkopf & Härtel, Giesecke und Devrient, Teubner) haben ausgebreiteten Ruf. Daran reihen sich ein bedeutender Papierhandel, Schriftgießerei, Notenstecherei (welche die ersten der Welt sind), Xylographische Institute und viele großartige, mit Dampf betriebene Buchdruckereien. Dem deutschen Buchhändlerverbande gehören über 3500 Firmen (1869) an, von denen 750 sich nur mit Verlagsbuchhandel befassen. In Leipzig halten 1282 auswärtige Handlungen Lager und lassen daselbst ihren Verlag ausliefern. Unter den Industrieerzeugnissen der Stadt heben wir hervor: Kammgarn, Cigarren (jährlich für 2 Mill. Thaler), Pianofortes, kleinere

Maschinen, Hüte, Waschwaaren, Parfümerien, bedeutende Mengen ätherischer Oele, Bier, Wachstuch, Stickereien (weltbekannte Fahnenstickerei von Hietl). — Wurzen, 7300 Einwohner, hat eine Spezialität in der Fabrik für Filze zum Belegen der Klavierhämmer. — Chemnitz, 64,000 Einwohner, das sächsische Manchester, eine der wichtigsten deutschen Fabrikstädte. Die Weberei umfaßt Möbel= und Kleiderstoffe, Tischdecken, Tücher, Sammetmanchester, die auf mehr als 500 mechanischen und 2000 Handwebstühlen dargestellt werden. Große Zeugdruckereien, 40 Spinnereien mit 340,000 Spindeln in der Stadt und Umgegend, 40 Strumpfwaarenfabriken, die auch in der industriellen Umgebung in Limbach, Gruna, Stollberg, Neukirchen arbeiten lassen. Bedeutende Maschinenfabriken, die 4500 Arbeiter beschäftigen, voran die von Richard Hartmann begründete, 1870 an eine Aktiengesellschaft verkaufte Lokomotivenbauanstalt. Außerdem Färbereien, Appreturanstalten, chemische Fabriken. — Die Fabrikation der sächsischen Weißwaaren, der Tülle, Musseline, Gardinen, Schleier wird betrieben in Plauen, 21,000 Einwohner, Treuen, 5200 Einwohner, Langenfeld, 4700 Einwohner. — Hauptsitze der Wollwaaren, Tuch=, Kasimir=, Merino= Flanellfabrikation sind: Meerane, 16,900 Einwohner, Reichenbach, 11,700 Einwohner, Werdau, 10,300 Einwohner, Krimmitschau, 13,700 Einwohner, Glauchau, 20,000 Einwohner, Zschopau, 8000 Einwohner, Oederan, 6000 Einwohner, Hainichen, 7800 Einwohner, Frankenberg, 9400 Einwohner, Mittweida, 9000 Einwohner, Döbeln, 9700 Einwohner, Großenhain, 9900 Einwohner, Oschatz, 6000 Einwohner, Bischofswerda, 4000 Einwohner, Bautzen, 13000 Einwohner. — Zittau, 16,000 Einwohner und Großschönau, 5000 Einwohner, sind die hervorragendsten Städte für die Leinen, Damast= und Drellindustrie Sachsens. — Pulsnitz in der Lausitz, mit Bandfabriken und Honigkuchenbäckerei. — Sebnitz, 5000 Einwohner, Papierfabrikation. — Penig, 5500 Einwohner, große Papierfabrik (F. Flinsch) und Baumwollspinnerei. — Pirna an der Elbe, 8500 Einwohner, Handel mit den Sandsteinen der sächsischen Schweiz. — Meißen an der Elbe, 11,500 Einwohner, mit der ältesten 1710 begründeten europäischen Porzellanfabrik, die 400 Arbeiter beschäftigt. Wein= und Obstbau. — Riesa, 5500 Einwohner, an der Elbe, Schiffahrt, Speditionshandel. — Leißnig, 7000 Einwohner und Lommatsch, 3000 Einwohner, Getreidemärkte. — Freiberg, 21,000 Einwohner, berühmt wegen seiner Bergwerke, die schon im 12. Jahrhundert von Harzer Bergleuten betrieben wurden. Im Berg= und Hüttenwesen sind dort 6000 Arbeiter beschäftigt. Die Jahresproduktion an Silber beträgt 60,000 Pfund, außerdem Dosen= und Schrotfabrikation. — Zöblitz, 2000 Einwohner, besitzt in seiner seit dem 15. Jahrhundert aufgebrachten Serpentinindustrie eine Spezialität, früher betrieben von der Zunft der Serpentindrechsler, jetzt ausgebeutet von einer Gesellschaft, liefert Monumente, Reibschalen Wärmsteine, Leuchter u. s. w. — Annaberg, 12,000 Einwohner und Buchholz, 5000 Einwohner, Krinolinfabriken, Seidewaaren, Posamentierarbeiten. — Die sächsische Spitzen= und Blondenfabrikation, begründet durch Barbara Uttmann im 16. Jahrhundert und heute noch von 30,000 bis 40,000 Arbeitern betrieben, hat ihre Centralpunkte in Eibenstock 6200

Einwohner, und Schönheide, 4700 Einwohner. — Zwickau, 25,000 Einwohner, inmitten eines großartigen Kohlenbeckens, mit einer Jahresproduktion von 40 Mill. Ctr., besitzt das größte sächsische Eisenwerk (Königin Marienhütte), chemische Fabriken, Porzellan=, Papier=, Glasfabrikation. Handelsgärtnerei.

In Mecklenburg=Schwerin. Schwerin, 24,000 Einwohner, Eisengießerei, Tabaksfabrikation, Branntweinbrenner, Chokolade=, Wagen=, Lack=, Strumpfwaarenfabriken. — Wismar, 14,000 Einwohner, See= und Handelsstadt, einst zur Hansa gehörig, besitzt 57 eigene Schiffe von 13,000 Tonnen, führt Vieh, Wolle, Getreide aus. Eisengießereien, Maschinen=, Cichorien=, Cigarrenfabriken. — Rostock, 28,000 Einwohner, an der Warnow mit dem Hafen Warnemünde, besitzt 377 Seeschiffe von mehr als 100,000 Tonnen und treibt bedeutenden Seehandel. Große Gerbereien, Leinen= und Tabakfabriken, Branntweinbrennerei, Bierbrauerei. Starker Schiffsbau. — Güstrow 11,000 Einwohner, großer Wollmarkt. — Prenzlin 3300 Einwohner, Wollhandel. — Parchim 7200 Einwohner, Tuchfabriken. — Teterow, 3000, und Grabow, 3800 Einwohner, treiben Getreide=, Vieh= und Butterhandel. — Boitzenburg an der Elbe, 3600 Einwohner, Zuckerfabrik, Elbhandel.

In Mecklenburg=Strelitz. Die Städtchen Neustrelitz, 8500 Einwohner, Neubrandenburg, 7300 Einwohner, Friedland, 5000 Einwohner, treiben Handel mit den Landesprodukten, Getreide, Wolle, Vieh, Hopfen.

In Sachsen=Weimar. Weimar, 15,000 Einwohner, Woll= und Getreidehandel. — Apolda, 9000 Einwohner, bedeutende Strumpfwaarenmanufaktur, mit 1200 Wirkerstühlen, Glockengießerei. — Jena, 7000 Einwohner, Obst= und Holzhandel. — Buttstädt, 2500 Einwohner, Pferdemarkt. — Weida, 5100 Einwohner, Baumwollwaaren. — Neustadt an der Orla, 5000 Einwohner, Tuchfabriken, Gerbereien. — Ilmenau, 3500 Einwohner, Porzellanmanufaktur, Glashütten, Eisengießereien. — Eisenach, 13,000 Einwohner, Kammgarnspinnerei, Wollweberei. —

In Oldenburg. Oldenburg an der Hunte, 13,000 Einwohner, Spinnereien, Eisengießerei, Tabak=, Leder=, Seifenfabriken. Pferde= und Getreidemärkte. Schiffswerfte. Schifffahrt auf der Hunte nach der Weser. — Varel 5000 Einwohner, Baumwoll= und Leinenfabriken, Schifffahrt. — Braake, Freihafen an der Weser, 4500 Einwohner, starker Ausfuhrhandel mit Getreide, Vieh, Wolle, Schiffsbau. Elsfleth, 3000 Einwohner, Weserhafen, Schifffahrt. — Delmenhorst, 2000 Einwohner, Korkschneiderei. — Jever, 4000 Einwohner, Seehandel. — Eutin, 3500 Einwohner, Getreidehandel. — Oberstein, 3600 Einwohner, und Jbar, 2500 Einwohner, am Fuße des Jdarwalds in der Nahegegend sind die einzigen Orte, in denen überhaupt die Achatindustrie betrieben wird, welche schön geschliffene Broschen, Ringe, Kreuze, Dosen, Kästchen u. s. w. liefert. Diese Industrie[*] ist da, wo sie jetzt besteht, entstanden. Sie war im 15. Jahrhundert sicher bekannt, im 17. Jahrhundert schon in Blüthe, in diesem Jahrhundert wurde

---

[*] G. Lange, Geschichte der Achatindustrie. Kreuznach 1868.

das Färben der Steine entdeckt. Da letztere aber immer seltener werden, so importirt man sie aus Brasilien (jährlich für 30,000 Thaler). Beschäftigt sind in dieser Industrie 2600 Menschen.

In Braunschweig. Braunschweig, 50,000 Einwohner, alte Hansestadt, die viel von ihrer Größe eingebüßt; die Messen derselben, 1498 gestiftet, gehören noch immer zu den bedeutenderen in Deutschland. Die Industrie hebt sich neuerdings wieder; es bestehen Rübenzucker-, Cichorien-, Chocoladen-, Tabaks-, Woll-, Wagen-, Lampen- und chemische Fabriken. Auch ist die Bierbrauerei bedeutend, die einst berühmte Mumme ist zur Curiosität geworden. Schwunghaft wird die Wurstfabrikation betrieben, ebenso die Honigkuchenbäckerei und Handelsgärtnerei. — Wolfenbüttel, 10,000 Einwohner, Garnspinnerei, Eisengießerei, Gemüsezucht. — Schöningen 5200 Einwohner, Braunkohlenwerke, Salinen, chemische Fabrikaten. — Vechelde, Jutespinnerei. — Rübeland, Eisenhüttenwerk im Harz, Marmormühlen. — Holzminden, 5000 Einwohner, Weserstädtchen mit Schifffahrt, Leinen- und Eisenhandel; Sollinger Steinplatten, Strumpfwaaren, Messerschmiede. —

In Sachsen-Meiningen. Meiningen, 7200 Einwohner, Tabaksfabriken. — Hildburghausen 4500 Einwohner, Bibliographisches Institut mit großer Verlagsanstalt, Druckerei u. s. w., Tuch- und Maschinenfabriken, Puppenköpfe. — Wasungen, 2500 Einwohner, Tabaksbau. — Sonneberg, 6000 Einwohner, Centrum einer Spiel- und Holzwaarenindustrie, deren Produkte weithin vertrieben werden. Der Werth der Ausfuhr beträgt mehrere Millionen Thaler jährlich an Glas-, Leder-, Papiermachéfabrikaten. — Gräfenthal, 1500 Einwohner, Tuchfabrik, Eisenwerke, Schiefertafeln. — Lauscha, Porzellanfabrik. — Pößneck, 5000 Einwohner, Porzellanfabrik, Wollwaaren. — Saalfeld, 5000 Einwohner, Blaufarbenwerk, Alaun- und Vitriolgewinnung.

In Sachsen-Koburg-Gotha. Gotha, 20,000 Einwohner, ist der Sitz berühmter Versicherungsanstalten und bekannt durch seine Wurstfabrikation. Das geographische Institut von Justus Perthes das bedeutendste der Welt. Porzellan-, Tabak-, Rübenzucker-, Schuhfabriken. — Waltershausen, 3800 Einwohner, Wurstfabriken. — Ruhla (2500 Einwohner gothaischen und 2000 Einwohner weimarischen Antheils), ein durch großen Gewerbfleiß ausgezeichneter Marktflecken, der jährlich für 2 Mill. Thaler Tabaksspeisen von Meerschaum und Holz, Pfeifenköpfe und Pfeifenbeschläge exportirt. — Zella, 2500 Einwohner, Gewehrfabrik. — Koburg, 12,000 Einwohner, große Bierbrauerei, Wollweberei, Türkischrothfärberei.

In Sachsen-Altenburg. Altenburg, 19,000 Einwohner, Getreidehandel, Pferdemärkte. Cigarren-, Hut-, Handschuh-, Bürsten-, Dosenfabriken. — Meuselwitz, Braunkohlenwerke. — Ronneburg, 6500 Einwohner, Wollwaaren und Flanellfabriken, Getreidemarkt. — Eisenberg, 5000 Einwohner, Wollwaaren-, Teppichfabriken. — Schmölln, 4800 Einwohner, Buckskin-, Tuch- und Bürstenfabriken. — Kahla, 3000 Einwohner, Tuch- und Porzellanfabriken. — Robe, 3500 Einwohner, Strumpfwirkerei. —

In Anhalt. Dessau, 17,000 Einwohner, Getreide= und Wollhandel. Tuch=, Tabak= und Rübenzuckerfabriken. — Köthen, 13,000 Einwohner, Bernburg, 13,000 Einwohner, Zerbst 11,500 Einwohner, mit Tabak= und Rübenzuckerfabriken, Bierbrauereien, Getreide= und Viehhandel. — Koswig, 3500 Einwohner, Tuchfabrikation. — Harzgerode, 3000 Einwohner, Bergbau am Harz. — Mägdesprung, Harzer Eisenhüttenwerk. — Ballenstedt, 4500 Einwohner, Tuchfabrik.

In Schwarzburg=Rudolstadt. Rudolstadt, 7000 Einwohner, Porzellan= und Lederfabrikation. — Stadtilm, 2700 Einwohner und Blankenburg, 1300 Einwohner, Tuchfabrik. — Frankenhausen, 4700 Einwohner, chemische Fabriken, Braunkohlenwerke.

In Schwarzburg=Sondershausen. Sondershausen, 6500 Einwohner, Getreidehandel. — Arnstadt, 7500 Einwohner, Mittelpunkt des Getreide= und Holzhandels. Große Gerbereien und Brennereien, Handschuh=, Brückenwagen=, Feuerspritzen=, Papier=, Conditorwaarenfabriken. Handelsgärtnerei mit wichtigem Export und Steinsalzlager. — Breitenbach, 2500 Einwohner, Porzellanfabrik.

In Waldeck. Arolsen, 2000 Einwohner, Eisenhütte, Wollwaaren. — Pyrmont, 1300 Einwohner, Mineralwasserhandel.

In Reuß. Greiz, 11,000 Einwohner, Tibet= und Atlasfabrikation, Kammgarnspinnerei. — Lobenstein, 3000 Einwohner, Eisenhämmer, Woll= und Baumwollspinnerei. — Zeulenroda, 6700 Einwohner, Kattun= und Strumpfwaarenfabriken. — Köstritz, 1500 Einwohner, Bierbrauerei (schwarz Köstritzer), Handelsgärtnerei. — Gera, 17,000 Einwohner, blühende Industriestadt, die tausende von Arbeitern durch Wollgarnspinnereien und Kämmerei, Weberei, Appretur, Färberei und Kattundruckerei beschäftigt. Außerdem Tabak=, Cigarren=, Leder=, Eisenguß=, Maschinen=, Pianoforte=, Wagen=, Handschuh=, Hut=, Chokoladefabriken. Große Harmonikafabrik mit 600 Arbeitern. Starke Handelsgärtnerei.

In Schaumburg=Lippe. Bückeburg, 4400 Einwohner, Getreidehandel. Der Fürst war früher der einzige Schnapsbrenner des Landes.

In Lippe=Detmold. Detmold, 6500 Einwohner, Getreidehandel, Leineweberei. — Lemgo, 4500 Einwohner, Leineweberei, Pfeifenkopffabrikation.

Freie Stadt Hamburg. Hamburg, an der Elbe, mit seinen beiden Vorstädten St. Georg und St. Pauli 230,000 Einwohner zählend, ist der erste See= und Handelsplatz Deutschlands, die dritte Handelsstadt Europa's überhaupt, die gleich hinter London und Liverpool zählt. Schon ein Blick auf den trefflichen, mit einem großartigen Mastenwald bedeckten Hafen, die großartigen Waarenlager, das rege Leben und Treiben in den Straßen, die zahlreichen Auswanderer belehrt uns, daß hier eine der bedeutendsten Ausgangspforten besteht, durch welche Deutschlands Industrie ihren Absatz in ferne Länder findet, durch die wieder die Produkte aller Erdtheile zu uns einströmen. Hamburgs Handel breitet sich über den ganzen Erdball aus und wo in fremden Häfen Schätze einzuheimsen sind, da weht die Flagge der Hamburger Schiffe, sind Hamburger Kaufleute angesiedelt. Die glänzende Höhe des Verkehrs konnte Hamburg nur durch seine freien Institutionen im Innern und möglichst ungehindert durch äußere Verkehrs=

schranken erreichen. Noch immer währt der Streit, ob Hamburgs Zukunft durch Anschluß an den Zollverein oder als Freihafen sicherer gestellt ist — eine Frage, deren Beantwortung der Zukunft überlassen bleibt. Die Großartigkeit des Hamburger Handels erhellt aus folgenden Zahlen: Es wurden 1868 an Waaren eingeführt für 372,761,000 Thaler und 1869 für 409,545,000 Thaler. Der Handel ist also immer noch im Steigen begriffen. Kohlen, Getreide, Wolle, Colonialprodukte, Seide, Guano, Felle, edle Metalle, Schlachtvieh sind die Hauptprodukte der Einfuhr. Bezüglich des Schiffsverkehrs möge bemerkt werden, daß 1868 im Hamburger Hafen vor Anker giengen 5297 Seeschiffe mit einer Ladungsfähigkeit von 190,057 Commerzlasten. Von Hamburg aus giengen 5287 Schiffe. Die Rhederei zählte im genannten Jahre 467 Schiffe mit einer Ladefähigkeit von 81,772 Last à 6000 Pfund. Eine hervorragende Stelle darunter nimmt die „Hamburg=Amerikanische Packetfahrtgesellschaft" ein, welche ihre Fahrten nach Nordamerika und Westindien ausdehnt und 12 herrliche Dampfer besitzt. Hamburg steht auch mit den meisten bedeutenden europäischen Hafenplätzen in direkter Dampferverbindung. In Bezug auf die Auswanderung nimmt Hamburg unter den deutschen Häfen die zweite Stelle ein. Der Flußschifffahrtsverkehr auf der Elbe beziffert sich auf durchschnittlich 4700 einlaufende und ebensoviel auslaufende Fahrzeuge. Mit der Ausdehnung des Handels ist der Wechselumsatz von Jahr zu Jahr gestiegen und wie Hamburg der erste Handels= so ist es auch der erste Wechselplatz des Kontinents. Der Umsatz der Hamburger Bank betrug 1868 die kolossale Summe von 2017 Millionen Mark Banko. — Hinter dem Handel steht allerdings die Industrie zurück, doch ist diese immerhin sehr bedeutend. Der Schiffsbau ist schwunghaft betrieben; es reihen sich an Zuckersiedereien, Tabak= und Cigarrenfabriken, Kupferschmelzereien, die chilenische Erze verarbeiten, Eisengießereien, Eisenbahnwagenfabrikation (Lauenstein), Gummiwaaren (H. C. Meyer jun.), Stockschnitzereien, Fabriken für Schiffsbedarf (C. Godefroy & Sohn), Maschinenfabriken, Dampfschiffbauerei. Die Brauereien und Brennereien haben einen großartigen Betrieb und gesalzenes Schweinefleisch für Schiffsbedarf wird in ganz bedeutenden Mengen versandt (L. D. Koopmann schlachtet jährlich 80,000 Schweine), Schiffszwiebackbäckereien. — Bergedorf, 3000 Einwohner, früher Hamburg und Lübeck gemeinschaftlich, seit 1868 ganz ersterem gehörig, der Mittelpunkt der fruchtbaren Vierlande, mit herrlichem Obste, Gemüse, Getreide, Vieh, das massenhaft exportirt wird. — Curhafen, 2000 Einwohner, Freihafen an der Elbmündung, von besonderem Werth im Winter, wenn der Hamburger Hafen zugefroren ist.

Freie Stadt Bremen. Bremen, 75,000 Einwohner, an der Weser, etwa 10 Meilen von deren Mündung in die Nordsee, alte Hansestadt und zweite Handelsstadt Deutschlands, konkurrirt in vielen Stücken erfolgreich mit Hamburg und gehört gleich diesem nicht zum Zollverein. Der Handel Bremens vermittelt namentlich den Handel Deutschlands und Oesterreichs mit Nordamerika, aber auch mit Westindien und Ostasien. Aber die Stadt selbst wäre nicht im Stande sich auf ihrem Höhepunkte zu erhalten, besäße sie nicht an der Mündung der Weser den vorzüglich eingerichteten Bremerhafen, der den größten Seefahrzeugen zugänglich ist. Das Importgeschäft wird namentlich durch die Auswanderertransporte befördert, die billige Rückfrachten zulassen. Bremen ist der erste Auswandererhafen des Kontinents (S. 169), über den seit 1832 über 1¼ Mill. Menschen eine neue Heimath aufgesucht haben. Die Großartigkeit des Handels erhellt aus folgenden Zahlen: 1867 betrug die Einfuhr fast 18 Mill. Ctr. im Werthe von über 98¹/₆ Mill. Thaler Gold, die Ausfuhr fast 10¹/₂ Mill. Ctr. im Werthe von beinahe 93¹/₃ Mill. Thaler Gold. Die Gesammtwaarenbewegung hatte einen Werth von 190,487,356 Thaler Gold. Die Gegenstände der Einfuhren sind wesentlich dieselben wie bei Hamburg. 1867 kamen für Bremer Rechnung 3108 Schiffe von 449,378 Lasten (à 4000 Pfd.) an, und 3478 Schiffe liefen aus mit 471,394 Lasten. Ende 1867 umfaßte die Bremer Handelsflotte 281 Schiffe von 115,587 Lasten, darunter die riesige Dampferflotte des norddeutschen Lloyd (S. 56). Abgesehen von dessen Fahrten findet noch Dampferverbindung mit englischen, niederländischen, verschiedenen deutschen Häfen und eine ausgedehnte Flußschifffahrt auf der Weser statt. Voran unter den Einfuhren steht der Tabak, (1863 z. B. 70 Mill. Pfd.) dessen Verwendung in der Cigarrenfabrikation eine großartige ist; doch haben viele Bremer ihre Fabriken in benachbarte dem Zollverein angehörige Orte Achim, Hämlingen, Sebaldsbrück u. s. w. verlegt. Von den Gewerbzweigen kommen noch in Betracht: Schiffsbau, Maschinenfabrikation, Eisengießerei, Bierbrauerei. Am Fischfang nimmt Bremen regen Antheil (S. 27. 39.) — Vegesack, 4000 Einwohner, Hafenstadt an der Weser, Seeschifffahrt, starker Schiffsbau, Eisengießerei.

Freie Stadt Lübeck. Lübeck, an der Trave, 33,000 Einwohner, einst das stolze Haupt der Hansa, hat viel von seiner ehemaligen Bedeutung eingebüßt, vermittelt aber immer noch einen großen Theil des Handels nach den skandinavischen und baltischen Ländern. Der Hafen der Stadt, Travemünde, ist den größten Seefahrzeugen zugängig und durch regelmäßige Dampfschifffahrt mit schwedischen, dänischen, und russischen Häfen verbunden. Die Gesammteinfuhren belaufen sich in der letzten Zeit auf ca. 80 Mill. Mark jährlich. Die Rhederei ist nicht stark. Lübeck besitzt 45 Seeschiffe von 5190 Last; es laufen ein etwa 1500 Schiffe mit 120,000 Last. Die Gewerbsthätigkeit erstreckt sich auf Schiffsbau, Maschinenbau, Brauerei, Cigarrenfabrikation; auch wird die Fischerei lebhaft betrieben.

. In Oberhessen. Gießen, 10,000 Einwohner, Spiritus, Tabak, physik. und mathemat. Instrumente. — Schotten, 2200 Einwohner, große Warstfabrikation. — Lauterbach, 3300 Einwohner, starke Baumwollweberei.

B. Die Süddeutschen Staaten.

Bilden die süddeutschen Staaten untereinander auch kein organisirtes Ganzes, wie der norddeutsche Bund, so sind sie doch nach Lage, Bodenverhältnissen und Bevölkerung als eine natürliche Gruppe aufzufassen, die mit Norddeutschland durch das Band des Zollvereins und militärische Schutz- und Trutzbündnisse verbunden ist. Vom Großherzogthum Hessen gehört nur der südlich vom Main gelegene Theil, die Provinzen Starkenburg und

13*

Rheinhessen, zu den süddeutschen Staaten. Im Folgenden geben wir die Uebersicht, nebst den Bevölkerungszahlen nach der Zählung vom 3. Dezember 1867.

Bayern	1,381.55 Quadratmeilen,	4,824,421 Einwohner
Württemberg	354.28	„	1,778,479	„
Baden	248.06	„	1,434,699	„
Hessen südlich vom Main . .	79.68	„	571,868	„

Landwirthschaft und Viehzucht. Mit Ausnahme von Württemberg, wo die Industrie der Landwirthschaft die Wage hält, ist letztere in den süddeutschen Staaten die wichtigste Nahrungsquelle der Bevölkerung. Der Ackerbau wird ganz vorzüglich betrieben und viel Getreide kommt zum Export. Man rechnet, daß im Allgemeinen nur 6,4 Procent auf unproduktive Fläche entfallen, während der Rest sich auf 42,4 Procent Acker- und Gartenland, 32 Procent Waldungen, 18,5 Procent Wiesen und Weiden, 0,7 Procent Weingärten vertheilt. In Bezug auf Wein, Hopfen, Tabak und Obst ist der Süden dem Norden Deutschlands ganz entschieden überlegen; Baden, Rheinhessen, das Neckarthal, die Maingegenden liefern vorzügliche Weine. Bayerns Hopfen ist weltberühmt; namentlich der mittelfränkische (Spalt) und jener aus der Holledau. Während 1867 die Gesammthopfenernte des europäischen Kontinents 800,000 Ctr. betrug, lieferte hiezu Bayern allein 260,000 Ctr. Die mit Tabak bestellte Bodenfläche ist im Süden weit bedeutender als im Norden. Sie betrug 1868 in Bayern 18,335 pr. Morgen (138,424 Ctr. Ertrag), in Baden 24,476 pr. Morgen (195,825 Ctr.), in Hessen südlich des Mains 3161 pr. Morgen (24,066 Ctr. Ertrag), in Württemberg 448 pr. Morgen (2455 Ctr. Ertrag). Das Haupttabaksland ist die Pfalz. Die Obstkultur hat am Main, der Bergstraße, in Württemberg, Baden und der Pfalz ihre Hauptsitze; Futter- und Runkelrübenbau gewinnen an Ausdehnung. Die Viehzucht wird sehr stark betrieben; voran steht Württemberg mit ausgezeichneten Pferden, Rindvieh, Schafen. Die bayerischen Alpengegenden sind durch herrliches Rindvieh (Allgäuer Rasse), bedeutende Milch- und Käseproduktion bekannt. Man zählt in den süddeutschen Staaten 600,000 Pferde, über 5 Mill. Stück Rindvieh, über 3 Mill. Schafe und 1½ Mill. Schweine. Der Fischfang wird in verschiedenen Landseen, im Rhein und der Donau stark betrieben.

Berg- und Hüttenwesen. Was die Schätze des Erdinnern betrifft, steht der Süden hinter dem Norden weit zurück. Es fehlen die Kohlenlager, an die eine Großindustrie sich anknüpfen kann und nur in Bayern finden sich Kohlen in erwähnenswerther Menge. Von Bedeutung für den Süden ist namentlich der Eisenerzbau und Salinenbetrieb. Bayern lieferte 1866 auf 241 Gruben: 1,455,471 Ctr. Eisenerze und auf 172 Gruben 6,893,909 Ctr. Stein- und Braunkohlen. Gold wurde 0,83 Pfund, Silbererze 2850 Ctr., Graphit 7350 Ctr., Porzellanerde 13,350 Ctr. gewonnen; außerdem Schwefelkiese, Schmirgel, Dachschiefer, Schwer- und Flußspath. Der Hüttenbetrieb dieses Landes lieferte 730,000 Ctr. Roheisen, 118,103 Ctr. Stabeisen, etwas Blech und Stahl. An Kochsalz wurden auf sieben Salinen 894,788 Ctr., 45,161 Ctr. Vieh- und 21,604 Düngsalz gewonnen. Die gesammte Salzproduktion repräsentirte einen Werth von 1,038,469, die Hüttenproduktion von 8,507,556 Gulden. Württemberg hatte 1865 eine Koch-, Stein- und Viehsalzproduktion von fast einer Mill. Ctr. und eine Roheisenproduktion von fast 200,000 Ctr. — Baden producirte in demselben Jahre 424,000 Ctr. Salz, 250,000 Ctr. Kohlen 90,000 Ctr. Eisen.

Industrie. Diese ist namentlich in Württemberg entwickelt, doch auch in einigen Theilen Badens und Bayerns. Eingerechnet die Lokomotiven, zählte man 1867 in den süddeutschen Staaten an Dampfmaschinen: in Bayern 889 (77,889 Pferdekraft), in Württemberg 388 (28,466 Pferdekraft), in Baden 348 (13,415 Pferdekraft), im Großherzogthum Hessen 258 (2744 Pferdekraft). Der Maschinenbau wird großartig in Eßlingen und Heilbronn, Oberzell, Augsburg, München, Karlsruhe und Offenbach betrieben. Die optischen und wissenschaftlichen Instrumente werden nirgends besser als in München fabrizirt. Der Schwarzwald ist wegen seiner Uhrenindustrie, Stuttgart wegen seiner musikalischen Instrumente berühmt, die weit ins Ausland gehen. Man rechnet, daß 1300 Menschen in Württemberg und 3700 in Baden sich mit der Fabrikation der Schwarzwälderuhren beschäftigen. Ueber die Roheisenproduktion haben wir schon das Nöthige gesagt. Die Verarbeitung des Eisens ist namentlich in Württemberg zu Hause, das Messer, Sensen, Blechwaaren der verschiedensten Art liefert. Gold- und Silberwaaren kommen aus Baden (Pforzheim) und Württemberg (Stuttgart, Heilbronn, Gmünd); Fingerhüte liefert Schorndorf, Goldplättchen Nürnberg, Fürth. Porzellan, Steingut, feuerfeste Schmelztiegel, Glas (Oberpfalz, Mittelfranken, Niederbayern, Zuffenhausen), Spiegel, Lithographiesteine von Solnhofen werden in ganz vorzüglicher Qualität geliefert. Große Fortschritte hat die Fabrikation chemischer Produkte gemacht und die Bleistiftfabrikation. Die größte Rübenzuckerfabrikation des Zollvereins liegt in Baden (verbrauchte 1866 1,167,645 Ctr. Rüben); 6 sind in Württemberg (1,636,097 Ctr. Rüben), 4 in Bayern (548,030 Ctr. Rüben). In Nürnberg glänzt die Lebkuchenbäckerei. Die Bierbrauerei steht im Süden, namentlich in Bayern, in höchster Blüthe. Im Jahre 1868 waren allein diesseits des Rheins in Bayern 4669 selbständige und 422 Communialbierbrauereien im Betriebe. Auch die Schaum- und Obstweinbereitung ist von Bedeutung. Der Bierexport von München, Erlangen, Nürnberg, Kulmbach u. s. w. ist ganz bedeutend. Tabak- und Cigarrenfabrikate werden gleichfalls exportirt. Die Seidenindustrie ist nur in Baden von Belang. In Württemberg ragt die Schafwollindustrie hervor, in welcher dort 12,000 Menschen beschäftigt sind (Reutlingen, Heidenheim, Eßlingen, Calw, Göppingen rc.); in demselben Lande hat auch die Leineninindustrie sehr zugenommen. Sie beschäftigt in Württemberg 23,000, in Bayern 37,000, in Baden 13,000, in Hessen 7500 Menschen. Aehnlich ist das Verhältniß in der Baumwollenindustrie, deren Hauptsitz in Württemberg der wichtigste Theil des gewerblichen Lebens ist, und an den sich überall Färberei und Kattundruckerei anschließt. Ebenso sind Strumpfwirkerei und Spitzenklöppelei vorzugsweise in Württemberg vertreten. Wir erwähnen noch die schwunghaft betriebene Gerberei, Lederfabrikation, Verfertigung von Sattler- und Schusterwaaren, von Papier, Möbeln, Drechslerarbeiten und die typisch gewordenen Nürnberger Waaren.

Banken. Die bayerische Hypotheken- und Wechselbank in München, die königliche Bank in Nürnberg, die Vereinsbank in Stuttgart, die königliche Hofbank daselbst, die Rentenanstalt daselbst, der württembergische Kreditverein, die Bank für Süddeutschland und die Bank für Handel und Industrie in Darmstadt, die badische Bank in Mannheim; außerdem zahlreiche Vorschußvereine und Gewerbebanken.

Süddeutschlands Fabrik- und Handelsstädte.

In Bayern. In Oberbayern. München an der Isar, 170,000 Einwohner, Haupthandelsartikel ist das Getreide; alljährlich finden zwei große Jahrmärkte (Dulten) statt. Die Industrie ist sehr entwickelt, namentlich nach der kunstgewerblichen Seite hin, die in München besonders gepflegt wird. Unübertroffen stehen die königl. Glasmalerei und Erzgießerei da; ebenso das optische Institut (begründet von Fraunhofer, fortgeführt von Merz), die Meßinstrumente (Ertl), die Thurmuhren (Mannhardt). Die Holzschnitzereien und Silberarbeiten Münchens sind berühmt, ebenso verschiedene photographische und xylographische Anstalten. Die Maschinenfabrikation ist durch Maffei's großes Etablissement vertreten und am Himmel der Bierbrauerei glänzen die Sterne: Hof-, Spaten-, Pschorrbräu. Außerdem Kattun-, Tapeten-, Gewehr- und Porzellanfabrikation. — Mittenwald, Saiteninstrumente. — Traunstein, Reichenhall, Rosenheim große Salzwerke. — Berchtesgaden, Holzschnitzereien. — Unterstein, große Marmorwaarenfabrikation. — Ingolstadt, 20,000 Einwohner, Schifffahrt, Getreidehandel. — In Niederbayern. Landshut, 13,000 Einwohner, zahlreiche Brauereien, lebhafter Getreidehandel, Holzflößerei auf der Isar. Messen (Dulten). — Straubing, 11,000 Einwohner, Brauerei, Gerberei. Inmitten der Kornkammer Bayerns vermittelt es den Getreide-, Vieh- und Pferdehandel. — Passau, 13,500 Einwohner, am Einfluß des Inn in die Donau, Lederfabriken, Bierbrauerei, Porzellanfabrik. Handel und Schifffahrt. — Obernzell, 1400 Einwohner, an der Donau, Fabrikation der feuerfesten „Passauer Schmelztiegel." Eisenhämmer, Baumwollspinnerei. Porzellanfabrik. — In Oberpfalz und Regensburg. Regensburg, 30,000 Einwohner, an der Donau, Rübenzucker- und Fayencefabrik, Garnfärberei, Wachsbleichen, Brauereien, Gold-, Silber-, und Messingwaaren. Schiffsbau, Speditionshandel mit Salz, Holz, Getreide. Das berühmteste Produkt Regensburgs sind die Bleistifte. — Amberg an der Vils, 12,000 Einwohner, Bierbrauerei, Steingutfabrikation, Viehmärkte. — Weiden, 3200 Einwohner, Kohlenwerke. — In Oberfranken. Bamberg, 26,000 Einwohner, Baumwollspinnerei, Handel mit den Erzeugnissen der fruchbaren Umgebung, Obst, Hopfen, Sämereien, Gemüse, Arzneikräutern. — Kulmbach, 4200 Einwohner, Bierbrauerei, Gerberei. — Bayreuth, 20,000 Einwohner, Kattunfabrikation, Baumwollspinnerei. — Frankenhammer im Fichtelgebirge. Claviersaiten aus Gußstahl. — Hof, 14,500 Einwohner, große Spinnereien, Woll- und Baumwollspinnereien, Bierbrauerei. — Wunsiedel 3600 Einwohner, Wollmaschinspinnereien, Tuch-, Strumpf- und Nägelfabrikation. —

In Mittelfranken. Nürnberg, 78,000 Einwohner, eine der industriellsten deutschen Städte, schon seit altersher (S. 154) hervorragend, ist auch heute noch durch seine Gewerbthätigkeit und seinen Handel ausgezeichnet. Weltruf besitzen die Lebkuchen und Spielsachen (Nürnberger Waaren), daran reihen sich Metall-, Holz-, Hornwaaren, Bleistifte, Goldplättchen, Bierbrauereien. Großartig ist die Ultramarinfabrikation (Zeltner), die Maschinen- und Waggonfabrik (Cramer-Klett); von Bedeutung der Hopfenhandel und das Wechselgeschäft. — Fürth, 23,000 Einwohner, ausschließlich Handels- und Gewerbstadt, liefert dieselben Kurzwaaren wie Nürnberg, dem es Konkurrenz macht. — Schwabach, 7000 Einwohner, und Weißenburg, 5500 Einwohner, Metallkurzwaaren, Nadeln, Gold- und Silberwaaren. — Erlangen, 12,000 Einwohner, Baumwollspinnerei, bedeutende Bierbrauerei. — Solnhofen, 800 Einwohner, liefert die bisher ohne Konkurrenz bastehenden Lithographiesteine und treibt Handel mit Versteinerungen. — Ansbach, 13,000 Einwohner, Tuchweberei. — In Unterfranken. Aschaffenburg, 11,000 Einwohner, Buntpapierfabrik, Handel mit Holz und Bausteinen. — Kitzingen, 6000 Einwohner, Mainschifffahrt, Weinbau. — Schweinfurt, 9500 Einwohner, Farbenfabriken (Schweinfurter Grün), Bleiweiß-, Bier-, Lederfabrikation. Weinbau. Pferde- und Viehhandel, Mainschifffahrt. — Würzburg, 42,000 Einwohner, am Main, Wollzeug-, Tuch-, Leder-, Tabak-, Eisenbahnwagen-, Champagnerfabriken, Mainschifffahrt. Handel mit Obst und Frankenweinen, die auf der Leiste und den Steinbergen wachsen. — Oberzell, berühmte Fabrik von Druckerschnellpressen (König und Bauer). — In Schwaben und Neuburg. Augsburg, 50,000 Einwohner, eine der ältesten deutschen Handelsstädte (S. 154), noch immer ein Sitz des Gewerbfleißes, hat großartige Baumwoll- und Kammgarnspinnereien (J. F. Chur & Söhne), begünstigt durch verschiedene Wasserkräfte, Kattunfabriken (Schöppler & Hartmann), Gasapparatfabrik (L. A. Riedinger), Messingfabrik (J. N. Beck & Comp.), Tabakfabriken (Lotzbeck & Comp.), Maschinenfabriken, Gold- und Silberwaarenfabriken. Starker Durchgangshandel nach Italien und der Schweiz. — Donauwörth, 3500 Einwohner, Donauhandel. — Kaufbeuern, 4600 Einwohner, Baumwollspinnerei, Kattunfabrikation, Leinwandfärberei und Bleicherei. Getreidehandel. — Kempten, 11,000 Einwohner, Papierfabriken, Baumwollspinnereien, Transithandel vom Norden nach dem Süden, Stapelplatz für die landwirthschaftlichen Erzeugnisse des Allgäu. Holzflößerei auf der Iller. — Memmingen, 7000 Einwohner, Tuchmacherei, Gerberei, Glockengießerei, Flachs- und Wollspinnerei, Schießpulverfabrikation. Handel mit Hopfen, Getreide, Leder, Wolle. — Nördlingen, 7000 Einwohner, Weberei von „Tiroler Teppichen", die durch Pusterthaler in ganz Deutschland verhandelt werden, Corduanfabriken, Leinen- und Wollwaaren. Handel mit den landwirthschaftlichen Produkten des Ries. (Gänse, Federn, Vieh, Getreide.) — Lindau, 5300 Einwohner, Bodenseehafen, Dampfschifffahrt, Speditionshandel nach der Schweiz. — In der Pfalz. Speyer, 15,000 Einwohner, Freihafen am Rhein, Tabak-, Buntpapier-, Essigfabriken. Handel mit Pfälzer Tabak, Weinen, Obst. — Ludwigshafen, 4000 Einwohner, Rheinhandel und Schifffahrt. — Neustadt an der Hardt, 8200

Einwohner, Buntpapier, Gold- und Silberwaarenfabrikation. Neckar-Wein-, Obst- und Holzhandel, Pferdezucht. — Dürkheim, 5700 Einwohner, Wein- und Getreidehandel. Besuchter Markt (Wurstmarkt). Saline. Weinbau mit Traubenkur. — Germersheim, 10,000 Einwohner, Rheinschifffahrt. — Kaiserslautern, 14,000 Einwohner, Kammgarnspinnerei, Kattunfabrikation, Ultramarin-, Uhrgläser-, Steingutfabriken, Eisen- und Glockengießerei. — Getreibemärkte. Holz- und Steinhandel. — Pirmasens, 8000 Einwohner, schwunghaft für den Export betriebene Pantoffelfabrikation. Daher der Pfälzer Spruch: „Das Schlappemensch von Barmesenz, des laßt noch iwig berkisch Grenz!" — Zweibrücken, 9000 Einwohner, Baumwollmanufakturen, Maschinenfabriken. — St. Ingbert, 8000 Einwohner, Steinkohlenbergbau, Eisenhütten.

In **Württemberg.** Im **Neckarkreis.** Stuttgart, 77,000 Einwohner, die im bedeutenden Aufschwunge begriffene Haupt- und Residenzstadt, tritt mit seinen ungemein zahlreichen Industrieprodukten immer mehr auf dem großen Markt auf. Es ragen hervor die Pianofortefabrikation (Schiedmayer & Söhne, Dieudonné, Lipp, Bläbel), Harmoniumfabriken, die Baufabrik (Schöttle & Comp.), Bijouteriewaaren- und Blumenfabrikation, Chemikalien- und Farbwaareninbustrie (Siegle, Auilin von Knosp), Cigarren-, Conditoreiwaaren-, Dosenfabrik, Erzgießerei. (W. Pelargus), Feuerspritzen, (H. Kurz), Kupfer- und Messingwaaren, Lampen-, Ledergalanteriewaaren, Corsettfabrikation, Maschinenfabriken, Aktienzuckerfabrik, große Bierbrauereien (Barbili & Stumpp, Zimmermann, Kolb). Die mechanischen Werkstätten, Möbelfabriken (F. Kienle), lackirte Blechwaarenfabriken (Blumhard & Comp.), Webereien in Baumwolle, Halbwolle, Leinwand und Seide, Schaumwein- fabriken. Stuttgart ist der Hauptsitz des süddeutschen Buchhandels; im Anschlusse baran große Druckereien und xylographische Anstalten. Der Indigo- und Droguenhandel hat hier einige der bedeutendsten Firmen auf- zuweisen (Feuerlein, Müller & Comp., Schill & Comp., F. Jobst, L. Du- vernoy). Große Pferdemärkte. — Cannstatt am Neckar, 9000 Einwohner, bedeutender Commissions- und Spebitionshandel in Holz, Brettern, Stein- kohlen mit Benützung der Neckarschifffahrt. Türkischrothfärberei, Baum- wollweberei, Garn- und Strumpfwaaren-, Wachstuch- und Wattfabrikation, Metallgießereien, Stock- und Möbelfabrikation, Tabakfabrikation, Näh- maschinen. — Zuffenhausen, 2300 Einwohner, Glasfabrik. — Eßlingen am Neckar, 17,000 Einwohner, Aktienmaschinenfabrik (v. Keßler), die bis zu 2000 Arbeiter beschäftigt, Kammgarnspinnerei (Merkel & Wolf) mit 5000 Feinspindeln, Tuchmanufaktur, Metallwaaren, Bijouteriefabrik (Jakob Levi's Söhne), silberplattirte Waaren, große Seifenfabrik, Billardfabrik, Kinderspielwaaren, Holzwaaren, Reiserequisiten-, Handschuh-, Hut-, Tuch-, Möbelfabriken, älteste Schaumweinfabrik Deutschlands, Weinbau und Wein- handel. — Ludwigsburg, 12,500 Einwohner, königliche Gewehrfabrik, die größte Orgelfabrik (Walter & Comp.) der Erde, wird mit Dampf betrieben und liefert ihre Werke in alle Welt. Blechlackier-, Metallwaaren-, Korsett-, Baumwollwaarenfabriken. — Backnang, 4500 Einwohner, Baumwoll-, Halbwoll-, Tuch-, und Wollwaaren, große Gerbereien und Färbereien. Heilbronn, Freihafen am Neckar, 17,000 Einwohner, die wichtigste Handelsstadt Württembergs und bedeutender Fabrikplatz, Hauptsitz des Neckar- und Speditionshandels, des Verkehrs in Steinkohlen, Holz- Kolonialwaaren und Wein, Sitz der württembergischen Transportversicherungsgesellschaft. Alaun-, Seifen-, Stearinkerzen-, Bleiweiß-, chemische Fabriken. Runkelrüben- zuckerfabrik (jährlich 160—200,000 Ctr. Rüben); eine zweite fast gleich große in dem benachbarten Züttlingen. Maschinen- und Silberwaaren- fabrikation (Bruckmann und Söhne), Messerwaaren und chirurgische Instru- mente (Gebr. Dittmar), berühmte chemische und pharmaceutische Apparate (Wolff & Söhne), namentlich aber großartige Papierfabrikation (Gebr. Rauch, G. Schäuffelen & Comp.), Kaffeesurrogate, Cichorien, Sohlleder, mechanische Werkstätten. — Böblingen, 3600 Einwohner, Rübenzuckerfabrik. — Im Jaxtkreis. Schorndorf, 3700 Einwohner, Chokolade-, Essig- und namentlich großartige Fingerhutfabrikation (Gebr. Gabler), die wichtigste des Zollvereins. Gerberei, Tabakfabrikation, Holzhandel. — Schwäbisch Gmünd, 9000 Einwohner, Bijouterie- und Silberwaarenfabriken (Deyle & Böhm, Beck & Letzer, Forster, J. Walter u. A.), die in großartigster Weise, zum Theil mit Dampf, für den Export arbeiten. Baumwollwaaren-, Holzpfeifenköpfe-, Spielwaaren-, Kirchengeräthe-, Seidenwaaren-, Wachs- waaren-, Zündholzfabriken. — Heidenheim, 4500 Einwohner, Kattundruckerei, Baumwoll- und Wollfärberei, Bleicherei, Thonwaarenfabrik, starker Holz- handel. — Aalen, 5000 Einwohner, Mittelpunkt der Eisenindustrie. Größtes Werk in Wasseralfingen, 3000 Einwohner, Jahresproduktion 130,000 Ctr. Roheisen; großes Puddel- und Walzwerk. — Hall am Kocher, 7500 Ein- wohner, Saline, große Brauereien, Baumwollspinnerei, Metallwaaren, Rothgerberei. — Künzelsau, 2500 Einwohner, gewerbsames Städtchen, Leder-, Dosen-, Pianoforte-, Saffian-, Feuerspritzen-, Tabakfabriken, Metallwaaren. — Oehringen, 4000 Einwohner, Tuchmacherei, Rothgerberei, Drainröhren, Schafmärkte. — Ellwangen an der Jaxt, 4000 Einwohner, lackirte Blech- spielwaaren, astronomische Instrumente, Baumwollwaaren, Wachszieherei, Rothgerberei, Pferdehandel. — Crailsheim an der Jaxt, 3000 Einwohner, Lederlackirfabrik. — Mergentheim, 3100 Einwohner, Weinbau und Wein- handel, Orgelbau, Zündholz-, Baumwollwaaren- und Bürstenfabrikation. — Im Schwarzwaldkreise. Reutlingen, 14,000 Einwohner, schon in früheren Zeiten ungemein gewerbthätig, besitzt jetzt eine große Anzahl bedeutender Fabrikanlagen. Wollspinnereien, Tuchscheerereien, Pulver- fabrikation, ausgedehnte Rothgerberei, mechanische Werkstätten und Gießereien, Strickwaaren, Baumwollspinnerei und Weberei. Wein- und namentlich großer Obstbau und Obsthandel. — Pfullingen, 4200 Einwohner, Lederfabrik für Treibriemen (Th. Klemm), Papierfabriken. — Tuttlingen an der Donau, 7000 Einwohner, Handel mit der Schweiz. Messerwaaren, Baumwollwaaren, Wollspinnerei, Tuchmacherei, Gerberei. — Schwenningen, 4300 Einwohner, Saline, bedeutendster Ort für schwarzwälder Uhrenfabrikation in Württemberg (Bürk). — Schramberg, 1900 Einwohner, Porzellan- und Steingutfabriken, Strohmanufaktur, Emailzifferblätter, Schwarzwälder Uhren. — Rottweil am Neckar, 4800 Einwohner, bedeutendster Getreidemarkt im Schwarzwald, mechanische Baumwollweberei (Held & Comp.), Feuerspritzen, Uhren, Möbeln, Pulverfabrik, schwarze Seidenstoffe, Teppiche, ätherische Oele. — Oberndorf,

1900 Einwohner, große Gewehrfabrik. — Sulz am Neckar, 1900 Einwohner, alte Saline, Baumwollspinnerei, Papierfabrik, Gerberei. — Neuenbürg, 1900 Einwohner, große Sensen- und Sichelfabrikation (Hauessen & Sohn), welche 200 Personen beschäftigt und jährlich 450,000 Stück liefert. — Wildbad, 3000 Einwohner, Papierfabrik. — Calw, 4500 Einwohner, altes Handelsstädtchen, dessen Verkehr von der „Calwer Gesellschaft" betrieben wurde. Besonders blühen die Wollgewerbe, die Wollfärberei, die bedeutende Strumpfweberei, die in die ganze Welt exportirt, Taffent- und Schirmstofffabrikation, große Rothgerbereien. — Freudenstadt, 5200 Einwohner, mechanische Baumwollspinnerei, Leinengarnspinnerei, Flachsbereitung, Bürstenfabrik, Harz-, Pech-, Kienrußbereitung. — Christophsthal, Eisenwerk. — Rottenburg, 6400 Einwohner, Tuchfabrikation, Rothgerberei, Posamentirfabrik, Blasinstrumente, Hopfenbau. — Tübingen am Neckar, 9000 Einwohner, mechanische Werkstätten, Band- und Baumwollwaaren. — Im Donaukreis. Ulm an der Donau, 25,000 Einwohner, einst berühmte Handelsstadt, von der es hieß: „Ulmer Geld geht durch die ganze Welt." Die Stadt wurde dann still, ist gegenwärtig aber wieder im Aufblühen begriffen. Ulm treibt lebhaften Produkten- und Speditionshandel, hat große Fruchtmärkte und zahlreiche industrielle Etablissements. Bekannt sind Ulmer Gemüse (Spargel), Pfeifenköpfe und Zuckerbrot (J. M. Fehl); der Zunder (Th. Kölle) ist eine Ulmer Spezialität; es bestehen große Hut-, Tabak-, Eisen- und Metallfabriken und Brauereien. — Langenau, 3600 Einwohner, Maschinen, Gerbereien. — Geißlingen, 3000 Einwohner, gewerbsames Städtchen, von altersher sind seine Beinwaaren und Drechslerarbeiten bekannt; in neuerer Zeit werden auch seine Elfenbeinschnitzereien dort gefertigt (Geißlinger Waaren). — Göppingen, 7200 Einwohner, mechanische Werkstätten, Maschinenfabriken, Wollstoff- und Tricotmanufaktur, Tuchappretur, Tuch- und Bucksinfabriken, bedeutende Korsett- und Krinolinfabriken, Färbereien, Baumwoll- und Leinenwaarenfabriken, lackirte Blechwaaren. — Ravensburg, 7500 Einwohner, Baumwoll- und Wollspinnerei, Baumwoll- und Wollwaarenfabrikation, Papier-, Maschinen-, Kinderspielwaarenfabrikation, Bierbrauereien. Auf dem „Kindermarkt" zu Ravensburg vermietheten sich im Frühjahr Kinder und junge Leute aus Vorarlberg, Tirol, der Schweiz an die Hofbauern als Hirtenknaben, Kindermädchen u. s. w. — Friedrichshafen, 2500 Einwohner, Bodenseeschifffahrt, Speditionshandel. — Althausen, 2000 Einwohner, große Zuckerfabrik. — Biberach, 5900 Einwohner, Hopfenhandel, Kornmärkte, Bierbrauereien. — Eschach, 1600 Einwohner und Weißenau, großartige Bleich- und Appreturanstalten. — Wangen, 2000 Einwohner, ausgebreitete Möbeltischlerei.

In Baden. Karlsruhe, 32,000 Einwohner, große Maschinenfabrik, Wagenfabrik, plattirte Waaren (Christofle & Comp.), Tabak-, Möbel-, Porzellanöfen-, Thonwaarenfabriken. — Mannheim am Rhein, 34,000 Einwohner, wichtigster Handelsplatz Badens. Speditionshandel durch Rhein- und Neckarschifffahrt. Großartige Spiegelfabrik, Tabak-, Cigarren-, Steingut-, Tapeten-, Wagen-, Soda-, Schwefelsäure- und Anilinfabrik. — Waghäusel, größte Rübenzuckerfabrik des Zollvereins. — Wertheim am Main, 3500 Einwohner, Weinbau. — Heidelberg am Neckar, 18,500 Einwohner,

Krapp-, Ultramarin-, Wachslichter-, Tapeten-, Tabaksfabrikation, Weinbau, Handel mit Tabak, Oelsamen und Oel. Neckarschifffahrt. — Bruchsal, 8500 Einwohner, Weinbau, Getreidehandel. — Durlach, 5700 Einwohner, Weinbau, Getreidemärkte, Fayence-, Tabak- und Cichorienfabriken. — Pforzheim, 17,000 Einwohner, wichtigste Fabrikstadt Badens, die in der Bijouterieindustrie gegen 7000 Menschen beschäftigt, und deren Waaren durch die ganze Welt gehen. Chemische und Maschinenfabriken, Ultramarinfabriken, Eisenhämmer, Gerbereien, Silberwaaren; in der Umgegend, Papierfabriken, Kupferhämmer, Leinwandbleichen. Handel mit Holz, Wein, Vieh. — Ettlingen, 5000 Einwohner, Maschinenpapierfabrik, Baumwollspinnerei und Weberei, Pulvermühlen, Krapp-, Obst- und Weinbau. — Kehl, 2600 Einwohner, Handel nach Frankreich. — Offenburg, 5400 Einwohner, Getreide- und Weinbau, Spinnerei und Weberei, Hut-, Glas-, Cigarrenfabriken. — Furtwangen, 3100 Einwohner, Triberg und Langkirchen, Hauptsitze der schwarzwälder Uhrenfabrikation und Strohflechterei. — Lahr, 7600 Einwohner, betriebsamer Fabrikort. Schnupftabak, Cichorien, Saffian, Papparbeiten, Baumwollwaaren, Matratzen, Goldleisten. — Freiburg im Breisgau, 20,000 Einwohner, Hauptverkehrsort für den Schwarzwald. Papier, Porzellanknöpfe und Porzellanperlen (Flinsch), Cichorien, Seidenzwirn, Gerberei, Schaumwein, Möbeln, Eisengießerei. — Lörrach, 5200 Einwohner, Baumwollfabriken nnd Spinnerei. — Konstanz am Bodensee, 8800 Einwohner, Kattun-, Uhren-, Leinenzeug-, Tuchfabriken; Bodenseeschifffahrt.

In Hessen südlich vom Main. Darmstadt, 32,000 Einwohner, gewerbthätige Stadt; fabricirt Maschinen, Hüte, Chemikalien (feine Alkaloide), Tapeten, Buntpapier, Gold- und Silberwaaren, Tabak, Samenhandel. — Offenbach am Main, 21,000 Einwohner, hob sich durch französische Refugiés, die Strumpfwirkerei und Posamentirerei hierher verpflanzten. Es schlossen sich 1774 an die Schnupftabakfabrikation (Bernard), Notendruckerei (Joh. André); später Etuis-, Wagen-, Wachslichterfabrikation. Heute bilden die Portefeuillewaaren, Portemonnaies, Reisetuensilien u. s. w. den Hauptbestandtheil der Offenbacher Industrie. Außerdem Maschinenfabriken, Eisen- und Messinggießereien, Firniß- und Druckerschwärze-, Hut-, Filz-, Wachstuch-, Glanzleder-, Parfümerien-, Buntpapier-, Chemikalien-, Nadeln-, Saiten-, Knöpfe-, Düngerfabriken; Tricotwebereien, Gold- und Silberspinnerei. — Mainz, Freihafen am Rhein, 43,000 Einwohner, mit bedeutender Rheinschifffahrt, Holz-, Getreide-, und großem Weinhandel, namentlich nach Norddeutschland, Schaumweinfabriken, Glas- und Wachsperlen, Hüte, Tabak, Wagen, Chemikalien. Unübertroffen stehen die Möbel-, Leder- und Schuhmacherarbeiten von Mainz da. — Bingen am Rhein, 5800 Einwohner, Weinhandel, Rheinschifffahrt. — Worms, Freihafen am Rhein, 13,500 Einwohner, Weinbau und Weinhandel, große Glanzlederfabriken, Cigarren-, Kunstwoll- und Cichorienfabriken, Rheinschifffahrt.

9. Oesterreich-Ungarn.

Die österreichisch-ungarische Monarchie umfaßt, nachdem 1866 im Wiener Frieden Venetien an Italien abgetreten wurde, 11,306 Quadratmeilen mit einer Bevölkerung von 35,553,000 Seelen, die Armee eingeschlossen. Areal und Bevölkerung vertheilen sich, nach den Berechnungen für 1866 auf die einzelnen Kronländer folgendermaßen:

Oesterreich u. d. Ens	360.08 Quadratmeilen,	1,762,784	Einwohner
ob. d. Ens	217.90	719,427	"
Salzburg	130.15	146,870	"
Steiermark	407.84	1,091,647	"
Kärnthen	188.42	342,856	"
Krain	181.42	475,437	"
Triest, Görz, Istrien	145.10	566,666	"
Tirol und Vorarlberg	532.68	878,733	"
Böhmen	943.70	5,159,602	"
Mähren	403.77	2,008,572	"
Schlesien	93.50	493,825	"
Galizien	1425.78	5,147,021	"
Bukowina	189.83	516,418	"
Dalmatien	232.36	446,600	"
Ungarn	3896.33	10,812,206	"
Kroatien und Slavonien	350.07	962,031	"
Siebenbürgen	998.05	2,095,215	"
Militärgrenze	609.98	1,131,272	"
	11,306.36 Quadratmeilen,	34,753,272 Civilbevölkerung.	

Handelsgeschichtliches. Wir haben (S. 159) gesehen, wie es um die commerziellen Verhältnisse Oesterreichs stand, als es noch zum alten deutschen Reiche gehörte. Die Fortschritte in materieller Beziehung waren im 17. und 18. Jahrhundert ebenso wie im übrigen Deutschland nicht bedeutend. Das Streben auch auf der See größeren Einfluß zu erlangen, wozu die adriatischen Häfen Gelegenheit boten, datirt erst vom Beginne unseres Jahrhunderts und namentlich war es hier Triest, das auf Kosten Venedigs einen Aufschwung nahm, während bis die dalmatinischen Häfen bis auf unsere Tage wenig begünstigt wurden. Die Kontinentalsperre, die auch auf Oesterreich ausgedehnt wurde, wirkte ähnlich wie in Deutschland auf die Hebung der Gewerbe im Anfang, auf deren Rückgang aber nach der Aufhebung. Unter Metternich herrschte in Oesterreich das ausgeprägteste Schutzzollsystem und in den frischen Aufschwung, den Deutschland mit dem Zollvereine nahm, suchte man hindernd, wiewohl vergeblich, einzugreifen. Die Fabrikanten dehnten unter dem Schutze wohl ihren Betrieb aus, blieben aber zurück und nur Wien bildete auf dem Gebiete der Luxusbedürfnisse (Möbeln, Wagen, Galanteriewaaren) eine Spezialität aus. Mit dem Jahre 1852 sehen wir einen völligen Umschwung in der Zollgesetzgebung Platz greifen, die Zölle wurden reformirt und bennoch wurde der Zweck nicht erreicht, obgleich gleichzeitig die Verkehrsmittel bedeutend verbessert wurden und fremde Kapitalien herbeiströmten, um die reichen Hilfsquellen des Landes zu entfesseln. Die übertriebenen Hoffnungen wurden durch die Krisis von 1857, den unglücklichen Krieg mit Italien und Frankreich von 1859 bitter enttäuscht und da die österreichische Finanzwirthschaft eine der schlechtesten in Europa war, so konnten Handel und Industrie nicht in der Weise gedeihen, wie dies durch die natürlichen Verhältnisse bedingt war. Hauptsächlich in der Einstellung der Baarzahlungen der Bank, dem Zwangscours ihrer Noten, den damit verknüpften steten Schwankungen des Gold- und Silberagios wie der Wechselcourse ist der Grund zu suchen, weßhalb alle Bemühungen Handel und Industrie auf die den Mitteln des Reichs entsprechende Stufe zu heben, fast fruchtlos blieben.

Erst mit dem constitutionellen Umschwunge (1860) in Oesterreich ist jedem Einzelnen die Möglichkeit geboten mitzuwirken zur Hebung der wirthschaftlichen Zustände und ein frischeres Leben wurde wach, das zu noch schönerer Blüthe gediehen wäre, hätten nicht äußere und kaum heilbare Wirren im Innern fortwährend die Entwicklung und ein gedeihliches Ende in Frage gestellt.

Durch den von Preußen sieghaft und glorreich geführten Krieg von 1866 wurde Oesterreich aus Deutschland gänzlich ausgeschlossen, es lag tief darnieder, verlor Venetien, hätte aber trotzdem sich schnell erholen können, wäre nicht nun innere Zerrüttung an Stelle des äußern Kampfes getreten, Verfassungen wurden gegeben und suspendirt, die verschiedensten Ministerien wechselten und mit ihnen kamen die heterogensten Systeme ans Ruder, die bald auf eine Centralisirung, bald auf föderative Gestaltung des Reichs hinarbeiten. Der Haß und Haber der verschiedenen Nationalitäten gegeneinander ist chronisch geworden und eine Heilung nicht absehbar. Zwar wurde mit Ungarn auf Kosten der Westhälfte des Reichs ein Ausgleich zu Stande gebracht, aber in der Westhälfte stehen sich Deutsche, Tschechen, Polen, Slovenen und Wälsche feindlich gegeneinander über und trachten die einen nach der Herrschaft über die Andern, die wieder Selbständigkeitsgelüste zum Schaden des Ganzen hegen. Trotz alledem ist das deutsche Element, welches in Oesterreich gleichbedeutend mit der Cultur ist, das wichtigste und dasjenige in dessen Händen sich wesentlich Handel und Industrie, Bildung und Kapital vereinigen, dem gegenüber die Leistungen der übrigen Nationalitäten auf wirthschaftlichem Gebiete nur gering erscheinen.

Trotz alledem ist der Aufschwung Oesterreichs nach der Niederlage von 1866 auf dem Gebiete des Handels und der Industrie ein staunenswerther gewesen. Immer mehr schwanden die handelspolitischen Hindernisse. Schon 1850 war die Zollgrenze, die Ungarn von der übrigen Monarchie schied, aufgehoben worden. Die neuen Zolltarife ermäßigen bedeutend die Einfuhrzölle und schaffen die Ausfuhrzölle (Lumpen u. s. w. ausgenommen) ab, ebenso die Durchgangsabgaben. Immer mehr nähert man sich den Principien des Freihandels. Die Zahl der Handelsverträge mehrt sich bedeutend. Mit dem Zollvereine wurde 1865 ein neuer, den Verkehr wesentlich erleichternder Vertrag eingegangen. Die Verträge mit Großbritannien (1865) und Frankreich (1866), mit Belgien und Italien (1867) bekunden alle einen Fortschritt. Seit der Eröffnung des Suezkanals, der die österreichischen Häfen zu denjenigen macht, welche Asien am nächsten unter allen europäischen liegen, schaut namentlich auch Triest in die Ferne und knüpft Verbindungen mit Bombay an, wohin österreichische Dampfer fahren. Eine 1869 nach Ostasien abgesandte Expedition hat Handelsverträge mit Siam, China und Japan abgeschlossen, welche Oesterreich dort den meistbegünstigten Nationen an die Seite stellen.

Landwirthschaft und Viehzucht. Oesterreich in seiner Gesammtheit ist ein wesentlich ackerbautreibendes Land, denn etwa drei Viertheile seiner Bewohner widmen sich der Landwirthschaft, die 87 Prozent der Gesammt= oberfläche einnimmt. Der Getreidebau ist vorherrschend und namentlich ist Ungarn, wo der Mais noch einen bedeutenden Theil der Cerealien liefert, in dieser Beziehung hervorzuheben. Während aber in der westlichen Hälfte die Landwirthschaft theilweise schon sehr rationell betrieben wird, liegt sie in Ungarn noch sehr darnieder. Der Vortheil derselben in Ungarn, das die Kornkammer Oesterreichs heißt, liegt in dem reichen Boden, jedoch ist die stark ausgeprägte Raubwirthschaft, welche das Getreide aus dem Lande führt und den Dünger zu einem großen Theil am Herde verbrennt, die Ursache einer schnellen Bodenaussaugung. Das excentrische Klima dort, die Dürre und die Spätfröste, heben den Vortheil des Bodens auf und bewirken Schwankungen im Ertrag. Auch die Vertheilung des Grundbesitzes ist sehr unglücklich; örtlich, wegen der ungeheuren Dörfer, welche eine Feld= flur bis zu 20 Quadratmeilen besitzen; rechtlich, weil es entweder nur Fürstenthümer von Besitzungen oder Bauern mit Zwangswirthschaft gibt. Auch in Böhmen finden wir neben Latifundien viel kleinen zerbröckelten Grundbesitz. Wie großartig die österreichische Getreideproduktion ist, werden wir in der Rubrik Ausfuhrhandel sehen. Neben Raps, Kümmel, Cichorien, Senf, Saffran, Mohn und Paprika treten zunächst Hanf= und Flachskultur hervor. Von ersterem werden jährlich 1,860,000, von letzterem 1,200,000 Ctr. erzeugt. Die Kultur der Kartoffeln und Zuckerrüben nehmen dauernd zu. Der Tabaksbau ist vorzugsweise über Ungarn, die Wojwodina und Siebenbürgen verbreitet. Mit Tabak sind in der ganzen Monarchie etwa 112,000 Wiener Joch bestellt, welche jährlich gegen 1 Mill. Ctr. Rohtabak liefern. Der Hopfenbau hat seinen Hauptsitz in Böhmen, besonders im Egerthale bei Saaz, dann bei Auscha und Leitmeritz. In ganzem ist in jenem Kronlande 1 Q.=M. damit bestellt, die durchschnittlich 40,000 bis 50,000 Ctr. liefert. Die Obstzucht ragt hervor in Böhmen, Tirol, Erz= herzogthum Oesterreich. Auch Kastanien und Südfrüchte (namentlich in Wälschtirol und im Küstenland) gedeihen vorzüglich. Der österreichische Weinbau hat eine große Zukunft; indessen wird er noch wenig rationell betrieben. Von den jährlich auf 1,200,000 Joch Landes erzeugten 33 Mill. Eimer im Werthe von 143 Mill. Gulden kommen 44 Prozent auf Ungarn, doch liefern auch Mähren, Oesterreich und Tirol gutes Gewächs. Die Viehzucht entwickelt sich in sehr verschiedener Art je nach dem Grund und Boden. Während in den Alpen ähnlich wie in der Schweiz eine ganz bedeutende Rindviehzucht und Milchwirthschaft gedeiht, haben die weiten ungarischen Pußten sich namentlich der Pferdezucht günstig erwiesen, ebenso blüht dort, namentlich wo Eichelmast vorhanden, die Schweinezucht. Die Schafzucht ist ganz bedeutend und namentlich ist Böhmen, Schlesien und Mähren wegen guter Wolle berühmt. Ungarn und Böhmen sind reich an

Gänsen und liefern viel Federn in den Handel (letzteres jährlich 12,000 Ctr.). Die Seidenraupenzucht wird in den südlichen Ländern, namentlich Wälschtirol, stark betrieben. Man zählt in der ganzen Monarchie etwa 3½ Mill. Pferde, 14 Mill. Stück Rindvieh, 30 Mill. Schafe, 8 Mill. Schweine, 1½ Mill. Ziegen.

Neben Landwirthschaft und Viehzucht bietet der Reichthum an Wal= dungen Oesterreich eine ganz außerordentliche, aber immer noch nicht ausgiebig genug benützte Hilfsquelle. Man rechnet, daß über 3200 Quadrat= meilen noch mit Wald bedeckt sind. Das in diesen Wäldern gewonnene Holz bildet einen bedeutenden Handelsartikel; die Flößerei wird namentlich auf der Donau und ihren Nebenflüßen großartig betrieben. Man gewinnt im Durchschnitt jährlich 30 Mill. Wiener Klafter Holz, doch würde der Ertrag noch weit großartiger sein, wenn in der Osthälfte des Reichs, namentlich Ungarn, Slavonien, Siebenbürgen die Absatzwege bessere wären. Die immer noch starke Pottaschesiederei deutet darauf hin, daß in vielen Gegenden die Waldverwerthung noch auf niedriger Stufe steht.

Die **Seefischerei** bietet den Bewohnern an der Küste des adriatischen Meeres noch immer eine reiche Einnahmequelle, wenn auch, wie Schmarda nachgewiesen hat, eine Abnahme der maritimen Produktion zu bemerken ist. Die einst bedeutende Sardellenfischerei ist in der Abnahme begriffen, während der Fang des Anchovis sich unverändert erhält. Künstliche Austernbänke hat man in der Nähe von Triest angelegt. Die Fischerei in den Flüssen, namentlich Ungarns, und den Seen und Teichen, ist bedeutend und erstreckt sich auf die gewöhnlichen europäischen Fische, auch Störe und Lachse. In Böhmen (Moldau und Motawa) findet man jährlich für 12,000 Gulden Flußperlen.

Bergbau und Hüttenwesen. Die österreichisch-ungarische Monarchie, vorzugsweise ein Bergland, ist vortrefflich mit allen Arten von nutzbaren Mineralien versehen, doch steht sie in der Produktion von Kohlen, Eisen, Blei und Zink hinter Norddeutschland zurück, übertrifft dieses aber in Bezug auf den Reichthum an edlen Metallen. Die Haupterzeugungsländer sind Ungarn, Böhmen, Steiermark, und der Gesammtwerth sämmtlicher Bergwerks= produkte macht jährlich gegen 90 Mill. Gulden aus. Sowohl Braun= als Steinkohlen sind fast über die ganze Monarchie verbreitet, indessen sind bedeutende Felder in der Osthälfte (z. B. im Schylthale) noch kaum in Angriff genommen. Trotzdem gewinnt man jährlich über 100 Mill. Ctr. Am ausgiebigsten wird der Kohlenbergbau in Böhmen betrieben und zwar auf Steinkohlen in dem Pilsener, Buschtiehrader und Schwadowitzer Revier, auf Braunkohlen namentlich am Südabhang des Erzgebirges. Ebenso finden wir fast allenthalben Eisenbergbau; hervorragend in Steiermark, Kärnthen, Mähren, Böhmen, Ungarn. Die durch den Eisenbahnbau mächtig geförderte Roheisengewinnung beträgt jährlich über 8 Mill. Ctr. Die Hauptstätten für die Goldgewinnung sind immer noch Ungarn und Sieben= bürgen; dort wird auch und in Böhmen (Pribram) Silber gewonnen; während die jährliche Goldproduktion 3700 Münzpfund nicht übersteigt, beträgt jene des Silbers 82,000 Münzpfund. Der größere Theil des Kupfers (53,000 Ctr.) kommt aus Ungarn, das Zinn aus Böhmen;

Quecksilber (5000 bis 6000 Ctr.) vorzugsweise aus Krain (Jbria); Zink aus Galizien; Blei (Produktion sammt Glätte 150,000 Ctr.) namentlich aus Kärnthen, dann aus Ungarn. Nicht unwichtig ist die Schwefelproduktion Galiziens (35,000 Ctr.), die Antimon-, Arsenik-, Chromerz-, Braunstein-, Alaun-, Uranfarben- und Graphitgewinnung (150,000 Ctr.). Auch ist Oesterreich durch Petroleumquellen ausgezeichnet, die in Ungarn am Fuße der Karpathen, in Galizien und Siebenbürgen liegen und mit der Herstellung eines umfassenderen Eisenbahnnetzes den Nationalwohlstand mächtig fördern dürften. Daran schließen sich Porzellanerde, Marmor, vorzügliche Bausteine und unter den Edelsteinen von größerer Handelsbedeutung die böhmischen Granaten und ungarischen Opale. Besonders hervorgehoben zu werden verdient Oesterreichs Salzreichthum. Es steht in dieser Beziehung keinem Lande nach und liefert jährlich 8 Mill. Ctr. Sud- und Steinsalz, die von der Regierung monopolisirt sind. Voran steht Westgalizien (Wieliczka, Bochnia), dann Siebenbürgen, Ungarn, das Salzkammergut. Auch gewinnt man an der istrischen und dalmatinischen Küste Seesalz.

Industrie. Oesterreich hat sich in den letzten Jahren wacker getummelt um auf gewerblichem Gebiete das nachzuholen, was bisher versäumt war, und sein Auftreten auf der großen Pariser Weltausstellung 1867 zeigte einen gewaltigen Fortschritt, es hat sogar einzelne Spezialitäten erobert, in denen es jedem andern Lande der Welt voran steht. Auch in der Industrie bemerken wir, daß die Westhälfte der Osthälfte bedeutend voraus ist, wenn auch nur in einem Kronlande, Böhmen, die Industrie dem Ackerbau die Wage hält. Die Zahl der in der Landwirthschaft dort beschäftigten Personen beträgt 496,000, die im Handel und in den Gewerben thätigen 526,000. Sonst überwiegt überall die Landwirthschaft und nur noch in Niederösterreich, Mähren und Schlesien nähert sich das Verhältniß dem vorstehenden, ohne es zu erreichen. Einer Schätzung zufolge sind im ganzen Kaiserstaate 4 Mill. Menschen in der Industrie thätig, deren Produkte einen Werth von 1400 Mill. Gulden erreichen.

Wir beginnen unsern Ueberblick mit der mächtig sich hebenden Fadenindustrie. Die Seidenindustrie ist jetzt, seitdem die italienischen Provinzen Oesterreich verloren giengen, lange nicht mehr von der Bedeutung wie früher. Wien ist der Hauptort. Die Baumwollenindustrie hat ihre Hauptsitze in Böhmen, Mähren, Schlesien und Oesterreich, wo gegen 400,000 Arbeiter thätig sind, die einen Produktionswerth von 120 Mill. Gulden liefern. Die Gesammteinfuhr an Baumwolle beträgt jährlich zwischen 700,000 und 800,000 Ctr. Sie ist seit 10 Jahren um das doppelte gestiegen; gleichwohl kommt sie kaum jener Quantität gleich, welche monatlich in den englischen Fabriken verarbeitet wird. Man führt noch Baumwollgarn ein, obwohl die Zahl der in der mechanischen Erzeugung thätigen Spindeln 1866 schon 1,600,000 betrug. Hervorragend ist die Leinenindustrie, die von andern Ländern sich nicht überflügeln ließ; denn während in Oesterreich in den letzten Jahren die Zahl der Flachsspindeln sich um 50 Prozent vermehrte, war dieses in Frankreich nur um 11, im Zollverein um 28 Prozent der Fall. Die erste Flachsspinnerei wurde 1835 in Trautenau (Böhmen) errichtet. Namentlich kam die Baumwollennoth im Gefolge des amerikanischen Bürgerkriegs diesem Industriezweige sehr zu statten. In der Flachs= und Hanfspinnerei und Weberei sind gegen 4 Mill. Menschen thätig, die für 150 Mill. Gulden Waare liefern. Die alte und wichtige Wollinbustrie, die in Ungarn und Siebenbürgen fast nur Hausindustrie ist, wird fabrikmäßig und im großen Umfange in Reichenberg, Brünn, Troppau, Wien betrieben. Sie arbeiten für den Export und zeichnen sich, namentlich Brünn, durch vortreffliche Waare aus. In ganz Oesterreich sind in der Wollindustrie 70,000 Webstühle und 700,000 Spindeln thätig.

Daß in der Metallindustrie die Eisenwaaren voranstehen, ist bei dem Reichthum Oesterreichs an diesem nützlichsten Metalle natürlich. Der Gesammtwerth wird auf 100 Mill. Gulden angegeben. Der Stahl Steier= marks ist der edelste der Welt und die mannichfachsten Waaren werden aus ihm verfertigt, namentlich Sensen, Sicheln, Messer. Feine Gußwaaren liefern Wien, Mähren, Böhmen, Nägel das westliche Böhmen, Blechlöffel und Blechspiegel das Erzgebirge, Nähnadeln Karlsbad, Emailgeschirr Böhmen, Mähren und Wien, Maschinen Prag, Brünn, Wien, Pest. Gold=, Silber= und Juwelierwaaren werden in geschmackvollster Weise in Wien und Prag fabrizirt. Wien hat Spezialitäten in seiner Fabrikation von feuer= festen Geldschränken und Lampen. Die Porzellan=, Glas= und Stein= gutfabrikation hat gleichfalls in Böhmen ihren Hauptsitz. Nicht nur, daß von hier aus der größte Theil der Monarchie versehen wird, sondern auch der Export ist sehr stark. Früher durfte das böhmische Glas die Konkurrenz der ganzen Welt nicht scheuen, gegenwärtig ist es wegen der hohen Brennstoffpreise von manchen Märkten verdrängt. In Böhmen geschieht im Ganzen das Raffiniren nicht in den Glashütten selbst, sondern eigene Raffineure übernehmen die weitere Bearbeitung. Man zählt 115 böhmische Glashütten, das Raffiniren wird meist in den Bezirken Haida und Böhmisch Kamnitz besorgt. Auch an Fabriken für Siderolithwaaren, Oefen, Thongefäße, Röhren für Wasserleitungen, Ziegeleien ist in der Monarchie kein Mangel. Die Fabrikation chemischer Produkte liefert Waaren im Betrag von 50 Mill. Gulden. Für Säuren, Soda, Farb= waaren, künstliche Düngmittel bestehen große Etablissements. Wiens „Apollokerzen" sind weit berühmt und in der Fabrikation von Streichzünd= hölzchen ragt Oesterreich gleichfalls ruhmvoll hervor (Pollak in Wien und Schüttenhofen). In Budweis ist eine große Bleistiftfabrik, die Krumauer Graphit verarbeitet. Unter den Erzeugnissen landwirthschaftlicher Gewerbe erwähnen wir den Rübenzucker (jährlich etwa 55,000 Tonnen in 147 Fabriken und mit einem Produktionswerth von 32 Mill. Gulden), die großartig betriebene Bierbrauerei (Wien, Böhmen). deren Erzeugnisse weithin exportirt werden, liefert für 40 Mill. Gulden Bier und kaum weniger die Branntweinbrennerei, die namentlich im Osten, bei den slavischen Völkern (Galizien), zu Hause ist. Sowohl der im Lande gewonnene als im Auslande angekaufte Tabak wird in 27 dem Staate gehörigen Fabriken (die größten in Hainburg, Sedletz, Pest) verarbeitet. Im Jahre 1863 wurden 1029½ Mill. inländische Cigarren, 537,000 Ctr. Rauchtabak und 51,338 Ctr. Schnupftabak verkauft, die einen Erlös von 55 Mill. Gulden abwarfen. Von verschiedenen andern Gewerben erwähnen wir die Gerberei Böhmens,

Niederösterreichs, Mährens, die große Handschuhfabrikation Wiens und Prags, die Papierfabrikation Niederösterreichs und Böhmens, den Wagenbau Wiens, die Blechinstrumente Böhmens und Flügel Wiens, die in ihrer Art auf der höchsten Stufe stehen, die Resonanzboden- und Holzwaarenindustrie des Böhmerwaldes. Allgemeine Gewerbefreiheit herrscht seit dem 1. Mai 1860 in Oesterreich.

Verkehrsmittel. Oesterreichs Flußnetz, vor allem die mächtige Donau, die den ganzen Kaiserstaat durchzieht, wirkt außerordentlich günstig für den Verkehr. Man rechnet im ganzen, daß etwa 920 Meilen schiffbare Flüße und Kanäle vorhanden sind. Die Binnendampfschiffahrt erstreckt sich auf Elbe und Moldau, wodurch eine Verbindung mit Norddeutschland hergestellt ist, dann auf die Donau und deren Nebenflüsse.

Die **Donaudampfschifffahrtsgesellschaft** mit dem Sitze in Altofen, eine der größten in ihrer Art, besitzt (1869) 145 Dampfer von 13,000 Pferdekräften, 560 Transportschiffe mit 120,000 Tonnen Gehalt. Von ihr werden die Donau von Donauwörth bis Sulina, die Save, Theiß, Drau, der Pruth und das Schwarze Meer bis Odessa lebhaft befahren. Sie besitzt fünf große Schiffswerften und beförderte 1866: 1,962,895 Passagiere und 35,141,892 Zollcentner Güter.

Die Eisenbahnen (S. 71), die von Wien aus sich nach allen Richtungen des Reichs, nach der Adria, Rußland, Rumänien und der Türkei erstrecken, nehmen einen gewaltigen Aufschwung und werden für den Handel mit dem Oriente eine noch großartigere Bedeutung gewinnen, wenn das im Bau begriffene türkische und rumänische Bahnnetz vollendet sein wird. Dem entspricht auch die große Ausdehnung des Telegraphennetzes (S. 78), während der Bau der Chausseen namentlich in der östlichen Landeshälfte noch sehr gefördert werden muß, soll hier eine Gleichstellung mit Westeuropa erzielt werden. — Die Handelsflotte (S. 47), welche unter der 1869 eingeführten neuen österreichisch-ungarischen Flagge fährt, ist in der Vergrößerung begriffen und beginnt ihre Dampferfahrten durch den Suezkanal nach Asien auszudehnen. Das Schiff Apis des österreichischen Lloyd (S. 57) war das erste, welches die neue Flagge auf dem neuen Weg 1870 nach Bombay trug. Projekte einer Dampferlinie von Triest nach Amerika sind bisher nicht zur Ausführung gelangt.

Handel. Er ist in einer fortwährend gesunden Steigerung begriffen, während er bis 1853 immer passiv war. Seit jenem Jahr, in welchem Oesterreich Handelsverträge abzuschließen begann, trat ein riesiger Umschwung ein. So betrug die Ausfuhr im Jahr 1854 schon 220,500,000 fl., die Einfuhr 212,250,000 fl.; im Jahr 1860 war die Ausfuhr auf 258 Mill. Gulden gestiegen, ungeachtet Oesterreich kurz zuvor die Lombardei, eine der consumfähigsten Provinzen, verloren hatte; die Einfuhr sank in jenem Jahr auf 209 Mill. Gulden; im Jahr 1865 betrug die Ausfuhr 344,500,000 fl., die Einfuhr 256,700,000 fl.; 1867 die Ausfuhr 400,000,000 fl., die Einfuhr 276,280,000 fl.; 1869 die Ausfuhr 427,681,027 fl., die Einfuhr 398,220,911 fl. Diese Summen bilden nur die Ein- und Ausfuhrwerthe der wichtigeren Handelsgegenstände. Der Gesammtwerth des Waarenverkehrs von Dalmatien, das ein eigenes Zollgebiet bildet, belief sich 1869 auf 14,666,092 fl. Vom Jahre 1854—1869 ist die Ausfuhr von 220 bis 407 Mill. gestiegen — ein Ergebniß, welches nur Handelseröffnungen, dem Bau der Eisenbahnen und Zollermäßigungen zu danken ist. Unter jenen 407 Mill. fl. waren 217 Mill. Arbeitswerth, darunter an Webe- und Wirkwaaren 55, an Kurzwaaren 56, an Metallfabrikaten 6, an Metallwaaren 10, an Glas- und Thonwaaren 21, an Zucker 8, und 61 Mill. an Arbeitsprodukten: Mehl, Wein, Bier und dergl. Es waren somit für 217 Mill. Arbeitsprodukte und nur für 183 Mill. Rohprodukte ausgeführt, also um 34 Mill. Gulden mehr Arbeitsprodukte als Rohprodukte. Was die 276 Mill. Gulden Einfuhr des Jahres 1867 anbelangt, so waren Rohprodukte für 168 Mill. und Arbeitsprodukte nur für 108 Mill. eingeführt. Während also für 217 Mill. Arbeitsprodukte ausgeführt wurden, hat man Arbeitsprodukte nur für 108 Mill. Gulden eingeführt. Eine besondere Erwähnung verdient die riesenhafte, meist aus Ungarn stammende Getreideausfuhr. Vom 1. Juli 1867 bis 1. Juli 1868 betrug die Ausfuhr an Getreide aus Oesterreich 31,631,786 Ctr. und an Mehl 2,739,107 Ctr. und es sind danach in jenem so schwer auf dem westlichen Europa lastenden Jahre nicht weniger als 14 bis 15 Millionen Menschen durch ungarisches Korn ernährt worden. Der größere Antheil am Verkehr mit dem Auslande fällt auf den deutschen Zollverein, welcher 74 Prozent des Land- und 60 Prozent des Gesammtverkehrs ausmacht. Von großer Bedeutung ist der Durchfuhrhandel, bedingt durch die Lage Oesterreichs und die Wasserstraße der Donau, die natürliche Ader des Ganzen, die nach dem Orient hinweist. Der überseeische Handel, durch die zahlreichen dalmatinischen Häfen und Triest vermittelt, beschränkt sich noch wesentlich auf das Mittelländische und Schwarze Meer und beginnt erst jetzt mehr als bisher transatlantische Ziele zu suchen. Am umfangreichsten ist aber der innere oder binnenländische Handel zwischen den einzelnen Kronländern, der am segensreichsten auf den Nationalwohlstand zurückwirkt.

Banken. Oesterreich ist mit einer großen Anzahl Banken gesegnet, die namentlich in den letzten Jahren zum Theil über den Bedarf sich vermehrten. Voran steht die österreichische Nationalbank zu Wien, 1816 gegründet, mit einem Aktienkapital von 110¼ Mill. Gulden, das wegen der 1869 erfolgten Staatsnotenemmission auf 90 Mill. erniedrigt wurde. Der Notenumlauf betrug am 31. Okt. 1868: 263,790,250 Gulden, der Metallschatz 110,838,851 Gulden. Die 1855 gegründete österreichische Creditanstalt für Handel und Gewerbe in Wien mit einem Aktienkapital von 105 Mill. Gulden; die 1863 begründete Anglo-österreichische Bank in Wien (Kapital 20 Mill. Gulden), die 1869 gegründete Centralbank in Wien, die 1841 entstandene Commerzbank in Pest, die Commerzbank in Triest, die Hypothekenbank in Prag, die Escomptebanken zu Wien, Prag, Brünn u. s. w.

Münz, Maß und Gewicht. Bezüglich des Münzsystems war Oesterreich durch Münzvertrag mit dem Zollverein vom 24. Januar 1857 zum 45 Guldenfuß (der österreichischen Währung) übergegangen, wonach aus dem Zollpfunde (500 Grammen) feinen Silbers 45 Gulden geprägt wurden. Dieser Vertrag ist 1867 gekündigt worden. 1 Gulden Silber

14*

= 100 Neukreuzer. Wichtig für den internationalen Verkehr ist die 1869 beschlossene Einführung neuer Goldmünzen, indem statt der bisherigen Kronen und halben Kronen Goldmünzen zu 8 Gulden = 20 Franken und 4 Gulden = 10 Franken ausgeprägt werden. — Während noch zu Anfang dieses Jahrhunderts in Oesterreich eine Unzahl Lokalmaße gebräuchlich waren, von denen sich noch eine Anzahl erhalten hat, haben gegenwärtig nur die Wiener Maße gesetzliche Gültigkeit. 1 Wiener Fuß zu 12 Zoll à 12 Linien. 1 W. Fuß = 0,316 Meter. 6 Fuß = 1 W. Klafter = 1,896 Meter. 12 Fuß = 1 Werkruthe = 3,792 Meter. 1 österreichische Postmeile = 24,000 W. Fuß = 7,585 Kilometer. 1 Quadratruthe = 14,386 Quadratmeter. 1 W. Joch = 1600 Quadratklafter = 57,546 Ares. Gewicht: 1 Ctr. hat 100 Pfd. à 32 Loth à 4 Quentchen. 1 Pfund = 560,012 Grammen. 20 Pfd. = 1 Stein. 1 Tonne = 20 Ctr.

Fabrik= und Handelsstädte.

In Oesterreich. Wien an der Donau, Hauptstadt der Monarchie, zählt (1869) 622,000 Einwohner. Sie ist eine der ältesten deutschen Städte, die schon im Mittelalter große Handelsbedeutung hatte (S. 153) und durch ihre Weltlage, als Knotenpunkt der österreichischen Bahnen, sowie ihre Handels= und Gewerbethätigkeit auch gegenwärtig eine hervorragende Rolle unter den Großstädten spielt. Sie ist der Sitz der vornehmsten Geldinstitute, einer der wichtigsten Börsen= und Wechselplätze und überhaupt die erste Handelsstadt Oesterreichs, wie die größte Fabrikstadt der Monarchie. Wien mit seinen Vororten liefert für die Ausfuhr alle Arten Baumwoll= waaren, Seidenzeuge, Shawls, Gold= und Silberarbeiten, Schlosser= und Tischlerwaaren. In Galanterie= und Lederarbeiten nimmt es gegenwärtig den ersten Rang überhaupt ein. Seine Flügel, feuerfesten Cassaschränke, Handschuh=, Wagen= und Zündwaaren, nicht minder das Bier sind weit berühmt und stehen unübertroffen da. — Schwechat, 3000 Einw., mit der größten europäischen Bierbrauerei, (Anton Dreher) mit Kellern, in denen über 400,000 Eimer Bier gelagert werden können, mit eigenen Schienen= wegen innerhalb des Etablissements, lieferte 1866 allein 480,640 Eimer, den 20. Theil der Gesammtproduktion der Monarchie, und zahlte dafür 619,000 Gulden Biersteuer. — Wiener=Neustadt, 18,000 Einw., Maschinen= fabriken, Baumwollen=, Seide=, Zucker=, Thonwaarenfabriken. Lebhafter Handel. — Hainburg, 4500 Einw., große ärarische Tabakfabrik. — Krems, 6900 Einw., Handel mit Flachs und Saffran. — Steyer, 11,000 Einw., einst Hauptstadt der Steiermark, ein alter Mittelpunkt der Eiseninbustrie und des Eisenhandels, der seinen Weg auf der Ens zur Donau nimmt. Die Arbeiter, Messer=, Ahl=, Nagel=, Zirkel=, Zeugschmiede, Feilenhauer und Schleifer wohnen meist in dem benachbarten Steyerdorf. — Linz an der Donau, 31,000 Einw., Teppichweberei und Wollbruckerei, Tuch=, Kasimir=, Baumwollwaaren=, Leder=, Barchent= und Cigarrenfabriken. Starker Schiffs= bau und Donauschifffahrt. — Gmunden, 5800 Einw., große Saline, Holzhandel, Schifffahrt auf dem Gmundener See. — Wels, 7000 Einw., an der schiffbaren Traun, Eisengießerei, Papierfabrikation, weißer Zwieback. Holz-, Getreide- und Butterhandel.

In Salzburg. Salzburg, 19,500 Einw., an der Salzach. Industrie und Handel im Aufblühen begriffen, erstrecken sich auf Gewehre, Stahlwaaren, Marmorwaaren, Liköre. — Hallein, 3800 Einw., Holzwaarenfabrik und berühmte Salinen, die jährlich über 300,000 Ctr. Salz liefern.

In Steiermark. Graz, 81,000 Einw., hebt sich als Industriestadt, seit mit der Köflacher Bahn Kohlen zugeführt werden. Die Industrie erstreckt sich auf Maschinen, Metallwaaren, Tuch, Seidenstoffe. — Leoben, 3800 Einw., große Eisen- und Steinkohlenwerke, Eisenhandel. — Eisenerz, 4200 Einw., Eisenwerke, die durch ihr vortreffliches, aus Spatheisenerz erzeugtes Roheisen mit dem besten schwedischen Eisen concurriren und weithin exportiren. — Marburg, 13,000 Einw., Handel mit Kern, Wein, Obst, Eisenwaaren. — Mariazell, bekannter Wallfahrtsort, an den sich eine Messe knüpft, auf der starker Handel mit Heiligenbildern (Betenwaare) getrieben wird. Eisenwerk mit Geschützgießerei. — Cilli, 4000 Einw., Wein-, Getreide-, Viehhandel. — Store, großartiges Eisenwerk, liefert Panzerplatten.

In Kärnthen. Klagenfurt, 15,000 Einw., Tabaks- und Tuchfabrikation; große Bleiweißfabrik (Herbert). Handel mit Metallwaaren und Landesprodukten. — Bleiberg, 4500 Einw., Mittelpunkt der großartigen Kärnthner Bleigewinnung, die zwischen 60,000 und 70,000 Ctr. jährlich beträgt und ein sehr reines Produkt liefert. — Villach, 4800 Einw., Bleiweiß-, Bleiglätte-, Bleiröhren-, Schrotfabrikation. — Hauptstapelplatz des Kärnthnerischen Blei- und Eisenhandels. Holzhandel. In der Umgebung große Eisen-, Marmor- und Sägewerke, Papierfabriken.

In Krain. Laibach, 23,000 Einw., Baumwollspinnerei, Cichorienfabrik. Früher starker Transithandel nach Italien. In der Umgebung viel Spitzen-, Holzwaaren-, Wollstoffindustrie (Hausindustrie). — Gotschee, deutsche Enclave im Slovenischen. Die Einwohner (Gotscheer) ziehen mit Südfrüchten hausirend durch die ganze Monarchie. — Idria, 4500 Einw., bekannt wegen der schon 1497 entdeckten Quecksilberbergwerke, den zweitgrößten Europa's. Der Jahresertrag übersteigt 5000 Ctr. Quecksilber und 1000 Ctr. Zinnober.

Im Küstenland (Triest, Görz mit Gradisca, Istrien). Triest, die wichtigste Seestadt Oesterreichs am adriatischen Meere, zählt sammt Gebiet 120,000 Einw., eine mächtig aufblühende Stadt, die Venedig den Rang abgelaufen hat, kam 1382 an Oesterreich und war 1809—1814, als es von der Monarchie getrennt wurde, auf 16,000 Einw. herabgesunken. Es ist seit 1719 Freihafen. Neben vielen Fabriken, die großentheils mit der Schifffahrt und dem Schiffsbau im Zusammenhange stehen, sind große Rosogliobrennereien, Seifen-, Kerzen-, Leber-, Spielkarten-, Maschinenfabriken vorhanden. Der Schiffsbau wird auf bedeutenden Werften (denen des Lloyd austriaco und Tonellos stabilimento tecnio) betrieben. Triest, der Sitz des österreichischen Lloyd (S. 57) hat vorzugsweise den Seehandel der Monarchie in Händen, der immer mehr, wie die Rhederei, sich aufschwingt (S. 210). Im Jahre 1866 liefen ein 11,422 Schiffe mit

982,000 Tonnen und aus 11,400 Schiffe mit 1,020,000 Tonnen, darunter über 900 Dampfer. Während die Gesammtausfuhr und Einfuhr zu Ende des verflossenen Jahrhunderts erst 400,000 Ctr. betrug, betrug im Jahr 1866 die Seeeinfuhr 73,800,000 Ctr., die Landeinfuhr 80,000,000 Ctr., zusammen 143,800,000 Ctr., der ein Exportwerth von 138 Mill. Gulden, darunter 103 Mill. Gulden für die Seeeinfuhr gegenüberstehen. Durch die Eröffnung des Suezkanals ist der Stadt ein neues großes Handelsgebiet vor die Thüre gerückt worden. — Capo d'Istria, 10,000 Einw., auf einer Insel im Meerbusen von Triest, treibt Küstenschifffahrt, Schiffbau, Fischfang, Handel mit dem in der Nähe gewonnenen Seesalz. — Pola, 4000 Einw., großes Seearsenal und Kriegshafen der österreichischen Flotte. — Rovigno, 9800 Einw., am adriatischen Meer, Schiffsbau, Sardellenfischerei, Holz-handel. — Pirano, 8900 Einw., Hafenstadt, Schiffsbau, Fischerei, Oel- und Weinhandel. In der Nähe die Salzpfannen (Saline de Pizziole), die bedeutende Mengen Seesalz liefern. — Görz, 17,000 Einw., am Isonzo, Seidenzeugfabriken, Handel mit gesponnener Seide, Südfrüchten, Wein und Holzwaaren.

In Tirol und Vorarlberg. Innsbruck, 17,000 Einw., Seiden-, Baumwoll-, Handschuh-, Messerwaarenfabriken; große Baumwollspinnerei, Transithandel über den Brenner nach Italien. — Hall, 4800 Einw., großes Salzwerk. Chemische Fabriken. — Schwaz, 4800 Einw., Eisenwerk. — Brixlegg, Silber- und Kupferhütten. — Jenbach, große Eisengießerei. — Mieders, Eisenwaaren. — Dornbirn, 8500 Einw., Baumwollspinnerei, Färberei, Druckerei. — Botzen, 8300 Einw., Messen, Stapelplatz für den italienisch-deutschen Handel. Seidenzucht. Obst- und Weinbau. — Trautin, 2000 Einw., Weinbau. — Roveredo 8800 Einw., Hauptsitz der Seiden-industrie und des Seidenhandels, hat zahlreiche Filanden oder Seidenhaspeleien, Handel mit Südfrüchten und Salami. — Trient, 17,000 Einw., Seiden-fabrikation, Salami, Weinbau. Starker Transithandel nach Italien. — Ala, 4500 Einw., Sammetfabriken. — Riva am Garbasee, Handel mit Wein und Südfrüchten. — Feldkirch, 3000 Einw., Baumwollspinnerei und Weberei, Holzwaarenfabrikation: Spedititionshandel nach der Schweiz. — Bregenz am Bodensee, 3600 Einw., Verfertigung von Gold-, Holz- und Eisenwaaren, Handel mit Holz, Getreide, Vieh.

In Böhmen. Prag an der Moldau hat mit den industriellen Bororten Karolinenthal und Smichow 200,000 Einw., es ist der Haupt-industrie- und Handelsplatz des ganzen Landes und verdankt seine Bedeutung in dieser Beziehung dem deutschen Theil der Bevölkerung, welche Kapital, Großindustrie und Großhandel in Händen hat. Die Handelskammer Prags ist deutsch. Den Tschechen, mit wenigen Ausnahmen, bleibt nur das Kleingewerbe. Die Stadt ragt hervor im Maschinenbau, in der Baum-wollenindustrie, Chemikalien-, Oel-, Rübenzucker-, Leder-, Handschuh-, Wagen-, Wachsleinwand-, musikalische Instrumentenfabrikation. — Kladno, 11,000 Einw., großartige Eisen- und Kohlenwerke. — Althütten, Neuhütten, Neu-Joachimsthal, große fürstl. fürstenbergische Eisenwerke. — Zbirow, Strouß-berg'sche Eisenwerke. — Horowitz, Eisenwerke, Nagelschmieden. — Pilsen, 24,000 Einw., große Bierbrauerei, Zündwaaren- und Tuchfabrikation. —

Neugedein, Wollzeugfabrik. — Pribram, 10,000 Einw., große Silberwerke. — Rabnitz, 3000 Einw. und Bras, Kohlenwerke, die eine lebhafte Eisen- und Thonwaarenindustrie, chemische Fabriken hervorriefen. — Saatz, 8900 Einw., wichtigster Hopfenmarkt. — Eger, 13,500 Einw., Tuchwaaren-, Hutfabrikation. — Welpert, 4300 Einw., Waffenfabrikation. — Asch, 9500 Einw., liefert in großer Menge halbseidene und wollene Kleiderstoffe, Strumpfwaaren, wollene und baumwollene Wirkwaaren; Leder- und Papierfabrikation. — Karlsbad, 4500 Einw., Mineralwasserhandel, inkrustirte Waaren. — Platten, Blechlöffelfabrikation. — Micholup, große Brauerei (Dreher). — Joachimsthal, 5700 Einw., Silberbergbau, chemische Fabriken. — Oberleutensdorf, große Spielwaarenfabrikation. — Teplitz, 10,000 Einw., Mineralwasserversand. — Karbitz, 2600 Einw., Braunkohlenwerke. — Aussig, 11,000 Einw., Braunkohlenwerke, chemische Fabrik. Elbschifffahrt. — Leitmeritz, 10,000 Einw., Obsthandel, Strohhutmanufaktur. — Melnik und Tschernosek, Weinbau. — Tetschen, 3000 Einw., Bierbrauerei, Elbschifffahrt. — Bodenbach, 2500 Einw., Papierfabrikation. — Rumburg, 9500 Einw., große Leinen- und Baumwollweberei. — Haida, Gablonz und Steinschönau, Hauptsitze der Glasraffinerie und der Verfertigung von Glasquincaillerien. — Reichenberg, 22,000 Einw., die bedeutendste Fabrikstadt der ganzen Monarchie für Baumwollwaaren, früher und theilweise noch heute ein Hauptsitz der Leinenmanufaktur. In der Stadt und Umgegend sind immer noch in dieser Branche 1300 Webstühle beschäftigt, welche 60,000 bis 70,000 Stück Leinwand (Grabel, bunte Zwillliche, Matratzenstoffe u. s. w.) verfertigten. 1809 wurde die erste Baumwollspinnerei errichtet, jetzt zählt man deren fünfzig. Auch die Tuchmacherei (urkundlich schon 1410 erwähnt) steht großartig da. Reichenberg produzirt Tuch, Musselin, Elastique, Peruvienne, Düffel u. s. w. im Betrag von 100,000 Stück à 30—40 Ellen jährlich, daran schließen sich Kammgarnspinnerei, Strumpfwirkerei, Teppich-, Tuchleisten- und Maschinenfabrikation. Der größte und berühmteste Industrielle Reichenbergs, der in den meisten erwähnten Branchen thätig erscheint, ist Johann Liebig. — Swarow und Haratitz, große Baumwollspinnereien. — Turnau, 4700 Einw., böhmische Granaten, Edelsteinschleiferei. — Trautenau, 4000 Einw., großartige Flachsmärkte, bedeutende Flachsspinnerei. — Kosmanos, 2600 Einw., bedeutende Kattundruckerei (Gebr. Leitenberger). — Königgrätz, 5500 Einw., musikalische Blechinstrumente (Czerweny). — Kuttenberg, 12,800 Einw., Bergbau. — Budweis, 17,500 Einw., Bleistiftfabrik von Hartmuth liefert mit 400 Arbeitern jährlich ½ Mill. Dutzend Bleistifte. — Strakonitz, 4700 Einw., Fabrikation von Fes (rothen türkischen Kappen) für den Export nach dem Orient. — Schüttenhofen, 4000 Einw., große Zündwaarenfabrik (Pollak). In ganz Böhmen werden jährlich über 10,000 Mill. Stück Zündhölzchen im Werthe von 1½ Mill. Gulden erzeugt, wozu 6000 Klafter Holz verbraucht werden.

In Mähren. Brünn, 73,000 Einw., die wichtigste Fabrikstadt des ganzen Reichs für Tuchfabrikation, in welcher von 90 Etablissements jährlich 200,000 Ctr. Schafwolle verarbeitet werden. Die Spinnereien zählen 150,000 Spindeln, die Zahl der Arbeiter wird auf 25,000, die

ber produzirten Waaren im Jahre auf 45 Mill. Gulden angegeben. Die
Waare, ausgezeichnet durch feine und dauerhafte Qualität, erfreut sich eines
bedeutenden Absatzes in Europa und den überseeischen Ländern. Maschinen-,
Spiritus-, Zucker-, Papierfabriken. — Iglau, 20,000 Einw., Tuchmacherei,
Spinnereien, Färbereien, Bierbrauereien, Tabaksfabrik; starker Handel mit
Tuch und Wollzeugen. — Olmütz, 14,000 Einw., Viehhandel. — Blansko,
große Eisenwerke, Fabrikation von Emailgeschirr. — Proßnitz, 13,000
Einw. und Sternberg 13,000 Einw., Baumwoll- und Leinweberein.

In Schlesien. Troppau, 17,000 Einw., Rübenzuckerfabrikation,
Flachsspinnerei, Tuchweberei, Spiritusraffinerie. — Bielitz, 9000 Einw., Tuchfabrikation. — Freiwaldau, 3800 Einw., Leinenfabrikation. — Zuckmantel,
4300 Einw., Jägerndorf, 6800 Einw., Freudenthal, 5600 Einw., alle mit
Baumwollfabrikation.

In Galizien. Lemberg, 87,000 Einw., einst im Mittelalter eine
blühende Handelsstadt, sank mit dem Untergange Polens und hat sich erst
neuerdings unter österreichischer Fürsorge und seit Erbauung der Eisenbahnen
gehoben. Das belebende Handelselement sind die Juden. Es bestehen
Maschinen-, Zündwaaren-, Papier-, Stearinkerzen und Likörfabriken; viele
Brennereien und Brauereien. — Brody, 24,000 Einw., jüdische Handelsstadt, der hauptsächlich die bedeutende Aufgabe zufällt, den Handel zwischen
Rußland und Oesterreich zu vermitteln. Der Handel erstreckt sich auf
sämmtliche russischen Rohprodukte. — Krakau, 46,000 Einw., einst Hansestadt und vorwiegend deutsch, jetzt herabgekommen und polnisch, Transit-
verkehr, Tuchhandel. — Biala, 5000 Ein., Tuchfabriken, starker Speditionshandel. — Wieliczka, 4600 Einw. und Bochnia, 5600 Einw., großartige
Steinsalzwerke von Weltruf, liefern jährlich 1½ Mill. Ctr. Salz. Es
kommt in den Handel als Krystallsalz, in Würfeln von 1½ Ctr. Schwere;
als Minutiensalz, in Fässern von 2½—5 Ctr. Gewicht; in Balvanesi von
Walzenform von 5 bis 10 Ctr.; und in mit Lehm vermischtem Blottnik-
salz namentlich für Viehmast.

In der Bukowina. Tschernowitz (Czernowitz), 34,000 Einw.,
starker Produktenhandel mit Rußland und der Moldau, von Armeniern und
Juden betrieben. — Sadagura, 4000 Einw., starker Viehhandel. — Sut-
schawa, 6000 Einw., Lederfabriken.

In Dalmatien. Zara, 19,000 Einw., Hafen am adriatischen
Meer, Maraschinofabriken. — Spalatro, 16,000 Einw., Hafenstadt;
Sebenico, 14,500 Einw., Hafenstadt; Cattaro, 3600 Einw., Hafenstadt.
Alle diese Häfen sind für Oesterreichs maritime Stellung von großer Wichtigkeit. 1866 liefen in den dalmatinischen Häfen 33,710 Schiffe mit einem
Gehalt von 1,408,000 Tonnen ein; der Einfuhrwerth zur See betrug gegen
16 Mill., der der Ausfuhr 11⅓ Mill. Gulden. Aber erst wenn Dalmatien
eine Längeneisenbahn besitzt, werden diese Häfen ihre volle Bedeutung
gewinnen; gegenwärtig sind sie durch die schlechten Verkehrswege verhindert
das reiche Hinterland genügend heranzuziehen. — Ragusa (Dubrownik),
9000 Einw., Hafen am adriatischen Meer, bereits im neunten Jahrhundert
eine wichtige Stadt, spielte im Mittelalter als „Klein-Venedig" eine große
Rolle und ist auch heute noch ein nicht unwichtiger Küstenplatz, in dem

Schifffahrt, Sardellenfischfang, Wein- und Oelbau, Seidenweberei betrieben wird.

In Ungarn. Pest-Ofen an der Donau, 190,000 Einw., einer der wichtigsten Rohproduktenhandelsplätze Europa's und der größte Getreidemarkt Oesterreichs, hat große Messen, Vieh-, und Wollmärkte. Es vermittelt den Handel der Donauländer mit dem Westen; besitzt außerdem bedeutende industrielle Etablissements zumal Dampfmühlen, Maschinenfabriken, Schiffswerften, Eisengießereien, chemische Fabriken. — Preßburg an der Donau, 48,000 Einw., liefert Drechsler- und Tischlerarbeiten, musikalische Instrumente, Handschuhe, Zwieback. Donauschifffahrt und Handel mit Landesprodukten. — Trentschin an der Waag, 3000 Einw., die Einwohner des Comitats durchziehen hausirend mit Mausefallen und Drahtarbeiten halb Europa. — Schemnitz, 14,000 Einw., Kremnitz, 8900 Einw., Neusohl, 5800 Einw., wichtige Bergstädte mit Gold- und Silberproduktion. — Neutra, 9300 Einw., Viehhandel, Weinbau. — Tyrnau, 10,000 Einw., Tuch- und Leinenweberei, Weinhandel. — Erlau, 20,000 Einw., starker Handel mit rothem Erlauer Wein. — Gran, 12,000 Einw., an der Donau, Weinbau. — Kecskemet, 40,000 Einw., großartiger Viehmarkt im Juni. — Stuhlweißenburg, 19,000 Einw., Tuchweberei, Corduan- und Seifenfabrikation, Messerschmieden. — Szegedin, 63,000 Einw., am Einfluß der Marosch in die Theiß, Tuch- und Tschischmen-(Stiefel-)Fabrikation, Schiffsbau, Handel mit Holz und Holzwaaren aus Siebenbürgen, Getreide aus dem Banate und Baumwolle aus der Türkei. — Waizen an der Donau, 13,000 Einw., Weinbau, Viehmärkte. — Maria Theresiopel, 54,000 Einw., Vieh- und Wollhandel. — Neusatz, 16,000 Einw., Obstbau, starker Handel nach Deutschland. — Temesvar, 23,000 Einw., Leder- und Tuchfabriken, starker Handel. — Oedenburg, 19,000 Einw., mit starken Viehmärkten und Weinbau. — Rußt, 1400 Einw., mit vortrefflichem Weinbau (Rußter Ausbruch). — Wieselburg, 5000 Einw., große Fruchtmärkte, Stapelort für Getreide. — Raab, 18,000 Einw., am Einfluß der Raab in die Donau, einer der wichtigsten Handelsplätze Ungarns für Getreide und Vieh. — Fünfkirchen, 17,500 Einw., Weinbau. — Kaschau, 17,500 Einwohner, Papier- und Pulverfabriken, Leder-, Zucker-, Tuchfabriken. Vermittlung des Handels zwischen Ungarn und Galizien. — Tokaj, 4000 Einw., berühmter Weinbau. — Großwardein, 23,000 Einw., Weinbau, Töpferei, Marmorbrüche. — Debreczin, 38,000 Einw., Wollzeug-, Leder-, Schuh-, Seifen-, Kürschnerwaarenfabriken, Pfeifenmacherei, Salpetersiedereien. Vier große Jahrmärkte mit Vieh, Speck, Honig. — Arad, 28,000 Einw., starker Vieh- und Tabakshandel.

In Siebenbürgen. Hermannstadt, 19,000 Einw., Tuch-, Seifen-, Hut-, Seilerwaarenfabriken, Gerberei, Papierfabrikation. — Klausenburg, 21,000 Einw., starker Handel mit Ungarn. — Kronstadt, 28,000 Einw., die wichtigste Handels- und Fabrikstadt Siebenbürgens, liefert Tuch, Leder, Kerzen, Wachstuch, Papier. Es bestehen Türkischrothfärbereien, Eisen- und Kupferhämmer. Starker Handel mit Rumänien.

In Kroatien und Slavonien. Agram, 17,000 Einw., Wein- und Getreidehandel. Starker Speditionshandel. — Legrad, 2500 Einw.,

Drauhafen. — Essek an der Donau, 9000 Einw., Stapelplatz für die reichen Erzeugnisse Slavoniens. — Fiume am adriatischen Meere, 16,000 Einw., der Seehafen der Länder der ungarischen Krone und der aufstrebende Konkurrenzplatz Triests, in dem jährlich gegen 7000 Fahrzeuge von 150,000 Tonnen Gehalt einlaufen und dessen Seehandel einen Werth von 13 Mill. Gulden repräsentirt. Es bestehen eine große Papierfabrik, eine Tabaks-fabrik, Segeltuchfabrik, große Dampfmühlen und Bäckereien, Bierbrauereien und Gerbereien.

In der Militärgrenze. Semlin an der Mündung der Save in die Donau, 9000 Einw., starker Handel mit Serbien und der Türkei. — Zengg, 3000 Einw., wichtiger Seehafen am Morlakenkanal.

10. Frankreich.

9850 Quadratmeilen, 38,100,000 Bewohner.

Handelsgeschichtliches. Frankreich nimmt auf dem Gebiete des Handels und der Industrie eine der ersten Stelle ein. Vermöge seiner intelligenten und rührigen Bevölkerung, der Concentration seiner Kräfte und einer glücklichen Politik, die schon seit Jahrhunderten seine Stimme im Rathe der Völker zu einer der am schwersten wiegenden machte, dann durch seine Lage, die es einmal im Norden, Westen und Süden auf den Ozean, dann im Osten auf den Kontinent hinweist, erhebt es sich neben England und Deutschland zu dem dritten großen Kulturfaktor Europa's.

Aber später und langsamer als die anderen Staaten Westeuropa's nahm Frankreich am Weltverkehr Theil: man kann sagen, daß erst seit den Kreuzzügen sich ein direkter Handelsverkehr entwickelte, und zwar zunächst mit der Levante. Das alte Marseille (das altgriechische Emporium Massilia) knüpfte damals dauernde Handelsverbindungen mit verschiedenen, namentlich spanischen Handelsplätzen an, von woher es die orientalischen Gewürze, Droguen, dann Seide und Baumwolle für die mittleren Provinzen Frankreichs brachte. Die Industrie hob sich und die französischen Tuche von Perpignan, Toulouse, Carcassonne machten auf dem orientalischen Markt selbst den italienischen Fabrikaten den Rang streitig. Beaucaire, Troyes, Avignon wurden wichtige Meß- und Speditionsplätze. In letzterem namentlich hatten im 14. Jahrhundert italienische Kaufleute und Bankiers Filialen und Niederlagen für Seide, Tuch, Leinenwaaren. Auf der ganzen Westküste ist hauptsächlich nur Bordeaux zu nennen, welches der natürliche Ausfuhrhafen für französische Weine war. Die Könige indeß thaten wenig oder nichts für die Förderung von Handel und Industrie. In der Zeit der großartigen Entdeckungs- und Eroberungsfahrten der Spanier und Portugiesen nach Amerika und Indien waren die französischen Könige damit beschäftigt, die Macht der großen Vasallen zu brechen und sich in Italien festzusetzen. Einzig nach Canada wurde auf Befehl der Regierung eine, übrigens fehl-schlagende, Expedition zur Anlegung einer Colonie gemacht. Die vorzüglichen französischen Boden- und Gewerbserzeugnisse, Südfrüchte, Getreide, Wein, Waid, Leinenwaaren wurden von den spanischen, englischen, Hanseatischen und niederländischen Schiffen in den französischen Häfen abgeholt; der ganze auswärtige Handel Frankreichs war in den Händen dieser Nationen. Was indeß auf dem Gebiete des Handels und der Industrie geschaffen war, gieng in den inneren Wirren des 16. Jahrhunderts wiederum unter, und auch die theilweisen Anstrengungen der folgenden Regierungen brachten keine wesentliche Besserung. Richelieu's Colonisationsversuche in Westindien, in Guyana, auf Madagaskar blieben in der Hauptsache erfolglos. Erst Ludwigs XIV. großer Minister Colbert schaffte auf allen Gebieten durch consequente Durchführung richtiger nationalökonomischer Grundsätze Abhilfe, namentlich auf dem der Industrie, deren Erzeugnisse sich selbst den amerikanischen Markt eroberten. Ebenso that er viel für die Hebung der Marine. Der Erfolg eines nicht unbedeutenden Theils seiner Anstrengungen wurde indeß schon sehr bald, durch die Folgen des Widerrufs des Ediktes von Nantes (1685) wieder vernichtet. Ueber 50,000 Protestanten, und unter ihnen die geschicktesten Arbeiter, flüchteten sich nach England und den Niederlanden und verpflanzten dorthin ihre Industrie, ihre Kapitalien und Handelsverbindungen. Außerdem schadeten die unglücklichen letzten Regierungsjahre Ludwigs XIV. der Industrie und dem auswärtigen Handel. Eine Staatsschuld von zwei Milliarden drückte am Ende des spanischen Erbfolgekriegs auf die Nation. Die unglaublich elenden und korrupten Friedensregierungen Ludwigs XV. und des Regenten brachten der Nation keineswegs eine Beseitigung der Nachwehen des Krieges. Bei der allertrostlosesten Wirthschaft trieb man dem Staatsbankerott zu, aus dem der Schotte Law mittelst einer auf den Privatkredit des Landes begründeten Zettelbank zu helfen versprach, welche bald sich großer Gunst erfreute und schon nach zwei Jahren (1718) an den Staat überging. Angemessene Emissionen von Bankzetteln folgten, mit denen und den Aktien der eben damals auch von Law gegründeten Mississippi-Compagnie ein fabelhaftes Börsenspiel getrieben wurde. Im Jahre 1719 waren für mehr als drei Milliarden Bankzettel im Umlauf. Als nun einzelne vorsichtige Spekulanten Ende des genannten Jahres das Metallgeld aus dem Börse zu ziehen begannen und selbstverständlich die nicht vorhandenen Bergwerke am Mississippi keine Dividende abwarfen, entstand ein panischer Schrecken, dem ein Staatsbankerott folgte (1720).

Die Colonien Frankreichs auf dem Festlande von Amerika, in Canada, Louisiana und dem Mississippithal, giengen 1763 und 1764 verloren, die Produktion auf den Westindischen Besitzungen hob sich indeß in ungeahnter Weise in Folge von Zollermäßigungen. Diese gesteigerte Colonialproduktion war es auch hauptsächlich, in Folge deren der Exporthandel, trotz der Kriegsverluste, welche die Marine ruinirten, sich im 18. Jahrhundert mehr als vervierfachte. Trotz dieser Zunahme verlor der französische Handel dennoch im Ganzen einen großen Theil seines Marktes durch die Konkurrenz der Engländer in Portugal und durch das Aufblühen der englischen und auch der spanischen Industrie. Daneben hatten unglückliche Kriege, Mißernten, Mißverwaltung in allen Zweigen der Regierung, maßlose Verschwendung des Hofes einen allgemeinen Nothstand erzeugt und der Revolution den Boden bereitet. Zur Bestreitung ihrer Geldbedürfnisse griff die Revolution zu dem Mittel von Assignaten; sie gab Papiergeld in Form von Anweisungen

auf die eingezogenen geistlichen und Emigrantengüter aus. Der anfänglich
ausgegebene Betrag von etwa 100 Mill. Thalern war 1792 bereits auf
das Zehnfache erhöht, und drückte den Cours. Der versuchte Zwangscours
führte lediglich eine Desorganisation aller Geschäfte und abermals einen
Staatsbankerott herbei. Industrie und Handel lagen darnieder, der Verkehr
mit den Nachbarstaaten hörte auf, die Häfen waren von den Engländern
blokirt, die Schifffahrt stand völlig still. Aber Frankreich hatte mittlerweile
durch die Einrichtung einer ganz neuen zweckmäßigen Verwaltung und
Gesetzgebung unendliche Fortschritte gemacht; auch brachte Napoleons
Kontinentalsperre der französischen Industrie durch das so hergestellte faktische
Monopol vielfache Vortheile. Manche Produktionszweige, wie der Bau
von Färbekräutern und Tabak, wurden wieder aufgenommen, die Erzeugung
des Rübenzuckers begünstigt, was wieder auf eine rationellere Einrichtung
des Ackerbaus einwirkte. Doch kam im ganzen, unter dem Kriegsdrucke,
der Handel nicht vorwärts, der Betrag des Exports von 390 Millionen
vor der Revolution war bis 1815 nur um etwa 6 Millionen gewachsen,
während England in derselben Periode den seinigen vervierfacht sah. Die
nunmehr folgenden Friedensjahre brachten zunächst keinen befriedigenden
Umschwung. Der hohe Tarif von 1822 hatte selbst einen bedeutenden
Rückgang der Ausfuhr von Weinen und Seidengeweben zur Folge, und
andererseits machten sich die Nachwehen des Krieges noch lange fühlbar,
für welche weder das Regiment der Reaktion, noch seit 1830 Ludwig
Philipps Regierung Erleichterung brachte; vielmehr waren namentlich unter
dieser letzteren, die Lasten der Steuerpflichtigen unverhältnißmäßig gewachsen
und ein allgemeiner Nothstand eingetreten.

Die moralische Haltung der 1852 wieder zur Herrschaft gelangenden
napoleonischen Regierung war zwar durchaus keine bessere, die Corruption
in allen Schichten der Gesellschaft wurde womöglich noch größer als unter
den Orleans, jedermann warf sich in die tollsten Börsenspekulationen, man
erinnere sich an die Pereire, Mirès und ähnliche Leute; aber der von der
Regierung begünstigte Luxus hob die Industrie, und den Handelsinteressen
kam die Regierung durch Abschluß einer Reihe zeitgemäßer Handelsverträge
im Sinne des Freihandels mit England, Belgien, dem Zollverein, der
Schweiz zu Hilfe, trotz des langen und lebhaften Widerstandes vieler Industriellen. Die Erfahrung der nächsten Jahre, in welchen eine stetige,
sehr beträchtliche Zunahme der Ausfuhren stattfand, rechtfertigte die von der
Regierung durchgesetzten bedeutenden Tarifreduktionen. Namentlich kämpften
dagegen die Eisenindustriellen die sich unter dem Schutze hoher Zölle sehr
wohl befunden und in der Fabrikation große Fortschritte gemacht hatten.

Landwirthschaft und Viehzucht. Die Lage Frankreichs zwischen dem
42 und 51 Grade nördl. Breite bezeichnet das Land als ein für Erzeugung
der meisten Culturgewächse überaus geeignetes, und in der That sind die
meisten Provinzen durch die Güte ihrer Bodenprodukte berühmt. Die
nördlichen und westlichen Departements produciren vorzugsweise Getreide,
namentlich Waizen, die westlichen und mittleren ausgezeichnetes Obst, der
ganze Süden des Landes Wein in großer Menge und geschätzter Qualität,
daneben Oel und Südfrüchte. Von der gesammten Bodenfläche des eigent-

lichen Frankreichs, — ausschließlich des alpinen Savoyens und Nizza's — sind nur 4 Procent unbebauter Boden. Auf das eigentliche Ackerland kommen etwas über 48 Procent der gesammten Bodenfläche und etwa 53 Procent der Bevölkerung leben vom Ackerbau, so daß sich das Land als ein vorherrschend Ackerbau treibendes herausstellt. Bei dem herrschenden und immer noch zunehmenden Parcellirungssystem der Grundstücke dürfte sich das Ackerterrain mit der Zeit auf Kosten der Wiesen und Waiden noch vergrößern, während man zugleich nach einer Erweiterung der Waldfläche strebt, die gegenwärtig etwa 16 Procent des Bodens in Anspruch nimmt. Das günstige Klima unterstützt in Frankreich den Fleiß des kleinen Landmanns. Im Süden gibt der Boden jährlich zwei Ernten, z. B. Getreide und Bohnen. Die Hebung der Bodenkultur hat — neben den Bemühungen der Regierung für Ausstellungen, Ackerbau, Schulen, Prämien, Zuchtthiere — wohl am kräftigsten die energische Ausbildung der Wege gewirkt. Von den größeren Straßen ist bald keine Strecke mehr unausgebaut und die meisten Vicinalwege sind chaussirt. Dazu kommt das dichte Eisenbahnnetz mit vielen Kanälen. Chausseegeld wird nirgends erhoben. Den Aufschwung des französischen Ackerbaus beweist die beträchtliche, von Jahr zu Jahr steigende Ausfuhr landwirthschaftlicher Erzeugnisse. Von den kultivirten Getreidesorten liefert der Waizen allein 37, der Hafer 35 Procent des Gesammtertrages, in den sich die gesammten Nord- und Westdepartements theilen; der ganze Südwesten liefert Mais. In den letzten 15 Jahren sind 1½ Millionen Hectaren neuen Landes urbar gemacht und großentheils für den Anbau von Mais und Gerste verwendet worden, welche den nach amtlichen, statistischen Aufstellungen stattfindenden Rückgang der Waizen- und Haferproduktion einigermaßen decken. Im großen Ganzen ist anzunehmen, daß der Ertrag einer Mittelernte den Getreidebedarf des Landes deckt, daß aber öftere Ausfälle bisher immer noch durch Einfuhr zu decken waren. Im Süden wird seit 1850 eine exotische Zuckerpflanze, Sorgho, mit Erfolg und in großer Ausdehnung cultivirt, deren Blätter ein gutes Gemüsefutter abgeben, während der Same für Geflügel und Pferde die Gerste ersetzt.

Mit Tabak sind etwa 60,000 Morgen bepflanzt; die Produktion reicht indeß für den Consum nicht aus. Endlich wird im Süden und Westen eine immerhin für die Fabrikation in Betracht kommende Quantität Seide erzeugt. Die Kartoffel, Hülsenfrüchte und Gemüse werden mit Nutzen ausgeführt. Eine Reihe von Kern- und Steinfrüchten werden namentlich im Süden und Westen mit großem Erfolg kultivirt. Daneben bringt die Gartenkultur auf Blumen bedeutenden Gewinn. Alle anderen Produktionen überflügelnd erscheint die Weinproduktion, an der nur 10 nördliche Departements nicht Theil nehmen, und die über 40 Millionen Hektoliter im Durchschnitt alljährlich liefert. Der Umfang des mit Wein bepflanzten Bodens, der im Jahre 1849 etwas über 2 Millionen Hektaren betrug, belief sich im Jahr 1867 auf 2⅓ Millionen Hektaren. Die Produktion und der mittlere Preisstand betrugen

1847 Produktion 54 Mill. Hektol. Mittelpreis 41 Fr. per Hektol.
1857   „   35   „   „   „   63   „   „   „
1867   „   39   „   „   „   47   „   „   „

Der gesammte Produktionswerth ist für das Jahr 1862 auf 1387 Mill. Fr. geschätzt. Die Weinausfuhr ist während der letzten 20 Jahre nur für die Bordeauxweine bedeutend gestiegen, um etwa 40 Procent, für alle übrigen Sorten zusammen nur um 300,000 Hektol. Im Vergleich zur Produktionsvermehrung ist die gesammte Exportzunahme verschwindend klein.

Der Holzertrag aus den Waldungen deckt das Bedürfniß nicht entfernt, da der Waldbestand durch die Revolution und die Zerstückelung der großen Güter ganz außerordentlich verringert worden ist. Seit in neuerer Zeit die Nachtheile dieser Entholzung sich für Klima und Bewässerung sehr empfindlich fühlbar gemacht haben, macht die Regierung in den südlichen Departements Anstrengungen zur Wiederbewaldung der Berge, bis jetzt nur mit sehr theil= weisem Erfolge. Unter den gelungenen Neubewaldungen steht die der „Landes" an erster Stelle. Die Landes, die bekannte Sandebene in den Departements der Gironde und der Landes, dehnen sich hinter einem dreißig Meilen langen Dünenstrich an der Bucht von Biscaya aus. Der Anblick und Werth dieser verrufenen Landstrecke hat sich seit 50 Jahren allmählich völlig geändert. Die Dünen, früher bewegliche Sandhügel, sind jetzt durch= weg mit einem wohlbestandenen Walde bedeckt, welcher die Fläche von 300,000 preußischen Morgen einnimmt und meistentheils aus harzliefernden Strandkiefern besteht. Die Ebene hinter den Dünen ist durch Entwässerung zum größten Theile der Kultur gewonnen.

Für die Viehzucht ist viel geschehen; es sind gute Rassen vorhanden, namentlich beim Rindvieh; die Milchwirthschaft liefert dem Handel einige weltberühmte Käsesorten; indessen wird der Fleischbedarf nicht gedeckt und es findet bedeutende Einfuhr statt, ebenso wie bei der Pferdezucht, welche zwar einige vorzügliche Rassen schwerer Pferde aufzuweisen hat, welche namentlich die Landwirthschaft befriedigen. Während im Ganzen die Rindvieh= zucht bedeutend vorwärts geht, ist ein bedeutender Rückgang in der Schafzucht zu bemerken. Nach officiellen Angaben hat sich in den letzten fünfzehn Jahren die Zahl der Schafe um fast 3 Mill. vermindert. An Wolle produzirt Frankreich 124 Mill. Pfund, bei weitem nicht genug für den Bedarf. Die Bienenzucht macht erfreuliche Fortschritte. Der Werth ihres jährlichen Ertrags ist auf etwa 60 Mill. Fr. anzunehmen. Die Hühner= zucht ist sehr bedeutend für den Export; außerordentlich ist die Eierproduktion, an welcher die der Hauptstadt zunächst liegenden Departements Theil nehmen; der im Jahre 1850 schon 7 Mill. Fr. betragende Exportwerth für Hühner= eier war im Jahr 1866 auf mehr als 42 Mill. gestiegen.

Die Seefischerei bringt sehr reichen Gewinn und beschäftigt eine große Anzahl Menschen. Reichen Ertrag gewährt namentlich die Anchovis= und Thunfischfischerei im Mittelländischen, und der Fang der Sardinen im Atlantischen Ocean. Eine Anzahl Schiffe gehen nach Neufundland auf den Stockfischfang, von Dieppe und Boulogne auf den Häringsfang.

Die Erträgnisse der Seefischerei im Jahr 1868 von 18,785 Hoch= seefischern auf 1025 Fahrzeugen von 72,673 Tonnen Gehalt, und von 63,721 Küstenfischern auf 17,124 Fahrzeugen von 89,069 Tonnen betrieben, haben einen Werth von 66$\frac{3}{4}$ Mill. Fr. ergeben, über 7 Mill. mehr als im Vorjahr. Die Regierung hat diese Fischer theils durch Ersatz ihrer durch Unwetter entstandenen Verluste oder Lieferung neu erfundener Apparate, theils durch Anlegung von Zufluchtshäfen unterstützt, wobei die Fortschritte in der Normandie sich größer herausstellen als in der Bretagne. Auch die Austernkultur und die künstliche Fischzucht haben erhebliche Fortschritte gemacht. Ueber die Betheiligung der Franzosen am Walfischfang siehe S. 26. 35.

Bergbau und Hüttenwesen. Das Mineralreich bietet die Mittel zu einer großartigen Entwickelung der Industrie. Die Kohlenbecken von Valenciennes, Epinac und Creuzot lieferten 1862 188 Mill. Ctr. Steinkohlen, was indeß bei weitem nicht für den Bedarf hinreichte, so daß viel Kohlen aus England und Deutschland importirt werden müssen. In 67 Departements findet sich Eisenerz, daraus wurden 1862 etwa 750 Mill. Ctr. Eisenerz gewonnen; der Gesammtwerth der Roheisenproduktion betrug etwa 320 Mill. Fr. Die Eisenfabrikation hat sich von 1852—1864 um mehr als das Doppelte gehoben; so z. B. Gußeisen von 522,000 auf 1,242,000 Tonnen. An Kupfer werden nur etwa 4000 Ctr. gewonnen, daneben kommt etwas Blei und Silber vor. Wichtiger ist die Salzausbeute, man gewinnt gegen 9 Mill. Ctr., wovon etwa 1 Mill. ausgeführt wurden. Vier Fünftel der ganzen Produktion werden aus den Salzteichen an den Küsten gewonnen; der Rest ist Steinsalz aus den Becken von Vic und Dieuze.

Industrie. Mehr als die Rohproduktion erfreut sich die Industrie großer Beliebtheit bei der Bevölkerung; ein reichliches Drittheil derselben ist mit den verschiedenen Zweigen der Gewerbe und des Handels beschäftigt. Eine Aufzählung der verschiedenen Industriezweige würde kaum irgend einen Gegenstand des geschärftesten menschlichen Erfindungsgeistes vermissen lassen und an allen diesen Erzeugnissen ist die elegante Form als das Ergebniß eines verfeinerten Geschmackes zu rühmen. Von den großen Branchen hat die Wollindustrie hauptsächlich in den Nordprovinzen ihren Sitz; an Wollwaaren wurden 1862 für 228 Mill. Fr. exportirt. Die Tücher von Sedan, Elbeuf, Louviers, die Teppiche, Shawls und Gobelins von Paris sind berühmt. Die gleichfalls hauptsächlich in den Nordprovinzen blühende Leinenindustrie exportirte 1862 für etwa 15 Mill. Fr. Die seit 1790 eingeführte Baumwollenindustrie hat drei Hauptbezirke, in der Normandie, im Elsaß und in Flandern; sie verbraucht jährlich etwa 200 Mill. Pfund Baumwolle und lieferte 1860 für etwa 70 Mill. Fr. Waaren zur Ausfuhr. Ueber das Verhältniß des Baumwollenkonsums in Frankreich gegenüber England vergl. S. 88. 89. Die weltberühmte Seidenindustrie, mit ihrem Hauptsitz zu Lyon und St. Etienne, beschäftigt über 165,000 Webstühle, und lieferte 1860 für mehr als dreihundert Mill. Fr. zum Export. Die Produktion einheimischer Seide ist indessen in Folge der Krankheit der Seidenraupe seit 1853 auf die Hälfte des damaligen Betrages gesunken. Die Tabaksfabrikation ist seit 1811 Monopol der Regierung und eine reiche Einnahmequelle der Staatskasse, denn nach Abzug der 560 Mill. Thaler betragenden Kosten blieb in 56 Jahren, von Juli 1811 bis Dez. 1867 ein Reingewinn von 1230 Mill. Thaler durch das Tabaksmonopol. In

17 kaiserlichen Fabriken werden die Cigarren und der Tabak fabricirt. Der Bau der Zuckerrübe nimmt jährlich zu; von allen europäischen Staaten erzeugt Frankreich gegenwärtig am meisten Rübenzucker, nämlich über 100,000 Tonnen, eine Masse, an die jedoch die Produktion des Zollvereins nahe heranreicht. Die Cichorienfabrikation liefert etwa 80,000 Ctr., die Hälfte des Bedarfs. Die Ledersorten von Pont-Audemer und Blois wetteifern mit den belgischen. Die Pariser und Grenobler Handschuhe, Schuhe und Stiefel sind berühmt. Vorzügliches Papier und Papiertapeten liefert das Elsaß, Krystall- und Spiegelglas Lothringen. Neben Sevres bestehen für Porzellan und Fayence Fabriken in mehreren Provinzen. Metallwaaren aller Abstufungen sind reichlich vertreten. Paris und St. Etienne liefern die feinen Galanteriewaaren und Bijouterieen. Mehrere Geschütz-gießereien und Gewehrfabriken zu Straßburg, Toulouse, St. Etienne, Ruette und das Arsenal von Indret bei Nantes liefern den Bedarf der Landarmee und der Kriegsmarine. Die Uhrenfabrikation Frankreichs hat sich in neuester Zeit bedeutend gehoben und von der Schweiz fast unabhängig gemacht, wozu die Anstrengungen der Regierung, z. B. die Uhrmacherschulen zu Besançon und Cluses, wesentlich beitrugen. Der Werth der gegenwärtig in Frankreich verfertigten Uhren erreicht 50 Mill. Fr., woran auf Paris allein, welches mit Besançon und Cluses Uhren aller Categorien producirt, 20 Mill. kommen. Außerdem werden Spezialitäten an verschiedenen Orten fabricirt. So verfertigt Morey (Jura) große Thurmuhren; die Haus-industrie von St. Nicolas d'Alicemont liefert Chronometer und electrische Uhrenapparate (etwa 150,000). Der Maschinenbau leistet Bedeutendes in Lille, Arras, Creuzot, Etienne, Mühlhausen. Französische Gold- und Silberstickereien, Tressen, plattirte Waaren, Seifen und Parfümerien sind auf allen Märkten der Erde zu finden. Endlich steht mit der physischen Kultur die Ciderbereitung im Norden, die Wein- und Branntweinfabrikation in Südfrankreich, theilweise auch die Erzeugung guter Chemikalien in Verbindung. Die Zahl der Dampfmaschinen, welche die Industrie stützen und möglich machen in Frankreich, hat sich seit 1852 verdreifacht. Es gab 1864 25,000 Maschinen mit 675,000 Pferdekraft.

Handel. Denjenigen Handel, welcher bei der Einfuhr nur die zum Verbrauche im Lande selbst bestimmten Waaren umfaßt, nennt man in Frankreich den „speziellen Handel", während der „allgemeine Handel" die Gesammteinfuhr der Gesammtausfuhr gegenüberstellt und also auch den Transit mit umfaßt. Die Angabe nach sog. „offiziellem" Werthe beruht auf einer Preisnormirung aus dem Jahre 1827, die „wirklichen" oder „gegenwärtigen" Werthe werden seit 1847 jährlich durch eine Commission bestimmt. Im Jahre 1853, dem Jahre vor Ausbruch des Krimkrieges betrug der Generalhandel Frankreichs 3493 nach officiellem und 3749 Mill. Fr. nach wirklichem Werthe, und er erreichte nach letzterem im Jahr 1866 die enorme Summe von 8126 Mill. Fr., was gegen den Durchschnitt der fünfjährigen Periode 1861—65 eine Zunahme um 1446 Mill. Fr. ergiebt. Es fällt dies Wachsen in die Periode der mit England, Belgien, dem deutschen Zollvereine und der Schweiz abgeschlossenen Handelsverträge, welche für fast alle Zweige der franz. Industrie überraschend günstige Folgen ergaben.

ergaben. Der Spezialhandel, der von 1852—56 im fünfjährigen Durchschnitt 1400 Mill. Fr. Einfuhr und 1500 Mill. Ausfuhr ausgemacht hatte, betrug im Jahre 1866 2793 Mill. Fr. Einfuhr (wobei für Getreide und Nahrungsmittel 549 Mill.) und 3180 Mill. Fr. Ausfuhr. Im Jahre 1867 dagegen haben wir im Vergleich mit 1866 für den Spezialhandel (Ein- und Ausfuhr zusammen) eine Minderdifferenz von 122 Mill., und für den gesammten allgemeinen Handel Frankreichs eine Mehrdifferenz der Einfuhr von 99 Mill. Der lebhafteste Handelsverkehr findet statt mit Großbritannien, der nordamerikanischen Union, dem deutschen Zollvereine, Belgien, Italien, der Schweiz, Rußland und der Türkei. Im Handelsverkehr mit dem deutschen Zollverein hatten die Bewegungen des Jahres 1866 eine sehr bedeutende Minderung von Aus- und Einfuhr zur Folge. Im folgenden Jahre hatte indessen die Ausfuhr des Zollvereins nach Frankreich bereits wieder einen Werth von 127,686,000 Fr., die Einfuhr dagegen 134,913,000 Fr. Sie überstieg die Ausfuhr nur um etwa 7 Mill., während 1865 diese Mehrdifferenz noch 48 Mill. Fr. betragen hatte.

Verkehrsmittel. Dem französischen Handel kommt ein sehr ausgedehntes Netz von Wasser- und Landstraßen zu Gute, welche letztere in kaiserliche Straßen, Vicinalwege und Eisenbahnen zerfallen. 1860 bestanden 5000 geogr. M. kaiserliche Straßen, 6400 M. Departementsstraßen, deren Unterhaltungskosten der Staat zur Hälfte trägt, — und 10,400 M. unterhaltene Vicinalwege (Landwege großen Verkehrs). Daneben gibt es seit 1833 etwa 200 M. strategische Straßen. Telegraphen siehe S. 78. Der Eisenbahnbau war bis 1841 lediglich der Privatindustrie überlassen und ziemlich unbedeutend. Der überaus große Aufschwung des franz. Eisenbahnwesens datirt von dem Eingreifen des Staates (1842). Seitdem ist ein auch strategisch sehr gut angelegtes Eisenbahnnetz entstanden, mit 7, sämmtlich von Paris ausstrahlenden Hauptlinien, deren Centralvereinigung die Pariser Gürtelbahn herstellt (siehe S. 64). Ein sehr bedeutendes Kanalsystem ergänzt die Straßen; so verbindet der Südkanal die Garonne bei Toulouse mit dem Mittelmeer bei Cette, der Kanal Monsieur verbindet die Saône mit dem Rhein bei Straßburg, der Kanal von Orleans verbindet Seine und Loire; ebenso sind große Industriestätten, wie die von Colmar, Roubaix, Tourcoing durch Kanäle mit den Steinkohlenbezirken verbunden. 1868 waren 5077 Kilometer Kanäle fertig. Die Handelsmarine zählte 1865 nach amtlichen Ausweisen im Ganzen 15,259 Fahrzeuge mit etwas über 1 Mill. Tonnen, eingerechnet 338 Dampfer mit 79,000 Tonnen, darunter aber nur eine sehr geringe Anzahl großer Seeschiffe. Gegen das Vorjahr war eine Zunahme von 75 Fahrzeugen mit 9500 Tonnen eingetreten. Keine der großen Seestädte, Havre mit 108,000 Tonnen, Nantes mit 111,000, Bordeaux mit 130,000, Marseille mit nur 92,000 Tonnen, erreicht annähernd die Rhederei von Bremen oder Hamburg. Ueberhaupt zeigt die französische Handelsflotte nicht die Bedeutung, die sie bei einem so großen küstenreichen Lande haben müßte.

Die Bank von Frankreich. Die erste franz. Bank war die von dem Schotten Law 1716 nach englischem Muster gegründete, welche schon 1719 für drei Milliarden Banknoten ausgegeben hatte und in der selbstverständlich eintretenden Krisis (1720) zu Grunde ging. Eine 1776 unter Turgot's Ministerium gegründete Bank, sowie mehrere unter dem Direktorium entstehende Banken konnten sich nicht halten. Das Bedürfniß des Handels indeß führte 1801 unter dem Schutz und der Mitwirkung der Regierung zur Gründung der noch jetzt bestehenden Bank von Frankreich. Das Kapital derselben ward 1807 auf 90,000 Aktien und damit auf 90 Mill. Fr. erhöht; sie bekam Ermächtigung, in anderen Städten Comptoirs anzulegen, deren jetzt eine große Anzahl besteht. Die Bank hat das ausschließende Privilegium Noten, auf Verlangen in Metallgeld zahlbar, auszugeben; ihre Noten lauten über 5000, 1000, 500, 200 und 100 Fr. Bis 1848 bestanden in den Haupthandelsstädten noch neun Departemental-Aktienbanken mit nur 21 Mill. Kapital und dem dreifachen Betrag an umlaufenden Noten. In Folge der Februarrevolution von 1848 wurden alle diese Banken mit der Bank von Frankreich verschmolzen, deren Filiale sie bilden.

Münzen, Maß, Gewicht. Im franz. Münzsystem ist der Silber-Frank zu 100 Centimes oder 20 Sous die gesetzliche Einheit; es werden in Silber $\frac{1}{5}$-, $\frac{1}{4}$-, $\frac{1}{2}$-, 1-, 2- und 5-Frankstücke ausgeprägt, in Gold 20- und 40-Frankstücke. $52\frac{1}{2}$ Silberfranks gehen auf die deutsche Zollvereinsmark. In dem Münzvertrag Frankreichs (1865) mit Belgien, Italien, dem Kirchenstaat und der Schweiz ist eine Doppelwährung von Gold 1 : $15\frac{1}{2}$ Silber, die Frankeneintheilung, silberne Fünffranken- und goldene Zwanzigfrankenstücke vereinbart. Neuerdings wird über die Annahme einer reinen Goldwährung und die Ausprägung eines goldenen 25 Franken-stückes unterhandelt. Dies neue Goldstück würde dem Pfund Sterling, dem 5-Dollarstück und dem österreichischen 10-Guldenstück sehr nahe kommen. Praktisch indessen hängt die Einführung desselben davon ab, daß der englische Sovereign und das amerikanische 5-Dollarstück etwas reducirt werden, sowie daß Oesterreich seine Valuta wiederherstellt.

Im Maaße herrscht wie bei der Münze gesetzlich das metrische System, als dessen Einheit der 10millionste Theil des Erdquadranten als Meter angenommen ist. Ueber dessen Verhältnisse zu den alten deutschen Maßen vergl. S. 167. 1 Meter enthält 10 Dezimeter, 100 Centimeter und 1000 Millimeter; 10 Meter = 1 Dekameter; 100 Meter = 1 Hektometer, 1000 Meter = 1 Kilometer. Hohlmaß ist der Liter = 10 Deziliter, 100 Centiliter und 1000 Milliliter. 10 Liter = 1 Dekaliter, 100 Liter = 1 Hektoliter, 1000 Liter = 1 Kiloliter. Als Einheit im Handelsgewicht gilt das Kilogramm. Es ist gleich dem Gewicht eines Liter destillirten Wassers bei 4º C., 1 Kilogramm ist gleich 1000 Gramm oder 10 Hektogramm à 10 Dekagramm, à 10 Gramm. Das französische Maß und Gewicht, ausgezeichnet durch seine praktische Einfachheit, ist im Begriff für die ganze Welt eingeführt zu werden. Schon haben viele Länder es adoptirt. Bezüglich Deutschlands vergl. S. 167.

Colonien und Auswanderung. Frankreich besitzt in allen Welt-theilen, mit Ausnahme des Festlandes von Australien, Colonien, zum Theil von bedeutendem Umfang; keine derselben aber gibt ohne Ausnahme auch nur annähernd ein so günstiges Bild, wie es fast sämmtliche von der germanischen Rasse besiedelte Colonien darbieten. Frankreichs Bevölkerung zeigt, namentlich England und Deutschland gegenüber, eine außerordentlich schwache jährliche Zunahme; sie sendet keine wirklichen Ansiedler in nennenswerther Anzahl aus, wie die Menschenströme, die, von England, Deutschland, Skandinavien ausgehend, in wenig mehr als einem Jahrzehend in den australischen und californischen Wildnissen blühende lebenskräftige Welthandelsstaaten schufen. Nicht daß es Seitens der franz. Regierung an Aufmunterungen gefehlt hätte; aber die Colonisten franz. Stammes haben selten weder das Geschick noch auch den ernsten Willen sich im fremden Lande eine dauernde Heimath zu gründen; sie wollen im neuen Lande meist nur rasch ihr Glück machen, um dann den zusammengerafften Gewinn daheim in Ruhe zu verzehren. Eine Ausnahme machen fast nur die Basken. Dem Militärdienst zu entgehen, der ihnen ein Greuel ist, verlassen die jungen Leute in großer Anzahl das Land und nicht selten folgen ihnen die Familien. Außerhalb Frankreichs suchen die Basken fast einzig in den La Platastaaten ihr Glück; sie bilden dort eine Klasse vortrefflicher, geschätzter Bürger; aber auch von ihnen beschäftigen sich nur einzelne wenige mit eigentlicher Landwirthschaft. In den franz. Colonien fällt die mühsame, aber dauernde Kultur mit Pflug und Spaten zum großen Theil den vielfach herbeigelockten Colonisten fremder Zunge zu. Vor allem aber hindert die französische, vom Mutterland auf die Colonien übertragene büreaukratischmilitärische Verwaltungsweise jede freie selbstständige Entwickelung und hält auch das Zuströmen tüchtiger deutscher und englischer Colonisten ab.

Ueberficht der französischen Colonien.

Etablissements in Indien: Pondichéry, Karikal, Mahé, Yanaon . .	9,2 Q.=M.	229,533 Einw.
Das französische Cochinchina:		
die drei älteren Provinzen . . .	407 „	502,116 „
die drei neuen Provinzen . . .	615 „	477,000 „
Asiatische Besitzungen:	1031 Q.=M.	1,208,649 Einw.
Neu=Caledonien	315 Q.=M.	29,000 Einw.
Loyalty=Inseln	39 „	15,000 „
Marquesas=Inseln	22,5 „	10,000 „
Oceanische Besitzungen:	376,5 Q.=M.	54,000 Einw.
Algerien	12,150 Q.=M.	2,921,246 Einw.
Senegambien	4,540 „	617,732 „
Etablissements an der Goldküste .	— „	133 „
Gabon	363 „	186,000 „
Insel Réunion	45,6 „	205,972 „
Mayotte	6 „	4,937 „
Nossi=Bé	3,54 „	14,860 „
Sainte Marie de Madagascar . .	16,52 „	5,704 „
Afrikanische Besitzungen:	17,125 Q.=M.	3,956,584 Einw.

St. Pierre, Hunde-Insel, Miquelon und Langlabe	3,8	Q.-M.	3,536	Einw.
Martinique	17,94	"	137,673	"
Guadeloupe mit Marie-Galante, Les Saintes, La Désirabe und der franz. Antheil von Saint Martin	29,89	"	149,331	"
Das franz. Guyana	1650	"	25,137	"
Amerikanische Besitzungen:	1702	Q.-M.	315,077	Einw.
Summe der Colonien:	20,234	Q.-M.	5,534,910	Einw.
Schutzstaaten.				
Asien: Königreich Cambodja . .	1523	Q.-M.	1,000,000	Einw.
Afrika: Porto Novo (Goldküste) .	?	"	20,000	"
Oceanien: Tahiti, Moorea, Tetu-aroa, Maltea . .	21,3	"	10,347	"
Tubuai und Varitu .	1,87	"	550	"
Tuamotu-Inseln . .	121	"	8,000	"
Gambier-Inseln . . .	0,54	"	1,500	"
Summe der Schutzstaaten:	1668	Q.-M.	1,040,397	Einw.
Colonien und Schutzstaaten:	21,900	Q.-M.	6,575,000	Einw.

Der Gesammtwerth der Ausfuhrerzeugnisse sämmtlicher Colonien Frankreichs betrug 1865 nach amtlichen Ausweisen 135,922,162 Fr., der Werth der Einfuhr etwas über 147 Mill. Fr.

Fabrik- und Handelsstädte.

Paris, mit 2 Mill. Einw., die Haupt- und Residenzstadt, auf beiden Ufern der Seine und einer größeren Insel, welche heute die Cité heißt, und auf welcher zu Julius Cäsar's Zeit die Hauptstadt des Gallischen Volks stand, war schon damals ein nicht unbedeutender Handelsplatz. Die Römer errichteten in Berücksichtigung der vorzüglichen strategischen Lage der von ihnen Lutetia Parisiorum genannten Stadt dort zunächst ein befestigtes Standlager; die Kaiser erbauten dort einen Palast, in dem mehrere derselben residirten. Vornehmlich von der Zeit der Capetingischen Dynastie an begann die Stadt emporzukommen und sich auch auf dem rechten Seineufer auszudehnen. Schon Ende des 13. Jahrhunderts zählte Paris 150,000 Einw. und war durch seine bereits tonangebende Industrie, wie durch den Einfluß seiner Universität eine der wichtigsten Städte Europa's. Den Grund zu dem heutigen Paris legte Ludwig XIV. der auch auf der Stelle der alten Festungswälle schöne Spaziergänge (die Boulevards) errichtete. Wie Ludwig XIV. sagen konnte: „Ich bin der Staat", so wurde auch durch ihn und vornehmlich von seiner Zeit jenes andere Wort eine Wahrheit: „Paris ist Frankreich". — Seit der Revolution namentlich entschied Paris allein über alle politischen Phasen; wer Paris hatte, hatte Frankreich; und wie auf dem politischen entscheidet Paris in Folge der Alles umschnürenden Centralisation unumschränkt und endgültig in Frankreich auch auf den Gebieten von Kunst und Wissenschaft, von Gewerbe und Handel. Das geistige Leben concentrirt sich hier.

Unter den französischen Industrie= und Handelsstädten behauptet Paris den ersten Rang: so ziemlich alle nationale Fabrikationsgattungen und Industrien sind hier vertreten und liefern vorzügliche Produkte. Paris eigenthümlich sind die sogen. „Pariser Artikel", Modewaaren, Spielsachen, allerlei unnennbare Kleinigkeiten, und daneben ausgezeichnete Bronzen und feinere Luxusartikel. Die feinen Handschuhe, künstlichen Blumen und Gold= perlen, feineres Schuhwerk, die feinen lackirten Ledersorten von Paris sind weltberühmt. In der Uhrenfabrikation nimmt es in Frankreich die erste Stelle ein. In Stoffen liefert es Shawls (für 14 Mill. Fr.), Teppiche, Gobelins, leichte Wollenzeuge, Baumwollenzeuge. Der jährliche Gesammtwerth der Pariser Ausfuhrartikel wird auf 148 Mill. Fr. angegeben. — Choisy le Roy, bei Paris, Fabriken von Maroquin und Krystallglas.

Bei der nun folgenden Aufzählung der einzelnen Fabrikstädte wählen wir, der Uebersichtlichkeit halber, die Eintheilung nach Gouvernements, nicht nach Departements.

Isle de France. Laon, 10,000 Einw., Hauptstadt des Dep. Aisne, producirt Leinwand= und Strumpfwaaren, Wollbecken und grobes Tuch, Hüte, Sessel ꝛc., es treibt lebhaften Handel mit Wolle, Getreide und Gemüse, und ist der Mittelpunkt für den Handel der Gewebe von St. Quentin, der Eisenwaaren von Folembray und der Produkte der Glas= fabriken von St. Gobain. — St. Quentin, 32,000 Einw., Leinwand= und Batistfabriken. — Versailles, 44,000 Einw., fabricirt Uhren, Waffen, Werkzeuge, Shawls. — Sevres, 6800 Einw., weltberühmte kaiserliche Porzellanfabrik. — Meaux, 11,300 Einw., lebhafter Produktenhandel, die Fromages de Brie kommen daher. — Beauvais, 15,000 Einw., große Tuchmanufakturen, Fabriken für Woll= und Baumwollwaaren jeder Art, Spinnereien, Bleichen, Färbereien. Kaiserliche Hautelisse= und Gobe= linsfabrik.

Picardie und Artois. Amiens, 61,500 Einw., Fabriken von Wollenwaaren, Sammt, Leder, Seife, Tapeten. — Arras, 25,700 Einw., fabricirt Spitzen, Tuch, Rübenzucker. — Abbeville, 19,500 Einw., Tuch= fabriken und Seehandel. — Boulogne, 40,000 Einw., Fabriken in Leinen= und Wollenwaaren, nimmt Theil am Kabliaufang bei Neufundland und an der Kanalfischerei, Küstenhandel. — Calais, am Kanal, Hauptüberfahrt nach England. — St. Omer, 21,000 Einw., berühmt durch seine Tabakfabriken.

Flandern. Dünkirchen, am Kanal, 33,000 Einw., einträglicher Kabliaufang, bedeutender Seehandel. — Lille, 155,000 Einw., in garten= gleicher Kulturebene, besitzt über 300 Fabriken in Leinwand, Band, Leder, Baumwollengarn, Tuch und vornehmlich auch in Zwirn und Spitzen. Neu aufgeblühte Fabrikorte sind die Weberstädte Tourcoing 28,000 Einw., und Roubaix mit 70,000 Einw. Die Industrieproduktion von Roubaix beträgt ungefähr 160 Mill. Fr. 82 Woll= und Baumwollspinnereien und etwa 250 Fabriken liefern die verschiedenen sogen. Roubaixartikel (besonders Woll=, Baumwoll= und Seidenstoffe). Lebhafter Handel. — St. Amand, 7000 Einw., producirt vortrefflichen Flachs aus welchem die feinsten Spitzen gearbeitet werden. — Cambray, an der Schelde, 23,000 Einw., fabricirt den feinsten Spitzenzwirn und für 1½ Mill. Fr. feinste Leinwand (Cambric). **Valenciennes**, 23,000 Einw., fabricirt für 10 Mill. Fr. Batist und feinste Spitzen; in der Nähe das Dorf Anzin mit dem größten franz. Steinkohlenwerke, welches 16,000 Arbeiter beschäftigt.

Normandie und Havre de Grace. Dieppe, 19,000 Einw., vor dreihundert Jahren der blühendste Seeplatz von Frankreich, dessen Schiffe zur Zeit der großen überseeischen Entdeckungen den Spaniern und Portugiesen die Palme streitig machten, ist immer noch einer der bedeutendsten Fischerei= häfen, aus welchem 60 Schiffe auf den großen Seefischfang auslaufen. Die Austernparks liefern jährlich 12 Mill. Austern nach Paris. — **Rouen**, die Hauptstadt der Normandie, an der Seine, 103,000 Einw., ist die bedeutendste Fabrikstadt Frankreichs in Wollenwaaren, und Mittelpunkt eines großen Industriebezirks gewerbsamer Städte und Flecken. — Elbeuf, 22,000 Einw., berühmte Tuchfabriken, die über 15,000 Menschen beschäftigen und einen jährl. Umsatz von etwa 70 Mill. Fr. erzielen. — **Havre de Grace**, 75,000 Einw., an der Mündung der Seine, höchst wichtig als Einfuhrhafen für Paris und als gemeinsamer Ausfuhrhafen für sämmtliche zahlreiche Manufakturdistrikte des nördlichen Frankreichs, seit neuerer Zeit auch als der französische Haupteinschiffungshafen für Auswanderer. Mehrere transatlantische Dampferlinien gehen von hier aus. — Honfleur, Havre gegenüber, 10,000 Einw., Walfisch= und Kabliaufang. — Caën, 42,000 Einw., Blondenfabriken. — Cherbourg, 37,200 Einw., am Kanal, der stärkste Kriegshafen Frankreichs, Schiffswerfte, Docks, Seehandel. — Alençon, 16,500 Einw., Fabrikstadt. Die Fabrikation der früher so berühmten Spitzen von Alençon hat fast ganz aufgehört.

Bretagne. St. Malo, am Meere, 11,500 Einw., Austern= und Stockfischfang. — Morlaix, 14,000 Einw., Seehandel, Leinwandhandel; einige Fabriken. — Fougères, 10,000 Einw., Leinwand=, Papierfabriken. — **Rennes**, die Hauptstadt der Bretagne, 46,000 Einw., berühmt durch seine gesalzene Butter, bedeutende Leinwandfabriken und Wachsbleicherei. — **Nantes**, 114,000 Einw., auf dem linken Ufer der Loire, 10 Meilen von der See; blühende Industriestadt, hat bedeutenden Seehandel, Kabliau= fang, Sardellenbereitung, Baumwollen=, Zucker= und andere Fabriken; seine eingemachten Nahrungsmittel (conserves alimentaires) und die Schiffs= dampfmaschinen sind berühmt. — In Paimboeuf, 4000 Einw. und St. Nazaire, 19,000 Einw., den beiden Häfen von Nantes, werden die größeren Schiffe umgeladen. — Vannes, 14,000 Einw., Schiffswerfte, Eisenhütten, Gerbereien, Fabriken in Baumwollenzeugen, Leinwand, Spitzen. Fischerei. Ausfuhrhandel mit Salz, Landesprodukten und Bordeauxweinen. — Brest, 68,000 Einw., an der Küste des atlantischen Oceans, bedeutender Kriegs= hafen; es hat Fabriken, Fischerei und bedeutenden Seehandel. — Lorient, 37,600 Einw., Seehandel. — Concarneau, Quimperlé, 6800 Einw., Sardinenfischerei.

Maine und Perche. Le Mans am linken Ufer der Sarthe, 45,000 Einw., ist Mittelpunkt eines bedeutenden Handels mit landwirth= schaftlichen Erzeugnissen und wichtige Fabrikstadt. Die Wachskerzenfabriken erzeugen über 3000 Ctr. Die sehr bedeutende Geflügelzucht liefert die berühmten Capaunen.

Touraine. Tours, 42,000 Einw., am linken Ufer der Loire, früher berühmte Seidenfabriken (Gros de Tours), hat jetzt bedeutenden Handel mit eingemachten Früchten. Tuchfabriken.

Anjou. Angers, 55,000 Einw., Fabriken in Tauwerk, Segeltuch, Handel mit Oel, Getreide, Holz, Schiefer aus den Schieferbrüchen von Trelapé. — Cholet, 15,000 Einw., Mittelpunkt eines Webereidistriktes.

Poitou und Saumur. Poitiers, 31,000 Einw., Fabriken in Tuch, Papier. Chatellerault an der Vienne, 10,000 Einw., Hauptsitz der franz. Stahlwaarenfabrikation.

Saintonge und Angoumois nebst Aunis. Rochefort, 30,000 Einw., bedeutender Handel mit Landesprodukten, Wein, Branntwein, Salz, Fischen. Fabrikation von Chronometern und von nach der Stadt benannten Käsen. — La Rochelle, 19,000 Einw., vortrefflicher Hafen, Schiffswerfte, Handel. — Angoulême, 25,000 Einw., Töpferei, Eisenarbeiten, große Papierfabriken. — Cognac, 9400 Einw., Fabrikation des nach dieser Stadt benannten Franzbranntweins.

Guienne und Gascogne. Bordeaux, 200,000 Einw., an der hier schon Seeschiffe tragenden Garonne, der dritte Handelshafen Frankreichs. Bedeutender Schiffbau, Woll= und Baumwollspinnereien, Eisengießereien, Fabriken in Wachstuch, Teppichen, Chemikalien, Porzellan, Glas. Bedeutende Erzeugung von Liqueuren, Weinessig, Conserven, Parfümerien ꝛc. Der Haupthandel mit den sogen. Bordeauxweinen, worunter die feinsten Médoc= Weine, Chateau=Lafitte, Ch. Laroze u. s. w., und mit Cognacbranntwein hat hier seinen Sitz. Walfischfang. — Périgueux, 20,400 Einw., berühmt durch seine Trüffeln und Trüffelpasteten, Truthühner, Liqueure, Weine, Mehl, Eisenwaaren, Salz, Mastochsen, Schweine und Geflügel. — Cahors, 14,000 Einw., gute Rothweine, die einen lebhaften Handelsartikel bilden. — Bayonne am Adour, 24,000 Einw., Fabriken und Handel, Bayonner Schinken. — Auch, 12,000 Einw., Fabriken in Leinwand und Baumwolle, Gerbereien und Brennereien von Eau d'Armagnac, Obstbau, Handel mit Wein, Branntwein, Getreide.

Navarra und Béarn. Pau, 21,000 Einw., beträchtliche Industrie. Weberei von Leinwand, Tischzeug, Cattun, Flachsspinnerei, Gerberei, Messerschmiedwaaren, Spielkarten, geräucherte Gänsekeulen. — Pontac, 3000 Einw., berühmter Weinbau.

Roussillon. Perpignan, 20,000 Einw., gute rothe Tischweine, Oliven, Gartenfrüchte aller Art, beste süße Weine in Lunel, Rivesaltes. Seiden= raupenzucht. Färbereien und Lohgerbereien. Außerdem Fabrikation von Korkpfropfen, Twist, Wollstoffen, Spielkarten, Hüten, Seife, landwirthschaftl. Instrumenten. Bedeutender Handel mit Roussillonweinen, Oel, Wolle, Seide, Getreide, Honig, Schaffellen.

Languedoc. Toulouse, die Hauptstadt, am rechten Ufer der Garonne, 127,000 Einw., wachsender Handel und Industrie. Es befinden sich hier eine große kaiserliche Tabakfabrik, eine sehr bedeutende Maschinen= fabrik. — Carcassone, an der Aude, 20,600 Einw., sehr bedeutende Tuch=

Fabriken (welche für 4 Mill. Fr. produciren), Wollspinnereien, Manufakturen in Wolldecken, Molton, Papier, Leder, Eisenwaaren. Bedeutender Handel mit diesen Fabrikaten und mit Wein, Branntwein und Backobst. Großer Markt für Pferde und Maulthiere. — Cette, der Hafen von Montpellier, nach Marseille der bedeutendste Hafen am Mittelmeer, 22,500 Einw., hier treffen sich der Canal du Midi nnd der von Beaucaire, Ausfuhrort des Weines und aller Produkte der nächsten Departements; bedeutende Böttcherei. Großartige, von der Regierung begünstigte Weinfabrikation und Verschneidung aus Cette- und Roussillonweinen, die in ungeheuren Quantitäten exportirt werden. Fabrikation von Parfüms, wohlriechenden Wassern, Seifen, Korkpfropfen. Die Salzteiche der Umgegend geben jährlich 12—14,000 Tonnen Salz, bedeutende Austern- und Sardinenfischerei. Jährlich werden etwa 140,000 Ctr. Kabliau getrocknet und etwa 7—8000 Ctr. Sardinen gesalzen. Der gesammte Ausfuhrwerth beträgt etwa 41 Mill. Fr., die Einfuhr, meist Rohprodukte, wie Häute, Theer, Steinkohlen, Kork, Kolonialwaaren, etwa 28 Mill. Fr. — Montpellier, 52,000 Einw., blühende Industrie, von Grünspan und anderen Chemikalien, Stearinkerzen (für 10 Mill. Fr.), Branntwein, Liqueuren, Spiritus, Essenzen, Chocolade, Korkschneidereien, Handel mit Wein, Oel, Seide, Südfrüchten. — Nîmes, 60,000 Einw., bedeutende Fabrikstadt, Manufakturen in verschiedenen Seidenwaaren. Leder- und Parfümeriefabriken, Maschinenbauanstalten, Handel mit Languedocweinen, Absynth, Cocons und Seide. — Beaucaire, 9600 Einw., berühmter Meßort Frankreichs, ziemliche Gewerbthätigkeit und beträchtlicher Transithandel in Seide, Olivenöl, Mandeln, Parfümerien, Leder. Der gegenwärtige Umsatz auf der einst weltberühmten siebentägigen Messe beträgt 50 Mill. Fr. Zur Marktzeit aber gehört Beaucaire zu den interessantesten Flecken des Südens. Die sonstige Oede und Traurigkeit weicht dem Lärm, der Geschäftigkeit der buntesten Bevölkerung. In allen Gassen reihen sich Waarenlager aneinander und auf dem großen Platze längs der Rhone erhebt sich ein Bazar neben dem andern. Die buntesten Trachten geben der Messe von Beaucaire, dem Leipzig des Südens, das Aussehen eines orientalischen Marktes. Auch fehlt der Türke nicht, der seine orientalischen Balsame anbietet oder Ambra und Tschibuks verkauft. In einem Zelte singt ein brauner Araber das Lob seines Honigkuchens, den er von Afrika herübergebracht. Die Bazars und Zelte sind ebensoviele Schatzkammern der kostbarsten Gold- und Silbergeräthe, der edelsten Stoffe aus Orient und Occident. Trotz dieses Reichthums ist der Markt von Beaucaire doch kaum noch ein Schatten von dem, was er einst gewesen. Im Mittelalter steuerten genuesische und venetianische Schiffe die Rhone herauf und brachten morgenländische Schätze mit, um sie gegen die Erzeugnisse von Gent und Brügge, die ihnen bis hieher entgegenkamen, auszutauschen. Mailand schickte seine Juweliere und Goldschmiede, Toledo seine Schwertfeger und Portugal seine Gewürzschiffe, die es an der Küste Ostindiens beladen hatte. All diese Pracht ist heute dahin. Hätte Beaucaire nicht die vierzehntägige Messe, die ihm einigen Miethzins abwirft, es wäre der armseligste Flecken im südlichen Frankreich. — Alais, 20,000 Einw., wichtige Fabrikstadt auf

einem ergiebigen Kohlenfelde. Eisenhämmer, Glashütten; auch Seiden=
spinnereien, Gerbereien, Färbereien. Ebenso Grandcombe, 9400 Einw.,
und Bessèges, 7700 Einw.

Auvergne. Clermont, 37,000 Einw., Fabriken in chemischen Pro=
dukten, Salpeter, Lavaartikeln, Liqueuren und Branntwein, Messerschmiede=
waaren. Speditionshandel zwischen dem südlichen Frankreich und Bordeaur,
Lyon und Paris. — Thiers, 18,000 Einw., Messerschmiedwaaren.

Lyonnais. St. Etienne, 96,000 Einw., das französische Birmingham,
Seidenband=, Sammt=, Tressen= und berühmte Eisenwaaren= und Waffen=
fabriken. — Rive de Gier, 9200 Einw., mit großen Steinkohlenwerken,
Glashütten, Stahlfabriken.

Limousin. Limoges, 53,000 Einw., bedeutende Porzellanmanu=
fakturen, Spinnereien, Fabriken in Tuch, Kasimir und Flanell, Halbwoll=
waaren, sog. engl. Leder. Nagel= und Messerschmieden, Brennereien,
Brauereien, Gerbereien, Handel mit obigen Fabrikaten, mit Getreide,
Kastanien, Wein, Pferden. — Tulle, 13,000 Einw., große Gewehrfabrik.
Fabriken in Leder, Papier, Spielkarten, Parfümerien, Wachskerzen, Nägeln
und Draht. Handel mit Eseln und den geschätzten Limousinpferden.

La Marche. Aubusson, 6000 Einw., Teppichfabriken von europäischem
Ruf, Fabriken in Tuch, Decken, Sammt. Handel mit Getreide und Wein.

Berry. Bourges, 28,000 Einw., Handel mit den landwirthschaft=
lichen Produkten von Berry. — Chateauroux, 16,000 Einw., bedeutende
Fabriken in groben Tuchen, kaiserliche Tabaksfabrik. Lebhafter Handel mit
Wolle, Getreide, Hammeln, Wein und Leder.

Bourbonnais. Moulins, 18,000 Einw., Woll= und Baumwoll=
spinnerei, Seidenweberei, Fabrikation von Darmsaiten, Drainageröhren,
Barytpräparaten. Handel mit Getreide, Wein, Holzkohlen.

Nivernois. Nevers, an der Loire, 20,000 Einw., Fayencefabriken.
Fabriken für Email, Glasperlen, Feilen, Schraubstöcke, Eisengeräthe,
Strumpfwirkerartikel, Chemikalien; Geschützgießerei für die Marine. Handel
mit Wein, Getreide, Vieh, Eisen, Stahl, Quincaillleriewaaren. — La
Chaussade, 3000 Einw., großartiges Eisenwerk für Marine=Bedürfnisse.

Orléanais. Orléans an der Loire, 49,000 Einw., Stapelplatz
für überseeische Waaren und Landesprodukte. Bedeutende Spinnereien,
Fabriken von Wolldecken, feinen Tüchern und Flanell, Wollzeugen für die
Levante, Zuckerraffinerien, große Weinessigfabriken, Gerbereien, Destillationen,
Chemikalien. Handel mit den eigenen Fabrikaten und mit Landesprodukten.
— Vendome, 10,000 Einw., Handschuhfabriken.

Champagne und Brie. Chalons an der Marne, 56,000 Einw.,
große Champagnerfabriken. Bekannt sind die ungeheuren Felsenkeller der
berühmten Champagnerfirma Jaqueson mit einem Lager von circa 4 Mill.
Flaschen. Für Korkstöpsel allein gibt der Inhaber des Geschäfts jährlich
über 40,000 Thlr. aus. — Reims, 47,000 Einw., große Champagner=
fabrikation. — Epernay, 11,000 Einw., die Dörfer Sillery, und Ay,
Erzeugungsorte des besten Champagners. Ueber die gesammte franz.
Champagnerproduktion gibt die Reimser Handelskammer interessante
Notizen. Nach derselben waren am 1. Jan. 1845 in Frankreich auf

Lager 23,285,818 Flaschen, und während desselben Jahrs exportirt 4,380,214 Flaschen. Im Jahre 1866 waren auf Lager 37,608,700 Flaschen, also 14 Mill. Flaschen mehr, und exportirt 10,283,866 Flaschen, also 6 Mill. mehr, woraus sich ergibt, daß im letztgenannten Jahr das Ausland im Verhältniß zum effektiven Bestand noch einmal so viel verbraucht hat als im Jahre 1845. — Troyes, 35,000 Einw., bedeutende Woll= und Baumwollspinnereien. Fabriken für Strumpf= und Bonneteriewaaren, Floretseide, Handschuhe, Baumwollzeuge und Stickereien. Speditions= und Eigenhandel mit Getreide, Reps, Wolle, Wein, Branntwein und Manufakten. — Sédan, an der Maas, 15,500 Einw., die bedeutende Tuchfabrikation liefert jährlich für 16 Mill. Fr. Kasimir und Tuch, darunter die berühmten Sédantücher. Waffenfabrikation, berühmte Gerbereien, viele Brennereien und Färbereien. Handel mit Wolle, Getreide und Arzneigewächsen.

Bourgogne. Dijon, die alte burgundische Hauptstadt, 38,000 Einw., Handel mit Burgunderweinen und Mehl. Bei Chambertin, Nuits und Pomard die besten Burgunderweine. — Beaune, 11,000 Einw., der größte Stapelplatz der Burgunderweine, von welchen jährlich 40,000 Stückfaß versandt werden. — Auxerre, 15,000 Einw., Woll=, Fayence=, Darmsaitenfabriken, Handel mit Wein, Stabholz, Kohlen. — Le Creuzot, 25,000 Einw., gegenwärtig das bedeutendste Eisenwerk Frankreichs, dessen meteorgleiches Aufblühen vom Jahre 1837 datirt, wo der Präsident Schneider die vorhandenen kleinen Etablissements vereinigte. Die benachbarten Gruben von Mazenney liefern einen Theil des nöthigen Erzes, aus welchem das beste Eisen Frankreichs erzeugt wird. Schneider, von deutscher Herkunft und Bildung, baute für seine Arbeiter Schulanstalten, Bibliotheken, Garküchen, Wohnungen, gründete Krankenkassen und dergl. Jetzt erzeugen seine 10,000 Arbeiter jährlich 200 Mill. Pfund Eisen und über 100 Lokomotiven gehen jährlich aus der Maschinenfabrik hervor. Die Maschinenwerkstätten produciren für 14 Mill. Fr., die Hochöfen und Gießereien für 20 Mill.

In der Provence. Toulon, 77,000 Einw., Hauptstation der Mittelmeerflotte, gute Weine, Südfrüchte, Kapern. Bedeutende Seefischerei und Küstenhandel. Die Industrie arbeitet meist für die Bedürfnisse des Arsenals und der Flotte. — Brignoles, 6000 Einw., Handel mit Wein, Oel, Südfrüchten, besonders aber mit berühmten Pflaumen. — Marseille, 260,000 Einw., die bedeutendste Seehandelsstadt Frankreichs, seit 1818 Freihafen, mit blühender Industrie. Es besitzt 2 Seifensiedereien, die über 500,000 Ctr. Seife produciren, viele Oelfabriken, Gerbereien, Eisengießereien und metallurgische Etablissements. Fabrikation von Conserven, Parfümerien, Korallenarbeiten. Marseille beherrscht den levantinischen und algierischen Handel. Die Ein= und Durchfuhr betrug 1862 692 Mill. Fr. die Ausfuhr 577 Mill., die Einfuhr besteht hauptsächlich in Getreide von den Küstenländern des schwarzen Meers und in anderen Nahrungsstoffen sowie in Rohprodukten. — Grasse, 12,000 Einw., Kultur von wohlriechenden Pflanzen und Fabrikation berühmter Essenzen und Parfümerien. Handel mit Olivenöl, trockenen Früchten und Parfümerien. — Nizza, 51,000 Einw., liefert Essenzen, eingemachte Früchte, künstliche Blumen, Strohhüte; Anchovis= und Thunfischfang. — Avignon, 37,000 Einw., ansehnliche Seiden= und

Baumwollspinnereien, Fabriken in Sammet, Taffet, Indiennes u. s. w., Färbereien, Krappmühlen. Lebhafter Handel mit Seide, Wein, Olivenöl, Getreide und Mehl. Wichtig ist die Kultur des Krapps. — Carpentras, 11,000 Einw., Handel mit Wein, Krapp, Oel und Südfrüchten. — Grénoble an der Jsère, 35,000 Einw., bedeutende Handschuhfabriken, welche für 17 Mill. Fr. Waaren liefern. Bereitung feiner, geschätzter Liqueure. Handel mit Hanf, Eisen, Holz und den eigenen Fabrikaten. — Valence, 20,000 Einw., Fabrikation von Baumwoll= und Seidenwaaren, Hüten, Leder, Glaswaaren, Wagen.

In Savoyen. Chambéry, 20,000 Einw., Fabrikation berühmter Seidengaze, seidener und wollener Strümpfe, Uhren, Kerzen, Farben. Lebhafter Handel mit Landesprodukten. — Annecy, 11,000 Einw., der gewerbfleißigste Ort Savoyens, Spinnereien, Kattundruckereien, Glashütten, Eisen= und Messerschmieden.

In Vivarois. Annonay, 18,000 Einw., die Weißgerberei beschäftigt über 80 Fabriken mit 1200 Arbeitern, die altberühmte Papierfabrikation des Ortes liefert für mehr als 2 Mill. Fr. Papier.

Im eigentlichen Lyonnais. Lyon, die zweite Stadt Frankreichs, 324,000 Einw. In der Seidenmanufaktur behauptet Lyon noch immer den ersten Rang auf der Erde, etwa 140,000 Arbeiter mit 70,000 Webstühlen sind noch damit beschäftigt. Nach einem Berichte der Lyoner Handelskammer producirten die dortigen Etablissements für 459 Mill. Fr. Seiden= und Floretseidenwaaren im Jahr 1868, während das Jahr 1859 einen Erzeugungswerth von fast 500 Mill. ausweist — eine Zahl die in keinem Jahr der zehnjährigen Periode 1859/68 erreicht wurde. Von jenen 459 Mill. Franken entfallen 329,3 Mill. auf die rein seidenen einfachen Stoffe, 60 Mill. Werth hatten die fabricirten Seiden= und Sammetbänder. Weitaus der größte Theil dieser Fabrikate geht nach England, nämlich für 209 Mill. Franken, für 66 Mill. Franken Waare erhält die Schweiz, 43 Mill. die Vereinigten Staaten, 35 Mill. der Zollverein, 20 Mill. Italien, 14 Mill. Belgien, 5 Mill. Spanien, das übrige vertheilt sich auf verschiedene andere Länder. Dabei muß aber bemerkt werden, daß vieles von der nach Deutschland bestimmten Waare über die Schweiz dirigirt wird, daher sich die hohe obige Consumtionszahl für die Schweiz erklärt. Bedeutende Färbereien, Gold= und Silberwirkereien, Hutmacherei, Eisenindustrie; Fabriken für Tressen, Bijouterie= und Quincaillerieewaaren, künstliche Blumen, auch sehr bedeutende Tapetenfabriken, Handel mit Wein und Branntwein, mit Baumwolle und Schafwolle (12 Mill. Pfund) mit Tüchern, Zeugen, Strohhüten und Landesprodukten. — Bourg, 14,000 Einw., Fayencefabriken. Lebhafter Handel mit Getreide, Wein, Geflügel, Pferden und Schlachtvieh, beste lithogaphische Steine in Frankreich.

In Burgund. Besançon, 46,000 Einw., bedeutende Fabriken in Eisen= und Stahlwaaren, Waffen, in Leinwand, Woll= und Baumwollstoffen und Seidenzeugen, und speziell in Taschen= und Stutzuhren. Der Handel beschäftigt sich mit den genannten Fabrikaten und mit Landesprodukten. — Dole, 10,600 Einw., Eisenhütten, Glasfabrikation, starker Getreidehandel. — Montbéliard, (Mömpelgard) 6700 Einw., sehr bedeutende Uhren=

fabrikation (für 1 Mill. Fr.), Gerbereien, Fabriken für Instrumente. Leb=
hafter Handel mit Holz, Brettern, Käse.

Im Elfaß. Straßburg am Rhein, 84,000 Einw., bedeutender
Tabaksbau und Tabaksfabrikation, Gewehrfabriken, Fabriken in Tuch, Leder
und Delikatessen (Straßburger Gänseleberpasteten), Bierbrauereien, die
halb Frankreich mit Bier versorgen. — Colmar, 24,000 Einw., Baum=
wollspinnereien, Glockengießereien. — Mühlhausen, 58,000 Einw., Cen=
trum eines Hauptbezirks der Baumwolleninbustrie in Frankreich. Fabriken in
Cattun, Calicot, Zitz, Bleichereien, Färbereien und großartige Zeugdruckereien,
dann Fabriken in Leinwand, Wäsche, Tuch, Maroquin, große Etablissements
zur Herstellung von Spinn= und Webemaschinen, zahlreiche Ateliers von
Zeichnern und Holz= und Kupferstechern für die Druckerei. Die gesammte
Ein= und Ausfuhr beträgt 6 Mill. Fr. Die Wohnungs und Nahrungs=
noth unter den Arbeitern im Elfaß und namentlich zu Mühlhausen war
zu Anfang der dreißiger Jahre dieses Jahrhunderts so drängend geworden,
daß sich zu ihrer Linderung aus den ersten Industriellen damals eine
„industrielle Gesellschaft" bildete deren eigentliche Seele und treibende
Kraft die bedeutendste der Mühlhausener Firmen, Dollfuß & Maj ist. —
Schlettstadt, 10,000 Einw., bedeutende Gerbereien, Fabriken in Metallgaze,
Handel mit Wein, Tabak, Rübsamen, Hanf und Flachs. — Hagenau,
11,000 Einw., Kultur von Krapp; Krappfärbereien, Band= Calicot= und
andere Baumwollfabriken. Holzhandel, Pferde und Schafzucht. — Bisch=
weiler, 10,000 Einw., und Markirch, 12,000 Einw., Fabriken in Tuch=
und Baumwollenwaaren.

In Metz. Metz, 57,000 Einw., Woll= und Baumwollspinnereien,
Fabriken für Moltons, Droguet und Decken, Eisen= und Kupferhütten,
zahlreiche Gerbereien, Färbereien und Stickereifabriken. — Verdun, 13,000
Einw., viele Loh= und Sämischgerbereien, Feilen, Leinwand, Posamentir=
waaren, Confituren, Liqueure und Zuckerwerk. — Toul, 8000 Einw., die
starken Weinbau treiben, Stickereien und Zeugschmiedarbeiten liefern. Glas=
fabrikation, Bierbrauerei, Gerberei, Handel mit diesen Erzeugnissen.

In Lothringen. Nancy, die alte burgundische Hauptstadt, 50,000
Einw., zählt an 400 Fabriken mit weltberühmten Stickereien, 10 Tuch=
fabriken, Baumwollspinnerei und Weberei, Färbereien, Gerbereien; Fabriken
für Strumpfwaaren, Strohhüte, Messingwaaren. Ansehnlicher Handel mit
den eigenen Fabrikaten und mit Getreide, Wein, Wolle, Hopfen, Leder und
und Lumpen. — Saargemünd, 6000 Einw., Hauptfabrikation von Schnupf=
tabakdosen, Fabriken für Sammet, Zwirn= und Seidenhandschuhe. — Epinal,
11,000 Einw., Fabrikation von Scharfschmiedeartikeln, chemischen Produkten,
Oel, Bier, Leder, buntem Papier, Kutschen, Spitzen und feinen Stickereien.
Handel mit Pferden, Rindvieh, Getreide, Wein, Eisenwaaren, Brettern und
Papier, letzteres theils aus eigenen, theils aus zahlreichen Fabriken der
Umgegend stammend, namentlich aus den berühmten Papiermühlen des zwei
Stunden entfernt an der Mosel liegenden Dorfes Archette.

Insel Corsica, das gegenwärtige 89. franz. Departement, stand bis
zum 11. Jahrhundert unter der Herrschaft der Araber, denen es die Pisaner
entrissen. Durch Eroberung und Vertrag kam die Insel Anfang des 14.

Jahrhunderts an die seemächtige Republik Genua, welche es jedoch gegen verschiedene Aufstandsversuche (unter Baron Neuhof — König Theodor und Pasquale Paoli) bis Mitte des 18. Jahrhunderts hielt, wo sie durch den Tractat von Compiegne (1768) an Frankreich abgetreten wurde, bei welchem Corsica seit 1796 dauernd blieb. Die ganze Insel hat noch nicht 300,000 Einw.; das Innere, namentlich im Süden, ist rauh und wild, und fast unzugänglich wegen Mangels fast aller Wege, die nur an den Küsten zu finden sind. Der Boden ist indeß in den Thälern äußerst frucht= bar und bringt genügend Getreide für den Verbrauch hervor. Daneben gibt es viel Flachs, Kastanien und vortreffliche Südfrüchte und gute Landweine, dann Oel und Seide. Die großen Waldungen liefern vortreffliches Schiff= bauholz für die Marine. Die Viehzucht ist bedeutend (Pferde, Esel, Maul= esel, Rindvieh, Ziegen schöner Art). Die grobe Wolle der meist dunkel= farbigen Schafe wird von der Hausindustrie für die eigenen Bedürfnisse verbraucht. Die Küstenbewohner beschäftigen sich, neben dem Küstenhandel, mit der Fischerei von Thunfischen, Sardellen und Austern. — Ajaccio, 14,000 Einw., Sardellen= und Korallenfischerei, Handel mit einheimischem Wein und Oel. — Bastia 19,000 Einw., baut Reis; fabricirt Wachs, Liqueure, Maccaroni, Fischfang und Korallenfischerei, beträchtlicher Handel mit Landesprodukten und den Erträgnissen der Fischerei.

11. Spanien.

9200 Quadratmeilen. 16,500,000 Bewohner.

Handelsgeschichtliches. Vergleichungsweise sehr spät nimmt die an sich von der Natur so verschwenderisch bedachte Pyrenäische Halbinsel, das heutige Portugal und Spanien, am Weltverkehre Theil. Die Araber hatten im Beginn des achten Jahrhunderts die ganze Halbinsel mit Ausnahme des gebirgigen Asturiens den Gothen entrissen und in ganz kurzer Zeit das niedergetretene Land zu einer Stufe des blühendsten Wohlstandes und Gedeihens gehoben. Ackerbau und Viehzucht entwickelten sich auf's Beste, die verlassenen Bergwerke wurden wieder mit Vortheil aufgenommen, Ge= werbe und Industrie gediehen kräftig und auf diese und die zahlreichen Landesprodukte hatte sich eine lebhafte Handelsthätigkeit gegründet. Die heutige Bodenkultur und was von Industrie übrig ist, stammt fast durch= gängig aus jener Blüthezeit des Landes. Die seit dem 13. Jahrhundert gebrochene Herrschaft der Mauren ging mit dem 15. völlig zu Ende und bald darauf bezeichnete auch die Vertreibung der Mauren den Beginn des raschen Verfalls jener hohen Blüthe. Doch erst viel später kamen die verderblichen Folgen dieser und ähnlicher Mißgriffe zu voller Entwickelung; sie traten zunächst vor jenen welthistorischen Ereignissen, der Entdeckung Amerika's und der des Seeweges nach Ostindien, in den Hintergrund, in welche sich Spanier und Portugiesen theilten (S. 42).

Noch bevor Vasco da Gama den Boden Indiens betreten, war von

den Spaniern auf westlicher Fahrt die Entdeckung Amerika's gemacht worden.
An die große That des Columbus knüpfte sich die Errichtung von Kolonien,
die allmählich ganz Westindien, Mittel= und Südamerika, Brasilien aus=
genommen, umfaßten. Diese Kolonien wurden lediglich ein Hebel der Macht
von Krone, Adel und Klerus, kein Förderungsmittel des Handels; aus den
mexikanischen und peruanischen Gold= und Silberbergwerken gelangten aber
jährlich eine so gewaltige Masse von Edelmetallen nach Europa, daß ihr
Einströmen ein überaus rasches Steigen aller Waarenpreise zur Folge hatte,
und daß anfänglich die spanischen Behörden sogar glaubten, dagegen Ver=
ordnungen erlassen zu müssen. Für das Mutterland waren die Folgen der
neuen Erwerbungen sehr tiefgreifende und kritische; es befand sich eben im
Beginne einer Periode steigenden, auf die Entwickelung seiner überreichen
inneren Hilfsquellen begründeten Gedeihens und war auch äußerlich durch
die endliche Vereinigung der Königreiche von Aragonien und Kastilien zu
einem Reiche gekräftigt. Trotz der schweren Verluste, die das Land durch
die Vertreibung von Mauren und Juden erlitten hatte, waren die Fort=
schritte desselben in Industrie, Gewerben, Handel und Ackerbau unter der
neuen Regierung doch derartige, daß gegen 1482 die königlichen Einnahmen
sich um das Sechsfache erhöht hatten. Jetzt nun gelangten jährlich unermeß=
liche Schätze an Edelmetallen in den Besitz der Krone wie der Privaten
und es galt nun, diese für das Land dauernd nutzbar zu machen. Indeß
geschah unter der Regierung Karls V. durchaus nichts für Einrichtung
eines zweckmäßigen Handels= und Finanzsystems; er hatte für die volkswirth=
schaftlichen Interessen Spaniens wenig Zeit und Interesse. Zwar zunächst
erfreuten sich die einheimischen Gewerbe und Industrien noch eines vermehrten
Aufschwungs und eines entsprechenden Antheils an jenem Gewinne; die
wachsende Prachtliebe und der Luxus feuerten zu lebhaften Anstrengungen an.
Die Wollmanufakturen in Segovia beschäftigten 1550 gegen dreizehntausend
Arbeiter, die Waffenfabriken in Toledo, die Ledermanufakturen Cordova's,
die Goldstickereien Sevilla's wurden lebhaft betrieben und die nördlichen
Provinzen lieferten gesuchtes Bauholz, Getreide, Hanf; aber das Land hatte
doch bereits durch die Vertreibung der Mauren und Juden ein paar Millionen
der thätigsten und gewerbfleißigsten Einwohner verloren und immer mehr
verlockten jetzt die sich rasch in allen Ständen ausbreitende Habsucht und
Lust zu Abenteuern alljährlich Tausende, ihr Glück im amerikanischen Gold=
lande zu suchen. So verminderten sich einerseits die Arbeitskräfte und die
Produktion, und andrerseits stiegen die Arbeitslöhne und die Preise der
Lebensmittel. Mehr und mehr wurde Spanien für Erzeugnisse der Industrie
wie des Ackerbaus und für Nahrungsstoffe von auswärtiger Zufuhr abhängig,
die es zum größten Theile baar bezahlen mußte.

  Die noch eine Zeit lang jene inneren Schäden verdeckende glänzende
Außenseite ging unter der fanatischen und despotischen Regierung Philipps II.
verloren, welche jede Selbstständigkeit der Gemeinden, Städte und Provinzen
vernichtete, jeden Geistesaufschwung knechtisch fesselte. Die Occupation
Portugals machte ihn nicht zum Erben des portugiesischen Handels, sondern
vernichtete blos diesen durch die Gewaltmaßregeln gegen die Holländer, zu
denen sich auch die aus Antwerpen vor seinen Willkürmaßregeln flüchtenden

Kaufherren wandten und Amsterdam groß machen halfen. Holland gieng sieg=
reich aus dem langen Kampfe hervor. Philipps II. mit ganz ungeheuren Kosten
und den größten Opfern der Regierung wie der Privaten geschaffene Flotte,
die sogenannte „unüberwindliche Armada," wurde von der englischen Marine
und von Stürmen vernichtet (S. 82). Seitdem konnte sich Spaniens
Seemacht nicht wieder erholen. Seine Handelsfahrzeuge und seine Silber=
flotten wurden gekapert, die öffentlichen Kassen wurden leer, aber die Ver=
schwendung des Hofes und der Vornehmen dauerte fort, während der ein=
heimische Bergbau ganz darnieder lag und die Gewerbe unter lästigen
Beschränkungen hinsiechten und zugleich der fortdauernde Krieg ungeheure
Summen verschlang. Die Produktionskraft des Landes nahm ab, die
Arbeitsscheu wuchs, das blinde Wüthen der Inquisition brachte überall hin
Elend und trieb Tausende ins Ausland. Philipp II. hinterließ seinem Nach=
folger, Philipp III., eine Schuldenlast von mehr als 100 Millionen Thalern
und ein erschöpftes Reich. Das Maß voll zu machen, vertrieb dieser um
1610 den letzten Rest der Mauren aus dem Lande, welches damit wieder
fast eine Million der industriösesten Einwohner verlor. Die blühende Agri=
kultur Cataloniens ging zu Grunde; die Provinz Valencia, welche mit
Südfrüchten aller Art ganz Europa versorgt hatte, bedurfte selber Getreide=
zufuhr; die Tuchfabriken Murcia's, die Seidenwebereien Granada's, die
Ledermanufakturen Cordova's standen still, die Baumwollen= und Reiskultur
war vernichtet, aber kein Ketzer war mehr auf spanischem Boden.

Einmal jährlich giengen königliche Flotten nach Mexiko und Peru, um
die Ausbeute der Bergwerke abzuholen; sie brachten dorthin die nöthigen
Manufakturen, welche von Portobello und Veracruz aus dann den Indianern,
die sie nicht brauchten, zu ganz willkürlichen und unsinnigen Preisen auf=
zwungen wurden. Bald aber vermochte Spanien bei zunehmender Ent=
völkerung, Mangel an Arbeitern und dem Druck hoher Abgaben auch die
nothwendigen Fabrikate nicht mehr selbst zu liefern und so waren die
Exporteure genöthigt, holländische und englische Kauffahrer gegen das Gesetz
mit ihrem Namen zu decken; daneben auch bildete sich ein organisirter und
von der Regierung nothgedrungen geduldeter, ja von ihr sogar selbst aus=
gebeuteter großartiger Schmuggelhandel. Das ganze Land verarmte und
veröbete dabei in unglaublichem Grade. Die Bevölkerung war auf ein
Sechstel etwa der Zahl von 30 Millionen, die sie noch unter Karl V.
betragen hatte, herabgekommen. Von den sechzehntausend Webstühlen
Sevilla's waren beispielsweise zu Anfang des 18. Jahrunderts kaum vier=
hundert noch im Gange. So wurde Spanien für seinen eigenen Bedarf
mehr und mehr vom Auslande abhängig. Holländer, Franzosen und Eng=
länder brachten Getreide, Manufakturwaaren, Kurzwaaren, Schiffsbau=
materialien, von Luxusartikeln zu schweigen, und alles dies mußte großen=
theils mit baarem Gelde bezahlt werden, weil die Colonien nur etwas
Zucker, Cacao, Tabak, Farbehölzer, und Spanien selbst nur etwas Wein,
Wolle, Oel und Südfrüchte dagegen zu geben hatten. In Kriegszeiten
mußte die Regierung sich sogar der feindlichen Kauffahrer zur Vermittelung
mit den Colonien bedienen. Als nach dem Aussterben des alten Regenten=
hauses die Bourbonen 1713 zur Regierung kamen, bemühten sie sich endlich

dem Lande aufzuhelfen, den Ackerbau und die Industrie hemmende Zölle und Verbote wurden aufgehoben, Colonisten herbeigezogen, neue Industriezweige gegründet, Einfuhrzölle ermäßigt, Straßen und Kanäle angelegt, es kam ein neuer Geist in die Nation: Ende des 18. Jahrhunderts wurden nach den Colonien schon fast ebensoviel einheimische wie fremde Erzeugnisse ausgeführt und die Handelsbilanz mit England wurde eine für Spanien günstige.

Trotz dieser Fortschritte lieferten der heimische Ackerbau und Industrie immer noch nicht genug für den Bedarf des Landes. Das Ausland schickte Getreide, Kleidungsstoffe, Geräthe, und da die Ausfuhr stets hinter der Einfuhr zurück blieb, stellte sich die Bilanz immer noch zum Nachtheile Spaniens und der Ertrag der amerikanischen Bergwerke wanderte ins Ausland; einzelne Städte arbeiteten sich empor, die Masse der Bevölkerung blieb arm wie zuvor. Der Ackerbau war gedrückt, der Bauer war meist nur Pächter des Adels oder der Kirche. Im Uebrigen geschah ohne die Initiative der Regierung wenig.

Diese Ansätze zu materieller Hebung wurden aber schon zu Ende des 18. Jahrhunderts durch die mit der französischen Revolution beginnenden Kriege von Engländern und Franzosen gleichmäßig wieder zerstört, Handel und Marine zu Grunde gerichtet. Mißwachs und epidemische Krankheiten kamen hinzu, und während der Volkskrieg gegen den aufgedrungenen Napoleoniden Alles in Anspruch nahm, brachen Empörungen in den amerikanischen Colonien des Festlandes aus, welche dem Mutterlande alle Einkünfte von dorther entzogen und mit der völligen Lostrennung derselben endigten (1821—1825). Die Rückkehr der Bourbonen nach Napoleons Sturz brachte dem Lande indeß keine Ruhe. Die absolutistischen und reaktionären Maßregeln der Regierung unterhielten vielmehr eine fortwährende Gährung, die sich in einer fast ununterbrochenen Reihe von Aufständen und nach Ferdinands VII. im Jahre 1837 erfolgten Tode zu einem siebenjährigen Bürgerkriege Luft machten. Auch nachher folgten sich eine Reihe von Militärpronunciamento's ehrgeiziger Generale, die nach dem Besitze der Regierung für sich und ihre Partei strebten. Daß unter solchen Verhältnissen Handel und Industrie nicht gedeihen konnten, ist begreiflich; dazu gesellte sich eine höchst verkehrte Handels- und Kolonialpolitik, die ihre Rückwirkungen auf Spanien immer mehr fühlen läßt. Unter der Königin Isabella, die 1868 ihre Krone verlor, wie unter der nachfolgenden provisorischen Regierung ist es kaum besser geworden. Noch ist der kommerzielle Druck, an dem Spanien so lange leidet, nicht gewichen, noch gelten veraltete schutzzöllnerische Ideen und im Einklange mit den Prohibitivzöllen auf fast jedes fremde Natur- und Fabrikerzeugniß stehen die barbarischen Schiffsgesetze.

Ackerbau und Viehzucht. Fast fünf Siebentel der Bevölkerung sind mit Landwirthschaft und Viehzucht beschäftigt. Sie sind die vorherrschende Masse der spanischen Nation; in tiefe Unwissenheit versunken, wissen sie aber nichts von den Bewegungen der Neuzeit und verharren geduldig in genügsamer Armuth und trägem Stillstand. Noch nicht die Hälfte der Bodenfläche ist dem Ackerbau unterworfen und 55 Prozent stehen außer Kultur. Auf Ackerland entfallen 27, auf Weingärten 3 Prozent der Oberfläche. Bei der Verschiedenartigkeit des Bodens und Klimas können alle europäischen Getreidearten gebaut werden. Der Waizen herrscht vor; im Gebirge und Norden wird viel Roggen kultivirt; daran schließen sich Hirse, Moorhirse, Mais, Reis, Wassermelonen, Erdnüsse. Der Oelbaum, namentlich im Süden angepflanzt, liefert jährlich über 50 Mill. Arrobas Olivenöl. Espartogras und Hanf bilden Exportartikel. Krapp, Saffran und der Cochenillecactus sind für die Färberei von Wichtigkeit. Der Maulbeerbaum wird zum Zwecke der Seidenzucht vielfach angepflanzt. Das Zuckerrohr, das Süßholz und die Baumwolle gewinnen im Süden mehr und mehr Boden; in der Mancha und Murcia baut man Sodapflanzen; die Orangenkultur in Valencia hat namentlich in letzterer Zeit durch Krankheit gelitten. Aus den fleischigen Blättern der überall am Mittelmeer heimisch gewordenen amerikanischen Agave gewinnt man Pitafasern zu groben Geweben. Von außerordentlicher Wichtigkeit ist der meist in den Mittelmeerprovinzen heimische Weinbau. Die Namen Xerez (Scherry), Malaga, Alicante, Benicarlo, Peralta und Cascante, die Tinto-Rothweine und der aus trockenen Beeren gewonnene Vino-seco sind weltberühmt. Die Traubenkrankheit hat in der letzten Zeit der Weinkultur vielen Schaden zugefügt, doch empfängt England, der Hauptabnehmer spanischer Weine, jährlich immer noch gegen 8 Mill. Gallonen. Ein Gegenstand besonderer Pflege ist die Korkeiche. Die Ausfuhr an Korktafeln beläuft sich auf 30,000—40,000 Ctr., im Werthe von 6½ Mill. Realen, wozu noch für 33 Mill. Realen Korkstöpsel kommen. Die ausgedehnten Weiden, die nicht zum Ackerbau dienen, werden namentlich zur Viehzucht benützt; aber die Schafzucht, welche die berühmten Merinos liefert, ist zurückgegangen. Spanien besitzt gegenwärtig nur 25 Mill. Schafe. Die Merinoschafe wurden von den Mauren nach Spanien eingeführt und 1779 nach Sachsen verpflanzt, wo sie als Electoralschafe sich noch mehr verfeinerten. Die Milch-, Käse- und Butterbereitung ist nur im Norden zu Hause; das Rindvieh im Süden wird mit Rücksicht auf die Stiergefechte und als Zugvieh gezüchtet. Die Pferdezucht (andalusische Rasse) wird neuerdings durch große Beschälereien (Cordova) gefördert. Die Schweinezucht ist namentlich in Estremadura zu Hause, wo sich große Eichenwälder befinden. Wichtig ist die Seidenzucht in Catalonien, Murcia, Valencia, die etwa 2 Mill. Pfund Rohseide liefert. Auch die Cochenillezucht breitet sich aus. —

Der **Fischfang** ist noch immer von Bedeutung, wenn auch die Zeiten vorüber sind, daß die Basken im Walfischfang tonangebend waren (S. 35). Noch immer rechnet man, daß über 30,000 Menschen und 10,000 Boote in der Thunfisch-, Sardinen- und Sardellenfischerei, namentlich an den Küsten Biscaya's, Galiziens, Andalusiens, Valencia's thätig sind. Auch fischt man an der andalusischen und nordafrikanischen Küste Korallen.

Bergbau. Spanien ist sehr reich an nutzbaren Mineralien, doch steht die Ausbeute derselben auf einer niedrigen Stufe, zumeist in Folge der mangelnden Verkehrsmittel. Wo der Bergbau blüht, ist er meist in fremden Händen, namentlich englischen. Im Jahre 1863 belief sich die Steinkohlenproduktion nur auf 450 Millionen Kilogramm, hievon 300 Millionen in Oviedo und Leon, und über 60 Millionen in Valencia. Die übrigen Provinzen sind fast ganz auf englische Kohle angewiesen, da die Wälder

fast ganz verschwunden sind und heute nur 5½ Prozent der Oberfläche
einnehmen. Die Steinkohlen zahlen 25 Prozent vom Werthe als Eingangs=
zoll. Eine natürliche Folge ist, daß die nationale Industrie weder Schienen
noch Maschinen liefern kann, die aus dem Auslande bezogen werden müssen
und das heißt man „die Industrie beschützen." Berühmt sind die Queck=
silberwerke von Almaden, die Kupferminen von Riotinto, die Bleibergwerke
von Falset und Linares, die Galmaigruben von San Juan de Alcaraz;
Silber wird in reicher Menge in Almeria (Sierra Almagrera), Arsenik bei
Culera in Catalonien, Schwefel bei Helin und Benamaurel, Graphit bei
Marbulla gewonnen. An Eisen ist Navarra und Asturien reich. Die
größten Steinsalzwerke sind die von Carbona bei Barcelona und la Ming=
lanilla (Cuenca). Seesalz wird durch Verdunsten an den Küsten gewonnen.
Es wurden 1861 ausgeführt für 91 Mill. Realen Blei, für 10 Mill.
Realen Kupfererze, für 95 Mill. Realen Silber, für 15 Mill. Realen
Quecksilber. Der Ertrag der Salinen ist etwa 12 Mill. Realen im Jahre.
Die Staatseinnahmen vom Bergbau und Hüttenwesen belaufen sich auf 50
Mill. Realen.

Industrie. Der Mangel an Brennstoff und Verkehrswegen, das
blödsinnige Schutzzollsystem, die Lässigkeit der Bewohner, die nie endenden
politischen Wirren halten die Industrie immer noch auf einer niedrigen
Stufe, wenn gleich ein kleiner Fortschritt zu bemerken ist. Noch immer
machen 69 Prozent der Einfuhr Manufakturen aus. Am entwickeltsten ist die
Industrie bei den fleißigen Basken, die Eisenwaaren, Kurzwaaren, Papier,
Leder, Leinen= und Wollstoffe fabriziren. Blühend ist eigentlich nur die
Leinen= und Hanfverarbeitung, die Seidenweberei (Valencia), die Tuch=, Papier=
und Korkstöpfelfabrikation, die Gerberei, Seifensiederei, Glas= und Stein=
gutfabrikation. Auch brennt man viel Branntwein. Die Tabakfabrikation,
Monopol der Regierung, wird in sehr großen Fabriken betrieben. Keinenfalls
steht die Industrie im Verhältnisse zu der Fülle der Rohstoffe und der
günstigen, meerumgürteten Lage Spaniens. Seit 1845 herrscht Gewerbe=
freiheit.

Handel. Der Handel Spaniens ist wesentlich ein auswärtiger. Es
gibt Rohstoffe und empfängt Manufakturwaaren. Dieser Umstand, verbunden
mit der Seltenheit der Kapitalien im Lande, trägt wesentlich dazu bei, den
Handel in den Händen der Ausländer, der Franzosen und Engländer, zu
erhalten. Da die Exportartikel sehr umfangreich sind, die Importartikel
aber nicht, so gehen erstere meist den Seeweg, letztere mit Eisenbahnen den
Landweg. Das muß natürlich außerordentlich ungünstig auf die Frachtsätze
wirken und diese vertheuern, da eine natürliche Rückfracht meist mangelt.
Das miserable Schutzzollsystem begünstigt außerdem den Schmuggel. Die
Einfuhren betrugen 1863 etwa 1898 Mill. Realen, die Ausfuhren nur
1219 Mill. Realen. Bei der Einfuhr sind die Kolonien, namentlich Cuba
stark vertreten. Zur Beförderung des Handels bestehen 20 Handelskammern
(juntas de commercio).

Banken. Die spanische Nationalbank (Banco national de San
Fernando) wurde 1829 gegründet und 1851 reorganisirt. Außerdem
Banken in Valencia, Saragossa, Barcelona, Cadix, Malaga, Valladolid,

Sevilla, Santander, La Coruña und Bilbao, zusammen mit einem Nominal=
kapital von 280 Mill. Realen. Dazu kommen zahlreiche Wechselbanken
und Sparkassen.

Verkehrsmittel. Noch immer ist das Meer die beste Verkehrsstraße
Spaniens; im Innern aber herrscht noch großer Mangel an Verkehrsmitteln.
Nach der offiziellen Statistik bestanden 1864 nicht weniger als 2000 Meilen
(14547 Kilometer) Straßen aller Klassen, allein meist auf dem Papier
und die vorhandenen im miserabelsten Zustande. 1869 besaß Spanien
5700 Kilometer fertige Bahnen, die 20 Gesellschaften (meist französischen)
gehören. Sämmtliche Bahnen werfen nicht nur keine Dividende ab, sondern
sind größtentheils außer Stand, die Verzinsung und Tilgung ihrer Anlehen
zu bestreiten. Es mangeln die Straßen, die ihnen Personen und Waaren
zuführen sollen. Der Rücken der Esel und Maulthiere ist das wichtigste
Transportmittel. Ein Esel trägt 2 Ctr.; um einen einzigen Eisenbahn=
güterwagen zu befrachten, braucht man 75 dieser Lastthiere; zur Befrachtung
eines Zuges von 20 Wagen circa 1500 Esel, abgesehen von den Treibern.
Telegraphen (S. 78). Die Handelsflotte, einst so bedeutend, ist stark
zurückgegangen (S. 47). Seit 1848 ist das Postwesen reformirt, der
Portosatz ist gering, die Zahl der 1864 circulirenden Briefe betrug
68,773,000.

Münzen, Maß, Gewicht. Der Duro (Piaster, Dollar) ist die
Hauptsilbermünze à 2 Escudo à 10 Real à 10 Decima (oder à 34
Maravedi). Er ist = 5,192 Frank. Die ältere spanische Nationalsilbermünze,
der Peso Duro (harte Piaster), ist unter dem Namen Dollar zur wahren Welt=
münze geworden, in der Levante, Afrika, Ostindien und China. Er hat
um mehr als 4 Prozent höheren Metallwerth als der Duro. Die Doblon
à 10 Escudo ist seit 1864 die neue Goldmünze = 26 Goldfrank. —
Im Maß und Gewicht gilt seit 1859 das französische System mit den
Bezeichnungen Metro, Litro, Grammo. Von alten kastilischen Maßen und
Gewichten noch im Gebrauch: die Vara = 0,836 Meter; die Fanega =
54,8 Liter; das Quintal (Centner) = 4 Arrobas à 25 Libras, 1 Libra
= 0,92 Zollpfund.

Kolonialbesitz und Auswanderung. Spanien hat nicht viel Menschen
abzugeben; die Auswanderung findet im größeren Maßstabe nur unter den
Basken statt, die sich namentlich nach den La Plata=Ländern wenden. Ist
auch durch den Abfall Mexikos und der südamerikanischen Republiken Spanien
der bei weitem größere Theil seiner Kolonieen verloren gegangen, so bleibt
ihm immer noch ein bedeutender Besitz. Die Kolonialverwaltung Cuba's
und der Philippinen ist eine elende; noch immer hat man sich von dem
falschen System nicht trennen können, welches die Kolonien einzig im
Interesse des Mutterlandes ausnützt. Daher die Unzufriedenheit und offene
Revolution in den Kolonien, die über kurz oder lang zu deren Abfall führen
müssen. Aber immer noch sind die Kolonien sehr bedeutend, wie aus der
nachfolgenden Uebersicht hervorgeht.

16*

Uebersicht der spanischen Kolonien und Schutzstaaten.

Generalcapitanat der Philippinen sammt Schutzstaaten (Sulu=Inseln u. s. w.)	5368.0	□.=M.	6,000,000	Einw.
Die Marianen	19.5	„	5,600	„
Die Presidios mit Tetuan (Marokko)	1.5	„	13,000	„
Canarische Inseln	132.0	„	256,000	„
Generalcapitanat Havanna (Cuba) .	2158.0	„	1,396,000	„
„ Portorico mit Jungfern= inseln	169.0	„	583,000	„
Fernando Po und Annobon (Guineabusen)	23.0	„	5,600	„
	7871	□.=M.	8,259,200	„

Die **Canarischen Inseln**, Tenneriffa, Gran=Canara, Palma, Gomera, Fuertaventura, Lanzarote, Ferro, werden zu Spanien selbst, nicht zu den Kolonien gerechnet, sie sind vulkanischen Ursprungs und sehr fruchtbar. Die Industrie ist unbedeutend und erstreckt sich nur auf die Weberei seidener und wollener Stoffe. Stark betrieben wird die Cochenillezucht. Das vorzüglichste Erzeugniß ist der weiße, süße Kanariensekt, von dem jährlich 40,000 Ohm nach Amerika und England ausgeführt werden. Der Handel, meist in den Händen der Engländer, hat sich sehr gehoben, seit 1852 die Inseln — Ferro ausgenommen — zu Freihäfen erklärt wurden. Hauptstadt ist Palmas auf Gran=Canaria.

Fabrik= und Handelsstädte.

Der Einfachheit halber folgen wir hier nicht der Eintheilung in 48 Provinzen, sondern der alten, nach Königreichen und Ländern.

In Neu=Castilien. Madrid, 280,000 Einw., die Landeshauptstadt am Manzanares hat kaum erwähnenswerthe Industrie= und Handelsthätigkeit. — Guadalajara am Henares, 6600 Einw., bedeutende Tuchfabriken. — Toledo, 34,000 Einw., am Tajo, von altersher durch seine Waffenfabrikation berühmt (Toledoklingen); noch jetzt besteht eine königliche Waffenfabrik, die Säbel, Bajonnete und Messer liefert. Als Rest der früher durch ihre Seiden=, Gold= und Silberstoff berühmten Industrie ist die Marcipanbäckerei zu nennen. — Ciudad Real, 9000 Einw., Maulthier= und Eselmarkt. — Almaden de Azogue an der Sierra Morena, 7500 Einw., mit weltberühmten Quecksilberbergwerken, die 1525—1645 in Pacht der Fugger, 1836—1863 in Pacht der Rothschild waren und jetzt von dem Staate betrieben werden. Die Produktion Almadens und des benachbarten Ortes Almadenejos betrug früher etwa 20,000 Quintals, jetzt nur noch 14,000 Quintals Quecksilber durchschnittlich im Jahre. — Cuenca, 7700 Einw., Hauptsitz des spanischen Wollhandels, Holz= und Honighandel.

In Alt=Castilien. Santander, der Hafen Castiliens am biskayischen Busen, 35,000 Einw., mit bedeutendem Handel. 1864 liefen 412 Dampfer und 994 Segelschiffe ein. Die Einfuhr betrug 12½ Mill., die Ausfuhr 3 Mill. Thaler. Die Stadt besitzt Schiffswerfte, eine große Cigarrenfabrik,

Wollspinnereien, Papierfabriken, in der Nähe Eisengießereien. — Burgos, 26,000 Einw., stark im Aufschwunge begriffen, mit vielen Fabriken, Woll= weberreien, Hutmachereien, treibt lebhaften Handel mit Schafwolle und hält im Juli eine große Messe. — Soria, 5600 Einw., starker Wollhandel. — Avila, 6500 Einw., große Wollspinnerei. — Segovia, 10,200 Einw., schon zur Zeit der Mauren durch seine Tuchfabrikation berühmt, liefert aus seinen Wollwäschereien noch jetzt die schöne Segoviawolle.

In Leon. Leon, 10,000 Einw., Hauptsitz des allerdings gesunkenen spanischen Leinwandhandels. Pferdemarkt. — Medina de Rioseco, 5500 Einw., war im Mittelalter Hauptstapelplatz des spanischen Handels mit so blühendem Verkehr, daß sie India=Chica, Klein=Indien genannt wurde. Im April und September große Jahrmärkte. — Valladolid, 43,000 Einw., lebhafte Industrie in Tuch, Papier, chemischen Produkten, Fayence und Leder. — Zamora, 13,000 Einw., in der Nähe der großen Antimonwerke von Losario.

In Galicien. Ferrol 18,000 Einw., seit 1712 aus einem Fischer= dorfe zu einer schönen Stadt herangewachsen, größtes Arsenal und Kriegs= hafen Spaniens. Schiffsbau. — Coruña, 28,000 Einw., mit gutem Hafen, Station der Dampfer, die den Dienst nach spanischen Häfen ver= sehen. Bedeutender Import und Export. Die Industrie ist durch eine große Cigarrenfabrik (2000 Arbeiter) vertreten. — Vigo, bedeutende Hafenstadt mit 8000 Einw., in dem jährlich über 1000 Schiffe ein= und auslaufen. Die Einfuhr beträgt gegen 20 Mill., die Ausfuhr gegen 7 Mill. Realen. Sardinenfang. — Santjago de Compostella, 27,000 Einw., lebhafter Handel, etwas Industrie. — Orense, 11,000 Einw., am Miño, liefert Leinengarn, Chokolade und vorzügliche Schinken.

In Asturien. Oviedo, 29,000 Einw., große Waffenfabrik, Leder= fabriken, Produktenhandel. — Truvia, große königliche Eisenhütte, Geschütz= gießerei, Stahl= und Gewehrfabrik.

Im Baskenlande. Bilbao, 18,000 Einw., mit dem Hafen Portu= galeta (1500 Einw.), lebhafter Seehandelsplatz; Hauptausfuhrgegenstände sind Wolle, Kastanien, Oel, Wein. Die Stadt besitzt 550 eigene Schiffe, treibt starke Fischerei, hat große Werfte, Eisengießereien, Papier=, Baum= woll=, Tabak=, Glas= und Steingutfabriken. — San Sebastian, 14,200 Einw., mit großem Hafen, wichtig für den Handel mit Frankreich. — Irun, Hauptzollstätte gegen Frankreich. — Vittoria, 19,000 Einw., lebhafter Handel mit Stahl und Eisen, Getreide und Wein, sowie den eigenen Industrieprodukten, die in Lederwaaren, Lichten und Möbeln bestehen.

In Navarra. Pamplona, 24,000 Einw., Fabriken in Tuch, Leder, Wachs, Guitarrensaiten, Töpfergeschirr, Handel mit Wein. Große Messe vom 29. Juni bis 18. Juli, die auch aus Frankreich besucht wird. — Tudela, 9000 Einw., Fabrikation von Lakritzen, Tuch, Seidenwaaren, irdenen Gefäßen (Cantaros), Oel= und Weinbau, Schafzucht. Lebhafter Handel.

In Aragonien. Saragossa, 67,000 Einw., Fabrikation von Mehl, Salpeter, Tuch, Seiden= und Leinenwaaren, Hüten, Knöpfen, Seife und Chokolade. — Huesca, 10,000 Einw., Reben= und Olivenpflanzungen.

In Catalonien. Tortosa, 20,000 Einw., Fischerei, Süßholzbau, Fabrikation von Seife, Papier und Steingut und Handel mit diesen Produkten. — Tarragona, 18,000 Einw., Seidenweberei, Garnspinnerei und Weingeistfabrikation. — Reus, 27,000 Einw., jetzt zweite Fabrikstadt Cataloniens. 80 Baumwollspinnfabriken, 5000 Webstühle für Seiden- und Baumwollweberei, Band- und Leinenfabriken. Böttcherei. — Barcelona, 190,000 Einw., die zweite Stadt Spaniens, Hafen-, Handels- und Fabrikstadt ersten Ranges in herrlichem Culturthal, eine der wenigen spanischen Städte, deren Bevölkerung und Wohlstand fortwährend zunimmt. Barcelona ist der Mittelpunkt der Industrie von Catalonien; es hat bedeutende und zahlreiche Fabriken in Wollen-, Baumwollen- und Seidenwaaren. Leinenspitzenweberei, Eisenhämmer. Barcelona war schon im Mittelalter Hauptplatz für den Handel im Mittelmeer, hier wurde auch (1258) das älteste Handels- und Seegesetzbuch Spaniens verfaßt. Der Werth der Einfuhr betrug in der letzten Zeit beinahe 114 Mill. Thaler, der des Exports über 85 Mill. jährlich. Die Ausfuhr besteht hauptsächlich in Wein und Branntwein. — Mataro, 15,000 Einw., blühende Industrie, wichtige Fabriken in Seiden- und Baumwollenwaaren, Segeltuch. — Igualaba, 14,000 Einw., Sabadell, 14,000 Einw., Martorell 4000 Einw., sämmtlich mit Seiden-, Woll- und Baumwollspinnereien. — Lerida, 19,000 Einw., Fabriken, Produktenhandel.

In Valencia. Alicante, 23,000 Einw., zunehmende Industrie. Die königliche Cigarrenfabrik beschäftigt über 3000 Frauen. Baumwollfabriken, Leinwebereien. Vorzüglichster Ausfuhrartikel ist der in der Umgegend erbaute süße Alicantewein. — Valencia, 108,000 Einw., in paradiesischer Ebene mit mächtigen Orangenwäldern. Großer Gewerbfleiß. Ansehnliche Fabriken in Seide, Papier, Seife und Cigarren. Der nicht unbedeutende Seehandel wird mittelst der Rhede des nahen Städtchens Grao (5000 Einw.) betrieben. — Alcoy, 25,200 Einw., bedeutende Industrie. Verfertigung von Cigarettenpapier (papel de hilo).

In Murcia. Murcia an der Segura, 87,000 Einw., Espartogras-flechtereien, wichtige Seidenweberei. In der Ebene von Murcia werden für zwei bis drei Mill. Thaler Seide producirt. — Cartagena, 22,000 Einw., Schiffbau, Segeltuchfabrikation, Hanfweberei, Espartoflechterei. In den benachbarten Bergen Kupfer- und Eisenbergwerke. — Lovea, 19,000 Einw., Salpeter- und Sodafabriken. Kupfer- und Bleihütten.

In Andalusien. Sevilla, 118,000 Einw., die zweite Stadt Spaniens, am linken Ufer des Guadalquivir. Die Stadt hat die größte königliche Tabaksfabrik Spaniens, königliche Kanonengießerei, Seidenfabrikation. Beträchtlicher Handel mit Wein, Wolle und Quecksilber. Am Ausfluß des Guadalquivir San Lucar, 18,000 Einw., Handel mit Mansanilla-Wein, Oel, Salz. Baumwollenfabriken. — Ecija, 23,000 Einw., in ganz Spanien beliebte Schuhmacherarbeiten. — Jerez de la Frontera, 52,000 Einw., berühmter Weinbau (Xeres, Scherry) und Weinhandel. Der Weinexport belief sich in der letzten Zeit auf zwei Mill. Arrobas zum Werthe von fast 13 Mill. Thalern jährlich. Die erste Sorte heißt: Pedro Ximenes, die zweite: Moscatello. — Cadiz, 70,000 Einw., Hauptausfuhr platz für den Scherrywein, für das an der Bai produzirte Seesalz und die andalusischen Südfrüchte. Ausgangspunkt der Dampferlinien für Westindien, Südamerika und Ostindien, großartiger Seeverkehr. Im Jahr laufen über 5000 Schiffe ein, worunter fast 4000 spanische. — Algesiras, 14,000 Einw., neben Gibraltar, Küstenhandel. — Cordova, 35,000 Einw., Fabriken in Seide, Leinwand, Tuch, Hüten. Berühmte Gold= und Silber= arbeiten. Bedeutende Pferdezucht; die größte königliche Stuterei Andalusiens ist hier. — Granada, 67,000 Einw., einst der Mittelpunkt maurischer Herr= schaft, in einem 7 M. im Umkreis haltenden Thal von üppigster Fruchtbarkeit. Seidenfabriken. Königl. Salpeter= und Pulverfabrik. — Antequera, 27,000 Einw., große Papier= und Flanellfabriken, Gerbereien, Seidenmanufakturen. — Ronda, 14,000 Einw., berühmtes Gestüt für andalusische Gebirgspferde, große Jahresmesse. — Malaga, 95,000 Einw., Hafen= und Handelsstadt ersten Ranges, rivalisirt in Handel und Industrie bereits mit Barcelona. Sehr bedeutender Wein=, Oel=, Mandel=, Feigen= und Rosinenbau. Auch werden Seide, Baumwolle und Zuckerrohr erzeugt. Tabaksfabrik, Baum= wollspinnereien. Ausgeführt wurden im Jahre 1865, 387,000 Arroben (zu 16 Liter) Wein, 1,280,000 Kisten Muskatellertrauben, 1,334,000 Kisten Muskatellerrosinen, 1,905,000 Arrobas (zu 25 ℔) Oel, große Quantitäten von Feigen, Mandeln, Orangen, Citronen, gedörrten Pflaumen, Oliven, conservirten Früchten und 75,000 Ctr. Blei. — Velez Malaga, 16,000 Einw., Wein und Zuckerrohrbau. — Motril 13,000 Einw., Zuckerrohr, Baumwolle, Bataten. — Almeria, wichtiger Handelsplatz von 23,000 Einw. In der Nähe von Almeria reiche Bleigruben in der Sierra de Alhamilla und große Bleischmelzhütten; am Ufer der Bai, beim Dorfe Reguetas, ergiebige Salinen. Cochenillezucht.

In Estremadura. Badajoz, 22,000 Einw., Fabriken für Hüte, Leder und Fayence. Grenzhandel. — Caceres, 15,000 Einw., Gerbereien, Walkmühlen und Wollfärbereien. In ganz Estremadura überall große Schaftriften, auf denen die Merinoheerden umherwandern.

Die Balearen. Inselgruppe im Mittelmeer, fruchtbare Inseln, die ehedem das Königreich Mallorca bildeten. Hauptstadt ist Palma auf Mallorca mit 53,000 Einw., Hafen und Seehandel. — Auf Minorca Port Mahon, 22,000 Einw., vorzüglicher Hafen, Ausfuhr von Gemüsen und Gartenfrüchten, Fischerei. Auf den naheliegenden Pityusen ist jetzt der Baumwollenbau eingeführt. — Ibiza betreibt Fischfang; die benachbarten Salinen dieser Stadt bringen jährlich 4½ Mill. Realen für Salz ein.

In den Presidios an der marokkanischen Küste: Ceuta, 8,200 Einw. und Melilla, Handel mit Marokko.

Republik Andorra, 7½ M., 8000 Einw., ein Gebirgsthal der Ostpyrenäen. Die Bewohner treiben Viehzucht in den mit saftigen Wiesen= matten bedeckten Bergen, ziehen Obst, Oliven, Tabak, schmelzen Eisen und schlagen Holz. Hauptort Andorra 800 Einwohner.

12. Portugal.

Festland: 1716½ Quadratmeilen.   4,000,000 Bewohner.
Mit Madeira und Azoren 1786 Quadratmeilen.   4,400,000 Bewohner.

Handelsgeschichtliches. Etwas früher als die Spanier hatten die Portugiesen unter ihrem genialen und kühnen Infanten Heinrich dem See-fahrer den Reigen der Entdeckungen begonnen. (Ueber die nachfolgende große Periode der Entdeckungen vergleiche S. 42.) Unter ihrem größten Helden, Albuquerque gründeten die Portugiesen ihre Macht in Ostindien, deren Mittelpunkt Goa wurde. In Südamerika nahmen sie Brasilien wenigstens dem Namen nach in Besitz. Auf dem Markte von Lissabon strömten die ostindischen Gewürze, Perlen, Baumwollenstoffe, Droguen, brasilianische Farbehölzer, zusammen. Lissabon wurde rasch ein Welthandels-platz ersten Ranges. Ueber ein Jahrhundert blieben auffallender Weise die Portugiesen in ruhigem Besitze dieses gewinnreichen Handels mit Indien, weil die Staaten, deren Concurrenz damals zu fürchten war, Spanien, England, Frankreich, theils durch innere Wirren, theils durch politische Verwicklungen in Europa davon abgehalten wurden, auf so fernen Gebieten mit ebenbürtigen Anstrengungen aufzutreten.

Die Portugiesen zogen indeß aus diesem faktischen Monopole des indischen Handels bei weitem nicht den daraus zu gewinnenden Vortheil. Zuerst zwar brachten sie die ostindischen Waaren selbst auf den Antwerpener Markt. Sehr bald aber holten Venetianer und Holländer diese Waaren in Lissabon selbst und die Indolenz der Regierung wie der Kaufleute war es ganz zufrieden, wenn die fremden Kauffahrer ihnen die Mühe des Weiter-schaffens ersparten, obschon sie darüber den ganzen Zwischenhandel verloren. Es kam hiezu, daß in Portugal keine einheimische Industrie vorhanden war, welche für den Exporthandel hätte eine Grundlage bilden können. Durch die Verluste in den afrikanischen Kriegen des 16. Jahrhunderts schon waren Handel und Industrie sehr reducirt worden, als das Aussterben des regie-renden Hauses die Occupation des Landes durch Spanien und damit den Ruin des Handels zur Folge hatte. Als Spanien um 1599 den Holländern allen Handel mit Portugal verboten, eröffneten diese direkte Verbindungen mit Indien und bei der brutalen und verhaßten Willkürherrschaft der por-tugiesischen Beamten in Indien waren in gar nicht langer Zeit sämmtliche indische Besitzungen bis auf Goa und Diu verloren gegangen.

Unter der Herrschaft des Hauses Braganza wurde namentlich der Zuckerproduktion Brasiliens mehr Aufmerksamkeit geschenkt, so daß damals Brasilien ganz Europa mit Zucker versorgte, aber wiederum nur mittelst der fremden Schiffe, die zugleich das Land mit ihren Fabrikaten über-schwemmten. Namentlich galt dies von den Engländern (S. 82). Unter des großen Ministers Pombal Verwaltung (1750—1777) schien das Land eine kurze Zeit hindurch wieder aufzuleben, aber seine auf allen Gebieten der Verwaltung mit großem Erfolg in's Werk gesetzten oder angebahnten

Reformen scheiterten an den Privilegien des Adels und des Klerus, an der Schwäche der Könige und der eingewurzelten Indolenz des Volkes. Die portugiesische Flagge wurde in den nordischen Meeren kaum mehr gesehen und so sehr war das Land heruntergekommen, daß sogar ein großer Theil des Getreidebedarfs aus dem Auslande kommen mußte und auf fremden Schiffen hergeführt wurde, während die eigene Marine dabei unthätig zusah. Einen erfreulichen Aufschwung nahm der portugiesische Handel Ende des 18. und Anfang des 19. Jahrhunderts, durch seine Neutralität geschützt, bis zu dem französischen Einfall und der Flucht der regierenden Familie (1807 und 1808). Nach den trostlosen Zuständen der folgenden Zeit scheint mit der Regentschaft des Königs Ferdinand (1837) ein besserer Zustand eingetreten zu sein. Der gesammte Seehandel (Salz- und Weinausfuhr) ist indeß immer noch in den Händen des Auslandes. Dem Nachbarlande Spanien gegenüber befindet sich das kleine Portugal aber immer noch in einer glücklichen Lage. Hat sich auch die öffentliche Schuld in den letzten 15 Jahren verdoppelt, so haben sich dagegen die Staatseinkünfte um 30 Prozent gehoben.

Landwirthschaft und Viehzucht. Beide liegen im Vergleich zu andern europäischen Ländern noch sehr darnieder, wenn auch in neuer Zeit ein Fortschritt zu bemerken ist. Trotzdem ist noch die Hälfte des äußerst fruchtbaren Bodens unbebaut oder nur als Viehweide benützt; daß die Landwirthschaft eine so niedrige Stufe einnimmt, liegt theilweise auch in dem Pachtsystem, indem die Grundbesitzer nur auf ein Jahr verpachten; dann in der Brachwirthschaft. Man baut im Norden und den gebirgigen Gegenden Roggen und Hafer, in den wärmeren Lagen Waizen, Gerste, Mais, Sorghohirse und Reis, jetzt schon soviel, daß davon exportirt wird. Kartoffel- und Runkelrübenbau dehnen sich immer mehr aus. Sehr verbreitet ist die Oelbaumzucht. Das berühmteste Weinland Portugals liegt am Flusse Douro, von wo die Portweine kommen; außerdem sind bekannte Sorten die Moscatales und Setubal (St. Yves). Seit 15 Jahren hat die Weinstockkrankheit die Produktion, die früher 800,000 Pipen im Werthe von 8 Mill. Milreis betrug, sehr zurückgebracht. Fruchtbäume, Kastanien, Südfrüchte, zumal Orangen, gedeihen vortrefflich. Die Viehzucht befindet sich immer noch im Zustande des Verfalls. Pferde werden importirt. Die Beiraschafe stehen neben den spanischen Merinos, was Güte der Wolle betrifft; sehr reich ist das Land an Ziegen; Schweinezucht wird im großen Maßstabe in den Eichenwäldern Alemtejos betrieben.

Fischerei. Die Zeiten sind vorüber, daß die Portugiesen, wie dieses vom 14 bis 16. Jahrhundert der Fall war, andre Völker mit den Produkten des Meeres versorgten. Obgleich ihr Meer an der Küste Algarbiens, überreich an Fischen ist und jährlich einen Ertrag von etwa $1\frac{1}{2}$ Mill. Thaler liefert, so wird doch, namentlich zur Fastenzeit, viel Fisch aus Norwegen und England eingeführt.

Bergbau. Im Jahr 1853 befanden sich in Portugal nur zwei Bergwerke im Betrieb; 1867 dagegen schon 56 und für mehr als 200 waren neue Concessionen ertheilt. In Südportugal befindet sich bei Santo Domingo das größte Schwefelkieslager der Erde, das sich auch in die spanische Provinz Huelva erstreckt. Man gewinnt jährlich gegen 200,000 Tonnen Schwefelkies zum Export nach England. Kohlen sind selten und werden nur bei San Pedro da Cova abgebaut. Petroleum wird bei Leiria in großen Mengen gewonnen. Eisen ist überall zu finden, wird aber wenig ausgebeutet. Sehr wichtig ist die Salzgewinnung aus dem Meere durch Salzpfannen oder Schlemmen in einem Jahresertrag von 400,000 Moios. Ein Drittel davon wird ausgeführt.

Industrie. Während Portugal bis vor nicht langer Zeit großentheils auf englische Industrieprodukte angewiesen war, deckt es in einigen Branchen seinen Bedarf jetzt selbst und exportirt noch einiges nach seinen Kolonien. Am hervorragendsten ist die Wollen=, Seiden= und Baumwolleninindustrie. Gold= und Silberwaaren werden seit alter Zeit sehr schön geliefert. Man fabrizirt Waffen, Geschirr, Glas, Chemikalien, Papier u. s. w., die Tabaks= fabrikation ist Monopol der Regierung. Der Schiffsbau hebt sich neuer= dings. Gewerbefreiheit besteht seit 1852.

Handel. Wie einst Portugal weltbeherrschend im Handel bestand, haben wir gezeigt; ebenso seinen Fall. Ueberwiegt auch immer noch der Importhandel den Exporthandel, so ist doch in der letzten Zeit, gleichzeitig mit einer fortschreitenden Zollgesetzgebung, ein Aufschwung nicht zu verkennen. Der äußere Handel ist vorzugsweise Seehandel. Exportirt werden Wein, Seesalz, Südfrüchte, Oel, Kork, Wolle, Getreide. Die Einfuhren bestehen in Baumwolle, Metallen, Kolonialwaaren, getrockneten Fischen, Häuten, Holz, Webstoffen. Der ausgedehnteste Handel findet mit England und Brasilien statt. Die Banco national zu Lissabon ist das wichtigste Geld= institut des Landes.

Verkehrsmittel. Die Ströme sind in ihrem unteren Laufe meist schiff= bar, befinden sich aber in einem vernachlässigten Zustande. Chausseen waren bis 1850 noch unbekannt, seitdem sind circa 150 Meilen gebaut. Die erste Eisenbahn wurde 1852 angelegt und das Netz derselben vergrößert sich fortwährend (S. 71). Telegraphen (S. 78). Handelsflotte (S. 47). Die Küstenfahrzeuge eingerechnet laufen in den portugiesischen Häfen jährlich 18,000 Schiffe ein und aus.

Geld, Maß, Gewicht. Seit 1854 besteht Goldwährung. Rechnung nach Reïs; 100 Reïs = 1 Tostao; 1000 Reïs = 1 Milreïs; 8000 Reïs = 1 Peça, 10,000 Reïs = 1 Krone (Coroa), 1,000,000 Reïs = 1 Conto. Der englische Sovereign zu 4500 Reïs hat gesetzlichen Um= lauf. Da Zahlungen zur Hälfte in Papiergeld geleistet werden können, so schwankt der eigentliche Werth der Goldwährung mit dem Kurse des Papier= geldes. Als Maß gilt seit 1863 das französische. — Gewicht: 1 Centner (Quintal) = 4 Arrobas à 32 Arrateïs oder Libras à 2 Marcas à 8 Onças, 1 Arratel oder Libra = 459 Gramm.

Kolonialbesitz. Seit dem Abfall Brasiliens hat Portugal seine Be= deutung als Kolonialmacht gänzlich eingebüßt; wohl besitzt es noch in Afrika kolossale Länderstrecken, doch sind diese für den Handel keineswegs von großer Bedeutung, ja die portugiesische Herrschaft ist dort, wie an der Mosambikküste, fast nur nominell.

Uebersicht der portugiesischen Kolonien.

In Indien: Goa, Salcete Barbez	68,60	□.-M.	474,185 Einw.
Damao, Din	4,48	„	152,882 „
Delli (Timor)	258,00	„	} 850,300 „
Insel Kambing	2,00	„	
In China: Macao	0,56	„	100,000 „
Besitzungen in Asien:	333,60	□.-M.	1,477,367 „
Kapverdische Inseln	77,62	□.-M.	84,191 „
In Senegambien: Bissão rc.	1.687,00	„	1,095 „
Inseln St. Thomé und Principe	21,36	„	18,369 „
Angola, Benguela, Mossamedes	14.700,00	„	9,000,000 „
Mosambik, Sofala rc.	18.000,00	„	300,000 „
Besitzungen in Afrika:	34.486,00	□.-M.	9,403,655 Einw.
Summe aller portugiesischen Kolonien	34.820	□.-M.	10,881,022 Einw.

Insel Madeira, mit Porto Santo, im atlantischen Ozean, 15³/₄ Quadratmeilen, 112,000 Einw., seit 1420 von den Portugiesen kolonisirt und mit Reben von Kreta bepflanzt, berühmt wegen ihres vorzüglichen Weins, des Malvasiers und Dry-Madeira. Bis 1852 lieferte die Insel jährlich 20,000 Pipen Wein; da begann die Traubenkrankheit, welche die Weinkultur fast gänzlich vernichtete. Man stellte nun, namentlich in Südfrankreich, den Madeira so gut künstlich dar, daß man sich über den Verlust des echten Madeira zu trösten anfing. An dem Wiederaufkommen der Weinproduktion ist jedoch nicht zu zweifeln. Bereits 1866 erntete man wieder 3000, 1867 schon 4000 und 1869 bereits 7000 Pipen. Während der Zeit der Traubenkrankheit hat man mit gutem Erfolg Zuckerrohr und Kaffee für den Export kultivirt. — Hauptstadt vom Hafen ist Funchal mit 25,000 Einw.

Die Azoren, Inselgruppe im atlantischen Ozean, nur 180 Meilen vom Festlande entfernt, schon seit den ältesten Zeiten den Europäern bekannt, umfassen 54 Quadratmeilen mit 252,000 Einw. Sie sind durchweg vulkanischer Natur, bringen die Produkte Portugals hervor und guten Wein, der für Madeira verkauft wird. Der Olivenbaum gedeiht auf Terceira. Die Viehzucht, stark betrieben, liefert gutes Schlachtvieh. Der Handel mit Portugal, England und Amerika ist sehr lebhaft. Ausfuhrgegenstände sind Wein, Branntwein, Orseille, Orangen, Getreide, Rindvieh, Schmuckfedern, Hutstroh. Hauptorte Punta Delgada, 16,000 Einw. auf S. Miguel und Angra, 12,000 Einw. auf Terceira.

Portugals Fabrik- und Handelsstädte.

In Estremadura. Lissabon, die Reichshauptstadt und Residenz von Portugal, am Tajo, nahe der Mündung, 225,000 Einw., Centrum des portugiesischen Handels und Colonialverkehrs. Fabrikation von Schmucksachen, Filigran-, Gold- und Silberwaaren. Bedeutende Spinnerei und Weberei von Baumwolle, Wolle, Seide und Hanf; die große königliche Tabaksfabrik, die königlichen Porzellan-, Talg- und Seifenfabriken, dann Zuckerraffinerieen, Fabriken für Waffen, Glas, Papier, viele Salinen an

Tajo. Edelsteinschneidereien. — Santarem, 8000 Einw., am Tajo, wichtiger Handelsplatz. Vorzügliche Südfrüchte. Bedeutende Oelproduktion. — Abrantes, 5000 Einw., Handel mit Getreide, Oel und Früchten. — Setubal, 15,000 Einw., die dritte Handelsstadt Portugals. Verfertigung von Decken aus Espartogras, bedeutende Seesalzbereitung, starke Fischerei, Südfrüchte. Wichtiger Ausfuhrhandel mit dem sehr geschätzten Seesalz und mit portugiesischen Weinen.

In Alentejo. Portalegra, 6000 Einw., Getreidehandel. — Evora, 12,000 Einw., Getreide, Wein, Oliven. Besuchte Messe. — Beja, 5000 Einw., Fayencefabriken, Gerbereien.

In Algarve. Farro, 10,000 Einw., lebhafter Handel, starker Export von Südfrüchten. — Lagos, 8000 Einw., Seehafen und Handel.

In Beira. Aveiro, 4000 Einw., Produktion und Ausfuhr von Seesalz, Oel, Wein und Orangen. — Ilhavo, 7000 Einw., in der Nähe die große Glas= und Porzellanfabrik Vista=Alegre. — Coimbra, 18,000 Einw., Oel= Wein= und Citronengärten.

Entre Douro e Minho. Braga, 19,000 Einw., viele Fabriken. — Oporto, am Douro, die zweite Stadt Portugals, 89,000 Einw., ist Hauptsitz der portugiesischen Industrie. Es gibt über 160 Fabriken für Baumwollweberei, 41 für verschiedene Seiden= und Halbseidenstoffe, Gerbereien, Brennereien, Fabrikation von Korkpropfen, von Stahlarbeiten, von Tauen und sonstigem Schiffsbedarf. Der Werth der Einfuhr betrug in den letzten Jahren über 38 Mill. Fr., der der Ausfuhr über 44½ Mill. Fr., woran 17 Mill. auf den Portwein kommen, der Rest sich auf Südfrüchte und Landesprodukte, Oel, Korkholz, Sumach, Rosinen vertheilt. Die Einfuhr umfaßt hauptsächlich Eisen, Hanf, Flachs, Schiffbaumaterialien, Colonialwaaren, englische Manufakturwaaren. Der sogenannte Portwein wird nicht in der Umgegend von Oporto, sondern weiter landeinwärts am Douro in der Cima do Douro genannten Landschaft erzeugt. Von der etwa 40,000 Pipen betragenden Jahresrente gehen etwa zwei Drittel nach England. — Pezo de Regoa, 3000 Einw., Hauptstapelplatz und Ausfuhrhafen der Douroweine.

In Tras os Montes. Braganza. 3500 Einw., Centrum des portugiesischen Seidenbaues. Viele Taffet= und Sammtwebereien. — Mirandella mit Seidenmärkten.

13. Italien.

5166 Quadratmeilen.　23,400,000 Bewohner.

Handelsgeschichtliches. Auf den ersten Blick erkennt man, daß ein von der Natur so mit allen Schätzen ausgestattetes, unter dem glücklichsten Himmel liegendes, meerumflossenes altes Kulturland wie Italien für eine Handelsgeschichte einen sehr reichen Stoff bieten muß. Das ist durch alle Verhältnisse begründet. Im nördlichen Italien fand sich, lange bevor die Geschichte der Stadt Rom Erwähnung thut, bei den Etruskern (im heutigen Toscana) eine blühende, von sehr vorgeschrittener Technik getragene Industrie, eine ausgebildete Vieh=

zucht, Landwirthschaft und Bergbau und ein beträchtlicher Handel zu Lande wie zur See, und im südlichen Italien eine ähnliche Entwickelung in den zahlreichen dortigen griechischen Kolonieen. Beide Gruppen giengen ziemlich rasch in dem reißend anwachsenden römischen Reiche auf und mit der staatlichen Unabhängigkeit verschwand auch ein guter Theil jenes reichen Kulturlebens, für welches das lediglich Ackerbau treibende und auf Erwerbung politischer Größe gerichtete römische Volk keine Empfänglichkeit mitbrachte. Handel und Gewerbe standen bei den Römern nie in großer Achtung; denn nur die untersten Klassen der Plebejer nahmen an der Industrie Theil, welche mehr und mehr auch von Sclaven und Freigelassenen zum Theil für das Interesse ihrer Herren betrieben wurden. Die bisher indeß immer noch gesunden wirthschaftlichen Zustände änderten sich mit der Ausdehnung der römischen Herrschaft über fast alle Ländergebiete im Bereiche des Mittelmeers und der Vernichtung Karthago's (146 vor Chr.). Unermeßliche Schätze floßen in Folge der glücklichen Kriege nach Rom und verdarben einentheils die Sitten, boten dann aber anderntheils den herrschenden Patricierfamilien die Mittel, die kleineren Privatländereien freier Ackerbauer in große Besitzungen zu vereinigen, von denen allmählich nur noch ein kleiner Theil, und dieser nur durch die eigenen Sclaven, bewirthschaftet wurde. So gerieth der Feldbau mehr und mehr in Verfall, man begann Getreide und Wein aus den überseeischen Provinzen einzuführen. Und ebenso bereitete die Sclavenwirthschaft der freien Arbeit den Untergang. Sclaven dienten dem vornehmen Römer als Schneider und Schuster, als Landwirthe, Hirten, Baumeister, Künstler, Aerzte, sie befriedigten alle seine Bedürfnisse; für den Rest der gewerbmäßigen Industriearbeiten sorgten die Provinzen. Die Herbeischaffung der ungeheuren Bedürfnisse für die Hauptstadt aus Sicilien, Spanien, Kleinasien rief allerdings einen lebhaften Zwischenhandel hervor; sogar direkte Handelsbeziehungen mit Indien und China knüpften sich an und ägyptische Schiffe holten jährlich aus Arabien und Indien Edelsteine, Perlen, seidene Zeuge, Gewürze. Aber Italien, welches außer Wein und Oel fast nichts mehr produzirte, was als Tauschmittel Werth gehabt hätte, mußte alle diese ihm zugeführten ungeheuren Waarenmassen großentheils mit baarem Gelde bezahlen, d. h. mit den erpreßten Schätzen der Provinzen. Allenthalben nahm die Veröbung zu.

Mit der Theilung des Reiches flüchteten die geringen Reste von Reichthum, Kunst und Wissenschaft nach Konstantinopel. Aus dem nun folgenden Chaos erhoben sich allmählig einzelne Städte, Venedig, Genua, Pisa, Amalfi; vor den Kreuzzügen aber wissen wir von der Art und Ausdehnung ihrer Handelsbeziehungen nur wenig. Amalfi, in welchem sich seit dem 9. Jahrhundert ein lebhafterer Unternehmungsgeist regte, sandte seine Schiffe zu den Arabern auf Sicilien, nach Constantinopel und den levantinischen Häfen. Die Eroberung Amalfi's durch eine vereinigte Flotte des Kaisers Lothar und der Pisaner, (1135) machte der kurzen Blüthe ein Ende für immer. Nicht lange Zeit darauf wurde das energische lebenskräftige Pisa seinerseits von einem ähnlichen Schicksal ereilt. In blutigen Fehden mit Lucca-Florenz und Siena kam die steigende Handelssuprematie Venedigs und Genua's. In Folge der Seeschlacht von Melloria (1284) gegen die Genuesen verlor es alle seine Besitzungen und kam nach verschiedenen Wechselfällen schließlich dauernd unter florentinische Herrschaft.

Genua, schon in den Zeiten der Römer ein angesehener Handelsort, erlangte nach dem Verfall der karolingischen Herrschaft seine Freiheit, hatte dann aber bis in das 11. Jahrhundert sehr von den Angriffen der Sarazenen zu leiden. Die fortdauernden Kämpfe gegen dieselben legten wohl den Grund zu Genua's trefflicher Marine, zu dem in der Folge ausgezeichnet bewährten Seetüchtigkeit und seinem kriegerischen Geist. Den levantinischen Handel pflegte Genua noch früher wie Venedig. Den Pisanern entrissen die Genuesen in zweihundertjährigem Kampfe die Herrschaft über den westlichen Theil des Mittelmeeres; hier erwarben sie Anfang des 12. Jahrhunderts Minorca, Almeria und Tortosa, schlossen überall Handelsverträge und gründeten Faktoreien. Endlich gelang es den Genuesen, den günstigen Augenblick rasch und kühn benützend, auch im östlichen Mittelmeer sich festzusetzen, indem mit ihrer Hülfe hauptsächlich Michael Paläologus Konstantinopel den lateinischen Herrschern, — den Gönnern der Venetianer, — entriß und den griechischen Thron wieder aufrichtete. Zum Dank dafür erhielten sie die Vorstädte Pera und Galata, ausgedehnte Privilegien und den Alleinhandel auf dem schwarzen Meere, wohin wegen des Andringens der Türken der indische Handel vom kaspischen Meere her gelenkt wurde. Ihr Stapelplatz für diesen Handel war das eigens dafür angelegte Kaffa. Nach der andern Seite hin waren genuesische Kaufleute in Marseille, Nismes, Montpellier, Narbonne ansäßig, genuesische Comptoirs und Consuln waren überall in der Lombardei, der Schweiz und in Deutschland bis in die Niederlande hin zu finden; die Goldgeschäfte waren sehr bedeutend, ihre, nach dem „heiligen Georg" genannte Bank eines der berühmtesten finanziellen Institute des Mittelalters. Und neben dem Handel wurden Fabrikation und Industrie energisch betrieben. Aus catalonischer und provençalischer Wolle wurden gesuchte Tücher und Wollenzeuge fabricirt; Fabriken in Maroquin, Gold- und Silberdraht, Waffen, nahmen viele Hände in Anspruch und gaben reichen Gewinn. Aber ghibellinische und welfische Parteiungen mächtiger Adelsfamilien, welche die innere Ruhe störten, und die unaufhörlichen Reibungen mit Venedig schwächten und lähmten die Macht des Staates. In der Seeschlacht bei Chioggia 1379, siegten die Venetianer entscheidend und um die Mitte des 15. Jahrhunderts verloren die Genuesen nacheinander auch ihre sämmtlichen Besitzungen am schwarzen Meer an die Türken, weil sie Konstantinopel gegen dieselben schützen halfen.

Venedigs Gründung ist um 452, in die Zeit des großen Hunneneinfalls unter Attila, zu setzen. Schifffahrt und Handel entwickelten sich naturgemäß und rasch. Bereits im 10. Jahrhundert eroberten die Venetianer Dalmatien und Kroatien, knüpften Handelsverbindungen mit Alexandria an und wußten um den Preis gelegentlicher Unterstützung ihrer Flotte schon um 1028 große Handelsprivilegien im ganzen Byzantinischen Reiche zu erlangen. Weitere Gewinne brachten die Kreuzzüge durch große Transporte von Menschen und durch Zufuhr von Lebensmitteln und Kriegsmaterial. Seit der Eroberung Konstantinopels durch die Kreuzfahrer (1204), wozu die Venetianer vornehmlich mitgeholfen, hatten sie dort in Konstantinopel die entschiedene Suprematie und genossen dort alle jene Vortheile, welche, wie wir eben gesehen, den Genuesen durch die mit deren Hülfe um 1261 bewerkstelligte Wiedervertreibung der lateinischen Kaiser, als Siegespreis zufielen. Von der Rivalität der Genueser befreite sie der entscheidende Seesieg bei Chioggia 1379. Aber die Eroberung Konstantinopels durch die Türken vermochten sie nicht abzuwenden; sie sahen sich seit 1482 trotz aller Verträge von dem schwarzen Meere ausgeschlossen und seit 1547 war auch der Verkehr mit Alexandria sehr gelähmt.

Venedig hatte damals noch bedeutende Besitzungen auf dem Festlande von Italien, dann Dalmatien, Theile von Morea, die jonischen Inseln, Cypern, Kandia. Es war die erste See- und Handelsmacht jener Zeit und an Reichthum allen Monarchien Europa's überlegen. Aber von jener Zeit an datirt auch sein Verfall. Die Venetianer verloren an die Türken einen Theil ihres Gebiets nach dem andern und als der Seeweg nach Ostindien entdeckt war, verzehrten sie sich so lange in nutzlosen Anstrengungen, den Handel in den alten Bahnen zu erhalten, bis es zu spät war, an den Vortheilen des neuen Seeweges neben den Portugiesen Theil zu nehmen, wie diese ihnen anfänglich angeboten hatten.

Der Handel mit Deutschland, wie der Seeverkehr mit den flandrischen Häfen reicht über das 14. Jahrhundert nicht hinaus. Während früher die deutsche Kundschaft die gewünschten orientalischen und venetianischen Waaren in Venedig selbst abzuholen genöthigt war, kamen venetianische Schiffe seit 1318 nach Antwerpen und England, von wo sie den damaligen Haupt-stapelartikel des letzteren, Wolle, abholten; in Antwerpen und Brügge nahmen sie besonders Leinwand, Tücher, Wolle, Eisen, Zinn, Blei als Rückfracht mit. Für diesen Handelsverkehr stand Venedig eine Flotte von 3000, allerdings nicht großen, Schiffen zu Gebot, deren Reisen nach den verschiedenen Bestimmungsorten zu vorbestimmten Zeiten unter dem Geleite der Kriegs-galeeren gemacht werden mußten. Diesem großartigen Handel diente indeß eine für jene Zeit überaus bedeutende Industriethätigkeit zur soliden Grundlage. Für ihre Seidenweberei machten die Venetianer die größten Anstrengungen durch Handelsverträge für Seidenausfuhr mit Konstantinopel und Sicilien und durch eigene Anpflanzungen von Maulbeerbäumen in Morea. Arbeiter aus Morea und vertriebene Lucchesen wurden nach Venedig gezogen, durch Beaufsichtigung für gutes Fabrikat gesorgt, so daß im 14. und 15. Jahrhundert venetianische Sammt- und Seidenstoffe außerordentlich gesucht waren. Die vortrefflichen Wollfärbereien und Tuchfabriken produzirten doch nicht für den Export genügende Quantitäten; man bezog aus Mailand, Tortona, Novara, Pavia, Cremona, sowie aus Flandern und Frankreich eine Menge Wollwaaren zu diesem Zweck. Daneben bildeten Waffen aller Art aus venetianischen und Mailänder Werkstätten einen sehr begehrten Handelsartikel in der Levante, und auf allen Märkten behaupteten sich die feinen Goldschmiedewaaren, während die Spiegel und feinen Gläser der Glasfabriken von Murano bis in die Zeiten Ludwigs XIV. unübertroffen blieben. Wenn man zu der Masse dieser eigenen Fabrikate noch die aus-wärtigen Fabrikate, dann Pelzwerk, Droguen, Gewürze, Südfrüchte aller Art, Metalle und Geräthschaften rechnet, so ist man geneigt einer amtlichen

venetianischen Angabe aus dem 15. Jahrhundert Glauben zu schenken, daß
damals der venetianische Gesammthandel die für jene Zeit enorme Summe
von 10 Mill. Zechinen = etwa 50 Mill. Gulden betragen habe, eine
Summe, welche, nach heutigem Geldwerth berechnet, mindestens verdreifacht
werden muß. Zur Erleichterung des Handels ließ die Regierung jährlich
sehr bedeutende Summen Silbergeld und Dukaten prägen; mehrmals half
sich die Republik in Geldverlegenheiten durch gezwungene Anlehen, für welche
ewige Renten ausgegeben wurden; aus der Vereinigung der mit dieser
Verwaltung betrauten Beamten gieng die venetianische Staatsbank hervor,
welche auch den Kaufleuten zur Erleichterung von Zahlungen besondere
Credite gewährte, jedoch erst 1587 ihre definitive Organisation erhielt.
Bis dahin hatten eine Reihe von Privatbanken bestanden. Die Juden
waren nur als Pfandleiher zugelassen, der Waarenhandel ihnen nicht gestattet.

Die venetianische Handelspolitik war keine freisinnige; eine peinlich
strenge Oberaufsicht des Staates regelte im Handel, in der Industrie und
den Gewerben alles bis in's Kleinste; einen kühnen Seefahrer hat das auf
den Seeverkehr so gänzlich angewiesene Venedig merkwürdiger Weise nicht
aufzuweisen, unter mehreren Landreisenden ist aber Marco Polo's Name
vor Allen berühmt geworden, der um das Ende des 13. Jahrhunderts nach
zwanzigjähriger Abwesenheit auf Forschungsreisen durch ganz Asien mit den
Geschenken des Kublai-Chan beladen wieder in Venedig eintraf.

Später als alle vorgenannten Städte, weniger einseitig als Venedig
und Genua, erhob sich Florenz zu gleicher Handelsblüthe, darin ausgezeichneter als beide, daß zwischen dem Ringen und Jagen des Handels
und der Industrie und unter den wilden Parteikämpfen der Zeit hier eine
glänzende Freistätte für Kunst und Wissenschaft erstand. Die Stadt gewinnt
erst mit dem 11. Jahrhundert eine gewisse Bedeutung. Durch die Thatkraft
und den Patriotismus seiner Bürger, durch Handel und Gewerbe wuchs
in den Parteikämpfen jener Zeit Florenz so sehr an Reichthum und Macht,
daß ein großer Theil Toskana's unter seine Herrschaft kam. Im Innern
rangen erst Welfische und Ghibellinische Adelsfamilien, dann Rath und Zünfte
um die Herrschaft, die zu Anfang des 15. Jahrhunderts der Familie der
Medici zufiel, von denen 1531 Alesandro Medici von Kaiser Karl V.
zum Herzog von Florenz ausgerufen wurde. Florenz konnte als Binnenstadt,
zunächst nur durch Vermittelung der Pisaner seine Industrieerzeugnisse in
den überseeischen Handel bringen. Den lange gesuchten Zugang zur Küste
erreichte es dadurch, daß Genua, in Geldverlegenheit während seiner Kriegs-
rüstung gegen Mailand, den Florentinern 1421 den Hafen von Livorno
verkaufte. Seitdem nahm es mittelst einer rasch entstehenden Handelsflotte
lebhaften Antheil am levantinischen Handel. Daß dieser durch den Fall
des byzantinischen Reichs weniger litt als derjenige der andern italienischen
Städte, verdankte Florenz zunächst der gesunden, auf einer sehr entwickelten,
kräftigen Industrie ruhenden Grundlage seiner Handelsthätigkeit. Voran
stand hier die altberühmte Tuchweberei. Neben dem eigenen Fabrikate wurde
ein bedeutender Betrag an rohen Tuchen aus Deutschland, Frankreich und
den Niederlanden eingeführt, um in Florenz für den orientalischen Markt
gefärbt und zurecht gemacht zu werden. Sehr ausgezeichnet waren namentlich

die Scharlachfärbereien. Im 15. Jahrhundert kamen noch Fabriken in Seidenstoffen, Sammt, Brokat, Stickereien, Gold- und Silberdraht und vielen Luxus- und Kunstgegenständen hinzu. In Folge einer liberalen Handelspolitik strömten ungeheure Kapitalien in Florenz zusammen; in Italien allein waren an 80 florentische Bankcomptoirs, selbst die Venetianer bedienten sich derselben und die Monarchen jener Zeit waren ihre Schuldner. Das reichste jener Bank- und Handelshäuser war eben das der Medici, mit deren Herrschaft das glänzende Zeitalter der Stadt, als einer Pflegerin aller schönen Künste und Wissenschaften beginnt. Florentiner Kaufleuten des 15. Jahrhunderts gebührt auch das Verdienst, die ersten schriftlichen Anleitungen zu einer Handelswissenschaft gegeben zu haben.

Diese ganze italienische Handelsgröße gerieth indessen schon im 15. und dann im Laufe des 16. Jahrhunderts in Verfall, nicht sowohl weil die italienischen Handelsstaaten sich aus dem schwarzen Meere und aus Aegypten vertreiben ließen und an der Ausbeutung der neuen Seewege nicht rechtzeitig Antheil zu nehmen verstanden, sondern vielmehr weil sie sich nicht als Nation fühlten, als gänzlich isolirte, in sich zwieträchtige, gegen die nationalen Schwesterstädte feindselig verfahrende Gemeinwesen erschienen, in einer Zeit wo aufstrebende, in sich geschlossene thatkräftige Staaten in den Kampf eintraten. Seitdem mußte der hohe Rang, den die italienische Industrie in früheren Jahrhunderten eingenommen hatte, allmählich an England, Frankreich und Deutschland abgetreten werden. Der Handel ward ein passiver; nur Genua und etwa Livorno bewahrten als Ausfuhrhäfen noch einige Bedeutung. Die französischen Kriege und die Continentalsperre vernichteten dann den auswärtigen Handel vollends, der sich nach der napoleonischen Zeit, ebenso wie die Industrie, nur langsam erholte. Zunächst rührten sich Venedig (mit Seide, Glas, Bijouteriewaaren) und die lombardischen Städte, auch Genua und Toskana, während in Modena, den römischen Staaten und Neapel die Industrie eher abnahm.

Etwas besser scheinen sich die Aussichten seit Stiftung des italienischen Gesammtreiches zu gestalten, bedenklich ist indessen die üble Finanzlage des jungen Staates, der, von allen Hilfsmitteln zur Deckung des laufenden Bedarfs entblößt, die Verwerthung der Kirchengüter zu Staatszwecken in Anspruch genommen hat. Die Lösung der doch unerläßlichen Aufgabe ist bis jetzt nicht gelungen, doch beginnt der alte Geist sich wieder zu regen. Italien ist aktiv in den Handel mit Amerika (namentlich den Laplatastaaten) eingetreten und seit Eröffnung des Suezkanals machen namentlich Venedig und Brindisi großartige Anstrengungen, um Theil am ostasiatischen Handel zu erlangen.

Landwirthschaft und Viehzucht. Etwas mehr als ein Drittel der Gesammtbevölkerung Italiens beschäftigt sich mit der Landwirthschaft, die jedoch nur in Oberitalien und Toskana auf einer höheren Stufe steht; in vielen Gegenden, namentlich in Campanien, auf Sicilien und Sardinien, die einst die Kornkammern Roms waren, ist dagegen der Ackerbau sehr vernachlässigt, so daß der Bedarf des Landes an Getreide nicht gedeckt wird. Einzig an Reis und Mais wird ein Ueberschuß erbaut und namentlich von ersterem, der am besten in der piemontesischen Ebene, in der Provinz Novara und in den Po-Niederungen gedeiht, werden große Quantitäten ausgeführt.

Bedeutend ist der Anbau von Hülsenfrüchten. Für die Ausfuhr producirt Toskana in bedeutender Menge Hanf und Flachs, die neapolitanischen Provinzen Krapp, Baumwolle (circa 170,000 Ctr.) und Safran. Hier gedeiht auch am besten der Oelbaum, der übrigens, gleich dem Tabak, auch in anderen Provinzen die Landwirthschaft stark beschäftigt. Die Olivenöl=produktion beträgt über 2 Mill. Eimer. In Hinsicht auf den Weinbau nimmt Italien mit einer Produktion von mehr als 29 Mill. Eimern die dritte Stelle in Europa ein. Die edelsten und geschätztesten Sorten kommen aus den neapolitanischen Provinzen, aus Sicilien und Elba. Der Obstbau ist in ganz Italien blühend. Die neapolitanischen Provinzen, Sicilien und Sardinien liefern zunächst und in ungeheuren Massen die sogen. Südfrüchte. Die Forstkultur ist, außer in Toskana, nicht nennenswerth und producirt Brennholz nicht für den Bedarf. Die Seidenproduktion ist uralt und fast in allen Provinzen zu Hause. Im Jahre 1868 erreichte dieselbe einen Werth von mehr als 25 Mill. Thaler. Doch ist sie in der letzten Zeit in Folge der Krankheit der Seidenwürmer zurückgegangen. Endlich ist hier der sehr beträchtlichen Bienenzucht zu erwähnen.

Im Ganzen steht die Landwirthschaft auf keiner hohen Stufe. Der Durchschnittsertrag an Cerealien, der Ende des vorigen Jahrhunderts 10 Hektoliter per Hektar betrug, ist nach statistischen Ausweisen gegenwärtig noch nicht höher geworden, während in Folge wissenschaftlicheren Betriebs England, Frankreich und Deutschland den ihrigen verdreifacht haben. Aehn=liches gilt vom Weinbau.

Die Viehzucht steht im ganzen auf keiner hohen Stufe. Die Rindvieh=zucht in Oberitalien ist indessen gut. Berühmt ist die Zucht toskanischer Maulesel und sehr schöner Esel. Bedeutend ist auch die Schweinezucht in Calabrien, der Viehstand beträgt etwa 1,200,000 Pferde, Maulthiere und Esel, 3 Mill. Stück Rindvieh, darunter 40,000 Büffel, 8 Mill. Schafe, 2 Mill. Ziegen und über 3 Mill. Schweine. Berühmt ist die Käse=produktion (z. B. in Parma). — Die Seefischerei liefert Thunfische, Sardellen und Korallen zur Ausfuhr.

Bergbau. Italien besitzt auf dem Festlande einige Gold= und Silber=bergwerke in Piemont, Eisengruben in der Lombardei, Kupferminen in der Provinz Pisa. In neuerer Zeit hat man auch der besten englischen gleiche Steinkohle in bedeutender Menge in der Gegend von Benevent gefördert. Endlich wird Borax, und in Toskana auch etwas Quecksilber gefunden. Bekannt und berühmt ist der große Reichthum an edlem Marmor (Carrara). Auch wird eine ziemlich bedeutende Menge Salz (meistens Seesalz) ge=wonnen und davon auch ausgeführt. Reicher in Bezug auf den Bergbau sind die Inseln. Sicilien erzeugt bedeutende Quantitäten Alaun und etwa 6 Mill. Ctr. Schwefel, wovon etwa die Hälfte exportirt wird; Elba ist berühmt durch seine außerordentlich großen und reichen Eisenminen; Sardinien endlich hat vieles und vortreffliches Eisen, Reste der antiken Silberminen, und reiche Bleiminen. Es finden sich ferner dort Kupfer, Zink, Steinkohlen, Salz, schöne Marmorarten und Halbedelsteine. Im Ganzen ist aber der bergmännische Betrieb nur ein Kleinbetrieb zu nennen. 1865 producirten die 116 Bergwerke des Königreichs zusammen nur für 7 Mill. Fr.; das

Erzeugniß der 345 Hütten wurde auf circa 34 Mill. Fr. geschätzt. Seit 1867 aber ist ein wesentlicher Aufschwung bemerkbar, namentlich seit in Iglesias auf der Insel Sardinien die großartigen Galmaiwerke in Angriff genommen wurden (vergleiche weiter unten diese Stadt).

Industrie. Dieselbe ist in neuester Zeit vorwärts geschritten, producirt indessen noch nicht ausreichend für den Bedarf; etwa 3 Mill. Menschen sind in den verschiedenen Zweigen derselben beschäftigt, von denen die Stroh- und Seidenindustrie weitaus die bedeutendsten sind. Mit einer Produktionsmenge von jährlich 100,000 Ctr. Rohseide übertrifft Italien alle andern europäischen Staaten. Die in früheren Zeiten weltberühmte Fabrikation von Sammt- und Seidenstoffen ist indessen längst nicht mehr in der alten Blüthe; die Rohseide wird zu einem großen Theile ausgeführt. In der Fabrikation von Strohgeflechten und Strohhüten sind die Italiener, begünstigt durch ihr ausgezeichnetes Rohmaterial, allen andern Ländern überlegen. Im Mailändischen und in Toskana, wo diese Industrie hauptsächlich zu Hause ist, beschäftigen sich über 100,000 Menschen mit derselben. Ein sehr bedeutender Industriezweig ist, besonders für Neapel, Livorno und Genua, die Verfertigung vorzüglicher Korallenarbeiten. Toskana hat ansehnliche Kunstindustrie in Gegenständen aus Alabaster, Neapel liefert Darmsaiten, Mailand und Cremona Streichinstrumente. Daneben werden Fleischwaaren (Salami), zubereiteter Thunfisch und Sardellen, Mehlprodukte (Maccaroni), Papier, Glas, Porzellan, Eisenwaaren, auch für die Ausfuhr producirt. Die Woll- und Baumwollweberei ist im Zunehmen, kann aber die Bedürfnisse des Landes noch nicht befriedigen, und dasselbe gilt von der ausgedehnten und tüchtigen Lederfabrikation. Blühender Schiffbau ist zumeist in Genua und Livorno zu finden.

Verkehrsmittel. In Italien, das im Jahr 1848 nur 280 Kilom. Eisenbahnen hatte, waren im Jahr 1868 über 5000 Kilom. Eisenbahnen im Betrieb, von welchen übrigens nur die oberitalienischen bedeutenden Verkehr haben, während im Ganzen mit der Ausdehnung des Bahnnetzes der Durchschnittsertrag um $^2/_5$ gesunken ist. Ueber die Mont-Cenis-Bahn und die Bedeutung der italienischen Bahnen für den großen Weltverkehr siehe S. 66. Postwesen (S. 58). Die Ausdehnung des italienischen Telegraphennetzes betrug 1867 über 15,000 Kilom. (S. 78). An Chausseen hatte das Königreich 1863 über 12,000 M., sämmtlich, gleich den Eisenbahnen, in Privathänden. Die Handelsmarine zählt 16,500 Schiffe mit nur 717,364 Tonnen Gehalt. Darunter befanden sich 52 Dampfer.

Handel. Nach einer amtlichen Aufstellung betrug 1866 der wirkliche Werth des Gesammthandels, Ein- und Ausfuhr zusammengerechnet, 1545 Mill. Fr., etwa 80 Mill. weniger als 1865. Die Einfuhr überwiegt noch immer bedeutend die Ausfuhr. Nach amtlichen Quellen hatte 1863 die Gesammtausfuhr einen Werth von 624 Mill. Lire (= Francs), die Einfuhr einen Werth von 903 Mill. Zur Ausfuhr gelangen Oel, Südfrüchte, Wein, Mandeln, Sumach, Kappern, Seide und seidene Waaren, Hanf, Wolle, Schlachtvieh, Käse, Sardellen, Reis, Schwefel, Zink, Marmor, Borax, Korallen. Der Hauptverkehr zu Lande ist mit der Schweiz, wohin Rohseide, Vieh und Südfrüchte gehen. Die gesammte übrige Ausfuhr findet zur See statt und wird zum großen Theile von fremden, meist englischen und französischen Schiffen, besorgt. Dem Handel und Verkehr dienen die italienische Nationalbank zu Florenz, die Banken von Neapel und Sicilien sowie mehrere Creditanstalten. Unter letzteren steht voran der italienische Crédit mobilier dessen Jahresbericht von 1868 eine Dividendenvertheilung von 24 Fr. per Actie von 400 Fr. erklärt. Mit Frankreich, Belgien, England, Rußland, den Niederlanden und (seit 1865) mit dem deutschen Zollverein sind Handelsverträge abgeschlossen.

Geld, Maß und Gewicht. Das ital. Königreich hat das französische metrische Maß und Gewicht, sowie die französische Geldeintheilung angenommen. Gerechnet wird nach Lire (= 1 Franc) zu 100 Centesimi.

Auswanderung. Wir haben in der Handelsgeschichte gesehen, wie die außer-italienischen Besitzungen der Venetianer und Genuesen verloren gingen und so hat Italien denn heute keine Kolonien. Die Auswanderung ist nicht sehr bedeutend; jene aus den mittleren und südlichen Provinzen geht meist nach der Levante, die aus den nördlichen Theilen vorzugsweise nach den La Plata-Staaten. Von Genua wurden im Jahre 1866 über 6000 Auswanderer nach Buenos Ayres verschifft, 1867 eine gleiche Anzahl nach Uruguay und zumeist nach Montevideo, welches eine fast ganz italienische Stadt geworden ist. Im Ganzen beförderte Genua im Jahre 1867 theils nach Algerien und der Levante, theils nach Südamerika über 18,000 Auswanderer gegen 5000 im Jahre 1860.

Fabrik- und Handelsstädte.

In Piemont. Turin, 200,000 Einw., am schiffbaren Po und der Dora. Bedeutender Handel und Verkehr. Fabriken für Seidenstoffe, Bijouteriewaaren, Möbel, Pianofortes, geschätzte Liqueure, Chocolade, Handschuhe, Papier, Tabak, künstlichen Marmor. Belangreicher Transithandel. Hauptausfuhrartikel ist piemontesische Seide. — Savigliano, 5000 Einw., Seiden-, Baumwoll- und Wollfabriken, Hanfbau. — Cuneo, in reicher Kulturebene, 13,000 Einw., Seiden- und Wollmanufakturen. Messe. Stapelplatz für den Waarenzug von Nizza nach der Lombardei, der Schweiz und Deutschland. — Vercelli, 19,000 Einw., Reisbau, Seidenzucht, Seidenspinnerei und Handel. — Novara, 14,000 Einw., Leinwandweberei, Hutfabrikation, Handel mit Reis und Seide. — Asti, 30,000 Einw., geschätzter Muskatwein, Seidenmanufakturen, Messen, ansehnlicher Handel. — Vigevano, 13,000 Einw., bedeutende Seidenmanufakturen, Handel mit Seidenwürmern und Seidenzeugen, Seifen- und Maccaronifabriken. — Alessandria, 27,000 Einw., bedeutende Manufakturen in wollenen und seidenen Zeugen, Strümpfen und Hüten. Lebhafter Binnenhandel, Messen. — Genua, am Mittelmeer, 128,000 Einw., (Handelsgeschichtliches S. 254). Sehr bedeutende Industrie in Sammt- und Seidenstoffen, Bändern, Strümpfen, Stickereien, Fabriken in Gold-, Silber- und Elfenbeinwaaren, künstliche Blumen, Korallen, Essenzen, Rosenöl, Maccaroni. Sehr bedeutender und steigender Handel, landwärts nach Deutschland, zur See zumeist nach den La Plata-Staaten. Dampferlinien nach Nizza, Marseille, Livorno, Neapel, Palermo, Tunis und Buenos Ayres. —

S. Pier d'Arena, 13,000 Einw., Maschinenfabriken. — Savona, 11,000
Einw., Fabriken in Tuch, Fayence, Waffen, Seide, Papier, Glas. Anker=
schmieden. Ausfuhr von Rohseide und Südfrüchten. — Chiavari, 10,000
Einw., blühende Hafenstadt mit Fabriken in Seidenwaaren, Spitzen, Lein=
wand. Seiden= und Oelbau. Sardellenfang. Ausfuhr von Oel, Kastanien,
Südfrüchten, Käsen. — La Spezia, 5000 Einw., Produktion von vorzüg=
lichem Oel und Wein (bei Vermezza). Sehr lebhafter Seeverkehr. Schiffs=
werfte. — Novi, 8000 Einw., Seidenbau und wichtiger Handel mit Seide;
vier Messen.

Im Lombardisch=Venezianischen Königreich. Mailand, 196,000
Einw., größter Wechselplatz Italiens. Der bedeutendste Landhandel unter
allen ital. Städten. Hauptemporium des norditalienischen Seidenhandels;
Fabriken in Sammt, Seidenstoffen, Bändern, Spitzen, Teppichen, künstlichen
Blumen, Gold= und Silberwaaren, Leder. Handel mit Reis und Parmesan=
käse. — Monza, 15,000 Einw., Seidenzeug= und Baumwollfabriken. —
Como, 11,000 Einw. und Varese 10,000 Einw., Seidenbau, Seidenspinnerei
und Weberei. — Morbegno und Sondrio, 5000 Einw., Seidenbau, Wein=
bau (Veltliner). — Bergamo, 38,000 Einw., Eisen= und Seidenbau,
Handel mit Rohseide, Eisenfabrikaten, Thonwaaren. — Brescia, 40,000
Einw., Waffenfabriken, Messerschmieden, Seidenspinnereien. — Cremona,
31,000 Einw., beträchtliche Seidenmanufakturen. Darmsaiten=, Violinen=,
Strohhut=, Fayencefabriken. Ansehnlicher Handel. — Lodi, 18,000 Einw.,
Majolica=Arbeiten. Sehr bedeutende Viehzucht und Fabrikation der berühmten
Parmesan=Käse. Brianzaweine (bei San Columbano). — Pavia, 28,000
Einw., Handel mit Hanf, Käse, Wein, Reisbau. — Mantua, 30,000 Einw.,
Seiden= und Wollweberei. Oelpressen, Reismühlen. — Venedig, 119,000
Einw., (Handelsgeschichte S. 254). Die Industrie erzeugt Glas=, Seiler= und
Seidenwaaren, türkische Fez, Handschuhe, Bijouterien und künstliche Blumen.
Gold= und Filigranarbeiten; Fabriken in Schmelzperlen auf Murano. Handel
und Industrie sind in entschiedener Aufnahme. Seit 1865 hat sich die Einfuhr
von 110 auf 128, die Ausfuhr von 71 auf 100 Mill. Lire gehoben.
Hauptausfuhrartikel sind Glasperlen von Murano. Ansehnlicher Seehandel
nach der Levante und Griechenland. Nach Alexandria ist neuerdings eine
regelmäßige Dampferlinie eingerichtet, welche Brindisi berührt. — Verona,
59,000 Einw., Fabriken in Seiden=, Leinen= und Hanfwaaren, Leder, Oel,
Wein, Salami. Lebhafter Transit und Handel nach Deutschland; 2 Messen.
— Vicenza, 34,000 Einw., fabrizirt schöne Seide und Seidenstoffe. Handel
mit Gartenfrüchten, Wein, Getreide und Schlachtvieh. — Bassano, 11,000
Einw., Udine, 27,000 Einw., Belluno, 14,000 Einw., Treviso, 22,000
Einw., Seidenspinnereien und Seidenmärkte. — Padua, 60,000 Einw.,
Darmsaiten, Seidenbandfabrikation. Handel mit Vieh, Wein, Oel und
Getreide.

In der Emilia. Piacenza, 34,000 Einw., Handel mit Wein, Seide,
Früchten. Fabriken in Wolle, Baumwolle und Seide. — Parma, 47,000
Einw., Seiden= und Wollgewebe, seidene und baumwollene Spitzen' und
Strümpfe, Glas= und Thonwaaren, Papier, Seife und Salzfleisch. Handel
mit Seide, Getreide, Salzfleisch, Wein und Käse. — Reggio, 21,000 Einw.,

Seiden= und Hanfweberei. — Modena, 32,000 Einw., Seiden=, Tuch=
und Leinenweberei. — Bologna, 109,000 Einw., eine der reichsten Städte
Italiens, viel Handel und gewerbliche Thätigkeit. Fabriken in Seiden=
waaren, Sammt, Flor, Maccaroni, vorzüglichen Liqueuren, künstlichen
Blumen, Salami und sonstigen Fleischwaaren. Messe. — Faenza, 17,000
Einw., Majolica= und Steingeschirr (nach der Stadt Fayence benannt).
Flachsbau. — Forli, 18,000 Einw., Seidenspinnereien, Salzsiedereien. —
Eben solche auch in Rimini 17,000 Einw., welches bedeutenden Handel
mit Getreide, Oel, Lein, Hanf, Saflor, Waid und Fischen hat. Rimini
hat 60 eigene Schiffe. — Ravenna, 19,000 Einw., Wein= und Seidenbau,
Seidenspinnerei und Seidenweberei. Fabrikation von Musikinstrumenten. —
Ferrara, 28,000 Einw., Lederfabriken, Seiden= und Fleischwaarenhandel. —
Massa, 5000 Einw., und Carrara 6800 Einw., Seidenspinnerei, Oelhandel.
Weltberühmte Marmorbrüche.

In Toskana. Florenz, die gegenwärtige Hauptstadt des König=
reichs Italien, 114,000 Einw., (Handelsgeschichte S. 256), Fabrikation von
Strohhüten, Sammt= und Seidenzeugen, Alabaster= und Marmorarbeiten,
künstlichen Blumen, Mosaiken. Beträchtlicher Landhandel. — Prato, 12,000
Einw., und Pistoja, 12,000 Einw., Fabriken in Wolle, Seide, Hüten,
Quincaillerie, Drehorgeln. — Lucca, 22,000 Einw., Seiden=, Woll=,
Baumwoll= und Tuchfabriken. Starker Handel mit Seide und Oel. —
Aus dem Hafenort Viareggio werden zumeist die Marmorblöcke von Carrara
zur See ausgeführt. — Serarezza, Marmorbrüche, reiche Quecksilbergruben.
— Pisa, 33,000 Einw., Fabriken in künstlichen Blumen, Glas, Seife. —
Ponte d'Era, Baumwollenindustrie, Handel. — Livorno, 83,000 Einw.,
wichtigster Handelshafen Italiens (Handelsgeschichte S. 256). Wichtige
Korallenfabriken, Rosogliobrennereien, Gerbereien. Emporium des Levante=
handels, Schiffswerfte. Ausfuhr von Seide, Strohgeflechten, Oel, Früchten,
Wein, Wolle, Borax, Käsen, Marmor. Dampferlinien nach den Haupt=
plätzen des Mittelmeeres und nach England. — Siena, 22,000 Einw.,
Fabriken in Wollstoffen, Seidenzeugen, Flachs= und Hanfgeweben, Stroh=
hüten, Leder, Wachs, Rübenzucker. — Volterra, 4500 Einw., Salz=, Alaun=
und Alabasterhandel.

In den Marken. Ascoli, 11,000 Einw., ansehnlicher Handel,
Fabriken in Majolica, Glaswaaren, Wachs, Rohseide, Leder, Hüten, Tuch,
Rosoglio, Eisenwaaren. — Pesaro, 10,000 Einw., sehr industriöse Stadt.
Fayence, Krystall= und Seidenwaaren, ausgezeichnete Feigen. Handel mit
Terragliagefässen, Seide, Hanf= und Wollengeweben. — Sinigaglia, 10,000
Einw., Hafen, wichtige Messe. — Ancona, 40,000 Einw., Freihafen, leb=
hafter Seehandel, Schiffbau, Fabriken von Segeltuch und Seidenwaaren. —
Macerata, 10,000 Einw., Getreide=, Wein= und Obstbau.

In Umbrien. Perugia, 15,000 Einw., bedeutende Seidenwebereien.
— Foligno, 8000 Einw., Seidenbau, Wachsbleichen. — Rieti, 9000 Einw.,
Seidenweberei. Fabrikation von wollenen Zeugen, Leder.

In Neapel. Neapel, 419,000 Einw., der zweite Bank= und
Wechselplatz Italiens. Fabriken in Seiden=, Gold= und Bijouteriewaaren,
ordinären Woll= und Leinenstoffen, Handschuhen, künstlichen Blumen,

Hüten und Strohhüten, musikalischen Instrumenten und vorzüglichen Darm=
saiten, Parfümerien, Maccaroni, Korallen, Gemmen. Bedeutender Handel
in Wein, Oel, Mandeln und Schwefel. — Puzzuoli, 9800 Einw., Aus=
fuhr von Puzzolanerde. In der Nähe von Neapel eine Reihe volkreicher
Ortschaften mit bedeutendem Weinbau, (Portici, 11,000 Einw., Resina,
11,000 Einw., Afragola, 16,000 Einw., Mabbaloni, 18,000 Einw.,
Caserta, 11,000 Einw. und lebhafter Industriethätigkeit. — Gaëta,
14,000 Einw., Fischfang und etwas Handel. — Salerno, 21,000 Einw.,
Tuchweberei, Hafen, in der Nähe Vietri, 8000 Einw., mit vielen Papier=
mühlen. — Cosenza, 11,000 Einw., Handel mit Seide, irdenen Gefäßen,
Eisenwaaren. — Catanzaro, 17,000 Einw., bedeutende Seidenspinnereien
und Produktenhandel. — Reggio, 15,000 Einw., Bereitung wohlriechen
Essenzen, Verarbeitung von Muschelseide, Handel mit Südfrüchten, Messe.
Taranto, 19,000 Einw., Weberei, Austern= und Muschelfang. — Gallipoli,
9000 Einw., mit merkwürdigen, in den Fels gehauenen, Oelbehältnissen.
Haupthafen für neapolitanisches Olivenöl am Mittelmeer. Handel mit
Oel, Südfrüchten und Baumwolle, Thunfischfang. — Lecce, 18,000 Einw.,
Baumwoll=, Tabaks= und Weinbau. Manufakturen in Baumwollenwaaren,
Cattun, Spitzen. Bedeutender Handel mit dem in der Umgegend gewonnenen
vorzüglichen Oel (Leccer Tafel=Oel). — Bari, 34,000 Einw., bedeutender
Handel mit Landesprodukten, Bau von Baumwolle, Oel und Saffran. —
Andria, 30,000 Einw., Cerato, 24,000 Einw., Bitonto, 22,000 Einw.,
Terlizzi, 18,000 Einw. u. a. m., alles Orte ohne Industrie mit Oel= und
Mandelbau. — Bisceglia, 16,000 Einw., Handel mit Mandeln und
Oliven. — Trani, 22,000 Einw., Seehandel. — Foggia, 32,000 Einw.,
Kappernbau, lebhafter Handel mit Wein, Oel, Wolle, Getreide und Kappern.
Messe. — Lanciano, 9700 Einw., Wein= und Seidenbau. — Chieti,
13,000 Einw., Wein=, Getreide= und Seidenbau. — Castelli, 3000 Einw.,
Majolicafabrikation. — Teramo, 9000 Einw., Fabriken in Wachs, Cremor
Tartari, Thongefäßen, Leder, Strohhüten, Luxusmöbeln.

Brindisi, das alte Brundusium, schon im Alterthum berühmt wegen
seines vortrefflichen Hafens, geht einer großen Zukunft entgegen, namentlich
seit man den Hafen für die größten Schiffe zugängig macht. Es zählt
jetzt nur 8500 Einw., wird aber als Ausgangspunkt der Ueberlandpost
nach Alexandria von Wichtigkeit. Den Seedienst versorgen die Dampfer
der Società anonima italiana. Von London gelangt man nach Brindisi
in 69, von da nach Alexandria in 82 Stunden, also schneller als über
Marseille oder gar Triest.

Auf der Insel Sicilien. Palermo, 167,000 Einw., Hauptstadt
der Insel, schöner Hafen. Fabriken in Seidenzeug, Baumwollenstoffen,
Gold= und Silberwaaren. Vortreffliche Tischlerarbeiten, Korallenarbeiten
und Steinschleifereien. Lebhafter Handel, aber in den Händen der Engländer,
Genuesen und Livornesen. Schiffbau. Der Thunfisch= und Sardellenfang
beschäftigt viele tausend Menschen. — Termini, 26,000 Einw., Erzeugung
von Sumach, Manna, Soba, Handel mit Südfrüchten. — Messina, 62,000
Einw., bedeutende Industrie, namentlich Seidenweberei, Korallenarbeiten,
Essenzen. Handel mit Wein, Seide, Südfrüchten, Schwefel und Bimsstein.

— Agosta, auf einer Küsteninsel, 9000 Einw., Seesalzbereitung und Sardellenfang. — Syrakus, 19,000 Einw., Weinbau. — Noto, 12,000 Einw., Anbau von Zuckerrohr, Mandeln, Johannisbrot. — Caltanisetta, 20,000 Einw., Schwefelgruben. Wein=, Oel= und Pistazienbau. — Licata, 14,000 Einw., bedeutendster Schwefelhandel Siciliens. — Girgenti, 16,000 Einw., Hafen. Schwefelgruben, Oelhandel. Die größten, in die Felsen gehauenen Getreidemagazine der Insel. Fast ein Sechstel der ganzen Schwefelproduktion Siciliens kommt hier zur Ausfuhr. Außerdem Ausfuhr von Getreide, Oel, Mandeln und Soda. — Trapani, 27,000 Einw., Seesalzbereitung, Korallenfischerei, Thunfischfang. Bedeutender Korallen=handel. — Marsala, 18,000 Einw., Handel mit Getreide, Oel, Soda und Seesalz. Der nach der Stadt benannte ausgezeichnete Wein wächst in der Nähe derselben und bildet einen Hauptartikel der Ausfuhr.

Auf der Insel Sardinien. Cagliari, 28,000 Einw., Hauptstadt der Insel und Stapelplatz des ganzen sardinischen Handels. Papier und Tabaksfabriken. — Sassari, 23,000 Einw., Tabaksfabriken, Handel mit Oel und Südfrüchten. — Alghero, 8000 Einw., Korallenfischerei. — Wichtig ist Iglesias. Vor 1867 nur 5000 Einw. zählend, ist es seit Ent=deckung der überreichen, meistens fast offen zu Tage liegenden Zinkminen über Nacht zu einem der wichtigsten industriellen Orte Italiens geworden. Die Bergwerke haben eine völlig kosmopolitische Bevölkerung hierhergezogen, welche nur in den vier heißen Monaten vor den dann tödtlichen Fiebern das Feld räumen. Das Zink kommt bei Iglesias und in der Umgegend nur als Galmai vor, während sich in anderen Theilen Sardiniens auch große Lager von Zinkblende finden. — In Monte Poni führte eine einzige Gesellschaft im Jahre 1867 nicht weniger als 600,000 Ctr. Galmaierz aus und schloß für 1868 mit englischen Hüttenbesitzern für 1,600,000 Ctr. ab, und eine andere, französische Gesellschaft producirte 1868 aus ihren fünf Gruben bereits 600,000 Ctr.

14. Kirchenstaat.

200 Quadratmeilen, 693,000 Bewohner.

Der Kirchenstaat bietet mit Bezug auf Handel und Gewerbe ein sehr wenig erfreuliches Bild. Der Weinbau, der gegen 2 Mill. Eimer liefert, ist stark verbreitet; sonst aber liegt die Landwirthschaft sehr darnieder und zu ihrer Förderung wird nichts von Seiten der Regierung gethan. In der Cam=pagna gibt es große Rindviehheerden. Die Seidenkultur geht sehr zurück. Der wenig geförderte Bergbau liefert den „römischen Alaun" (von Tolfa), außerdem Vitriol, Schwefel, Marmor und aus den Salzpfannen an der Tibermündung gewinnt man Salz. Im Jahre 1868 belief sich die Einfuhr auf 17,373,139 Franken, die Ausfuhr auf 14,758,000 Franken. Hauptgegenstände der letzteren sind Felle, Kunstgegenstände, Käse, Puzzolan und Drucksachen. Der Haupt=handelsverkehr findet mit Italien und Frankreich statt. Die Industrie hat

ihren Sitz in der Hauptstadt Rom (208,000 Einw.) ist aber unbedeutend.
Die Seidenfabriken und Wollwebereien sind seit 40 Jahren auf derselben
Stufe stehen geblieben. Man verfertigt Schmuck- und Korallenwaaren und
Darmsaiten; auch Thonwaaren. Von Bedeutung ist nur der Handel mit
Kunstwerken. Der Haupthafen ist Civita-Vecchia (10,000 Einw.).
Die päpstliche Handelsmarine ist unbedeutend; Telegraphen und Eisenbahnen
haben sich erst in der neuesten Zeit entwickelt. Von Seiten der Regierung
wird außerordentlich wenig gethan um den verwahrlosten Zuständen in Handel
und Industrie aufzuhelfen. Rom hält im Verhältniß die meisten Soldaten
in Europa und daraus wird das ewige Deficit in den Finanzen erklärlich. —
Der Kirchenstaat hat sich 1865 der französischen Münzconvention
geschlossen, indessen sind die päpstlichen Franken von so schlechtem Gehalte,
daß sie in Frankreich und der Schweiz nur mit Verlust angebracht werden
können.

15. Griechenland.

948 Quadratmeilen. 1,350,000 Bewohner.

Griechenland ist einer der jüngsten Staaten Europa's, der unter Mit-
hilfe der europäischen Mächte und der Philhellenen 1832 nach langen
Kriegen gegen die Türken geschaffen wurde. Die Hoffnungen, welche man
auf das junge Reich gesetzt, sind indessen keineswegs in Erfüllung gegangen,
denn nur wenig haben die Griechen durch angestrengte Arbeit ihr Land
vorwärts gebracht. Der althellenische Geist lebt in dem heutigen Volke,
das vorzugsweise slavischer Abkunft ist, nicht mehr, und Handel und Gewerbe
sind nicht in dem Grade entwickelt, wie es durch die Lage und die Naturverhältnisse Griechenlands bedingt sein könnte, wirkte dort ein stetiges, arbeitsames Volk. Ein hervorragendes Ereigniß war die Abtretung der unter
britischem Schutze stehenden Republik der ionischen Inseln an Griechenland,
wodurch dieses einen bedeutenden Zuwachs und gesteigerte Handelsbedeutung
behielt.

Landwirthschaft und Bergbau. Abgesehen von den ionischen Inseln
sind wenig über 20 Prozent des Bodens wirklich bebaut, woran der Mangel
an Bewässerung, die fehlenden Verbindungswege, die Unsicherheit auf dem
platten Lande, die geringe Ausdehnung der Vieh-, namentlich der Rinder-
und Pferdezucht Schuld sind. Schaf- und Ziegenzucht ist in den gebirgigen
Landestheilen von Bedeutung. Von Wichtigkeit sind nur der Wein-, Korinthen-
und Oelbau. Namentlich auf den Inseln wächst der feurige griechische Wein.
Am wichtigsten ist der Korinthenbau, der halb Europa versorgt. Außerdem
sind Baumwolle, Krapp, Südfrüchte, Tabak, Seide, Knoppern zu erwähnen.
Von Bedeutung ist die Bienenzucht, die viel Honig in den Handel liefert.
Die Fischerei wird in den umliegenden Meeren betrieben; die Schätze des
Erdinnern werden dagegen wenig ausgebeutet. Der Bergbau liefert vor-
trefflichen Marmor (Pentelikon, Paros), Meerschaum, etwas Braunkohle,
Eisen, Kupfer und Blei.

Industrie. Diese ist höchst unbedeutend. Gewerbthätigkeit sagt dem faulen Volke nicht zu; es wird etwas Hausindustrie betrieben, auch bestehen ein paar von Fremden erbaute und geleitete Fabriken; im allgemeinen ist Griechenland aber völlig auf die Industrieerzeugnisse fremder Völker angewiesen.

Handel. Die geographische Lage, mit ausgedehnten Küsten zwischen Asien, Afrika und Europa in der Mitte, sowie der ganze Charakter des Volkes machen dieses vorzugsweise zu einem handel- und schifffahrttreibenden. Es gibt griechische Handelshäuser in Wien, London, Petersburg, Odessa, Livorno, New-York, Leipzig u. s. w., die zu den größten ihrer Art gehören und durch den Suezkanal ist den Griechen ein neues wichtiges, ihnen vor der Thür liegendes Handelsgebiet eröffnet. Im Jahre 1865 betrug der Werth der gesammten Aus- und Einfuhr des ganzen Königreichs 141,923,108 Drachmen, ein Mehr von 48,634,703 Drachmen gegenüber dem Vorjahre. Davon belief sich die Einfuhr auf 90,251,389 Drachmen, die Ausfuhr hingegen auf 51,671,719 Drachmen. In dieser bedeutenden Differenz liegt ein großes Mißverhältniß, durch welches der überaus ungünstige Stand der griechischen Finanzen theilweise erklärbar wird. Ueber 37 Prozent des Gesammthandels sind in den Händen Englands, oder 44 Mill. Drachmen. Es nehmen Theil am Handel die Türkei mit 22½ Mill., Frankreich mit 14 Mill., Rußland mit 7½ Mill. Drachmen. Es waren 1865 in den griechischen Häfen 93,293 ausländische Schiffe mit 3,666,784 Tonnen Gehalt; ausgelaufen 95,066 mit 3,562,954 Tonnen. Ein wichtiger Erwerbszweig für die Küsten- und Inselbewohner ist die Kabotage (Küstenhandel), die in kleinen schnellsegelnden Trabakeln betrieben wird.

Verkehrsmittel. Griechenland hat nur unbedeutende Flüsse; es besitzt so gut wie gar keine Straßen. Die einzige Eisenbahn führt von Athen nach dem Piräus. Telegraphen (S. 78). Das Meer ist mit seinen vielen Buchten und Straßen zwischen den Inseln desto mehr den Griechen unterthan. Sie sind vortreffliche Schiffer und besitzen eine bedeutende Handelsflotte, die 1865 bereits 5744 Schiffe mit 326,690 Tonnen zählt und mit 32,543 Seeleuten bemannt war. Darunter 4300 Schiffe von mehr als 60 Tonnen.

Münzen, Maß, Gewicht. Münze ist die Drachme zu 100 Lepta = 7 Groschen 3 Pf., 124 Drachmen = 1 Zollpfund Silber. — Seit 1836 ist das metrische System in Maß und Gewicht eingeführt. 1 Meter (Piki) à 10 Palmen à 10 Zoll à 10 Linien. — 1 Kilo = 100 Liter ist Getreidemaß. — Flüssigkeitsmaß: 1 Liter à 10 Kotyli à 10 Mystra à 10 Kubus = 100 Liter. — Handelsgewicht: 1 königl. Mina à 1500 Drachmen à 10 Obolen à 10 Gran = 1500 Gramme. 1 Talent = 100 Minen = 150 Kilogramm = 300 Pfd. Zollgewicht. 1 Tonne = 10 Talent = 1500 Kilogramm.

Handelsstädte.

Athen, 42,000 Einw., die Landeshauptstadt mit dem Hafen Piräus, 6600 Einw., besitzt einige Fabriken, treibt lebhaften Handel und hat

Dampferverbindung mit den wichtigsten Häfen des Mittelmeers. — Patras, 18,500 Einw, der wichtigste Hafen des Festlandes, Mittelpunkt des Korinthengeschäfts; starke Einfuhren. — Nauplia, 10,000 Einw., an der Ostküste der Halbinsel Morea, Ausfuhrhafen; Schwammfischerei. — Kalamanta, 6000 Einw., Ausfuhrhafen Messeniens; bedeutender Feigenhandel. — Die andern einst bedeutenderen Städte des Festlandes, so Korinth, sind heute ohne kommerzielle Wichtigkeit. — Hermupolis auf Syra, 20,000 Einw., wichtigster Handelsplatz des Archipels, Dampferstation. — Chalkis auf Euböa, 12,000 Einw., Hafenplatz. — Hydra auf Hydra, 10,000 Einw., guter Hafen, starker Handel. Baumwoll= und Seidenindustrie. — Corfu auf Corfu, 26,000 Einw., Freihafen, starker Handel. — Argostoli auf Kephalonia, 5000 Einw., gegenüber auf derselben Insel Lixuri, 5000 Einw., Hafenstädte mit Baumwolleninbustrie. — Zante (Zakyntho), auf Zante, 20,000 Einw., Hafenstadt, Baumwolleninbustrie.

16. Montenegro.

80 Quabratmeilen.   200,000 Bewohner.

Dieser von einem halbcivilisirten serbischen Stamme bewohnte Vasallenstaat der Türkei ist wegen seiner felsigen Beschaffenheit wenig ergiebig; nur die Thäler, in denen Getreide auf sehr rohe Weise gebaut wird, sind fruchtbar. Man baut auch Tabak, Oliven, Feigen. Die Schweine=, Ziegen= und Schafzucht ist stark verbreitet. Land= und Wasserstraßen fehlen. Man führt Häute, Wolle, Speck, Fleisch nach der österreichischen Stadt Cattaro aus, von wo wiederum europäische Inbustrieprodukte eingeführt werden. Hauptstadt ist Cettinje.

17. Serbien.

998 Quabratmeilen.   1,100,000 Bewohner.

Die fünfhundertjährige Türkenherrschaft im Südosten Europa's bezeichnet einen fünfhundertjährigen Stillstand auf dem Gebiete der Kultur. Zweimal (1389 und 1448) wurden die Serben von den Türken auf dem Amselfeld (Kossowo=Polje) besiegt und mit der Selbständigkeit ihres Reiches war es vorbei. Erst unser Jahrhundert sah die Abschüttelung des Türkenjochs, die von Kara Gjorje begonnen und 1815 von Milosch Obranowitsch glücklich fortgeführt wurde. An die Pforte zahlt Serbien jetzt nur einen jährlichen Tribut von 42,000 Dukaten; das ist alles, was an die ehemalige Türkenherrschaft erinnert und Serbien kann nun frei sich entwickeln, seine großen Naturschätze ausbeuten. Das Volk ist tüchtig, wenn auch immer noch halbbarbarisch, indessen ganz entschieden auf dem Wege des Fortschritts begriffen.

Landwirthschaft und Viehzucht. Nachdem unter den Türken alles Land an die mohammedanischen Krieger vertheilt war, wurde erst nach den Freiheitskämpfen Grund und Boden des Landmanns Eigenthum, aber immer noch befindet sich der Ackerbau auf einer äußerst niedrigen Stufe und die Ackerbaugeräthe sind die urthümlichsten; das Korn wird z. B. von Pferden ausgetreten. Man baut, trotzdem außerordentlich viel Boden unbenützt liegt, genügend Waizen und Mais für den Bedarf. An Pflaumen kommen 80,000 Ctr. jährlich zur Ausfuhr. Kaiser Probus pflanzte die ersten Reben an der Donau, wo die Weinkultur ausgedehnt, aber urwüchsig betrieben wird. Tabak, Hanf und Gemüse werden für den inländischen Bedarf genügend gebaut. Versuche die Baumwollenkultur einzuführen, scheiterten an dem widrigen Klima. Die Viehzucht steht mit dem Ackerbau auf gleich niedriger Stufe. Rindvieh- und Pferdezucht sind kaum erwähnenswerth; dagegen ist die Schweinezucht, begünstigt durch die reichen Eichenforste, die wichtigste landwirthschaftliche Erwerbsquelle Serbiens. 1864 betrug die Ausfuhr 325,000 Stück. Das Schaf wird nur wegen des Fleisches, nicht wegen der Wolle gezüchtet. Da die Maulbeerbäume vorzüglich gedeihen, so hebt sich die Seidenzucht. Die Bienenzucht wird, da Honig zu den Lieblingsspeisen der Serben gehört, schwunghaft betrieben. Die Wälder, trotz der Verwüstung immer noch bedeutend, liefern viel Eichenholz, Faßdauben, Knoppern, auch für den Export. 1867 ist ein zweckmäßiges Forstgesetz erlassen worden.

Bergbau. Auch dieser liegt im Argen; zwar wurde 1845 das Bergmonopol der Regierung aufgehoben, Fremde kamen in's Land, um die alten Grubenwerke aufzunehmen, allein die Resultate waren keine glücklichen. Marmorbrüche und Bergwerke wurden von altersher bei den Serben betrieben; ihre Lehrmeister waren Deutsche und Italiener. Die einst reichen Silberwerke liegen nun verlassen. Das große Eisenhüttenwerk Maidanpek, 1847 begründet, ist wieder eingegangen. Bei Kutschaina wird mit Erfolg Silber, Kupfer und Zink gewonnen. Im Podrinjer Kreise werden jährlich 1000 Ctr. Blei erschmolzen; bei Valjevo bricht man gute Lithographiesteine. Reiche Kohlenflötze, die noch wenig ausgebeutet werden, finden sich zu Dobra, Senje und Sikolje.

Industrie. In Serbien herrscht noch strenges Zunftwesen. Besitzt das Volk auch Geschick für die Gewerbe, so findet man doch nur Schneider, Schuster, Gerber, Kürschner, Töpfer, Schmiede u. s. w., die ihr Gewerbe in der primitivsten Weise betreiben. Alle höheren Handwerke werden ausnahmsweise von Fremden, Deutschen und Oesterreichern betrieben, auf die man jedoch neidisch herabsieht und denen zum Schaden des Landes Hindernisse in den Weg gelegt werden. Zu Krajuschewatz ist eine Kanonengießerei.

Verkehrsmittel. Als Fürst Milosch die Regierung antrat, war ein Wagen eine seltene, ein eisenbeschlagenes Rad eine unerhörte Erscheinung. Er begann Straßen zu bauen, deren Erhaltung den Gemeinden zur Last fällt. Wenige sind im ordentlichen Zustande und die meisten im Winter unpraktikabel. Auf der Donau und Save herrscht volle Freiheit der Schifffahrt und die erstere ist noch immer die einzige große Verkehrsader, die Serbien mit dem Auslande in Berührung bringt. Gegen die Türkei ist ein Quarantäne=Gürtel errichtet. Die Post mit dem Sitze Belgrad ist in österreichischen Händen; sie beförderte 1864 über 200,000 Briefe. Der Telegraph, seit 1854 errichtet, gehört dem deutsch=österreichischen Telegraphen= verband an. Nachdem die Pforte lange widerstrebt, wird jetzt eine Eisen= bahn quer durch Serbien gebaut. Sie geht von Belgrad, Semendria und Ram an der Donau durch das Moravathal nach Nisch in Bulgarien, wo sie an die große türkische, nach Konstantinopel führende Bahn anschließt. Sie ist eine der Hauptbahnen des europäischen Südostens.

Handel. Jeder Serbe darf Handel treiben, aber gesetzliche Vorschriften beschränken die allgemeine Freiheit. Handel mit Manufakturen und Viktua= lien hängt von polizeilicher Concession ab. Der Handel ist aktiv, da die Ausfuhr die Einfuhr übersteigt. Vieh und Bodenprodukte bilden den Haupt= artikel der erstern; Salz, Tabak, Manufakte, Colonial= und Luxuswaaren jene der letzteren. Folgende Tabelle zeigt den Werth der Handelsbewegung im Jahre 1863.

Ausfuhr nach:

Oesterreich	1,389,623	österr. Dukaten,
Türkei	252,863	„ „
Rumänien	43,325	„ „
	1,685,811	österr. Dukaten.

Einfuhr von:

Oesterreich	835,475	österr. Dukaten,
Türkei	200,967	„ „
Rumänien	259,734	„ „
	1,296,176	österr. Dukaten.

Der Credit der serbischen Handelshäuser ist kein günstiger und häufige Warnungen der europäischen Consulate mußten an den Handelsstand dieser= halb erlassen werden. Der Schmuggel an der österreichisch=serbischen Grenze wird sehr stark betrieben, da der Zolltarif Serbiens ein hoher ist.

Münzen, Maß, Gewicht. Das altserbische Reich hatte seine eigenen Münzen, die heutige Regierung übt das Münzrecht nicht aus. Es circulirt österreichisches, russisches und türkisches Gold= und Silbergeld. Maß und Gewicht sind zum Theil noch aus der türkischen Zeit geblieben. Als Längen= maß gilt das Arschin = 2,02 Wiener Fuß, als Handelsgewicht die Oka = 2½ Zollpfund. 1870 wurde beschlossen das metrische System einzu= führen.

Belgrad am Einfluß der Save in die Donau mit 20,000 Einwoh= nern, ist der natürliche Hauptstapelplatz des serbischen Verkehrs; durch seine Douane geht ein Drittheil aller in und aus Serbien circulirenden Waaren. Ganz bedeutend ist der Zollverein im Belgrader Handel betheiligt, der selbst jenen Oesterreichs bei weitem übertrifft. Eine Bank oder sonstiges Credit= institut besteht nicht. 1867 wurde hier eine „serbische Handelsgesellschaft" gegründet.

18. Rumänien. (Walachei und Moldau.)

2197 Quadratmeilen. 3,900,000 Bewohner.

Die seit 1859 vereinigten Fürstenthümer Moldau und Walachei, Vassalenstaaten der Türkei, werden als Rumänien bezeichnet. Es ist ein junger Staat, der in einem fortwährenden Gährungsprozesse sich befindet und eine wenig tüchtige Bevölkerung romanischen Stammes besitzt, die aus reichen, moralisch tief stehenden Bojaren und auf niedriger Civilisationsstufe stehenden, verwilderten Bauern besteht. Fremde — Teutsche, Franzosen — und zahlreiche Juden bilden eine Art Mittelstand, in dessen Händen Handel und Industrie liegen.

Der Boden ist durchgängig äußerst fruchtbar, aber kaum zum dritten Theile erst angebaut. Die Landwirthschaft wird in einer außerordentlich ursprünglichen Weise betrieben; sie liefert trotzdem Mais, Weizen, Hirse, Gerste, Obst und sehr guten Wein in Hülle und Fülle, so daß davon große Mengen zum Export gelangen. Schiffsbauholz kommt aus den großen Wäldern. Die walachischen Pferde sind äußerst dauerhaft; die Zucht von Büffeln, Ziegen, Schafen wird eifrig betrieben. Die Bienenzucht liefert viel Honig. Gold kommt viel in den Flüssen vor. Kohlen und Metallschätze, die in und an den Karpathen gefunden werden, sind noch nicht ausgenützt; bedeutend ist der Salzreichthum (Regierungsmonopol) und die Ausdehnung der Petroleumquellen.

Die Verkehrsmittel sind verhältnißmäßig schnell in den letzten Jahren entwickelt worden. Abgesehen von der Donau und dem Pruth, sowie deren Nebenflüssen, die schiffbar sind oder wenigstens zum Flößen dienen, ist seit 1869 ein ziemlich dichtes Eisenbahnnetz durch das Land gezogen worden, das den Handel ungemein begünstigt. Ausgeführt werden die Rohprodukte, eingeführt deutsche, österreichische, französische und englische Industrieprodukte. Eine einheimische Industrie ist nicht vorhanden. In Galatz besteht die Banque de Roumanie. Die Münzeinheit ist der Frank (Li) à 100 Bani. In Maß und Gewicht ist das metrische System durchgeführt.

Handelsstädte.

In der Walachei: Bukarest 182,000 Einw., die Landeshauptstadt, bedeutender Handelsplatz, mit einigen von Fremden begründeten Fabriken. — Giurgewo 11,000 Einw., Hafenplatz Bukarests an der Donau, wichtiger Speditionsplatz. — Turn-Severin, 4000 Einw., an der Donau, Stapelplatz der Landesprodukte. — Plojeschti, 27,000 Einw., im Innern, Handel mit Landesprodukten. — Braila, 26,000 Einw., an der Donau, Getreide-Ausfuhrhafen nach dem schwarzen Meere. Bierbrauerei. Petroleumraffinerien.

In der Moldau: Jassy, 50,000 Einw., lebhafter Handel mit Landesprodukten, Viehzucht. — Husch, 13,000 Einw., Wein- und Tabaksbau. — Okna, 8000 Einw., Steinsalzwerke. — Fokschan, 34,000 Einw., Wein-

bau. — Bakeu, 9000 Einw., lebhafter Handel. — Botoschan, 27,000
Einw., Wollhandel. — Galatz, 40,000 Einw., großartige Getreideausfuhr,
Petroleumraffinerien.   Im Jahre 1868 hat man den Betrag des effektiven
Getreidegeschäfts in Galatz und in dem benachbarten Braila auf 40 Mill.
Thaler geschätzt.   Im Jahre 1867 wurden 538,648 Wispel Weizen und
Mais aus Rumänien exportirt. — Tutschkow, 25,000 Einw., Kilia 6000
Einw. und Karlshafen, Exporthäfen an der Kiliamündung der Donau.

19. Europäische Türkei.

Ohne Vasallenstaaten 6175½ Quadratmeile. 11,000,000 Bewohner.

Ein Handelsvolk, das sich als solches mit irgend einer der übrigen euro=
päischen Nationen, oder auch nur mit den Arabern, vergleichen ließe, sind die
Türken niemals gewesen.   Sie sind lediglich der herrschende Stamm in
uralten Culturländern der alten Welt geworden, ohne daß sie danach irgend=
wie Sinn oder Fähigkeit für die Entwickelung der commerciellen oder indu=
striellen Anlagen jener von der Natur überreich zu Handel wie zu Industrie=
thätigkeit ausgestatteten Ländergebiete gezeigt hätten.   Die von religiösem
Fanatismus getragene Jugendkraft jener erobernden Halbnomaden ist längst
dahin und hat einem solchen Zustande des Verfalls in sittlicher, socialer und
gewerblicher Hinsicht Platz gemacht, daß für den türkischen Padischah und
seinen Staat der Name des „kranken Mannes" sich eingebürgert hat.   Wo
im türkischen Reiche sich hier oder dort ein Auffassen aus dem allgemeinen
Marasmus, ein Aufschwung zum Besseren auf irgend einem Gebiete gezeigt
hat, ist dies nur aus der Mitte eines der unterworfenen Völkerstämme,
welche, beiläufig, die große Mehrheit der Gesammtbevölkerung ausmachen,
hervorgegangen und kommt auch nur ihnen und nicht dem Reiche zu Gute,
welches unter der Indolenz des herrschenden Stammes und vornehmlich
durch die grenzenlose Corruption aller Beamten zu Grunde gerichtet wird.
Der Handel wird gänzlich vernachlässigt, die Einkünfte in ganz unglaublicher
Weise verschleudert, die Pascha's der Provinzen pressen dem elenden Rajah
das Dreifache des Steuersatzes ab, Straßen sind so gut wie nicht vorhanden
und was an Verbesserungen auf jedem Gebiete des socialen Lebens durch
das Drängen der großen Mächte erzwungen wird, wird eben von den Türken
als ein Aufgenöthigtes mit Widerwillen aufgenommen und durch die Kraft
der Trägheit bald zu „schätzbarem Material" gemacht.   Dabei ist jedoch
nicht zu übersehen, daß der gemeine Türke in Handel und Wandel größten=
theils ein ehrenwerther Mann ist, der moralisch weit über den Griechen
und Rumänen steht.   Das ändert aber nichts an der Unfähigkeit der gan=
zen Rasse.

Landwirthschaft und Viehzucht.   Werden sie auch durchgängig in der
rohesten Weise betrieben, können sie sich auch bei dem herrschenden Steuer=
system kaum blühend entwickeln, so sind sie doch keineswegs unbedeutend.
Die Niederungen Thraziens, Südmacedonien, Thessalien, Albanien, die Inseln

des Mittelmeeres eignen sich vorzüglich zu Anpflanzungen, welche in Europa vielfach gesuchte Handelsartikel liefern, namentlich Olivenöl und die daraus bereitete Seife, dann Feigen und Wein. Die Weincultur blühte nicht nur im Alterthum, sondern auch heute noch, doch sind es natürlich die Christen, welche die Traube ziehen. Im Albanesischen Küstenstrich, auf dem zagorischen Gebirge Thessaliens, im südlichen Macedonien, in Rumelien, namentlich bei Adrianopel wird vorzüglicher Wein — etwa 2 Mill. Eimer — gekeltert. Die Menge könnte bei rationellerem Betriebe aber die dreißigfache sein. Tabak wird überall in der Türkei gebaut; er bildet einen wichtigen Ausfuhrartikel. Die einst hochstehende Seidencultur ist sehr zurückgegangen. Die Baumwollencultur hat sich im letzten Jahrzehnt in Macedonien ausgebreitet; nicht ohne Bedeutung ist die Opiumcultur; Bulgarien, die thrazische, macedonische und thessalische Provinz liefern Mais, Weizen, Gerste, Sesam, Hirse, Hanf; an sumpfigen Stellen gedeiht der Reis. Krapp und andere Farbstoffe, Südfrüchte, Galläpfel spielen im Handel eine große Rolle. Alles könnte aber in ungleich größerer Menge erzeugt werden. — Auf die Pferdezucht wird große Sorgfalt verwendet; die Rindviehzucht ist in Blüthe; zum Lastenziehen und Tragen dienen Esel, Büffel und neuerdings Kameele. Die Schweinezucht ist in Bosnien sehr verbreitet. Die Schafe liefern große Mengen grober Wolle (circa 40 Mill. Pfund im Jahre). Zu erwähnen ist noch die Blutegel- und Bienenzucht. Schmelzbutter, Käse, Wachs, Talg gelangen zur Ausfuhr. — Die Fischerei im ägäischen Meere wird stark betrieben, sie liefert gesalzene und getrocknete Fische. Badeschwämme kommen hauptsächlich von Kreta.

Bergbau. Die Gebirge übertreffen an Metallreichthum die meisten Mineralländer Europa's; doch geschieht für die Ausnützung der unterirdischen Schätze noch sehr wenig. Gebaut wird auf Kupfer, Eisen, Silber und Blei. Mehrere von Fremden angelegte Hüttenwerke sind in Folge der vexatorischen Gesetze wieder aufgelassen worden. Zum Export gelangen nur Blei und Kupfer.

Industrie. Die Fortschritte der Gegenwart auf industriellem Gebiete sind im Ganzen genommen an der Türkei vorübergegangen; der Betrieb der Gewerbe findet in uralter Weise statt und er vermag mit den Erzeugnissen des Auslandes daher nicht zu concurriren. Baumwoll- und Wollweberei sind im ganzen Lande verbreitet; Rumelien liefert dauerhafte Tuche, glatte Mantelzeuge (Aba), Filztuche; es bestehen Fezfabriken und Teppichfabriken (Scharköi, Salonik), die ein sehr gutes Produkt erzeugen. Der Verfall der einst berühmten Färberei ist allgemein. Nur die Leder, Maroquin-, Sattlerwaaren- und Schuhfabrikation bewähren noch den alten Ruf. Die Waffen- und Metallwaarenfabrikation, einst berühmt, sind im rapiden Rückschritt begriffen.

Handel. Die Länder der Türkei sind durch ihre Lage außerordentlich für Handel und Schifffahrt begünstigt, doch befindet sich der Handel der Türkei mit Europa meist in den Händen von Ausländern, namentlich der Griechen, während im Levantehandel die Armenier, die eine eigene Handelsklasse bilden, hervorragen. Man berechnet — da offizielle Listen fehlen — den Werth der Einfuhren, die in europäischen Industrieprodukten bestehen, auf 60 Millionen; jenen der Ausfuhren (Rohprodukte) auf 73 Millionen Thaler. Oesterreich, England, Frankreich, Deutschland, Rußland, Italien und Aegypten sind die Länder, welche die regste Verbindung mit der Türkei unterhalten und in Konstantinopel durch eigene Häuser vertreten sind. Von Bedeutung für den Binnenhandel sind die Messen, deren größte im September zu Usundschowa in Thrazien abgehalten wird.

Verkehrsmittel. Noch sind diese im schlechtesten Zustande und namentlich fehlen den gebirgigen Theilen die Wege; im Großen wird der Handel noch mit Saumthieren betrieben, in den tieferen Landesstrichen mit sehr einfachen Lastwagen, an denen oft kein Stückchen Eisen zu finden ist. Telegraphen (S. 78). Bereits sind einige Strecken Eisenbahn (S. 67) vollendet und ein bedeutenderes Netz soll (1871) in Angriff genommen werden. Es wird von Konstantinopel über Adrianopel, Philippopel, Sofia nach Nisch — serbische Grenze — führen und von hier durch Serbien zum Anschluß an die ungarischen Bahnen. Andererseits von Nisch südlich durch das Morawa- und Vardarthal nach Salonik und westlich durch Bosnien nach Kroatien. Im Norden des Reichs ist die Donau die Hauptverkehrsader. Handelsflotte (S. 47).

Geld, Maß, Gewicht. Rechnungsgeld und Silbermünze ist der Piaster à 40 Pará zu 3 Asper = gesetzmäßig $1\frac{3}{4}$ Groschen. Bei größeren Zahlungen hat man Beutel zu 500 Piaster. — Im Jahre 1870 ist die Einführung des metrischen Maß- und Gewichtssystems vorbereitet worden. Alte Längenmaße: 1 großer Pik oder Halebi für Tücher und Seidenwaaren = 0,683 Meter; 1 kleiner Pik oder Endaseh für die andern Webstoffe = 0,653 Meter. — Getreidemaß: 1 Fortin = 4 Kilos; 1 Kilo = 36,1 Liter. — Flüssigkeitsmaß für Oel: 1 Alma = 5,205 Liter. Wein nach dem Gewicht. — Handelsgewicht: 1 Kantar à 100 Rottoli = 44 Oka; 1 Oka à 400 Drachmen oder 4 Tscheki = 1280,9 Grammen; 1 Rottel = 561,06 Grammen.

Außereuropäischer Besitz. Abgesehen von den Vasallenstaaten in Europa (Rumänien, Serbien, Montenegro) hat die Türkei noch große, theils direkt, theils indirekt unter ihrer Herrschaft stehende Besitzungen und Staaten in Asien und Afrika. Es sind dieses:

Klein-Asien	9,930,30 Quadr.-M.	10,700,000	Einw.
Armenien und Kurdistan	5,693,33 „	1,700,000	„
Syrien	6,872,43 „	2,750,000	„
Arabien	9,112,50 „	900,000	„
Besitzungen in Asien	31,608,56 Quadr.-M.	16,050,000	Einw.
Aegyptisches Gebiet	31,000 Quadr.-M.	7,465,000	Einw.
Tripoli	16,200 „	750,000	„
Tunis	2,150 „	600,000	„
Schutzstaaten in Afrika	49,350 Quadr.-M.	8,815,000	Einw.

Die europäischen Vasallenstaaten eingerechnet umfaßt die ganze Türkei 90,400 Quadr.-Meilen mit $40\frac{1}{3}$ Mill. Einwohner.

Richard Andree, Handelsgeographie.

18

Handelsstädte.

Konstantinopel mit mehr als 1 Mill. Einwohner am Bosporus, Sitz der ottomanischen Bank, der wichtigste Seeplatz des Reichs, dessen Handel in Folge der unvergleichlichen Lage der Stadt und des prachtvollen Hafens in steter Zunahme begriffen ist. Jährlich laufen 16,000 Schiffe mit über 3 Mill. Tonnen aus und ein. Auch ist der Gewerbfleiß noch immer von Bedeutung. Er liefert Lederwaaren, Teppiche, Stickereien in Gold, Tuche, Waffen, Parfums, rothe Fez (eine Fabrik mit jährlich 36,000 Dutzend Erzeugniß). In der Nähe ein Eisenhüttenwerk; Kanonengießerei, Gewehrfabrikation; Schiffsbau (im Arsenal). — Adrianopel (Edirné), 150,000 Einw., Centralplatz des thrazischen Handels, mit lebhafter Industrie in Leder, Seide, Wolle; Rosenölbereitung. — Dimotika, 8000 Einw., starke Seidenzucht. — Usundschowa, großer Jahrmarkt. — Philippopel (Filibe), 100,000 Einw., starke Industrie. — Kesanlik 10,000 Einw., Rosenölraffinerien. — Burgas am gleichnamigen Busen des schwarzen Meeres, 5000 Einw. Starke Getreideausfuhr, Gewinnung von Pfeifenthon; Weinbau. — Gallipoli, 30,000 Einw., die bedeutendste Stadt am Hellespont mit ausgebreitetem Handel. — Salonik, das alte Thessalonich am thermäischen Meerbusen, mit 70,000 Einw., nach Konstantinopel der größte Seehandelsplatz der Türkei und mit alter Gewerbthätigkeit, wird als Endpunkt der großen türkischen Zukunftsbahn zum Durchgangspunkt des kürzesten Verkehrs nach der Levante werden; jährlich laufen etwa 1000 Schiffe von 120,000 Tonnen ein und aus. — Kavalla, 3000 Einw., Hafen am ägäischen Meere mit starker Tabaksausfuhr. — Seres, 25,000 Einw., mit dem natürlichen Hafen Orphano, wichtiger Handelsplatz; Baumwollencultur, Reisbau. — Volo, 3000 Einw., am gleichnamigen Meerbusen, ein Hauptstapelplatz Thessaliens, versieht die Umgegend mit Kolonial- und Manufakturwaaren, Küstenhandel. — Larissa, 25,000 Einw., Türkisch-Rothfärbereien, Transitohandel. — Turnowa, 4000 Einw., Seibewereien, Färbereien. — Monastir, 20,000 Einw., bedeutender Handelsverkehr mit Konstantinopel und Salonik in Kolonial-, Manufactur- und Kurzwaaren. — Ochrida, 8000 Einw., am gleichnamigen See, starker Fischhandel. — Duratsch oder Durazzo, 9000 Einw., Hafenstadt am adriatischen Meere, für die Ein- und Ausfuhr Albaniens von Bedeutung. — Skutari (Skobra), 25,000 Einw., am gleichnamigen See, Gewehrfabrikation, Wollweberei, starker Transitohandel. — Antivari, 6000 Einw., Hafenstadt am adriatischen Meere, Handel mit Oesterreich, Seesalzbereitung. — Prisrend, 30,000 Einw. und Janina 25,000 Einw., beträchtliche Industrie. — Prevesa, 5000 Einw., am Ausgange des Meerbusens von Arta, Haupthandelsplatz Südalbaniens. — Argyrocastro, 6000 Einw., Schnupftabakfabriken. — Berat, 8000 Einw., Oliven- und Weinbau. — Karatova, 5000 Einw., Blei- und Silberbergbau. — Köprili, 20,000 Einw., viel Industrie. — Serajewo, 50,000 Einw., die Hauptstadt Bosniens; viel Gewerbsamkeit, reger Handel mit Kroatien, Dalmatien, Montenegro; Weinbau. — Zwornik am Drin, 10,000 Einw., Bleigruben, Holzhandel. — Novibazar, 15,000 Einw., an einem Straßenknotenpunkte, große Messen. — Mostar, an der Narenta, 10,000

Einw., Industrie, Weinbau. — Nisch, 16,000 Einw., hat als Hauptknoten=
punkt des türkischen Eisenbahnsystems große Zukunft. — Sofia, 24,000
Einw., viel Industrie. — Widdin, 30,000 Einw., lebhafter Handel und
Schifffahrt auf der Donau. — Nikopoli, 15,000 Einw., Donauhandel. —
Silistria, 24,000 Einw., an der Donau, mit reger Industrie und bedeu=
tendem Handel. — Tultscha, an der Donau, 6000 Einw., Sitz der euro=
päischen Donauschifffahrts=Kommission, starker Schiffsbau, Mehlfabrikation,
Handel mit Holz, Fischen und Getreide. — Küstendsche, 4000 Einw., Eisen=
bahnenpunkt am schwarzen Meer, bedeutender Getreidehandel. — Varna,
17,000 Einw., am schwarzen Meere, starker Seehandel. — Rustschuk, an
der Donau, 30,000 Einw., viel Gewerbthätigkeit, starker Handel, Schiff=
fahrt, Stapelplatz Bulgariens.

Die Insel Kreta oder Kandia, seit 1669 in türkischen Besitz gelangt
und trotz günstiger Naturverhältnisse sehr heruntergekommen, erfreute sich im
Alterthum hoher Blüthe. Der Druck der Türken, die Aufstände der Grie=
chen brachten das schöne Eiland allmählich ganz herunter. Olivenöl, Wei=
zen, Gerste, Hafer, Hülsenfrüchte, Seidenraupenkokons, Käse (von Sphakia),
Wachs, Schaffelle, sind nebst Südfrüchten die Haupterzeugnisse. Eingeführt
werden namentlich durch Engländer und Griechen Kolonial= und Manufaktur=
waaren. Die drei wichtigsten Häfen und Zollstationen, wo sämmtliche Schiffe
anzulegen haben, sind Canea, Kandia und Retimo.

20. Europäisches Rußland.

Mit Polen, Finnland, Kaukasien 107,222 Quadratmeilen.
72,383,000 Bewohner.

Handelsgeschichtliches. Die ersten Spuren russischer Handelsthätig=
keit finden sich bereits im 10. Jahrhundert. Damals sammelten sich die
russischen Kaufleute jährlich einmal in Kiew zu einer Handelskarawane,
welche ihre Landesprodukte: Wachs, Honig, Pelzwerk, nach Konstantinopel
brachte. Daß ihnen hier ein eigenes Quartier eingeräumt war, beweist die
Umfänglichkeit ihrer Geschäfte. Vor den Venetianern und Genuesen zogen
sich indeß bald die Russen aus diesen Gegenden zurück und beschränkten sich
auf den Binnenverkehr. Dem von der Hansa betriebenen deutschen Handel
machte zu Ende des 15. Jahrhunderts die Eroberung von Nowgorod durch
den Zar Iwan I. Wassiljewitsch ein Ende (S. 13). An die Stelle der
Deutschen traten zunächst Holländer und Engländer, die wegen der Bedürf=
nisse ihrer rasch wachsenden Marine vortreffliche Abnehmer der russischen,
meist für den Schiffbau verwendbaren Landesprodukte wurden, und deshalb
bald vielerlei Begünstigungen erhielten. Mittelpunkt des Verkehrs war
Moskau. Dort kauften die Engländer Leder, Hanf, Flachs, Tauwerk, Talg,
Theer, und brachten ihre Manufakturwaaren, Baumwollen= und Seiden=
waaren, dann Zucker, Papier, Kupfer, Zinn, Blei im Austausch dagegen.
Da sich aber der Zar das Verkaufsrecht über alle in= und ausländischen

Waaren vorbehielt und die Landesprodukte zu ganz beliebigen Preisen selber einkaufen ließ, so kam der Handel bald in einen Zustand der Nothwehr und verlor jede Solidität.

Als im 17. Jahrhundert Schweden den ganzen Ostseehandel vollständig beherrschte, wurde Archangel der Hauptstapelplatz für russische Ein= und Ausfuhr. Gleichzeitig wurden durch die Erwerbung von Kasan und Astrachan für den Süden des Reiches neue Handelswege nach Asien eröffnet. Einen Hauptfortschritt machte indessen Rußland erst unter Peter dem Großen durch Eroberung der Ostseeprovinzen. Die 1703 von ihm gegründete neue Hauptstadt Petersburg gewann sehr bald eine wachsende Bedeutung für den Seehandel, der indeß damals noch fast ausschließlich von Fremden betrieben wurde, mit deren Kapitalreichthum, Thätigkeit und Solidität die Russen nicht concurriren konnten, so daß in den Händen der Letzteren nur der einheimische Handel blieb. Unter der glänzenden Regierung der Kaiserin Katharina II. faßte Rußland im letzten Drittel des 18. Jahrhunderts nun auch am schwarzen Meere festen Fuß, wo Cherson und Odessa gegründet wurden. Bodencultur, Industrie und Handel erfreuten sich eines bedeutenden Aufschwungs, allerdings vielfach nur durch die Wirksamkeit der an die Spitze der meisten Branchen berufenen Ausländer. Durch das Vorrücken nach Asien hin (Eroberung von Sibirien) kam nun auch Rußland in den Besitz vieler uralter Handelsstraßen und in lebhaften Verkehr mit Persern und Bucharen, und bereits 1727 wurde Kiachta zum regelmäßigen Austausch russischer und chinesischer Produkte bestimmt. Im Inneren des russischen Reiches herrschte lebhafter und von allen Hemmnissen befreiter Binnenverkehr.

Polen hat niemals verstanden, am großen Handel selbstständigen Antheil zu nehmen, selbst nicht zu der Zeit, als es im Norden bis an die Ostsee, im Süden bis an das schwarze Meer reichte. Sinn und Geist der Nation waren den Künsten des Friedens abgeneigt. Der wenige Activhandel ist allezeit in den Händen der Juden geblieben, die in Polen eine Freistätte gefunden hatten. Der Handel des ganzen Landes concentrirte sich in Krakau, das zu den Hansestädten gehörte. Nach Deutschland ging Vieh, Holz, Wachs und Salz, für welche Artikel Breslau Stapelplatz wurde, wogegen schlesische Leinen= und Wollenwaaren von da nach Polen und weiterhin ausgeführt wurden. Die ungarischen Landesprodukte gelangten über die Zipser Städte nach Krakau; der russische Markt war in Moskau. Das Hauptprodukt des Landes, Getreide, wurde von danziger Kaufleuten ausgeführt. Von Industrie war keine Rede, dazu passende Rohprodukte, wie Wolle, Flachs, Hanf, wurden exportirt. Noch bedeutendere Ausdehnung erlangte der Ausfuhrhandel unter Katharina II., als während des amerikanischen Krieges die Engländer ihre sämmtlichen Schiffbaumaterialien von Rußland bezogen, wobei Petersburg zu rascher Blüthe gelangte, während Odessa den Getreidehandel aus den reichen südlichen Provinzen an sich zog. Als nach den napoleonischen Kriegen die bisherige, ungemein große und gewinnbringende Ausfuhr von Roh= und Landesprodukten zu fallen und sich danach die Bilanz gegen Rußland zu wenden begann, wurde seit 1820 durch Ermunterung der Regierung und unter dem Schutze von Prohibitivzöllen, die einheimische Industrie zu fördern gesucht, zu deren Gedeihen übrigens ein einheimischer, freier Arbeiterstand noch fehlte; die Vorbedingung dazu schuf Kaiser Alexander durch die 1861 — 63 durchgeführte Aufhebung der Leibeigenschaft; vorerst aber that das Experiment dem Landbau wesentlichen Abbruch, da die früheren Hörigen dem bisherigen Herrn stellenweise auch nicht für Geld die Feldarbeit leisten wollten; und da in Folge dessen vieles Getreideland nicht bestellt werden konnte, entstand auch für den Ausfuhr= handel bereits 1863 ein beträchtlicher Rückschlag.

Landwirthschaft und Viehzucht. Obgleich der Ackerbau die Haupt= nahrungsquelle der Russen ist, steht er doch nicht auf der gebührenden Höhe der Entwickelung. Es entfallen von dem gesammten Boden des europäischen Rußlands auf den Ackerbau 16, auf Gartenland $1\frac{1}{4}$, auf Wiesen $2\frac{1}{3}$, auf Weiden 20, auf Waldboden 31, auf Steppen und uncultivirtes Land etwa 29 Procent. Während der äußerste Norden fast ganz unfruchtbar ist, die nach Süden daran stoßenden Gouvernements nur einen mittelmäßigen Boden besitzen, ist das mittlere Rußland, wo die „schwarze Erde" (Tschernosem) mit ihrem Humusreichthum den Ackerbau mächtig begünstigt, eines der frucht= barsten Länder Europa's überhaupt, eine wahre Kornkammer. Aber die Segnungen moderner Landwirthschaft mit ihren Maschinen und Verbesserun= gen aller Art sind noch kaum nach Rußland vorgedrungen. Trotzdem ver= mag das Land Getreide im kolossalen Ueberschuß über den Verbrauch aus= zuführen. Roggen, Weizen, Mais, im Süden auch Hirse und Reis, Hülsen= früchte, großartige Mengen von Hanf und Flachs, daneben Farbstoff und Rüben zur Zuckerfabrikation, sind die hauptsächlichsten landwirthschaftlichen Erzeugnisse. Der Weinbau in Rußland könnte bedeutend sein, liegt aber sehr darnieder. Am Don und Donetz wird die Rebe von Kosaken gepflanzt und ein mittelmäßiges Getränke erzeugt. Im Südosten in Transkaukasien und an den Ufern des Terek werden die Kisljarskischen Weine gewonnen, die einen wichtigen Handelsartikel bilden. Der Hauptweinbau aber hat sei= nen Sitz an der Südküste der schönen Halbinsel Krim, die in einen großen Weingarten verwandelt war, bis der Krieg 1853 und die Traubenkrankheit hier arge Verwüstungen anrichteten. In Bessarabien gewinnt man in der Umgebung der Stadt Ackerman guten Wein; Tabak wird in der Krim, in der Ukraina, an der Wolga viel gepflanzt. Anis, Kümmel, Opium, Rha= barber, etwas Baumwolle, Südfrüchte und Oliven werden im Süden ge= baut. — Die Viehzucht ist sehr verbreitet und zwei bisher in Europa nicht besprochene Hausthiere sind hier zu erwähnen: das Renthier bei den Nomaden im Norden, das Kameel bei den Tataren im Osten. Pferdezucht und Rindviehzucht sind von erheblicher Bedeutung. Die Schafrassen werden mehr und mehr veredelt und die Schweinezucht ist in den mittleren Pro= vinzen stark verbreitet. Rußlands Bienenzucht ist die bedeutendste Europa's. Die Seidencultur im Süden hebt sich rasch. Die Produkte der Viehzucht spielen im Exporthandel eine große Rolle. Auch sind die R a u c h w a a r e n nicht zu übersehen, denn Rußland hat Ueberfluß an pelztragenden Thieren.

Fischerei. Die russischen Meere, Landseen und Flüsse bergen einen außerordentlichen Reichthum an Fischen. Namentlich ist der Häringsfang im schwarzen Meere von Bedeutung, auch nehmen die Russen lebhaften Antheil an der großen Fischerei und dem Robbenschlag bei Spitzbergen und in den nordischen Meeren. Die nach Süden mündenden Ströme, namentlich die Wolga, sind reich an Hausen und liefern große Mengen Kaviar und Hausenblase in den Handel.

Bergbau. Rußland ist sehr reich an Mineralprodukten. Gold wird im Ural und Kaukasus gewonnen; die Produktion in ganz Rußland war 1866 über 1406 Pud. Dazu kommen Silber, Platina (vom Ural), Kupfer, Blei, etwas Zink, Zinn (Finnland), sehr viel Eisen, so daß Roheisen ausgeführt werden kann. Die Steinkohlenlager, namentlich im Süden, im Becken des Don, sind von großartiger Ausdehnung, werden aber keineswegs genügend ausgebeutet. Ungemein reich ist Rußland an Salz, das theils in Lagern vorkommt, theils aus Salzseen (z. B. Elton=See) gewonnen wird. An Bau= und Edelsteinen (Diamanten, Smaragden) ist kein Mangel, Petroleum kommt in großartiger Menge vor: am Kaukasus, bei Archangel, in der Krim und an anderen Orten.

Industrie. Rußlands Industrie steht hinter jener seiner westlichen Nachbarn bedeutend zurück. Es hat wohl zum Theil eine gut entwickelte nationale Industrie in gewissen Geschäftszweigen, ist aber in den meisten vom Auslande abhängig oder Ausländer betreiben bestimmte Gewerbe in Rußland selbst. Rußland hat keinen Mittelstand, der in größeren Mengen feinere Industrieprodukte abnehmen könnte. Ein wirkliches Industrievolk werden die Russen so lange schwerlich werden, bis ihr Land dichter bevölkert und landwirthschaftlich sorgfältiger ausgebeutet ist, wie heute. Die Hauptindustriemittelpunkte sind Moskau und St. Petersburg, aber auch dort thun fremde Handwerker, Deutsche, auch Franzosen, das Beste. Der Russe selbst steht trotz vieler Gewandtheit und guter Anlagen in der Gewerbthätigkeit noch in den Kinderschuhen. In der Fabrikindustrie steht die Baumwollspinnerei voran, die nur mittlere und ordinäre Stoffe für das eigene Land und zur Ausfuhr nach Asien fabricirt. Die Baumwolle kommt zum größeren Theil über Liverpool, neuerdings im gesteigerten Maße aus Turkestan. Die Wollindustrie, mit dem Centrum Moskau, hebt sich. Doch liefert sie gleichfalls fast nur grobe Sorten, auch zur Ausfuhr nach Asien. Feinere Tuche werden in Polen von deutschen Fabrikanten hergestellt. Bei dem großen Reichthum an Flachs und Hanf hat sich die Leineninindustrie Rußlands zu einem Hauptzweige der Gewerbthätigkeit entwickelt. Man liefert im Durchschnitt grobes Handgespinnst und bezieht feinere Sorten aus dem Auslande. Seit der Aufhebung der Leibeigenschaft der Bauern, 1862, ist ein Rückgang der Leinenindustrie bemerkbar. Seide wird in Rußland, namentlich in Moskau und Bogoborsk, in immer steigendem Maße producirt. Die Gerberei ist eine echt national=russische Industrie, Saffiane, Juchten, Handschuhe werden von vorzüglicher Güte producirt; auch bestehen großartige Kürschnereien zur Herstellung von Pelzwaaren. Rußlands Metallindustrie ist sehr alt. Die Fabrikate in Guß= und Schmiedeeisen nehmen darunter die erste Stelle ein. Wirkliche Eisengießereien zählt man 134 mit 23,000 Arbeitern; abgesehen von den Schmiede= und Schlosser=Etablissements. Viele Eisen=, Kupfer=, Messingwaaren werden durch Dorfindustrie hergestellt, sind darum aber keineswegs billig, wie denn überhaupt alle russischen Industrieprodukte sehr theuer zu stehen kommen. Die Blechfabrikation liegt tief dar-

nieder, während man von einer gewissen Blüthe der Messer= und Kurzwaaren=
fabrikation sprechen kann. Dies gilt namentlich von manchen Industrie=
dörfern des Nischni=Nowgorod'schen Gouvernements, während die vielgenannten
Tulaer Artikel zwar das Aussehen von Stahl haben, doch in Wahrheit blos
aus gehärtetem und polirtem Eisen bestehen. In der Messingfabrikation
nimmt die Herstellung der Samovars (Theemaschinen) eine wichtige Stellung
ein. Die Glas= und Papierfabrikation ist im Aufschwunge begriffen, des=
gleichen Porzellan= und Steingutfabrikation. Talg=, Thran=, Seife= und
Leimsiederei waren von je von hoher Bedeutung. Ein bedeutendes Feld be=
hauptet die Rübenzuckerfabrikation. Chemische Fabriken bestehen in allen
größeren Centren. Der bedeutendste Industriezweig Rußlands ist jedoch die
Branntweinbrennerei. Sie lieferte 1866 mehr als 115 Millionen Rubel
Steuer; Pottaschesiederei, Theerschmelzerei, Verfertigung von Holzwaaren,
Brettern u. s. w. ist in den holzreichen Gegenden Rußlands zu Hause.

Handel. Der Handel Rußlands ist im Wachsen begriffen und er
würde noch ganz andere Verhältnisse annehmen, wenn ein gesunder Tarif
statt des auf's Höchste geschraubten Schutzzollsystems eingeführt wird. Eine
Folge desselben ist der im großartigsten Maßstabe, namentlich an der deut=
schen und österreichischen Grenze betriebene Schmuggel. Der Werth der
Waarenausfuhr ist seit 15 Jahren um 85 Procent, jener der Einfuhr
um 67 Procent gestiegen; im Jahre 1865 wurden aus Rußland für 184
Millionen Rubel Waaren aus= und für 135 Millionen Rubel eingeführt,
wozu noch eine Ausfuhr von Edelmetallen im Werthe von nahezu 19 Mil=
lionen und eine Einfuhr von 3 Millionen Rubel kommt. Von der Gesammt=
einfuhr gelangen ungefähr 33 Procent aus England, 25 aus Preußen, 7
aus Frankreich, je 5 Procent aus Oesterreich und Holland nach Rußland,
während von den russischen Ausfuhrartikeln beiläufig 51 Procent England,
14 Procent Preußen, dann Frankreich 9, Holland 5, die Türkei 4 Procent
bezieht. Unter den russischen Ausfuhrartikeln nehmen als die wichtigsten den
Vorrang ein: Getreide, Flachs und Hanf, Talg, Leinsaat, Wolle, Pelz=
waaren und Vieh, während dort vom Auslande vorzugsweise eingehen:
Baumwolle, Maschinen und Maschinentheile, Steinkohlen, Zucker, Olivenöl
und Getränke, Farbstoffe, Seidenwaaren, Baumwoll= und Wollwaaren, auch
Wolle, Thee, rohe Metalle, Leinenwaaren, Arznei= und Parfümeriestoffe u. s. w.
Im Handel mit dem Zollverein bezieht Rußland namentlich seinen
Bedarf an Thee, an Seidenwaaren, an Seide, Wolle, an Baumwolle, Woll=
und Leinenwaaren, endlich auch Maschinen; dagegen gibt es dorthin ab vor=
wiegend Getreide, Holz und Waaren daraus, Wolle und Leinsaat. Im
Jahre 1865 betrug der Werth der nach dem Zollverein aus Rußland ge=
langten Handelsartikel 27,₅ Millionen Rubel, während aus Preußen dort=
hin um 50,₆ Millionen Waaren gelangten. In demselben Jahre sind in
den europäischen Häfen Rußlands im Ganzen 4148 Schiffe mit Ladung
angelangt und 9021 beladen ausgelaufen. Wie Rußlands Handelsbeziehungen
mit Europa, so sind dieselben auch mit Finnland und Asien im Steigen.
Nach Finnland sind im Jahre 1865 für 7 Millionen Rubel Waaren, vor=
zugsweise Getreide, ausgeführt worden, und die Einfuhr belief sich auf etwa
3 Millionen Rubel, meist Metallwaaren, Butter und Holz. Nach Asien,

gingen in demselben Jahre für etwa 18 Millionen Rubel Waaren, während
von dort um 23,3 Millionen Rubel Waaren nach Rußland gelangten;
Wolle, Wollwaaren, Thee, Baumwolle und Baumwollwaaren, Metall= und
Lederwaaren sind die hauptsächlichsten Handelsgegenstände. Rußland erhob
in seinem Handel mit Europa 30,5 und mit Asien 3,0 Millionen Rubel
Zölle, also im Ganzen 33½ Millionen Rubel. Von ungemeiner Wichtig=
keit für den Binnenhandel Rußlands sind die zahlreichen Märkte und
Messen. Die spärliche Bevölkerung am Nord=, Ost= und Südrande Ruß=
lands hat noch nicht die Nothwendigkeit ununterbrochener Handelsbeziehungen
hervorgerufen; auch könnten dieselben schwerlich gedeihen bei 120 Menschen
auf der Quadratmeile im Gouvernement Astrachan, oder gar 20 im Gou=
vernement Archangel. So erklärt es sich, weshalb bis jetzt in einem großen
Theile des Reiches der An= und Verkauf der zu verbrauchenden Gegenstände
auf eine bestimmte Zeit im Jahre reducirt ist. Fast in 4000 Ortschaften
Rußlands sind Jahrmärkte, wenn wir alle Dörfer hinzuziehen, in denen
einmal im Jahre, bisweilen nur auf die Dauer eines Tages, ein Wollmarkt,
Pferdemarkt oder dergleichen abgehalten wird. Die großen Märkte finden
wir vorzugsweise im Süden des Reiches, die wichtigsten werden in der öst=
lichen Hälfte, in Nischni=Nowgorod und Irbit abgehalten. Berühmt sind
noch die Messen von Poltawa, Kursk, Berditschew, Jekaterinoslaw, Rostow
und Charkow.

Bezüglich der Handelsverträge, die freien Verkehr schaffen, steht
Rußland sehr hinter den andern europäischen Staaten zurück. Handels=
compagnien, Aktien= und Assekuranzgesellschaften sind im Zunehmen begriffen.
Bezüglich des Bankwesens traf man die Aenderung, daß alle Credit=
institute des Reichs aufgelöst und an deren Stelle 1859 eine Staatsbank,
sowie Privat= und Landrentenbanken begründet wurden. Zur Hebung des
Handels trägt der Ukas vom 20. Juni 1860 viel bei, wonach im Handel
Fremde den Russen gleichgestellt sind.

Verkehrsmittel. Die Landstraßen befinden sich, abgesehen von den
großen Hauptlinien, in einem schauderhaften Zustande und sind zum großen
Theile gewöhnliche Knüppeldämme. Die Gesammtlänge der Kanäle beträgt
gegen 900 Meilen; sie verbinden die großen Stromsysteme und Binnenseen,
die alle mit Dampfern befahren werden. Das Telegraphennetz ist sehr aus=
gedehnt (S. 78). Von hoher Bedeutung für die Entwicklung des Landes
ist das russische Eisenbahnsystem, das allerdings noch lange nicht voll=
endet ist, an dem aber nach Süden, dem schwarzen Meere zu, und nach
Osten, nach Sibirien hin, mächtig gearbeitet wird. Der Anfang der Bauten
fällt in das Jahr 1838 und bis zum Jahr 1860 brachte es Rußland erst
auf 1251 Werst Länge (etwa 7 Werst sind 1 deutsche Meile). Bis zum
Jahre 1868 gab es aber schon 6470 Werst und 1870 waren 8450 Werst
Bahnlänge im Betriebe. Bei der großen Ausdehnung des russischen Reichs
wird man es erklärlich finden, daß überhaupt noch von keinem eigentlichen
Bahnnetze die Rede sein kann, sondern daß vorerst nur die Hauptstränge
gezogen sind, an welche sich sodann die übrigen Verbindungslinien nach und
nach anschließen werden. Anfangs 1869 wurden von den fertigen oder von
den im Bau begriffenen Bahnen 38 Gouvernements des europäischen Ruß=

lands zusammen mit fast 43 Millionen Einwohnern berührt; in 36 Gouvernements mit 22 Millionen Seelen fehlte noch jede Bahnverbindung. Die Hauptlinien sind: Petersburg-Dünaburg-Warschau zur österreichischen Grenze, Orel-Smolensk-Dünaburg-Riga, Moskau-Orel-Kursk-Kiew, Petersburg-Moskau, Moskau-Woronesch, Odessa-Balta-Elisabethgrad und Moskau-Nowgorod. Im Jahre 1869 suchte man namentlich die Verbindung Moskau's mit dem asow'schen und schwarzen Meere, sowie mit Galizien zu vervollständigen. In den Jahren 1870 — 72 sollen noch 2044 Werst eröffnet werden, und gegen Ende 1869 war die Concession zu Projektirungsarbeiten bereits für weitere 19,600 Werst von der Regierung ertheilt. Die meisten Bahnen sind im Besitze von Aktiengesellschaften. Auf den 1868 im Betriebe gestandenen 6470 Werst Bahn wurden etwa 10,4 Millionen Personen befördert und 127,5 Millionen Centner Güter versandt. Mit der Ausführung der für die nächsten Jahre noch zur Betriebseröffnung in Aussicht genommenen Linien wird dann St. Petersburg mittelst zweier Linien mit dem asow'schen und mit drei Linien mit dem schwarzen Meere und durch fünf Linien mit der Wolga in Verbindung kommen; Moskau tritt in direkten Verkehr mit Warschau und Lemberg und mit dem baltischen und kaspischen Meere, während vom Handelsplatze Odessa drei Linien nach Moskau und beziehungsweise St. Petersburg, und je eine Linie nach Warschau und Lemberg laufen werden. Die russische Handelsflotte (S. 47) ist keineswegs bedeutend und im schwarzen Meere meist von Griechen, im baltischen von Schweden, Deutschen und Finnländern bemannt.

Münzen, Maße, Gewicht. Man rechnet überall nach Silberrubeln à 100 Kopeken = 1 Thlr. 2 Sgr. 4 Pfg., 1 Papierrubel = 27 Sgr. Papiergeld, häufig gefälscht, ist sehr verbreitet. — Längenmaß: 1 Fuß à 12 Zoll à 10 Linien = 0,3048 Meter. 1 Sasche (Faden) = 7 Fuß. 1 Arschin (Elle) à 16 Werschok = 28 Zoll = 0,7112 Meter. 1 Werst = 3500 Fuß = 1,0668 Kilometer. — Getreidemaß: 1 Last = 16 Tschetwert. 1 Tschetwert = 2 Osmina à 4 Tschetwerik à 4 Tscheterka à 2 Garnitzi. 1 Tschetwert = 210 Liter. — Flüssigkeitsmaß: 1 Wedro (Eimer) à 8 Stof oder 10 Kruschka à 10 Tscharka. 1 Wedro = 12,299 Liter. — Handelsgewicht: 1 Berkowez à 10 Pud à 40 Pfund à 96 Solotnik. 1 Pfund = 409,512 Gramme. 1 Last à 2 Tonnen à 60 Pud.

Handels- und Fabrikstädte in Rußland.

In den Ostseeprovinzen. St. Petersburg, an der Mündung der Newa in den finnischen Busen, die Landeshauptstadt, 570,000 Einw., darunter zahlreiche Deutsche, die im Großhandel eine wichtige Rolle spielen, ist eine der bedeutendsten Fabrikstädte des Reichs, besitzt Baumwollspinnereien und Webereien, Flachsspinnereien, Lederfabriken, Maschinenbauanstalten, Stearin- und Seifenfabriken, großartige Kronfabriken für Gobelins, Spiegel, Broncewaaren, Spielkarten u. s. w. Der Hafen, im Winter durch Eis gänzlich gesperrt, ward 1869 von 2912 Schiffen besucht. Der Werth der Einfuhren betrug 116½ Mill. Rubel, der Werth der Ausfuhren (Getreide, Talg, Flachs, Borsten, Pottasche) nur 47½ Mill. Rubel. — **Kronstadt,** auf einer Insel im finnischen Busen, mit 50,000 Einw., Hauptkriegshafen

Rußlands mit großen Schiffswerften und einem Kauffahrteihafen. — Reval, 30,000 Einw., am finnischen Meerbusen, deutsche Handelsstadt, mit gutem Hafen, ist in der letzten Zeit zurückgegangen. — Pernau, 6800 Einw., deutsche Handelstadt am riga'schen Busen. Der Export betrug 1869 in 92 Schiffen 2,600,000 Rubel; Import in 82 Schiffen für 150,000 Rubel. — Riga, an der Düna, nahe deren Mündung in den riga'schen Busen, zweite Handelsstadt Rußlands und alte (noch vorherrschend deutsche) Hansestadt mit 90,000 Einw., treibt bedeutenden Seehandel und hat bedeutende Fabriken. Im Jahre 1869 betrug die Ausfuhr 30½ Mill. Rubel, die Einfuhr 18½ Mill. Rubel. Zahl der eingelaufenen Fahrzeuge 2300. — Libau, kleine deutsche Hafenstadt an der Ostsee mit 9000 Einw., sehr zurückgegangen, hat einen guten Hafen. Werth der Einfuhren 1869 nur 325,000 Rubel, Ausfuhren 624,000 Rubel. — Mitau, 24,000 Einw., Binnenstadt mit einigem Handel und Fabriken.

In Polen. Warschau, an der Weichsel, 480,000 Einw., die industrielle und commerzielle Hauptstadt Polens, ein mächtiger Eisenbahnknotenpunkt mit zahlreichen Tuch=, Kasimir=, Teppich=, Decken=, Seidenzeug=, Baumwoll=, Fortepiano=, Kutschen=, Maschinenfabriken und Brauereien. Große Getreide=, Vieh=, Pferde= und Wollmärkte, Sitz zahlreicher kommerzieller Institute. — Plock, an der Weichsel, 14,000 Einw., Getreide= und Holzhandel. — Lodz, 40,000, meist deutsche Einwohner, deren industrielle Thätigkeit der Stadt den Namen „polnisches Manchester" eintrug. Die Tuchfabriken (9000 Arbeiter) lieferten 1865 schon für 6½ Mill. Rubel Waaren; die Baumwollenindustrie (6000 Arbeiter) für 1,700,000 Rubel. Erst 1821 unter die Fabrikstädte aufgenommen, ist Lodz nur durch deutsche Einwanderung zu hoher Blüthe gelangt. — Kalisch, 15,000 Einw., darunter zahlreiche Deutsche, Tuch= und Lederfabriken. — Lublin, 21,000 Einw., starker Tuch= und Getreidehandel; große Messen, Branntweinbrennerei.

In Westrußland. Kowno (Kauen), am Niemen, 24,000 Einw., Methbrauereien (Lippiß), lebhafte Schifffahrt und bedeutender Handel. — Wilna, 80,000 Einw., darunter 25,000 Juden, am Niemen, starker Handel, Messen, Eisenbahnknotenpunkt. — Grodno, am Niemen, 21,000 Einw., Tuchfabriken, Getreidehandel. Vorherrschend jüdische Bevölkerung; Jahrmärkte. — Bialystok, 17,000 Einw., Getreide= und Holzhandel; Leder=, Tuch=, Baumwoll=, Seifefabriken. — Minsk, 30,000 Einw., starker Getreidehandel, Branntweinbrennerei. — Pinsk, 12,000 Einw., Juchtenfabriken. — Witebsk, an der Düna, 30,000 Einw., Methbrauerei, Fabrikation grober Tuche. — Dünaburg, 30,000 Einw., an der Düna, Eisenbahnknotenpunkt; Handel und Schifffahrt. — Polock, an der Düna, 12,000 Einw., Getreide= und Holzhandel. — Mohilew, am Dniepr, 50,000 Einw., starker Produktenhandel. — Schllow, am Dniepr, 12,000 Einw., großer Jahrmarkt. — Schitomir, 40,000 Einw., Leder= und Tuchfabriken, Handel mit der Türkei und Oesterreich. — Starokonstantinow, 12,000 Einw., Getreidehandel, Branntweinbrennerei. — Kremenez, 10,000 Einw., Getreidehandel. — Radziwilow, 7500 Einw., Grenzverkehr mit Galizien. — Kamenez=Podolsk, 21,000 Einw., Tuchfabriken. — Balta, 15,000 Einw., wichtiger Eisenbahnknotenpunkt, Licht- und Seifenfabriken, lebhafter Handel mit Vieh und Getreide; große Jahrmärkte.

In Großrußland. Moskau, die alte und eigentliche Hauptstadt Rußlands, im Centrum des Reichs gelegen, mit 400,000 Einw., nimmt die erste Stelle im russischen Binnenhandel ein. Es liegt im Centrum der Manufaktur- und Fabrikthätigkeit und des Eisenbahnnetzes. Der blühendste Industriezweig ist die Weberei. Im ganzen Gouvernement gibt es 1200 Fabriken, es sind in denselben 100,000 Arbeiter beschäftigt; jährlich wird für 55 Mill. Rubel producirt, wovon die Hälfte auf die Stadt Moskau kommt. Es gibt Baumwoll-, Woll- und Seidenwaarenfabriken und Zuckerfabriken. Der Handel erstreckt sich über ganz Europa und Asien. Die Einfuhr und Ausfuhr, bei den Verbindungen mit allen großen Handelsstädten sehr bedeutend, umfaßt Naturprodukte wie Manufakte. — Serpuchow, 11,000 Einw., Segeltuch- und Lederfabriken, Talgschmelzereien; Korn-, Vieh-, Honig-, Tabakhandel. — Kolomna, 16,500 Einw., Seidenweberei, Talgschmelzerei. — Bogoborsk, 1000 Einw., Pawlowsky, 5500 Einw., sehr industrielle Dörfer. — Twer, an der Wolga, 30,000 Einw., bedeutender Handel, Schifffahrt, Leinen- und Segeltuchweberei, Talgschmelzerei. — Torschok, 16,400 Einw., bunte Lederwaaren, Eisenfabrikate. — Nowgorod Welki oder Alt-Nowgorod, einst berühmter Stapelplatz der Hansa (S. 13), jetzt tief gesunken und nur 18,000 Einw. zählend, hat einige Leinenfabriken, Rohproduktenhandel. — Pskow oder Pleskau, 17,000 Einw., Juchten- und Leinwandfabrikation, Stintfang im Pleskauer See. — Smolensk, 22,000 Einw., am Dniepr, Leinwand-, Seiden- und Hutfabriken, starker Getreidehandel. — Kaluga, an der Oka, 35,000 Einw., lebhafte Oel-, Leder- und Segeltuchfabrikation, Zucker- und Vitriolsiederei, sowie einträglicher Handel mit Oel, Obst, Getreide, Honig. — Tula, 57,000 Einw., wichtige Fabrikstadt, in der über 3000 zünftige Meister Gewehre, blanke Waffen, Messer, Galanteriewaaren, Samoware fabriziren. Selbst im Auslande bekannt sind die tulaischen Kurzwaaren aus Stahl und Eisen, Weiß- und Schwarzblech; Kupfergießereien, Eisenschmelzereien, Gerberei, Juchtenfabrikation, Talgschmelzereien, große Schuhwaarenfabriken; Bürstenwaaren, Farben- und Parfümeriefabriken, Modewaaren, starke Obst- und Blumenkultur. Handel mit Getreide, Vieh, Talg und Hanf. — Orel, an der Oka, 40,000 Einw., Leinweberei, Gerberei, Talgsiederei. — Jelez, 26,000 Einw., an der Sosna, Mehlfabrikation, Viehhandel. — Brjansk, an der Desna, 13,000 Einw., Kanonengießerei, Gerbereien, starker Handel mit Getreide, Hanf, Wachs und Honig, Glas- und Theerhütten, Spiegelfabrikation. — Mzensk, an der Sischa, 14,000 Einw., Stapelplatz für landwirthschaftliche Produkte, Spiritus, Branntwein. — Kursk, 29,000 Einw., Seifen- und Lichterfabrikation, Tuchmanufaktur, Handel mit Wein, Getreide, Vieh, Wachs, Honig. In der Nähe wird die große Koren'sche Messe abgehalten, die einen Umsatz von etwa 10 Mill. Rubeln hat. — Bjelgorod, 12,000 Einw., große Wachslichtfabriken. — Woronesch, 41,000 Einw., Tuchfabrikation, Handel mit Getreide und Talg, Schiffswerfte (für die Donschifffahrt); Vieh-, Woll- und Krammärkte. — Ostrogoschk, an der Sosna, 6000 Einw., Handel mit Getreide und Vieh. — Tambow, 36,000 Einw., Talgschmelzereien,

Shawl- und Tuchfabriken; große Jahrmärkte. — Koslow, 30,000 Einw., Talgschmelzerei, starker Kornhandel. — Morschansk, 16,000 Einw., bedeutender Stapelplatz für Getreide, mit Tuchfabriken. — Rjasan, 22,000 Einw., Tuch- und Leinenfabrikation, lebhafter Handel mit Eisenwaaren. — Wladimir, 13,000 Einw. mit vielen Fabriken. — Murom, 5500 Einw., Seifen- und Lederfabriken. — Susdal, 6500 Einw., Leinwand- und Tuchfabriken, starker Handel mit Hopfen, Gurken, Meerrettig, der von den susdaler Handelsleuten durch ganz Rußland getrieben wird. — Schuja, 8000 Einw., starke Baumwollmanufaktur, Lederfabriken. — Pereslawl-Salesky, 7000 Einw., Leinwand-, Tuch- und Seidenfabriken. — Jurjew-Polsky, an der Kolokscha, 4500 Einw., Baumwollfabriken. — Wjasniki, 4500 Einw., Leinweberei und bedeutender Kornhandel. — Melenki, 5000 Einw., große Eisenwerke, Glashütten. — Gorochowez, Leder- und Zwirnfabrikation. — Im Gouvernement Wladimir liegt eine große Anzahl wichtiger Industriedörfer: Pistiaki, mit Umgebung 15,000 Einw., liefert gestrickte Wollwaaren, Handschuhe. — Iwanowo, 5500 Einw., das „russische Manchester", liefert jährlich 1 Mill. Stück Zitze und Kattuntücher im Werthe von 8 Millionen Silberrubel in den Handel; Eisen- und Kupfergießerei, Maschinenfabriken. — Choluj, 2000 Einw., Fabrikation von Heiligenbildern. — Nischni-Nowgorod, an der Wolga, der berühmteste Meß- und Handelsplatz Rußlands mit 40,000 Einw. Die Messe wurde hier 1816 statt jener von Makariew eingerichtet und vermittelt wesentlich den osteuropäischen und den asiatisch-europäischen Handel. Sie beginnt am 15. Juli alten Styls und dauert 40 Tage. Russische Industrieprodukte, Getreide, Pferde, Vieh, europäische und Kolonialwaaren, Droguen, Thee und Seide aus China, bilden die Hauptwaaren, die auf Schlitten, Kanälen, Flüssen und der Eisenbahn angebracht werden. Die Messe hat sich stetig gehoben, wie man aus folgenden Zahlen ersehen kann:

	Anfuhr	Verkauf	Rest
1819:	139,094,188	67,921,450	71,172,738 Rubel
1869:	144,191,000	128,306,000	15,885,000

In 50 Jahren hat der Werth der verkauften Waaren sich also verdoppelt. — Kostroma an der Wolga, 22,000 Einw., Leder-, Leinen-, Papierfabrikation, Schiffswerfte; starker Handel mit Naturprodukten. — Jaroslaw, an der Wolga, 32,000 Einw., Leinwand- und Baumwollweberei, Glockengießerei, Bleiweiß- und Seifenfabriken. — Welikoje-Selo, ein Dorf, das viel Schuhwerk fabrizirt und dessen Bewohner mit Garn und Flachs hausiren. — Rybinsk, an der Wolga, 15,000 Einw., hat großartigen Handelsverkehr, Talgsiederei, Branntweinbrennerei und Brauerei, außerordentliche schwunghafte Wolgaschifffahrt; es ist einer der größten Stapelplätze an diesem Flusse und hat zeitweilig im Sommer gegen 100,000 Einwohner. — Wologda, 19,000 Einw., lebhafter Handel, namentlich früher von Bedeutung, als noch Archangel der einzige Ausfuhrhafen Rußlands war. Damals gingen alle Waaren von dort über Wologda nach Moskau. Talgsiederei, Glashütte, Leder-, Leinwand-, Drellfabriken. — Ustjug-Weliki, 8000 Einw., Handel mit Holz, Getreide, Schmalz; Fabrikation feiner Silberketten, sog. Gaitane. — Totma,

3500 Einw., Salinen. — Petrosawodsk, am Onega=See, Kanonengießerei, Fischerei, Jagd auf Pelzthiere. — Archangel, an der Mündung der Dwina, 33,000 Einw., der wichtigste Handels= und Hafenplatz des Nordens, mit großen Schiffswerften, Seilereien, Thransiedereien, Segeltuch= und Zucker= fabriken, Walfischjägerei. Archangel war 120 Jahre lang der einzige See= hafen Rußlands (S. 30). — Cholmogori, 1100 Einw., Dwinahandel.

In Kleinrußland. Kijew, am Dnjepr, 74,000 Einw., bedeutende Handelstadt, in einem fruchtbaren Gouvernement, in welchem die für Süd= rußland charakteristische Schwarzerde bereits vorwiegt, Ackerbau und Vieh= zucht, namentlich aber der Runkelrübenbau, mit großem Erfolge betrieben werden. Tuchfabrikation und Branntweinbrennerei sind sehr verbreitet. Rüben= zuckerfabriken, Messen. — Berditschew, 54,000 Einw., Tabaks= und Seifenfabriken. Die Stadt ist Mittelpunkt des südrussischen Handels nach Deutschland über Brody in Galizien. Den Handel betreiben nur die Juden, welche die Rohprodukte des flachen Landes aufkaufen und ausführen. Meh= rere große Jahrmärkte, die wichtigsten am 12. Juni und 15. August, wo Pelze, Seiden= und Galanteriewaaren, Salz, Fische, Rübenzucker, Vieh und namentlich Pferde zu Markt gebracht werden. — Krementschug, 24,000 Einw., lebhafter Speditionshandel, Salpeter=, Zucker= und Seifenfabriken. — Njeschin, 18,000 Einw., Handel mit Landesprodukten und Blutegeln. — Poltawa, 30,000 Einw., bedeutende Handelsstadt, bekannt durch die Ilgin= sche Messe (20. bis 31. Juli), auf dem in den letzten Jahren für 27 bis 30 Mill. Rubel angeführt wurden; davon verkauft für 17 bis 20 Mill. Rubel. — Charkow, 52,000 Einw., mit vier großen Messen. In den letzten Jahren wurden auf der sog. Kretschtschenskischen Messe Waaren im Werthe von 17 bis 20 Millionen Rubel angeführt und für 10 bis 12 Mill. Rubel verkauft. Am 1. Oktober beginnt der zweitgrößte Jahrmarkt, auf dem für 10 Mill. Rubel erscheinen, von denen die Hälfte verkauft wird, sodann die Uspenskische Messe mit 6 Mill. Rubel Anfuhr und 3 Mill. Rubel Verkauf; endlich die Troitzkische mit 5 Mill. Rubel Anfuhr und 3 Mill. Rubel Verkauf; Teppich= und Seidenfabriken, Talgschmelzereien.

In Südrußland. Odessa, am schwarzen Meere, eine jugendlich rasch emporblühende Handelsstadt mit 120,000 Einw., vermittelt namentlich den Handel in Getreide und Wolle; ein Freihafen, der durch regelmäßige Dampferverbindung mit den bedeutendsten Häfen in Verbindung steht. Es laufen über 2000 Schiffe jährlich ein; der Werth der Ausfuhren belief sich in der letzten Zeit auf 25,000,000 bis 40,000,000 Rubel, davon über drei Viertel auf Getreide entfallend; Brauereien, Seilereien, Tabaks= und Lichtfabriken, Talgschmelzereien, Eisengießereien. — Cherson, an der Dnjepr= mündung, 41,000 Einw., Handel mit Holz, welches den Dnjepr abwärts geflößt wird, mit Wolle und Getreide. Der Hafen ist versandet, was der Stadt vielen Schaden zufügt. Statt ihrer hebt sich mehr und mehr das benachbarte Nikolajew an der Bugmündung, 65,000 Einw., mit Schiffs= werften, Holz= und Getreidehandel. — Jekaterinoslaw, am Dnjepr, 15,000 Einw., Tuchmanufakturen, Handel. — Bachmut, 10,000 Einw., Produkten= handel, Kohlengruben. — Nachitschewan, 13,000 Einw., Seiden=, Baum= woll= und Saffianfabriken von Armeniern betrieben. — Taganrog, 14,000

Einw., am asow'schen Meere, Getreidehandel, wird mehr und mehr über=
flügelt durch Rostow am Don, 29,000 Einw., das jährlich für 10,000,000
Rubel ausführt; Kaviarbereitung. — Simferopol, 18,500 Einw. und Baki=
schisarai, 11,000 Einw., auf der Halbinsel Krim mit Saffianfabriken, Wein=
bau. — Sewastopol, 8000 Einw., Kertsch, 13,000 Einw., Eupatoria,
7000 Einw., Häfen der Krim.

In Finnland. Wiborg, 5300 Einw., Hafen am finnischen Busen
mit lebhaftem Handel. — Helsingfors, Hafen am finnischen Busen mit
30,000 Einw., Holz= und Getreideausfuhr, Schiffswerfte. — Åbo, Hafen
am Eingange des botnischen Busens, mit 16,500 Einw., Seehandel, Schiffs=
werfte, lebhafte Gewerbthätigkeit, namentlich Leinweberei. — Tammersfors,
8000 Einw., bedeutende Fabrikstadt, Leinweberei, Maschinenbau. Uleåborg,
Seehafen am botnischen Busen, Schiffswerfte. — Tawastehus, 2700 Einw.,
großer Jahrmarkt.

Im Zarthum Kasan. Kasan, an der Wolga, zum Theil eine tar=
tarische Stadt, 64,000 Einw., ist ein Hauptstapelplatz des russisch=asiatischen
Handels; Industrie in Juchten und Seife, in Tuch, Kattun, Eisen= und
Holzwaaren, Pulverfabrik, Schiffswerfte. — Simbirsk, an der Wolga,
25,000 Einw., Getreidehandel, Wolgaschifffahrt, Fischfang, Kaviarbereitung,
Leder=, Seifen= und Lichtfabrikation. — Sysran, an der Wolga, 21,000
Einw., Fabriken, Schifffahrts= und Handelsbetrieb. — Alatyr, 9600 Einw.,
Tuchfabriken, Teppichwirkerei. — Pensa, 37,000 Einw., Fabriken in Leder,
Seife, Lichten, Leinwand. Großer Jahrmarkt vom 25. Juni bis 4. Juli.
Ananascultur. — Saransk, 13,000 Einw., Jahrmarkt am 10. August.
Sehr bedeutende Holzwaarenindustrie, Anfertigung von Bauernwagen und
Bauernschlitten. — Saratow, an der Wolga, 65,000 Einw., Eisen=
gießereien, Seilerwaaren, Thonwaaren, Tabak=, Seife=, Leder=, Tuch=, Baum=
wollen= und Seidenfabriken. Die Stadt ist einer der bedeutendsten Handels=
plätze Rußlands, welcher auf der Wolga Getreide, Mehl, Talg, Fische, Salz
verführt. In der Nähe blühende deutsche Kolonien und der Eltonsee, wel=
cher viel Salz liefert. — Sarepta, Flecken an der Wolga, von Herrn=
hutern gegründet, mit lebhafter Industrie. — Wiatka, 15,000 Einw.,
Kupfer= und Silberschmiede. — Sarapul, an der Kama, 7800 Einw. und
Slobodskoi, 6700 Einw., beträchtlicher Handel mit Getreide, Leinsamen,
Talg, Leinwand und Pelzwerk; Jahrmärkte. — Isch oder Ischewsk, 9000
Einw., große Gewehrfabrik, Eisengießerei, Messingwaaren. — Perm, 20,000
Einw., an der Kama, Handel mit Sibirien, Kupferwerke. — Kungur,
12,000 Einw., Lederfabriken. — Bogoslowsk, Kupferwerke. — Solikamsk,
3200 Einw., große Salzwerke. — Werchoturje, an der Tura, 3700 Einw.,
Goldwäschereien, Eisenfabrikation. — Jekaterinburg oder Katherinenburg,
22,000 Einw., an der großen russisch=sibirischen Handelsstraße. Große
Eisen= und Kupferhütten, Metallfabriken, Steinschneiderei und Steinschleiferei,
Gold= und Edelsteinwäschereien, Handel mit den Bergwerksprodukten des
Ural. — Nischni=Tagilsk, durch die Demidow gegründet, 30,000 Einw.,
der wichtigste Bergwerks= und Hüttenort des Ural, für Eisen, Kupfer, Gold,
Platina. -- Newjansk, Eisenhütten, Goldwäschereien. — Irbit, 4000
Einw., großartige Messe vom 1. Februar bis 1. März, die für den asiatisch=

europäischen Handel, besonders in Pelzwerk, sehr wichtig ist. Die Zufuhren betrugen in den letzten Jahren etwa 50 Mill. Rubel, von denen Waaren im Betrage von 40 Mill. verkauft wurden. Die eingehandelten Waaren gehen meist zu Schlitten über das Uralgebirge nach Rußland. Pelzwerk spielt dabei die größte Rolle.

Im Zarthum Astrachan. Astrachan, im Wolgadelta, 45,000 Einw., mit einer Bevölkerung von sehr gemischtem Ursprung (Armenier, Perser, Tartaren neben den Russen), ist der bedeutendste See- und Handelshafen am kaspischen Meere und von außerordentlicher Wichtigkeit für den Handel von Turkestan und Persien, der mittels Dampfern immer mehr nach Astrachan gelenkt wird und dann seinen Weg wolga-aufwärts nimmt. Haupteinfuhrartikel sind Baumwolle, Seide, Getreide, Wollzeuge, Spiritus, Metallwaaren, Kattune. Die Industrie ist beträchtlich; sie erstreckt sich auf Schiffsbau, Färberei, Seidenmanufaktur, Talgschmelzerei, Thranſiederei, Seifenfabrikation. Von großer Bedeutung ist die Fischerei. Astrachan ist für die Kaviarbereitung der wichtigste Ort Rußlands. — Samara, an der Wolga, 34,000 Einw., wichtiger Handelsplatz, namentlich für Getreide, Mehl- und Salzausfuhr; Bereitung der feinen Lammfelle (Astrachaner und Krimer), 16,000 Einw., große Messe im Januar. — Slatoust, 10,000 Einw., Eisen- und Stahlhämmer, Waffenfabrik. — Orenburg, 28,000 Einw., am Ural, wichtig als Passageort des Handels von Centralasien nach Rußland. Rußlands Handel mit Innerasien war von verhältnißmäßig geringer Bedeutung. Während der Jahre 1851 — 61 betrug derselbe, so weit er über die orenburgischen Zollämter vermittelt wurde: Ausfuhr etwa 1½ Mill. Rubel, Einfuhr 2,701,150 Rubel. Die übrigen Zollämter erreichen bezüglich der Einfuhr etwa ⅔ der obigen Zahl. Seit 1861 ist in Folge des amerikanischen Bürgerkrieges der Verkehr rasch angewachsen. In Rußland stellte sich starke Nachfrage nach mittelasiatischer Baumwolle ein, deren größerer Bezug auch einen besseren Absatz russischer Fabrikate im Gefolge hat. Im Jahre 1863 betrug die Ausfuhr russischer Waaren über die orenburgische und sibirische Linie schon 4,904,925 Rubel, die Einfuhr 9,760,727 Rubel; im Jahre 1865 die Ausfuhr 6,574,170 und die Einfuhr 12,091,149 Rubel. Eingeführt werden: Baumwolle, Rohseide, Früchte, Reis, rohe Häute, Schlachtvieh; ausgeführt: Kattune, Tuch, Eisen, Kupfer, Wolle. — Ilez am Ilek, große Steinsalzwerke. — Troizk, 6200 Einw., Tauschhof mit großer Messe (15. Mai bis 15. Juni). — Mijask, große Goldwäschen.

In Kaukasien. Tiflis, 61,000 Einw., Woll-, Seiden-, Baumwollfabriken, Gerbereien, Salzraffinerien, Silberfiligranarbeiten. Es ist ein Stapelplatz zwischen Asien und Europa, der den persischen Handel mehr und mehr beherrscht. Eisenbahn führt nach dem Hafen Poti am schwarzen Meer. — Derbend, 13,000 Einw., am kaspischen Meer, Handel mit Südfrüchten, Fischerei. — Schuscha, 20,000 Einw., Seidenfabriken. — Baku, 14,000 Einw., großartige Petroleumindustrie. — Eriwan, 12,000 Einw., einst bedeutende armenische Stadt, Weinbau, Handel mit Südfrüchten, Seidencultur.

Asien.

814,550 Quadratmeilen.   805,500,000 Bewohner.

Asien ist der größte Kontinent, welcher fast ein Drittel alles Fest=
landes umfaßt und fast ganz auf der nördlichen Halbkugel liegt. Es ist
reich gegliedert, namentlich nach Süden und Osten hin mit Meerbusen,
Halbinseln und Inseln versehen, die dem Handel große Vortheile gewähren,
ebenso durchzieht Asien ein System großartiger Ströme, die bis tief in das
Innere hinein bereits von Dampfern befahren werden. Wir finden alle
klimatischen Abstufungen von der Region der Palmen und Bananen bis zu
den eisigen Steppen, die sich an der Küste des Polarmeers ausdehnen.
Ebenso finden wir die verschiedenartigsten Menschenrassen in diesem großen
Kontinent, hochcivilisirte Völker neben völlig wilden, die ersteren an Zahl
überlegen, doch seit Jahrhunderten in Staat und Familie, Industrie und
Handel, Kunst und Wissenschaft starr bei den alten Errungenschaften stehen
bleibend. Die Industrie hat in einzelnen Zweigen eine hohe Stufe erklom=
men und indische Musseline, türkische, persische und indische Shawls und
Teppiche, damascener Waffen und türkische Saffiane, die Porzellan=, Papier=,
Lack= und Elfenbeinwaaren China's und Japans können mit den europäi=
schen in Wettbewerb treten. — Schon seit länger als drei Jahrhunderten
dauert die Einwirkung der Europäer auf Asien, die ganze Länder und Reiche
dort sich unterthan machten, wie Indien, russisch Asien, den Archipelagus,
und welche die übrigen asiatischen Reiche jetzt ohne Ausnahme zwangen, dem
Handel und damit dem europäischen Einflusse sich zu öffnen. Namentlich die
Ostasiaten sind in den Strom europäischer Anschauungen hineingerissen wor=
den und für sie beginnt eine durchaus neue Zeit.

1. Russisch-Asien.

273,380 Quadratmeilen.   9,800,000 Bewohner.

Nachdem Iwan, der Schreckliche, Zar von Rußland, Kasan nieder=
geworfen, hatten russische Kaufleute, die Stroganow, sich am Ural angesiedelt
und dessen Schätze auszubeuten begonnen. Ein vertriebener Kosakenhäupt=
ling, Jermak Timofejew, gesellte sich ihnen bei; er hörte von dem Pelzreich=
thum des Landes im Osten und zog mit einer Handvoll Menschen aus, es
zu erobern. Er warf die Mongolen, die dort zur Herrschaft gelangt waren,
in mehreren Schlachten (1578 — 1580) nieder und stellte das Land dem
russischen Zaren zur Verfügung, der auch zugriff. Von Peter dem Großen
an, der die Wichtigkeit der asiatischen Besitzungen erkannte, bis auf den
heutigen Tag, hat Rußland in Asien eine großartige Eroberungspolitik ver=
folgt. Es nahm nicht nur ganz Sibirien, sondern griff auch nach Amerika

hinüber, wo es erst 1867 seine Besitzungen wieder aufgab. 1852—1860 nahm es den Chinesen die Amurlande und die mandschurische Küstenprovinz; gleichzeitig verkürzte es die turkomanischen Chanate Choland, Chiwa und Bochara immer mehr und drang bis über den Syr Darja und an den Thian-Schan vor, solchergestalt seine Macht in Centralasien begründend und dasselbe kommerziell wie politisch sich unterthan machend.

Während im Norden Ruffisch-Asiens ungeheuere Räume im Eise starren, sind in den südlichen Theilen die üppigsten Landschaften zu finden, mit prächtigem Getreide- und Baumwollboden, unerschöpflichem Reichthume an Hölzern. Die Viehzucht der nomadisirenden Bevölkerungen ist bedeutend, das Rennthier, der Hund, das Kameel spielen eine große Rolle. Unerschöpflich erscheint der Reichthum an Pelzthieren (Eichhörnchen, Mardern, Füchsen, Hermelinen, Zobeln, Bären); man findet viel fossiles Elfenbein (Mammuthzähne), das für den Handel von Wichtigkeit ist. Die Fischerei ist großartig, der Lachsreichthum im Baikalsee und den ostsibirischen Küstenströmen ganz ungeheuer. Ueberreich ist das Land an Schätzen des Erdinnern, namentlich im Altaigebirge, bei Nertschinsk, wo Gold, Platina, Silber, Kupfer, seltene Steinarten gefunden werden. Unerschöpflich ist die Fülle von Graphit im Sajangebirge und an der Tunguska. Steinkohlen sind in Turkestan und am Tom gefunden worden. Die Industrie Sibiriens ist kaum erwähnenswerth, aber in Turkestan ist altheimische Industrie vorhanden. Unter den Verkehrsmitteln haben wir zunächst die Riesenströme Amur, Lena, Jenissei, Ob und Irtysch zu nennen, die wie viele kleinere nebst den Nebenflüssen von Dampfern befahren werden, welche auch auf den Kaspisee, dem Aral- und Baikalsee gehen. Für die nördlichen Theile bietet zur Winterszeit die weite Schneefläche den Rennthier- und Hundeschlittenkarawanen eine gute Bahn; in Turkestan ist das Kameel Lastthier. Eine große Landstraße durchzieht Sibirien von Jekaterinburg nach Tobolsk, Tomsk-Krasnojarsk bis Irkutsk. Ihr entlang soll einmal die Eisenbahn gehen. Der Telegraph ist durch das ganze Land gezogen, er geht nach Kiachta an der chinesischen Grenze und nach Nikolajewsk an der Amurmündung. Der Handel Ruffisch-Asiens ist im steten Zunehmen begriffen und er macht namentlich in Centralasien große Fortschritte, wo das englische und ruffische Handelsgebiet feindlich auf einander stoßen. Geld, Maß und Gewicht sind die ruffischen, die auch in Turkestan die heimischen Münzen und Maße immer mehr verdrängen.

Handelsstädte in Ruffisch-Asien.

In Sibirien. Tobolsk, am Einflusse des Tobol in den Irtysch, 18,000 Einw., Schiffsbau, Lederfabriken, Talgschmelzerei, Pelzwaarenhandel. — Obborsk am Ob, hoch im Norden, Messe für die nomadisirenden Samojeden und Ostjaken. — Omsk am Irtysch, 20,000 Einw., wichtiger Stapelplatz. — Barnaul in der Barabinzensteppe, wichtigster Bergwerksplatz Sibiriens, 12,000 Einw., mit großartigen Silberschmelzen. — Smeinogorsk, Silber-, Kupfer-, Blei- und Eisenbergwerke. — Semipalatinsk, 10,000 Einw., schon seit 1754 äußerst wichtig für den Handel mit Centralasien. Zwei Messen, vom 25. Mai bis 10. Juni und vom 15. Dezember bis

Richard Andree, Handelsgeographie. **19**

1. Januar. Der Haupthandel wird im Winter betrieben, wenn die Schlittenbahn glatt ist; außerdem kommen dann über 1000 Kameele an, die Schafund Lammfelle, Häute, Kameelhaare bringen und russische Industrieprodukte zurücknehmen. Stark ist der auswärtige Handel mit der Kirgisensteppe, Taschkend, Tschugutschak und Kuldscha. — Tomsk, am Tom, 20,000 Einw., große Kaufhallen, lebhafter Handelsverkehr. — Ebenso Krasnojask, 9000 Einw. und Jenisseisk, 5500 Einw. — Turuchansk, 8500 Einw., Pelzhandel, Graphitwerke. — Irkutsk an der Angara, 24,000 Einw., Jahrmarkt im Juni, Stapelplatz für den Handel mit China, Pelzhandel. — Jakutsk an der Lena, 6000 Einw., Hauptstation für den Pelzhandel. — Ostrownoje am Anjui, mit der nördlichsten Messe der alten Welt, auf der der Verkehr mit dem wilden Tschuktschenvolke unterhalten wird. Wichtig für den Pelzhandel. — Ochotsk und Ajan, kleine Hafenorte am ochotskischen Meere, Walfischfang, jetzt überflügelt durch die Amurhäfen; ebenso Petropawlowsk auf der Halbinsel Kamtschatka.

In Transbaikalien. Nertschinsk, 4000 Einw., berüchtigte Bergwerksstadt mit Silber-, Blei-, Eisen-, Kupfer- und Kohlengruben; großer Kaufhof. — Tschita, 3000 Einw., Messe, Stapelplatz. — Kiachta mit Troitzkosawsk, 5500 Einw., die Grenzstation gegen die Mongolei, außerordentlich wichtig für den chinesischen Handel, noch immer einer der bedeutendsten Handelsplätze (seit 1728), namentlich für Thee, obgleich der Handel mit diesem Produkte mehr und mehr den Weg zur See und über Turkestan einschlägt.

Im Amurgebiet und dem Küstenlande. Blagowjeschtschensk, 2000 Einw., Handel mit der Mandschurei, Niederlage russischer Produkte. — Nikolajewsk, an der Amurmündung, 5500 Einw., wichtigster Exporthafen für die Produkte des Amurlandes, aber das halbe Jahr hindurch zugefroren. — Häfen an der mandschurischen Küste, die zum Theil eine Zukunft haben, sind: Castries-Bay, Possiet, Wladimir, Port Imperial oder Barrakuta.

In Russisch-Turkestan. Taschkend, 70,000 Einw., eine der wichtigsten Handelsstädte Mittelasiens, Sitz der russischen Kaufleute, mit bedeutendem Transithandel, Endpunkt zahlreicher Karawanen. — Chodschend, Reis-, Baumwollen-, Indigokultur, Karawanenhandel. — Samarkand, 30,000 Einw., wichtiger Platz für den Handel mit den turkomanischen Chanaten, einst von großer politischer Bedeutung, mit einer sehr industriösen Bevölkerung. Seiden- und Baumwollenmanufaktur, Seidenpapier und Lederfabrikation.

2. Die Turkomanen-Länder.

Die Chanate Maymene, Chiwa, Bochara und Kokan umfassen, so weit sie noch unabhängig sind, etwa 20,000 Quadratmeilen mit 5 Millionen Einwohnern. Ein großer Theil von Kokan und Bochara ist von den Russen erobert worden, die noch immer im Vordringen begriffen sind und diese von einer räuberischen Bevölkerung bewohnten Chanate mehr und mehr bezwingen.

Das Land, wesentlich aus Steppen bestehend, zeigt fruchtbare Oasen, die ungemein reich an Produkten sind. Namentlich ist der Baumwollenbau von außerordentlicher Bedeutung und mehr und mehr im Aufschwunge begriffen; man baut Mais, Reis, Tabak, Opium, Krapp, herrliches Obst, Melonen; die Seidenzucht ist ein wichtiger Erwerbszweig, namentlich ist Chiwa frucht- bar. Wichtig ist die Schafzucht, die viel Wolle und „Krimer" oder „Astra- chaner" Lammfelle liefert; Pferde, Kameele und Ziegen werden in Menge gezogen. Es fehlt nicht an Edelsteinen und Gold, das aus den Flüssen gewaschen wird. Die Industrie führen wir bei den einzelnen Städten an. Der Handel fällt mehr und mehr in die Hände der Russen; er wird nach außen hin mit Karawanen betrieben; russische Artikel überschwemmen bereits das Land. Die wichtige Handelsstraße des Jaxartes (Syr Darja) im Norden ist jetzt fast ganz in russische Hände gerathen, so bleibt denn der Oxus (Amu Darja) der Hauptfluß der Chanate; aber er wird nicht be- schifft und dient zur Bewässerung der Felder. Als Münze gilt 1 Tilla à 21 Tjangan à 44 Pulli, 1 Tilla (Gold) = 4 Thaler 6 Groschen, 1 Tjanga = 6 Groschen. Längenmaß: 1 Kar à 3 Haseh (Ellen), 1 Haseh = 1,067 Meter. Gewicht: 1 Batman à 2 Neman à 4 Sihr à 2 Du à 4 Tscharik à 4 Nemetsche = 127,768 Kilogramme.

Handelsstädte der Chanate.

Chiwa, 13,000 Einw., Hauptstadt von Chiwa, mit Bazars, Handel, namentlich mit Rußland, neuerdings auf dem Wege über das kaspische Meer. — Urgendsch, 20,000 Einw., nahe am Amu-Darja, Hauptindustrie- ort, Seiden- und Baumwollweberei. — Hesarasp, liefert berühmte Kleider- stoffe. — Taschhaus, Leinenindustrie. — Bochara am Seraffschan, 70,000 Einw., ein Mittelpunkt central-asiatischer Kultur, Haupthandelsplatz Innerasiens und Versammlungsort von Kaufleuten fast aller asiatischen Völker. Großartiger Karawanenhandel. Die Hauptartikel sind Früchte, Pferde, Esel, Pelzwaaren, gefärbte Lammfelle, Seidenzeuge, Baumwoll- waaren, Glas, Leder, Metalle; Sklavenmärkte. Die rege Gewerbthätigkeit erstreckt sich auf Herstellung von Seiden- und Baumwollzeugen, wollene Tücher, Filz, Leder, Messerwaaren u. s. w. — Kokan, 80,000 Einw., Seidenzeugfabriken, Baumwollstoffe, Lederfabriken; Handel mit Russisch- und Ost-Turkestan (Kaschgar).

3. Ost-Turkestan oder die hohe Tartarei.

Dieses Land schließt sich im Osten an die oben erwähnten Chanate an. Es wird von den ungeheueren Bergwällen des Thian-Schan, Bolor- Tagh und Künlün begrenzt und verläuft nach Osten in die tartarische Steppe. Sein Umfang im weitesten Sinne beträgt etwa 20,000 Quadrat- meilen, aber nur der westliche Theil (Kaschgar und Jarkend) ist als ein geschlossenes Reich anzusehen, welches sich unter einem besonderen Herrscher von China unabhängig gemacht hat. Es ist etwa 6000 Quadratmeilen groß mit 3 Millionen Einwohnern. Die Produkte sind dieselben wie in

19*

ben Chanaten, nur find in Folge der gebirgigen Befchaffenheit die Erzeug=
niffe des Mineralreichs mannichfaltiger. Man findet Kupfer, Schwefel,
Eifen, Blei, Salz, Gold; von Bedeutung find die Pelzthiere. Es exiftirt
dort vollftändige Sicherheit des Lebens und Eigenthums; die Landftraßen
find belebt und in den Städten findet man große Bazare. Der Handel,
welcher die Päffe der über 20,000 Fuß hohen Gebirge zu paffiren hat,
wird mit den Chanaten, über Kokan mit Rußland und über Tfchitral mit
Britifch=Indien geführt. Die wichtigften Städte, von je etwa 100,000
Einwohnern find Jarkend und Kafchgar.

4. Perfien.

26,450 Quadratmeilen.   5,000,000 Bewohner.

Das einft welterfchütternde Perfien ift von feiner Höhe tief herab=
gefunken zu einem afiatifchen Reiche zweiten Ranges, das nach Außen hin
ohne Bedeutung dafteht. Im 7. Jahrhundert durch den Khalifen Omar
erobert, wurde es ein Raub der Araber und Türken. Vom 13. bis 15.
Jahrhundert herrfchten dort Tartaren und Mongolen. Auf fie folgten die
räuberifchen Turkomanen, bis 1507 das Haus der Sefiden an's Ruder ge=
langte. Die neuere Gefchichte füllen Kämpfe mit den Afghanen und Ruffen
aus, welche letztere in dem mehr und mehr herabgekommenen Lande das
Uebergewicht erlangten und deffen politifche Haltung beftimmen. Die ganzen
Verhältniffe Perfiens find kläglicher Natur.

Landwirthfchaft. Perfien erfcheint als vorzugsweife ackerbauendes
Land; faft 40 Procent der Gefammtbefchäftigungen des ganzen Landes be=
ziehen fich auf die Landwirthfchaft; diefe wird indeß auf die allerrohefte
Weife betrieben, Dünger faft gar nicht angewendet; die Ernte=Ergebniffe
richten fich hauptfächlich nach der Ausdehnung und Ausgiebigkeit der künft=
lichen Bewäfferung. Unter günftigen Verhältniffen ift der Boden, von dem
übrigens nur etwa 10 Procent bebaut werden, fruchtbar und bringt das
10 bis 15te Korn. An Getreide werden Weizen, Gerfte, Reis und Mais,
an Hülfenfrüchten vornehmlich Bohnen, Saubohnen, Linfen und Erbfen ge=
zogen, ebenfo eine Anzahl unferer grünen Gemüfe und Küchengewächfe, dann
Baumwolle, Tabak, Hanf, Mohn, Lein, Sefam, Indigo, Safran, Saflor,
Kreuzbeeren, Krapp. An Früchten werden Melonen, Gurken, Weintrauben,
Feigen und neben faft allen mitteleuropäifchen Baumfrüchten auch Datteln,
Orangen, Citronen und Mandarinen gepflanzt. — Die Seidenproduktion
ift beträchtlich; die meifte und befte Rohfeide wird in der Provinz Gilan,
am kaspifchen Meere, erzeugt, und von dort werden auch etwas Seiden=
cocons ausgeführt.

Die **Viehzucht** ift ziemlich bedeutend; fie erftreckt fich auf Pferde
(worunter fehr edle und gefchätzte Thiere), Efel, Maulthiere, Kameele, Rind=
vieh, Schafe und Ziegen; außerdem Hühner in bedeutender Menge. Aus=
geführt werden in unbedeutender Menge: Pferde, Efel, Maulthiere, Rind=
vieh und Schafe.

Fischfang. Derselbe ist auf den wenigen Binnengewässern ganz un=
bedeutend, sehr ergiebig dagegen in den Mündungen der in das kaspische
Meer fallenden Flüsse, wo er von russischen Fischern pachtweise betrieben
wird. Von dort werden jährlich über 100,000 Stück gesalzene oder ge=
trocknete große Störe und Hausen, etwa 50,000 Pud gepreßter Kaviar und
gegen 250 Pud Hausenblase nach Astrachan verführt. Die Pachtsumme be=
trug in letzter Zeit 120,000 persische Toman (1 Toman = 12 Francs).

Bergbau und **Hüttenwesen** sind ungemein vernachlässigt, obwohl das
Land bedeutende Mineralschätze besitzt. Es kommen vor: Salz, Steinkohlen,
Salpeter, Alaun, Anthracit, Borax, Schwefel, Arsenik, Kobalt, Blei, Kupfer,
Eisen, Zink, Zinn, Braunstein; dann Marmor, Türkise und Granaten, über
die gesammte Produktion sind aber authentische Angaben nicht zu erlangen.
Thatsache ist, daß die persischen Kupfermünzen meist aus russischem Roh=
kupfer, die Gold= und Silbermünzen aber aus dergleichen eingeschmolzenen
russischen Münzen geschlagen werden.

Die **Industrie** ist zwar frei von allen und jeden Beschränkungen, aber
doch, wie Alles in Persien, in großem Verfall, eigentliche große Fabrikation
kaum mehr vorhanden; an der Spitze jeden Gewerkes steht ein von den
selbstständigen Handwerkern aus ihrer Mitte gewählter Vorsteher, zur Wah=
rung der gemeinsamen Interessen. Die Produkte der Industrie sind Ziegel,
Steingut, Thonwaaren (darunter poröse Wasserkühler), ordinäres Kupfer=
und Zinkgeschirr, Messinggeschirr, Kanonen, Holzgeräthe, Wasserpfeifen, Holz=
kohlen, rohe Potasche und Soda, Pflanzenfarben, Arzneiwaaren, wohlriechende
Essenzen, Essig, Wein, Zucker, Molasse, eingedickter Most, Seile und Mat=
ten, Lederwaaren, Filz=, Pelz=, Baumwollen= und Wollenwaaren verschiedener
Sorten, Leinenwaaren, Teppiche, Shawls, Tuch= und Seidenmosaik, Knochen=
mosaik, Buchbinder und Posamentirarbeiten, seidene und halbseidene Stoffe,
Schießgewehre und Säbel, Mehlprodukte, Zuckerwerk, Graveurarbeiten, Sticke=
reien, Emailarbeiten, Schießpulver und Feuerwerk. Das bedeutendste und
werthvollste Industrieprodukt ist Rohseide, die fast in allen Provinzen, über=
wiegend jedoch in der südkaspischen Küstenprovinz Gilan, erzeugt wird, welche
für sich allein bis 1860 jährlich ungefähr 650,000 Kilogramm Rohseide
zu einem Mittelpreis von etwa 30 Francs das Kilogramm erzeugte. In
Folge der seit 1864 auftretenden Seidenraupenkrankheit fiel in Gilan die
Produktion indessen auf ein Viertel obiger Zahl und betrug im Jahre 1868
für das ganze Land etwa 200,000 Kilogramm Rohseide und 50,000 Kilo=
gramm Rohseidenabfälle, zu einem Mittelpreis von 50 Francs und respect.
9 Francs (für Abfälle) das Kilogramm.

Verkehrsmittel. Chaussirte Wege, Eisenbahnen und Kanäle sind
nirgends vorhanden, ebenso wenig schiffbare Flüsse. Der Seeverkehr auf
dem persischen Meerbusen ist in den Händen der Araber und Engländer,
der auf dem kaspischen Meere ausschließlich in den Händen der Russen.
Die ganze Waarenbeförderung hat demnach durch die Lastthiere der Kara=
wanen zu geschehen. Damit ist zugleich ausgesprochen, daß schwerere Gegen=
stände durch die Post nicht befördert werden können, welche vielmehr nur
Briefe, Gelder und kleinere Pakete durch reitende Couriere, aber zu unregel=
mäßigen Zeiten, befördert. Daneben besteht zu den gleichen Zwecken eine

Genossenschaft verlässiger Fußboten. Zwischen Teheran und Täbris besteht ein in neuerer Zeit nach Rescht in Gilan abgezweigter Staatstelegraph, der von Täbris auch nach der russischen Araxesgrenze bei Dschulfa geleitet ist, zur Verbindung mit Petersburg über Tiflis. Indessen ist derselbe wegen der großen Unzuverlässigkeit der persischen Beamten, welche auch französisch telegraphiren, kaum zu benützen.

Handel. Die prinzipielle Handelsfreiheit wird nur durch einige Binnenzölle beschränkt, denen europäische Kaufleute übrigens nicht unterworfen sind; letztere zahlen einen Eingangszoll von 5 Procent des Werthes. Der Binnen- und Transitohandel nach Mittelasien sind bedeutend. Persischer Seehandel existirt nicht. Aus- und Einfuhr waren bisher in ungefähr gleicher Höhe von ungefähr 70 Millionen Francs zu berechnen. Die Ausfuhr ist indessen seit dem Auftreten der Seidenraupenkrankheit (1864) um die Hälfte gesunken und ebenso hat auch die Einfuhr merklich abgenommen. Ausgeführt werden Brennholz, Farbstoffe, Sesamöl, Galläpfel, Droguen, Getreide, Reis, Häute, Filze, Teppiche, Shawls, Seidencocons, Seidenabfälle, Knochen-, Seiden- und Tuchmosaik, Türkise, Perlen, Weichselrohre, Blutegel, Fische, Kaviar, Hausenblase, getrocknete Früchte, Tabak, Butter, Talg, dann einige Schafe, Pferde, Maulthiere und Esel. Eingeführt werden aus Europa englische Baumwollenzeuge, österreichisches Glas und Tuch, schweizerische und russische Fabrikate jeder Art; dann Roheisen, Kupfer, Stahl und Zink.

Geld, Maß und Gewicht. Münzeinheit ist der Toman (Goldmünze) = 10 Kran (Silbermünze) = 2 Panabab (Silber), 1 Kran = 12 Schahi (Kupfermünze). Im gewöhnlichen Verkehre gilt 1 Toman = 20 Francs. Längenmaß ist das Arschin = 0,71 Meter. Den Flächenraum mißt man nach Quadrat-Ser, den Kubikinhalt nach Kubik-Ser. Wegemaß ist das Farsang von der durchschnittlichen Länge von 5,065 Kilometer. Gewogen wird nach Man, 1 Man = 4 Tschehrek = 40 Sir = 640 Miskat. Das Man ist ungefähr = 3 französischen Kilogramm. Flüssigkeiten werden nach dem Gewicht verkauft. Das Bar (= Bürde, Maulthierladung) beträgt 42 Man; 1 Ferde oder Lule Rohseide — etwa 36 Kilogramm. Juwelen werden nach Kiratgewicht verkauft; 23 Kirat = 1 Miskal = 460 französischen Centigramm.

Handels- und Fabrikstädte.

Teheran, die Residenzstadt, 80,000 Einw. — **Tebris**, 160,000 Einw. — **Isfahan**, 60,000 Einw. — **Rescht**, 30,000 Einw., Seidenproduktion, Emporium für Rohseide und für alle Bedürfnisse der südkaspischen Provinz Gilan. **Hamadan**, Lederwaaren und Chagrin. **Kaschan**, seidene und halbseidene Stoffe, Seidensammt; sehr viele (600) Kupferarbeiter. — **Mescheb**, 70,000 Einw. — **Kum**, **Schiras**, **Jesd**, **Kirman**, **Lahidschan**, **Kaswin**. — **Abuschehr**, Hafen am persischen Golfe.

5. Afghanistan und Beludschistan.

Afghanistan mit Herat 12,160 Quadratmeilen.   4,000,000 Bewohner.
Beludschistan 7800 Quadratmeilen.   2,000,000 Bewohner.

Diese zu Iran gerechneten Länder liegen im Osten Persiens, sie werden
im Süden vom indischen Ocean, im Osten von Britisch-Indien, im Norden
von den Turkomanen-Ländern begrenzt. Beludschistan besteht aus einer
Anzahl lose zusammenhängender Bundesstaaten; Afghanistan, durch Bürgerkriege zerrüttet, wurde erst in der letzten Zeit wieder unter einen Hut gebracht und ist wichtig als Zwischenland zwischen den britischen Besitzungen
in Indien und den russischem Einflusse unterworfenen Chanaten; es ist für
den Handel ein Durchzugsland. Viele Thäler, namentlich im Norden jene
des Herirub, Kabul und Hilmend sind sehr fruchtbar, doch beeinträchtigen
wilde Gebirge und wüste Steppen die Kultur. Man baut Reis, Oelsaat,
Krapp, Indigo; Wolle, Felle, Gummi, Rosenöl und Droguen gelangen in
den Handel. Das Land erzeugt auch schöne Pferde und die Schafzucht ist
von Bedeutung. Unter den Städten ist in Beludschistan Kelat mit
12,000 Einw. zu erwähnen; Hafenort ist Gwabel an der Mekranküste, wo
der britisch-indische Telegraph eine Zwischenstation hat. In Afghanistan:
Kabul, 50,000 Einw. Wichtiger Stapelplatz für die durch den Cheiber-
Paß aus Indien kommenden Waaren. — Gasna, 10,000 Einw., große
Bazare. — Kandahar, 50,000 Einw., in fruchtbarer Umgebung, Stapelplatz
für den Verkehr zwischen Persien und Indien. — Herat, 50,000 Einw.,
wichtiger Knotenpunkt für den inner-asiatischen Verkehr, mit großen Bazaren
und vielen persischen Kaufleuten.

6. Türkisch-Vorderasien.

Kleinasien oder Anatoli 9930 Quadratmeilen.   10,000,000 Bewohner.
Armenien und Kurdistan 5700 Quadratmeilen.   1,700,000 Bewohner.
Syrien mit Irak-Aribi 6800 Quadratmeilen.   2,700,000 Bewohner.

Diese unter türkischer Hoheit stehenden Landschaften, die man allgemein
genommen, auch als Levante bezeichnet, sind seit Alters her für den Handel
und Völkerverkehr von hoher Bedeutung gewesen. Im Norden bespült sie
das schwarze, im Westen das Marmara- und ägäische Meer, im Süden das
Mittelmeer. An ihrem Rande waren einst blühende Sitze griechischer Kultur.
Nord-, ost- und südwärts breitet sich das fruchtbare Binnenland aus, um
dessen Besitz die Meder und Perser mit den Skythen, die Griechen mit den
Persern, die Gallier, die Römer, die Araber, Mongolen, die Kreuzfahrer
und Osmanen kämpften. Zwischen dem Euphrat und Tigris hatte das assy-
rische Reich seinen Sitz, in Palästina wohnte das auserwählte Volk. Unter
türkischer Herrschaft finden wir heute überall Niedergang und Versumpfung
an der Stelle einstiger Kultur.

Das eigentliche Kleinasien oder Natolien, der westlichste Vorsprung der Halbinsel, ist ohne schiffbare Flüsse und arm an Verkehrsmitteln. Es ist durchzogen vom indisch-europäischen Telegraphen und von Smyrna ziehen einige Eisenbahnlinien in's Innere bis Kassaba und Aidin. Es liefert Holz aus den theilweise noch dichten Wäldern, Baumwolle, die mehr und mehr gebaut wird, Galläpfel, Droguen, Knoppern, Gummi, Safran, Krapp, Opium, Wolle, Angorawolle, Oelsaat, Badeschwämme, Blutegel, Seide; die Mineralschätze sind außerordentlich reich, werden aber schlecht ausgebeutet. Gold, Silber, Kupfer, Steinkohle, Eisen, Blei, Schwefel, Marmor und Meerschaum kommen massenhaft vor. Letzterer als wichtiger Handelsartikel. Armenien, rauh, kalt und gebirgig, ist vorzugsweise ein Durchgangsland für den Handel zwischen Persien und dem schwarzen Meere, arm an Erzeugnissen für die Ausfuhr. Es kommen Silber, Kupfer, Eisen, Schwefel vor. Der Ackerbau ist unbedeutend, die Viehzucht beträchtlicher. Galläpfel und Insektenpulver gelangen in den Handel. — Irak-Arabi oder El Dschesireh (die Insel), wird das Land zwischen Euphrat und Tigris bis zum persischen Golf genannt. Es ist zum großen Theil Wüste, mit wenig angebauten Strecken und von Nomaden bewohnt, die viel Viehzucht treiben und gute Pferde besitzen. Von Wichtigkeit sind auch die Datteln. — Syrien mit Palästina ist ein äußerst wichtiges Küstenland, durch das stets der Handelsverkehr weiter nach dem Osten ging. Es liefert in den fruchtbaren Strecken Getreide, Sesam, Oliven, Südfrüchte, Zuckerrohr, Reis, Tabak, Cochenille, Krapp, Galläpfel, Honig und sehr gute Baumwolle. Die Viehzucht ist stark betrieben (Schafe, Ziegen, Büffel, Kameele, gute Pferde).

Handels- und Fabrikstädte.

In Natolien. Smyrna, am gleichnamigen Golfe des ägäischen Meeres, uralte, wichtige Handelsstadt mit 160,000 Einwohnern, darunter viele Europäer, mit unbedeutender Industrie, aber großartigem, jedoch schwankendem Handel. Zu Lande kommen durch zahlreiche Karawanen, zum Theil schon auf den Eisenbahnen, die Erzeugnisse Kleinasiens, Syriens, der Euphratländer und Persiens, zur See die Fabrikate Europa's an. Regelmäßige Dampferverbindung. 1865 liefen 3233 Schiffe von 507,800 Tonnen ein. Werth der Ausfuhr über 100, der Einfuhr etwa 70 Millionen Franken in der letzten Zeit. — Aidin, im Innern, Endpunkt der Eisenbahn, 30,000 Einw., starker Handel, Saffianfabriken. — Aiwalyk, 20,000 Einw., Hafenstadt, Schiffsbau, bedeutende Olivenzucht und Oelhandel. — Ismid, am Marmara-Meer, Schiffsbau, Holzausfuhr. — Brussa, 60,000 Einw., mit dem Hafen Gemlik am Marmara-Meere, mit außerordentlich stark betriebener Seidenzucht und Seidenweberei, Weinbau. — Sinope, 8000 Einw., vorzüglicher Hafen am schwarzen Meere. — Samsun, 5000 Einw., Hafen am schwarzen Meere, Endpunkt vieler Karawanen aus dem Innern. — Kerasun, 5000 Einw., Handelshafen am schwarzen Meere. — Trapezunt, Handelshafen am schwarzen Meere, 50,000 Einw., Ausgangspunkt der Karawanen von Erzerum und von Persien, sehr wichtig für das letztere Land, das auf diesem Wege seine Seide, Häute und Wolle versendet. Reger

Dampferverkehr. Die Handelsblüthe Trapezunts ist bedroht durch die Eröffnung des russischen Hafens Poti, von wo eine Eisenbahn nach Tiflis geführt wird. Alsdann wird der persische Handel von Täbris sich nach Tiflis ziehen. — Batum, die östlichste türkische Hafenstadt am schwarzen Meere. — Adalia, der wichtigste Hafen Natoliens an der Mittelmeerküste, 13,000 Einw., Küstenschifffahrt, Holzausfuhr, Handel mit Südfrüchten. — Im Innern Natoliens liegen: Konia, 50,000 Einw., Stapelplatz, Durchgangsort der Karawanen. — Angora oder Engurieh, 30,000 Einw., Handel mit Angoraziegenwolle. — Amasia, 25,000 Einw., Wein- und Tabakshandel, große Seidenfabriken. — Tokat, 35,000 Einw., Durchgangspunkt für Karawanen. — Siwas, 40,000 Einw., desgleichen. — Afium Karahissar, 30,000 Einw., Opiumkultur. — Kjutahija, 50,000 Einw., Karawanenhandel. — Eskischer, Meerschaumgruben.

Die Insel Cypern, 250 Quadratmeilen, 200,000 Bewohner, im Mittelmeer, der syrischen Küste gegenüber, war wegen ihrer Fruchtbarkeit, des Erzreichthums und der trefflichen Häfen seit Alters ein Gegenstand großer Kämpfe. Die Einwohner treiben Ackerbau, gewinnen Baumwolle, Krapp, Tabak, Oliven und Südfrüchte. Noch jetzt berühmt ist der Cyperwein, der Commanderia der vorzüglichste. Hauptstadt im Innern Nikosia, 15,000 Ein., die wichtigsten Küstenstädte sind Larnaka, 5000 Einw. und Famagusta.

Die Insel Rhodus, 21 Quadratmeilen, 27,000 Einw., einst berühmte griechische Republik, später Sitz der Rhodiserritter, jetzt sehr unter türkischer Herrschaft vernachlässigt, mit geringem Bodenertrag, starker Rosinenhandel. Ausfuhr von Seide und Sesam. Hauptstadt ist Rhodus mit 8000 Einw. Vielfache Erdbeben haben auch die Blüthe der Insel herabgedrückt.

In Syrien. Tarsus, 10,000 Einw., vermittelt den Handel von Adana nach der Küste. — Adana, 20,000 Einw., in reicher Baumwollenebene. — Alexandrette (Iskanderun), kleiner Hafen am gleichnamigen Busen des Mittelmeers. — Aleppo (Haleb), 100,000 Einw., wichtiger Stapelplatz des Handels zwischen dem östlichen Europa und den östlich liegenden Ländern. Hauptgegenstände der Ausfuhr sind Wolle, Baumwolle, Pistazien, Oel, Sesam, Weizen, Gerste, Tabak. Die Industrie in Brocat- und Seidenstoffen nimmt den ersten Rang unter den concurrirenden türkischen Städten ein. Der Werth der Einfuhr, besonders englischer Manufakturen, wird auf jährlich 30 Millionen Franken geschätzt. — Antakie (Antiochia) am Orontus, 6000 Einw., einst berühmt, heute eine kleine Handelsstadt. — Latakie (Lataka), 7000 Einw., Hafenstadt am Mittelmeer, wichtiger Tabakshandel. — Hamah (Epiphania) und Homs (Emesa), heruntergekommene Binnenstädte mit Jahrmärkten, Karawanendurchzüge, Wolle-, Krapp- und Baumwollhandel. Einige Industrie. — Tarabulus (Tripoli), 17,000 Einw., Hafen am Mittelmeer für die eben erwähnten beiden Städte, Schwammfischerei. — Beirut, Hafen am Mittelmeer, die wichtigste Seestadt Syriens, 12,000 Einw., starker Exporthandel, namentlich nach Marseille; Seiden- und Baumwollweberei, Gold- und Silberdrahtfabrikation. In der Umgebung Seidenkultur, Baumwollen- und Tabaksbau, Schwammfischerei. Die Schiffe

müssen auf der Rhede liegen bleiben. — **Damascus**, im Innern, in herr=
licher, fruchtbarer Ebene, 120,000 Einw., außerordentlich wichtiger Knoten=
punkt für den Karawanenhandel, mit großen Khans oder Versammlungs=
häusern der Kaufleute; monatlich dreimal trifft eine Karawane von Aleppo
ein; auch sammelt sich hier die große Pilgerkarawane nach Mekka. Seifen=
und Leimsiederei, Teppich= und Zeltwirkerei, Verfertigung von Sätteln, Schuh=
werk, Gold= und Metallarbeiten, namentlich Damascenerklingen. Zur Aus=
fuhr gelangen Seide, Seidenzeug, Seife, Hanf, Früchte, Häute, Tabak;
Hafen der Stadt ist Beirut. — **Saida** (Sidon), 7000 Einw. und **Sur**
(Tyrus), 4000 Einw., alte berühmte Phönizierstädte, jetzt unbedeutende
Hafenorte am Mittelmeer, Ausfuhr von Landesprodukten. — **Akka** oder
St. Jean d'Acre (Askalon), 6000 Einw., sehr herabgekommen, Ausfuhr
von Oel, Baumwolle, Sesam. — **Jafa** oder **Joppe**, 7000 Einw., der Hafen
Jerusalems und dadurch von Bedeutung; Seifenfabriken. — **Jerusalem**,
nur 17,000 Einw. Seine Wichtigkeit beruht in der religiösen Bedeutung.
Nach außen versendet die Stadt nur Seife und Sanktuarien, d. h. aus
Olivenholz und Perlmutter gearbeitete Krucifixe, Rosenkränze u. s. w. —
Nabulus, Binnenstadt mit 12,000 Einw., vermittelt einen Theil des Ver=
kehrs von Damascus nach dem Meere. Decken= und Seifenfabrikation;
reiche Umgebung. — **Gazzeh** (Gaza) alte Philisterstadt, 12,000 Einw.,
Handel mit Landesprodukten, Karawanen nach Arabien.

In Armenien und Kurdistan. **Erzrum**, 40,000 Einw., sehr
herabgekommen, Durchgangspunkt des Handels von Persien zum schwarzen
Meere, Karawanenhaltepunkt, Industrie in Metallwaaren und Waffen. —
Kars, 10,000 Einw.; **Bajasid** 5000 Einw.; **Wan**, 25,000 Einw.; **Bitlis**,
15,000 Einw., armenische Städte mit Handel und etwas Industrie. —
Diarbekir, am Tigris, 30,000 Einw., wichtigste Handelsstadt Kurdistans,
starker Karawanendurchzug, Töpferwaaren, Kupfergruben, Baumwollzeuge. —
Charput und **Mardin**, kleine Handelsstädte mit je 10,000 Einw.

In Irak=Arabi. **Mossul** am Tigris, 50,000 Einw., einst viel be=
deutender, aber immer noch ein Stapelplatz für orientalische Droguen, Kaffee
und persische Waaren. Die Stadt liefert Kupfer=, Baumwoll= und Leder=
waaren. Der Musselin hat von ihr den Namen. Galläpfelhandel. Durch
die räuberischen Nomaden der Umgebung leidet der Handel sehr. — **Bag=
dad**, am Tigris, 70,000 Einw., einst berühmter Khalifensitz, noch immer
eine wichtige Handelsstadt, eine Hauptniederlage europäischer, indischer, persi=
scher und arabischer Erzeugnisse; es versieht Kleinasien, Syrien und einen
Theil Europa's mit indischen Waaren, die über Basra kommen und den
Tigris aufwärts gehen. Juwelenhandel. Große Bazars. Maroquinfabriken.
Seiden=, Wollen=, Baumwollweberei, Musselin=, Teppich=, Shawlfabrikation.
— **Basra** (Bassora), 15,000 Einw., am Schat el Arab, dem vereinigten
Euphrat und Tigris, nahe von dessen Mündung in den persischen Golf,
Hafen für Bagdad, Verkehr mit Indien.

7. Arabien.

Türkisches Gebiet 9112 Quadratmeilen.   900,000 Bewohner.
Unabhängiges Gebiet 48,260 Quadratmeilen.   4,000,000 Bewohner.

Arabien zerfällt in eine Menge kleiner Staaten, die von unabhängigen Scheiks patriarchalisch regiert werden. Nur der Westen und ein Theil des Nordens, Hidschas und Jemen, sind dem Sultan von Konstantinopel unterworfen, in der That sind räuberische Stämme Herren des Landes. Im Westen ist der Imam von Oman zur Macht gelangt. Einzelne Küstenpunkte haben die Engländer inne. Ein großer Theil des dünn bevölkerten, noch keineswegs ganz erforschten Landes, besteht aus Wüsteneien; es fehlt jeder größere Fluß. Der Boden liefert trotzdem viele wichtige Erzeugnisse. Es werden, obgleich die Bewohner vorherrschend nomadische Hirten sind, Getreidearten und Wein gebaut; vorzugsweise ist aber die Datteln- und Kaffeekultur (Mokka) entwickelt. Auch ist Arabien reich an Balsamen, Weihrauch, Gummi und anderen Droguen. Der gute Kaffee gedeiht namentlich in Jemen bis zu 3000 Fuß Höhe; aber nur ein sehr kleiner Theil desselben kommt zur Ausfuhr. Das wichtigste Hausthier ist das Pferd, das edle arabische Vollblut, das aber in Nedschd, seiner Heimat, auch nicht in den Handel kommt. Nur Thiere zweiten Ranges gelangen nach Europa. Die Kameele sind vortrefflich; die Schaf- und Ziegenzucht ist bei den nomadisirenden Arabern bedeutend. Im persischen Golf spielt die Perlenfischerei eine Rolle. Die Industrie ist ohne Belang für die Ausfuhr und beschränkt sich auf die Herstellung der nothwendigsten Bedürfnisse zum täglichen Gebrauch. Der Handel ist nicht unbedeutend und wird von den Arabern, die vortreffliche Schiffer sind, von jeher stark betrieben. Arabien war schon in alten Zeiten ein Vermittlungsland zwischen Europa und dem Osten, und es ist auch von der neuen Zeit nicht unberührt geblieben, seit die Handelsbedeutung des rothen Meeres größer und größer wurde. Der wichtigste Mittelpunkt des arabischen Handels ist Maskat am indischen Meere mit 25,000 Einw., dessen Imam ein großer Kaufmann ist. Er besitzt eine Handelsflotte, die weite Fahrten nach Indien und Afrika unternimmt. Der größte Theil des Binnenverkehrs wird bei Gelegenheit der zahlreichen Pilgerfahrten besorgt. — Schar, ein Mittelpunkt des Ein- und Ausfuhrhandels, namentlich für Wolle, Baumwolle und Tabak. — Makallah, 7000 Einw., der wichtigste Handels- und Hafenplatz in Habramaut, führt namentlich Weihrauch und Kopalgummi aus. — Sana, im Innern Jemens, 30,000 Einw., Handel mit Landesprodukten, Kaffee, Datteln, Tabak. — Dana, Pferdezucht. — Hodeida, Ausfuhrhafen Jemens. — Mokka, ebenso, Kaffeekultur. — Dschidda, Mekka's Hafen am rothen Meere, ein außerordentlich wichtiges Handelsemporium, Durchzugsplatz der Pilger. Zu Ende Mai sammeln sich hier die Handelsflotten von Surat, Bombay, Kalkutta, welche die Produkte Indiens nach Arabien bringen. Dampferstation. — Andere Häfen am rothen Meere sind noch Gunfuba, Janbo und El Wedsch. — In den heiligen Städten Mekka und Medina knüpft sich der Handel an die Pilgerkarawanen.

Britische Besitzungen in Arabien.

Aden, das Gibraltar des Ostens, am Eingange des rothen Meeres, seit 1839 im britischen Besitze und stark befestigt, 40,000 Einw., ist ein außerordentlich wichtiger Platz, von dem aus die Engländer den Handel im rothen und indischen Meere beherrschen. Es ist Kohlenstation und Haltepunkt der indischen Dampfer auf dem Wege nach Sues. Der Handelsumsatz wird auf 10 Millionen Thaler angegeben. — Insel Perim, in der Bab-el-Mandeb, von den Engländern 1857 befestigt, beherrscht die enge Ausgangsstraße des rothen Meeres. — Auch die Insel Kamaran im rothen Meere, ferner die Muria-Inseln an der arabischen Südküste gehören den Briten.

8. Britisch-Indien (Ostindien).

44,929 Quadratmeilen.   144,674,000 Bewohner.

Handelsgeschichtliches. Fast hundert Jahre lang hatten die Portugiesen nach der Entdeckung des Seewegs um das Kap der guten Hoffnung (S. 15) den Handel Indiens monopolisirt, bis nach dem Verfall ihrer Macht und ihres Unternehmungsgeistes im Mutterlande gegen Ende des 16. Jahrhunderts die Holländer, welche die meisten portugiesischen Besitzungen eroberten, an ihre Stelle traten und sich den Alleinhandel mit Ostindien für längere Zeit aneigneten. Auf die Holländer folgten die Engländer. Im Jahre 1600 erhielt eine Kaufmannsgesellschaft das alleinige Privilegium zum Betriebe des indischen Handels und in dieser Gesellschaft ist der Ursprung der später so berühmt gewordenen englisch-ostindischen Compagnie zu suchen. In der zweiten Hälfte des 18. Jahrhunderts eroberten und erwarben ihre Generalgouverneure, die gleich Königen herrschten, namentlich Lord Clive und Warren Hastings, einen großen Theil Vorderindiens, wo die Compagnie bis dahin nur vereinzelte Küstenniederlassungen und Handelsfaktoreien besaß. 1799 wurde Tippo, der Mahrattenfürst, der gefährlichste Gegner der Compagnie, besiegt; 1843 das Gebiet von Sindh erobert und 1846 durch Besiegung der Sikhs die Nordgrenze erweitert. Die Kämpfe gegen kleinere Stämme und Fürsten dauern bis in unsere Tage fort und sind auch dem Namen nach noch einige Herrscher in Ostindien unabhängig, so stehen sie doch unter britischer Gewalt und britischem Einflusse.

Die absolute Stellung, welche die ostindische Compagnie einnahm, hatte manche Uebelstände im Gefolge und politische Verwicklungen mit dem Mutterlande konnten nicht ausbleiben. Doch hielten die mächtigen Kaufleute fest an ihren Monopolen und alle Klagen über nachlässiges Regiment, welche bis in's Parlament drangen, verhallten nutzlos, bis 1857 der furchtbare Sipoy-Aufstand den Engländern die Augen öffnete. Im August 1858

wurde die Indiabill, der zu Folge die Länder der Compagnie in das Eigen=
thum der britiſchen Krone übergingen, zum Geſetz erhoben und am 1. No=
vember deſſelben Jahres erfolgte die Ausführung des Geſetzes in Indien.
Die Folgen waren ſegensreiche; der materielle Aufſchwung Indiens war nun
ein ſeinen unermeßlichen Hilfsquellen entſprechender; engliſche Kapitalien
ſtrömten dort hin und der geiſtige und kommerzielle Fortſchritt trat ſichtlicher
zu Tage.

Indien iſt ein uraltes Kulturland, mit einer außerordentlich gemiſchten
Bevölkerung, unter der ſich auf der tiefſten Stufe ſtehende wilde Gebirgs=
völker, Jäger= und Hirtennomaden, neben den Hindus finden, welche die
alten Kulturlandſchaften am Ganges, in Kaſchmir, an den Küſten u. ſ. w.
inne haben und ſowohl in dem Bebauen des Bodens, als in den techniſchen
Gewerben eine hohe Stufe einnehmen. Die herrlichen Produkte, wie die
Induſtrie der Bewohner, machten das Land reich, aber die inneren und
äußeren Kriege verwüſteten wieder vieles; auch die Konkurrenz der Eng=
länder, deren Maſchinenweſen, ſchadeten der heimiſchen Induſtrie mächtig,
während anderſeits das großartig geförderte Verkehrsweſen, neu eingeführte
Erwerbszweige und Kulturmethoden wieder hebend wirkten.

Naturprodukte. Die Baumwollenproduktion Indiens hat ſich in den
letzten Jahren zu nie geahnter Höhe erhoben. Mit ſeinem für die Anpflan=
zung dieſes Faſerſtoffs überaus günſtigen Boden, namentlich in der Präſi=
dentſchaft Bombay und ſeiner für den Welthandel vortheilhaften geographi=
ſchen Lage, iſt Indien vollkommen geeignet, die Unabhängigkeit der britiſchen
Induſtrie von dem amerikaniſchen Baumwollenmarkte herbeizuführen; indeſſen
läßt ſich nicht verkennen, daß durch die Ausdehnung des Baumwollbaues
und dadurch bewirkte Abnahme der Anpflanzung von Körnerfrüchten, die
Hungersnoth in Indien größere Ausdehnung annahm. Indien, das 1851
erſt für 3½ Mill. Pfund Sterling Baumwolle lieferte, führte 1864 bereits
für faſt 36 Mill. Pfund Sterling aus. Der Quantität nach hat die indi=
ſche Baumwolle die amerikaniſche auf dem Markte von Liverpool bereits
überflügelt. — Der Reis iſt eines der wichtigſten Kulturprodukte Indiens,
da er die Hauptnahrung des Volks ausmacht und auch in großen Mengen
ausgeführt wird. An Gewürzen liefert Indien Pfeffer, Cardamomen, Caſſia,
Ingwer, jene wichtigen Güter des Welthandels im Mittelalter, deren Auf=
ſuchung ſo weſentlich zur Entdeckung des Seewegs nach Indien beitrug.
Zimmt iſt das wichtigſte Produkt der ſchönen Inſel Ceylon, welche etwa
900,000 Pfund im Werthe von 45,000 Pfund Sterling liefert; ebendaſelbſt
iſt die Kaffeekultur mit glänzendem Erfolg heimiſch gemacht worden; ſie lie=
fert etwa 650,000 Centner Kaffee in den Handel. An dieſe Produkte
ſchließen ſich Kokosnüſſe, aus denen Oel für den Handel erzeugt wird. An
Hölzern für den Bau und zur Tiſchlerei iſt Indien überreich; das herrliche
Teakholz, das beſte zum Schiffsbau, kommt in Maſſen vor; das Ebenholz,
der duftende Sandelbaum, deſſen aromatiſches Holz von den Orientalen zum
Räuchern bei religiöſen Feierlichkeiten benützt wird, dann viele Farbhölzer,
ſind in Indien heimiſch. Zucker wird maſſenhaft erzeugt; Tabak wird ſo=
wohl in Blättern, wie verarbeitet ausgeführt; von Indigo, deſſen Mutter=
pflanze in Indien wild wächſt, dieſem echteſten und begehrteſten aller Farb=

stoffe kommen jährlich 120,000 Centner in den Handel. Sesam und andere Oelsamen, Arecanüsse (zum Kauen mit Betel), Wachs, viele Gerbstoffe, Harze, Droguen sind wichtige Erzeugnisse Indiens. Der Thee, diese chinesische Pflanze, wird mit immer steigendem Erfolge in Assam, in den Nilgiris und im Pendschab angebaut. Was das Opium für Indien zu bedeuten hat, ist allgemein bekannt; um seinetwillen wurde der große Krieg mit China geführt; man exportirt davon für 8 bis 9 Mill. Pfund Sterling. Auch der Anbau der Chinarinde in den Nilgiris und bei Utamaland hat schon gute Ergebnisse geliefert. — Auch das T h i e r r e i c h Indiens liefert reichen Ertrag. Bengalen führt viel Seide aus; Wolle von Schafen und der Kaschmirziege, Häute, Thierfelle, Elfenbein, Schildkrot, Perlen und Perlmutter von Ceylon, Wachs, Moschus, indianische Vogelnester sind hier zu erwähnen. — Das M i n e r a l r e i c h mit seinen Edelsteinen, den schönsten der Welt, trug nicht wenig dazu bei, den Ruf von Indiens Schätzen zu verbreiten, doch geschieht im Ganzen noch wenig für eine geordnete bergmännische Ausbeutung. Gold ist nur wenig vorhanden; Silber, Eisen, Kohlen (in Bengalen und im Nerbabbathale) dagegen in Menge. Salz, ein Monopol der Regierung, wird auf Ceylon, in der Salzkette des Pendschab, an den Gangesmündungen und bei Madras aus dem Meere in großen Massen gewonnen. Die Diamanten Golkonda's (wo die Steine nur geschliffen werden) sind weltberühmt. Ceylon liefert Rubine, Saphire, Topase, Amethyste, Granaten, Turmaline; diese Edelsteine und dazu noch Smaragde, Karneole, Achate, Opale, Türkise kommen auch auf dem Festlande vor.

I n d u s t r i e. Seit uralten Zeiten ist in Indien eine durchaus eigenthümliche Gewerbthätigkeit vorhanden, die in manchen Zweigen auch heute noch nicht von der europäischen Industrie übertroffen wird. Man webt in ganz vorzüglicher Weise Baumwoll- und Seidenstoffe; indische Shawls und Teppiche zeichnen sich vor allen übrigen durch Güte des Stoffs, Schönheit des Musters, Pracht der Farbe aus. Die Shawls von Kaschmir sind noch immer unübertroffen. Was billigere Webstoffe betrifft, so haben die mit Maschinen hergestellten europäischen Kattune diese fast verdrängt, in allen theueren und feinen Stoffen aber blüht die heimische Industrie fort. Das gleiche ist bei Metallwaaren der Fall; den Goldfiligranarbeiten Indiens haben keine Konkurrenz; die getriebenen Silberarbeiten von Lackno, die Repousséarbeit von Katsch steht auf der ersten Stufe; berühmt ist der indische Wutzstahl. Dabei werden alle diese feinen Erzeugnisse mit sehr plumpen, einfachen Werkzeugen hergestellt. Auf gleicher Höhe stehen die Schnitzereien aus Elfenbein, Eben- und Sandelholz, die Perlmutter- und Schildplattarbeiten, die eingelegten Möbeln und Mosaiken. Damit sind aber die wichtigsten Industrie-Erzeugnisse auch aufgezählt; eine heimische Großindustrie, die nach europäischem Maßstabe für die Ausfuhr arbeitet, besitzt Indien nicht.

V e r k e h r s w e s e n. Wo der Engländer sich niederläßt, schafft er ein vortreffliches System der Verkehrswege. In Indien haben wir alle Fortbewegungsarten, die civilisirtesten und uncivilisirtesten, neben einander. Neben den Dampfern, die den Indus und Ganges befahren, finden wir die heimischen Flöße aus aufgeblasenen Thierschläuchen oder Thonkrügen. Wie weit die indischen Eisenbahnen schon entwickelt sind, ist S. 70 gezeigt worden.

Das Telegraphennetz (S. 78) ist sehr entwickelt und der große indische Ueberlandtelegraph (S. 75) stellt die Verbindung mit Europa her; ihm haben sich neuerdings eine Linie von Bombay über Aden und durch das rothe Meer, eine andere durch Persien angeschlossen. Der Postverkehr mit Indien ist durch zahlreiche regelmäßige Dampferlinien vortrefflich geordnet und ein einfacher Brief von England bis Indien kostet nur 3 Pence.

Handel. Indien ist wegen seines Produktenreichthums von je eines der wichtigsten Handelsgebiete gewesen. Mit ihm steht und fällt jetzt auch Englands Größe und 70,000 bis 80,000 Mann Truppen, die dort stets unterhalten werden, bezeugen die Wichtigkeit, welche man dieser großartigen Besitzung beilegt, die von höherer Bedeutung als jede andere Kolonie für Großbritannien ist. Indiens Handel wird wesentlich durch die Baumwolle bewegt. Während 1860 Europa für die gesammte Baumwolle, die es aus Ostindien bezog, nicht über 53 Mill. Thaler jährlich, davon 47 Mill. Thaler baar, zahlte, betrug die Einfuhr von Gold und Silber in den drei folgenden Jahren, zur Zeit des amerikanischen Bürgerkriegs, in Bombay allein 300 Mill. Thaler und mit Hinzurechnung des Imports von 1864 ist über diese Stadt allein eine Summe von ungefähr 400 Mill. Thaler in Baargeld nach Indien eingeströmt. Indem die Produktion und Ausfuhr Indiens stiegen, wurde auch die Einfuhr und der Verbrauch europäischer Waaren dort von Jahr zu Jahr größer. Während früher nur Edelmetalle unsere Handelsbilanz deckten, Indien einen großen Theil des cirkulirenden Silbers verschlang, traten nun auch Waaren als Zahlungsmittel auf. Im Jahre 1865 betrug der Werth der Einfuhr aus Großbritannien und andern Ländern 49,514,275 Pfund Sterling; die Ausfuhr erreichte einen Werth von 69,471,791 Pfund Sterling. Auf die verschiedenen Präsidentschaften vertheilte sich der Verkehr folgendermaßen:

	Einfuhr	Ausfuhr
Bengalen . . .	17,780,203 Pfd. Sterl.	18,014,796 Pfd. Sterl.
Britisch-Birma .	812,015 „ „	2,933,907 „ „
Madras . . .	4,262,689 „ „	6,920,187 „ „
Bombay . . .	26,659,368 „ „	41,602,901 „ „

Die Einfuhr von gemünzten Edelmetallen betrug (1865) 21,363,352 Pfund Sterling, während die jährliche Ausfuhr an Bouillon durchschnittlich nur 1½ Mill. Pfund Sterling ausmachte. Die Einfuhr des Silbers nach Indien ist übrigens im Sinken begriffen. Um zu erkennen, wie die Größe und Verbrauchsfähigkeit Indiens im Laufe dieses Jahrhunderts zugenommen hat und welch' dankbares Feld für unsere Industrie dort zu finden ist, braucht man nur die Ausfuhr der englischen Baumwollwaaren dorthin zu betrachten. Während 1820 nach Indien und China nur 14 Mill. Yards gingen, betrug 1865 die Ausfuhr nach Indien allein 553 Millionen. Und eine annähernd entsprechende Zunahme läßt sich bei vielen Waaren nachweisen. Gleichzeitig hob sich der Export der rohen Baumwolle, wie oben angeführt wurde. Unter den andern wichtigen Ausfuhrartikeln, führen wir Opium an, Reis (für 5½ Mill. Pfd. Sterl.), Sesam (für 2 Mill. Pfd. Sterl.), Indigo (für 1,800,000 Pfd. Sterl.), Jute (für 1,300,000 Pfd.

Sterl.). Nicht nur die Europäer, deren nur 200,000 in den großen Städten leben, beherrschen Indiens Handel. Auch das merkwürdige Volk der Parsis thut es diesen gleich. Sie gehören namentlich in Bombay zu den geachtetsten und reichsten Kaufleuten. Der Binnenhandel wird von den Banianen, Hindukaufleuten, betrieben, welche die Landeserzeugnisse an die Stapelplätze befördern, aber auch vielfach in Afrika und Arabien ansässig sind. — Die Schifffahrtsbewegung in allen Häfen Britisch-Indiens stellte 1865 sich auf 10,911 Schiffe mit 5,417,521 Tonnen europäischer Herkunft. Andere fremde Schiffe waren 1755 mit 920,532 Tonnen vertreten, während auf die einheimischen Fahrzeuge 40,227 Schiffe mit 1,582,860 Tonnen entfielen.

Geld, Maß, Gewicht. Seit 1835 wird nach Compagnie-Rupien gerechnet. 1 Compagnie-Rupie = 16 Annas = 19 Groschen 3 Pfennige. — Längenmaß: 1 Guz in Bengalen à 2 Hauts oder Cubits = 1 englischen Yard = 0,$_{911}$ Meter. 1 Guz in Bombay = 0,$_{686}$ Meter. 1 Covid in Madras = 0,$_{457}$ Meter. — Getreidemaß: 1 Khahoon à 16 Soallees à 20 Pallies à 4 Raiks à 4 Roonkees. 1 Khahoon in Bengalen = 2709 Pfund. 1 Candy Reis in Bombay = 881 Liter. 1 Gahrs in Madras à 80 Parah = 4916 Liter. — Flüssigkeitsmaß: nach dem Gewicht oder der alten englischen Gallone. — Handelsgewicht: 1 Bazar-Maund = 74,$_6$ Zollpfund; 49 Bazar-Maunds = 54 Faktorei-Maunds. 1 Bombay-Maund = 25,$_4$ Zollpfund. 1 Candy in Bombay = 508 Zollpfund. 1 Madras-Maund = 22,$_{68}$ Zollpfund. 1 Pöda-Maheb in Haiderabad à 3⅓ Rotscha-Maheb à 12 Sihrs = 72,$_{08}$ Zollpfund.

Handelsstädte in Britisch-Indien.

In der Präsidentschaft Bombay. Bombay, die wichtigste Stadt Indiens, 1530 von den Portugiesen angelegt und seitdem auf 800,000 Menschen gewachsen, in vortrefflicher Lage für den Handel, mit herrlichem Hafen, vermittelt Import und Export für einen großen Theil Indiens, namentlich in Baumwolle und Opium. — Surate, nördlich von Bombay, an der Taptymündung. 130,000 Einw., kann als Filiale Bombay's gelten, mit dem es durch Eisenbahn verbunden ist. Ausfuhr von Gudscherat-Tabak; Seidenindustrie. — Baroda, 140,000 Einw., in fruchtbarer Baumwollengegend. — Ahmedabad in Gudscherat, 130,000 Einw., Seidenindustrie, Brokat- und Musselinweberei, Metallwaaren. Die Stadt war bis zu ihrer Eroberung, 1817, bedeutender. — Haiderabad, am Indus, 25,000 Einw., Waffen-, Seiden- und Baumwollstofffabrikation. — Karatschi, 50,000 Einw., wichtiger Hafen, nördlich von den gefährlichen Indusmündungen, Ausgangspunkt der Eisenbahn, Station für Dampferlinien und den Telegraphen, ist der natürliche Ausfuhrhafen der Produkte des Induslandes und im steten Wachsen. — Schikarpur, am rechten Indusufer, 35,000 Einw., Handel mit Afghanistan.

Im Pendschab. Lahore, am Rawi, 100,000 Einw., Fabrikation von Baumwollstoffen, Flanell und Waffen. — Amritsir, 150,000 Einw., die wichtigste Fabrikstadt des Pendschab, bedeutende Shawlweberei. — Lubiana, nahe dem Sedletsch, 50,000 Einw., gleichfalls Kaschmirshawlweberei, starker Handel. — Kangra, am Fuße des Himalaja, Theekultur. — Palampore, wichtiger neuer Meßplatz für den Verkehr mit den nördlich vom Himalaja gelegenen Ländern. — Multan, 80,000 Einw., besuchter Handelsplatz. — Attok am Indus und Peschawar, 50,000 Einw., wichtig für den Durchgangshandel von Indien nach Afghanistan und den Chanaten. — Delhi an der Dschamna, 100,000 Einw., einst berühmte Stadt der Großmoguln, hat heute nur noch wenig beträchtliche Industrie.

In Kaschmir. Dieses ist noch unabhängig, aber bereits unter britischem Einflusse. Srinagar, 40,000 Einw., Hauptsitz der berühmten Shawlweberei. Der Shawlhandel ist Monopol der Regierung. — Leh, wichtig für den Handel mit Tibet und Ost-Turkestan, Stapelplatz vieler Waaren.

In den Nordwestprovinzen. Hardiwar am Ganges, bei dessen Austritt aus dem Gebirge; hier findet alljährlich eine große Messe statt, auf der alle in Indien verwendbaren Waaren abgesetzt werden, auch Pferde, Elephanten und Kameele. — Agra an der Dschamna, 130,000 Einw., großer Markt für Baumwolle und Salz, Handelsniederlagen. — Kanpur, 100,000 Einw., liefert Juwelier- und Lederarbeiten. — Allahabad, am Einflusse der Dschamna in den Ganges, 80,000 Einw., sehr heruntergekommen, trotz seiner vortrefflichen Lage; zur Zeit der Pilgerfahrten große Messe. — Mirzapur am Ganges, Baumwollenmarkt. — Benares am Ganges, 190,000 Einw., die heilige Stadt der Hindus, ein Sitz blühender Industrie und einer der größten Märkte des Ostens. Berühmt sind die Gold- und Silbergeschmeide, die feinen Baumwollen- und Seidenwebereien, die Gold- und Silberbrokate. Benares liefert indische Kinderspielwaaren in Thon und Holz; auch ist es der Markt für die Shawls Nordindiens, die feinen Musseline; indische Perlen, Diamanten und andere Edelsteine finden hier ihren Hauptmarkt; ebenso Droguen. Europäische Manufakturwaaren gehen von hier in's Innere.

In Audh (Oude), seit 1856 einverleibtes Königreich. Lakhno oder Luknow, am schiffbaren Gumti, 250,000 Einw., einst der Sitz prachtliebender Fürsten, liefert feine Woll- und Baumwollwaaren, schöne Gold- und Silberarbeiten.

In Nipal, einem am Abhange des Himalaja liegenden unabhängigen, aber unter britischem Einflusse stehenden Reiche. Khatmandu, 50,000 Einw. und Tscheinatschiu, treiben Handel mit Reis, Häuten, Droguen, Salz, Moschus, Pferden und den Schwänzen des Jakochsen, die zu religiösem Gebrauche dienen.

In der Präsidentschaft Bengalen. Calcutta am Hugli, Indiens Hauptstadt, 800,000 Einw., Sitz der Regierung, der großen indischen Geldinstitute und Versicherungsgesellschaften, mit zahlreichen Fabriken für Baumwoll-, Seiden-, Gold- und Silberwaaren. Calcutta, das „indische London", ist eine mit Bombay rivalisirende Stadt, ein Stapelplatz für das eigentliche Hindostan und Mittelpunkt des ostindischen Verkehrs mit London. Nach dem Innern wird der Handel durch die Eisenbahn und die Gangesschifffahrt, über See mit den 2000 einlaufenden Fahrzeugen betrieben. Die größeren, namentlich die Dampfer, legen in Diamant Harbour, weiter flußabwärts, an. Calcutta ist erst in der Mitte des 18. Jahrhunderts entstanden. Der Werth der Waareneinfuhr stieg in den letzten Jahren auf 13 Mill. Pfund Sterling. — Dacca, an der Burha-Ganga, im Brahmaputragebiet, 70,000 Einw., liefert feine Baumwollstoffe. — Murschidabad, 150,000 Einw., lebhafter Gangeshandel, einige Industrie. — Patna, 300,000 Einw., Haupthandelsplatz für Opium, das in der Nachbarschaft gebaut wird.

In den Centralprovinzen. Nagpur, 110,000 Einw., Hauptstadt eines ehemaligen Mahrattenstaates, Industrie in Baumwolle, Zitzen, Turbanen, Brokaten, Woll- und Metallwaaren. In der Nähe Kupfer- und Eisengruben.

Im Nisamgebiet, einem Vasallenstaat in Central-Indien. Haiderabad oder Hyderabad, 200,000 Einw., Baumwoll- und Papierfabriken, einst ein Hauptmarkt für Diamanten und Edelsteine, die in dem nahe gelegenen Golkonda geschliffen wurden.

In der Präsidentschaft Madras. Madras an der Coromandelküste, mit ungünstiger, gefährlicher Rhede, 700,000 Einw., ist trotz der natürlichen Hindernisse von hoher Handelsbedeutung. Die Stadt führt jährlich für 2½ Mill. Pfund Sterling europäische Waaren ein und für 7—8 Mill. Pfund Sterling Landesprodukte aus. Sie ist der Sitz zahlreicher Geldinstitute und mit dem Hinterlande durch Eisenbahnen verbunden. — Masulipatam, am Golfe von Bengalen, 80,000 Einw., gleichfalls gefährliche Rhede, Baumwollfabrikate. — Coringa, an der Godaverimündung, Ausfuhrhandel. — Tandschore, 80,000 Einw., Seiden- und Baumwollindustrie. — Tritschinopali, Tabak-, Reis- und Baumwollbau; desgleichen bei Tinnevelly. — Kotschin, an der Malabarküste, Schiffsbau, Ausfuhr von Bauholz. — Baipur, Endpunkt der Madrasbahn am indischen Meere. — Calicut, Pfefferausfuhr, Baumwollweberei. Der Calico hat von dieser Stadt den Namen. — Kananore, Ausfuhr von Coirbast und Kokosöl. — Mangalore, 40,000 Einw. Starke Ausfuhr von Landesprodukten. — Die Laccadiven-Inseln, zur Präsidentschaft Madras gehörig, liefern Kokosnüsse, Bast, Kaurimuscheln.

Auf Ceylon. Colombo, die Hauptstadt, mit 40,000 Einw., mit einer ungünstigen Rhede, Hauptstapelplatz für Kaffee und Zimmet. — Galle (Point de Galle), 30,000 Einw., am Südwestrande der Insel mit schönem Hafen, außerordentlich wichtig für den Weltverkehr; hier ist ein großer Post- und Dampferstationsplatz für die weiter nach dem asiatischen Osten und Australien gehenden Linien. Ausfuhr von Landesprodukten, desgleichen aus dem Hafen Trincomali.

In Britisch-Birma. Rangun, im Jrawaddidelta, 80,000 Einw., mit vortrefflichem Hafen, erst seit 1852 im britischen Besitze, Dampferstation, beherrscht den Handel mit dem birmanischen Hinterlande, großer Verkehr auf dem Jrawaddi. — Akyab, an der Aracanküste, Ausfuhr von Landesprodukten, namentlich Reis. — Bassein im Jrawaddidelta, Reishandel. — Prome, am Jrawaddi, Catechuhandel. — Malmain (Maulman), an der Salwinmündung, Reisausfuhr.

Französische und portugiesische Besitzungen in Ostindien.

Von den einst ausgedehnteren Besitzungen der Franzosen in Ost-indien sind jetzt nur noch kleine, ihnen durch den Pariser Frieden von 1814 garantirte Gebietstheile übrig geblieben, nämlich Ponbichery, Karikal, Yanaon und Chandernagor mit 9,₂ Quadratmeilen und 229,000 Bewohnern. Die natürlichen Verhältnisse sind dieselben wie in Britisch-Ostindien. Ponbichery und Karikal liegen an der öden Koromandelküste getrennt von einander durch britisches Gebiet, sind beide ungesund und schon wegen des Mangels an Häfen für den Handel von untergeordnetem Werthe. Desgleichen Yanaon unfern der Gondaveriküste. — Chandernagor in Bengalen, am Hugli, 30,000 Einwohner, war einst berühmt; doch hat der Handel sich ganz nach Calcutta gezogen. — An der Malabarküste ist Mahé ein französischer Aus-fuhrhafen.

Goa, portugiesisches Fürstenthum, 68½ Quadratmeilen, 370,000 Einwohner, an der Westküste Ostindiens. Die Hauptstadt Pangam oder Villa nova de Goa, hat einen schönen Hafen, etwas Ausfuhrhandel und treibt Arakbrennerei (Arac de Goa). Die alte Bedeutung ist gänzlich ver-loren. — Damão nördlich von Bombay und Diu, auf der Halbinsel Gud-scherat, sind gleichfalls portugiesische Handelsposten in Indien.

9. Tibet.

30,600 Quadratmeilen. 11,000,000 Einwohner.

Ein chinesisches Nebenland nördlich von Himalaja, allseitig von hohen Alpen eingeschlossen, ein Hochland mit langen Wintern und heißen Som-mern, das nur in den tiefen Thälern fruchtbaren, anbauwürdigen Boden besitzt. Das Mineralreich bietet Gold (namentlich bei Thok Dschalung, jenseit der Aling Kangri Berge), Edelsteine, Borax und Salz. Der Acker-bau deckt der klimatischen Verhältnisse wegen kaum den Bedarf, Reiß, Rha-barber, an geschützten Orten Wein und Obst werden kultivirt. Bergschafe und Bergziegen werden als Lastthiere benutzt und liefern die feine Wolle (Päschm) zu den Kashmirshawls. Ebenso der Jak oder Grunzochse. Die Bewohner verfertigen Wollwaaren, Filze, Metallwaaren. Der Handelsver-kehr mit Hochasien, Indien und China ist sehr lebhaft, für Fremde aber nicht zugängig. Das Land wird abgeschlossen gehalten. Es circuliren nur Silbermünzen. — Die Hauptstadt Lhassa ist der Sitz des buddhistischen Tale-Lama (Papstes). Sie hat etwa 25,000 Einwohner und treibt leb-haften Handel.

10. Birma.

8900 Quadratmeilen. 4,000,000 Bewohner.

Birma, einst ein mächtigeres bis an den Meerbusen von Bengalen ausgedehntes Reich, ist durch wiederholte Eroberungen der Engländer (1824

20*

bis 1853) bedeutend verkürzt worden und zu einem Binnenstaate dritten Ranges zusammengeschrumpft, der von den Briten abhängig ist. Der herrliche schiffbare Jrawaddi durchzieht das Land seiner Länge nach, das ungemein reich an Produkten ist, aber noch wenig ausgebeutet wird. Gold wird aus den Flüssen gewaschen; man findet Silber, Blei, Eisen in den Gebirgen; auch ist das Erdöl häufig und an Edelsteinen kein Mangel; ebenso sind Steinkohlen in Menge vorhanden. Der Ackerbau, auf einer niederen Stufe stehend, liefert in den höheren Lagen Getreide, in den tieferen viel Baumwolle, Zuckerrohr, Tabak; die Theestaude kommt wildwachsend vor und wird auch kultivirt. Die Viehzucht ist von keiner großen Bedeutung. Elephanten sind häufig. Die Industrie ist für den Export ohne Belang; sie liefert Schnitzarbeiten, lackirte Waaren, Baumwollstoffe, Heiligenschreine, Schellen und Glocken zum religiösen Gebrauche der Buddhisten. Der Handel bewegt sich theils auf dem Landwege nach Jünnan im Osten, theils auf dem Jrawaddi nach Britisch-Birma (Rangun) im Süden. Gegenstände der Ausfuhr sind Teakholz, Baumwolle, Petroleum, Wachs, Katechu, etwas Indigo, Droguen, Blei und Kupfer; wogegen englische und chinesische Manufacturwaaren, Opium und Colonialwaaren eingeführt werden. Neuerdings ist eine Silbermünze in Birma eingeführt worden. Hauptstadt ist Mandalai, unfern des Jrawaddi, statt der in Ruinen liegenden alten Hauptstädte Ava und Amarapura erbaut. — Bamo, am obern Jrawaddi, der bis hier für Seeschiffe fahrbar, vermittelt den Verkehr nach Jünnan und China.

11. Jünnan oder Tali.

5600 Quadratmeilen.   8,000,000 Einwohner.

Dieses neue mohammedanische Reich hat sich erst in der letzten Zeit von China unabhängig gemacht; es liegt im Südwesten China's an der Grenze Birma's und ist eine der reichsten Landschaften im ganzen östlichen Asien. Sie besitzt Seen, umgeben von fruchtbaren Ackergründen; der Jangtse Kiang, diese große, weithin schiffbare Lebensader des himmlischen Reiches, bildet die Nordgrenze. Die Gebirge des Landes, welche im nördlichen Theile die bedeutende Höhe von 15,000 bis 16,000 Fuß erreichen, sind durchzogen von Gold- und Silberadern; Kupfer kommt in großer Menge vor; es fehlt nicht an Edelsteinen. In den Hügellandschaften wächst der feinste Thee; die Seide wird im großartigsten Maßstabe gewonnen. Dazu gesellt sich der Reichthum des Landes an Droguen, ein vorzügliches Klima und eine kräftige, geistig tüchtige Bevölkerung. Hauptstadt ist Talifu; von anderen Städten nennen wir Jünnan, wichtig für den Seiden- und Theehandel und Momien, von wo aus die Handelskarawanen nach Bamo am Jrawaddi in Birma gehen. Auf diesem Wege beabsichtigen die Engländer den Handel Jünnans an sich zu ziehen.

12. Siam.

14,500 Quadratmeilen. 6,300,000 Bewohner.

Das Königreich Siam in Hinterindien ist mit den Europäern und Nordamerikanern in enge Handelsverbindungen getreten; es besitzt eine Regierung, die abendländischen Einflüssen zugängig und den Fremden freundlich gesinnt ist. Die günstige Lage am Golf von Siam, einem Theile des chinesischen Meeres, der schöne schiffbare Menamstrom, der das Land seiner Länge nach durchzieht, und der Produktenreichthum, machen das Reich zu einem commerziell sehr wichtigen. Unter den Erzeugnissen des Landes, die zur Ausfuhr gelangen, sind zu nennen: Zucker (es giebt bereits mit Dampf betriebene Zuckerpressen), Pfeffer, Zimmet, Carbamomen, Gummigutti, Benzoëharz, Bauhölzer, Tischlerhölzer, Arekapalmnüsse, Tabak, Baumwolle, Reis, indianische Vogelnester, Elephanten, die in großer Menge gezüchtet und auch ausgeführt werden, endlich Silber, Kupfer, Blei, Eisen und Edelsteine. Von europäischen Fabrikaten gelangen zur Einfuhr: Baumwollstoffe, etwas Tuch, Eisen, Stahl, Glaswaaren, Waffen. Goldmünzen sind der Tschang = 72 Thlr. und der Tamlung = 3 Thlr. 18 Groschen. Silbermünzen 1 Tikol = 27 Groschen, 1 Salung = 6 Groschen 9 Pfennige, 1 Fung = 3 Groschen 4½ Pfennig. Die Hauptstadt des Reiches, zugleich der beste Hafen und die wichtigste Handelsstadt, ist Bangkok, unfern der Mündung des Menam, mit 500,000 Einwohnern. Größere Schiffe müssen südlich von der Stadt ankern, desto bedeutender ist der Verkehr mit kleineren, besonders chinesischen Fahrzeugen. Namentlich sind die Deutschen beim Handel mit Bangkok stark vertreten; sie besitzen dort die größten Handelshäuser. Die Einfuhren betrugen 1866 über 3 Mill. Dollars, die Ausfuhren 5 Mill. Dollars. Die wichtigsten Ausfuhrgegenstände sind Reis, Sapanholz, Zucker, Pfeffer. Den Schiffsverkehr vermittelten 1865 193 fremde Schiffe von 70,000 Tonnen und 98 siamesische Fahrzeuge mit 37,000 Tonnen. Die Chinesen spielen im Handel Bangkoks eine große Rolle.

13. Annam.

9300 Quadratmeilen. 9,000,000 Einwohner.

Annam war einst ein bedeutenderes hinterindisches Reich, seit aber 1860 die Franzosen in Händel mit dem Kaiser von Annam geriethen und einen Krieg gegen diesen ohne gerechte Ursache begannen, wurde das Reich gedemüthigt und mußte wichtige Theile (Französisch Cochinchina) abtreten. Es hat dadurch seine südliche Spitze an der Mündung des Methong verloren und ist jetzt auf die Ostküste der hinterindischen Halbinsel beschränkt. Gebirge sind im Norden und im Innern vorhanden; der große Methongstrom im Westen des Landes ist für die Schifffahrt ohne Bedeutung; wichtiger ist der Songka im Norden (in Tonking). Die tropische Hitze des Landes wird durch die Nähe der See gemildert. Das Land ist gleich allen anderen indischen Ländern sehr reich an Erzeugnissen, die aber keineswegs in genügender Menge ausgebeutet werden. Man findet Gold, Silber, Kupfer, Eisen. Reis, Mais, Yamswurzeln, auch Südfrüchte und Erdnüsse werden gebaut. Für den Handel sind von Wichtigkeit Zimmet, Pfeffer, Zuckerrohr, Baumwolle, das Adlerholz und schöne Tischlerhölzer; Indigo, Gummigutt, Moschus und andere Droguen gelangen zur Ausfuhr; ebenso Teakholz und Elephanten, die ebenso wie in Siam in Annam in großer Masse vorhanden sind. Die Seidenzucht wird stark betrieben; in Tonking wird Thee gebaut. Die Industrie lehnt sich an die chinesische an, ist aber nicht so entwickelt wie diese und für den Ausfuhrhandel ohne Bedeutung. Ueberhaupt fehlt trotz des Produktenreichthums lebhafte Handelsthätigkeit; der Verkehr be-schränkt sich auf China, Siam, Cochinchina. Hauptstadt ist Hué, am gleichnamigen Fluß, einige Meilen von der Mündung, mit 150,000 Ein-wohnern. Südlich davon liegt der gute Handelshafen Turon, im Norden in Tonking am Songka Kescho mit 40,000 Einwohnern.

14. Französisch Cochinchina.

1022 Quadratmeilen.   980,000 Bewohner.

Diese in einer für den ostasiatischen Handel außerordentlich wichtigen Lage befindliche Besitzung wurde theils durch den Frieden mit Annam 1862 erworben, theils durch Proklamation des französischen Gouverneurs 1867 mitten im Frieden annectirt. Das Land, im Mündungsgebiet des großen Mekhongflusses gelegen, ist eine von zahllosen Flußarmen und Flußabzwei-gungen durchschnittene Ebene mit tiefliegendem sumpfigem Boden. Das Klima ist sehr heiß, aber dabei herrscht fortwährend große Feuchtigkeit. Diese ist die Ursache der großen Fruchtbarkeit, aber auch die Quelle vieler Krankheiten. Alle tropischen Gewächse gedeihen vortrefflich, ausgedehnt ist aber nur der Reisbau. Im Innern wimmelt es von Elephanten, Tigern, Krokobilen, Schlangen. Als eine Kolonie kann das Land nicht angesehen werden; es wohnen dort kaum 1000 Weiße; es ist ein großer Handels-posten. Hauptstadt ist Saigon im Mündungsdelta des Mekhong, 100,000 Einwohner. Es ist ein Freihafen, in dem deutsche, englische, amerikanische und chinesische, weniger französische Kaufleute den Handel betreiben. Abge-sehen von dem durch einheimische Fahrzeuge (Dschunken) betriebenen Küsten-handel, betrug der Werth der Einfuhren Saigons in den letzten Jahren etwa 7½ Millionen, jener der Ausfuhren etwa 9 Millionen Thlr. Ver-mittelt wurde derselbe durch 348 Fahrzeuge, vorzugsweise englische, deutsche und französische. Saigon ist Stationspunkt der französischen nach China fahrenden Dampfer.

In einem Vasallenverhältnisse zu Französisch Cochinchina steht das be-nachbarte Königreich Kambodja, 1500 Quadratmeilen mit 1 Million Einwohner, dessen natürliche Verhältnisse und Landesprodukte dieselben wie bei Siam sind.

15. Britische Besitzungen an der Malakkastraße.

51 Quadratmeilen. 283,000 Bewohner.

Wie Großbritannien überall an den für den Weltverkehr wichtigsten Punkten sich festgesetzt hat, so ist dieses auch an der Malakkastraße der Fall gewesen, durch welche ein großer Theil der nach Ostasien gerichteten Handelsthätigkeit geführt wird und von wo aus es den Handel mit der malayischen Inselwelt beherrscht. Die Besitzungen der Engländer an und auf der Halbinsel Malakka sind Pulo-Pinang, Wellesley, Malakka und Singapur.

Pulo Pinang, ein Inselchen am Eingang der Malakkastraße mit der Hauptstadt Georgetown, liegt der kleinen Festlandsbesitzung Wellesley gegenüber. Der Export dehnt sich auf alle indischen Produkte aus; die Einfuhren europäischer Artikel, die von hier weiter verbreitet werden, kommen aus Indien. Die Einfuhren für beide administrativ vereinigte Plätze belaufen sich auf etwa 2, die Ausfuhren (Zucker, Rum, Arekapalmnüsse, Catechu, Indigo, Pfeffer) auf etwa 3 Millionen Pfd. Sterl. Man cultivirt viel Muskatnüsse und Gewürznelken.

Malakka auf der malayischen Halbinsel, einst wichtige portugiesische Besitzung, ist berühmt wegen des in den benachbarten Gruben von Chinesen gewonnenen Zinns, das über Singapur in den Handel kommt. Es ist hier in unerschöpflicher Fülle vorhanden. Werth der Ausfuhren 600 bis 700,000 Dollars.

Singapur oder Singapore, der wichtigste Stapel- und Handelsplatz in ganz Hinterindien, hat 90,000 Einwohner. Von einem bis zum Jahre 1819 wüsten, dem Handel feindlichen Versteck malayischer Seeräuber hat sich diese Inselstadt durch den freisinnigen Geist der seither eingeführten politischen Institutionen in eines der blühendsten Emporien Ostasiens verwandelt und einen in der Geschichte beispiellosen Aufschwung genommen. Für 60,000 Dollars vom Sultan von Johore gekauft und von Sir Stamford Raffles, dem britischen Gouverneur erbaut, steht es jetzt als eine prächtige Stadt mit Magazinen, Läden, Geldinstituten, herrlichem Hafen, Docks da. Die Chinesen, 70,000, sind in der Bevölkerung vorherrschend. Die Zahl der 1865 eingelaufenen Schiffe betrug 3737 (darunter 302 Dampfer) mit 852,660 Tonnen, jene der ausgelaufenen 3795 (darunter 297 Dampfer) mit 940,080 Tonnen Gehalt. Der Gesammtwerth der jährlich ein- und ausgeführten Produkte beträgt durchschnittlich 60 Millionen Dollars. Die cursirende Münze ist der spanische Piaster oder Dollar = 100 Cents. Das gewöhnliche Gewicht ist der Pikul = 100 Catties = $133\frac{1}{3}$ Pfd. englisch. Alle asiatischen Erzeugnisse finden in Singapur ihren Markt, doch sind die wichtigsten: Arak, Arrowroot, Betelnüsse, Kampfer, Gewürznelken, Kaffee, Kupfer, Baumwolle, Catechu, Elfenbein, Gummigutt, Goldstaub, Guttapercha, Benzoe, Kautschuk, Harze, Häute, Hörner, Perlmutterschalen, Muskatnüsse, Kokosöl, Opium, Pfeffer, Reis, Stuhlrohr, Sagomehl, Salz, Cigarren, Tabak, Zucker, Rohseide, Thee, Zinn, Schildpatt, Bauholz.

16. Niederländisch Ostindien.

25,713 Quadratmeilen.   20,074,155 Bewohner.

Handelsgeschichtliches. Niederländisch Ostindien, dessen nähere Zu=
sammensetzung wir S. 140 angegeben und dessen Bedeutung und Handels=
lage wir S. 17 erörtert haben, ist eine der reichsten und wichtigsten Re=
gionen unseres Erdballs, die auch eine sehr lehrreiche Handelsgeschichte auf=
weist. Nach der Entdeckung des Seeweges nach Indien hatten die Portu=
giesen sich auch auf den Ostindischen Inseln, namentlich den Molukken fest=
gesetzt und von da reiche Ladungen, namentlich Gewürze, in die Heimath
geholt (1513). Inzwischen waren auch die Holländer auf dem Schauplatze
des Handels erschienen und erzielten von Jahr zu Jahr größere Erfolge.
Ohne Rücksicht auf portugiesische Eifersucht und Feindseligkeit stellte sich
1595 Cornelius Houtmann an die Spitze einer kleinen Flotte, besuchte
Java und einige benachbarte Inseln und kam zwei Jahre darauf mit
einer reichen Ladung Gewürze zurück. Es folgte 1598 eine größere Expe=
dition unter Cornelius van Nek, die noch bedeutendere Resultate erzielte
und mit verschiedenen einheimischen Sultanen Verbindungen anknüpfte. An=
gelockt durch den reichen Gewinn, den diese Expeditionen abwarfen, entstan=
den nun mehrere holländische Handelscompagnien, die sich 1602 zu der be=
rühmten „Ostindischen Handelsmaatschappij" verbanden und den
indischen Handel zu einer Nationalangelegenheit erhoben. Große, wohl=
bewaffnete Flotten zogen aus und nahmen den Kampf mit Portugiesen in
erfolgreicher Weise auf; die letzteren wurden von Insel zu Insel vertrieben
und unter dem General=Gouverneur Pieter Both (1610) befestigte sich die
niederländische Handelsmacht mehr und mehr. An den Küsten der Inseln
wurden die kleinen Häuptlinge unterworfen, an der Bai von Dschakatra
auf Java der Mittelpunkt holländischer Macht geschaffen. Nach vielen
Kämpfen mit Engländern und Portugiesen entstand hier 1684 die „Königin
des Ostens," die wichtige Stadt Batavia. Bald griffen nun die Holländer
weiter, und dehnten sich über ganz Java, Sumatra, Celebes, Borneo, Bali
und die Molukken aus, während die andern Europäer sich von dem Ar=
chipel mehr und mehr entfernten. Die Holländer monopolisirten den Han=
del förmlich und setzten die Preise für Nelken und Muskatnüsse willkürlich
fest. Großartige Reichthümer strömten in ihr kleines Land. Bis zu Ende
des 17. Jahrhunderts führte die Compagnie ihre Unternehmungen mit ent=
schiedenem Glücke aus. Den Actionären wurden Dividenden von 15 bis 20,
ja bisweilen 50 Prozent gezahlt. Mit dem Schluß des 17. Jahrhunderts
hatten die Unternehmungen der Gesellschaft ihren Höhepunkt erreicht; es trat
eine Zeit des Verfalls ein und der holländische Staat übernahm die Be=
sitzungen, die er viel zu lange einer Gesellschaft von Kaufleuten überlassen
hatte. Sie sind jetzt noch immer eine Goldgrube für die Niederlande, die
es verstanden haben, ein ganz vortreffliches Kultursystem (das van den
Boschische) durchzuführen. Auch für die Civilisirung der meist malayischen
Eingeborenen ist, namentlich auf Java und Celebes, sehr viel geschehen.

Die **Insel Java**, wohl die schönste und commerziell wichtigste Insel der Erde, mit einer ungemein dichten Bevölkerung, die im Verlauf der letzten 60 Jahre sich verdreifachte und auf 15 Millionen Köpfe stieg, ist die Perle der niederländischen Besitzungen. Durch das schon erwähnte Kultur-system wurde das Land und der Handel mit einer großen Anzahl neuer Colonialprodukte im größten Maßstabe bereichert. Der Kaffeebau, fast über die ganze Insel verbreitet, liefert jährlich 130—150 Millionen Pfund Javakaffee. Weithin ist die Cultur des Zuckerrohrs durch die Niederung verbreitet und etwa 100 Zuckerfabriken liefern jährlich über 300 Millionen Pfund Zucker. Die Indigocultur ist dem Anbau des Zuckers und Kaffees etwas gewichen, dagegen nimmt die von Chinesen betriebene Theecultur be-deutend zu; sie liefert 1½ Millionen Pfund jährlich. Die Zimmetcultur wird nicht mehr so schwunghaft wie früher betrieben; sie liefert jährlich noch 160,000 Pfund. Aber Cochenille- und Vanillecultur sind im Aufschwunge; desgleichen ist mit Erfolg die Cultur des Chinarindenbaumes gelungen. Sonst sind noch Taback, Pfeffer, Cubeben, Muskatnüsse, Stuhlrohr oder Rotang als Ausfuhrproducte von Wichtigkeit. Hauptnahrungspflanze ist der **Reis**. Auch kommen Salz, aus den Salzpfannen am Meere, ferner eßbare Schwalbennester zum Export. Andere wichtige Ausfuhrartikel sind noch Aral, Kuh- und Büffelhäute, Kautschuk, außerdem das von der Insel Banka stammende Zinn. Zu den Haupteinfuhrartikeln zählen Gambir (zum Betelkauen), Eisen, Leinen- und Baumwollwaaren, Provisionen, Seiden-waaren, Wein. Im Jahre 1863 betrugen die Waareneinfuhren 3,481,998 Pfund Sterl., die Ausfuhren 3,567,949 Pfund Sterl. An der Einfuhr betheiligt sich neben Holland auch Großbritannien sehr stark. Der Schiffs-verkehr in den Häfen von Java und der dazu gerechneten Insel Madura betrug im genannten Jahre: Eingelaufen 2658 Schiffe von 339,342 Tonnen; ausgelaufen 2876 Schiffe mit 419,846 Tonnen, vorzugsweise holländische.

Es giebt auf Java Papiergeld, Silber- und Kupfermünzen, nämlich holländische Gulden und Deute (100 = 1 Gulden). Die 1828 gegrün-dete Javabank giebt Noten von 25 bis 1000 Gulden aus. Handels-gewicht: 1 Pikul = 100 Catties = 125 Pfund holländisch = 61 Kilo-gramm. 1 Catty = 16 Tabs = 515,21 Grammen. 3 Pikuls = 1 kleines, 4½ Pikuls = 1 großes Behar. Bei Manufacturwaaren und Zollberechnungen werden die holländische Elle und das englische Yard an-gewendet.

Die Landstraßen auf der Insel sind sehr vortrefflich; Telegraphen durchziehen dieselbe ihrer ganzen Länge nach; ein großes Eisenbahnnetz ist im Bau begriffen; einzelne Strecken sind eröffnet (S. 72). Die Dampfer-verbindung ist vorzugsweise mit Singapur sehr lebhaft; doch auch mit den übrigen Inseln Niederländisch-Indiens.

Hauptstadt Java's ist Batavia mit 70,000 Einwohnern, hat eine gute Rhede und ist der Hauptsitz des Handels. — Anjer an der Sunda-straße, wird von den diese passirenden Schiffen oft angelaufen. — Samarang, 40,000 Einwohner an der Nordküste. — Surabaya, 100,000 Ein-wohner, der beste Hafen der Insel, gegenüber der Insel Madura, mit

Schiffsbau, Werften, großem Bazar, lebhaftem Handel, Schifffahrt und einheimischer Industrie (Messer- und Waffenschmiede).

Die Insel **Sumatra**, im wesentlichen Java gleichend, doch keineswegs so cultivirt wie diese, liefert auch die nämlichen Produkte, dazu noch Elfenbein, Rhinozeroshörner, Benzoe und Kampfer. Aus dem Mineralreich: Gold, Kupfer, Schwefel, Steinkohlen. Die Haupthäfen oder Rheden liegen an der Westküste. Es sind Padang, 25,000 Einw., mit starker Kaffeeausfuhr, Tapanuli und Benkulen. Im Osten ist Palembang, der Hauptsitz der Niederländer. — Der Norden der Insel ist unabhängig; er bildet das Reich Atschin, das vortrefflichen Pfeffer liefert.

Die Insel **Panka**, im Osten Sumatra's, mit dem Hauptort Muntok, ist außerordentlich wichtig für die Zinnproduktion. Die Bergwerke werden für die Regierung von Chinesen ausgebeutet und liefern jährlich über Singapur und Batavia 80,000 Pikuls Zinn in den Handel; von der Nachbarinsel Biliton kommen 8000 bis 10,000 Pikuls.

Die Insel **Borneo**, wohl die größte unseres Continentes, ihren Produkten nach neben Java und Sumatra stehend, doch noch weniger als letztere cultivirt, ist zum größeren Theil im Besitze der Holländer. Außer den tropischen Erzeugnissen kommen von dort noch Gold und Diamanten in den Handel. Hafenstädte an den Mündungen schiffbarer Ströme sind Sambas, Pontianak, Bandjermassing.

Den Norden und einen Theil des Nordwestens nimmt das unabhängige mohammedanische Reich Borneo mit der Hauptstadt Bruni ein. Letztere hat bedeutenden Handel mit Landesprodukten. Ein Theil dieses Reiches, Sarawak, an der Nordwestküste, wurde 1841 durch einen unternehmenden Engländer, James Brooke, zu einem unabhängigen Staate umgeschaffen. Außer den erwähnten tropischen Produkten liefert Sarawak Gold, Kohlen und namentlich Antimon in unerschöpflicher Fülle. Die Hauptstadt Kutschig, 16,000 Einw., führte 1864 aus für 1,155,201 und ein für 1,224,435 Dollars. Der zweite Hafen Sakarang aus für 115,861 und ein für 751,907 Dollars.

An der Nordwestküste Borneo's, unfern der Stadt Bruni, liegt die kleine englische Insel Labuan (2 Quadratmeilen, 2800 Einw.), mit dem Hafenplatze Victoria, sie ist außerordentlich wichtig durch ihre reichen Kohlengruben, welche den in den ostasiatischen Meeren verkehrenden Dampfern zu gute kommen.

Die kleinen **Sundainseln**: Bali, Lombok, Sumbawa, Sumba, Floris, Timor u. a. zeigen zum Theil schon australischen Charakter, bringen aber auch viele tropische Produkte hervor; außerdem Sandelholz. Kupang auf Timor hat Verkehr mit Australien.

Der nordöstliche Theil Timors gehört den Portugiesen. Er, wie die kleine Stadt Delli, ist gänzlich verwahrlost und ohne Bedeutung für den Handel.

Die Insel **Celebes**, namentlich in ihrem nördlichen Theile, der Minahassa, außerordentlich gut angebaut, liefert dieselben Produkte wie Java, außerdem Gewürznelken, Faserstoff (Rameh und Kossohanf), Ebenholz, Kakao, Droguen in reicher Fülle. Haupthandelshäfen sind Makassar im

Süden und Menado im Norden. Ersterer liefert namentlich Oel und Trepang (getrocknete Seewalzen oder Holothurien), letzteres den Kaffee der Minahassa in den Handel.

Die **Moluffen**: Gilolo, Ternate, Buru, Ceram, Amboina, Banda u. a., durch ihren Reichthum an Produkten der Tropen, namentlich Gewürzen berühmt, sind noch immer eine Goldquelle für die Niederländer. Sago, Gewürznelken, Muskatnüsse, Kajeputöl sind die Haupterzeugnisse. Muskatnüsse kommen hauptsächlich von den Banda=Inseln; man gewann 1864 dort 792,641 Amsterdamer Pfund und 184,657 Pfund Muskatblüthe. Die Gewürznelke wird namentlich auf Amboina cultivirt, liefert aber einen sehr ungleichen Ertrag; so 1819 453,000 Pfund, im folgenden Jahre nur 82,000 Pfund. Sago kommt namentlich von Ceram und Amboina. Wichtig ist der Handel der Moluffen auch mit den weiter östlich liegenden Inseln Goram, Ké, Aru, von wo Trepang, Perlmutter, Schildpatt, Paradiesvögel und Massoirinde kommen.

17. Die Philippinen.

5368 Quadratmeilen. 6,000,000 Bewohner.

Handelsgeschichtliches. Diese bedeutende Inselgruppe ist zum größeren Theil Spanien unterthan, namentlich die Inseln Luzon, Mindoro, Samar, Masbate, Panay, Negros, Cebu, Bojol und Leyte, während Palawan und Mindanao nur zum Theil spanisch sind, und die benachbarten Suluinseln in einem Vasallenverhältnisse zu Spanien stehen. Die Inseln geben Zeugniß davon, wie man ein Land nicht verwalten soll; trotzdem sie zu den reichsten Ländern der Erde zählen, decken sie nicht einmal die jährlichen Auslagen. Ihre Handelsentwickelung ist stehen geblieben, während die benachbarten englischen und holländischen Colonien mehr und mehr sich emporschwangen, einzig und allein durch die Unfähigkeit der Spanier. Schon als Magalhaens 1521 die Inseln entdeckte, betrieben sie einen lebhaften Handel mit China und Japan. Gegen Reis, Gold und Tripang tauschten sie Seide und irdene Gefäße ein. Pater Chirino nennt 1604 Manila „ein anderes Tyrus, gleich dem von Ezechiel so sehr gepriesenen." Die Blüthezeit des Handels fällt in die Zeit der „Silbergallionen", die von Acapulco in Mexiko nach den Philippinen segelten. Als durch die Abtrennung Mexiko's vom Mutterland dieser Handel seinen Todesstoß erhielt, zugleich aber die Engländer von Singapur bis Schanghai ihre Handelscomptoire eröffneten, sanken die Philippinen immer mehr. Erst seit englische Häuser sich in Manila niederließen, trat eine bessere Periode ein.

Produkte. Die wichtigsten Handelserzeugnisse und Ausfuhrartikel sind folgende: Zucker, welcher zum größeren Theil nach Australien und der amerikanischen Westküste geht. Tabak, sowohl fabrizirt als roh ausgeführt, ist sehr wichtig für den asiatischen Markt, indem namentlich in Indien und im malayischen Archipel fast ausschließlich Manilatabak geraucht wird. Manilahanf, ein wichtiger Exportartikel, wird aus Bananenfasern gewonnen und zu Schiffstauen verarbeitet. Sapanholz, zu Färbezwecken benützt. Die übrigen Aus=

fahrartikel, Schwefel, Indigo, Kaffee, Kokosöl, Mastix, Rotang, Baum=
wolle, Strohhüte, Schildpatt, Perlmutterschalen, Trepang, Büffelhäute,
Kaurimuscheln sind in zweiter Linie zu erwähnen. Für den Zwischenhandel
ist die über alle Inseln verbreitete Cultur der Reißpflanze von Wichtig=
keit. Bau=, Schmuck= und Farbehölzer kommen in großer Menge vor, werden
aber wenig verwendet.

Handel. Dieser hat mit empfindlichen Hindernissen zu kämpfen. Es
besteht ein doppelter Differentialzoll, sowohl dem Ursprunge und dem Be=
stimmungsorte der Waaren nach, als auch in Bezug auf die Flagge, unter
welcher dieselben ein= oder ausgeführt werden. Der Werth der Gesammt=
einfuhr beträgt durchschnittlich 12 Millionen Dollars, jener der Ausfuhr
10 Millionen Dollars. Im Jahre 1865 wurden von den wichtigsten
Exportartikeln folgende Mengen ausgeführt: Zucker 882,826, Manilahanf
398,000, Sapanholz 45,500 Pikuls, Tabac 72,650 Centner, Cigarren
81,966 Millionen Stück. Ein Aufschwung im Handel ist nicht bemerkbar,
Ursache ist die spanische Handelspolitik, welche mit zähem Widerstande gegen
die Grundsätze unserer Zeit ankämpft.

Verkehrswesen. Regelmäßige Verbindungen mit den verschiedenen
Inseln, sowie mit den benachbarten englischen und holländischen Kolonien
sind noch ziemlich beschränkt. Nur wenige kleine Dampfer fahren im Ar=
chipel. Erst seit 1858 geht alle 14 Tage ein kleiner Dampfer nach der
englischen Insel Honkong, an der chinesischen Küste, um den Postdienst zu
versorgen. Von Eisenbahnen und Telegraphen ist noch keine Rede. Im
Hafen von Manila verkehren jährlich etwa 80 spanische und 200 fremde
Schiffe von zusammen 140,000 Tonnen; außerdem 2000 Küstenfahrer
mit 120,000 Tonnen.

Geld, Maß, Gewicht. Man rechnet nach Pesos oder spanischen
Dollars von 8 Realen à 12 Granos. Kupfermünze ist der Cuarto =
$^1/_{20}$ Pence; kleine spanische und amerikanische Silbermünzen cursiren. Die
in Manila vor kurzem etablirte Bank heißt Banco Espanol Filipino.
Sie giebt Scheine von 10 — 1000 Dollars aus. — Die gewöhnlichen
Gewichte sind: das Pfund, die Arroba = 25 Pfund spanisch, der Pikul =
137$^1/_2$ Pfund spanisch. Für Reis ist der Cavan = 105 Pfund spanisch
im Gebrauch. — Längenmaß ist die spanische Vara, doch werden im
Großhandel fast alle Ellenwaaren per engl. Yards verkauft. — Flächen=
maß ist der Guiñon von 1000 Quadratfaden = 3000 Varas.

Handelsstädte der Philippinen.

Manila an der Mündung des Pasigflusses, an einer Bucht der West=
küste Luzons, mit 160,000 Einw., ist Hauptstadt und der wichtigste Han=
delshafen des Archipels, in der etwa 50 spanische und 15 fremde Handels=
häuser ihren Sitz haben. Wichtig ist die von der Regierung hier betriebene
Cigarrenfabrikation, welche gegen 8000 Frauen und 500 Männer beschäftigt.
Bis 1858 durfte der ganze Handel des Archipels mit dem Auslande nur über
Manila betrieben werden. Seitdem sind eröffnet worden: Jloilo, 7500 Einw.,
an der Südostküste der Insel Panay; Sual an der Westküste Luzons mit
3500 Einw., und Zamboango auf Mindanao mit 10,000 Einw.

18. Chinesisches Reich.

221,000 Quadratmeilen.   477,000,000 Bewohner.

Handelsgeschichtliches. Standen auch die Europäer, namentlich die Russen und Engländer schon seit längerer Zeit mit den Chinesen in Handelsverbindungen, so waren doch die Beziehungen ungemein schwankende und beschränkte. Erst der sogenannte englisch-chinesische Opiumkrieg, der ein günstiges Licht auf die Engländer nicht wirft, führte einen regelmäßigen Handel herbei. Die chinesische Regierung ergriff 1839 die schärfsten Maßregeln zur Unterdrückung des Opiumhandels und Opiumschmuggels seitens der Engländer, die, namentlich die ostindische Handelscompagnie, Millionen profitirt hatten und außerdem durch Opium hauptsächlich den Saldo ihrer Ausfuhren aus China deckten. Daraus entstanden Verwickelungen und 1840 erklärte England den Krieg, der bis 1842 dauerte und die Ueberlegenheit der abendländischen Waffen über die chinesischen zum ersten Male feststellte. Die Chinesen mußten die wichtige Insel Hongkong an England abtreten, mehrere Häfen eröffnen und den verderblichen Opiumhandel gestatten. Nun kamen auch Franzosen und Nordamerikaner herbei, welche durch Drohungen dieselben Handelsvortheile wie die Briten (1844) erlangten. — Während im Innern China's furchtbare Revolutionen (die der Taipings) wütheten und das uralte Culturreich in seinen Grundfesten bebte, ja gänzlich zu verfallen drohte, traten abermals, 1856, Verwickelungen mit den fremden Mächten ein. Die altchinesische Partei legte den Fremden Hindernisse beim Handel in den Weg, suchte sie zu verdrängen. Hierzu gesellten sich Streitigkeiten wegen der Missionäre. England und Frankreich rüsteten, der Krieg wurde erklärt. Im Jahre 1857 wurde Kanton bombardirt, die Takuforts wurden 1860 erstürmt und damit der Weg nach der Hauptstadt Peking gewonnen, die im October erobert wurde. China mußte nun in alle Forderungen willigen, Consuln und Gesandten bei sich empfangen und eine große Anzahl Häfen dem Handel eröffnen. Handels- und Schifffahrtsverträge mit allen Seemächten (mit dem Zollverein 2. Sept. 1861, mit Oesterreich 1869) sind seitdem abgeschlossen worden.

Handelserzeugnisse. Vermöge seines Reichthums an werthvollen Produkten spielt China eine der wichtigsten Rollen im Welthandel überhaupt, zumal seit der Verkehr mit Europa in einem riesigen Maßstabe anwächst. Der für die Industrie und den Handel Europas wichtigste Ausfuhrartikel ist die Seide, von welcher in ganz China jährlich etwa 150,000 Ballen (à 106 Pfund) gewonnen werden. Die Seidencultur, begünstigt durch ausgedehnte Maulbeerbaumwälder, ist dort uralt und hat dort ihre Urheimath. Nächst der Seide kommt der Thee in Betracht, welcher nördlich bis $36\frac{1}{2}°$ in der Provinz Schantung, südlich bis Kanton, östlich bis Jünnan gebaut wird. Trotz des immensen Verbrauchs und der großartigen Ausfuhr sind die Theepreise im Sinken begriffen. In Europa kennt man den chinesischen

Thee seit 200 Jahren. Diese beiden Produkte stehen im chinesischen Handel voran. Die übrigen Handelsartikel sind: Bambus, zu hunderterlei Dingen verwandt. Baumwolle, in Folge gesteigerter Nachfrage in den nördlichen Provinzen jetzt massenhaft erzeugt; Cassiarinde, aus den südlichen Provinzen stammend, als Ersatz für Zimmet dienend und stark nach Europa verschifft; chinesisches Porzellan, früher in Europa so begehrt und als Muster dienend, ist nur für den Handel mit asiatischen Ländern noch von Belang. Eingemachte Früchte (Tschau-Tschau), namentlich Ingwer. Elfenbeinwaaren, in vorzüglicher Vollkommenheit zu Fächern, Eßstäben, Spielereien geschnitzt; Fächer; Farbstoffe, Feuerwerkskörper, Galgantwurzeln, Galläpfel, Gelbwurzel; Grastuch aus den Fasern der Boehmeria nivea, zu Taschentüchern nach Amerika begehrt; Bauholz; Indigo; Kampfer; jährlich werden etwa 400 Pikuls nach Europa und Amerika ausgeführt; Kupfergeld wird viel nach Ostindien ausgeführt. Lackwaaren, nämlich Fächer, Theebretter, Cigarrenbüchsen, Matten und Strohgeflechte; Moschus vom Moschusthiere aus Setschuen; Nankinstoff, das vortreffliche feine Baumwollzeug; Perlen, auch gefälschte; Reis, die Hauptnahrungspflanze, die trotz des großartigen Verbrauchs noch zur Ausfuhr nach asiatischen Ländern gelangt; Rhabarber, in großen Mengen gewonnen, die Ausfuhr beträgt gegen 3000 Pikul; Rotangrohr; Sandelholzschnitzereien; Soyabrühe, aus einer Bohne bereitet, zu pikanten Saucen bienend; Sternanis; Tabak; vegetabilisches Talg von dem Samen der Pflanze Stillingia sebifera; Tusche, aus dem Ruß von Oel bereitet; Wachs vom Wachsinsektenstrauch; Zinnober; Zucker, der überall bis zum 30° angepflanzt wird.

Handel. In sämmtlichen, dem fremden Handel geöffneten Häfen des chinesischen Reiches betrug (1866) der Werth des Gesammtumsatzes an Waaren und Produkten 299,919,620 Taels gegen 272,332,038 Taels im Jahre 1865. Der Gesammtwerth der Einfuhr mit Ausschluß vom Baarschatz betrug im erstgenannten Jahre 172,462,136 Taels; die Ausfuhr erreichte 102,923,034 Taels. In den sämmtlichen durch die Verträge geöffneten Häfen wurde der gesammte Handelsverkehr durch 15,672 Schiffe mit 6,887,582 Tonnen vermittelt. Die wichtigsten Ausfuhrprodukte sind die oben unter „Handelserzeugnisse" angeführten. Im Jahre 1866 wurden aus den verschiedenen Häfen Chinas 40,490 Ballen oder 32,462 Pikuls (à 133⅓ Pfund) Rohseide ausgeführt (vorzugsweise nach England). Ebenso geht auch der Thee meist nach England. Die Theeausfuhr betrug 1,183,042 Pikuls 1866. Einen sehr wesentlichen Antheil am chinesischen Handel nehmen auch die Deutschen, die in allen großen Handelsstädten bedeutende Import- und Exporthäuser haben.

Was die Einfuhren nach China betrifft, so kommen folgende Handelsgegenstände in Betracht: Baumwollwaaren, die über Schanghai aus England und Nordamerika eingeführt werden, namentlich graue und weiße Shirtings, Bernstein, der zu Schmuck verarbeitet wird; Betelnüsse zum Kauen, für die Südprovinzen; Trepang oder Biche de mer, jährlich etwa 10,000 Pikuls, ein besonderer Leckerbissen, wichtig für den Handel mit dem malayischen Archipel und den Inseln des großen Ozeans; Elfenbein, zu Schnitzwaaren, von Siam und Ostafrika; Gambir und Catechu, zum Betel-

lauen; Giesengwurzeln, aus der Mandschurei und Nordamerika; Glas=
waaren aus Europa; Harze zu verschiedenem Gebrauche; Bauholz und'
Schmuckholz; Steinkohlen aus England, Nord=Amerika, Australien. Sie
kommen allerdings selbst in China in großer Menge vor, werden aber noch
nicht gehörig ausgebeutet; Leinenwaaren, Metalle, und zwar Blei, Queck=
silber, Eisen, Zink, Kupfer, die alle auch in China gewonnen werden, nicht
immer aber in den großen Hafenplätzen mit den fremden eingeführten Me=
tallen concurriren können; Messerschmiedewaaren, namentlich billige Sorten,
Opium, besonders aus Indien, in der letzten Zeit 70,000 Kisten im Preise
von 80 Millionen Thalern jährlich, ohne daß damit der Nachfrage genügt
werden konnte, Pelzwerk, Sandel= und Sapanholz, Schafwollwaaren, der
Absatz hat sehr abgenommen, Schnupftabak, von den Chinesen als Medizin
benutzt, eßbare Schwalbennester, als Delikatesse, Schwefel von den Phi=
lippinen, Taschenuhren. — Mit Bezug auf die verschiedenen Länder, welche
sich an diesem Handel betheiligen, steht Großbritannien mit Indien voran,
doch wird ein großer Theil von dessen Handel durch deutsche Firmen ver=
mittelt; es folgen dann Japan und Nordamerika.

Verkehrsmittel. China besitzt ein großartiges Stromsystem, welches
das Innere des Landes weit aufschließt und den Handel ungemein begün=
stigt. Die großen Ströme, vornehmlich der Jang=tje=kiang, werden weit
aufwärts von europäischen Dampfern befahren; das Kanalsystem des Lan=
des ist ein uraltes, wenn auch neuerdings sehr vernachlässigt; der berühm=
teste Kanal ist der 250 Meilen lange Kaiserkanal; die Landstraßen sind
in gutem Stande und stets dicht von Menschen und Waarenzügen bedeckt,
denn ganz China ist ein fortwährender Markt. Für den Verkehr mit der
Mongolei dienen Kameelkarawanen, die nach der russischen Grenze (Kiachta)
ziehen. Die Handelsflotte (S. 47) aus Dschunken bestehend, ist sehr be=
deutend, doch meist nur für den Küstenverkehr und die Fahrt nach den
malayischen Inseln geeignet. Eisenbahnen und Telegraphen unter euro=
päischer Leitung sind projektirt. Die großen Dampferlinien Europa's be=
rühren alle wichtigen chinesischen Hafenplätze und von Hongkong geht über
Schanghai und Japan eine Linie nach San Francisco in Nordamerika.

Geld, Maß, Gewicht. In China werden die edlen Metalle noch
nicht im Geldverkehr verwendet. Das einzige umlaufende Münzstück, die
Sapeke, besteht aus einer Mischung von Kupfer und Zinn, ist also von
geringem Werthe und außerdem Schwankungen unterworfen. Die größte
Sapeke, jene von Peking, gilt etwa 8/10 Centimes. Trotzdem nimmt das
Silber im auswärtigen Handelsverkehr als Tauschmittel in Barrenform eine
bedeutende Stellung ein. Das Silber ist hier Waare und Werthmesser für
die übrigen Waaren; übrigens wandern alle fremden Silberstücke, Dollars,
Piaster u. s. w., die nach China kommen, in den Schmelztiegel und wer=
den zu Barren umgeformt. Die Zollverwaltung, welche meist in Händen
der Europäer ist, rechnet nach Taels. Doch auch dieser Werthmesser ist
keine Münze, sondern lediglich eine Gewichtseinheit im Betrag von einer
Unze Silber, dessen Werth je nach dem Silbergehalt verschiedenen Schwan=
kungen unterworfen ist (durchschnittlich zwei Thaler). Außerdem befindet
sich eine nicht unbedeutende Menge von Scheinwerthen im Umlaufe. Es

sind dies rückzahlbare Werthpapiere, welche von den zahlreichen Privatbanken verausgabt werden und einer sehr eifrigen Spekulation unterliegen. Diese Banken, denen die Regierung ganz fremd bleibt, treiben indessen nicht das eigentliche Escomptegeschäft, den Chinesen sind Wechsel und Anweisungen fremde Dinge. Sie begnügen sich mit dem Depositengeschäft gegen allerdings sehr hohe Zinsen. So unvollkommen diese Verkehrsverhältnisse sind, so haben sie indessen eine tausendjährige Praxis für sich und selbst heute wo das Zeitalter des Fortschritts auch für China angebrochen ist, dürfte es schwer halten, den Zeitpunkt zu bestimmen, an welchem ein dem übrigen Weltverkehr angepaßtes Münzsystem Platz greifen wird. Eine weitere Folge dieser Münzverhältnisse ist, daß viele Zahlungen mittels Rohprodukten geschehen. — Längenmaß: 1 Covid, Cobre oder Tschi à 10 Thun, 1 Covid Zollmaß = 0,$_{358}$ Meter. Auch gilt der englische Yard. Getreide und Flüssigkeiten werden nach dem Gewicht verkauft. — Gewicht. Das Pikul oder Tan à 100 Catty oder Kin à 16 Tael oder Liang nach englischen Verträgen = 133$^1/_3$ Pfund oder 60,$_{453}$ Kilogramm. Nach französischen Verträgen = 60,$_{453}$ Kilogramm.

Chinesische Handelsstädte.

China ist dicht mit großen Städten bedeckt, die sich namentlich an den Flüssen meilenweit hinziehen, eine in die andere greifen und so Bevölkerungscentren von oft mehreren Millionen Einwohnern bilden, die alle lebhaften Handel und Gewerbe betreiben. Für uns sind zunächst nur von Wichtigkeit die dem europäischen Handel eröffneten Städte, die hier aufgezählt werden sollen.

Peking, 2 Mill. Einw., die Haupt- und Residenzstadt in der Provinz Petschili, mit vieler Gewerbthätigkeit, großem Handel, wird aber in letzterer Beziehung von den Hafenstädten bei Weitem übertroffen. Unter diesen steht voran Schanghai in der Provinz Kiang-si am westlichen Ufer des schiffbaren Wusungflusses, 4 Meilen von dessen Mündung in den großen Jang-tse-kiang. Als Mittelpunkt des Verkehrs zwischen den Theedistrikten im Süden, dem mittleren Binnenlande und den nördlichen Provinzen ist es der wichtigste Stapelplatz des Reiches. Im Jahre 1867 liefen 1745 europäische und amerikanische Schiffe von 801,000 Tonnen Gehalt dort ein. Die Stadt zählt 600,000 Einwohner und hat eigene englische, französische und amerikanische Quartiere. Hauptexportartikel ist die Seide (1867 führte man 36,619 Ballen à 106$^2/_3$ Pfund aus); in zweiter Linie steht der Thee (1867 über 80 Millionen Pfund Ausfuhr). Auch die Baumwollenausfuhr ist im Steigen; der Kohlenhandel höchst wichtig. Die Zufuhr chinesischer Kohlen beträgt schon gegen 100,000 Tonnen im Jahre. — Futscheu, Hauptstadt der Provinz Fokien, am linken Ufer des weit schiffbaren Min, nahe von dessen Mündung, mit 800,000 Einwohnern. Ist nach Schanghai der bedeutendste Handelsplatz mit einem jährlichen Gesammtverkehr von 32 Millionen Taels, hauptsächlich in Thee und Zucker. — Hankeu, am Jang-tse-kiang in der Provinz Hupe, 40 Meilen von dessen Mündung, 600,000 Einwohnern, im Mittelpunkte China's, wichtiger Stapel- und Handelsplatz, Dampferverbindung mit Schanghai. Der Gesammtverkehr belief sich 1866 auf 36,292,000 Taels. — Kanton am linken Ufer des Perlflusses, 15 Meilen von dessen Mündung, in der Provinz Kwangtung, 1 Mill. Einw., in vortrefflicher Verbindung mit den Thee= und Seide=Districten, war die erste dem europäischen Handel eröffnete Stadt und ist noch immer von großer Bedeutung. Die fremden Schiffe gehen bei Wampoa vor Anker. Der Gesammtverkehr hatte 1866 einen Werth von 32,220,000 Taels. — Kiu= Kiang, nach Hankeu der wichtigste Hafen von Jangtsekiang, 80 Meilen von dessen Mündung, in der Provinz Kiangsi, mit prächtigem Binnenhandel, wichtiger Stapelplatz, früher mit 500,000 Einw. Durch die Revolutions= kriege sehr gesunken. — Amoy auf der Insel Hia=mun an Gestade der Provinz Foken, 400,000 Einw. mit vorzüglichem Hafen; Thee und Zucker sind Hauptausfuhrprodukte. Gesammtwaarenverkehr 1866: 14,451,000 Taels. — Ning=po, 500,000 Einw., am Jong, 8 Meilen von dessen Mündung, in der Provinz Tschekiang, einst weit bedeutender, mit einem Gesammtverkehr von 16,376,000 Taels im Jahre 1866. — Swatau, an der Mündung des Han in der Provinz Kwantung, 400,000 Einw., ist ein wichtiger Auswandererhafen, da von hier die meisten Kulis in See gehen. Der Export umfaßt neben Seide und Thee Tabak, Zucker, Por= zellan. Der Gesammtverkehr betrug 17,295,000 Taels im Jahre 1866. — Tientsin, in der Provinz Petschili am Vereinigungspunkte des großen Kanals mit dem Flusse Peiho, 6 Meilen von dessen Mündung, 300,000 Einw., ist der Hafen Pekings und hat gleich diesem viel von seiner frü= heren Bedeutung verloren. 1860 wurde hier der Vertrag abgeschlossen, welcher die chinesischen Häfen dem fremden Handelsverkehr eröffnete. Koh= lenausfuhr. Der Gesammtwerth des Handels betrug 1866 25,649,000 Taels. — Tschefu, am Eingang des Golfs von Petschili, mit gutem Hafen, in der Provinz Schantung. Ausfuhr von Kohlen und Getreide. Handel im An= wachsen. Gesammthandelsbewegung 11,000,000 Taels im Jahre 1866. — Niutschuang, an der Küste der Mandschurei am Golf von Liaotong, vermittelt den Handel Liaotongs und eines Theiles der Mandschurei mit der See. Ausgangspunkt großer Karawanen. 1866 betrug die Gesammt= handelsbewegung über See 4½ Mill. Taels. — Taiwanfu an der Ostküste der Insel Formosa, 100,000 Einw.; treibt Handel mittels Dschunken. Der fremde Handel hat sich nach dem südlicher liegenden Takeu gezogen, von wo Zucker, Reis, Sesam, Reispapier ausgeführt werden. Im Jahre 1866 betrug der Verkehr über See gegen 2½ Millionen Taels.

Noch sind die an der chinesischen Küste gelegenen englischen und por= tugiesischen Handelsniederlassungen hier zu erwähnen.

Hongkong, die 1842 an England abgetretene gebirgige Insel vor der Mündung des Kantonflusses mit 130,000 Einw., darunter 2000 Eu= ropäer. Die Hauptstadt an der Nordküste heißt Victoria. Der Hafen ist namentlich Anlegepunkt für Schiffe, um Handelsnachrichten einzuholen, Ordres zu empfangen oder Ausbesserungen vorzunehmen, als Markt für Schiffs= provisionen und Stapelplatz für europäische Waaren von großer Wichtigkeit. 1865 zählte der Gesammtschiffsverkehr 2239 Schiffe mit 1,070,908 Tonnen.

Macao, portugiesische Stadt auf einer kleinen Halbinsel an der Mündung des Kantonstroms, seit 1537 im portugiesischen Besitze und einst der reichste Stapelplatz der Europäer in Ostasien, ist gegenwärtig sehr verfallen, da die Regierung sich wenig fähig zeigt, etwas für die Ansiedlung zu thun. Die Zahl der Einwohner beträgt gegen 60,000, darunter 5000 Portugiesen und Mischlinge. Im Handel spielt das Opium eine große Rolle. Ausfuhren sind Droguen und Kulis (chinesische Arbeiter).

Nebenländer China's.

Außer Tibet, welches wir bereits Seite 307 behandelt haben, gehören die Mongolei, die Mandschurei und Korea zu den Nebenländern China's, die alle in einem engeren oder weiteren Vasallenverhältnisse zu dem großen Kaiserreiche stehen und von denen die beiden ersteren mit den Russen starke Handelsverbindungen unterhalten, mehr aber als Durchgangsländer für den russisch-chinesischen Handel zu betrachten sind, während Korea sich noch von dem europäischen Handel fernhält.

Die **Mongolei** ist ein Steppenland, in dem Nomaden hausen, die vorzugsweise Viehzucht treiben und deren Hauptreichthum die Heerden von fettschwänzigen Schafen, zweihöckerigen Kameelen und Pferden sind. Sie treiben wenig Ackerbau und verfertigen Filze und Pelze. Als Vermiether der Karawanenthiere (Kameele), die von China nach Kiachta an der sibirischen Grenze und anderen Orten ziehen, sind sie für den Handel unentbehrlich. Hauptplätze ihres Landes, zum Theil nur aus Filzjurten erbaute Nomadensitze sind: **Kalgan**, an der großen chinesischen Mauer, 200,000 Einw., Grenzstadt gegen China, mit großem Pferde- und Viehmarkt. Als Tauschgut gegen Vieh werden Ziegelthee, Pfeifen, Tabak, Messer genommen. Es befindet sich hier eine russische Factorei. — **Urga**, Sitz des geistlichen Oberhauptes der Mongolen, Halteplatz der Karawanen, mit großem Bazar, in dem alles zum Wüstenleben nothwendige gegen Ziegelthee eingehandelt werden kann. — **Maimatschin**, die mongolische Grenzstadt gegen Sibirien (Kiachta) ist wichtig für die Ausfuhr von Thee und die Einfuhr von Pelzen, vermittelt durch die hier angesessenen chinesischen Kaufleute. — **Kuluhote**, großer Kameelmarkt. — **Uliassutai** im Nordwesten, neuerdings für den Verkehr nach Sibirien als Grenzstation in Aufnahme gekommen.

Die **Mandschurei**. Nach Abtretung des linken Amurufers an Rußland ist die China unterworfene Mandschurei sehr zurückgegangen. Sie hat in einzelnen Strecken Aehnlichkeit mit der angrenzenden Mongolei, ist aber in anderen ein Ackerbauland, das Reis, Hirse, Tabak, Sesam, Baumwolle, Ginsengwurzeln hervorbringt und Pelzwerk liefert; auch Steinkohlen. Städte: **Aigun** am Amur, lebhafte Handelsstadt in wohlkultivirter Gegend, Fischfang im Amur, Pelzhandel. **Girin**, am Sungari, lebhafter Handel, Opiumbau. — **Huntschun**, der bedeutendste Zwischenhandelsplatz für Korea und China. Haupthandelsartikel ist eßbarer Seetang.

Korea, noch nicht genügend bekannt, steht zu China in einem losen Verhältnisse. Die Halbinsel besitzt gute Häfen am gelben Meere und ist in den nicht gebirgigen Theilen recht fruchtbar. Sie bringt Reis, Getreide,

Tabak, Obst, Baumwolle und Hanf hervor. Die Ginsengeinsammlung und die Zobeljagd sind im nördlichen Theile von Wichtigkeit. Man gewinnt Gold, Silber, Eisen, Steinsalz und Kohlen. Die Industrie steht mit jener China's auf gleicher Stufe; zur Ausfuhr gelangen Papier, Waffen, Baumwollstoffe, Ginseng, Felle. Der Handel ist nach China und Japan gerichtet. Hauptstadt ist Kjöng, mit lebhaftem Handel. — Kao-li-mön, Grenzplatz für den chinesischen Handel.

19. Japan.

7027 Quadratmeilen.   35,000,000 Bewohner.

Handelsgeschichtliches. Japan, das bedeutendste Culturreich Asiens, das vor zwanzig Jahren dem europäischen Handel noch fast ganz verschlossen war, ist in neuerer Zeit uns nahe getreten und hat außerordentliche Wichtigkeit für den Verkehr mit Europa und Nordamerika erlangt. Die Portugiesen waren die ersten, welche im 16. Jahrhundert nach dem „Lande des Sonnenaufgangs" vordrangen und von dessen Wundern berichteten. Ihnen folgten 1600 die Holländer, dann erst die übrigen Nationen Europa's. Aber die Einmischungen derselben in die inneren Verhältnisse des Landes, die Unduldsamkeit der christlichen Bischöfe führten zu einer Vertreibung der Fremden und nur den Holländern war es gestattet, unter sehr beschämenden und drückenden Verhältnissen jährlich einige Schiffe nach Desima bei Nagasaki behufs des Handels zu entsenden. Viele Versuche, zu Beginn dieses Jahrhunderts mit Japan Beziehungen anzuknüpfen, scheiterten an der diplomatischen Zähigkeit des merkwürdigen Volkes, das zwei Jahrhunderte den Nimbus seiner märchenhaften Unnahbarkeit sich zu erhalten wußte, bis der riesenhaft anschwellende Verkehr unserer Tage eine Aenderung der Dinge herbeiführen mußte. Die Nordamerikaner waren es, welche dem unhaltbaren Zustande ein Ende bereiteten und unter ihrem Commodore Perry mit Drohungen, doch in friedlicher Weise am 31. März 1854 den berühmten „Vertrag von Kanagava" durchsetzten, der mehrere Häfen dem amerikanischen Handel eröffnete. Nachdem das Eis einmal gebrochen war, folgten auch die Engländer, Franzosen, Russen, Deutschen, Portugiesen, Schweizer, Dänen und Oesterreicher mit Handelsverträgen und unaufhaltsam wurde das schöne Land in den Strom unserer Cultur hineingezogen. Verhielt sich auch eine conservative Partei noch immer feindlich gegen die Fremden, fanden auch im Innern große politische Umwälzungen statt, so nahm man doch im Allgemeinen die Fortschritte des Abendlandes dankbar entgegen und ein reger Handelsaustausch begann, der in einem fortwährenden Steigen begriffen ist; die Zahl der Fremden, die in Japan sich ansiedelten, wuchs von Jahr zu Jahr.

Naturprodukte. Der Bergbau und die Gewinnung edler Metalle in Japan bildete lange Zeit hindurch fast die ausschließliche Grundlage des Handels, den die Holländer mit dem Reiche betrieben. Sie holten das Kupfer, welches in unerschöpflicher Fülle vorkommt, Silber wird verhältnißmäßig wenig gewonnen, auch Eisen nicht in genügender Menge erzeugt.

21*

Zinn, Blei, Schwefel, Zinnober, Arsenik, Alaun, Petroleum und Porzellanerde kommen häufig vor und werden ausgebeutet. Wichtig ist die neuerdings immer schwunghafter betriebene Steinkohlengewinnung zum Export nach den chinesischen Häfen und für die Versorgung der Dampfschiffe. Eine Viehzucht gibt es in Japan nicht; aber der Boden wird nach alter Weise mit künstlichem Dünger sorgfältig kultivirt und gibt reichen Ertrag. Man unterscheidet das Reisland und die Berggärten. Das Reisland, fürstliches Besitzthum, umfaßt den 20. Theil des ganzen Landes und liefert Hoch und Niedrig die Hauptnahrung. An den Hügeln und Bergabhängen baut man zahlreiche Hülsenfrüchte und Gemüse; die Sojabohne, zur Darstellung einer würzigen Brühe, wird stark kultivirt. Die Tabakskultur ist sehr verbreitet, da Mann und Weib leidenschaftlich raucht. An Oelpflanzen ist kein Mangel. Spezialitäten sind der Firnißbaum, welcher den herrlichen Firniß liefert, der Wachsbaum und der Papiermaulbeerbaum, aus dem man das Papier des Landes herstellt. Am wichtigsten für den Handel ist die weit ausgebreitete Kultur des Thees, der Seide und der Baumwolle. Die Gebirgsgegenden und der Norden liefern die Pelze des Bären, Marders, Fuchses, der Fischotter u. s. w. Das Meer birgt Fische in unerschöpflicher Fülle. Bei Jeso wird Walfischfang betrieben.

Industrie. Die japanesischen Gewerbserzeugnisse, mit Fleiß, Sorgfalt und Geschicklichkeit dargestellt, tragen das Gepräge des heimischen Geistes und Geschmackes. Sie sind ungemein mannichfaltig und in einzelnen Fächern den europäischen Produkten überlegen. Dieses gilt zunächst von den unübertroffenen Lackwaaren, die in allen Formen, selbst als Tafel- und Kochgeräthe benützt werden, als Kästchen, Theebretter u. s. w. vielfach zum Export kommen. Ferner sind die Bronzen, die Rüststücke, Säbel, das Porzellan, das Papier ausgezeichnet. Neuerdings beginnen die Japaner auch mit vielem Geschicke europäische Industrieerzeugnisse, Uhren, Maschinen u. s. w. nachzuahmen, wie sie denn überhaupt bestrebt sind, das Gute von uns anzunehmen. Sie bauen bereits ihre eigenen Dampfschiffe.

Handel. Der Werth der Gesammtausfuhr betrug in den letzten Jahren 25 bis 38 Millionen Dollars, jener der Gesammteinfuhr 20 bis 25 Millionen; es stellt sich also zu Gunsten Japans eine glänzende Bilanz heraus. Unter dem Einflusse der Bürgerkriege hatte der Handel in den letzten Jahren gelitten. Zur Ausfuhr nach Europa und Amerika gelangen: Thee, Seide, Baumwolle, Kampfer, Schwefel, Porzellan, Kupfer, Lederwaaren u. s. w. Das Handelsjahr reicht vom 1. Juli bis zum letzten Juni. Was die Handelsbewegung betrifft, so wurden 1862—1863 an Seide ausgeführt 20,058 Ballen, 1866—1867 nur 13,389 Ballen. Nächst der Seide, die in allen europäischen Seidenfabriken schon verarbeitet wird, nimmt der Thee die wichtigste Stelle ein. Er ist indessen nur in ordinären Sorten vertreten. Die Ausfuhr betrug 1863—1864: 4,902,896 Pfund, 1866—1867 aber 7,399,000 Pfund. Die rohe Baumwolle nimmt den dritten Platz ein, dann Kupfer. Nach China gehen Kohlen, Seealgen, Hülsenfrüchte, Droguen, Eisen, Fische, Mehl. Die Einfuhr beschränkt sich vorderhand auf Baumwoll- und Schafwollwaaren; das Bedürfniß für europäische Waaren muß noch mehr geweckt werden; zu heben beginnt sich

die Einfuhr von Waffen, Kurz = und Eisenwaaren, Maschinen, Ar=
zeneien.

Verkehrsmittel. Seit Alters besitzt Japan vortreffliche Landstraßen
und Brücken. Die große Kaiserstraße, Tokaido, durchschneidet die Haupt=
insel, Nippon, ihrer Länge nach. Das Postwesen ist geregelt worden; elek=
trische Telegraphen hat man angelegt und eine Eisenbahn von Hiogo nach
Jedo durch die Hauptinsel ist projektirt. Die Schifffahrt an den Küsten
und nach China mit einheimischen Dschunken ist sehr lebhaft; doch besitzt
Japan schon eine ansehnliche Dampferflotte. Nagasaki und Jedo sind Sta=
tionen der nach Ostasien gehenden Dampferlinie und seit 1867 ist der regel=
mäßige Dampferverkehr mit San Francisco in Californien hergestellt.

Münzen, Maß, Gewicht. Das Münzsystem gegenüber dem frem=
den hat zu vielen Verwicklungen Anlaß gegeben. Der eingebürgerte Dollar
wurde in den Verträgen zu 311 japanischen Itzibus festgestellt. Allein die
Regierung erkannte später den Werth nicht mehr an, wodurch der Kurs
bis auf 200 zurückging. Man rechnet nach Kobans, Itzibus und Tempos.
1 Koban Goldmünze = 4 Itzibus = 21 Schilling. 1 Itzibus = 16
Tempos = 5 Schilling 3 Pence. — Handelsmaß: Für europäische
Stoffe der englische Yard. 1 Yard = 3 japanische Schiaku oder Fuß.
Doch wechselt die Länge des Schiaku je nach den Gegenständen, die danach
verkauft werden. — Gewicht ist das Hiakin oder Pikul zu 100 Catties.
1250 Catties = 1 japanischer Koku. 160 japanische Mi = 1 Catty
oder Ikkiu. 135 Mi = 1 Zollpfund.

Handelshäfen Japans.

Durch die Verträge mit den europäischen Mächten sind folgende Häfen
den Fremden eröffnet worden. Jedo, die Landeshauptstadt, 1,500,000
Einw., einer der wichtigsten Handels= und Industrieplätze, indessen mit
seichtem Hafen. Die europäischen Schiffe laufen deßhalb weiter südlich in
Jokohama=Kanagawa ein, das eine bedeutende europäische Colonie
besitzt; es ist der wichtigste Handelsplatz mit gutem Hafen. Vortrefflich sind
auch die Häfen von Hiogo und von Ohosaka, die am japanischen
Binnenmeere liegen. An der Westküste der Insel Nippon ist Niegata
dem Verkehr eröffnet. — Hakodadi, 15,000 Einw., der einzige Hafen
auf Jeso, wo Fremde verkehren, wichtig für Walfischfänger, die hier anlaufen;
stark betheiligt am Verkehr mit den Amurländern. — Nagasaki auf Kiusiu,
70,000 Einw., der älteste eröffnete Hafen, über den früher aller Verkehr
geführt wurde, neuerdings sehr zurückgegangen, hat aber immer noch viel
Verkehr mit Korea und China. — Auf den zu Japan gehörigen Lutschu
(Liu=Kiu=) Inseln ist Nawa der den Fremden zugängige Hafen.

Afrika.

543,570 Quadratmeilen.   192,500,000 Bewohner.

Seiner Lage nach, inmitten Amerika's, Asiens und Europa's, an allen Seiten von der See zugängig, erscheint uns Afrika als ein äußerst günstig gestellter Erdtheil, der als Vermittelungsglied zwischen den anderen Continenten dienen könnte. Doch den Vorbrand ausgenommen, wo, besonders in Aegypten, schon frühzeitig sich eine hohe Cultur entwickelte, hat von den ältesten Zeiten bis auf den heutigen Tag über dem ursprünglichen Afrika trostlose Barbarei geherrscht. Afrika ist von allen Erdtheilen am wenigsten gegliedert, es zeigt geschlossene, abgerundete Formen, wenig vorgelagerte Inseln, wenig bedeutende, dem Handel förderliche Wasserstraßen. Während Cultur und Civilisation in Afrika nur durch die fremden, dorthin eingedrungenen Völker vertreten wird, blieb das Innere, so weit der Mohamedanismus nicht zum Theil mildernd wirkte, roh und heidnisch. Zudem stellten die klimatischen Verhältnisse dem Vordringen der Weißen mehr als in einem andern Lande eine Schranke entgegen. In keinem Erdtheil sollte daher auch der europäische Einfluß und die Macht des Handels so gering bleiben, als in Afrika, welches aber immerhin durch eine Fülle wichtiger Erzeugnisse aus der Pflanzen= und Thierwelt im Handel eine Rolle spielt.

1. Aegypten mit Nubien und dem ägyptischen Sudan.

31,000 Quadratmeilen.   8,000,000 Bewohner.

Eine so hohe Culturstellung wie die alten, nun untergegangenen Aegypter auch einnahmen, mit Handel und Schifffahrt befaßten sie sich nur wenig. Diese wurden ursprünglich, wiewohl Aegypten ein für den Handel außerordentlich günstig gelegenes Land ist, von Ausländern, besonders von den Phöniziern (S. 6.) betrieben. Erst in späterer Zeit, als die strenge Abgeschlossenheit der Aegypter aufhörte, ließen sie selbst sich auf den Handel mit Fremden ein und zogen zur Betreibung ihrer Geschäfte auch in fremde Länder. Die Schifffahrt beschränkte sich anfangs nur auf den heiligen Strom des Landes, den Nil, dann erst auf das Mittelmeer. Man begann Seehandel zu treiben und unermeßliche Reichthümer strömten dem alten Culturlande zu. Als Geld dienten anfangs goldene Ringe, deren Gewicht durch einen eingeprägten Stempel angezeigt wurde; erst unter den Ptolemäern wurden wirkliche Münzen aus Gold, Silber und Bronze geschlagen. Ueber das Land ist die Herrschaft der Perser, der Griechen, der Römer, der Araber und endlich der Türken hingegangen. Alexandria war eine Zeitlang die größte Handelsstadt der Welt. Aegypten war für den Welthandel vergessen und versunken und erst die französische Expedition unter Bonaparte (1798)

wandte wieder den Blick nach dem alten Wunderlande der Pyramiden, das
unter Mehemed Ali (1841) soweit seine Selbständigkeit erlangte, daß es
nur einen Tribut an die Türkei zu entrichten hat. Seitdem ist europäischer
Einfluß dort maßgebend geworden.

Produkte. Die Grundlage der Landwirthschaft im heutigen Aegypten,
ja der Existenz des ganzen Landes, ist der Nil=Strom, welcher von Süden
nach Norden Aegypten durchströmt und alljährlich im Juni zu steigen be=
ginnt und das Land mit seinen fruchtbaren, schlammreichen Fluthen über=
schwemmt. Ende September zieht sich das Wasser zurück. Das Land trocknet
ein; es wird besäet, bedeckt sich mit grünen Saaten und im März wird
geerntet. Man baut Weizen, Gerste, im Nilbelta Reis, viel Hülsenfrüchte,
Moorhirse (Sorghum) und Zuckerrohr, aus welchem man 1867 über
200,000 Ctr. Zucker gewann. Die Dattelpalme ist ein seit altersher in
Aegypten verbreiteter und nutzbarer Baum, der stark cultivirt wird und
vielen Gegenden die Hauptnahrung gewährt; auch gewinnt man Rosenblätter
(im Fajum) zur Bereitung von Rosenöl. An Feigen, Orangen, Citro=
nen und anderen Südfrüchten ist kein Mangel. Von außerordentlicher
Wichtigkeit ist neuerdings der schon 1820 von Mehmed Ali eingeführte
Baumwollenbau geworden, der namentlich seit dem amerikanischen Bür=
gerkriege einen großen Aufschwung nahm. Der Werth der Gesammtaus=
fuhr der Baumwolle erreichte 1865 schon 84,306,000 Dollars und erhielt
sich trotz der Baumwollenkrisis 1866 noch auf 65,352,000 Dollars. Die
Viehzucht beschränkt sich auf Pferde, Dromedare, Schafe, Ziegen, Esel,
Büffel, Hühner. Das Mineralreich liefert gute Sandsteine und Por=
phyr, die schon zu den alten Bauten benützt wurden; dann Kochsalz, Alaun,
Salpeter, Alabaster und am Rothen Meere Schwefel und Petroleum. Die
alten Gold= und Smaragdgruben werden nicht mehr betrieben. — Nubien
und der ägyptische Sudan liefern noch Elfenbein, Straußenfedern, Gold,
Droguen, Gummi.

Handel. Der Handel Aegyptens ist meistentheils in europäischen
Händen, namentlich in jenen der zu Alexandria angesessenen großen Handels=
häuser. Er ist im fortwährenden Aufschwunge zumal neuerdings begriffen
und wird durch bedeutende Verkehrsmittel unterstützt. Die wichtigsten Aus=
fuhrartikel sind Baumwolle, Getreide, Hülsenfrüchte. Die Einfuhren sind
verhältnißmäßig gering (20—25 Mill. Dollars jährlich in der letzten Zeit);
sie bestehen namentlich in europäischen Industrieartikeln: Geweben, Glas,
Eisenwaaren, Papier, Steinkohlen. Der Schiffsverkehr im Hafen von Ale=
xandria, dem ersten Handelsplatze des Landes, belief sich (1866) auf 3698
Schiffe, darunter 980 Dampfer mit 1,373,217 Tonnen. Im Sudan ist
der Sklave das den Handel bewegende Element.

Verkehrsmittel. Die Eisenbahnen (S. 72) Aegyptens, von Eu=
ropäern erbaut, sind die bedeutendsten in Afrika. Sie laufen von Alexan=
dria durch das Nilbelta nach Kairo und längs des Suezkanals hin. Tele=
graphen (S. 79) reichen bereits bis Chartum an der Vereinigung des
blauen und weißen Nils. Als das wichtigste Verkehrsmittel, das nicht blos
für Aegypten, sondern für den ganzen Welthandel von der höchsten Bedeu=
tung dasteht, ist hier der Suezkanal zu erwähnen. Schon im 13. Jahr=

hundert vor Christus versuchte der alte Aegypterkönig ~~Sesostris~~ I. einen Kanal vom Rothen Meere zum Nil zu graben. Der ~~Pharao Necho (615~~ vor Chr.) nahm den Gedanken seines großen Ahnherrn ~~auf und~~ der Perser Darius I. Hystaspes, der römische Kaiser Trajan, der ~~Khalif~~ Omar (640 nach Chr.), nicht minder Napoleon I., der Ingenieur Lepère (1803) u. a. beschäftigten sich mehr oder minder ernsthaft damit. 1846 wurde der Isthmus von Suez genau untersucht und gefunden, daß eine Niveauverschiedenheit zwischen dem Rothen und dem Mittelmeer nicht existire. Im Jahre 1854 erhielt Ferdinand von Lesseps vom Vicekönig Said-Pascha die Erlaubniß zur Gründung der Compagnie universelle du canal maritime de Suez; das Grundcapital betrug 200 Mill. Francs. Im Jahre 1859 begann man mit den Arbeiten, weitere sehr hohe Summen mußten aufgenommen werden und am 17. November 1869 konnte der Kanal im Beisein vieler fürstlichen Personen eröffnet werden. Allerdings ist (1870) noch vieles zu thun, um den Kanal ganz dem ursprünglichen Plane gemäß zu vollenden. Seine Breite am Wasserspiegel soll 58 bis 100 Meter, an der Sohle 22 Meter, die Tiefe 8 Meter betragen. Er durchschneidet — von Nord nach Süd — in seiner ersten 60½ Kilometer langen Abtheilung den Mensalah- und die Ballah-Seen und gelangt nach weiteren 15 Kilometer in den Timsah-See, an dem an einem geräumigen Hafenbassin die Stadt Ismaila angelegt wurde. Die hierauf folgenden 18 Kilometer durch den Timsah-See und den Landrücken des Serapeum stellten die größten technischen Schwierigkeiten dem Bau entgegen. Das Becken der beiden Bitterseen, welches die sich hieran schließenden 40 Kilometer des Kanals bildet, besitzt einen Umfang von 25 Stunden. Zur Füllung desselben benöthigte man ein Quantum von nahezu 2 Milliarden Kubikmeter Wasser. Die letzten Strecken des Kanals endlich durchstechen die Schwelle von Schaluf und verlaufen dann 20 Kilometer weit in der Ebene und Lagune von Suez. 1870 konnten bereits Dampfer von 2000 Tonnen mit einem Tiefgang von 20 Fuß den Kanal passiren. Die finanzielle Lage des Kanals ist keine günstige; wichtiger dagegen die handelspolitische. Unbestreitbar ergiebt sich — namentlich bei der Benutzung der Dampfkraft — für die europäischen Häfen eine ganz bedeutende Abkürzung der Zeitdauer bei den Fahrten nach dem Osten so z. B. nach Bombay

von	um das Kap Seemeilen	über Suez Seemeilen	Differenz Seemeilen	Tage
Triest . .	11,504	4100	7404	37
Bordeaux .	10,640	5752	4868	24
London . .	10,912	6024	4888	24
Hamburg . .	11,222	6332	4888	24

So hoch aber auch die Zeitersparniß ist, und so bedeutend dadurch Zinsengewinn, Ausnützung der Conjunkturen u. s. w. sich darstellen, so bleibt doch schließlich, wie Zenker*) nachweist, entscheidend, um welchen gesammten

---

*) Der Suez-Kanal und seine commerzielle Bedeutung, besonders für Deutschland von Dr. W. Zenker. Bremen 1870.

Frachtsatz der Transport der Waare auf dem alten und dem neuen Han=
delswege bewerkstelligt werden kann. Nach Berechnung aller einschlägigen
Faktoren zeigt sich, daß der Dampferverkehr von Suez zwar kostspieliger
als die Segelschifffahrt um das Kap ist. Diese Mehrauslagen können aber
dann getragen werden, wenn die zu transportirenden Güter einen so hohen
Werth haben, daß sich die Mehrkosten der Fracht durch Ersparniß an
Zinsen des in den Waaren engagirten Kapitals und der verminderten Ver=
sicherungsprämie wieder einbringen lassen. Wird z. B. eine Waare von
England nach Bombay auf dem Kanal durch Dampfer geführt, so kostet
deren Transport nun 33⅓ Frcs. per Tonne mehr, als wenn sie mittels
Segelschiff um das Kap ginge. Da jedoch an Zinsen und Versicherungs=
prämie bei der Kanalfahrt 3⅓ Prozent erspart werden, so stellen sich bei
Gütern, deren Werth 1000 Frcs. per Tonne oder 13⅓ Thlr. per Ctr.
beträgt, beide Reisen gleich rentabel, bei Gütern von höherem Werth die
Kanalfahrten schon vortheilhafter dar. Man muß daher zwischen kanal=
fähigen und nicht kanalfähigen Waaren unterscheiden. Nach diesem ratio=
nellen Vorgange hat Zencker die Höhe der Grenzwerthe für Waarensendun=
gen von Southampton und den Häfen des Mittelmeers nach dem Osten
berechnet und damit zugleich die Illusionen über die künftige Ausbreitung
des Suezkanalhandels auf ihr richtiges Maß zurückgeführt. Aus seinen
Aufstellungen geht hervor, daß Manufakturen, Stahl, feinere Metallwaaren,
Seide, Thee, Kaffee und Baumwolle als unbedingt kanalfähige Güter gelten
dürfen. Auf dieser Grundlage läßt sich annehmen, daß die Frachten, welche
den Kanal passiren, vorläufig nur ungefähr 855,000 Tonnen im Werth von
500 Millionen Thalern betragen dürften.

Handelsorte.

Kairo am Nil, 282,000 Einw., ist die Haupteinfuhrstadt Aegyptens,
in der die auf dem Nil und den Karawanenstraßen eintreffenden Produkte
Elfenbein, Straußenfedern, Droguen, Gummi u. s. w. ihren Stapelplatz
haben; dafür sendet Kairo wieder europäische Produkte nach den Ländern
am Rothen Meere und am oberen Nil. Unter europäischem Einflusse ist
eine nicht unbedeutende Industrie erwacht, die neben der heimischen Gewerb=
samkeit (Seidenwirkerei, Färberei, Gerberei u. s. w.) die Wichtigkeit des
Platzes bestimmt. — Tanta, 55,000 Einw., bedeutender Meßplatz im Nil=
delta. — Mansurah und Zagazig im Delta, Stapelplätze für Landespro=
dukte, namentlich für die Baumwolle der Umgegend. — Alexandria (Iskan=
deria), die Stadt Alexanders des Großen, einst die größte aller Handelsstädte,
zählte zu Anfang des Jahrhunderts nur wenige tausend Einwohner, heute
jedoch wieder 180,000, darunter 30,000 Europäer. Sie ist immer noch
der Durchgangspunkt des europäisch=indischen Handels, die Station der
großen Dampfer, der Ausfuhr= und Einfuhrhafen Aegyptens im Verkehr
mit Europa (vergleiche Aegypten: Handel). — Damiette, 57,000 und
Rosette 21,000 Einw., sind kleine Nebenbuhler Alexandriens. — Port=
Said am nördlichen Ausgange des Suezkanals, neugegründete, zukunftreiche
Stadt mit 10,000 Einw. — Suez, am südlichen Ausgange des Kanals,
mit großen Hafenanlagen, 15,000 Einw., Station der Dampfer für den

asiatischen Verkehr. — Koffer, Sauakin, 8000 Einw., Massaua, 6000 Einw., Häfen an der ägyptischen Küste des Rothen Meeres, Endpunkte der Karawanenstraßen, die vom Nil zum Meere führen und wichtig für den Verkehr. — Siut, 30,000, Assuan und Berber, 8000 Einw., Handelsstädte am Nil. Chartum, am Zusammenflusse des blauen und weißen Nil, 45,000 Einw., Hauptstadt des ägyptischen Sudan, durch den Sklavenhandel groß geworden, Sitz einer übel berüchtigten Rotte europäischer Kaufleute. Handel mit Elfenbein, Gummi, Straußenfedern, Sennesblättern, Häuten. — Sennar am blauen Nil, Kassala in Taka, 10,000 Einw., El Gedaref und El Obeid in Kordofan sind die übrigen Haupthandelsplätze im ägyptischen Sudan und Knotenpunkte der Karawanen; namentlich wichtig für den Verkehr mit Abessinien und Darfur.

2. Tripoli mit Barka und Fesan.

16,200 Quadratmeilen. 750,000 Bewohner.

Ein größtentheils wüstes, unfruchtbares, dünn bevölkertes Land mit einzelnen günstigen Küstenstrichen und fruchtbaren Oasen, bewohnt von Mauren (in den Städten), arabischen Beduinen und barbarischen Ureinwohnern. Hauptprodukte sind: Mais, Waizen, Gerste, Schafe, Kameele, Rindvieh. Für den Handel von Bedeutung erscheinen Waizen, Datteln, Südfrüchte aller Art, Wein, Oliven, Krapp, Safran, Sennesblätter, Salz aus den Salzseen an der Küste, Schwefel. Dazu gesellen sich die aus dem Innern Afrika's auf den großen Karawanenstraßen nach den Küstenstädten gelangenden Produkte: Elfenbein, Straußenfedern, Gummi, Gold, Droguen und Sklaven. Eingeführt werden dagegen alle europäischen Industrieprodukte. Die heimische Gewerbsamkeit ist gering und erstreckt sich auf die Fabrikation von Seidenstoffen, Gerberei, Färberei, Teppichfabrikation.

Handelsorte.

Tripoli, 20,000 Einw. Haupteingangspforte nach Innerafrika und Endpunkt der großen Karawanen, die bis nach Bornu gehen, starker Handel mit Malta. — Bengasi an der kleinen Syrte, 15,000 Einw., mit guter Rhede und wohlversehenen Bazars, wird jährlich von 300 Schiffen besucht. Starker Sklavenhandel, Karawanenverkehr mit Wadai und Aegypten. — Ghabames, Murzuk, Sokna und Audschila, wichtige Handelsplätze im Innern, in fruchtbaren Oasen gelegen, Knotenpunkte für den Karawanenverkehr.

3. Tunis.

2150 Quadratmeilen. 2,000,000 Bewohner.

Die Verhältnisse in diesem Vasallenstaate der Türkei sind ähnliche wie in Tripoli, nur ist das Land fruchtbarer und weit dichter bevölkert; auch macht sich hier der europäische Einfluß und die Macht der Consuln noch mehr geltend. Aber die Handels- und Finanzverhältnisse sind in Folge schwindelhafter Operationen sehr zerrüttet. Man gewinnt Waizen, Gerste, Mais und Durrah, Hülsenfrüchte, viel Oel, Südfrüchte, gute Datteln und Baumwolle. Rindvieh ist in großer Menge vorhanden; außerdem zieht man Schafe mit guter Wolle, andere mit Fettschwänzen, schöne Pferde und Kameele. Das Mineralreich liefert Seesalz, Salpeter, Blei, Kupfer und Quecksilber. Fischerei wird bei Biserta stark betrieben. Die heimische Industrie ist nicht unbeträchtlich. Ausgeführt werden Wolle, Olivenöl, Wachs, Honig, Felle, Saffian, Korallen, Schwämme, Datteln, Korkholz, Getreide, Rosenöl. Auf den Karawanenwegen gehen Tuch, Musselin, Seidenzeug, Waffen nach dem Innern Afrika's; woher dann Sennesblätter, Gummi, Straußenfedern, Elfenbein, Sklaven eingeführt werden. Bedeutend ist der Verkehr mit den Häfen am Mittelmeer, welche europäische Industrieprodukte nach Tunis liefern.

Handelsorte.

Tunis, 125,000 Einw., Hauptstadt und Haupthandelsort, namentlich für den Seeverkehr. — Susa, 8000 Einw.; Sfaks, 10,000 Einw.; Jaffa, 5000 Einw.; Gabes, 6000 Einw., Hafenstädte. — Kairuan, 12,000 Einw., im Inneren, liefert Rosenöl und Kupfergeschirre.

4. Algerien.
12,150 Quadratmeilen.   2,921,246 Einwohner.

Algerien ist seit dem Jahre 1830 französische Besitzung; aber erst nach der Gefangennahme Abd-el-Kaders 1847 trat ein ruhigerer Zustand ein und man kann sagen, daß Algerien seit 20 Jahren im ungestörten Besitze Frankreichs ist. Aber wenige Fortschritte abgerechnet, ist das französische System Algier gegenüber kläglich bankerott geworden und Dürre, Heuschrecken, Hungersnoth thaten das übrige, um das reiche Land für Frankreich als eine Last und Plage erscheinen zu lassen. Der größte Fehler lag aber darin, daß man darnach trachtete, ein „afrikanisches Frankreich“ zu schaffen, daß man, ohne Rücksicht auf Menschen, Boden und Klima französische Zustände nach Algier übertrug. Ein Land, an Umfang größer wie Deutschland, zählt nur den dreizehnten Theil soviel Einwohner wie dieses. Nicht einmal eine halbe Million der Einwohner werden zur seßhaften Bevölkerung gerechnet und unter diesen sind nur 218,000 Europäer, darunter die Hälfte Franzosen, trotzdem diese von Marseille aus in 40 Stunden Algier erreichen können. Wo mit Hilfe der Wissenschaft oder mechanischen Mitteln etwas geleistet werden konnte, haben die Franzosen in Algerien allerdings bedeutendes erzielt. Durch Drainirungsarbeiten wurde der Gesundheitszustand verbessert. Der Weinbau, die Anpflanzung von Datteln in Erdkesseln oder Ritan, die Bodenberieselung, die Anlage artesischer Brunnen, machten große Fortschritte. Trotzdem ist Algerien eine Last geblieben, ein fortwährender Ausgabeposten für Frankreich, das auf eigenen Füßen nicht zu stehen vermag, ein Beleg für die Unfähigkeit der Franzosen im Colonisiren.

Unter den Ackerprodukten nimmt Waizen die erste Stelle ein; es folgen Gerste, Hafer, Mais, Bohnen; von allen zusammen werden jährlich für 100 Millionen Francs erzeugt. Tabakbau ist von Bedeutung; mit der Baumwolle will es nicht recht vorwärts. Südfrüchte, Krapp, Wein, Oliven gedeihen vortrefflich; in den Oasen ist die Dattel das Hauptnahrungsmittel. Schöne Wälder liefern Holz in Menge; doch werden sie nicht genügend gepflegt und nehmen stark ab. Man züchtet Rinder, Schafe, Pferde, Esel; die nomadisirenden Araber besitzen große Viehheerden. Kameele hält man in der Sahara. Das Mineralreich liefert Kupfer, Blei, Eisen, Schwefel, Salz. Die Industrie ist die überall am Nordrande Afrika's vertretene heimische, die sich auf Seidenweberei, Teppich=, Maroquin=, Musselin=, Sattlerarbeitenfabrikation und Messerschmiedewaaren, auch Waffen erstreckt. Von Europa ist die Cigarren= und Papierfabrikation 2c. nach Algerien verpflanzt worden. — Der innere Handel beschränkt sich auf gewisse Marktplätze, auf denen die Eingeborenen ihre Produkte gegen europäische Waaren eintauschen. Bezüglich des auswärtigen Handels, so kauft Frankreich drei Viertel der Erzeugnisse des Landes und liefert demselben vier Fünftel seines Bedarfes. Die hauptsächlichen Ausfuhrartikel sind die genannten Landesprodukte. Eingeführt werden besonders Gewebe aller Art, Zucker, Spirituosen, Kaffee u. s. w. Der Gesammtwerth der Ausfuhr beträgt bis 50 Millionen Frcs.; die Einfuhr ist bedeutender. Algerien hat einige Strecken Eisenbahn (S. 71) und Telegraphen. Der Dampferverkehr mit Marseille ist sehr rege. Der gesammte Schiffsverkehr beläuft sich im Jahre auf 2500 große Fahrzeuge mit 190,000 Tonnen.

Handelsorte.

Algier, die Hauptstadt der Besitzung, 55,000 Einw., mit vortrefflichem, neuem Hafen, der wichtigste Handelsplatz, verkehrt außer mit Frankreich mit England, Spanien, Oesterreich. Heimische Industrie. — Constantine, 35,500 Einw., starke Gewerbsamkeit, Haupthandelsplatz für den Osten Algeriens. — Philippeville an der Bai von Stora, 11,500 Einw., und Bona, 18,000 Einw., die Ausfuhrhäfen der Provinz Constantine. — Gelma, 4500 Einw., große Viehmärkte. — Oran, 34,000 Einw., Hafenort der gleichnamigen Provinz, Stapelplatz für Landesprodukte des Westens. — Mostaganem, Hafen mit 11,000 Einw. — Tlemsen, 18,500 Einw., und Mascara, 9500 Einw., Binnenstädte mit Handel und Gewerbthätigkeit. — In der algerischen Sahara liegen mehrere Oasen, die für den Durchzug der Karawanen von Wichtigkeit sind, so El Aghuat, Warghla, Tuggurt, der Karawanenverkehr erstreckt sich bis tief in's Innere Afrika's.

5. Marokko.

12,210 Quadratmeilen. 2,750,000 Bewohner.

Marokko gleicht im wesentlichen in Bezug auf Produkte, Größe, Bevölkerungszahl und natürliche Verhältnisse dem benachbarten Algerien. Dem Friedensvertrage von 1860, welcher dem Kriege mit Spanien folgte, ist es zu danken, daß das bisher verschlossene Marokko dem europäischen Verkehre erschlossen wurde. Seitdem dürfen — wenigstens dem Gesetze nach — die Angehörigen aller Nationen im ganzen Reiche sich niederlassen, seitdem haben alle Staatsmonopole, mit Ausnahme von Tabak und Schießpulver, aufgehört, seitdem sind alle Ein- und Ausfuhrzölle auf höchstens 10 Procent vom Werth herabgesetzt und der Handel hat sich verzehnfacht.

Unter den europäischen Einfuhrartikeln steht Roheisen obenan, dessen Bedarf jährlich 30—50,000 Ctr. beträgt. Es folgen Stahl und Stahlwaaren, der große Verbrauch an schwarzem Kaffee und Thee in Marokko hat dem Zuckerabsatz ein bedeutendes Gebiet eröffnet. Man braucht jährlich 30,000 Ctr. Von Stearinkerzen, Webe- und Wirkwaaren, namentlich englischen und französischen, dann Getreide — da oft empfindlicher Mangel an Brotstoffen herrscht — Holz von Schweden und Norwegen, Glas von Belgien gehen große Mengen nach Marokko, hauptsächlich über Gibraltar (S. 120). Unter den Ausfuhrartikeln steht obenan Wolle (60 bis 80,000 Ctr.), die viel nach Belgien geht; dann Olivenöl (60,000 Ctr.), Wachs (10—15,000 Ctr.), Sandarakgummi, Mandeln, Häute und Espartograß zur Papierfabrikation. Alles zusammengefaßt, ergiebt sich, daß der europäische Import nach Marokko für 10—12 Mill. Frcs. Erzeugnisse liefert, wogegen die Ausfuhr an Rohprodukten 20 Mill. Frcs. ausmacht. Hierzu gesellt sich noch der Binnenhandel mit dem Innern Afrika's, der auf dem Karawanenwege betrieben wird. — Handelssprache in den Küstenplätzen ist die spanische. Unter den Münzsorten giebt man französischen Fünf-Frankenstücken den Vorzug; doch behauptet sich daneben im Kleinverkehr der spanische Piaster.

Handelsorte.

Marokko, 50,000 Einw. Landeshauptstadt, Gewerbthätigkeit, Fabrikation von Maroquin, der nach dieser Stadt den Namen hat und über den Hafen Saffi in den Handel kam; daher Saffian. — Fez, 100,000 Einw. Gewerbthätigkeit. — Tanger, Tetuan, Rabat wichtige Hafenplätze. — Mogador, 12,000 Einw., an der Küste des atlantischen Oceans, der Hafen der Hauptstadt wichtig für den Handel mit dem Sudan, nach dem von hier aus die Karawanen gehen. Die Stadt wurde erst vor 100 Jahren angelegt, hat aber jetzt schon eine sehr bedeutende Handelsbewegung.

6. Französisch Senegambien.

4,540 Quadratmeilen. 617,700 Bewohner.

Wie Frankreich bestrebt ist von Algerien aus den Handel Innerafrika's an sich zu ziehen, so hat es auch von der Westküste aus mit Erfolg dasselbe System angewandt. Da, wo der Senegal aus dem tropischen Afrika kommend sich Bahn in's Meer bricht, hatten schon im 15. Jahrhunderte die Portugiesen Handel mit Vortheil getrieben. Im 17. Jahrhundert kamen die portugiesischen Niederlassungen in die Hände der Franzosen, die

dann, seit 1852 am Senegal und der Küste sich ein großes Reich zusam=
men eroberten. Aber das ganze stromreiche Gebiet ist außerordentlich un=
gesund und ein Grab für Europäer. Die Einfuhren, in europäischen In=
dustrieprodukten bestehend, belaufen sich auf etwa 20 Mill. Frcs.; etwas
höher sind die Ausfuhren, darunter namentlich Senegalgummi, Erdnüsse
(zur Oelbereitung), Palmöl, rohe Häute, Wachs, Hölzer, Elfenbein, Gold.
— Hauptort ist St. Louis an der Mündung des Senegal, 15,500 Einw.
Sitz der französischen Behörden. — Gorea am Cap Verde, 2800 Einw. —
Bakel am mittleren Senegal, 2300 Einw. Bis hierhin gehen Dampfschiffe;
auch langen hier Karawanen vom oberen Niger und aus der Sahara an.

7. Britische Besitzungen am Gambia und Sierra Leone.

An der Mündung und am Laufe des Gambia, der parallel dem
Senegal in's atlantische Meer fällt, besitzen die Engländer ein Gebiet von
einer Quadratmeile mit 7000 Bewohnern, darunter nur wenige Weiße.
Die Verhältnisse sind ähnliche, wie in französisch Senegambien. Der Haupt=
handelsartikel ist die Erdnuß (Arachis). Hauptorte sind: Bathurst an
der Mündung des Gambia und Georgetown weiter aufwärts am Flusse.
Der Hauptverkehr findet mit französischen Häfen und Newyork statt. —
Die britischen Besitzungen an der Sierra=Leone=Küste umfassen 22 Quadrat=
meilen mit 42,000 Bewohner. Sie waren einst ein Hauptsitz des Sklaven=
handels, liefern jetzt aber etwas Gold, Palmöl, Elfenbein, Felle, Droguen,
Farbhölzer. Eingeführt werden viel Branntwein und Schießpulver. Haupt=
stadt ist Freetown mit 18,000 Einw.

8. Liberia.

450 Quadratmeilen. 717,500 Bewohner.

Diese Negerrepublik, an der sog. Pfefferküste am Beginne des Guinea=
busens gelegen, wurde 1827 von amerikanischen Philanthropen begründet,
welche hier befreite Negersklaven ansiedelten. 1847 erklärte sich die Re=
publik selbständig. Die hochgespannten Erwartungen, welche man von der
Republik hegte, sind nicht in Erfüllung gegangen; der Einfluß derselben
blieb ein untergeordneter und auch der Handel nahm keinen rechten Auf=
schwung. Die Einfuhren betragen etwa 300,000 Thaler. Sie bestehen
in amerikanischen und europäischen Industrieprodukten. Die Ausfuhren:
Palmöl, Holz, Felle, etwas Zucker und Kaffee erreichen einen Werth von
200,000 Thaler. Münzen und Maße wie in den Vereinigten Staaten.
Hauptstadt ist Monrovia mit 3000 Einw. und einer Rhede.

9. Die Goldküste.

Dieser Küstenstrich am Guineabusen, im Süden des heidnischen Neger=
reiches Aschanti steht unter britischem Schutze. Viele der Küstenortschaften
und Factoreien, sind jedoch im Besitze der Niederländer. Der Handel be=
schränkt sich auf Gold, Elfenbein, Palmöl, Häute, Hölzer, einige Droguen.
Das Klima ist für Weiße außerordentlich ungesund und deßhalb auch eine
Ansiedlung derselben im größeren Maßstabe unmöglich; auch sind diese Nie=
derlassungen meist passiv und werden nur aus politischen Gründen von den
beiden Nationen beibehalten. Hauptfactorei der Niederländer ist Elmina,
jene der Briten Cap Coast Castle.

Das wichtigste Handelsemporium der Engländer am Guineabusen ist
Lagos auf einer Insel gelegen, die durch eine Lagune vom Festlande ge=
trennt ist. Die Stadt zählt 50,000 Einw. und ist sehr gut gebaut. Der
Handel beruht hauptsächlich auf Palmöl. Baumwolle und Indigo werden
wenig ausgeführt. Die Einfuhren bestehen in Branntwein, Pulver, Kat=
tunen, Kaurimuscheln. Das bedeutendste Handelshaus ist ein deutsches.
Der Handel mit den Hinterländern (Joruba u. s. w.) ist bedeutend. Von
Lagos geht eine Straße nach Rabba am Niger. Regelmäßige Dampfschiff=
fahrt nach Liverpool.

10. Französische Besitzungen am Gabon.

363 Quadratmeilen. 186,000 Bewohner.

Auch an der Südwestküste, im äquatorialen Afrika, haben die Fran=
zosen seit 1843 festen Fuß gefaßt. Dort erstreckt ihre Herrschaft sich vom
Gabon bis zum Fernand Vaz=River. Jene Gegenden, der Schauplatz von
Du=Chaillu's Gorillajagden, wenig geeignet zur Ansiedlung weißer Menschen,
liefern Kautschuk, Elfenbein, Ebenholz und Farbhölzer in den Handel; aber
bezeichnend für die Franzosen, denen das Land gehört, ist, daß der Handel
fast nur von Engländern und Amerikanern geführt wird.

11. Angola mit Benguela und Mossamedes.

14,700 Quadratmeilen. 9,000,000 Bewohner.

Dieses weite, an der Südwestküste Afrika's sich hinziehende Gebiet,
mit unbestimmten Grenzen nach dem Inneren zu, das vom Kongo, Koanza
und Kunene durchflossen wird, steht unter portugiesischer Herrschaft. Die
Zahl der Weißen, die in den Küstenplätzen sich niedergelassen haben, ist
eine äußerst geringe. Im Wesentlichen ist das Land ein heidnisch=barbari=
sches. Man könnte in dem äußerst fruchtbaren Lande alle tropischen Pro=
dukte in Masse erzeugen, indessen wird sehr wenig gearbeitet. Hölzer,

Wachs, Elfenbein gelangen zur Ausfuhr. Hafenstädte sind Saa Paulo da Loando, 12,000 Einw. Benguela, 3000 Einw. und Mossamedes.

12. Die Kap-Kolonie.

9070 Quadratmeilen. 500,000 Bewohner.

Unter allen Ländern Afrika's hat in der Kap-Kolonie an der Südspitze des Kontinents sich die geordnetste und großartigste landwirthschaftliche und commerzielle Thätigkeit entwickelt. Den Grund hierzu legten die fleißigen Holländer, welche in der Mitte des 17. Jahrhunderts sich in den Besitz des Kaplandes setzten, das 1815 dauernd an die britische Krone kam. Die herrschende Sprache im Innern ist noch immer die niederländische, während in den Küstenplätzen das englische überhand nimmt. Der Haupt-reichthum des Landes besteht in Ackerbau und Viehzucht. Der Boden und das Klima begünstigen den Anbau, doch sind die Verhältnisse gegenüber den feindlichen unterworfenen Eingeborenen noch immer nicht genügend ge-ordnet und der weiße Ansiedler ist oft ohne Schutz. Seit seine Merino-schafe eingeführt wurden, steht die Wollproduction des Kaplandes neben Australien und der argentinischen Republik in erster Linie da. Der Wein, schon von den Niederländern gebaut, ist ein ergiebiger Ausfuhrartikel ge-worden; die Kupferminen des Namaqualandes, leicht auszubeuten, sind unerschöpflich. Außerdem kommen in den Handel: Felle, Straußenfedern, Elfenbein, Getreide, Tabak, vegetabilisches Wachs, Bau- und Nutzhölzer, früher auch Guano von der Insel Ichaboe an der afrikanischen Westküste. Die Einfuhr (Spirituosen, Kaffee, Kleider, Baumwollstoffe, Pulver, Eisenwaaren, Mehl, Leinen, Zucker, Thee, Schafwollwaaren, Glas) be-trug 1867 an Werth 14,992,446 Thlr. 1868 aber nur 12,557,266 Thlr. Die Verminderung betraf namentlich Getreide und Mehl — ein günstiges Zeichen für den Fortschritt des Ackerbaus. — Die Ausfuhr der Kolonie betrug 1867; 15,965,500 Thlr. an Werth, 1868 dagegen nur 14,772,540 Thlr. Die Abnahme kommt namentlich auf die Wolle, die im Preise stark herabging. Von der Ausfuhr kommen 81 Prozent auf Wolle, 7 auf Felle, 3 auf Kupfererze, 3 auf Straußenfedern, 1 auf ge-trocknetes Obst, 1 auf gesalzene Fische, ½ auf Wein. Letzterer wird in Folge der Traubenkrankheit jetzt weniger ausgeführt. Namentlich ist zu bemerken, daß die östliche Provinz der Kap-Kolonie im Vergleich zur west-lichen sich sehr hebt. Die Zahl der 1865 in sämmtlichen Häfen eingelau-fenen Schiffe betrug 902 mit 321,855 Tonnen, die der ausgelaufenen 909 mit 326,872 Tonnen. Eisenbahn führt eine kurze Strecke von der Kap-stadt in's Innere. Telegraphen dehnen sich mehr und mehr aus. Im In-nern wird der Verkehr mit stark bespannten Ochsenwagen betrieben. Die Dampfschifffahrt mit Europa ist regelmäßig. — Die gesetzlichen Münzen, Maße und Gewichte sind die englischen, doch finden die alten holländischen noch Anwendung.

Die Kapstadt, 28,500 Einw. an der Tafelbai, die durch künstliche

Mittel in einen guten Hafen verwandelt wurde, ist Sitz der Regierung und Hauptstapelplatz der westlichen Provinz. Durch ihre günstige Lage an der Seestraße nach Asien und Australien und durch den Reichthum und die Billigkeit der Provisionen ist sie ein sehr wichtiges Emporium für den Welt= handel geworden. Sie ist der Sitz wichtiger Geldinstitute. Stellenbosch, 4000 Einw. Worcester 3700 Einw. Swellendam, 2800 Einw. Kleine Orte im Innern der Westabtheilung des Kaplandes mit Ackerbauthätigkeit. — Port=Elisabeth, 10,000 Einw., an der günstig gelegenen Algra= bai, bedeutendster Ort der Ostabtheilung, nahe den Wolldistrikten, ist eine gefährliche Concurrentin der Kapstadt. Große Geldinstitute. — Uitenhage 3600 Einw. Grahamstown, 7500 Einw., Somerset, 3800 Einw. Graaf= Reinet, 3700 Einw. Orte im Innern, namentlich mit starker Schafzucht.

13. Natal.

1910 Quadratmeilen. 193,000 Bewohner.

Durch das freie Kaffernland von der Kapkolonie getrennt, liegt östlich von dieser das schöne, fruchtbare und wohl bewässerte Natal, welches seit 1843 britische Kolonie ist. Es steigt in mehreren Terrassen nach dem In= nern zu auf und ist an der Küste, die tropische Vegetation zeigt, für den Anbau von Baumwolle, Zucker, Kaffee, Indigo sehr geeignet; die zweite Terrasse, prächtiges Weideland, ist von starken Heerden bevölkert; weiter nach dem Innern cultivirt man europäische Feldfrüchte; auch fehlt es nicht an Wald. Gold wird neuerdings viel gefunden; auch sind Kohlen und Eisen vorhanden. Die Ausfuhr an Wolle, Zucker, Häuten, Baumwolle, Arrowroot, Elfenbein und Straußenfedern ist im Steigen begriffen und er= reicht einen Werth von 300,000 Pfd. St. — Hauptstadt ist Pietermaritz= burg, 5000 Einw.; Hafen Port Natal mit d'Urban 5000 Einw.

14. Der Oranjefluß-Freistaat.

2260 Quadratmeilen. 37,000 Bewohner.

In Folge der Streitigkeiten, in welche die am Kaplande angesiedelten holländischen Bauern (Boers) 1835 mit den Engländern geriethen, beschlossen erstere das Land der Briten zu verlassen; sie zogen über den Garib oder Oranjefluß in die Kaffernländer und ließen dort — Ackerbau und Viehzucht treibend — sich nieder. Mit den Engländern, die fortwährend über sie die Herrschaft beanspruchten, geriethen sie in blutige Kriege, bis 1854 ihre Unabhängigkeit anerkannt wurde. Es entstanden nun zwei Bauernrepubliken, der Oranjefluß= und der Transvaalfreistaat.

Das Klima ist sehr gesund; der Boden, da wo er Wasser genug hat, ergiebig und zum Anbau europäischer Feldfrüchte geeignet. Haupterwerb bleibt aber die Viehzucht; namentlich züchtet man Rinder und Schafe. Wolle,

Häute und Elfenbein, auch Straußenfedern werden ausgeführt. Seit 1869 hat man bei Pniel am Vaalfluß ergiebige Diamantgruben entdeckt. Eine Industrie besteht nicht. **Münzen und Maße:** Das gangbare Geld ist das englische; daneben existirt eine nominelle Währung, der alte holländische Reichsthaler, Schilling und Stüber. Handelsgewicht ist das alte holländische (92 Pfund = 100 engl. Pfd.). Längenmaß die alte Amsterdamer Elle. Hauptstadt ist Bloemfontein, 1000 Einw.

15. Die südafrikanische oder Transvaal-Republik.

3620 Quadratmeilen.   120,000 Bewohner.

In Bezug auf die natürlichen Verhältnisse, Produkte und Geschichte stimmt dieser Freistaat ganz mit dem vorhergehenden überein. Er reicht im Norden bis an den Limpopofluß und stellt die in Südafrika am weitesten nach dem Innern vorgeschobenen europäischen Ansiedlung dar. Vom Meere bis 1869 abgeschnitten, hat die Republik durch Vertrag mit den Portugiesen sich bis an die Delagoabai am indischen Ocean ausgedehnt und solchergestalt einen — wenn auch ungesunden — Hafen erhalten. In den nördlich von der Republik gelegenen Landschaften der Matebele befinden sich Goldgruben. An Salz ist der Freistaat reich. — Prätoria, 500 Einw., Sitz der Regierung. Potscheffstroem, 1500 Einw. Rustenburg, Zoutpansberg, Lydenburg, kleinere Ortschaften.

16. Portugiesisch-Ostafrika.

18,000 Quadratmeilen.   300,000 Einw.

Von der Delagoabai bis Kap Delgado, auf eine Ausdehnung von 15 Breitegraden beanspruchen die Portugiesen den Besitz der ostafrikanischen Küste und einen großen Theil der tiefer im Innern gelegenen Landschaften; es sind dies die Sofala-, Kilimane- und Mosambikküste, an welchen die Ströme Limpopo, Sambesi und Rufuma münden. Sie alle aber, mit Strombarren und Katarakten versehen, sind für die Schifffahrt im größeren Maßstabe nicht geeignet. Das tropische, ungesunde Land ist sehr reich an Produkten und zum Anbau fähig; aber weder die die Herrschaft beanspruchenden, in geringer Zahl angesiedelten Portugiesen, noch die heimischen Schwarzen, thun etwas für das Land, das durch ewige Kriegs- und Raubzüge entvölkert ist. Hier ist noch immer einer der Hauptsitze des schändlichsten, von den Portugiesen begünstigten Sklavenhandels. Zur Ausfuhr gelangen Elfenbein, Gold, Senna, Kautschuk, etwas Kaffee und Baumwolle. Mosambik, 9000 Einw. Kilimane, Sofala und Lorenzo Marquez (Delagoa-Bai) sind die Hafenorte. Die am Sambesi gelegenen Niederlassungen Senna, Tete und Zumbo sind im vollständigen Verfall.

17. Sansibar.

Die Insel Sansibar, an der ostafrikanischen Küste (29 Quadratmeilen mit 380,000 Bewohnern), ist das wichtigste Handelscentrum an der ganzen Ostküste. Dort haben die aus Arabien stammenden Imame von Oman sich niedergelassen und ein Reich begründet, zu dem noch mehrere benachbarte Inseln wie Pemba und Mafia, außerdem aber noch viele Strecken an der Küste des Festlandes, wie Kiloa, Pangani und Mombas gehören. Nach dem Innern Afrika's erstreckt Sansibar jetzt seinen Handel bis in das noch unbekannte Quellgebiet des Nils und zu den Nilseen, dann beherrscht es die ganze Ostküste, Madagaskar, einen Theil der arabischen Küste und steht in Verbindung mit Europa, Amerika, Asien. Es ist der Sitz von Consuln der verschiedensten Nationen und immer noch der Hauptsklavenmarkt an der Ostküste. Der Handel, welcher zu Anfang der dreißiger Jahre dieses Jahrhunderts noch so unbedeutend war, daß ein Schiff nur mit Mühe eine Ladung zusammen bringen konnte, hat jetzt einen jährlich wachsenden Werth von 10,000,000 Thlr., zu welchem die Ausfuhr einen weit beträchtlicheren Beitrag liefert, als die Einfuhr. Der Handel, mit Ausnahme des Sklavenhandels ist völlig frei; seine Hauptgegenstände, für welche Sansibar zugleich den ergiebigsten Markt der Welt darstellt, sind Elfenbein, Gewürznelken und Kopalgummi. Unter den eingeführten Waaren sind Baumwollzeuge, Glasperlen, Eisen- und Messingdraht, Waffen, Kurzwaaren, Porzellan und Steingut, Mehl, Zucker, Spirituosen die wichtigsten. Den bedeutenden Handel mit Baumwollstoffen haben die Amerikaner in Händen. Hauptmünze ist der österreichische Maria-Theresiathaler; daneben Dollars, Fünffrankenthaler, Säulenpiaster, Sovereigns. Als alleinige Scheidemünze sind ostindische Viertel Annas, Pesa genannt, im Gebrauche.

18. Abessinien.

7450 Quadratmeilen. 3,000,000 Bewohner.

Abessinien oder Habesch war früher ein einiges Kaiserreich, in dem eine Art Cultur Platz gegriffen hatte und das Christenthum herrscht, wenn auch in einer verwahrlosten Form. Die Menschen, wenn auch dunkel von Farbe, sind doch keineswegs Neger, sondern Semiten, die nächsten Verwandten der Araber und Juden. Das alte Kaiserreich, das eine mehr als tausendjährige Geschichte hatte, zerfiel. Eine vollständige politische Auflösung, Herrschaft kleiner Fürsten trat ein; die Bürgerkriege hörten nicht auf und das reiche, schöne Land verarmte. In den Jahren 1855—1868 suchte der berühmte Kaiser Theodor II. diesen Zuständen ein Ende zu bereiten; allein auch er ging in dem Feldzuge, den die Engländer 1868 gegen ihn unternahmen, zu Grunde. Seitdem ist das Land in die drei Reiche Tigre, Ambara, Schoa unter selbständigen Fürsten zerfallen; die Bürgerkriege dauern fort und Handel und Wandel stocken.

Kaum ein Drittel des vielen kulturfähigen Landes ist bebaut. Gerste, Weizen, Dakuscha, Tef, Mais, Hülsenfrüchte, Bananen, spanischer Pfeffer, Gescho (statt Hopfen dienend), Baumwolle und im Süden auch Kaffee werden cultivirt. Man züchtet Pferde, Maulesel, Esel, Rindvieh, Ziegen, Schafe, Hühner. Die Gewerbthätigkeit ist gering entwickelt und nur für den heimischen Bedarf bestimmt. Jedermann braut sein Bier selbst; die Frauen spinnen und weben. Töpferei und Pfeifenfabrikation treiben die Juden des Landes. Der Handel Abessiniens ist unbedeutend. Die hohen, steil abfallenden Gebirgsketten mit den schwer zugänglichen Pässen erschweren die Verbindung bedeutend; die Flüsse sind für die Schifffahrt ungeeignet. Dazu kommt die geringe Produktion von Handelswaaren, so daß schließlich für den abessinischen Handel — von den Sklaven abgesehen — nur etwas Gold und Elfenbein als Durchgangswaaren in Betracht kommen. Auch Honig und Wachs werden ausgeführt. Eingeführt werden, meist über den ägyptischen Hafen Massaua, europäische Manufakturen, Tabak, Spießglanz zum Färben der Augenlider, blaue Seidenschnüre, silberne Ringe, Glasperlen, Räucherwerk. Werthmesser in Abessinien ist der Maria-Theresienthaler; als Scheidemünze gelten Salzstücke (Amolen) von bestimmter Form. Messen und Märkte sind häufig an den verschiedenen Orten und stets stark besucht. Haupthandelsplätze sind Adoa in Tigre, Gondar in Amhara, Ankober in Schoa, jede mit 6000 bis 8000 Einw. Die Haupthandelsstraßen führen durch die Gebirgspässe nach Massaua am Rothen Meer, von Ankober durch die Wüste nach dem Hafen Tadschura am Golf von Aden, nach Kassala in Taka (ägyptisch) und nach Metemme in Gallabat, einer Negerrepublik an der Nordwestgrenze Abessiniens.

19. Staaten in Innerafrika.

Im Sudan, dem Lande der Schwarzen südlich von der großen Wüste Sahara und vom Nil im Osten bis zu den Nigerländern im Westen, liegen eine Anzahl mohammedanischer Negerreiche, mit mehr oder minder festem staatlichem Gefüge, die für den Handel nicht unwichtig sind und auf den Karawanenwegen, die von allen Seiten auf sie zu laufen, eine nicht unbedeutende Menge europäischer Waaren empfangen, wofür sie die Produkte ihres Landes wieder abgeben. Die Staaten, welche hier in Betracht kommen, sind:

Darfur	5000	Q.-M.	5,000,000	Bewohner
Wadai	4730	„	5,000,000	„
Baghermi	2660	„	1,500,000	„
Bornu	2420	„	5,000,000	„
Sokoto mit Adamaua	7960	„	11,000,000	„
Gando	3880	„	5,800,000	„
Massina	3030	„	4,500,000	„
Fellata-Reiche	14,870	„	22,300,000	„

In allen diesen Reichen findet ein sehr lebhafter Handelsverkehr statt. Gold in Pulverform oder Ringen, Salz und Natron, Elfenbein und Nilpferdzähne, Straußenfedern, Wachs, Honig, Safran, Gummi, Indigo, Schibutter, Harze, Henna werden zu Markte gebracht; sehr wichtig ist der Sklavenhandel. Ein belebendes Element im Handel bleiben auch die Gurunüsse. Im Gerben und Färben des Leders hat man große Fertigkeit erlangt; auch die Leinen- und Baumwollfärberei steht in Blüthe; man verfertigt Matten, Flechtwerk, rohe Eisenwaaren. Der Absatz europäischer Industrieerzeugnisse auf den Hauptmärkten des Sudan ist alljährlich ein ganz bedeutender. Baumwollstoffe, Seide, Glasperlen, Glaswaaren, Messerschmiedwaaren, Waffen, Tuche, Zucker, Kupfer werden in ungeheurer Menge importirt. Haupttauschmittel ist die Kaurimuschel, 3000 Stück auf einen Maria-Theresiathaler gerechnet.

Haupthandelsplätze sind Kobbeh in Darfur; Wara in Wadai, Massena in Baghirmi, Kuka in Bornu (60,000 Einw.), Sokoto (20,000 Einw.), in Sokoto oder Haussa, Kano (30,000 Einw.) in demselben Reiche, der bedeutendste Markt Innerafrika's „das sudanische London," Timbuktu am Niger.

20. Afrikanische Inseln.

Afrika ist keineswegs so reich von Inseln umgürtet, wie die andern Erdtheile; ein eigentlicher Archipel fehlt ihm, die Inseln liegen zerstreut, zum Theil fernab vom Kontinent und nur eine derselben ist umfangreich.

Madeira und die **Canarischen Inseln**, welche geographisch zu Afrika gerechnet werden müssen, haben wir bereits bei Portugal und Spanien (S. 251. 244) behandelt.

Die **Kapverdischen Inseln**, 77½ Q.-M. 67,000 Bewohner, den Portugiesen gehörig mit der Hauptinsel Santiago, sind im allgemeinen unfruchtbar, liefern aber etwas Zucker, Ricinusöl und Kaffee in den Handel. Ganz bedeutend ist die Ausfuhr von Salz nach Portugal. Es wird aus den außerordentlich starken Salinen der Inseln Sal, Maio, Boavista gewonnen.

Fernando Po mit **Annobon**, 23 Q.-M., 5600 Einw., im Guineabusen, gehören den Spaniern. Die Inseln liegen in ihren Zuständen sehr darnieder und die sogenannte Kolonisation macht dort nicht die geringsten Fortschritte. Yamswurzeln, Palmöl und Schiffbauholz sind die Hauptprodukte.

Sanct Thomé und **Principe**, 21⅓ Q.-M. mit 19,000 Einw., gleichfalls im Guineabusen gelegen, den Portugiesen gehörig, weisen ganz ähnliche Verhältnisse wie die vorigen auf.

Sanct Helena, 2 Q.-M., 7000 Einw., der berühmte Fels im atlantischen Meere, seit 1650 im Besitze der Engländer, die hier alle afrikanischen und europäischen Produkte kultiviren und dadurch eine Versorgungsstation für Schiffe errichtet haben, welche von Asien oder auf der Rückkehr vom Cap nach Europa segeln, hier anlaufen und auch gutes Trinkwasser finden. Der Hafen heißt Jamestown.

Ascension, 2 Q.-M., 1000 Bewohner, gleichfalls wie St. Helena eine Schiffs- und Kohlenstation.

Madagaskar, 10,927 Q.-M., 5,000,000 Bewohner. Diese große Insel, eine der größten unseres Erdballs,· ist durch den Kanal von Mosambik vom afrikanischen Festlande getrennt. Nicht nur durch eine eigenartige Natur, sondern auch durch eine von den Afrikanern sehr verschiedene malayische Bevölkerung zeichnet diese Insel sich aus, die auch eine merkwürdige Geschichte aufzuweisen hat. Wegen seiner unerschöpflichen Fülle werthvoller Erzeugnisse, der großen Fruchtbarkeit des Bodens und der vorzüglichen Handelslage zwischen Asien und Afrika hat man Madagaskar mit Recht als „Perle des indischen Ozeans" bezeichnet. Von den Portugiesen im Beginn des 17. Jahrhunderts zuerst besucht, legten 1642 die Franzosen hier eine Niederlassung an. Seitdem erheben sie Ansprüche auf die ganze Insel, von der sie nach und nach auch einzelne Theile in Besitz genommen haben, so die schöne Diego-Suarez-Bai an der Nordspitze, die dem Osten vorgelagerte Insel St. Marie und Nossi-Bé im Nordwesten und eine Küstenstrecke am Balibusen. Der übrige Theil der Insel steht aber unter der Herrschaft der in der Hauptstadt Tananarimo residirenden Howadynastie, welche neuerdings das Christenthum angenommen hat und der Einführung europäischer Kultur sich ungemein geneigt erweist.

Der Hauptausfuhrhafen ist Tamatave an der Ostküste, von wo namentlich Rindvieh und Reis verschickt werden. Außerdem liefert Madagaskar kostbare Hölzer, Gewürznelken, Ingwer, Pfeffer, Baumwolle, Bananen, Tabak, Indigo. Alles aber in geringen Mengen, während alle Bedingungen gegeben sind, hier eine großartige Produktion zu entwickeln. Nur die nöthigen Menschen fehlen, da die Eingeborenen nur für das eigene Bedürfniß arbeiten. Die Küstengegenden sind ungesund.

Comoro-Inseln, 49½ Q.-M., 56,000 Einw. Diese wichtigen und fruchtbaren Eilande, die besonders Zucker, Schiffsbauholz, Arecanüsse, Reis, Honig, Wachs, Schildpadd liefern, liegen im nördlichen Theile des Kanals von Mosambik zwischen Madagaskar und der afrikanischen Küste. Die Inseln Groß-Comoro und Johanna oder Anjuan sind noch unabhängig. Mayotte (6 Q.-M., 12,000 Einw.) gehört den Franzosen und Moheli oder Mohella steht unter deren Protektorate.

Die Maskarenen. Mit diesem Namen bezeichnet man die östlich von Madagaskar im indischen Ozean gelegenen Inseln, welche durch ihre bedeutende Zuckerproduktion berühmt geworden sind und zum Theil im britischen, zum Theil im französischen Besitz sind. Sie stehen durch die Peninsular and Oriental Company und die französischen Paketboote in regelmäßiger Verbindung mit Europa, von wo aus sie via Suez in vier Wochen zu erreichen sind. Einst waren diese Inseln, Mauritius und Réunion, Eigenthum der Franzosen, jetzt nur die letztere. Schon 1721 hatten sie von Mauritius Besitz genommen und es Isle be France genannt. Allein während der napoleonischen Kriege wurde letzteres von den Engländern erobert und von diesen auch im Pariser Frieden behauptet, während die zweite Insel, die seit 1649 Bourbon hieß, dann Napoleon genannt wurde, damals an Frankreich zurückgegeben und nun Réunion getauft wurde.

Réunion, 45½ Q.-M., 208,000 Einw., ist die wichtigste Zuckercolonie Frankreichs und in der That bedeckt dort das Zuckerrohr den ganzen kultivirten Raum vom Meeresgestade bis zu den Abhängen der vulkanischen Gebirge. Alle anderen Erzeugnisse treten vor dem Zucker zurück, von dem gegen 90,000,000 Kilogramm gewonnen werden, abgesehen von der Melasse und dem Zuckerbranntwein. Der Tabaksbau macht Fortschritte; zurückgegangen ist der Kaffeebau und die Gewinnung von Gewürznelken, Baumwolle, Cacao. Der Anbau wird durch asiatische Kulis besorgt, zu deren Lebensunterhalt Reis aus Indien, Schlacht- und Federvieh aus Madagaskar eingeführt werden. Die jährliche Handelsbewegung beträgt etwa 100 Millionen Francs. Hauptstadt St. Denis, 36,000 Einw.

Mauritius, mit den Dependenzen (Rodriguez rc.) 33 Q.-M., 340,000 Einw. Die Verhältnisse liegen ähnlich wie auf der Nachbarinsel, doch ist unter der tüchtigen britischen Verwaltung die Kultur weiter vorgeschritten. Auch hier macht der von Kulis angebaute Zucker das Hauptprodukt aus; von ihm wurden 1865 270,000,000 Pfd. im Werthe von $2^{1}/_{2}$ Mill. Pfd. St. exportirt. Der Verkehr wurde im genannten Jahre von 707 Schiffen mit 301,000 Tonnen besorgt. Werth der Einfuhr (europäische Producte, Reis aus Indien, Vieh aus Madagaskar) 2,141,000 Pfd. St. Der Werth der Ausfuhr 2,679,000 Pfd. Sterl. Haupthafen Port Louis, 40,000 Einw.

Die **Seschellen**, Seychelles, $3^{1}/_{2}$ Q.-M., 7500 Einw., gehören zu den Dependenzen von Mauritius. Sie sind von Korallen umgeben und liefern schöne Nutzhölzer, Baumwolle, Zuckerrohr, Tabak, Kaffee, Reis in geringen Mengen, namentlich auch Schildkröten. Ein berühmtes Erzeugniß ist die Doppelkokosnuß (Lodoicea Sechellarum), die nur auf den drei Inseln Praslin, Curieuse und Ronde wächst und ehedem als „Gegengift" mit Gold aufgewogen wurde. Die Inseln, früher französisch, wurden 1794 von den Engländern in Besitz genommen. Hauptinsel Mahé mit Port Victoria.

Socotra, 80 Q.-M., 3000 Einw., am Kap Garbaful und am Eingange des Busens von Aden, ehedem englisch, mit ungesundem Klima und schlechten Häfen, war früher eine nicht unwichtige Handelsstation, von der man Aloe und Weihrauch holte. Jetzt legen selten Schiffe in Tamarib an der Nordküste (150 Einw.) an.

Dahlak-Inseln, im Rothen Meere vor der Bucht von Massaua, sind von etwa 1800 Einwohnern bewohnt, die aus der abessinischen Küstenlandschaft stammen und sich mit Fischerei, namentlich Perlenfischerei beschäftigen. Auch gewinnt man Schildpatt und die perlmutterglänzenden Zähne des Dugong. Alljährlich bringen die Fischer ihre Ausbeute an Perlen und Perlmutter nach dem Dorfe Debeolo, wo ein Umsatz von 50,000 Thlr. erzielt wird.

Amerika.

746,410 Quadratmeilen, 84,365,000 Bewohner.

Amerika, die neue Welt, welche sich fast durch die ganze Länge der westlichen Halbkugel erstreckt, ist der zweitgrößte Erdtheil und durch seine Lage, umgeben vom atlantischen Ozean im Osten, vom großen Ozean im Westen, gleichsam mitten in unsere Erde hineingestellt. Es zeigt eine ausgedehnte Küstenentwicklung und die mannichfaltigste Bodengestaltung, hohe und mittlere Gebirge, unabsehbare Ebenen und das gewaltigste Flußsystem unseres Planeten, dazu große schiffbare Landseen — alles Umstände die der Entwicklung der Kultur und des Handels außerordentlich günstig sein mußten. Das Klima ist vom heißfeuchten tropischen bis zur eisigen Kälte der Polarregionen in allen Abstufungen vertreten; die Produkte des Mineralreiches, namentlich die edlen Metalle, sind in einer Massenhaftigkeit vorhanden, wie in keinem andern Erdtheile, die Pflanzenwelt zeigt in Amerika ihre üppigste Entwicklung, während der Kontinent, ursprünglich nicht reich an nutzbaren Thieren, durch Einführung solcher aus der alten Welt auch auf diesem Gebiete nun eine Ueberfülle bietet. Bei den Ureinwohnern finden wir, zur Zeit der Entdeckung, neben wilden Jäger- und Fischerhorden bereits hochcivilisirte, durchaus eigenartige Menschen, die aber mehr und mehr durch fremde Einwanderung in den Hintergrund gedrängt wurden. Europäische, afrikanische, neuerdings asiatische Völkerschaften gesellten sich zu der einheimischen und ein merkwürdiges Durcheinander der Nationen entstand. Gold und andere edle Metalle suchten die Eroberer und nach dem Vorhandensein derselben richtete sich auch zunächst die Besiedlung des Landes; erst später führten bessere Beweggründe die Auswanderer nach anderen Gegenden, als den goldreichen. Mexiko, Mittel- und Südamerika wurden von Spaniern und Portugiesen entdeckt, erobert und besiedelt. Sie gründeten ihre Herrschaft auf Unterjochung der Eingeborenen und ließen den Boden von Sklaven bestellen, bauten ihre Kolonisirung auf das Schwert, nicht auf den Pflug. Zurückgesetzt vom Mutterlande machten die spanischen Kolonien, in denen allmählich ein Mischlingsgeschlecht aus Spaniern und Eingeborenen entstanden war, sich im Beginn des Jahrhunderts unabhängig und bildeten eine Reihe von Republiken mit außerordentlich verwahrlosten politischen und socialen Zuständen. Anders in dem von germanischen Völkern besiedelten Nordamerika, das, auch vor einem Jahrhundert vom Mutterlande unabhängig geworden, gleichsam im Fluge kolonisirt und zu einem bedeutenden Kulturlande umgestaltet wurde. Verhängnißvoll für Amerika ist die Einführung der äthiopischen Rasse und der Negersklaverei geworden, welche zu Zuständen führte, deren Ende sich noch nicht absehen läßt. Die Auffindung einer neuen Welt im Westen durch den Genuesen Columbus im Jahre 1492 war eines der großartigsten Ereignisse, welches dem Verlaufe der Weltgeschichte eine neue Richtung vorzeichnete. Ein neues Feld des Strebens, des

Begehrens, des Reichthums, des Ruhmes, des Wissens entstand, das zurückwirkte auf die alte Welt, die ihm durch ihre Auswanderer die ersten An-
regungen zu einem thätigen Eintreten in die Geschichte gab. Nach Verlauf
von drei Jahrhunderten stand Amerika selbständig da. Immer mehr gewinnt der wechselseitige Verkehr, der Handel zwischen ihm und der alten
Welt an Bedeutung; durch die Dampfschifffahrt und die Telegraphen ist
Amerika uns nahe gerückt; der Strom unserer Auswanderung ergießt sich
dorthin, unser Handel hat dort eines der bedeutendsten Absatzgebiete, während umgekehrt Amerika's Produkte bei uns den dankbarsten Markt finden.

1. Britisch-Nordamerika.

165,756 Quadratmeilen.   4,300,000 Bewohner.

Bei den Versuchen eine nordwestliche Durchfahrt zu finden (S. 30)
ist das heutige Britisch-Nordamerika entdeckt worden. Es war in dem am
Lorenzstrom gelegenen Theile, in Canada, zuerst französisches Besitzthum
und ging erst im Frieden von Paris 1763 an die Krone England über.
Für die Handelsgeschichte sind die weiten Landschaften, die sich vom atlantischen bis zum stillen Ozean ausdehnen von einer eigenen Bedeutung gewesen, indem hier die Geschichte einer der merkwürdigsten Handelscompagnien
sich abspielte. Der Pelzhandel war es, welcher den weißen Mann vom
Lorenzstrom bis an die Küsten des Eismeeres, an die Felsengebirge und
darüber hinaus zum stillen Ozean führte. Die ersten Pelzhändler waren
französische Canadier, die als Coureurs des Bois und Voyageurs die Wälder und das Labyrinth der canadischen Seen und Ströme durchzogen, dabei
von den leicht transportabeln indianischen Birkenrindenkähnen unterstützt.
Auch die Engländer beuteten, als das Land in ihren Besitz kam, den Pelzhandel gehörig aus, wobei das Land durchforscht und mit kleinen Forts
und Handelsposten im Indianergebiet bedeckt wurde. Schon im Jahre 1670
war vom englischen Prinzen Ruprecht die Hudsonsbai-Compagnie
gegründet worden, welche vom Könige mit einem ausschließlichen Monopol
für alle um jene genannte Bai liegenden Landschaften versehen wurde. Trotz
ihrer einträglichen Operationen, oder vielmehr weil das Monopol ihr ein
bequemes Verdienst verschaffte, hatte die Compagnie, solange Canada in
französischen Händen blieb, ihr Geschäft sehr lässig betrieben. Die canadischen Pelzhändler, ihre Concurrenten, waren im Jahre 1783 als Nordwest-Compagnie zu einer gemeinschaftlichen Handelsgesellschaft zusammengetreten. Das ganze Geschäft nahm hierauf einen großartigen Aufschwung
und alle arbeiteten vereint um die Hudsonsbai-Compagnie auszustechen. Zur
Zeit ihrer Blüthe besaß die Nordwest-Compagnie 50 Agenten, 70 Dol-
metscher und 1120 Voyageurs. Der Haß zwischen beiden Gesellschaften
war so groß, daß er zu einem förmlichen blutigen Krieg in den fernen
Wäldern führte, der namentlich 1816 stark wüthete und erst 1821 sein
Ende fand. Dabei kamen die Finanzen beider Parteien mehr und mehr
herunter und auch der Ertrag der Jagd nahm verhältnißmäßig ab. Die

selbstmörderische Concurrenz vermehrte die Kosten und so konnte dann die Hudsonsbai-Compagnie, die früher 25, ja 50 Prozent Dividende gezahlt hatte, 1808 und 1814 nicht einen Schilling zahlen. Unter diesen Umständen reichten die erbitterten Feinde sich die Hände und verschmolzen sich, 1821, zu einer einzigen, der neuen Hudsonsbai-Compagnie. Die günstigen Folgen ließen nicht lange auf sich warten und nach einigen Jahren zahlte die Gesellschaft bereits wieder 10 Prozent Dividende. Sie besaß 1837 schon 136 Handelsstationen und 1200 Reisende. Der Werth der jährlich nach England eingeführten Felle betrug gegen 200,000 Pfd. St. Aber unsere Tage sind den Monopolen und großen Handelsgesellschaften nicht günstig; auch die Hudsonsbai-Compagnie ging zu Ende. Die Aktieninhaber wurden von der britischen Regierung entschädigt und 1869 erlosch die Gesellschaft gänzlich.

Britisch-Nordamerika bestand bis 1867 aus einer größeren Menge Staaten als heute. Am 29. März wurden Ober- und Unter-Canada, Neuschottland und Neubraunschweig zu einem Dominion of Canada zusammengefaßt und die Vancouver-Insel mit Britisch-Columbia vereinigt. Britisch-Nordamerika hat jetzt folgende Zusammensetzung:

Dominion of Canada 153,745 C.-M.	3,989,000	Einwohner
Neu Fundland . . 1,890 „	130,000	„
Prinz Eduard Insel 102 „	90,000	„
Britisch-Columbia . 10,018 „	·54,600	„

Produkte. Britisch-Nordamerika ist ein außerordentlich produktenreiches Land, in dem noch ungeheure Striche der Hände warten, welche sie urbar machen sollen. Zumal die südlichen Theile gehen einer schönen Zukunft entgegen, während der Norden, zum Theil im ewigen Eise erstarrt, keine Aussicht auf eine Cultivirung im größeren Maßstabe besitzt. Weizen, Roggen, Gerste, Hafer und die übrigen Culturpflanzen des gemäßigten Europa werden mit Erfolg angebaut. Die große Sommerhitze ist dem Maisbau sehr günstig und die Canadagerste hat den ersten Preis auf dem amerikanischen Markte. Großartige Waldungen bedecken noch weite Striche, besonders in Ober-Canada, am Felsengebirge, in Columbia. Nadelhölzer, worunter die Weymouthkiefer, herrschen vor und liefern schönes Nutzholz, namentlich für den Schiffsbau zur Ausfuhr. Der Zuckerahorn liefert Zucker, die Balsamfichte canadischen Balsam. Alle europäischen Hausthiere sind mit Erfolg in Britisch-Nordamerika eingeführt. Noch immer von großer Wichtigkeit ist die Jagd auf Pelzthiere. Zu den werthvollsten Thieren dieser Art gehört der schwarze Bär oder Baribal; neben ihm kommen der braune und der graue Bär, im Norden der Eisbär vor. Im ganzen Gebiete ist der Schupp oder Waschbär noch häufig; er liefert einen ganz bedeutenden Theil der Pelzausfuhr; an ihn schließen sich das Wolverene an, eine Art Vielfraß, der Edelmarder, das Hermelin und Chinga oder Stinkthier, der schwarze Fuchs, der Sumpfotter, der Luchs, der seltener werdende Biber und die häufige Bisamratte. Auch der Büffel, einst so häufig im Westen, ist in der Verminderung begriffen. Von hoher Bedeutung ist der Fischfang. Der Lorenzstrom, der Frazer und die übrigen in den stillen Ozean fallenden Ströme sind überreich an Lachsen; der Stockfischfang im

Lorenzbusen und bei Neu-Fundland ist der ergiebigste der Welt. Außer Engländern und Franzosen haben nur noch die Nordamerikaner das Recht, auf den berühmten Bänken von Neufundland zu fischen; denn als England die Unabhängigkeit der Union anerkennen mußte, sicherte sich letztere im Frieden ausdrücklich den Mitgenuß der neufundländischen Fischereien. Welche Wichtigkeit müssen aber diese in der That haben, wenn sie fortwährend zwischen den mächtigsten Staaten ein Zankapfel und ein Gegenstand besonderer Tractate waren! Die Engländer beschäftigen dort in manchen Jahren 1500 Schiffe mit 14,000 Matrosen, und es werden von ihnen durchschnittlich 40—50 Millionen großer Fische gefangen; die Amerikaner über 2000 Schiffe mit 20,000 Matrosen; die Franzosen 200 Schiffe mit 3000 Mann, so daß man nach diesen Zahlen sich einen Begriff von dem Reichthum des Fanges machen kann. Die „große Bank" im Osten Neufundlands, die wichtigste von allen, dehnt sich in einer Länge von ungefähr 600 und einer Breite von 200 englischen Meilen aus. — Bedeutend sind auch die Schätze des Mineralreichs. Der Westen, namentlich die Vancouver-Insel und Britisch-Columbia, sind reich an Gold, das dort unter denselben Verhältnissen wie in Californien gefunden und gegraben wird; es kommt in größerer Menge auch in Neuschottland vor. Von Eisenerzen findet sich besonders Magnet- und Titaneisen, Chromeisen, dann Kupfer in großartiger Menge am Oberen See. Auch sind Steinkohlen, Gips, Marmor, Salz vorhanden. Steinkohlen, namentlich auf der Cap-Breton-Insel und auf Vancouver. Auch ist neuerdings Petroleum entdeckt worden.

Industrie und Handel. Die Gewerbthätigkeit ist noch gering entwickelt. Die Hauptbeschäftigungen der Bevölkerung sind noch Ackerbau, Viehzucht, das Holzfällen und der Schiffsbau. Es gibt einige Eisenhütten, viele Mühlen und in den Wäldern Pottaschesiedereien und Theerschwelereien von großem Umfange. Der Handel wird hauptsächlich mit Großbritannien und den Vereinigten Staaten getrieben. Holz, Mehl, Getreide, Pelzwerk, Kupfererz, Fische sind die wichtigsten Ausfuhrprodukte, wofür die verschiedenartigsten europäischen Industriewaaren eingeführt werden. Der Gesammtwerth der Ein- und Ausfuhr betrug 1865 in Canada (in seiner alten Ausdehnung) 18,146,141 Pfd. St., nämlich 9,295,931 Pfd. St. für eingeführte und 8,850,210 Pfd. St. für ausgeführte Waaren und Produkte. Mit dem aufblühenden Handel in Verbindung stehen die **Verkehrsmittel.** Die Eisenbahnen (S. 71) erstrecken sich durch das den Ver. Staaten benachbarte Gebiet. Telegraphen (S. 78). Der Dampfverkehr mit England und den Vereinigten Staaten ist ein regelmäßiger. Die im Jahre 1865 in sämmtlichen canadischen Häfen eingelaufenen Schiffe hatten einen Gehalt von 5,147,622 Tonnen. **Münzen, Maß und Gewicht** sind die englischen.

Handelsstädte.

Quebek am Lorenzostrom, 65,000 Einw., hat guten Hafen, starken Schiffsbau. — **Montreal,** auf einer Insel im Lorenzostrom, 95,000 Einw., der wichtigste Handelsplatz in Britisch-Nordamerika; Pelzhandel. — **Ottawa,** 17,000 Einw. Holzhandel. — **Kingston,** 20,000 Einw., am Ontario-See,

Mehl- und Getreidehandel. — Toronto 55,000 Einw., am Ontario-See, starker Handel mit den Ver. Staaten. — St. Johns, 30,000 Einw., Hafenstadt in Neubraunschweig, Frederikstown, 5000 Einw., Holz-, Eisen-, Pottasche- und Steinkohlenhandel. — Halifax, 35,000 Einw., wichtige Hafenstadt in Neuschottland, Station der europäischen Dampfer, Banken. — Charlottetown, 5000 Einw. auf der Prinz-Edwards-Insel. Viehausfuhr. — St. Johns, Hauptstadt von Neufundland, 22,000 Einw., guter Hafen, Station für die Kabeljaufischerei. Ebenso Placentia und Grace-Harbour mit je 6000 Einw. — Victoria auf der Bancouverinsel. — Neu-West-minster am Frazer in Columbia.

Die französischen Inseln St. Pierre und Miquelon, 3,8 Quadrat-meilen, 4000 Einw. Sie liegen bei Neufundland und dienen zur Betrei-bung der Kabeljaufischerei.

Die Bermudas oder Sommerinseln, 1 Q.-M., 12,000 Einw., 145 Meilen von der amerikanischen Küste gelegen und den Engländern gehörig. Sie liegen in der großen nach Amerika führenden Fahrbahn und zeichnen sich durch ein mildes Klima aus. Die Bewohner treiben Schiffsbau (aus dem heimischen Cedernholz), Stroh- und Palmettoflechterei, Fischerei und Walfischfang. Nicht unbedeutend ist der Handel. Arrowroot, Salz, Bau-steine, Cedernholz werden ausgeführt. Als Handels- und Erfrischungsstation sind sie von Wichtigkeit.

2. Die Vereinigten Staaten.

168,385 Quadratmeilen. 40,000,000 Bewohner.

Die Vereinigten Staaten von Nordamerika zeigen eine der rapidesten Entwicklungen, welche die Weltgeschichte kennt. Wo im 16. Jahrhundert durch Franzosen, Spanier, Niederländer und Engländer eine Reihe Rand-colonien errichtet wurden, die später zu einem Ganzen zusammenschmolzen und unabhängig vom Mutterlande wurden, wo 1800 erst wenig über 5 Millionen Menschen wohnten, da gedeihen heute 40 Millionen und ist für hunderte von Millionen noch genügender Platz. Groß gezogen aber wurde dieses Land nicht von Spaniern oder Franzosen, die im Anfange dort mit saßen, sondern von thatkräftigen, arbeitsamen Germanen, die der Drang nach politischer und religiöser Freiheit dorthinüber führte. Athemlos war das Vordringen in die Waldlandschaften, zum Mississippi, darüber hinaus in die Prärien und Felsengebirge bis nach Oregon und Californien. Aus Thatendurst, aus Bewegungslust und Gewinnsucht wälzte sich, Wildnisse urbar machend, ungeheure Länderstrecken durch Eisenschienen verbindend und wie durch Zaubermacht ein wohlgeordnetes Gemeinwesen auf der nämlichen Stelle gründend, die Völkerwanderung des 19. Jahrhunderts nach Westen. Tüchtig war im großen Ganzen die germanische Bevölkerung, die einrückte, sie brachte den tausendjährigen Schatz europäischer Erfahrungen als Mitgift: daß aber solche Resultate, wie sie vor uns stehen, erzielt wurden, bleibt das Verdienst der freien Einrichtungen und des Associationsgeistes jener Pflanz-

staaten Englands, die zu einem der mächtigsten Reiche emporwuchsen, nach=
dem sie 1774 das Joch des engherzigen Mutterlandes abgeschüttelt hatten.
Engländer, Schotten, Deutsche bilden die Hauptmasse der nordamerikanischen
Bevölkerung, in die Elemente aller übrigen Nationen sich einmischen, wenig
zum Vortheil des Ganzen die rohen Irländer. Verhängnißvoll wurde die
Negersklaverei für die Vereinigten Staaten, die in deren südlichem Theile
bis 1865 herrschte und erst nach einem vierjährigen, grausamen Bürger=
kriege ausgerottet werden konnte, unter dessen Folgen in politischer, mora=
lischer, wie wirthschaftlicher Beziehung die Union jetzt noch stark leidet.

Landwirthschaft. Ueber 24 Breiten= und 60 Längengrade in seinem
zusammenhängenden Körper ausgedehnt — abgesehen von dem nördlich ge=
legenen an das Eismeer gränzenden Territorium Alaska — von den Wende=
kreisen bis an die nordische Seenplatte reichend, zeigen die Vereinigten
Staaten eine außerordentliche Abwechslung im Klima und dadurch bedingt
eine außerordentliche Verschiedenheit der Produkte. Namentlich sind es die
östlichen Staaten, dann Ohio, Virginien, Kentucky, Tennessee, Indiana, Il=
linois, Michigan, Jowa, Wiskonsin, Minnesota, die vortrefflich zum Anbau
des Weizens sich eignen. Einen außerordentlich reichen Ertrag liefert der
Mais, das eigentliche amerikanische Korn. Dazu gesellen sich Roggen,
Gerste, Buchweizen, Hafer. — Der Tabaksbau ist seit 1611, als er in
Virginien eingeführt wurde, zu einem der wichtigsten nordamerikanischen Er=
werbszweige geworden, er wird in allen Staaten, namentlich aber zwischen
dem 34 und 40° nördl. Br. cultivirt. Indessen hat seine Production in
den letzten Jahren abgenommen. 1866 wurden 325 Millionen Pfund ge=
baut, 1867 nur 250 Mill. Pfund. Reis wird besonders in den sumpfigen
Küstenstaaten von Süd=Carolina und Georgia, namentlich in dem ersteren
Staate gebaut. Man exportirt etwa 200 Mill. Pfund. Von außeror=
dentlicher Wichtigkeit ist und bleibt die Baumwolle, die im Süden des
34. Breitengrades von der Küste bis über den Mississippi hinaus und bis
an den mexikanischen Golf in verschiedenen Abarten gebaut wird, unter
denen Sea=Island und Upland die geschätztesten sind. Die Baumwollen=
ernte der Vereinigten Staaten erlitt durch den Bürgerkrieg und die Auf=
hebung der Negersklaverei einen harten Stoß; sie ist in der letzten Zeit auf
die Hälfte des früheren Ertrags herabgesunken, während gleichzeitig die Pro=
duktion der Baumwolle in Ostindien sich um das vierfache hob. Der Ertrag
stellte sich in Tausenden von Ballen à 450 Pfund

im Jahre 1859/60 4610. Dagegen 1866/67 1952 tausend Ballen
" " 1860/61 3656. " 1867/68 2440 " "
" " 1861/62 5800. " 1868/69 2439 " "

Alabama, Georgia, Südcarolina, Mississippi, Louisiana, Tennessee,
Texas sind die wichtigsten Baumwollenstaaten. Die Zuckercultur, 1751
von den westindischen Inseln eingeführt, ist über Louisiana, Texas, Florida
und Südcalifornien verbreitet. Ahornzucker wird, namentlich in den nörd=
lichen und westlichen Staaten, gegen 40 Mill. Pfund gewonnen. Daran
reihen sich Flachs, Hanf, Hopfen (120,000 Ctr. Produktion), Seidenbau,
Obstzucht namentlich in Californien. Im letzteren Lande entwickelt sich durch

deutsche Winzer auch mehr und mehr der Weinbau, der außerdem bei Cin-
cinati, Sandusky, Cleveland, Pittsburg glänzende Erfolge erzielt. So viel
Land auch der Ackerbauthätigkeit in den Vereinigten Staaten schon gewonnen
ist — es bleibt noch außerordentlich viel zu bestellen übrig. — Im Verein
mit dem Ackerbau dehnt sich die Viehzucht mehr und mehr aus. Butter
und Käse wurden in großen Mengen exportirt. 1867 zählte man 25½
Mill. Stück Rindvieh, 33 Mill. Schafe, zum Theil edle Rassen, 33½ Mill.
Schweine und 6 Mill. Pferde. Die jährlich gewonnene Schafwolle hat
einen Werth von 6 Mill. Dollars.

Fischfang und Jagd. Die Nordamerikaner sind in besonders starker
Weise bei der großen Fischerei vertreten, wie S. 26 gezeigt worden ist.
Außer der großen Fischerei aber nimmt der Kabeljaufang bei Neufundland
eine wichtige Stelle ein, dann der Makrelenfang; die westlichen, zum Stillen
Ozean führenden Ströme, zumal der Columbia, sind reich an Lachsen, die
von dort ausgeführt werden. Längs der ganzen Küste sind Austern in
ungeheurer Anzahl vorhanden. Der Ertrag der gesammten Fischerei wird
auf 13 Mill. Doll. angegeben. — Die einst so bedeutende Jagd auf Pelzthiere hat sich mehr und mehr verringert und erreicht lange nicht die Bedeutung, wie in Britisch-Nordamerika. Auch die Büffel werden seltener und
damit nimmt der einst schwunghaft betriebene Export von Büffelhäuten mehr
und mehr ab. — Sehr reich sind, trotz großer Verwüstungen von Seiten
der Menschen, die Vereinigten Staaten noch an Nutzhölzern, namentlich in
Maine und den Nordweststaaten. Der Ertrag an Nutzholz, Theer, Pottasche, Terpentin beläuft sich auf 100 Mill. Doll.

Mineralschätze. Was auch Asien und das metallreiche Südamerika an
Schätzen des Erdinnern liefern mögen, es wird übertroffen von dem Reichthum der Vereinigten Staaten, die an nutzbaren und edlen Metallen, an
Eisen und Kohlen alle Länder der Welt übertreffen. Der Gesammtflächen-
inhalt der Ablagerungen von gewöhnlichen Steinkohlen wird nach den
neuesten Schätzungen auf 394,216 englische Quadratmeilen, d. h. etwa den
zehnten Theil des Gesammtgebietes der Union angegeben; das Areal der
Anthrazitkohle auf 470 engl. Quadratmeilen; je nach der verschiedenen Mächtigkeit der Flöze gerechnet besitzen die Vereinigten Staaten allein an
Anthrazitkohle über 26,000 Millionen Tonnen Kohlen. Von 1820 bis 1870
sind bereits 29 Millionen Tonnen gefördert worden. Der gegenwärtige
Verbrauch ist etwa 1½ Millionen Tonnen im Jahre. Am bedeutendsten
sind die Kohlenlager Pennsylvaniens, dann die großen appalachischen Kohlenfelder zwischen Pennsylvanien, Ohio, Kentucky, Tennessee und Virginien. Die
Roheisenproduction der Vereinigten Staaten betrug 1868: 1,574,800
Tonnen. Fast eine Million Tonnen werden allein in den Hochöfen Pennsylvaniens erblasen. Der größere Theil dieser Massen findet in den Eisenbahnen seine Verwendung; trotzdem muß noch Eisen aus England eingeführt
werden. Kupfer kommt in unerschöpflicher Fülle, namentlich aus Michigan
und Tennessee, Zink und Nickel namentlich aus Pennsylvanien; Californien
ist das reichste Quecksilberland der Erde. — Der Gold- und Silber-
reichthum der Union, namentlich Californiens und Nevada's ist sprichwört-
lich geworden. Goldbarren und Goldstaub wurden seit der Entdeckung der

californischen Goldfelder im Jahre 1848 bis Ende Juni 1862 im Werthe von mehr als 575 Millionen Dollars an die verschiedenen Münzämter der Union eingeliefert und daselbst umgeschmolzen. Davon lieferte Californien allein 541 Millionen. Aus offiziellen Berichten geht hervor, daß von 1848 bis einschließlich 1866 die Goldproduktion Californiens überhaupt, das ausgeführte Gold eingerechnet 1000 Millionen Dollars erreichte. Indessen ist die Produktion in der Abnahme begriffen. Sie betrug 1852 noch 57 Mill. Dollars, 1862 noch fast 35 Mill. Dollars, 1868 aber nur noch 20 Millionen Dollars. Was die Silberproduktion betrifft, so tragen die in den letzten Jahren sehr ergiebigen Nevadaminen allein ein Viertel zur gesammten Menge des auf der Erde gewonnenen Silbers, nämlich 16 bis 17 Millionen Dollars bei. Neben Metallen und Kohlen ist noch ein überaus wichtiges Produkt des Mineralreichs zu nennen, das im Handel einen großen Umschwung herbeiführte und selbst auf die Landwirthschaft (Bau der Oelfrüchte) zurückwirkte, nämlich das Petroleum. Es findet sich in mehreren Staaten der Union, am ergiebigsten aber im westlichen Pennsylvanien, wo von 1860 bis 1864 die Oelquellen fortwährend in größerer Masse entdeckt wurden und einen reichen Exportartikel liefert. An Salz ist mehr als genug vorhanden, in Westvirginien (am großen Kanawha) und Neu-York wird es massenhaft gewonnen.

Industrie. Diese steht keineswegs auf der Höhe der Zeit und hätte bei vernünftigeren Maßnahmen einen ganz andern Aufschwung nehmen können. Die Hauptindustrien sind die Eisen-, Leder-, Baumwollen- und Wollenindustrie. Ueber die Eisenproduktion haben wir schon gesprochen; Amerika leistet schon vortreffliches in der Verarbeitung des Eisens, namentlich in der Herstellung sinnreicher Maschinen, die selbst den europäischen Markt erobert haben. Landwirthschaftliche und Nähmaschinen stehen hier oben an. Etwa ein Fünftel der fabricirten Nähmaschinen geht in's Ausland; auch Uhren (Yankee-clocks) werden exportirt. Was die übrigen Hauptindustrien betrifft, so ist Boston für sie der maßgebende Markt. Denn während 1869 der Produktionswerth der verschiedenen Lederfabrikate für die Union ein Kapital von 246 Millionen Dollars repräsentirte, betrug das von Massachusetts allein 108 Millionen Dollars; ebenso befinden sich von 6½ Mill. Spindeln in den Baumwollspinnereien der Vereinigten Staaten 5 Mill. in Neu-England (den nordöstlichen Staaten); ähnlich ist das Verhältniß in der Wollindustrie. Durch hohen Zoll auf Häute und Lohe hat man die Schuh- und Stiefelfabrikation sehr zurückgebracht. Während 1863 der Exportwerth derselben noch 1,329,000 Dollars betrug, war er 1869 schon auf 476,050 Doll. gesunken. Der eigene Consum an Baumwolle, welcher 1861 558,600 Ballen betragen hatte, war 1869 auf 998,806 Ballen, die Zahl der Spindeln von 5,235,727 auf 6,380,061 in derselben Zeit gestiegen. Der Export an Baumwollwaaren aber ist zurückgegangen. Während 1866 ohne jede Protektion von Seiten des Staates für fast 11 Millionen Golddollar exportirt wurden, betrug 1869 der Export nur 5,871,000 Papierdollars. Bedenkt man, daß Amerika das Mutterland der schönsten Baumwolle ist, so muß dieser Stand der Baumwollenindustrie im Vergleiche mit England (S. 88. 90) ein durchaus ungünstiger genannt werden. Auch die Wollindustrie, welche 1869 nur für 160,000 Dollar exportirte, hat sehr gelitten, man fabrizirt nur gröbere Tuchsorten, aus den billigen Rohstoffen Californiens. Die Seiden-Industrie der Ver. Staaten repräsentirte im Jahre 1869 einen Werth von 20 Millionen Thaler und wurde Rohseide zur Verarbeitung im Betrage von 6 Millionen Thaler eingeführt. Es besteht bereits eine ziemliche Anzahl von Seidenfabriken, wie in Patterson, New-Jersey, mit 75,000 Spindeln und 3500 Arbeitern. In Philadelphia gibt es deren etwa 20, die 1500 Frauen und Mädchen beschäftigen und ein Betriebskapital von 1,500,000 Doll. repräsentiren. Aehnliche Spinnereien und zwar in größerer Anzahl, bestehen in New-York, Connecticut und Massachusetts, mit einem Capital von fünf Millionen Thalern und etwa tausend Arbeiter beschäftigend. Die bedeutendsten Fabriken trifft man zu Hartfort, Connecticut. Andere hervorragende Industrieerzeugnisse sind noch Mehl, Zucker, Spirituosen, Bier, Papier, Seife, Kerzen und verarbeitetes Holz. Mit Einführung der Rübenzuckerfabrikation werden Versuche gemacht.

Handel. Mitten zwischen Europa und Asien hineingestellt, die beiden größten Ozeane unserer Erde beherrschend, versehen mit einer vortrefflichen Küstenentwicklung, mit einem riesigen Stromsysteme, großartigen künstlichen Verkehrsmitteln, überreich an Produkten und von zähen, thätigen, überaus erwerbslustigen Menschen bewohnt, haben die Vereinigten Staaten eine Handelslage ersten Ranges. Der Handel ist auch, trotz vieler Hemmnisse in einem stetigen Aufschwunge gewesen, wenn gleich in der letzten Zeit in Folge eines unvernünftigen Zolltarifs und einer höchst unwürdigen Papiergeldwirthschaft in demselben eine arge Demoralisation, ein Hang zu betrügerischen Bankerotten und Schmuggel sehr unvortheilhaft sich breit machen. Diejenige Solidität, die wir in Deutschland und England im Handel hoch schätzen, fehlt leider in den Vereinigten Staaten. Der Binnenhandel ist besonders lebhaft im Westen, an den großen Seen; der Küstenhandel ist nur in den Händen der Amerikaner. Was den auswärtigen Handel angeht, so wird dieser überwiegend und in erster Reihe mit England betrieben, sowohl was Import als Export anbetrifft; es folgen dann Frankreich, Cuba, Canada, Deutschland, China, Spanien, Brasilien. Der Werth der Gesammteinfuhr im Fiscaljahr (1. Juli bis 30. Juni) 1867 betrug an Contanten 22,308,345 Doll., an Waaren 389,924,977 Doll., zusammen 412,233,322 Doll. Dagegen stellte sich der Werth der Gesammtausfuhr einheimischer Produkte und Contanten in demselben Jahre auf Contanten 55,116,384 Doll., Produkte 385,722,420 Doll., zus. 440,538,834 Dollars. Außerdem noch circa für 5 Mill. Doll. fremde Waaren und Contanten. Die eingeführten Waaren bezahlen zwischen 80 und 100 Prozent Zoll, selbst Bücher sind hoch besteuert. Die wichtigsten Einfuhrartikel sind Thee, Kaffee, Leinöl, Rohseide, Wolle, Uhren, Baumwollwaaren, Leinwand, Handschuhe, Häute, Seidenwaaren, Cigarren, Weine, Wollwaaren, Tuche u. s. w. Die wichtigsten Ausfuhrartikel dagegen sind: Fische, Holz, Pelzwerk, Getreide und Mehl, Baumwolle, Tabak, Petroleum, Kohlen, Eis, Kupfer, Quecksilber, Gold, Silber, Schweinefleisch, einzelne Industrieprodukte. Der Export von Getreide und Mehl betrug 1869 allein

10½ Millionen Hektoliter. Die Vereinigten Staaten sind für Petroleum das erste Handelsgebiet der Welt. Die Ausfuhr betrug 1867 schon über 67 Millionen Gallonen, 1868 dagegen 99,281,750 Gallonen, von denen der vierte Theil nach Deutschland ging, abgesehen von dem was über Antwerpen, Rotterdam u. s. w. nach Deutschland ausgeführt wurde. Der Hauptausfuhrhafen ist New-York (1868 gegen 54 Millionen Gallonen), trotzdem dieses den Erdölquellen ferner als Philadelphia liegt, welches 1868 40½ Mill. Gallonen ausführte. Boston, Baltimore und einige kleinere Plätze sind im geringeren Maß bei der Ausfuhr betheiligt. Die Preise per Gallon schwankten zwischen 22 und 34 Dollars.

Wie schon aus der oben mitgetheilten Produktionsliste ersichtlich, nahm die Erzeugung der Baumwolle in den letzten Jahren bedeutend ab und damit auch der Export; Ostindien überflügelt bereits die Vereinigten Staaten auf dem Markte und andere Länder wie Aegypten, Brasilien u. s. w. beginnen starke Concurrenz zu machen. Wie hier der Bürgerkrieg wirkte, sieht man aus den nachstehenden Zahlen. Es wurde an Baumwolle exportirt (in den Fiscaljahren, endend 30. Juni)

1856	1,351,431,701	Pfund.	128,382,351	Dollars Werth	
1860	1,767,686,338	„	191,806,555	„	
1862	5,010,011	„	1,161,243	„	„
1867	665,576,314	„	143,908,801	„	„

Banken. Diese zeigen ein sehr unerfreuliches Bild, eine ebenso unerfreuliche, an Schwindel reiche Geschichte. Es gibt privilegirte und nicht privilegirte Banken, seit 1814 auch Banken mit „Charter", d. h. Korporationsrechten, welche die Befugniß einräumen, nur bis zum Betrage des zur Bank eingeschossenen Kapitals für die Schulden der Bank zu haften. Erst 1791 fühlte man das Bedürfniß einer über die ganze Union verbreiteten Bank neben den schon bestehenden Lokalbanken und gründete die Bank der Vereinigten Staaten mit einem Kapital von 10 Mill. Dollars. In Folge des Krieges mit England mußte 1812 die Bank ihre Baareinlösung der Noten einstellen. 1816 wurde eine neue Bank gegründet mit 350,000 Aktien im Betrage von je 100 Dollars. Am 1. Januar 1835 hatte diese Bank über 17 Millionen Dollars Notenumlauf und gegen 16 Millionen Dollars Metallgeld. Daneben bestanden 557 meist schwindelhafte Lokalbanken, gegen welche der Präsident Jackson energische Maßregeln ergriff. 1842 brach eine große Krisis aus, in Folge deren eine Menge Banken ihre Zahlungen einstellten. Der mächtige Spekulationsgeist, der das ganze amerikanische Volk beseelt, wird durch das Bankwesen ungemein begünstigt. So sind die Güter der Landbauern, Kaufleute und Handwerker, die Aktien der Eisenbahnen den Banken meist verpfändet. Diese ungeheure verpfändete Gütermasse wird demnach von den Bankspekulationen abhängig. Die Güter sind zwar im produktiven Gebrauch ihrer Besitzer, cursiren jedoch zu gleicher Zeit als Geldeswerth und scheinen auf doppelte Weise die Produktion zu befördern; allein dadurch, daß sie als verpfändet circuliren, kommen sie in den Bereich der Spekulation. Die furchtbare Geld- und Handelskrisis 1857 und 1858 war die Folge eines leidenschaftlichen Spekulationsgeistes. Im Jahre 1865 hatte sich in Folge des Krieges und durch die Finanzgesetzgebung von 1863 geschaffene Nationalbankakte die Zahl der Banken auf 1628 sog. Nationalbanken und 321 Staatsbanken vermehrt. Erstere erlegen als Sicherheit Vereinigte Staaten-Obligationen beim Schatzamte der Union und erhalten dafür 90 Prozent des Marktwerthes derselben in Noten, welche sie als Geld in Umlauf setzen. Dadurch ist die einzige Sicherheit der Deponenten wie für das Publikum auf den Credit der Union gegründet. Unter dem früheren System der Einzelstaaten bildete Gold die Basis für die Solidarität einer Bank; jetzt vertreten ungeheure Massen Papiergeld diese Stelle. (1870 700 Mill. Dollars.)

Verkehrsmittel. Kein zweites Land ist reicher an natürlichen und künstlichen Verkehrsmitteln als die Vereinigten Staaten. Ihr Seen- und Stromsystem steht unübertroffen da und bietet der Flußschiffahrt ein ungemein ausgedehntes Feld der Thätigkeit. Im Nordosten liegt das Wassersystem des Lorenzstroms, welcher der größten zusammenhängenden Fläche süßen Wassers, den canadischen Seen zum Abflusse dient. Nur der Michiganfee liegt ganz im Bereiche der Vereinigten Staaten; der Huron, Obere-, Ontario- und Eriesee grenzen auch an Britisch-Nordamerika. Das zweite große Flußsystem, die Mitte oder das Becken der Vereinigten Staaten einnehmend, ist das des Mississippi, des „Vaters der Ströme", der ohne Unterbrechung von den St. Antonyfällen bis zu seiner Mündung in den mexikanischen Golf schiffbar und die Hauptpulsader für das fruchtbare Land im Westen ist. Mächtige Zuflüsse von beiden Seiten, wie der Missouri und Arkansas, der Illinois und Ohio mit dem Tennessee eröffnen noch weithin zu beiden Seiten das Land. Zahlreich ist auch die Reihe der schiffbaren Ströme, die in den atlantischen Ozean und den mexikanischen Golf eilen. Die verschiedenen Stromsysteme sind untereinander mit den großen Seen im Norden und dem Meer durch ein ausgedehntes Kanalsystem verbunden, das namentlich dem Absatze der Produkte des Westens nach den Seehäfen förderlich ist. Die wichtigsten Kanäle sind der große Eriekanal im Staate New-York, welcher mit seinen Verzweigungen den Verkehr des Hafens von New-York mit dem Nordwesten unterhält; der Chesapeat-Ohiokanal in Maryland und Virginien; im Westen der Ohio-Eriekanal, der den Ohio mit den Seen verbindet, bei Portsmouth beginnt und bei Cleveland am Erie endigt; der Wabash-Eriekanal, welcher ebenfalls diesen See mit dem Ohio verbindet, sowie der Centralkanal, der sehr wichtige Illinois-Michigankanal von Chicago nach La Salle am Illinois. 1868 besaßen die Vereinigten Staaten 4500 Meilen Kanäle, welche über 100 Millionen Dollars gekostet hatten.

Seit wir (S. 68) die Ausdehnung der nordamerikanischen Eisenbahnen besprochen, sind neuere Mittheilungen über dieselben erschienen. Im Jahre 1869 wurden nicht weniger als 6588 englische Meilen gebaut; man leistete in einem Jahre, was sonst in sechs geschah und nicht weniger als 24,500 engl. Meilen waren noch im Bau begriffen. In Betrieb waren zu Anfang 1870 nicht weniger als 48,860 engl. Meilen, welche 2,212 Millionen Dollars gekostet hatten. An der Spitze der Bahnen stand Pennsylvanien mit 5014 engl. Meilen, es folgten Illinois mit 4707, Ohio mit 3723, New-York mit 3636 engl. Meilen.

Die Handelsflotte (S. 47) ist bedeutend im Rückgang begriffen.

Es ist noch nicht lange her, daß die Amerikaner, denen wir die Erfindung der Klipper- und Panzerschiffe verdanken, als die ersten Schiffsbaumeister der Welt dastanden. Vor dem großen Bürgerkriege waren über 3 Millionen Tonnen ihrer Handelsmarine im ausländischen Handel beschäftigt, 1870 vermittelte nur eine Million noch den Verkehr mit fremden Ländern. Wäre es nicht die Küstenschifffahrt, welche den amerikanischen Schiffen vorbehalten ist, so würde die amerikanische Flotte fast vor der Concurrenz der anderen Nationen verschwunden sein. Seitdem im Schiffsbau Eisen eine Rolle spielt, kann der Amerikaner mit England nicht mehr gleichen Schritt halten, welches die Schiffe um die Hälfte billiger liefert. — Auch in der Dampfschifffahrt auf dem Ozean sind die Amerikaner zurückgeblieben; der Verkehr mit Europa wird durch europäische Dampferlinien (S. 54) besorgt. Im Besitze der Amerikaner sind die Küstenlinien, ferner jene von Japan nach San Francisco und die 1870 eröffnete Linie San-Francisco-Reuseeland-Sydney. — Ueber das Postwesen vergleiche S. 61.

Geld, Maß, Gewicht. Goldmünze ist der Dollar à 100 Cents = 4 Schilling 1,$_4$ Pence = 5,$_{2544}$ Goldfrank. — Längenmaß: 1 Yard = 0,$_{9144}$ Meter. 1 Meile = 1760 Yard = 1,$_{609}$ Kilometer = 0,$_{217}$ deutsche Meilen. Getreidemaß: 1 Bushel = 8 Gallons à 4 Quarts à 2 Pints à 2 Gills = 35,$_{237}$ Liter. Flüssigkeitsmaß: 1 Anker = 9 Gallon. 1 Gallon = 3,$_{7852}$ Liter. 1 Bier-Gallon = 4,$_{62}$ Liter. Gewicht wie in England.

Einwanderung. Die Vereinigten Staaten sind vermöge vieler Vorzüge das wichtigste Ziel der europäischen Auswanderung, die sich einem Strome gleich unablässig in großartiger Weise dorthin ergießt, zumal von Deutschland, England und Irland aus. Von 1784 bis 1794 wanderten jährlich im Durchschnitt nicht mehr als 3000 Personen ein. Von da an bis 1810 4000 Personen. Die große Hungersnoth von 1816 und 1817 trieb viele Tausende herüber. Materielles Elend einerseits und politische Unzufriedenheit andererseits übten stets einen vorwiegenden Einfluß auf die Auswanderung aus. Nach der Handelskrisis in England und der Noth in Irland im Jahre 1826 hob sich die Einwanderung von dort von 7709 im Jahre 1826 auf 11,952 im Jahre 1827 und auf 17,840 im Jahre 1828.

Die Einwanderung von Irland erreichte im Jahrzehnt von 1846 bis 1854 ihren Höhepunkt, nach der großen Hungersnoth des Jahres 1846.

Von Deutschland ergossen sich größere Massen von Auswanderern nach den fehlgeschlagenen Revolutionsversuchen von 1830 bis 1833, auf welche die politischen Verfolgungen verschiedener Staatsregierungen und die Reactionspolitik des Bundes folgten. Während 1831 nur 2395 Deutsche in den Vereinigten Staaten ankamen, war die Zahl angekommener Deutscher in 1832 10,618, in 1833 6823 und in den Jahren 1834 bis 1837 17,654, 8,245, 20,139 und 23,036 in den betreffenden Jahren.

So auch nach dem Fehlschlagen der Revolutionen von 1848 und 1849. Vom 1. Januar 1845 bis 31. Dezember 1854 kamen 1,226,392 Deutsche in den Vereinigten Staaten an, wovon 452,943 in den ersten fünf Jahren, und 773,449 in den letzten fünf dieser Periode anlangten. Im Jahre 1866 war die deutsche Einwanderung in New-York 106,716 Seelen, im

23*

Jahre 1867 war sie um 10,000 größer, weil 1866 viele mit der neuen Ordnung der Dinge unzufriebene Familien auswanderten. Hannover stellte das größte Contingent zu dieser Art Auswanderung. 1868 und 1869 nahm dieser Zustrom wieder ab, als das Volk sich mit der plötzlichen Veränderung versöhnte. Kurz, schlechte Zeiten in Europa vermehren regelmäßig, und schlechte Zeiten in Amerika vermindern in gleichem Maße die Einwanderung. So nach den großen amerikanischen Handelskrisen von 1837 und 1857.

Die Zahl der im Hafen von New-York angekommenen Emigranten vom 5. Mai 1847 bis zum 1. Januar 1870 ist 4,297,980. Fügt man dem Kapitalwerth (an Arbeits- und Productionskraft) von 1125 Dollar, den jeder Einwanderer, nach Herrn Kapps Schätzung, repräsentirt, 150 Dollar per Kopf für den Werth des von ihm mitgebrachten persönlichen Eigenthums zu, so findet man, daß die Einwanderung den Nationalreichthum der Vereinigten Staaten in obiger Periode um mehr als fünf Billionen Dollars erhöhte, oder um mehr als doppelt soviel, als die jetzige amerikanische Bundesschuld beträgt. Da die Einwanderung in den Ver. Staaten jährlich 300,000 Seelen beträgt, so gewinnt das Land nahezu vierhundert Millionen Dollars jährlich, oder mehr als eine Million per Tag. Die Gründe, weßhalb der Union, als dem gelobten Land, von den Europamüden der Vorzug gegeben wird, sind einleuchtend. Mögen andere Länder an Fruchtbarkeit des Bodens, Gesundheit des Klimas, Sicherheit des Eigenthums und Leichtigkeit der Beförderungsmittel der Union gleichstehen: der Einwanderer zieht diese vor, als ein Land, wo Arbeit den besten Lohn findet, Land billig ist, und wo die Regierung sich nicht in seine Angelegenheiten mischt. So finden wir, daß auch in dieser Hinsicht moralische ebenso wie physische Ursachen die Auswanderung beeinflussen. Die ersteren sind so mächtig, wenn nicht mächtiger, als die letzteren. In den Verein. Staaten wirken beide zusammen, daher kommt es, daß eine größere europäische Auswanderung nach diesem Lande stattfindet, als nach irgend einem anderen Lande der Erde.

Handels- und Fabrikstädte.

Washington, 70,000 Einw. Sitz der Regierung, hat keine Bedeutung als Handelsort. In **Maine. Portland,** 30,000 Einw. an der Cascobai, Haupthandelshafen des Staates, mit regelmäßiger Dampferverbindung; im Winter auch Station der Liverpooler Dampfer, mit eigener Rhederei und Schiffbau. Die Einfuhren bestehen namentlich in Zucker, während Bauholz, Fische und gepökeltes Schweinefleisch ausgeführt werden. — In **New-Hampshire. Portsmouth,** einzige Seestadt des Staates, 3/4 Meilen vom Meere, 12,000 Einw., Schiffbau, Mühlen, Seehandel, starker Kabeljaufang. — **Manchester,** welches 1850 erst 13,900 Einwohner zählte, 1870 schon 30,000 (mit dem Fabrikort Amoskeag), an einem Kanal, der die Amoskeag-Fälle des Merrimacflusses umgeht; ist wichtig für die Baumwollenindustrie; außerdem Wollfabrikate, Schuhwerkmanufakturen, Papierfabrikation. — In **Vermont. Burlington,** 10,000 Einw. mit dem besten Hafen und der bedeutendsten Schifffahrt auf dem Champlainsee; starker Verkehr mit

Canada. — Bergennes, 7000 Einw. am Ottercreek, Eisenwerke, Wollfabriken, Gerbereien. In **Massachusetts**. Boston, 200,000 Einw., an
der Bostonbai, einer der wichtigsten Handelsplätze der neuen Welt, Schiffbau, Centralpunkt des Handels mit amerikanischen Industrieprodukten, Eis-
ausfuhr nach Indien und andern heißen Ländern, Centralsitz der amerikanischen Fischerei. Werth der Ausfuhr 30—35, der Einfuhr 40—45 Mill.
Dollars. Ein jährlicher Verkehr von 7000 Schiffen. — Lynn, 20,000
Einw. Große Schuhfabriken. — Salem, 26,000 Einw., bedeutender Seehandel. — Lowell am Merrimac und Concord, das „amerikanische Manchester", 44,000 Einw. Große Fabrikthätigkeit, namentlich in Baumwolle.
— Taunton, 20,000 Einw. Eisenhütten. — New-Bedford, 25,000 Einw.
Hafen mit starkem Walfischfang. Im Jahre 1868 brachten 79 Schiffe für
mehr als 4 Mill. Dollars Thran, Spermaceti und Fischbein heim. — In
Rhode-Island. Providence, an der Narragansetbai, 60,000 Einw., mit
gutem Hafen und starkem Küstenhandel, einer der wichtigsten Fabrikorte in
Baumwoll- und Wollwaaren, Kattundruckerei, Eisenwerken, Schraubenfabriken.
Gold- und Juweliergeschäfte. — Newport, 12,000 Einw. Baumwollfabriken,
Bleihütten, Schrot- und Kugelgießereien, schöner Hafen, starker Fischerei-
betrieb. — In **Connecticut**. New-Haven, 45,000 Einw., bedeutende Hafen-,
Handels- und Manufacturstadt, welche Wagen, Waffen, Uhren, Leinen- und
Baumwollwaaren liefert. — Bridgeport, 20,000 Einw. Maschinenfabriken.
Thompsonville, 11,000 Einw. Teppichfabriken. — Neu-London, Walfisch-
fang. — In **New-York**. New-York mit Brooklyn und Hoboken, über
1 Million Einwohner, an der Mündung des Hudson mit vortrefflichem
Hafen, in dem jährlich 8000 Schiffe verkehren. New-York ist der erste
Handelsplatz der neuen Welt; in der alten wird er nur von London, Liver-
pool, Hamburg übertroffen. Der Import betrug 1869 306,357,673 Dol-
lars und zwar 275,779,976 Doll. verzollbare, 14,789,235 Doll. zollfreie
Waaren und 15,788,644 Contanten. Der Gesammtimport überstieg mit
Ausnahme von 1866 alle vorhergehenden Jahre, auch wurden die einge-
führten Waaren, mit Ausnahme der Webstoffe, die allerdings fast ein Drittel
des Imports ausmachen, vortheilhaft untergebracht. Die angegebenen Zahlen
repräsentiren Goldwerth. In dem nachfolgenden Exportausweis ist der
Marktwerth in Papier zu Grunde gelegt mit Ausnahme der Contanten.
Es wurden 1869 exportirt: Einheimische Produkte für 187,812,776 Doll.
Importirte zollfreie 408,660 Doll., importirte zollbare 7,005,270 Doll.
Contanten 32,108,448 Doll. Zusammen für 227,335,154 Dollars. Etwa
$2/3$ des Gesammtimports und 40 % des Gesammtimports der Vereinigten
Staaten gehen über New-York. — Albany, an dem für kleinere Seeschiffe
fahrbaren Hudson, 70,000 Einw., Waffenfabrik, wichtiger Durchgangspunkt
für den Handel und die Einwanderung. — Troy, 45,000 Einw. Hemden-
und Waffenfabriken. — Salina, 25,000 Einw. Salzgewinnung. — Rochester
am Ontariosee, 50,000 Einw. Mehlfabriken, Holzhandel, Schifffahrt auf dem
Ontariosee. — Buffalo, 100,000 Einw., großer Getreide- und Holzhandel,
Schifffahrt auf dem Eriesee. — In **Pennsylvania**. Philadelphia,
1,000,000 Einw. mit schönem Hafen, an der Delawarebai, in dem jährlich
600 große Fahrzeuge verkehren; führt jährlich für 10—12 Mill. Dollars

Mehl, Weizen, Baumwolle, Fleisch, Butter, Petroleum, Eisenwaaren aus. Starke Küstenschifffahrt und Handel mit Kohlen. Am wichtigsten ist die Fabrikthätigkeit der Stadt. Sie besitzt große Baumwoll-, Woll-, Tuch-, Schuh-, Wagen- und Teppichfabriken. — Pittsburg am Ohio, 100,000 Einw. mit den Nebenstädten, besitzt seine Bedeutung durch die riesigen Kohlenfelder, in deren Mitte es liegt; 7000 Arbeiter sind in den Gruben der Stadt beschäftigt, die jährlich 2½ Mill. Tonnen liefern, von denen ⅓ in den 500 Fabriken der Stadt verbraucht werden; darunter befinden sich 50 großartige Glaswerke mit 9000 Arbeitern; der Werth der erzeugten Glaswaaren beläuft sich auf 7 Mill. Dollars im Jahre. Großartige Eisen- und Stahlwerke; wichtiger Markt für Petroleum. Kupferschmelzereien, Baumwollfabriken, Bleiweißfabriken, Hut-, Wachstuch-, Woll-, Maschinen-fabriken. Schiffswerfte, Dampfschifffahrt auf dem Ohio bis zum Mississippi. — Lancaster, 20,000 Einw., Gerberei, Brauerei, Hut- und Tabakfabrika-tion. — Erie, 14,000 Einw. Guter Hafen am Eriesee. — In New-Jersey. Newark, 90,000 Einw., nahe an der Mündung des Passaic in die Newarkbai, reger Schiffsverkehr und bedeutende Wagen-, Leder-, Wachs-tuch-, Tapeten-, Schmuckwaarenfabriken. — Neubraunschweig, 12,000 Einw., am Raritan, große Gummiwaarenfabriken. — Patterson, 20,000 Einw. Viele Fabriken. — In Delaware. Wilmington, 25,000 Einw., am Dela-ware. Starker Handel. — In Maryland. Baltimore, 360,000 Einw., nahe an der Mündung des Patapsco in die Chesapeakbai, eine mächtig auf-blühende Handelsstadt, die jährlich für 35 Millionen Waaren ein- und aus-führt. Mehl, Baumwoll- und Leinenfabriken, Schiffsbau. Wichtigster Platz für den Tabak- und Austernhandel; Stapelort für Baumwolle. — Cumber-land, 10,000 Einw. Eisen-, Blei- und Kupfergruben. — Frederikstown, 10,000 Einw., starker Handel. — In Ostvirginia. Richmond, 40,000 Einw. — Lynchburg, 7000 Einw., starker Tabakhandel. — Norfolk, 17,000 Einw., an der Chesapeakbai, wichtigste Handelsstadt Virginiens. — In Westvirginia, welches seit 1862 vom vorigen Staate getrennt ist: Whee-ling am Ohio, 18,000 Einw., Industrieort in der Steinkohlenregion. — In Nordcarolina. Fayetteville, 6000 Einw. Handel mit Getreide, Mehl, Tabak. — Neubern, 6000 Einw. Ausfuhr von Getreide, Schweinefleisch, Bauholz. — Wilmington, Hafenstadt. — In Südcarolina, Charleston, 40,000 Einw., mit gutem Hafen, einer der wichtigsten Ausfuhrhäfen für Baumwolle und Reis. — In Georgia. Savannah, nahe der Mündung des Savannah, 23,000 Einw. Ausfuhr von Baumwolle, Reis, Holz und Marinevorräthen. — Augusta, 12,000 Einw., am Savannah, gewerbthätiger Ort. — In Ohio. Cincinnati, am Ohio, 250,000 Einw., mit einer Handelsbewegung von 629 Mill. Dollars im Jahre 1864, eine der wich-tigsten Städte der Union, ward erst 1790 gegründet. Neben Pittsburg ist es die größte Fabrikstadt, eine „Königin des Westens“. Gießereien, Ma-schinenfabriken, Brauereien, Spiritusbrennerei, Farbenfabriken, namentlich aber eine riesige, fabrikmäßig mit Maschinen betriebene Schweineschlächterei. Starker Handel. — Cleveland am Eriesee, 50,000 Einw. Maschinen- und Eisenwaarenfabrik, Kohlenwerke, Handel auf dem Eriesee. — Sandusky, Zanesville und Steubenville, Industrieorte. — In Michigan. Detroit am

Michigansee, 60,000 Einw. Dampfschifffahrt und Handel auf den cana= bischen Seen, Roggen= und Weizenausfuhr. — Saginaw, 6000 Einw. Salzgewinnung. — In **Indiana**. Neu=Albany, 16,000 Einw., Maschinen= fabriken. — Terrehaute, 10,000 Einw., Eisenbahnknotenpunkt, Handel. — Michigan, Hafenstadt am Michigansee. — In **Illinois**. Chicago, 300,000 Einw. Diese „Königin des Westens" am Michigansee, an der Ausmün= dung des Illinoiscanals in denselben und somit an der Verbindungslinie zwischen Lorenzstrom und Mississippi, nach allen Richtungen mit Eisenbahnen versehen, ist unbestritten der industrielle und commerzielle Mittelpunkt des ganzen Nordwestens und gleichzeitig ein Beispiel des riesigen Anwachsens einer amerikanischen Stadt; denn sie zählte 1829 erst 30 Einw., 1859: 90,000, 1870 aber 300,000! Obgleich mitten im Continent gelegen, hat man, bei der Wasserverbindung der Stadt, doch mit Recht hervorgehoben, daß sie vorwiegend atlantische Interessen besitze. Voran steht in Chicago der Getreidehandel. Es ist in dieser Beziehung der erste Platz der Erde, in dem z. B. 1868 allein über 70 Mill. Bushel (25½ Mill. Hektoliter) zugeführt wurden. Der Holzhandel nimmt immer riesigere Dimensionen an; Bauholz, Latten und Schindeln werden in kolossalen Massen zugeführt. Auch der Viehhandel ist von hoher Wichtigkeit 300—400,000 Stück Rindvieh und über 1,300,000 Schweine wurden in den letzten Jahren zugeführt und theilweise in Chicago zu Pökelfleisch u. s. w. verarbeitet. Daher der aus= gedehnte Handel mit animalischen Produkten. Die industrielle Thätigkeit entwickelt sich mehr und mehr. Man zählt über 800 Etablissements, die wichtigsten darunter sind Eisengießereien, Brauereien, Brennereien, Zucker=, Tabaks= Hut= und Schuhfabriken. Kammgarnspinnerei und Wollwaaren= fabrikation sind außerordentlich im Aufschwunge begriffen. Eine sehr ge= achtete Stellung nehmen die zahlreichen Deutschen in Chicago ein. — Vandalia, 2000 deutsche Einw. Wollproduktion, Käsehandel. — Shawneetown, große Salzwerke. — Galena, 10,000 Einw., bedeutende Bleibergwerke. — In **Wisconsin**. Milwaukee, am Michigansee, war 1840 erst ein Dorf mit 1700 Einwohnern, zählt jetzt 70,000, darunter ein Drittel Deutsche. Hauptbedeutung des Platzes beruht im Getreidehandel, der in einem Jahre sich allein auf 18 Mill. Bushel Weizen beläuft. Aus= fuhr von Bleierzen, große Ziegelbrennereien. — Hafenplätze am Michigan= see mit aufblühendem Handel sind Racine, 9000, Sheboygan, 6000 und Manitowoc, 4000 Einw., letzteres mit ausgedehntem Bauholzhandel. — Mineralpoint, 8000 Einw. Kupfer= und Bleigruben, Bleischmelzhütten. — Helena, Schrotfabriken. — In **Minnesota**. Saint Paul, 15,000 Einw. Holz= und Getreidehandel. — St. Anthony, 5000 Einw. Desgleichen. — In **Jowa**. Dubuque am Mississippi, 18,000 Einw. Bleiminen. — Daven= port, 18,000 Einw. Handel mit Getreide und Ahornzucker. — Burling= ton, 8000 Einw., lebhafter Handel. — In **Missouri**. St. Louis am Mississippi, die Hauptstadt des Westens, 250,000 Einw., ein ungemein wichtiger Verkehrsknotenpunkt und mächtig aufblühende Stadt, wurde 1760 von den Franzosen als Station für den Pelzhandel mit den Indianern gegründet. Als der Verkehr nach Neumexiko anwuchs und fortan den Nord= amerikanern nach Beseitigung des spanischen Monopols der Zugang gestattet

war, kam St. Louis schnell empor; es wurden dort die Karawanen aus=
gerüstet, welche durch die Prairien nach Santa Fé zogen. So ist die Stadt
der Knotenpunkt für die Verbindung des fruchtbaren und reichen Missouri=
gebietes mit dem Osten und Süden der Union geworden; es ist Stapelplatz
für Pelzwerk, Tabak, Hanf, Getreide, Vieh, Schweinefleisch, Blei und andere
Metalle. Die Industrie ist im raschen Aufschwunge; es bestehen Eisen=
gießereien, Walzwerke, namentlich für Schienen, Baumwollspinnereien, Tabak=,
Oel=, Farben=, Wachstuchfabriken, Brauereien, großartige Schlächtereien,
Zuckerraffinerien. — Independence, 7000 Einw., und Saint Joseph, 8000
Einw., lebhafter Handel mit dem Westen. — Hermann, deutscher Ort mit
starkem Weinbau. — In Kentucky. Louisville, 100,000 Einw., am
Ohio, der Centralpunkt für den Tabakshandel. Aus Kentucky und den
Nachbarstaaten wird der eingeerntete Tabak nach Louisville gebracht und bort
in großartigen Auktionen versteigert. Der Verkauf ist durch Staatsgesetze
geregelt und erzielt in manchen Jahren 6 Millionen Dollars. — Coving=
ton, 20,000 Einw., lebhafter Handel. — In Tenneffee. Memphis, am
Mississippi, 40,000 Einw., aufblühende Stadt, verschifft viel Baumwolle.
— Clarksville, 4000 Einw., Stapelort für Baumwolle und Tabak. — In
Alabama. Mobile, an der Mobilebai des mexikanischen Golfs, 35,000
Einw., einer der wichtigsten Baumwollenmärkte. — In Florida. Pensa=
cola, 5000 Einw., am mexikanischen Meerbusen, wichtig für die Baumwollen=
verschiffung. — Key West, Inselchen an der Floridastraße mit wichtigem
Hafen und Lootsenstation. — In Mississippi. Jackson, 3500 Einw., Baum=
wollhandel. — Natchez, 7000 Einw., großartiger Baumwollenhandel. —
In Louisiana. New=Orleans am Mississippi, 170,000 Einw., der zweit=
wichtigste Handelsplatz der Vereinigten Staaten und der bedeutendste Hafen=
platz am mexikanischen Golfe. Rege Dampferverbindung mit den nord=
amerikanischen Häfen und Europa, auch Hamburg. Hauptstapelprodukt ist
die Baumwolle, dann Tabak, Zucker, Mais, Waizen, Schweinefleisch. —
In Texas. Galveston, an der Galvestonbai des mexikanischen Golfes,
15,000 Einw. Hauptausfuhrhafen des Staates, bedeutende Schifffahrt.
Ausgeführt wird namentlich Baumwolle. Eisengießereien, Maschinenfabriken.
Nagodoches, 2000 Einw., starker Viehhandel. — Neubraunfels, 2000
Einw. Deutsche Ackerbaukolonie. — Brownsville, am Rio Grande.
Verkehr mit Mexiko. — In Arkansas. Little=Rock am Arkansas und
Helena am Mississippi. Einiger Baumwollenhandel. — In Kansas. Leaven=
worth, 4000 Einw., Handel mit Landesprodukten. — In Nebraska.
Omaha, 16,000 Einw., eine der jüngsten, schnell emporgewachsenen Städte
der Union, an deren Stelle vor zwanzig Jahren noch Indianerwigwams
standen, wichtig als Ausgangspunkt der großen Pacificbahn. — In Neu=
Mexiko. Santa Fé, Knotenpunkt der Karawanenzüge, reiche Minen in
der Umgebung. — In Colorado. Denver=City, am Felsengebirge in gold=
reicher Umgebung. — Central=City, reiche Goldminen. — In Utah. Große
Salzseestadt (Great Salt Lake City), die Hauptstadt des merkwürdigen
Mormonenstaates in blühender Ackerbaugegend, geht durch ihre centrale Lage
an der Pacificbahn einer bedeutenden Zukunft entgegen. — In Nevada.
Virginia=City, 30,000 Einw., am Abhange der Sierra Nevada, Mittel=

punkt der großartigsten Silbergewinnung. — In **Californien.** San Francisco an der herrlichen gleichnamigen Bai, der wichtigste Hafen am amerikanischen Gestade des Stillen Meeres, und für letzteres von derselben
Bedeutung, wie New-York für den atlantischen Ozean, wurde 1848 gegründet und zählt jetzt 180,000 Einwohner. Gleichsam im Mittelpunkt des
Weltverkehrs gelegen, durch Dampfer mit Asien und Australien verbunden,
durch die Pacificbahn dem amerikanischen Osten verknüpft, in einem herrlichen Klima und einem der reichsten Länder der Erde, hat San Francisco
sich in unglaublich kurzer Zeit zu einem der ersten Handelsplätze emporgeschwungen. Namentlich ist sie der erste Goldmarkt der Welt, über den
der Reichthum der ganzen goldreichen pacifischen Staatengruppe zur Ausfuhr
gelangt. Schon jetzt wird viel Gold von hier nach China ausgeführt, um
dort die Handelsbilanz der Kaufleute von New-York und London auszu-
gleichen. Andere wichtige Ausfuhrartikel sind Thierhäute, Schafwolle, Kupfererz, Weizen und Weizenmehl (bis nach England), Bauholz, Schiffsprovi-
sionen. Ein Exportartikel von hoher Bedeutung ist auch das Quecksilber.
Vom 30. Juni 1868 bis dahin 1869 stellte sich die Waarenverschiffung
auf 21,884,000 Dollars; davon 10½ Mill. Dollars für Mehl, 297,000
für Wein, 2,378,000 für Wolle, 978,000 für Pelze, 921,000 für Quecksilber;
wozu noch der Export der edlen Metalle kommt. Im Hafen laufen jährlich Schiffe mit 1 Mill. Tonnen Gehalt ein. Die Industrie ist gewaltig
im Aufschwunge begriffen. Es bestehen Tuchfabriken für grobe Sorten,
Leder-, Papier-, Seifen-, Glas-, Baumwoll-, Maschinenfabriken, große Brauereien. — Sacramento, 25,000 Einw., lebhafter Handel. — Mariposa,
wichtiger Minenort. — Sonoma und Annaheim, Hauptsitze des Weinbaus. —
San Diego, Hafen am Stillen Weltmeer, zukünftiger Endpunkt der großen
südlichen Pacificbahn. — In **Alaska,** dem 1868 von Rußland erworbenen
Territorium: Neu-Archangel auf der Insel Sitka, 2000 Einw., Pelzhandel.
Fort Jukon am Jukon, großer Pelzhandel.

3. Mexiko.

36,365 Quadratmeilen.   8,218,000 Bewohner.

Die Spanier, die aus den von ihnen eroberten Ländern Südamerika's
wenig zu schaffen wußten, haben auch in Mexiko nur Zerrüttung hinter-
lassen. An die Stelle des vergleichsweise hochcivilisirten Reiches des Montezuma, das Ferdinand Cortez im Beginne des sechzehnten Jahrhunderts
eroberte, trat Jahrhunderte lang ein spanisches Colonialreich, das vom Mutterlande in jeder Beziehung ausgebeutet wurde und erst 1821 seine Unabhängigkeit errang. Aber auch die damals entstandene Republik Mexiko
konnte es zu keiner gedeihlichen Entwicklung bringen. Streitende Parteien,
gewissenlose Präsidenten, Bürgerkriege, Empörungen zerrütteten das Land;
die weiße Bevölkerung wurde stark von der indianischen überwuchert und
auch das unter französischem Schutze gegründete Kaiserreich Maximilians
von Oesterreich konnte dem anarchischen Staate nicht die nöthige Ordnung
und Ruhe wieder geben. Empörungen und Bürgerkriege blieben seitdem

an der Tagesordnung; daß dabei der Handel und Wandel nicht gedeihen
konnten, lag nur allzusehr auf der Hand, obgleich das Land durch vortreff=
liche Lage inmitten der beiden großen Ozeane und Reichthum seiner Natur
ganz vorzüglich zum Acker= und Bergbau wie zum Handel sich eignet.

Mexiko bietet alle Klimate unserer Erde dar. Von dem heißfeuchten
Küstenstriche, mit einer Durchschnittstemperatur von 26° C., (der Tierra
caliente) durchschreitet man, um 2000 Fuß ansteigend, die gemäßigte Region
(Tierra templada), welche bis zu 8000 Fuß reicht und den größeren Theil
des Landes umfaßt. In ihr herrscht ein mildes, gesundes Klima. Ueber ihr
bis zu den Gipfeln der schneegedeckten Vulkane erstreckt sich die kalte Region
(Tierra fria). Durch diese wechselvollen klimatischen Verhältnisse wird die
Verschiedenartigkeit der Landesprodukte bedingt. Schon A. v. Humboldt
bemerkt in seinem Werke über Neuspanien, daß das mexikanische Reich,
sorgfältig angebaut, für sich allein alles erzeugen könnte, was gegenwärtig
der Handel aus allen Theilen der Erde erst sammeln muß: Kaffee, Zucker,
Kakao, Vanille, Baumwolle, Indigo, Cochenille, Tabak, Mais, Weizen,
Hanf, Flachs, Seide und Wein, und daß der Hauptreichthum des Landes,
trotzdem es alle Metalle, selbst Quecksilber, in großer Menge besitzt, gleich=
wohl nicht in seinen Bergwerken, sondern im Ackerland, in der Kultur seines
überaus fruchtbaren Bodens zu suchen sei.

Die Einfuhr besteht hauptsächlich in Baumwolle, Schafwoll=, Leinen=
waaren, Seidenstoffen, Wein und Spirituosen, Oel, Porzellan, Glaswaaren,
Eisen, Stahl, Zinn, Uhren, Papier, Maschinen, Möbeln. — Die werth=
vollsten Gegenstände der Ausfuhr sind: Gold und Silber, welche etwa
vier Fünftel des Gesammtexports darstellen, dann in verhältnißmäßig kleinen
Mengen Cochenille, Indigo, Tabak, Vanille, Kaffee, Jalappe, Sassaparille,
Aloe, Flachs, Kupfer, Häute, Farbhölzer, Kakao, Schildpatt, Strohhüte,
Perlen, Pfeffer u. s. w. Der Totalwerth der jährlichen Handels=
bewegung erreicht 54 Mill. Dollars, wovon 26 Mill. auf die Einfuhr
und 28 Mill. auf die Ausfuhr kommen. England, Frankreich, Nordamerika
haben hauptsächlich den mexikanischen Handel in Händen, doch ist der Ver=
kehr mit Bremen und Hamburg auch nicht unbedeutend.

Die Verkehrswege sind in einem grauenhaften Zustande; selbst
von der Hauptstadt führt kein ordentlicher Weg zum Stillen Weltmeer.
Von Eisenbahnen sind erst einige unbedeutende Strecken vorhanden, so von
Vera Cruz einige Meilen in's Innere, ein paar kleine Bahnen von der
Hauptstadt in die Nachbarschaft. Etwa 500 Fahrzeuge vermitteln jährlich
den Handelsverkehr mit den verschiedenen Häfen; Dampferverbindungen mit
New=Orleans, Frankreich, San Francisco bestehen regelmäßig. Die in
Mexiko gebräuchlichen Münzen, Maße und Gewichte sind die spanischen,
doch kommen im Handel häufig nordamerikanische und englische vor. Unter
dem Kaiserreich wurde die Einführung des metrischen Systems beschlossen.

Handelsstädte.

Mexiko, die Landeshauptstadt, 200,000 Einw., mit nicht unwichtiger
Industrie in Gold= und Silberwaaren, Lederfabrikation, Pulquebrennerei,
Wolle= und Seidefabrikation; große Tabaksfabrik der Regierung. — Vera

Cruz am Golf von Mexiko, der wichtigste Handelshafen, 20,000 Einw., mit einer Handelsbewegung von etwa 30 Mill. Dollars; Sitz zahlreicher deutscher Kaufleute. — Tampico, Matamoros, Campeche, Ausfuhrhäfen am Golf von Mexiko. — Sisal, Ausfuhrhafen in Yukatan; namentlich für Agavefaser (Sisalhanf) wichtig. — Tehuantepec, Acapulco, Manzanillo, Mazatlan und Guaymas, Ausfuhrhäfen an der Westküste. — Im Innern sind als Bergwerksorte von Bedeutung: Guanajoato, 60,000 Einw., Zacatecas, 15,000 Einw., San Luis Potosi, 30,000 Einw., Guadalajara, 70,000 Einw. — Andere wichtige Handelsstädte: Puebla, 60,000 Einw., Durango, 15,000 Einw., Colima, 30,000 Einw., Queretaro, 40,000 Einw., Aguascalientes, 25,000 Einwohner.

4. Die mittelamerikanischen Republiken.

Guatemala	1,918	Quadratmeilen,	1,180,000 Bewohner
San Salvador	845	"	600,000 "
Honduras	2,215	"	350,000 "
Nicaragua	2,786	"	400,000 "
Costa Rica	1,011	"	135,000 "

Diese sogenannten Freistaaten nehmen einen der paradiesischsten Striche unserer Erde ein und könnten eine hervorragende Stelle im Welthandel spielen. Indessen, von einer schlaffen Rasse bewohnt, haben sie erst eine Zukunft, wenn diese indianisch-spanische Mischbevölkerung durch eine thatkräftigere ersetzt sein wird. Die Tafelländer dieser Republiken genießen einer beständigen Frühlingstemperatur; auf den Hochebenen kommen die Gewächse der Tropen neben den nordischen Pflanzenformen fort. Dort ist auch das Klima gesund und für europäische Ansiedler geeignet; die Tiefebenen und Küstenstriche dagegen sind äußerst ungesund. Der Handel ist gegenwärtig noch auf wenige Küstenpunkte beschränkt, aber, bei der günstigen Lage und dem Reichthum an Produkten einer großen Entwicklung fähig. Agrikultur und Industrie befinden sich überall im Zustande der Kindheit. Im Maß- und Gewichtssystem ist der Meter zur Geltung gelangt; Landesmünze ist der Piaster = 8 Realen à 4 Cuartillos.

Guatemala, der nördlichste der Freistaaten, bringt alle tropischen Produkte Amerika's hervor; für den Handel von Wichtigkeit sind namentlich Kaffee und Cochenille. Außerdem werden Zucker, Tabak, Baumwolle, Weizen, Kakao, Seide, Mahagoni- und Farbehölzer gewonnen. Während die Cochenillekultur, welche vor 1854 fast den einzigen Ausfuhrartikel des Landes lieferte, stetig geblieben ist (1¼—1½ Mill. Pfund jährlich), hat sich der Kaffeeexport ungemein gehoben. Während man 1860 erst 1535 Ctr. exportirte, betrug 1868 die Ausfuhr schon 75,051 Ctr. Im Jahre 1866 betrug die Gesammteinfuhr 1,699,125 Dollars, die Ausfuhr 1,680,341 Dollars. Teutschlands Handel und Industrie sind bei dem wachsenden Importe in nicht geringem Grade vertreten, namentlich Hamburg. Der Haupthandelsverkehr des Staates geschieht an der Ostküste (Karibisches Meer) durch die Häfen Izabal am Golfe Dulce und St. Thomas in der Bai von Honduras; an der Westküste (Stiller Ozean) durch die

Rhede von Istapa. Städte im Innern: Guatemala, 40,000, Quezaltenango 20,000, Amatitlan 12,000 Einw.

San Salvador, die kleinste der Republiken, an der Küste des Stillen Ozeans gelegen, liefert hauptsächlich Indigo; durchschnittlich 1½—2 Mill. Pfd. im Werthe von 1½—2 Mill. Dollars, dem gegenüber eine etwa ebenso große Einfuhr europäischer Industrieartikel stattfindet. Außer dem Indigo werden etwas Baumwolle, Silbererz, Zucker und Kaffee exportirt. Hafenorte sind La Union an der schönen Fonsecabai und Acajutla. Hauptstadt San Salvador im Innern mit 20,000 Einw.

Honduras leidet unter sehr unsicheren politischen Verhältnissen und ist lange nicht zu der Bedeutung gelangt, welche es besitzen müßte; auf den Terrassen des Landes gedeihen fast sämmtliche Nahrungs= und Nutzpflanzen des Südens und Nordens. Die Ausfuhr, nur in Silber, Tabak und Rindshäuten bestehend, erreicht einen Werth von nur 1 Mill. Dollars. — Indessen auch diesem Lande steht eine Zukunft bevor und nicht wenig trägt hierzu die 1870 im Bau begonnene Hondurasbahn bei. Sie stellt — neben der Panama= und Pacificbahn — den dritten großen Schienenweg quer durch Amerika dar. Die Entfernung von den beiden Endpunkten Port Cortez oder Porto Caballo am Karibischen Meere und der Fonsecabai am Stillen Ozean beträgt nur 35 Meilen und bietet dem Bau keine erheblichen Schwierigkeiten. Die Häfen zu beiden Seiten sind vortrefflich. Der Weg von New=York nach San Francisco gegenüber der Panamaroute wird durch die Hondurasbahn um 14 Tage abgekürzt. — Städte im Innern: Comayagua, 8000 Einw., Gracias, 8000 Einw., Tegucigalpa, 12,000 Einw.

Nicaragua, die am wenigsten für europäische Ansiedlung geeignete Republik, liefert namentlich Bau=, Schmuck= und Farbhölzer in großer Menge, weniger Produkte des Anbaus; von letzteren gelangen etwas Kakao und Silber zur Ausfuhr; Werth des letzteren nur 300,000 Dollars. Die Einfuhren betragen 350,000 Dollars und stammen meistens aus England. Deutschland liefert Glas, Stahl, Papier, Spirituosen. Sämmtliche Projekte, mit Hilfe der beiden Seen im Innern Nicaragua's, des Managua= und Nicaraguasees, sowie des Abflusses des letzteren, des in das Karibische Meer mündenden San=Juan, eine Kanalverbindung durch Mittelamerika herzustellen, sind gescheitert. Hafen an der Ostküste San Juan oder Greytown, an der Westküste Realejo. Städte im Innern Leon, 20,000 Einw. Managua, 10,000 Einw. Matagalpa 8000, Segovia 6000 Einw.

Costa Rica, mit verhältnißmäßig günstigen Zuständen, doch durch undurchdringliche Wälder von der Ostküste gleichsam abgeschlossen, liefert jährlich für 1½ Mill. Dollars Kaffee in den Handel. Außerdem Zucker, Häute, Droguen. Der ganze Handelsverkehr wird durch den Hafen Punta Arenas an der Nicoyabucht des Stillen Weltmeers vermittelt. Städte im Innern: San José 25,000 Einw. Alajuela 10,000 Einw. Cartago 10,000 Einw.

5. Britisch Honduras.

800 Quadratmeilen. 25,600 Bewohner.

Diese an der Ostküste der Halbinsel Yucatan gelegene britische Besitzung befindet sich in keineswegs glänzenden Verhältnissen. Das Klima ist äußerst ungesund, heiß und feucht. Der wichtigste Ausfuhrartikel war bisher Mahagoniholz, doch hat dessen Gewinnung sehr nachgelassen; außerdem kommen Campecheholz, Sassaparille und Cochenille zum Export. Die Ackerbauprodukte der Niederlassung bestehen aus Mais, Reis, Yamswurzeln, Bananen und Arrowroot. Hauptstadt und Ausfuhrhafen ist Balize oder Belize, nach welcher auch die ganze Besitzung benannt wird.

6. Die westindischen Inseln.

Unter Westindien versteht man den Archipel, welcher in einem weit geschwungenen Bogen das mittelamerikanische Binnenmeer im Osten abschließt und von der Mündung des Orinoko in Südamerika nach dem Südkap der nordamerikanischen Halbinsel hin gleichsam eine Brücke bildet. Geographisch zerfällt es in die kleinen und großen Antillen, denen die Bahamainseln im Norden sich anschließen. Auf seiner ersten Entdeckungsreise fand 1492 Columbus Cuba und Haiti, auf seiner zweiten 1495 die Karibischen Inseln, 1496 Portorico und Jamaika, auf der dritten 1498 Trinidad. Die Urvölker, die wilden Arowaken und die intelligenten aber kannibalischen Kariben sind längst von den Inseln verschwunden und haben Weißen — meist Spaniern — dann Negern und Mulatten Platz gemacht. Zunächst nahmen die Spanier die Inseln in Besitz und beuteten sie auf eine schändliche Weise aus; seit dem 17. Jahrhundert aber wurden ihnen viele der Inseln von Franzosen, Engländern, Niederländern entrissen und auch die Dänen und Schweden nahmen kleine Eilande in Besitz. Die gegenwärtige politische Eintheilung Westindiens ist folgende:

Britische Besitzungen	594 Quadratmeilen,	938,000	Bewohner
Spanische	2,327	2,030,000	
Französische	48	303,000	
Niederländische	17	35,000	
Dänische	6	38,000	
Schwedische	0,4	3,000	
Republik Haiti	480,0	572,000	
S. Domingo	838,0	136,500	

Die Bahamainseln oder Lucayos, im britischen Besitze, in einem gefährlichen, korallenreichen, durch Schiffbrüche berüchtigten Meere, bestehen aus 20 größeren und vielen hundert kleineren Inseln; sie sind nur wenig bebaut und zählen etwa 40,000 Einwohner. Ananas und Orangen bilden ein Hauptstapelprodukt; neuerdings ist Baumwolle ein Handelsartikel geworden; Reis, Kaffee, Zucker kommen zur Ausfuhr. Von großer Bedeutung ist die Fischerei, der Schildkrötenfang und die Gewinnung der Badeschwämme. Salz von den Turkinseln ist ein wichtiger Handelsartikel. Schifffahrt und

Zwischenhandel, namentlich nach den Südstaaten der Union, werden lebhaft betrieben. Der wichtigste Hafen ist Nassau, 8000 Einw. auf der Insel New-Providence.

Jamaica, 200 Quadratmeilen, 440,000 Einw., die wichtigste britische Besitzung in Westindien; bis auf 14,000 Weiße besteht die Bevölkerung vorzugsweise aus wenig arbeitsamen Negern und Mischlingen; in Folge dessen wurden viele indische und chinesische Kulis eingeführt. Während das bergige Innere meist gesund ist, läßt dieses von den Niederungen und Küsten sich nicht sagen. Der fruchtbare Boden bringt alle Tropengewächse hervor. Vorzüglich wird Zuckerbau und die Rumbereitung betrieben, welche, neben Kaffee und Ingwer die Hauptstapelprodukte liefern. Seit der Sklavenemancipation ist die Production sehr gesunken. Werth der Ein- und Ausfuhr stehen sich ziemlich gleich; jede beträgt etwa 1¼ Mill. Pfd. Sterling. Von Rum werden in manchen Jahren 2 Mill. Gallonen exportirt. Hauptstadt ist Santiago de la Vega mit 7000 Einw., der wichtigste Hafen- und Handelsplatz aber Kingston an der Südküste mit 32,000 Einw. Es geht von hier eine Eisenbahn in das Innere.

Von den kleinen Antillen sind im britischen Besitze, außer mehreren winzigen Eilanden und Eilandgruppen: die Jungfern- oder virginischen Inseln, 3 Q.-M., 6000 Einw. Sie liefern etwas Zucker und sind ein Sitz des Schmuggels nach Portorico. Sombrero, wichtig wegen der reichen Guanolager. — St. Christopher oder St. Kitts, 5 Q.-M., 24,000 Einw., liefert Zucker. Hauptstadt Basseterre mit 7000 Einw. — Nevis, 2 Q.-M., 10,000 Einw., Zuckerinsel. Hauptstadt Charlestown. — Antigua nebst Barbuda, 9 Q.-M., 37,000 Einw., liefert gleichfalls Zucker. Hauptort Johnstown, 16,000 Einw. und Englisch-Harbour mit gutem Hafen. — Montserrat, 2 Q.-M., 8000 Einw. Hafen Plymouth. — Dominica, 14 Q.-M., 26,000 Einw. mit den Städten Roseau und Portsmouth. Außer Zucker gewinnt man noch Kaffee und Schwefel. — Santa Lucia, 12 Q.-M., 29,500 Einw., liefert Kaffee, Baumwolle, Zucker, Kakao, Holz. Die Hauptstadt ist Carenage, der Hafen Port Castries mit 5000 Einw. bietet vortrefflichen Ackergrund. — Barbadoes, 8 Q.-M., 150,000 Einw., treibt Zucker- und Kaffeebau. Bridgetown, die Hauptstadt mit 35,000 Einw., ist der wichtigste Handelsplatz der kleinen Antillen. — St. Vincent, 6 Q.-M., 32,000 Einw., liefert außer Zucker auch Indigo. Hauptstadt Kingston, 8000 Einw. — Grenada, 6 Q.-M., 37,000 Einw. Hauptstadt Georgetown, 4700 Einw. — Tabago, 5 Q.-M., 16,000 Einw. Hauptprodukte Baumwolle, Zucker, Rum. Es war eine Zeitlang, im 17. Jahrhundert von deutschen Kolonisten bebaut. Hauptort Scarborough, 3000 Einw. — Trinidad, 83 Q.-M., 85,000 Einw., nahe der südamerikanischen Küste gelegen, bringt Zucker, Kaffee, Kakao, Baumwolle, Tabak, Indigo, Gewürze, Cedernholz, Asphalt u. s. w. hervor. Hauptstadt Port Spain mit 13,000 Einw. — Fast alle diese Inseln haben ein ungesundes Klima, eine geringe weiße Bevölkerung und sind in neuster Zeit sehr zurückgegangen, da die freie Negerbevölkerung die Arbeit verabscheut. Man hat daher in starkem Maße asiatische Kulis eingeführt.

Guadeloupe (kleine Antillen) nebst Dependenzen (Marie Galante, Les Saintes, la Desirade, Saint Martin z. Thl.) 30 Q.-M., 140,000 Einw. Die größte Besitzung der Franzosen in Westindien, ist vulkanischen Ursprungs und oft von Erdbeben heimgesucht. Gebaut werden, durch Kulis und Neger, Zuckerrohr, Baumwolle, Kakao, Kaffee, Nelken, Pfeffer, Orleans. In der Kaffeekultur ist ein entschiedener Rückschritt bemerkbar; Baumwolle wurde 1865 über 248,000 Kilogramm exportirt. Salz wird viel gewonnen. Die Schiffsbewegung beläuft sich auf etwa 280 Schiffe von etwa 50,000 Tonnen; Werth der Einfuhren 21, der Ausfuhren 18½ Mill. Frcs. in den letzten Jahren. Hauptstadt ist Basseterre, 16,000 Einw. Hafen Point à Pitre, 18,000 Einw.

Martinique (kleine Antillen), 18 Q.-M., 152,000 Einw., darunter 13,000 Kulis. Hauptprodukte sind Zucker, Rum, Kaffee, Kakao. Auch in der Erzeugung dieser Colonialprodukte ist ein starker Rückschritt bemerkbar. Werth der Ausfuhr 24, der Einfuhr 29 Mill. Frcs. Letztere besteht in Manufakturartikeln, Lebensmitteln, Wein, Oel, Vieh, Lederwaaren u. s. w. Hauptort St. Pierre, 25,000 Einw., guter Hafen; Fort Royal, 12,000 Einw., gleichfalls Hafen.

St. Barthelemy (kleine Antillen), ¾ Q.-M., 3000 Bewohner. Einzige schwedische Besitzung, welche dem Staate jährlich 25,000 Thlr. Kosten verursacht und deßhalb verkauft werden soll. Hauptstadt Gustavia.

Niederländisch-Westindien. Von den kleinen Antillen gehören dazu St. Martin (z. Thl.) mit ½ Q.-M. und 2700 Bewohner, Bonaire 4½ Q.-M., 3600 Einw., Saint Eustache, ½ Q.-M., 2000 Einw., Saba, ⅓ Q.-M., 1800 Einw. Diese Inseln liefern Zucker. Bedeutender sind die Inseln unter dem Winde, an der Küste von Venezuela, von welchen die westlichen Curaçao, 8 Q.-M. mit 20,000 Einw., Aruba, 4 Q. M., 3500 Einw. und Buen-Ayre den Niederländern seit 1654 gehören. Hauptprodukte sind Seesalz und Cochenille; doch gedeihen durch fleißigen Anbau auch alle Tropenprodukte. Aus den Schalen einer Pomeranzenspielart gewinnt man den Curaçaoliqueur. Hafen auf Curaçao ist Wilhelmsstadt.

Dänisch-Westindien, 5½ Q.-M., 39,000 Einw. Es besteht aus den Inseln St. Thomas, St. John und St. Croix. Bei weitem die wichtigste von diesen ist St. Thomas, ausgezeichnet durch günstige Handelslage und einen vortrefflichen Hafen, der gegen 300 Schiffe zu fassen vermag. Der Werth der jährlich eingeführten Waaren beträgt über 7 Mill. Dollars, wovon die Hälfte auf England kommt. Die größten Handelshäuser sind deutsche. Die eingeführten Waaren gehen dann weiter nach den übrigen Ostindischen Inseln. Eigene Ausfuhr ist kaum nennenswerth. Die größte Wichtigkeit besitzt die Insel als Station der Dampferlinien nach Westindien, Central- und Südamerika; daher besteht hier eine große Kohlenniederlage. 1867 eingeleitete Unterhandlungen, die Insel (nebst St. John) an die Union zu verkaufen, zerschlugen sich.

Haiti oder **Sant Domingo** zerfällt seit 1844 in zwei ungleich große, von einander unabhängige, von Negern und Mulatten bewohnte Republiken. Die Zustände in Handel und Wandel sind sehr trauriger Art; ein Fortschritt ist nicht zu bemerken; Bürgerkriege nehmen kein Ende und Komödien wie das Kaiserreich Faustins I. geben dem ganzen schwarzen Gebahren einen lächerlichen Anstrich. Der Großhandel in den Hafenstädten wird meist von Weißen betrieben. Die Finanzen sind zerrüttet, das Papiergeld ist entwerthet. Am dichtesten bevölkert (572,000 Einw.) ist die westliche Republik Haiti. Hauptausfuhrartikel sind Kaffee, Campeche-, Acajou-, Guaiacholz, Kakao und Baumwolle. Die einst so wichtige Zuckerkultur ist von den Negern derart vernachlässigt, daß der Zucker jetzt eingeführt wird. Es laufen in allen Häfen 800—1000 Schiffe von 16,000 bis 18,000 Tonnen jährlich ein. Die Ausfuhren betragen 2½, die Einfuhren 1½ Mill. Pfd. Sterling. Die meisten Einfuhren liefern Nordamerika und England. Offizielle Sprache ist die französische; Maße und Gewichte sind gleichfalls die französischen. Die spanische Golddublone (16 Pesos) gilt als Coursregulator im Handel. Ihr Werth schwankt indessen, je nach der Valuta zwischen 20 und 300 haitischen Gourdes (Dollars). Hauptstadt und wichtigster Handelsplatz mit gutem Hafen ist Port au Prince, 15,000 Einw. Noch erwähnenswerth sind Jacmel, an der Süd- und Cap Haitien an der Nordküste. Diese Häfen haben regelmäßige Dampferverbindung. — Die östliche Republik, Dominica, ist weit größer aber schwächer bevölkert (136,000 Einw.). Die Hauptprodukte sind Tabak, Kaffee, Kakao, Zucker, Nutz- und Bauhölzer. Zur Ausfuhr im größeren Maßstabe gelangt nur Tabak nach den Hansestädten; in kleineren Mengen Mahagoni, Blau- und Gelbholz. Die Republik ist reich an Metallen und Kohlen, die der Ausbeute noch harren. Haupthafen San Domingo, 16,000 Einw. — Ein vorzüglicher Hafen ist auch die Samanabucht, über deren Abtretung an die Vereinigten Staaten 1870 Verhandlungen schwebten.

Portorico. 169 Q.-M., 615,500 Bewohner, im Besitze der Spanier, exportirt Zucker (160 Mill. Pfd.), Kaffee (24 Mill. Pfd.), vorzüglichen Tabak (5½ Mill. Pfd.), Melasse, Häute, Baumwolle, Rum. Der Gesammtwerth der Ausfuhren beläuft sich auf 5½—6 Mill. Dollars, jener der Einfuhren auf 10 Mill. Letztere bestehen in Mehl, Fischen, Baumwoll- und Eisenwaaren, Maschinen, Wein, Seidenstoffen, Parfümerien. St. Thomas, Spanien, Nordamerika, England sind am meisten beim Import vertreten. Wichtigster Hafenplatz ist San Juan de Puerto Rico, 18,000 Einw. — Bei Portorico liegen noch die Culebra- oder Passageinsel und Vieques, 4 Q.-M., 3800 Einw., gleichfalls im spanischen Besitze.

Cuba, die „Perle der Antillen", 2158 Q.-M., 1,414,000 Einw., die schönste Besitzung der Spanier mit einem jährlichen Gesammtertrage von 126½ Mill. Dollars, der neuerdings durch den Aufstand der Kreolen gegen die spanische Herrschaft indessen verringert wurde. Die socialen und politischen Zustände lassen viel zu wünschen übrig; die Herrschaft der Spanier ist eine ungerechte und drückende. Die Kultur der weit ausgedehnten Plantagen wird durch Sklavenarbeit betrieben; doch steht die Emancipation der Sklaven bevor. Das Hauptprodukt der Insel ist der Zucker; kein Land der Erde liefert eine so bedeutende Menge desselben wie Cuba; von den 2,220,000 Tonnen, welche die jährliche Gesammtrohrzuckerproduktion der Erde ausmachen, entfallen 600,000 auf Cuba und Portorico, also der vierte

Theil. Kaffee wurde für 2¹/₂ Mill., Tabak für 17 Mill., Wachs und
Honig für 3 Mill., Kakao für 15 Mill., Reis für 2 Mill. Dollars pro-
ducirt. Der Viehstand ist bedeutend und liefert viele Häute in den Handel.
Der Werth der gesammten Ein- und Ausfuhr beläuft sich auf 60 Mill.
Dollars. Das Eisenbahnnetz der Insel ist sehr ausgedehnt. Münzen,
Maße und Gewicht sind jene Spaniens. — Hauptstadt ist Havanna,
einer der schönsten Häfen der Welt, durch seine Lage und den Reichthum
der Insel der wichtigste Handelsplatz Westindiens. Unter den 210,000
Einwohnern befinden sich 140,000 Weiße. Im Hafen laufen etwa 1300
Schiffe mit 380,000 Tonnen jährlich ein, welche ²/₃ des Gesammthandels
der Insel vermitteln. Die Einfuhren, zumal aus England, den Vereinigten
Staaten und St. Thomas, bestehen aus Stockfisch, Mehl, Reis, Speck,
Wein, Oel, Kohlen, Manufakturwaaren. Die größten Handelsfirmen der
Stadt sind deutsche. — Die zweite Handels- und Hafenstadt ist San-
tiago de Cuba, 40,000 Einw. mit einem jährlichen Verkehr von 350
Segelschiffen. — Matanzas, 36,000 Einw. Hafen an der Nordküste.

7. Columbia (Neu-Granada).

16,800 Quadratmeilen. 2,900,000 Bewohner.

Dieser schöne und reiche, ungemein mannichfaltig gestaltete Freistaat
könnte im Handel eine hervorragende Rolle spielen, wenn nicht seine physische
Kultur, dann auch die Intelligenz und Sittlichkeit seiner Bewohner auf einer
außerordentlich tiefen Stufe ständen. Fortdauernde Bürgerkriege zerrütten
das Land. Ein großer Theil ist noch mit Urwäldern bedeckt, in denen
schöne Nutzhölzer, der Chinarindenbaum, der Perubalsambaum, die Vanille
wachsen. Angebaut werden fast alle Nahrungspflanzen, doch in ungenügen-
der Menge. Zum Export gelangen Tabak (namentlich von Ambalema im
Magdalena- und Palmira im Caucathal) und Kaffee (vorzüglich von Ocaña).
Zucker, Indigo, Baumwolle finden trefflichen Boden; die Viehzucht ist unbedeutend. Die Industrie beschränkt sich auf das Flechten von Hänge-
matten und Panamahüten, Zuckersiederei, Rum- und Cigarrenfabrikation.
Die Bergwerke werden ungenügend ausgebeutet. Man findet Gold (in
Choco und Cauca), Silber (Santa Ana bei Mariquita), Smaragde bei
Muzo und Somondoco, Steinsalz bei Zipaquira, Kupfer bei Moniquira,
Steinkohlen, Asphalt, Schwefel, Bernstein. — Vom Karibischen Meere
und Stillen Ozean bespült, an der Landenge von Panama den engsten Theil des ganzen amerikanischen Continents umfassend, mit schiffbaren Strömen, vor allem dem schönen Magdalena, versehen, könnte Co-
lumbien im Handel eine Rolle spielen, doch verhindert die Indolenz der
Bewohner jeden commerziellen Aufschwung. Die Verkehrswege stehen noch
auf der tiefsten Stufe. Eine Ausnahme macht die, von den Amerikanern
erbaute überaus wichtige Panamabahn, deren hervorragende Bedeutung
bereits S. 69 besprochen wurde. Sämmtliche Projekte durch den Isthmus
von Darien einen Kanal, ähnlich dem Suezkanal, zu führen, sind gescheitert;
auch das große, mit vielen Kosten verknüpfte amerikanische Projekt vom

Jahre 1870. Abgesehen von dem Verkehr auf dem Isthmus belaufen sich die Ausfuhren der Republik auf 13, die Einfuhren auf 14 Mill. Piaster. Münze ist der neue Peso oder Piaster à 10 Décimos à 10 Centaros. Maße und Gewicht wie in Frankreich. Hauptstadt ist Santa Fé be Bogotá, 60,000 Einw., mit geringem Handelsbetrieb. Wichtiger sind Cartagena am Karibischen Meere, 28,000 Einw. und Sabanilla, letzteres Ausfuhrhafen für Farbholz und Kautschuk. La Hacha, Perlenfischerei. Im Innern noch Antioquia, 18,000 Einw., Popayan, Tolima, Tunja. Alle diese Städte überragt an Wichtigkeit Panama, 15,000 Einw., obgleich es nur Durchgangspunkt ist. Hier ist der Knotenpunkt für den Dampferverkehr der Südsee. Im Kleinhandel florirt der Verkauf von Kleidern und Schuhwerk. Die Stadt ist Freihafen; größere Schiffe legen bei der Insel Tabago an. Die Perlenfischerei im Golfe ist im Verfall begriffen. Colon oder Aspinwall, 2000 Einw., am Karibischen Meere, eine erst 1855 gegründete Stadt, wichtig als der zweite Hafen der Panamabahn und Endstation der Dampferlinien. — Tumaco, Hafen am Stillen Ozean, führt Chinarinde, Kautschuk und Droguen aus.

8. Venezuela.

17,320 Quadratmeilen. 2,200,000 Bewohner.

In vieler Beziehung ist diese Republik der vorigen ähnlich; auch hier liegen die natürlichen Verhältnisse fast gleich günstig, aber die Indolenz der Bewohner, die nie endenden Bürgerkriege lassen das Land nicht zur Ruhe und zum Aufschwung gelangen. Wie die übrigen tropischen Länder Amerika's ist auch Venezuela reich an Produkten. Baumwolle, Tabak, Zucker, Kakao, Kaffee, Vanille, Indigo und viele wichtige Droguen sind Handelsartikel. Die noch einen großen Theil des Landes bedeckenden Wälder liefern Schmuck=, Farbe= und Nutzhölzer. Südfrüchte, Bananen, Ananas, Maniok, Reis, Mais, Getreide gedeihen vorzüglich. In den ungeheuren Grasebenen oder Planos weiden zahllose Heerden halbwilder Pferde und Rindvieh, deren Häute zur Ausfuhr kommen. Das Mineralreich wird erst neuerdings mehr ausgenützt; man findet besonders viel Kupfer; Silber, Zinn, Quecksilber, Eisen; neuerdings Gold. Salz und Perlen kommen von der Nordküste. Die Industrie ist unbedeutend; man webt Baumwollstoffe, flicht Strohhüte und fabricirt Geschirre aus Thon und Steingut. Bedeutend ist dagegen der Handel, betrieben von Fremden, namentlich vielen Deutschen, die in den Hafenplätzen ansässig sind. Ein= und Ausfuhren, letztere etwas überwiegend, belaufen sich auf etwa 18 Mill. Dollars. — Man rechnet nach Pesos macuquina zu 8 Realen; dieser Peso hat den Werth des Thalers; im Handel wird er zu 100 Cents angenommen. Doch coursirt viel amerikanisches und französisches Geld. Längenmaß die spanische Vara; Flüssigkeitsmaß die Botella = 0,7 Liter. Gewichte 1 Quintal = 4 Arobas à 25 ℔ 1 ℔ = 0,46 Kilogramm. — Hauptstadt ist Caracas mit 47,000 Einw., von wo eine kurze, aber verfallene Strecke Eisenbahn in's Innere führt. Der Hafen der Stadt, La Guayra, zählt 4000 Einw. und ist sehr

ungenügend. Porto Cabello, 8000 Einw., Hafenplatz; Barquisimeto, 10,000
Einw., Valencia 25,000 Einw., Merida 9000 Einw., Städte mit Plan=
tagenbau im Innern. Cumana, 15,000 Einw., Hafen. Angostura oder
Bolivar, Hafen am Orinoko, sehr gesunken. Caratal, 8000 Einw., auf=
blühende Goldminenstadt.

9. Guyana.

Britisch=Guyana	4700 Quadratmeilen,	155,000	Bewohner
Niederländisch=Guyana	2813 „	50,700	„
Französisch=Guyana	1650 „	25,000	„

Dieses herrliche tropische Land, zu welchem geographisch außer den
Besitzungen der drei europäischen Mächte noch der Südosten Venezuela's
gerechnet wird, ist mit majestätischen, undurchdringlichen Waldungen bedeckt
und von einer großen Menge Flüsse durchzogen, die dem atlantischen Ozean
zueilen. Ueberall ist das Klima außerordentlich ungesund und die Ansied=
lung der Weißen dadurch im größeren Maßstabe verboten. Die Wälder
enthalten kostbare Nutz= und Farbehölzer, Droguen, während das Kultur=
land Kaffee, Kakao, Zucker, Indigo, Tabak hervorbringt.

Am verhältnißmäßig blühendsten sind die Verhältnisse im britischen
Guyana, Hauptstadt ist Georgetown (ehemals Stabroek), an der
Mündung des Demerara, mit 25,000 Einw. Eine Eisenbahn führt nach Berbice.

In Niederländisch=Guyana läßt sich ein Handelsaufschwung nicht
verkennen; namentlich hob sich die Zuckerproduktion (1868: 725,932 Ctr.).
Es wurden außerdem ausgeführt Melasse, Rum, Kakao, Baumwolle, etwas
Kaffee, 1868 zusammen im Werthe von 1,715,078 Thalern. Hauptstadt
ist Paramaribo mit 22,000 Einw.

Französisch=Guyana, auch kurz Cayenne genannt, erstreckt sich
zwischen dem Maroni und Ojapok. Es steht hinter den beiden Schwester=
colonien zurück und würde ohne die berüchtigte Deportation kaum exportiren.
Die Ausfuhren, namentlich Rocou und Orleans belaufen sich auf 1,500,000
Frcs.; die Einfuhren auf mehr als 7 Mill. Frcs. Es wird etwas Gold
gewaschen. Verbrecherstation ist es seit 1852. — Hauptstadt Cayenne,
an der Mündung des Cayenneflusses, mit 6000 Einw.

10. Brasilien.

151,973 Quadratmeilen. 10,000,000 Bewohner.

Brasilien besteht als selbstständiger Staat erst seit den zwanziger Jahren
dieses Jahrhunderts, wo es sich von der Oberherrschaft seines Mutterlandes,
Portugal, freimachte und als konstitutionelles Kaiserreich in die Reihe der ame=
rikanischen Staaten eintrat. Die Bevölkerung hat sich seitdem stetig, in den
letzten fünfundzwanzig Jahren um das Doppelte vermehrt. Unter den 10
Millionen Einwohnern sind eine halbe Million indianische fast ganz wilde
Ureinwohner und ungefähr anderthalb Millionen, gegenwärtig meist im Lande

24 *

geborene, Sklaven inbegriffen. Die Einwohner vertheilen sich indessen sehr ungleich über das weite Reich; während sich in den längs der Küste gelegenen altbesiedelten Provinzen die Bevölkerung bis zu einer Dichtigkeit von 700 bis 800 Seelen auf die Quadratmeile erhebt, finden sich in der an der peruanischen Grenze gelegenen Provinz Amazonas nur sechzig und für das ganze Gebiet des Kaiserreiches etwa achtzig Bewohner auf die Quadratmeile. Die ungeheuren, großentheils noch nicht von dem Fuße eines Weißen betretenen und wenig zugänglichen Urwalddistrikte enthalten zumeist nur die Wohnsitze der Indianerbevölkerung. Von Norden nach Süden erstreckt sich Brasilien vom 5° N. B. bis zum 33° S. B. über einen Raum von mehr als 500 Meilen, liegt also zum größten Theil in der Aequatorialregion und kennt nur den Gegensatz der trockenen und nassen Jahreszeit. Die Temperatur ist in Folge der regelmäßigen Passatwinde auch in der Aequatorialregion eine milde und gemäßigte. Der Boden ist fast überall sehr fruchtbar und in Folge des herrlichen Klima's besitzt das Land eine Fülle von Naturprodukten.

Landwirthschaft und Viehzucht. Bei so vielen von der Natur gespendeten Vorzügen ist der Landbau die Haupterwerbsquelle des Landes, wenn auch bis jetzt noch nicht ein Prozent der Gesammtbodenfläche wirklich unter Kultur ist und die anzuerkennenden Bemühungen der Regierung die angestammte portugiesische Faulheit noch nicht überall zu überwinden vermochten. Ein weiteres Hinderniß lag bisher in dem üblichen Bebauungssystem des Großgrundbesitzes unter den sogen. Parcerie-Verträgen. In den meisten Provinzen des Südens gedeihen der Kaffee, das Zuckerrohr, die Baumwolle und der Tabak und bilden die Hauptausfuhrprodukte. Daneben wird in steigenden Quantitäten Weizen und Gerste, wenn auch noch nicht völlig für den Consum genügend, gebaut, sowie in einigen Provinzen Kakao, der im Uebrigen meist wildwachsend vorkommt. Neben dem Getreide werden in den südlichen Provinzen verschiedene europäische Obstsorten, jedoch nur für den innern Markt genügend, mit Erfolg gebaut. Die Viehzucht kämpft, gleich der Landwirthschaft, noch mit vielen, meist in der Indolenz der Bewohner liegenden Hindernissen; erst neuerlich werden gute Exemplare von Pferden einheimischer Zucht auf den Markt gebracht, und ebenso ist in den Provinzen Paraná und Rio Grande do Sul ein Anfang mit Schafzucht veredelter Rassen gemacht worden. Für die Verbesserung der Rindviehrassen ist bis jetzt Nichts gethan worden. Als Produkt der Rindviehzucht auf den dürren Hochebenen (Campos) des Inneren kommen lediglich trockene und gesalzene Häute, Hörner, Haare und lufttrockenes Fleisch meist aus den südlichen Provinzen in den Handel.

Fischfang. Es besteht ein nicht unbeträchtlicher Walfisch- und Delphinfang, dessen Produkte die Thransiedereien in Rio Janeiro verarbeiten. Außerdem sind die Küstengewässer wie die meisten Flüsse überreich an vorzüglichen Fischgattungen, welche frisch und gesalzen einen Haupttheil der Nahrung des Volkes ausmachen.

Bergbau. An Mineralien ist Brasilien überreich. Diamanten und geringere Edelsteine finden sich zumeist in der Provinz Minas Geraes und Rio Grande. Gold kommt fast überall, zum Theil als Waschgold, vor;

die bestlohnenden Berg= und Hüttenwerke sind in Minas Geraes, Wäsche=
reien in Mato Grosso. Kupfer kommt in größerer Menge in den Provinzen
Mato Grosso und Rio Grande do Sul vor, wird aber noch wenig ausge=
beutet. Eisen, Magneteisen und Raseneisenstein in sehr großen Mengen in
Itabira und Minas Geraes. Das dort fabricirte vorzügliche Eisen kommt
noch nicht in den Handel. Schwefel findet sich gediegen in Rio Grande
do Norte, Salz in Mato Grosso und Minas Geraes.

Die **Industrie** im Großen ist noch unbedeutend. In Rio und einigen
anderen großen Städten finden sich Rumfabriken, Seifensiedereien, Tabaks=
fabriken, Seilereien, Segeltuchfabriken, Fabrikation von Bijouteriewaaren.
In den Provinzen Rio Janeiro, Bahia und Minas Geraes bestehen seit
neuster Zeit Baumwoll=Spinnereien und Webereien, welche für mehr als
2 Mill. Milreis Waare (1867) lieferten.

Verkehrsmittel. Unter diesen nehmen eine Reihe von gewaltigen
Flüssen zur Zeit noch den ersten Rang ein. Voran steht der gewaltige
Amazonenstrom mit achtzehn majestätischen Nebenflüssen. Auf dem Haupt=
strome selbst gehen seit 1867 Dampfer in zehn Tagen von Pará bis Ta=
batinga, dem Grenzort gegen Peru, eine Strecke von 580 Meilen; auf dem
Becken der hauptsächlichsten Nebenflüsse ist eine Strecke von fast 8000 und
auf den kleineren Zwischenverbindungen eine weitere von 1000 Meilen der
Dampfschifffahrt zugänglich. Der prächtige Paraguay, von dem über 300
Meilen zu Brasilien gehören, erschließt nebst dem Uruguay und Paraná die
westlichen und südlichen Provinzen des Reiches, dessen mittleren Theil mit
den Haupt=Minenbezirken der San Francisco mit seinen Nebenflüssen be=
wässert. Seit 1867 ist die Dampfschifffahrt auf allen diesen Strömen, so=
weit sie zu Brasilien gehören, freigegeben und sind durch Ingenieure eine
Reihe von Aufnahmen im Interesse der Schifffahrt in den letzten Jahren
gemacht worden. Eisenbahnen sind nur erst wenige begonnen und keine
in der ganzen projektirten Ausdehnung vollendet, drei derselben in der Pro=
vinz Rio de Janeiro, deren eine nach der Provinz Minas Geraes gehen
soll, die drei übrigen von Bahia, Pernambuco und Santos ausgehen.
Im Ganzen sind 600 Kilometer dem Verkehr übergeben. Telegraph=
Kleinere Linien existiren seit 14 Jahren, meist von der Hauptstadt aus=
gehend. Eine sehr wichtige doppelte Linie, welche die wichtigen Südpro=
vinzen mit der Hauptstadt verbinden soll, ist bereits bis Porto Alegre in
der Provinz Rio Grande do Sul in Thätigkeit. Dem Verkehr dienende
Straßen sind nur sehr vereinzelt und in keiner erheblichen Ausdehnung
vorhanden. Die bedeutendste derselben ist die schöne macadamisirte Straße
von Petropolis in der Provinz Minas Graes, welche eine Länge von etwas
über 8 deutsche Meilen hat. Außerdem arbeiten die großen deutschen Co=
lonien in den Südprovinzen rüstig an dem Bau von Verkehrswegen zur
Ausfuhr ihrer Produkte.

Handelsflotte. Im überseeischen Handel waren 1865 über 3000
Schiffe mit etwa 1,500,000 Tonnen Gehalt beschäftigt; die Küstenschifffahrt
beschäftigt eine ungefähr gleiche Anzahl kleinerer Fahrzeuge, die Schifffahrt
im Innern endlich über 8000 kleinere Schiffe von ungefähr 405,000

Tonnen Gehalt. Außerdem werden in der Küsten= und Flußschifffahrt 106 Dampfer mit 23,000 Tonnen Last verwendet.

Der Handel Brasiliens, welcher bis 1808 sehr beschränkt war, hat sich seit der Eröffnung der Häfen für alle Nationen sehr entwickelt. Er hatte, abgesehen von dem Küsten= und Binnenhandel, im Finanzjahre 1864 bis 1865 bereits eine Höhe von 292,662,627 Milreis erreicht. Unter den importirenden Ländern standen Großbritannien mit 63½ und Frank= reich mit 30½ Mill. Milreis obenan. Diese beiden Länder, dann die Ver= einigten Staaten, empfingen auch den größeren Theil der Ausfuhren. Unter diesen steht, trotzdem eine Krankheit der Entwicklung seiner Kultur hinder= lich war, der Kaffee oben an. Brasilien, das erste kaffeeliefernde Land der Welt, führte im genannten Jahre für 64,144,555 Milreis Kaffee aus. Der Anbau der Baumwolle blüht; man führt für 31,558,635 Milreis aus. Es reihen diesen beiden Hauptausfuhrprodukten sich an: Zucker für 16 Mill. Milreis, Häute für 7½, Tabak für 3, Kakao für 2, Paraguaythee für 1⅓, Kautschuk für 3½, Gold und Diamanten für 6 Mill. Milreis. — Die Einfuhren bestehen in europäischen Industrieprodukten, namentlich ist Deutschland über Hamburg in steigender Weise dabei betheiligt. Unter den Crebitinstituten ragt hervor die 1853 gegründete Bank von Brasilien mit einem Kapital von 33 Mill. Milreis.

Münzen, Maß, Gewicht. Man rechnet nach Reis. 1000 R. = 1 Milreis. 1 Milreis (Goldwährung seit 1849) = 2 Schilling 3 Pence oder = 2,83 Franc. Es circulirt viel Papiergeld. — Maße und Gewichte mit geringen Abänderungen wie in Portugal.

Einwanderung. Die deutschen Kolonien. Nachdem viele Uebel= stände abgestellt sind, die auf den Einwanderern aus Europa lasteten, em= pfiehlt sich Brasilien, vorzugsweise der südliche Theil außerordentlich als Ziel für Auswanderer, namentlich Deutsche. Schon jetzt nehmen unsere Landsleute in den südlichen Provinzen des Landes eine hervorragende Stel= lung ein.

In Santa Catharina sind die wichtigsten deutschen Ansiedlungen in Donha Franciska (Hauptort Joinville), am Itajahy (Hauptort Blumenau) und Brusque. Kleinere sind Santa Isabel und Theresopolis. Joinville liegt freundlich zwischen Bergen am schiffbaren Rio da Cachoeira. Freilich harte Erfahrungen hatte Joinville im Anfange auch durchzumachen, aber heute steht es auf eigenen Füßen und erfreut sich namentlich eines vorzüg= lichen Wege= und Straßensystems, wodurch der Absatz der Produkte wesent= lich erleichtert wird. Das Minimum Land, welches ein mittelloser Colonist dort zugetheilt erhält, beträgt etwa 48 deutsche Morgen; der Kaufpreis pro Morgen ist vier Milreis bei mindestens fünfjähriger Gestundung und dreijähriger Zinsfreiheit.

Donha Franciska, wie der ganze Coloniecomplex am Cachoeira heißt, mit Joinville, Annaburg und Pedreira, eignet sich nicht mehr für den Anbau tropischer Culturpflanzen. Das Zuckerrohr gedeiht noch, leidet aber der südlichen Lage wegen zuweilen von Frösten. Dagegen wächst der Kaffee auf den Hügeln neben unserm deutschen Korn, das freilich manchmal ver=

hagelt. Das Mehl der Mandiocapflanze (die Farinha) bildet einen Hauptausfuhrartikel, außerdem gewinnt man viel Arrowroot und Tabak.

Blumenau liegt an dem schiffbaren Itajahy, dessen Barre freilich nur Fahrzeugen von geringer Tragfähigkeit das Einlaufen gestattet. Aber er ist ein lieblicher, malerischer Strom, dessen Ufer noch zusammenhängende Wälder schmücken, aus denen die luftigen Kronen der Palmen herausschauen, an dessen Hügeln ein trefflicher Wein gedeiht. In dieser herrlichen Gegend legte Dr. Hermann Blumenau aus Braunschweig im Jahre 1850 die nach ihm benannte Colonie an. Er sollte sein Werk schließlich von Erfolg gekrönt sehen und auch die wohlverdiente Auszeichnung empfangen, daß ihm auf der Pariser Ausstellung 1867 von der internationalen Jury für seine Coloniebestrebungen die goldene Medaille zuerkannt wurde. Das Klima von Blumenau ist durchaus gesund und den deutschen Ansiedlern zuträglich. Das Zuckerrohr wird in großer Ausdehnung gebaut; doch ist seine Cultur, wegen des Anlagekapitals, das für Pressen, Apparate, Siedegefäße u. s. w. verwendet werden muß, immer weniger zu empfehlen, wie der Anbau der Mahlfrüchte. Es gedeihen noch Kaffee, Tabak und Wein.

Das schon früher erwähnte Brusque (offiziell Colonia d'Itajahy mirim) liegt südöstlich von Blumenau am kleinen Itajahy, in sehr gebirgiger Gegend, die schmale sehr fruchtbare Thäler einschließt. Das beste Haus in dem Städtchen ist die Schule und das vorzüglichste Ausfuhrprodukt der Tabak. Die übrigen Verhältnisse gleichen denen von Blumenau.

Nicht minder erfreulichen Bildern begegnen wir bei der Betrachtung der deutschen Colonien in der Provinz Rio Grando do Sul. Hier ist das Hinterland der mächtig aufblühenden Hauptstadt Porto Alegre bereits ein wesentlich deutsches geworden und die Stadt selbst, der Centralpunkt für den Handel und die Industrie Südbrasiliens, hat ihre Bedeutung wesentlich den Deutschen zu danken, die im Handel und Wandel die erste Stelle einnehmen. Vier der bedeutendsten südamerikanischen Flüsse, der Rio do Sinos, Rio Cahy, Rio Crazattan und Rio Takuhy münden hier und dienen als Verkehrsstraßen nach dem Innern, während durch die Lagoa dos Patos (Entensee) die Vermittlung mit dem atlantischen Ocean hergestellt ist. Die Einwohnerzahl Porto Alegre's beträgt 20,000, darunter 2000 Deutsche, welche die Geschäfte mit den mehr als 60,000 Landsleuten im Hinterlande vermitteln, die hier den Markt für ihre landwirthschaftlichen und gewerblichen Erzeugnisse finden, während sie zugleich für ihre Bedürfnisse mit den eingeführten europäischen Fabrikaten sich versorgen können.

Der deutsche Handel nach Südbrasilien ist nämlich gegenwärtig der erste geworden und hat den englischen siegreich aus dem Felde geschlagen und das nur in Folge der Beziehungen, die zwischen den Colonien und dem Mutterlande obwalten. Während vor dreißig Jahren fast nur englische Fabrikate nach Rio Grande do Sul gelangten, standen im Jahre 1866 der englische und deutsche Import fast gleich, und seitdem hat die deutsche Einfuhr die englische überflügelt.

Sao Leopoldo, die deutsche Hauptkolonie in Rio Grande do Sul, wurde 1824 am Rio dos Sinos begründet. Die Ackerbau-Erzeugnisse sind Mais, schwarze Bohnen, Kartoffeln, und diese drei begründeten den gegenwärtigen Reichthum der Ansiedler. Auch Wein, Tabak, Flachs, Hanf, Reis werden gebaut und Zuckerrohr ausschließlich zur Branntweinbrennerei kulti= virt. Weizen, Hühner, Eier und Speck kommen in neuerer Zeit gleichfalls zur Ausfuhr.

Von Sao Leopoldo haben die Deutschen sich noch weit in die ganze Provinz Rio Grande do Sul ergossen und zwischen den einzelnen Colonien, ein Band geknüpft, so mit Nova Petropolis im Norden des Bezirkes Sao Leopoldo und mit Santa Maria da Solebabe. Wichtiger als die zuletzt genannten ist noch die Colonie Santa Cruz am Rio Parbinho, die von Porte Alegre 37 Legoas entfernt liegt und 1849 gegründet wurde. Klima und Boden sind hier gleichfalls gut, die Erzeugnisse die nämlichen wie bei Sao Leopoldo, nur führt man mehr Tabak aus.

Handelsstädte.

Rio de Janeiro, 300,000 Einw., an der schönen gleichnamigen Bucht, die Hauptstadt des Landes und der erste Handelsort, der über 50 Prozent der Gesammtausfuhren vermittelt und beträchtliche Mengen euro= päischer und amerikanischer Industrieprodukte einführt. Reger Dampferver= kehr. Die nach der Südsee und Ostindien bestimmten Schiffe laufen Rio an, um dort Wasser, Lebensmittel und Kohlen einzunehmen. Fabriken, von Europäern angelegt, sind im Aufblühen begriffen. — Victoria, Porto Se= guro, Desterro, Hafenplätze am atlantischen Ozean. — Bahia, 120,000 Einw., wichtiger Handelshafen; Pernambuco, 80,000 Einw., desgleichen, stehen beide im regen Verkehr mit Europa. Para, 20,000 Einw., an der Mündung des Para, vermittelt die Ausfuhr der Produkte des Amazonen= stromgebietes. — Ouro Preto und Diamantino in Minas Gerans, im Mit= telpunkte der Gold= und Diamantenbezirke. — Cuyaba in Matto Grosso, 10,000 Einw., starker Binnenhandel. — Porto Alegre und die deutschen Kolonialstädte siehe S. 374.

11. Paraguay.

5943 Quadratmeilen. 1,300,000 Bewohner.

Die Geschichte dieser in der neueren Zeit viel genannten Republik ist eigentlich nur eine Handelsgeschichte im weiteren Sinne. Die einander bis 1870 folgenden Dictatoren Francia, Lopez I. und Lopez II. haben das Land, das meist von Indianern besiedelt ist, auf eine eigene Weise beherrscht. Der ältere Lopez kam auf den Gedanken, den gesammten Handel des Landes in seinem Interesse zu monopolisiren. Namentlich erstreckte dieses Monopol sich auf das Maté oder den Paraguaythee, das wichtigste Produkt; mit dem Tabak verfuhr man ähnlich. Die Regierung war in der That der einzige Großhändler des Landes und zog reichen Gewinn, während das Volk arm blieb. Durch den Krieg der drei Mächte Brasilien, Argentina, Uruguay gegen den Dictator Lopez, der mit dessen Tode und der Eroberung Para= guays 1870 endete, wurde diesem Zustande ein Ende bereitet.

Paraguay, ein Binnenstaat, ist von den herrlichen Strömen Paraguay und Parana durchflossen, die bis weit aufwärts für Seeschiffe fahrbar sind und somit direkten Seeverkehr für das Land eröffnen. Das Klima ist gesund, der Boden ist sehr fruchtbar; unter den Produkten des Pflanzenreichs sind zu erwähnen Bau= und Schmuckhölzer, Kautschuk, Guajakharz, Gerb= und Farbstoffe, Drogen, Baumwolle, Tabak, vor allem aber Paraguaythee. Außerdem Maniok, Mais, Zuckerrohr. Die Kultur dieser Gewächse wird indessen auf die primitivste Art betrieben, die Industrie, von den Jesuiten begünstigt, ist verhältnißmäßig besser als in den Nachbarländern entwickelt. Man fabrizirt Cigarren, grobe Baumwoll= und Wollwaaren, Holz= und Ledergeräthe, Gummipräparate, Stärke, Zucker, Eisen, Spitzen. Am meisten ist England an den Einfuhren betheiligt; von den Ausfuhren geht das Hauptprodukt, der Paraguaythee (im Werthe von 4—5 Mill. Frcs.) in die Nachbarstaaten. Hauptstadt ist Assuncion am Paraguayflusse, mit regem Schiffsverkehr. Von hier geht die einzige Eisenbahn des Landes nach der zweitgrößten Stadt Villa Rica.

12. Argentinische Conföderation.

28,500 Quadratmeilen.　1,800,000 Bewohner.

Die Argentinische Conföderation, mit ihren weiten, fruchtbaren, von herrlichen Strömen durchrauschten Landschaften, zwischen der hohen Corbillere und dem Atlantischen Ozean gelegen, ist ein außerordentlich zukunftreiches und viel versprechendes Land, dem allerdings noch immer die nöthige Bevölkerung zur reifen Entwicklung fehlt. Die Kreolenbevölkerung des Landes, im Durchschnitte auf einer niedrigen Bildungsstufe stehend, ist ein in der socialen und politischen Entwicklung zurückgebliebenes Volk, das durch die Losreißung vom spanischen Joche im Jahre 1816 mit einem Male ohne vermittelnden Uebergang aus der Finsterniß des absolutistischen Kolonialregiments des 17. Jahrhunderts in die Gegenwart des 19. Jahrhunderts mit eigener freisinniger Selbstverwaltung versetzt wurde. Eine natürliche Folge waren die bis auf unsere Tage dauernden Bürgerkriege und Revolutionen. Das Element nun, auf welchem die Zukunft der Konföderation allein beruht, das die Naturschätze im großen Maßstabe ausnützen und im Becken des Platastromes ein herrliches Kulturland schaffen wird, sind die fremden Einwanderer. Nur aus Mangel an tüchtigen Arbeitskräften liegt das Land noch darnieder und nicht mit Unrecht bemerkte ein argentischer Staatsmann: In Südamerika heißt regieren bevölkern.

Ackerbau, Viehzucht. Dem Ackerbau ist ein weites Feld geöffnet; er hebt sich von Jahre zu Jahre und liefert Getreide, Kartoffeln, Gemüse, sowie die verschiedensten Kolonialprodukte: Kaffee, Zucker, Tabak, Mate, etwas Baumwolle, namentlich in den von Europäern gegründeten Kolonien. Im Verhältniß zur Größe des Landes steht er aber noch sehr zurück. Der Hauptreichthum des Landes besteht aber derzeit noch in dem Viehreichthum. In den weiten Pampas entwickelt sich eine so großartige Viehzucht, wie sie nur noch einmal in Australien vorkommt. Das sämmtliche Vieh, welches dort gedeiht, Pferde, Schafe, Rinder, stammt von europäischen Thieren ab.

Sind sie auch der Menge nach hervorragend, so stehen sie doch, was die Qualität betrifft, sehr zurück und erst in neuerer Zeit hat man begonnen, auf die Veredlung der Rassen hinzuwirken. Der Viehhirt der Pampas ist der Gaucho, welcher das Vieh vom Campo, der Weide, zusammentreibt und nach den Schlachthäusern, den Saladeros, führt, wo es massenhaft abge= schlachtet wird. Pferde, Schafe, namentlich Rindvieh zählen nach Millionen. Man berechnet den jährlichen Zuwachs auf 700,000 Stück Rindvieh und 7 Millionen Stück Schafe. Von den letzteren werden jährlich nur 2 Mil= lionen geschlachtet. Die Zahl der Schlachthäuser und Talgsiedereien ist viel zu gering, um den Reichthum an Vieh gehörig auszunützen.

Bergbau. Großartig, wenn auch noch wenig ausgebeutet, ist der Reichthum an nutzbaren Mineralieu, an edlen und unedlen Metallen. Die Minen von Rioja enthalten Gold, Silber, Kupfer, Eisen, Nickel; die reich= sten derselben liegen im Distrikte Famantina. In der Provinz San Juan findet man Gold, Silber, silberhaltiges Blei. Dort ist die Mine el Mo= nado die bedeutendste. Mendoza und Catamarca, wenn auch reich an Gold, liefern vorzugsweise Kupfer, von dem jährlich 10—12,000 Barren aus= geführt werden. In der Provinz Cordova betreibt man 200 Silbergruben, deren tiefste nur 100 Meter unter der Oberfläche liegt. Im Gran Chaco ist die Ebene meilenweit mit nickelhaltigem Meteoreisen dicht bedeckt. Bei Garrapatal in Jujuy liegen noch unausgebeutete Petroleumquellen; ein un= bearbeitetes mächtiges Kohlenfeld zieht sich bei Las Mayas in San Juan hin; in demselben Distrikt findet sich Schwefel in Fülle. Man nehme dazu Karneole, Amethyst, Achate, die in die deutschen Achatschleifereien verschickt werden, Salz, Glaubersalz, Alaun, Marmor, Bausteine und man gewinnt ein flüchtiges Bild des Mineralreichthums der Republik.

Industrie. Handel. Von eigentlicher Industrie kann nicht die Rede sein, doch sind neuerdings in größeren Städten einige Fabriken entstanden; man fertigt grobe Woll= und Baumwollstoffe, Cigarren, Seile, dann auch Fleischextract nach Liebigs Methode. Der Import besteht aus allen mög= lichen europäischen Waaren und wird zum großen Theile durch Deutsche vermittelt. Unter den importirenden Staaten steht Frankreich oben an, Deutschland liefert Baumwoll= und Wollwaaren, Spirituosen, Möbel. Was die Ausfuhren anbelangt, so sind die thierischen Produkte die wichtigsten. 1867 exportirte man gegen 2¼ Mill. Stück Häute, dann Wolle, Schaf= felle, Talg, Pferdehaare, Salzfleisch. Ferner Rindviehhörner, Knochenasche, Straußenfedern, geräucherte Ochsenzungen. Der Gesammtwerth der Einfuhr belief sich 1866 auf 46 Millionen, jener der Ausfuhr auf 33 Mill. Doll.

Verkehrsmittel. Unter diesen steht das wahrhaft großartige Flußsystem des Landes oben an. Die natürlichen Wasseradern haben hier in wunder= barer Weise der künftigen Kulturarbeit des Menschen vorgearbeitet und es ist namentlich der La Platastrom, der sowohl durch die Länge seines Laufes, als durch die Menge seiner schiffbaren Zuflüsse von Wichtigkeit wird. Er besitzt an seiner Mündung eine Breite von 30 Meilen und entsteht aus den drei gewaltigen Strömen Paraguay, Parana und Uruguay, deren jeder tief aus dem fruchtbaren Binnenlande kommt. Während der eigentliche La Plata für Schiffe von 6 Meter Tiefgang fahrbar ist, gehen Seeschiffe auf

dem Parana bis Corrientes, 120 Meilen weit im Innern von 2½—4½
Meter Tiefgang, auf dem Paraguay bis in die braſilianiſche Provinz Matto
Grosſo, 340 Meilen vom Atlantiſchen Ozean entfernt, von ⅔—2 Meter
Tiefgang; auf dem Uruguay bis 54 Meilen ins Innere von 2—4 Meter
Tiefgang. — Sehr rege iſt der Seeverkehr der Republik, wenn auch die
eigene Flotte (S. 47) hieran den geringſten Antheil nimmt. Es laufen
in den Häfen des La Plata jährlich etwa 1000 Schiffe, vorzugsweise eng=
liſche und italieniſche ein. Dampferlinien führen regelmäßig nach England,
Frankreich, Italien. Das Eiſenbahnſyſtem beginnt ſich zu entwickeln. 1867
waren ſchon etwa 150 Meilen Bahn hergeſtellt.

Einwanderung. Wir haben ſchon auf die Wichtigkeit der Einwande=
rung für die argentiniſche Republik hingewieſen. Bis 1820 kamen faſt gar
keine Einwanderer; im Jahrzehnt 1860—1870 iſt der Strom derſelben
aber ſtetig geſtiegen. Die Ziffer der Eingewanderten ſtieg auf 30,000,
darunter waren Italiener, Franzoſen, Basken am ſtärkſten vertreten. Deutſche
wenden ſich nur in geringer Anzahl nach der Republik, in der das roma=
niſche Element entſchieden das Uebergewicht gewinnt.

Geld, Maß, Gewicht. 1 Silberpiaſter oder Peſo à 100 Centavos
oder à 8 Reales à 4 Cuartillos. 1 Rechnungspiaſter = 1 Thlr. 9 Groſchen,
1 gute Onza = 16 Silberpiaſter. Maße und Gewichte die ſpaniſchen;
neuerdings die metriſchen franzöſiſchen.

Handelsſtädte.

Buenos Ayres, Landeshauptſtadt am La Plata mit 150,000 Einw.,
darunter zahlreiche Fremde (2000 Deutſche), iſt der wichtigſte Handelsplatz
mit großartigem Import, der namentlich in den Händen der Engländer,
Amerikaner und Deutſchen iſt. Bei der Stadt große Salaberos oder
Schlachthäuſer, in denen der Hauptreichthum des Landes, das Rindvieh, für
den Export zubereitet wird. — Roſario, aufſtrebender Handelshafen am
Parana, 16,000 Einw. Ausgangspunkt der Eiſenbahn nach Cordova. —
Cordova, 17,500 Einw., Handelsplatz für das Innere; einige Tuchfabriken.
— Salta, 12,000 Einw., großer Viehmarkt. — Mendoza, 10,000 Einw.,
Weinbau. — Catamarca, 8000 Einw., Maulthierzucht, Bergbau, Bereitung
von Franzbranntwein, großartige Gerberei, Webereien (Ponchos aus Vicuña=
wolle). — Uspallata, Silberminen. — San Juan, Minen. — Corrientes,
18,000 Einw., am Parana. Holzhandel, ſtarker Schiffsverkehr.

13. Uruguay.

3138 Quadratmeilen. 400,000 Bewohner.

Uruguay bietet ähnliche Verhältniſſe dar wie die argentiniſche Republik,
namentlich ſind die Bodenprodukte ganz dieſelben, nur iſt der Reichthum an
Mineralien geringer, dagegen die Viehzucht ebenſo ausgedehnt wie dort. —
Trotzdem Bürgerkriege und Handelskriſen das Land arg mitgenommen haben,
kommt es dennoch vorwärts; weil faſt die Hälfte ſeiner Bewohner aus

Fremden, namentlich Italienern, besteht. Der Handel mit denselben Producten wie in der argentinischen Conföderation ist von Bedeutung; 1868 betrugen die Einfuhren 3,421,755, die Ausfuhren 2,579,273 Dollars dem Werthe nach. Die Verbindung mit Europa wird durch mehrere Dampferlinien aufrecht erhalten; auch Eisenbahnen besitzt Uruguay bereits, die von der Hauptstadt in's Innere führen. Die herrlichsten Verkehrsmittel hat die Republik aber in ihren schiffbaren Strömen, dem La Plata und Uruguay. — Hauptstadt ist Montevideo am La Plata mit 100,000 Einw. Von hier aus wird fast der ganze Handel des Landes durch Fremde besorgt. 1869 liefen dort 469 englische, 252 italienische, 215 spanische, 219 französische und 193 deutsche Schiffe ein. Nach dieser Reihenfolge läßt sich der Antheil der verschiedenen Völker am Handel Uruguay's beurtheilen. — Maldonado, 2000 Einw., Hafen am La Plata. — Fray Bentos am Uruguayflusse, 4000 Einw., großartige Fleischextractfabrik nach Liebigs Methode.

14. Chile.

6238 Quadratmeilen.   2,100,000 Bewohner.

Dieser Freistaat befindet sich unter allen südamerikanischen Republiken in der günstigsten Lage; er besitzt eine thätige, strebsame Bevölkerung und genießt einer ruhigen, fortschreitenden Entwicklung; dazu gesellt sich die günstige Lage in einem mehr gemäßigten Klima längs der Küste des Stillen Ozeans und ein großer Reichthum an Naturprodukten. Seinen Reichthum verdankt Chile zunächst dem Kupfer und Silber, die namentlich in den Provinzen Coquimbo und Atacama in ungewöhnlicher Menge vorkommen und den Hauptausfuhrartikel liefern. Man findet auch Gold, Kohlen, Eisen, Kobalt, Nickel, Salz, Glaubersalz und Salpeter. Der Ackerbau wird mit Erfolg betrieben, so daß Chile weithin Mehl, Mais, Kartoffeln ausführt. Die Viehzucht ist bedeutend; sie liefert Wolle, Charqui oder Dörrfleisch und Pökelfleisch. Der Wohlstand des Landes ist im steten Wachsen begriffen. Die Industrie ist noch untergeordnet, desto wichtiger aber der Handel, welcher eine Gesammtbewegung von 56 Mill. Dollars übersteigt, wobei die Ausfuhr überwiegt. Die Zahl der Schiffe aller Nationen, welche die sämmtlichen Häfen Chile's besuchen, beträgt etwa 3000 mit über 800,000 Tonnen jährlich. Das Eisenbahnnetz (S. 71) ist stark in der Entwicklung begriffen; eine Dampferlinie verbindet die verschiedenen Häfen; ebenso geht eine Linie nach Panama, eine andere nach dem La Plata. Durch die Pässe der Anden ziehen zahlreiche Maulthierkarawanen nach der argentinischen Conföderation. — Man rechnet nach Pesos corrientes à 100 Centavos. Maß und Gewicht nach dem Gesetze die metrischen, im gewöhnlichen Gebrauche die alten spanischen.

Städte.

Santiago, 120,000 Einw. Hauptstadt und wichtiger Marktplatz für Bergwerkprodukte. — Valparaiso, 75,000 Einw., der wichtigste Handelshafen

des ganzen Staates, in dem zahlreiche Fremde, namentlich Deutsche ange=
siedelt sind. — Valdivia, 3500 Einw. und Puerto Montt, 2500 Einw.,
Häfen im Süden. — Copiapo, 13,500 Einw. Im Mittelpunkt der Kupfer=
minen. — Calbera, 3300 Einw., Hafen Copiapo's, Metallausfuhr.

15. Bolivia.

25,200 Quadratmeilen. 2,000,000 Bewohner.

Trotz der großen Ausdehnung dieser Republik, spielt sie unter den süd=
amerikanischen Freistaaten eine untergeordnete Rolle. Auch hier wüthen fort
und fort die Bürgerkriege und lassen den Staat zu keiner gedeihlichen Ent=
wicklung kommen; außerdem ist die weiße Bevölkerung sehr gering an Zahl,
die Indianer überwiegen. Für den Handel fällt schwer in das Gewicht,
daß Bolivia nur im Besitze einer kleinen Küstenstrecke am Stillen Ozean
und ohne ordentlichen Hafen ist, ein Absatz der reichen Naturprodukte nach
dem Innern Südamerika's ist aus Mangel an Verkehrswegen jedoch unthun=
lich. In den östlichen Tiefebenen gedeihen Baumwolle, Indigo, Kakao, Va=
nille, Kaffee, Zuckerrohr, Wein, Mais, Tabak, Kola, verschiedene Arznei=
pflanzen; höher im Gebirge Getreide, Quinoa, Kartoffeln. Alle aber
werden meist für den inneren Bedarf gebaut; die Viehzucht, in den gras=
reichen Ebenen bedeutend, erstreckt sich auch auf Llamas und Vicuñas, die
theils wegen der Wolle, theils als Lastthiere in der Cordillere von Bedeu=
tung sind. Außerordentlich reich sind die hohen Cordilleren an Mineral=
produkten: Silber, besonders bei Potosi und Chuquisaca, Eisen, Blei, Zinn,
Arsenik, Antimon, Salpeter, Salz, Schwefel. Der Bergbau liefert die
Hauptprodukte für den Handel. Außer diesen gelangen Chinarinde, Alpaca=
wolle, Chinchillafelle und Kaffee zur Ausfuhr, alles in allem für 3—3½ Mill.
Dollars. Die Einfuhr, meist aus England, übersteigt nicht 2½ Mill.
Dollars. — Die Guanolager von Mejillones sind zwischen Chile und Bo=
livia streitig. Nach Osten hin und Norden strömen mehrere Nebenflüsse des
Paraguay und Amazonenstrom, doch sind sie noch nicht dem Verkehre dienst=
bar gemacht. Eisenbahnen bestehen noch nicht. — Münze ist der Peso oder
Piaster à 8 Reales à 4 Cuartillos. — Maß und Gewicht die spanischen.

Städte.

Chuquisaca oder Sucre, 22,000 Einw. mit großem Minenbetrieb, ist
Hauptstadt. — Potosi, 23,000 Einw., große Silberbergwerke. — La Paz,
76,000 Einw., Bergwerk, Handel mit Früchten. — Cobija, 2000 Einw.,
einziger Hafen Bolivia's. — Cochabamba, 40,000 Einw. Minen. Spitzen=
fabrikation. — Oruro, einst wegen seiner Wollindustrie und Silberminen,
die jetzt verfallen sind, berühmt. Durchgangshandel nach Tacna und Arica
in Peru.

16. Peru.

24,000 Quadratmeilen. 2,500,000 Bewohner.

Gleich den meisten anderen südamerikanischen Republiken bietet Peru mit seiner schlaffen Mischbevölkerung ein wirthschaftlich und politisch trauriges Bild dar, obgleich das von der Natur so bevorzugte Land eine hohe Stelle unter den Kulturstaaten der Erde einnehmen könnte. Besäße Peru im Guano und Salpeter nicht zwei ohne alle Mühe zu gewinnende Schätze, es müßte finanziell schon lange zu Grunde gegangen sein, da seine faule, nichtsnutzige Bevölkerung sich zu einer Ausbeutung des reichen Bodens nicht verstehen will.

Obgleich die Bodenkultur auf einer sehr niedrigen Stufe steht, gewinnt man doch Mais, Weizen, Quinoa, Kartoffeln, Tabak. Dann Wein (im Thale de Ica), Kaffee, Zucker, Reis, Cochenille, Olivenöl. Sämmtlich für den heimischen Bedarf. Etwas besser steht es mit der Kultur der Baumwolle, die man seit 1860 pflanzt und zur Ausfuhr bringt. Namentlich im Osten hat Peru herrliche Urwälder und große zur Viehzucht geeignete Savannen. An Schmuckhölzern, Farbestoffen ist kein Mangel; alle tropischen Früchte gedeihen. Von hoher Wichtigkeit sind die Arzneistoffe und noch immer kommt der größere Theil der heilkräftigen Chinarinde aus Peru; ebenso Coca, Sassaparille. Ausfuhrprodukt ist auch peruanische Wolle vom Alpaco, Vicuña und Llama, während gewöhnliche Schafwolle nur in geringer Menge exportirt wird. — Die Gold- und Silberminen Peru's, die einst die Welt mit ihrem Rufe erfüllten, aus denen Spanien so manche Schätze zog, sind bedeutend zurückgegangen. Die bedeutendsten Silbergruben sind jene von Cerro de Pasco. Aus allen Gruben wurden von 1630—1803 Metalle im Werthe von 1698 Mill. Thalern gewonnen. Die großen Quecksilberwerke von Huanca velica sind gänzlich im Verfall. Außer Silber und Gold, letzteres aus dem östlichen Peru, wird noch etwas Kupfer gewonnen. Das für den Handel wichtigste Produkt Peru's ist aber noch immer der Guano, der von den drei kleinen Chinchainseln kommt, welche etwa 15 Meilen von der Küste entfernt im Stillen Ozean liegen. Im Jahre 1853 berechnete man den dort vorhandenen Guano auf noch 12 Mill. Tonnen; bei einer jährlichen Ausfuhr von 400,000 Tonnen ist aber eine baldige Erschöpfung vorauszusehen. Nicht so verhält es sich mit dem Salpeter, von dem Peru jährlich 2½ Mill. Ctr. im Werthe von über 6 Mill. Dollars ausführt. Die Menge dieses werthvollen, in der Pampa von Tamarugal vorkommenden Erdsalzes, das ohne viele Mühe gewonnen wird, beläuft sich auf noch 60 Mill. Tonnen. Auch Borax wird viel an der Küste gefunden.

Der Gesammtwerth der ein- und ausgeführten Waaren und Produkte beläuft sich jährlich auf etwa 50 Mill. Dollars, davon kommen auf den Werth der Einfuhr 20, jenen der Ausfuhr 30 Mill. Dollars. Die Gegenstände der letzteren sind oben angeführt; die Einfuhren bestehen meist in europäischen und amerikanischen Industrieprodukten und nimmt hierbei England den ersten Rang ein, doch ist auch Deutschland stark vertreten. — Für Verkehrsmittel, namentlich im Innern, ist noch sehr wenig geschehen. In den Hafenplätzen verkehren regelmäßig, von Panama aus, englische und amerikanische Dampfer; Eisenbahnen (S. 71) führen von einigen Häfen in's Innere; von Callao nach Lima, dann weiter nach Chorillos; von Arica nach Tacna. Wenn erst der jetzt noch von wilden Indianerhorden durchschwärmte Osten von fleißigen Ansiedlern cultivirt ist, wird von da aus auf dem Amazonenstrom und seinen Nebenflüssen ein mächtiger Verkehr nach dem atlantischen Ozean eröffnet werden. Die Schifffahrt auf denselben ist frei und Dampfer sind bereits dort von der Mündung bis an den Fuß der Cordillere gelangt, bis nach Mayro am Pachitea. Die Handelsflotte Peru's zählt 110 Schiffe von 24,234 Tonnen. Handelsverträge sind mit den meisten europäischen Staaten abgeschlossen. — Silbermünze ist der Sol (Peso, Dollar) à 100 Centavos. Goldmünze die Pieza de 20 Sol, Kupfermünzen die Centavos. Maß und Gewicht die metrischen.

Handelsstädte.

Lima, die Hauptstadt, 120,000 Einw. mit wichtigem Großhandel, der ganz in den Händen der Fremden (darunter 5000 Deutsche) ist. Die Gewerbthätigkeit erstreckt sich auf die Verfertigung grober Baumwoll= und Wollstoffe, Ponchos, Gold= und Silberwaaren, Flechterei, Gerberei. Der Hafen der Stadt und mit ihr durch eine Eisenbahn verbunden ist Callao mit 15,000 Einw. Von hier aus werden namentlich Guano und edle Metalle verschifft. Der Werth des Exports belief sich 1865 auf 25 Mill. Dollars. — Port Islay, 2000 Einw., der Hafen der Stadt Arequipa, exportirt Wolle und Chinarinde im Werthe von 3 bis 4 Mill. Dollars. — Arica, der zweitwichtigste Hafen des Landes, Chinarinde, Kupfererz, Wolle, Gold= und Silbererz im Werthe von 3 Mill. Dollars, meist aus Bolivia stammend, sind die wichtigsten Ausfuhrartikel. — Arequipa, 45,000 Einw., treibt starken Transithandel mit dem bolivianischen Hinterlande und vermittelt dessen Exporte über Islay, sowie die Einfuhr deutscher Wollstoffe, Spirituosen, Leder, Papier, Möbel dorthin. — Tacna, 12,000 Einw., mit Arica durch Eisenbahn verbunden, vermittelt den Handel mit Bolivia, namentlich Oruro. — Cuzco, die alte Hauptstadt der Inkas, jetzt von ihrer einstigen Höhe herabgestiegen, 40,000 Einw., hat noch Silberbergbau. Derselbe florirt noch in Cerro de Pasco, 12,000 Einw., Caxamara, 18,000 Einw. und Tacna. — Nauta, Stromhafen am Amazonenstrom, am Einflusse des Ucayale in denselben.

17. Ecuador.

10,300 Quadratmeilen.   1,300,000 Bewohner.

Die Zustände in dieser Republik sind die gleich traurigen, wie in den Nachbarstaaten Columbia und Peru. Ein Fortschritt ist auch hier bei der eigentlichen Bevölkerung nicht zu bemerken und der darniederliegende Handel, nicht im entferntesten dem Reichthum an Naturprodukten entsprechend, wird, soweit er noch besteht, von den angesiedelten Fremden betrieben. Die Vegetation an der Ostseite der Corbilleren ist eine äußerst üppige, echt südamerikanische. Neben vielen Droguen zeichnet unter den kostbaren Waldprodukten die Chinarinde sich aus, die namentlich bei Loxa gewonnen wird. Quinoa, Weizen, Mais, Kartoffeln werden zum eigenen Gebrauch kultivirt; etwas Kaffee, Kakao, Tabak, Baumwolle gelangen zum Export; dazu Kautschuk, Wachs, Sassaparille. Viehzucht ist auf der Hochebene von Paramos von Bedeutung. Die Ausbeute an Mineralstoffen ist sehr untergeordnet, obgleich Eisen, Kupfer, Blei, Zink, weniges Gold und Silber vorkommen. Die Industrie beschränkt sich auf Herstellung grober Woll- und Baumwollwaaren, Leder, Flechtereien, Strohhüte u. s. w. Der Gesammtwerth des Handels schwankt jährlich zwischen 5 und 6 Mill. Dollars, wobei Aus- und Einfuhr gleich stark vertreten sind. Letztere findet namentlich aus England statt. Die Verkehrsmittel liegen ganz darnieder; noch ist nicht das geringste geschehen, um die großen Wasseradern im Osten, die dem Amazonenstrom zufließenden Ströme dem Handel dienstbar zu machen. Man rechnet nach Pesos à 100 Centavos. Gewichte und Maße sind gesetzlich die metrischen.

Handelsstädte.

Quito, die Landeshauptstadt, 70,000 Einw., mit einiger Industrie, Stapelplatz für die Waaren des Innern. — Guajaquil, 24,000 Einw., der wichtigste Hafen des Staates, der den größten Theil der Ein- und Ausfuhren besorgt. Namentlich Kakao-Ausfuhr. — Häfen zweiten Ranges sind Esmeralbas und Manta. — Cuenca, 25,000 Einw., Binnenhandel; Riobamba, 20,000 Einw. Schwefelgruben.

Australien.

161,000 Quadratmeilen.　4,350,000 Bewohner.

Am spätesten ein in die große Handelsentwicklung unserer Erde traten der australische Kontinent und die sich ihm anschließenden Inseln der Südsee. In unglaublich kurzer Zeit erwachte ein reges Handelsleben und Landschaften, die bisher kaum Werth für den Viehzüchter hatten, traten als Faktoren ersten Ranges im Welthandel auf. Die ersten Keime zur politischen und kommerziellen Entwicklung des fünften Kontinentes wurden durch die Verbrecherkolonien gelegt, welche 1788 die Engländer an der berüchtigten Botanytany-Bai, in der Nähe des heutigen Sydney, gründeten. Die junge Ansiedlung nahm, nachdem sie Tage schwerer Prüfung durchgemacht, einen unerwartet großartigen Aufschwung und die Frage über Zweckmäßigkeit und Nützlichkeit der Deportation wurde glänzend gelöst. Aus den ehemaligen Verbrechern wurden fleißige, nützliche Kolonisten, die mit der Zeit ihre Freiheit erhielten und allmählich mit den später anlangenden Ansiedlern sich verschmolzen. Ein

neues freies Gemeinwesen entstand, dem vom Mutterlande die Selbstver=
waltung seiner Angelegenheiten eingeräumt wurde. Je stärker die Bevölkerung
Australiens sich vermehrte, fühlte man im volkswirthschaftlichen und admini=
strativen Interesse die Nothwendigkeit, das große Territorium in einzelne
Staaten zu zerlegen und so entstanden neben dem ursprünglichen Neu=Süd=
Wales noch 1803 Vandiemensland (Tasmania), 1829 Westaustralien, 1836
Südaustralien, 1851 Victoria, 1859 Queensland, endlich 1864 Nord=
australien als selbständige Kolonie. Eine neue großartige Entwicklung, eine
gedeihliche Entfaltung nahm Australien aber erst, als 1851 die Goldent=
deckungen stattfanden und ein unablässiger Menschenstrom sich in das Land
ergoß. — Die allgemeinen Verhältnisse Polynesiens, der großen Inselwelt,
die im Osten Australiens sich ausdehnt, haben wir S. 24 ff. schon aus=
einandergesetzt.

1. Die Colonien auf dem Festlande und Tasmanien.

Neusüdwales	14,513	Quadratmeilen (1869),	485,330	Bewohner
Victoria	4,160	„	715,600	„
Südaustralien	17,901	„	179,786	„
Queensland	31,431	„	110,000	„
Westaustralien	45,898	„	25,400	„
Tasmania	1,233	„	99,300	„

Der größere und wichtigere Theil des australischen Kontinents liegt in
der subtropischen Zone und und erfreut sich eines gesunden milden Klimas.
Für die ganzen Kolonisations= und Ackerbauverhältnisse sind die meteoro=
logischen Erscheinungen des Landes von außerordentlicher Wichtigkeit. Die
Regengüsse sind sehr unregelmäßig und zeichnen sich durch große Heftigkeit
aus, so daß sie in der kürzesten Zeit die Flußbetten füllen und Ueber=
schwemmungen anrichten, ohne dem Lande eine gleichmäßige Wassermenge
zuzuführen. Daher jene allgemeine Trockenheit, die für den Landbau hin=
dernd, für die Viehzucht förderlich ist. Man gewinnt alle europäischen Ge=
treidearten; doch sind Mißernten nicht selten. Treten gute Ernten ein, so
verhindern die hohen Frachtpreise einen großen Export und dem Landwirthen
geht der Vortheil verloren. Auch wird Tabak, Zuckerhirse und herrliches
Obst gepflanzt. Der Weinbau ist von deutschen Winzern zu einer hohen
Stufe erhoben worden. Baumwolle kommt namentlich aus Queensland,
wo sie schon ein wichtiger Stapelartikel geworden ist. Von Nutzhölzern ist
namentlich der riesige Eucalyptus in verschiedenen Arten zu erwähnen, dessen
vortreffliches Holz zu den mannigfaltigsten Zwecken benützt wird. — Die
größte Bedeutung in Australien hat aber — neben dem Metallreichthum
des Landes — die Viehzucht erlangt. Die Produkte derselben erreichen
einen hohen Werth, die Stückzahl des Viehs vermehrt sich ungeheuer. Schon
zu Anfang dieses Jahrhunderts rühmte man die australische Wolle und sie
ist seitdem, namentlich da edlere Rassen eingeführt wurden, auf dem Welt=
markte ein ungemein wichtiger Factor geworden. (Gesammtproduktion von
30 Mill. Schafen 150 Mill. Pfund jährlich.) Hornvieh und Pferde ver=
mehren sich in gleichem Maße. — Hat auch die Goldgewinnung in

neuer Zeit etwas abgenommen, ſo iſt Auſtralien doch immer noch eines derjenigen Länder, welche am meiſten von dem edlen Metalle hervorbringen;
als 1851 durch einen gewiſſen Hargraves das erſte Gold gefunden worden
war, entſtand, gleich wie in Californien, ein wahres Goldfieber und in
bisher unbewohnte Gebiete ſtürzten ſich ganze Schaaren goldbürſtiger Digger.
Vorzugsweiſe iſt die Kolonie Victoria das Goldland, aber auch die anderen
Kolonien lieferten große Mengen des edlen Metalles. Seit der Entdeckung
bis zum Jahre 1867 wurden für mehr als 200 Mill. Pfd. Sterling Gold
aus allen auſtraliſchen Kolonien ausgeführt. Außer den edlen Metallen
liefert Auſtralien noch Kohlen, Kupfer, Eiſen, Zinn in bedeutender Menge,
Antimon, Porzellanerde, Bauſteine, Diamanten und Sapphire.

Der Geſammthandel befindet ſich in einem ſtetigen Aufſchwunge, wozu
nicht wenig die freiſinnigen Geſetze und ſoliden Bankinſtitute beigetragen
haben. Die Verkehrsmittel ſind in vortrefflichem Zuſtande; für die
Herſtellung guter Landſtraßen wurden große Opfer gebracht, alle Kolonien
ſind verhältnißmäßig ſchon reich mit Eiſenbahnen (S. 72) und Telegraphen
(S. 79) verſehen. 1871 wurde der Telegraph nach Java gelegt. Regelmäßige Dampferlinien führen nach England und über Neuſeeland nach San
Francisco ſowie nach den einzelnen Kolonien. — Die Einwanderung
iſt erſt ſeit der Goldentdeckung in Schwung gekommen, läßt neuerdings aber
etwas nach. Sehr bedeutend iſt die Anzahl der in Auſtralien eingewanderten
Chineſen. Münzen, Maße und Gewichte ſind die engliſchen.

Neuſüdwales. Hauptprodukt der Landwirthſchaft iſt der Weizen, von
dem (1866) 2¼ Mill. Buſhel gewonnen wurden. Schafe zählte man
11½ Mill. Stück oder 27 per Einwohner, Hornvieh 1,771,000 Stück.
Der Schiffsverkehr beſchäftigt über 2000 Schiffe von 730,000 Tonnen.
Der Werth der Ein- und Ausfuhr einſchließlich des Metallſchatzes betrug
1866: Einfuhr 9,403,192 Pfd. St. Ausfuhr 9,913,839 Pfd. St. Von
den Ausfuhrartikeln ſind es namentlich Goldſtaub und Goldbarren (3,350,164
Pfd. St.), gemünztes Gold und Schafwolle (faſt 37 Mill. Pfd. für
2,773,553 Pfd. St.), welche die Hauptwerthe des Exports darſtellen.
Kohlen werden ſchon 600,000 Tonnen jährlich gewonnen. Von großer
Bedeutung ſind die Talgſiedereien. In jüngſter Zeit hat man umfaſſende
Verſuche mit der Conſervirung des Fleiſches gemacht, um daſſelbe nach
Europa zu verſenden, wie es ſcheint mit Erfolg. — Hauptſtadt Sydney,
125,000 Einw. an der Südſeite von Port Jackſon, einem der herrlichſten
Häfen, zählte 1800 erſt 2600 Einw., vermittelt weſentlich den Handel der
Kolonie, beſitzt aber auch wichtige Induſtrie, namentlich Eiſengießereien,
Schmelzhütten, Maſchinen-, Leinwand-, Kutſchen-, Tuch-, Seifen-, Tabak-,
Cigarrenfabriken; Bierbrauereien, große Schiffswerfte. — Paramatta, 12,000
Einw., gleichfalls am Port Jackſon, Landhandel. — Newcaſtle, Kohlen-
gruben. —

Victoria hat ſich ſeit den Goldentdeckungen zu der wichtigſten und
volkreichſten Kolonie Auſtraliens emporgeſchwungen. Der Strom der Einwanderung iſt am ſtärkſten hierhin und wird durch günſtige Geſetze befördert. Im Jahre 1868 beſaß die Kolonie an Pferden 144,000, an Hornvieh 750,000, an Schafen faſt 10 Mill. Stück. Zu dieſem, durch die

trefflichen Weidelandschaften bedingten Viehreichthum, tritt der Reichthum an Mineralien hinzu. 1869 lieferten sämmtliche Goldgruben einen Ertrag von 1,647,498 Unzen Gold, von denen etwa $\frac{2}{3}$ aus dem Alluvium gewaschen, $\frac{1}{3}$ aus dem Quarzfels gewonnen wurde. Außerdem bestehen Silber-, Antimon-, Kupfer-, Zinn-, Kohlenbergwerke. Bei Mudgee und Two Mile flat liegen die australischen Diamantminen. Gold und Wolle sind die wichtigsten Exportartikel. Im Jahre 1869 summirten sich die Ausfuhren auf 15,593,990 Pfd. St. (3 Mill. Pfd. St. mehr als im Vorjahre); die Einfuhren beliefen sich auf 13,320,662 Pfd. St. (fast 2 Mill. Pfd. St. mehr als im Vorjahre). Es liefen 2067 Schiffe mit einem Gehalte von 653,362 Tonnen ein und 2172 Schiffe mit 685,207 Tonnen aus. — Hauptstadt Melbourne, 175,000 Einw.; die volkreichste und wichtigste Stadt Australiens überhaupt, bedeutendster Handelsplatz der Kolonie, nahe der Mündung des Yarra in die Hobsonbai. Melbourne ist ein großer Stapelplatz für australische Einfuhrprodukte geworden, welche von hier aus über den Kontinent sich vertheilen. Der eigentliche Seehafen der Stadt und mit dieser durch eine Eisenbahn verbunden ist Williamstown. — Geelong, 25,000 Einw., Hafenstadt, Stapelplatz für Wolle und Ackerbauprodukte. Tuchfabriken. — Ballarat, 23,000 Einw. Mittelpunkt der Golddistrikte. — Echuca, am Murray, Endstation der Eisenbahn, großartige Viehzucht.

Südaustralien. Diese Kolonie steht hinter den beiden vorigen zurück, besitzt aber im wesentlichen dieselben Produkte wie Victoria; Mineralien, Wolle und Weizen sind die wichtigsten Erzeugnisse. Im Jahre 1869 stellte sich die Einfuhr der Kolonie auf 2,484,174, die Ausfuhr auf 7,220,439 Pfd. St. Von dieser letzteren entfallen auf Ackerbauprodukte 895,286, auf thierische Produkte (meist Wolle) 1,008,404, auf Mineralschätze (Gold, Kupfer) 643,345 Pfd. St. Die Wollausfuhr hat sich bedeutend gehoben. — Hauptstadt ist Adelaide, 24,000 Einw., der wichtigste Handelsplatz der Kolonie mit dem Hafen Port Adelaide, in welchem jährlich etwa 400 Schiffe zu 130,000 Tonnen einlaufen.

Queensland, den nordöstlichen Theil des Kontinents einnehmend, die jüngste Kolonie, liegt theilweise in der tropischen Zone und bringt neben den Produkten der übrigen Kolonien auch Zucker, Baumwolle, Kaffee, Ingwer, Pfeilwurz hervor. Einfuhren und Ausfuhren belaufen sich auf $4\frac{1}{2}$ Mill. Pfd. St.; unter den Ausfuhren stehen Goldstaub, Wolle, Baumwolle, Talg voran. Die Kolonie ist entschieden im Aufblühen begriffen. — Hauptstadt und Haupthandelsort ist Brisbane, 20,000 Einw., an der Moretonbai.

Westaustralien (Swan river settlement), an der Westküste, die am wenigsten bedeutende Kolonie, führt namentlich Kupfererz, Bauholz, Sandelholz und Schafwolle aus. Werth der Einfuhr 170,000, der Ausfuhr 180,000 Pfd. St. In den Häfen laufen jährlich etwa 120 Schiffe von 53,000 Tonnen ein. — Hauptstadt Perth, 3000 Einw. mit dem Hafen Freemantle.

Tasmania, die ehemalige Verbrecherkolonie Vandiemensland, vom Kontinente nur durch die seichte Baßstraße getrennt und dem Hauptlande wesentlich gleichend, exportirt Schafwolle, eingemachte Früchte, Hafer, Bauholz

25 *

unb etwas Gold. Schiffsverkehr 677 Fahrzeuge von 104,000 Tonnen.
Werth der Einfuhr 762,375 Pfd. St., der Ausfuhren 880,965 Pfd. St.
— Hauptstadt ist Hobarttown, 20,000 Einw. — Launceston, 10,000
Einw., wichtiger Stationspunkt für die Südseewalfischfänger, die hier sich
mit Provisionen versehen.

2. Neu-Seeland.

4998 Quadratmeilen. 250,000 Bewohner.

Diese schöne Insel, welche Forster das „Großbritannien der Südsee"
taufte, wurde 1642 von dem großen holländischen Seefahrer Abel Tasman
entdeckt, näher aber erst 1769 von James Cook untersucht. Seit 1840
ist sie zur britischen Kolonie erklärt worden; damit begann eine Zeit stetiger
Entwicklung. Ein nachhaltiger, wenn auch langsamer Strom von meist
englischen Einwanderern wandte sich der schönen, gesunden und fruchtbaren
Doppelinsel zu, deren tapfere und intelligente einheimische Bevölkerung, die
Maoris, rasch ihrem Untergange zueilte und 1870 nur noch 30,000 Köpfe
betrug. Die Beschäftigung der Ansiedler besteht in Ackerbau und Viehzucht;
seit der Entdeckung der reichen Goldfelder im Jahre 1857 kam der Bergbau in Schwung. Die Zahl der Schafe beträgt schon 6 Mill. Stück, die
des Rindviehs ⅓ Million; alle europäischen Getreidearten und Gemüse
werden gebaut. Die Ausfuhren der Kolonie, in der Steigerung begriffen,
betragen gegenwärtig 4 Mill. Pfd. St. Die Einfuhren 6 Mill. Pfd. St.
Obgleich noch viele Produkte Neuseelands im Handel Bedeutung erlangen
werden, so sind doch gegenwärtig nur Damarharz, Bauholz, Gold und
Schafwolle für den europäischen Markt von Wichtigkeit. Das Damarharz,
von welchem in einzelnen Jahren für 60,000 Pfd. St. ausgeführt wird,
stammt von der Kaurifichte. Die Goldausfuhr liefert mit jedem Jahre
günstigere Resultate, da immer noch neue Goldfelder entdeckt werden, es
wurde schon für 2½ Mill. Pfd. St. exportirt. Der Wollexport werthet
1½ Mill. Pfd. St. Die wichtige Faserpflanze des Landes (Phormium
tenax) ist für den Markt noch von keiner größeren Bedeutung geworden.
— Die Verkehrsmittel Neuseelands sind schon sehr entwickelt. Es bestehen
Eisenbahnen (S. 70) und Telegraphen. Mit Sydney besteht eine regelmäßige Dampferverbindung und ebenso zwischen Auckland und San Francisco seit 1870, nachdem die Linie Wellington-Panama eingegangen war.
Die Zahl der in den verschiedenen Häfen einlaufenden Schiffe beträgt jährlich etwa 1000. — Hauptstadt ist seit 1866 Wellington mit 7500
Einw., der wichtigste Handelsplatz aber Auckland mit 18,000 Einw.
Andere Städte: Neu-Plymouth, 2200 Einw., Nelson, 5800 Einw., Dunedin,
13,000 Einw., Christchurch, 6800 Einw., Port Lyttleton, 2500 Einw.

3. Neu-Caledonien.

315 Quadratmeilen. 30,000 Bewohner.

Diese schöne, walbige, gut bewässerte Insel, die bei den Eingeborenen
den Namen Balabea trägt, wurde 1853 von den Franzosen in Besitz genommen und als Deportationsort für Sträflinge benutzt. Neu-Caledonien
sollte Ackerbaukolonie werden; indessen begannen die Franzosen, welche von
Colonisation nur einen schwachen Begriff haben, mit dem Bau von Kasernen.
Während die Zahl der Sträflinge etwa 1500 beträgt, giebt es dort noch
kaum 1000 freie weiße Ansiedler, nachdem 17 Jahre seit der Besitzergrei-
fung verflossen sind." Die Auswanderung ist in Frankreich eben „eine Sache
der Spekulation, nicht der energische Ausdruck socialen Unbehagens, politischer Unzufriedenheit oder des Strebens nach wirthschaftlicher Unabhängigkeit."
Man holte, da die Weißen ausblieben, Kulis von den Neu-Hebriden, die
beim Trepangfang und der Bereitung von Cocosöl behülflich sein mußten.
Man baut etwas Zucker, Kaffee, Reis, Baumwolle (auf 350 Hectaren von
1,739,950!). An Export ist noch nicht zu denken. — Hauptort ist Port
de France an der Numeabucht.

4. Die Fidschi-Inseln.

378 Quadratmeilen. 200,000 Bewohner.

Diese schönen, noch unabhängigen, theilweise von einer noch menschen-
fressenden dunklen Bevölkerung bewohnten Eilande haben erst an ihrem
Rande und auf einigen kleinen Nebeninseln eine weiße Bevölkerung aus
Australien und Nordamerika erhalten. England hat es abgelehnt, sie unter
sein Protektorat zu nehmen. Die Inselgruppe verdankt ihren Ursprung
vulkanischen Erhebungen und der thätigen Arbeit der Koralle. Die einzelnen Eilande sind wohlbewässert, walbreich und weder heiß noch ungesund,
trotz ihrer äquatorialen Lage, da die Sonnenglut durch kühle Seebrisen ge-
mäßigt wird. Die Inseln liefern verschiedene Nutzhölzer, der Anbau der
Baumwolle und zwar einer vorzüglichen Sorte, Sea Island, ist im Zunehmen begriffen; außerdem pflanzt man Zuckerrohr, Kaffee und gewinnt
jährlich 500 Tonnen Kokosöl. Von den Seeprodukten geht viel Trepang
nach Manila; auch gewinnt man Schildpadd und Perlmuscheln. Das Mineralreich bietet Gold in nicht unbedeutender Menge, Kupfer, Graphit,
Kohlen, Petroleum und guten Cement. Hauptort ist Mbau.

5. Tahiti-Gruppe.

22½ Quadratmeilen. 10,500 Einwohner.

Die bekannte Insel Tahiti oder Otahaiti, mit den Nebeninseln Moorea,
Tituaroa und Maitea gehört zu den „Protektionsstaaten" Frankreichs. Unter
Ludwig Philipp wurde die letzte unabhängige Königin Pomare zur Vasallin

der großen Nation gemacht unter Umständen, welche für die letztere keines=
wegs ehrenvoll waren. In der That ist Tahiti eine französische Besitzung,
die von einem französischen Gouverneur verwaltet wird; denn die Steuern
— eine den Südseeinsulanern gar merkwürdig erscheinende Cultureinrichtung
— fließen in den französischen Seckel, so gut wie die Zölle. Die Inseln
sind trotz ihrer Fruchtbarkeit passiv, woran die arbeitsscheue Bevölkerung
ebenso wie die französische Mißverwaltung schuld ist. Erst in der letzten
Zeit hat man begonnen Zucker und Kaffee anzubauen. Auch der Handel,
meist von englischen und amerikanischen Schiffen vermittelt, liegt wegen der
französischen Douanenwirthschaft sehr darnieder. Es laufen ein jährlich etwa
100 Schiffe von 10,000 Tonnen, welche Waaren im Werthe von 600,000
Thlr. einführen. Die Ausfuhren belaufen sich auf etwa 370,000 Thlr.
Haupthafen ist Papeiti.

6. Die Sandwichinseln.

359 Quadratmeilen.   69,000 Bewohner.

Diese schönen, gesunden, vulkanischen Inseln, die in der Fahrbahn
zwischen Nordamerika einerseits und Asien und Australien anderseits liegen,
bilden eine konstitutionelle Monarchie, die indessen stark unter dem Einflusse
der Nordamerikaner steht. Die einheimische Rasse, die vor 100 Jahren
noch 300,000 Köpfe zählte, ist durch Seuchen auf 60,000 zusammenge=
schmolzen und geht dem Aussterben entgegen. Den Handel haben weiße
Ansiedler aus allen Ländern an sich gezogen. Hamburger und Bremer
Häuser sind dabei stark vertreten. Von großer Wichtigkeit sind die Sand=
wichinseln immer noch als Station für die Walfischjäger, die hier sich mit
Provisionen versehen. Die einst bedeutende Ausfuhr von Sandelholz hat
aufgehört, da die Wälder vernichtet sind, doch beginnt man mit der An=
pflanzung junger Wälder. Aber es gibt noch andere schöne Nutzhölzer, die
zum Export sich eignen, namentlich an den Abhängen des Vulkans Mauna=
kea. — Wein von guter Qualität wird vielfach gebaut, ebenso Kaffee und
im niederen Thalland Zuckerrohr. Der Zucker wird nach den Vereinigten
Staaten exportirt. Die Baumwolle nimmt von Jahr zu Jahr größere
Flächen für ihre Kultur in Anspruch, und ist von sehr guter Beschaffenheit.
Anderweitige Exportartikel sind: getrocknete Schwämme, die in China als
Leckerbissen gelten; Pulo, eine Pflanzenfaser, die zu Matratzen verarbeitet
wird; dann Ochsenhäute, Talg, Ziegenfelle, Schafwolle, gepökeltes Fleisch.
Man gewinnt viel Seesalz. Industrie gibt es nicht und San Francisco,
England, Bremen und Hamburg sind die Bezugsorte aller Manufaktur=
waaren. Stark ist verhältnißmäßig der Import von Eau de Cologne, da
die Eingeborenen Parfümerien sehr lieben. — Hauptstadt und Haupthandels=
hafen ist Honolulu auf Hawai mit 6000 Einwohnern, darunter 1000
Fremde. Von hier aus findet regelmäßige Dampfschifffahrt nach San
Francisco statt.

Nachtrag.

~~~~

Die großen Ereignisse der Jahre 1870 und 1871, welche während des Druckes des vorliegenden Buches stattfanden, haben Territorialveränderungen in Deutschland, Frankreich und Italien zur Folge gehabt, die nachträglich hier berücksichtigt werden müssen.

1. Deutschland. Seit dem 1. Januar 1871 bildet unser Vaterland ein einiges Reich, an dessen Spitze der König von Preußen als Kaiser steht. Die Schranken zwischen Nord und Süd, die wir oben noch berücksichtigen mußten, sind gefallen und die segensreichen Folgen der Einheit werden sich auch auf dem Gebiete des Handels und Verkehrs bemerkbar machen. Durch die am 2. März 1871 zu Versailles vom deutschen Kaiser mit Frankreich vereinbarten Friedenspräliminarien wurden die seit länger als 200 Jahren dem Reiche entfremdeten Landschaften Elsaß und Deutsch-Lothringen samt Metz, zusammen 270 Quadratmeilen mit 1,650,000 Bewohner an Deutschland abgetreten. Deutschland ist dadurch zu einem Reiche von 9899 Quadratmeilen mit 40,275,000 Bewohnern angewachsen, welches, wenn auch nicht der Größe, so doch der Machtstellung nach, das erste wieder in Europa ist. Die Handels- und Fabrikstädte der wiedererworbenen deutschen Gebiete in Elsaß sind S. 236 verzeichnet; von Lothringen sind als jetzt deutsche Städte zu erwähnen Metz und Saargemünd (S. 236). Für die Industrie wichtig sind namentlich die Fabrikstädte im Oberelsaß, wo in Mühlhausen, Kolmar, Thann, Wesserling eine schwunghafte Baumwollenindustrie besteht, die allerdings durch den Anschluß an Deutschland leidet, während sonst der Handel und die Gewerbe des übrigen Elsaßes aus der Wiedervereinigung mit dem Mutterlande die größten Vortheile ziehen. Auf dem an Deutschland abgetretenen Gebiete liegen 98 Meilen bisher der französischen Ost-bahngesellschaft gehörige Eisenbahnen. Der für den Kohlentransport so wichtige Saar-Marnekanal, ein Theil des Rhein-Marnekanals und der Kanal Monsieur (der Kanal von der Rhone zum Rhein) sind zum größeren Theil in deutschen Besitz übergegangen.

2. Frankreich hat durch den frevelhaft von der Regierung wie dem Volke im Sommer 1870 gegen Deutschland heraufbeschworenen Krieg, in dem es schmählich unterlag, vollkommen seine ehemals so dominirende Stellung in Europa eingebüßt. Die wirthschaftlichen Folgen waren unseliger Art, und wenn auch das Land eines der reichsten in der Welt ist, so wird es doch auf lange Zeit hinaus die Folgen seines Ehrgeizes und seiner Eroberungssucht, der Demoralisirung, die allgemein im Volke Platz gegriffen hat, zu tragen haben. Fast ein Drittel Frankreichs ist durch den Krieg verwüstet worden; abgesehen von allen Kontributionen und eigenen Kriegskosten hatte es eine Kriegsentschädigung von fünf Milliarden Franken an Deutschland zu zahlen. Die Republik, die es gegen das Kaiserthum eingetauscht, war ein sehr zweifelhafter Ersatz für alle Schäden. Es verlor, wie wir oben gesehen, 270 Quadratmeilen mit 1,650,000 Bewohnern, die durch besondere Tüchtigkeit — weil deutschen Stammes — vor den Franzosen sich auszeichneten. Von 9850 Quadratmeilen mit 38,100,000 Bewohnern ist Frankreich dadurch auf 36,450,000 Bewohner auf 9580 Quadratmeilen reducirt worden. Mit wesentlich und dauernd verminderter Kraft, muß das französische Volk sich daran machen, seine unabsehbaren materiellen Verluste zu ersetzen, obendrein mit einer nahezu verdoppelten Steuerlast auf dem Rücken. Die Staatsschuld betrug vor Ausbruch des Krieges 13 Milliarden; während des Krieges kamen 2 Milliarden hinzu und 5 Milliarden sind an Deutschland zu zahlen. Durch diese 20 Milliarden Staatsschuld wird selbst die britische Nationalschuld, die bisher für ein Nonplusultra galt, überstiegen. Besonders durch den Krieg hat die übermüthige Hauptstadt Paris gelitten, welche durch die Verjagung der tüchtigen und fleißigen deutschen Arbeiter ihre Industrie selbst am meisten schädigte.

3. Italien. Dieses Königreich ist weniger durch eigene Tüchtigkeit als durch Glückszufälle und fremde Hilfe zu einem einigen Staate geworden, der die ganze italienische Halbinsel umfaßt. Nachdem durch den Sturz Napoleons III. bei Sedan im deutsch-französischen Kriege 1870 die französische Protektion der weltlichen Herrschaft des Papstes ein Ende erreicht hatte, wurde nach kurzem Widerstande der Kirchenstaat sammt Rom am 20. September 1870 von den Italienern besetzt und deren Einverleibung in das Königreich Italien ausgesprochen. Der Kirchenstaat (S. 264) ist daher als selbstständiger Staat zu streichen. Umfang und Einwohnerzahl Italiens (S. 252) sind dadurch auf 5366 Quadratmeilen mit 24,093,000 Bewohnern angewachsen. Rom wurde zur Hauptstadt Italiens erklärt.

Orts-Verzeichniß.